史學年報

（二）

史學年報

第四期

章炳麟題

史學年報第一期目錄

發刊詞……
戎狄夷蠻考……孟世傑
漢唐之和親政策……王桐齡
北邊長城考……徐琚清
唐宋時代妓女考……王桐齡
中世紀泉州狀況……張星烺
以日本平安京證唐代西京規制……瞿兌之
兩漢之胡風……次弓
南北朝時候中國的政治中心……梁佩貞
石遺開日記之研究……李崇惠
李文忠公鴻章年譜……李書春
莫索爾問題解決的經過……韓叔信
先秦歷史哲學管窺……齊思和
中國史學的整理(翁獨健筆記)……陳垣
歷史學會之過去與將來……
History and The Belief in Progress……Ph. de Vargas
Palmerston and The Opium War……Mervyn Armstrong

本期定價大洋三角五分現已售罄

史學年報第二期目錄

戰國時儒墨道三家堯舜的比較……曹詩成
易傳探源……李鏡池
洪水之傳說及治水等之傳說……顧頡剛
堯典的研究……衛聚賢
儒服考……齊思和
中國古代的歷史觀……徐文珊
古代之竹與文化……瞿兌之
中國第一個留學生……朱士嘉
會眞記事蹟眞僞考……王桐齡
舊京西山故翠微寺畫像千佛塔記跋……奉寬
燕京大學校友門外恩佑恩慕二寺考……韓叔信
校點古今僞書考序……顧頡剛
俄領西土耳其斯坦與中國在歷史上之關係……韓叔信
燕大歷史學會一年來工作概況……
Suggested Main Steps in the Preparation of an Historical Paper……Ph. de Vargas

本期定價大洋四角五分

史學年報第三期目錄

崔東壁書版本表……洪業
虞初小說回目考釋……韓叔信
與顧頡剛論五行說的起原……范文瀾
儒家和五行的關係……徐文珊
與顧頡剛師論易繫辭傳觀象制器故事書……齊思和
山海經中的古代故事及其系統……吳晗
史記版本考……趙澄
樓蘭之位置及其與漢代之關係……黃文弼
元實錄與經世大典……市村瓚次郎著 牟傳楷譯
太陽契丹考釋……馮家昇
女眞文字之起源……毛汶
指畫略傳……白也
夷務始末外鴉片戰後中英議和史料數件……關瑞梧
清史稿之評論(上)……傅振倫

本期定價大洋七角

本期目錄

駁景教碑出土於盩厔說……洪業（一）
從呂氏春秋推測老子之成書年代……顧頡剛（一三）
中國內地移民史——湖南篇……譚其驤（四七）
契丹祀天之俗與其宗教神話風俗之關係……馮家昇（一〇五）
獲白兕考……唐蘭（一一九）
元虎賁軍百戶印考釋……奉寬（一二五）
山海經及其神話……鄭德坤（一二七）
淸史稿之評論（下）……傅振倫（一五三）
中國地方志統計表……朱士嘉（一七一）

商書今譯之一——湯誓……沈維鈞（一七五）
考信錄解題……那珂通世著 于式玉譯（一八一）

駁景教碑出土於盩厔說

洪業

大秦景教流行中國碑出土後，三百年來，中外人士之從事翻譯注釋考證者，殆數十家。然材料收集之富，排比整齊之功，無過於法人夏鳴雷神甫之西安府聖教碑(Le Père Henri Havret, *La Stèle Chrétienne de Si-Ngan-Fou.*)。書分三册，以一八九五，一八九七，一九零二，三年相繼出版於上海徐家滙。三十年來，研究者雖時有發明，而夏氏書終不可廢，蓋甚便於學者參考用也。

顧夏氏書中有最不可信者一段，則景教碑出土於盩厔之說也。余曾於一九二九春，在美國東方學年會讀論文駁其說。旋閱日本桑原騭藏博士；東洋史說苑（京都弘文堂，一九二九，第四版）。見其中之大秦景教流行中國碑考，舉六證駁，雖簡略，已足破盩厔出土之說。故未曾以拙文付印發表。前年英國莫路（A. C. Moule）先生發表 *Christianity in China before the Year 1550* 一書，仍主夏氏說。去年馮承鈞先生由上海商務印書館新出景教碑考一册，取材大部出夏氏書，仍持其盩厔之說。桑原博士已作古。余則不可無言也。故取英文舊稿，遂譯整理，爲駁如下：

（一）盩厔說所根據之史料三條，皆未可深信。

盩厔出土之說，夏氏所執以爲考證根據者，有史料三。

其一，爲耶穌會巴托利 (Daniel Bartoli) 神甫所著之耶穌會史，中國之部 (*Dell' historia della Compagnia di Giesu, La Cina terza parte dell' Asia*)。原書意文，著於一六六三，時著者在羅馬。夏氏用法文譯本，引若干段，茲復節譯之如下：

『有可貴之文獻，埋於地中者不知若干年矣，偶於一六二五發見焉。…時諸神甫正擬載福音之光，以入陝西。彼等未到前數月，有人偶於省城東三十邁盩厔，不知爲何項建築事而掘地。掘者發見舊建築品於地中，細理之，得大碑一。…吾人前此所聞者，如是而已，未聞碑之發見，乃因於地中有所尋而得也。然近見方德望神甫 (Le Père Etienne Faber) 一六三九年自陝西寄來之報告，其說獨異。方神甫謂某夜山居，有一老人來談云：聞此碑出土之地，四圍皆於冬日積雪厚，唯碑之上一片土無雪。居民僉以爲異。疑其下有伏藏，因掘之。掘地而碑見。…方神甫又謂盩厔長官…令運碑至西安附近之道觀，置亭中，旁另立一石，記碑出土於盩厔之始末焉。…盩厔有舉人某…以原碑文拓本一份寄杭州涼庵〔李之藻〕進士。涼庵進士，葆祿〔徐光啓〕進士，相繼印行，並加注釋焉。碑文遂傳於世。』〔夏書，二，頁三三至三七〕

其二，卜彌格神甫 (Le Père Michel Boym) 在中國時有寄回歐之函爲德人 A. Kircher 所著之 *China Monumentis qua Sacris qua Profanis illustrata* (Amsterdam, 1667) 所引者。卜氏一六五三，十一月四日之函有一段，譯之如下：

『一六二五年中，耶穌會某神甫應腓力進

士之約，赴三原爲二十人施洗禮。事畢，進士偕神甫同往看碑。碑者事前數月有人於西安府盩厔掘地築墻，而發見者也。……當地長官聞而奇之，又適於其日喪子；乃作文記其事，另刻一碑，皆置之西安城外一寺中。』（夏，二，頁四二，六一）

其三：卜彌格函中所謂之某神甫者，實卽金尼各神甫(Le Père Nicolas Trigault)。金神甫以一六二八年卒於杭州。遺稿有待整理者。何大化神甫 (Le Père Antoine de Gouvea) 以一六三六年來中國後，爲編訂其書，未印行，藏於羅馬耶穌會會所。此書末部，有一段，節譯如下：

『金尼各以一六二五年四月從陽瑪諾神甫 (Le Père Emmanel Diaz) 命往西安，謀設會所。金初至卽病，病五月乃愈。腓力介紹見省中官長。……去省城十哩許，有城曰盩厔。或掘地得碑，上刻有漢文及加爾地亞文。據所記，吾教已於古時入中國。……』（夏，二，頁六八至七十）

竊謂此三條皆非史料之佳者。方德望神甫之函作於碑發見後十餘年，而山中老人亦不過以耳爲目，又二十餘年然後巴氏筆之於書。其誤謂盩厔爲在西安之東，固無論矣；其晚出之性質，已足以啓疑也。卜彌格之函亦作於碑發見後二十餘年，所舉亦傳聞之辭耳。況三年後（一六五六），卜氏於所著中國花木(*Flora Sinesis*)，書中論及景教碑，乃謂其出土於三原。此亦夏氏所舉以爲異者也（二，頁四二，注一；頁六一，注五）。然則卜氏言何足據乎？三條史料之中，惟金神甫書爲較重，蓋金氏曾於一六二五年至西安。然余曾細讀夏氏全書所引有關於金氏事若干條，而苦不能證實金氏曾親見景教碑。況所謂金氏遺稿者，乃何氏所訂定者也。夏所引者，適居稿之末，文中稱謂，適見其作者爲何而不爲金。且盩厔之去西安，何止十哩，金氏之誤，必不至此。然則何亦不過捃拾傳聞異辭，以續金氏書而已；何足據？

(二)魯德照說爲夏氏所不從者，實反可據。

魯德照神甫(Le Père Alvarez Semedo)初入中國時，名謝務祿。後以教案被逐。再來，乃改名魯德照。渠於一六二八年至西安掌教務，居二年乃去。所著中國一書(*Imperio de la China*,)以一六四二年出版於葡京，譯本甚多。魯氏道及景教碑，曰：

『陝西省城西安府附近有一廟，碑之發見卽去廟不遠。長官卽令藏碑於廟中焉。』(夏二，頁六七)

所謂廟者，西安府城西五里許之大崇仁寺，俗稱爲金勝寺者也。碑出土後，居崇仁寺，直到一九零七年，政府當局乃移置府學中。魯氏旣曾居西安，所云云當是就地調查所得。以魯氏耳目之所及，較諸巴托利，卜彌格，何大化三人之所知，於時，於地，皆爲近。捨諸近而求諸遠，此夏氏之所以致誤也。

(三)中國人著錄皆謂碑出土於長安，無謂盩厔者。

魯德照之說，並非孤證也。記錄景教碑出土事之文字，以余所見，莫先於李之藻之讀景教碑書後矣。李氏自署曰『天啟五年，歲在旃蒙赤奮若，日纏參初度，涼菴居士我存李之藻盥手謹識』。其年月日則一六二五，六月十二號也。(夏氏原文，二，頁三七，三九，五四等，皆誤算爲五月二十一號，書後勘誤表乃改正。馮君書誤，一如夏氏原文，殆未檢夏氏勘誤表也。桑原博士頁二八七，亦然) 李氏文曰：

『盧居靈竺間，岐陽同志張賡虞惠寄唐碑一幅曰：邇者長安中掘地所得，名曰景教流行中國碑頌。……』(全文見陽瑪諾，唐景教碑頌正詮)

徐光啟之鐵十字著，作於一六二七，亦

曰：

『近天啓乙丑〔一六二五〕長安掘地得碑，題曰大唐〔？〕景教流行中國碑。……』見 Le Pere Louis Gaillard, *Croix et Swastika en Chine*, Changhai, 1904, APP. C.

李徐二氏之言，殆皆本諸張賡虞。夫張氏以當地之人，證當時之事，當彼寄原碑拓本時，金尼各尙病在床上也。張氏而不可信，孰爲可信？

張李徐三人之外，尙復有佐證也。錢謙益之景教考曰：

『萬曆間，長安民鋤地，得唐建中二年，景教碑。……』

夏神甫沿舊誤以景教考爲錢大昕所著，遂謂其著者生在碑既發見之後，故言不可據〔二，頁六六注四〕。馮先生更沿夏氏之誤且呼竹汀而譏其淺薄〔景教碑考頁九〕。然潛研堂全集中並無景教考之文，而其文固宛然在有學集卷四十四中。牧齋於萬曆庚戌（一六一零）已中進士，不可謂其生於碑出土後。碑之出土，是在天啟中，抑在萬曆末，余尙未能證實。然牧齋謂碑出於萬曆中而考中又多於景教有貶辭，則彼所得消息非從李徐等處來矣。而猶謂碑出土於長安，此其所以足佐證也。

又有林侗者〔一六二七—一七一四〕著來齋金石刻考略，中有一段〔春暉堂叢書本，卷下，頁二十六〕云：

『景教流行中國碑，今在西安城西金勝寺內。僧景淨述，呂秀巖書。……明崇禎間，西安守晉陵鄒靜長先生有幼子，曰化生。生而雋慧，甫能行，便解作合掌禮佛。二六時中，略無疲懈。居無何而病，微瞑笑視，脩然長逝。卜葬於長安崇仁寺之南。掘數尺得一石，乃景教流行碑也。此碑沉埋千年，而今始出。質之三世因緣，此兒其淨頭陀再來耶？則佳城之待沈彬，開門之俟陽明，此語爲不誣矣。見頻陽劉雨化集中。字完好無一損者，下截及末，多作佛經番字。」

林氏生於碑出土之後，自非親見其事者。彼所知者得自劉雨化集中。又誤讀劉氏文，故以碑之出土爲在崇禎間。據乾隆富平縣志（卷七，頁三十），劉士龍字雨化，萬曆癸卯（一六零三）解元，著有醉溪齋三刻，信腕草，碎壺集，落花詩，等書。余求劉氏書，數年未得。然不可謂林說無據也。鄒靜長即鄒嘉生，武進人，萬曆丙辰（一六一六）進士，由戶部郎出守西安，後督學江西；西安府志（乾隆四十四年，卷二十四，頁四），江西通志（雍正十二年，卷八十六，頁十）陽湖武進合志（道光二十二年本，卷二十四，頁三十），中皆有傳。鄒葬子事，亦與卜彌格所傳長官喪子事相照，此亦可證林氏說之有據也。

（四）以崇仁寺爲證，則盩厔之說爲無理。

夫掘地於崇仁寺近地得碑遂移置崇仁寺中，此理之至平常者也。盩厔去長安一百五十餘里。碑重三千餘斤（一九零七年西人 Fritz Holm 仿造一碑，重四四六四英磅，見所著 *My Nestorian Adventure*, New York, 1923, p. 292.）。倘誠出土於盩厔，何必轉運若許長途，而置諸長安？又轉運之者誰耶？如其爲盩厔縣令，則彼何故擅移古碑出縣境？如其爲省中大吏，則碑既行百四十餘里矣，何靳五里之途，乃不以之入城，而留之於郊坰舊寺耶？

（五）以碑文爲證，碑所立原地必在長安。

夫碑未入土之先，必有所立之所。其爲何處耶？一讀碑文而知其爲長安義寧坊之大秦寺也。碑述貞觀十二年（六三八）詔「於義寧坊造大秦寺一所」，「旋令有司將帝寫眞，轉模寺壁」；「天寶初，令大將軍高力士送五聖寫眞，寺內安置」；「代宗文武皇帝……每於降誕之辰，錫天香以告成功，頒御饌以光景衆」等事。皆唐都長安城中事也，無關盩厔。會昌五年（八四五）武宗詔廢外國教，大秦寺之廢殆亦在此時。寺廢而碑入土；其後出土之地，卽當初入土之處，此亦理之至平常者也。不然，則當初必有好事者，負大碑而埋之於百四十餘里之外，其後復有好事者，無故而負歸原處。考之於載籍則無徵，度之於情理則可怪；不可信也。

（六）以立碑之大施主爲證，碑所立原地，必在長安。

夫碑之立原以頌大施主伊斯之功德也。其文曰：

『大施主金紫光祿大夫同朔方節度副使試殿中監賜紫袈裟僧伊斯，和而好惠，聞道勤行，遠自王舍之城，聿來中夏。……能散祿賜，不積於家，獻臨恩之頗黎，布辭慰之金罽。或仍其舊寺，或重廣法堂，崇飾廊宇，如翬斯飛。更效景門，依仁施利。每歲集四寺僧徒，虔事精供，備諸五旬，餧者來而飰之，寒者來而食之，病者療而起之，死者葬而安之。淸節達娑，未聞斯美，白衣景士，今見其人。願刻洪碑，以揚休烈。』

僧伊斯者卽碑下方左旁敍利亞文中所舉之『長安國都鄉主教兼長老耶質蒲吉，主建此石碑』（姑用馮先生譯辭，頁八十。參法文通報，一九一四，頁六二五；又一九二七，頁九一，伯希和（Paul Pelliot）先生之考證）者也。寺在長安，大施主亦在長安；此亦碑原立於長安之證也。

寺在長安，碑屬於寺，此事之至明者也。顧夏氏誤以碑爲墓碑，此亦其遠立於盩厔之故歟？夏氏引檀弓鄭注，漢石例等書以證『豐碑』（頌末句「建豐碑兮頌元吉」）一辭之適用於墓碑，遂疑碑原立於僧伊斯等之墓（夏二，頁一三二至一三七）。然碑之不爲墓碑，文已甚顯，敍利亞文，名列伊斯，則伊斯未死，不容置疑。況豐碑一詞，無論舊詁如何，唐人習用，常無墳墓之義。開元二十三年之北嶽神廟碑（金石萃編卷八十一）有『門閈高聳，豐碑列樹』句。二十五年之臨高寺碑（萃編卷八十二）有『將持聖勣，在勒豐碑』句。皆與墳墓無關。文字載意，時或變遷。泥古以求，往往失之；此一例也。

（七）以撰碑文之僧景淨爲證，碑所立原地，不在盩厔。

日本高楠順次郎發見釋藏中有關景敎者一段。（法文通報一八九六，頁五八九至五九一。參圜照，大唐貞元續開元釋教錄，卷上：及貞元新定釋教目錄，卷十七。二錄皆在弘教書院，大藏經，「結」字號）茲節錄之：

「法師梵名般刺若；……東行半月，方達廣州。洎建中三年，屈于上國矣。至貞元二祀訪見鄉親神策（新錄加「正」字）將羅好心，卽般若三藏舅氏之子也。悲喜相慰，將至家中，用展親親，遂（新錄作「延」）留供養。（新錄加「好心」二字）既信重三寶，請譯佛經。乃與大秦寺波斯僧景淨，依胡本六波羅蜜（新錄加「經」字）譯成七卷。……」

所謂景淨者，卽景敎碑上『大秦寺僧景淨述』之景淨也。景敎碑立於建中二年（七八一）而撰碑文之寺僧，乃於貞元二年（七八六）助般若譯佛經於長安；是其寺不在百五十里外之盩厔也。其寺不在盩厔。其碑亦不在盩厔矣。

（八）以地理爲證，碑出土處卽長安大秦寺之舊址。

嘉慶（二十四年）咸寧縣志卷三中有今城唐城合圖並考，依古蹟遺址，以配布唐都城坊；而義寧坊乃適包崇仁寺之地。故云：『崇聖（應作「仁」詳後）寺屬長安，卽唐波斯寺；太宗爲大秦僧立；故景敎碑卽出寺前土中。以爲濟度寺者誤。其西有牆斷續迤南，卽城西垣。所謂西垣者，唐外郭西垣，適在義寧坊西也。夫按之碑文，則碑必屬義寧坊之寺；考之地理，則地卽爲唐時寺址；徵諸傳聞，則最早者實云碑出土於長安；故曰碑之入土出土皆在長安，出入之間不能容盩厔之說也。

（九）以崇聖寺說之誤徵非長安說致誤之由。

按明季人論景教碑出土處者，共有三說。一曰長安說。主其說者，中人西人皆有，而徵諸時，徵諸地，爲最近；余已述其梗概。次曰盩厔說。此說之三條史料，余亦已逐加述辨。三曰三原說。所根據史料，亦皆出諸西人傳聞；夏神甫已盡加駁正（夏，二，六十至六十七），余故不復贅述。後者二說，可總稱曰『非長安說』。夫碑出土後，固立於長安城外崇仁寺中，而說者曰『此碑不出於此地』；揣其用意，蓋謂『崇仁寺之地，不能出大秦寺之碑』耳。

考此意所由生，實緣起於俗以明崇仁寺爲唐崇聖寺之誤也。茲先錄俗傳史料數條於下：

『大崇仁寺在西安府城西五里。隋高祖子秦孝王施宅建。初名濟度寺。唐貞觀二十三年，太宗上賓，高宗徙於安業坊之修善寺，而以其處爲靈寶寺，盡度太宗嬪御爲尼，處之。復徙酆之道德寺於休祥坊之太原寺，而以其處爲太宗別廟。至儀鳳二年併爲崇聖寺。』（乾隆西安府志，卷六十，頁一三至一四。按此多鈔長安志文。中有錯誤，詳後）

『崇聖寺……明天順八年（一四六四）秦藩創修，治地得古白玉佛像，及鐘磬碑刻之屬，至成化十二年（一四七六）畢工，明年額曰大崇仁寺。按察副使，伍福有記。又明長史趙德輝記云：俗呼爲金勝寺，以寺後之金勝鋪，金勝亭同爲補長安之金氣故名。寺內有藥師殿。明天順間，寺東光彩浮騰，迺掘地得藥師佛玉像。嘉靖甲子（一五六四）渭溪馮迪聞之秦府，築臺作殿。又盩厔趙崡記云，寺爲秦邸香火院，締搆丹碧，長安城諸寺不及也。』（嘉慶十七年長安縣志，卷二十二，頁四。按趙崡之游崇仁寺，在一六一八，見趙著石墨鐫華，卷七）

『金勝寺卽崇仁寺，在城西郭外，卽唐三藏法師譯經處。』（康熙陝西通志，卷二十九，頁二）

『西關外有金勝寺，極宏麗，俗名晾經寺。相傳唐三藏取經回，晾經於此，因以名寺』（孫兆溎，風土雜錄（小方壺齋輿地叢書，第五帙），頁五）

『崇仁寺亦稱崇聖寺，金勝寺，金城寺，京城寺，亮淨寺。』（Le Pere Gabriel Maurrice 與夏神甫函，二，頁六七，注一，又頁一三，注一）

就上各條計之，寺之俗名共有七。然『亮淨』必爲『晾經』之轉，『金勝』，『京城』，皆『金城』之轉也。減去其三，則餘『晾經』，『金城』，『崇聖』，『崇仁』而已。譯經，晾經之說，考諸慈恩傳，無徵，然長安縣志內金石志有成化十四年賜崇仁寺藏經勅，疑晾經乃崇仁寺自有事，野人訛傳，更以唐僧取經附會之也。寺址既當唐都義寧坊，其東鄰卽爲金城坊；金勝鋪之名卽緣此起，金氣云云，乃聞音而生之義。士人更以地名呼寺，故崇仁寺遂爲金勝寺也。

夫寺建於天順末，名定於成化中，本爲大崇仁寺也。縣志所舉創修，重修諸碑記，惜未能見其文，不知誰始作俑，以其寺爲卽唐之崇聖。按宋敏求長安志：

『崇德坊，西南隅，崇聖寺。寺有東〔疑脫一「西」字〕門。西門，本濟度尼寺，隋秦孝王俊捨宅所立。東門本道德尼寺，隋時立。至貞觀二十三年〔六四九〕徙濟度寺於安業坊之修善寺，以其所爲靈寶寺，盡度太宗嬪御爲尼以處之。徙道德寺額於嘉祥坊之慈和寺〔原云「太原寺」誤。按卷十，頁五至六，休祥坊太原寺立於咸亨元年；而永徽元年，道德寺之額與尼乃移慈和寺〕以其所爲崇聖宮，以爲太宗別廟。儀鳳二年〔六七七〕併爲崇聖僧寺。』（經訓堂全書本，卷九，頁九下）

然：

『太平坊，西南隅，溫國寺。本實際寺，

隋太保薛國公長孫覽妻鄭氏捨宅所立。景龍二年〔畢校本原作「元年」。按卷十，頁六，金城坊，景龍元年改舍衛寺爲溫國寺，二年又改爲樂善寺；是移溫國寺額於太平坊當在二年。又韋述，兩京新記，本云「景龍九年煬帝，」其誤甚顯〕煬帝爲溫王，改溫國寺。會昌六年〔八四六。原文作「大中六年」誤。黃本驥，隋唐石刻補遺下，有景福元年，柳玭，萬壽寺碑，謂大中六年，請改名僧寺五所，改化度寺爲崇福寺⋯溫國寺爲崇聖寺⋯。宋敏求殆因此而誤。然按之史，武宗拆寺制下於會昌五年八月，越年三月武宗崩，宣宗立。五月五日下大赦書，左右街功德使因奏請增置寺所，及改易名稱。徵之於舊唐書卷十八下，唐大詔令卷三，卷一頁十二，及唐會要卷四十八，皆合；惟會要訛「五」爲「正」，而左右街功德使之奏乃歸正月耳。長安志卷八，大慈恩寺條下注，亦以其事歸會昌六年，惟於他處則又作大中六年，蓋不察之甚也〕改崇聖寺。〔卷九，頁八〕是唐之崇聖寺，始在崇德坊，繼在太平坊，距金城義寧二坊甚遠。俗人以明之大崇仁寺當之，誤也。夏神甫從之亦誤也。夫主非長安說者，意中自演連珠：唐崇聖寺地下，不能有大秦寺碑；而明之崇仁寺適當唐之崇聖地，故崇仁寺地下不能出大秦寺碑。例固不誤，案實誤，故判亦誤也。

或反問曰：崇仁新寺之地，可以出大秦舊寺之碑，既聞命矣。然何以大秦寺舊址，乃出古玉佛像如長安縣志所道者乎？答曰：縣志云云，尚待就所舉碑記校證。卽令其事是實，亦於理無妨；蓋大秦寺起於六三八年，安知其所建地非唐前某佛寺址耶？又按義寧坊坊制，分四隅，十字街居其中，四端有門。坊廣六百五十步，縱五百五十步〔參長安志，卷七，頁六。長安志圖，上，頁八至十〕。大秦寺在十字街東之北，其南越街有寺，寺之名於隋爲眞寂寺，唐初改名化度寺，會昌〔原作「大中」誤，詳前〕六年又改崇福寺〔長安志，卷十，頁九〕。余疑明大崇仁寺地界，乃跨唐大秦崇福兩寺舊址。嗚呼，寺觀古蹟，時移地變，詳其疆界，則鵲巢鳩居，辨其名稱，則張冠李戴。此考古者所以視爲畏途也。

（十）以盩厔大秦寺，證盩厔出土說誤傳之起。

夫有風而後浪生，有火而後煙起，最初爲盩厔出土說者，亦豈完全無據，如桑原博士〔東洋史說苑，頁二八九）所疑耶？吾人試檢盩厔縣志（乾隆五十年本，卷五，頁六至七；民國十四年本，卷二，頁三十七）則終南山上，黑水谷東，固有大秦寺，且宋蘇軾曾游其地也。東坡（王十朋輯注蘇東坡詩集，民國二年翻康熙三十七年本，卷一，頁一至四；卷二十三，頁四）云：

『是日（一零六二，三月，三十一）游崇聖觀，俗所謂樓觀也。乃尹喜舊宅。山脚有授經臺，尚在。遂與張杲之同至大秦寺，早食而別。有太平觀道士趙宗有抱琴見送，至寺作鹿鳴之引，乃去。……』

又詩云：

『晃蕩平川盡，坡陁翠麓橫，忽逢孤塔迥，獨向亂山明。信足尋幽遠，臨風却立驚，原田浩如海，滾滾盡東傾。』

盩厔大秦寺是否唐時景教遺址，余在未見佐證史料之先，未便武斷。然就東坡所云，細味之，則在宋時亦尋常伽藍耳；無胡僧，無十字架，無稱述景教碑碣，足招東坡注意也。顧縣志既載其名，則明季人必尚知其址。盩厔人之至省會游崇仁寺而見大秦寺碑者，或曰：『此吾邑物也』；此盩厔說之所由起歟？夫攻誤，必證其誤，且證其所以誤，而後傳誤者，可以已；余故不憚煩，而詳駁焉。

一九三二，四月，二十。

從呂氏春秋推測老子之成書年代

顧頡剛

1 引言
2 呂氏春秋引書例及老聃在當時的地位，淮南子引老子語的方式
3 呂氏春秋語與老子書的比較
4 「故曰」與「詩曰」
5 荀子語與老子書的比較
6 老子書援用故言的證據
7 戰國時有道家嗎？
8 從述所提出的老聃與老子的新問題
9 楊朱的眞相
10 調和楊墨者——子莫與宋銒
11 楊朱的後學者——詹何與子華子
12 老聃——他的學說與楊朱宋銒的異同，「黃老」一名的由來
13 貴淸的關尹和貴虛的列子
14 棄知去己的愼到和莊周及其與老子書的比較
15 道經
16 愚民說的鼓吹與實現
17 老子一書的總估計

孔子問禮於老聃的事，見於禮記曾子問，史記孔子世家及孔子家語觀周篇等。二千餘年來，大家已看作確定的史實；大家以爲老子一定是孔子以前的人，老子一定是論語以前的書。雖有葉適（習學記言），黃震（黃氏日鈔），汪中（述學老子考異），康有爲（桂學答問）等稍樹異議，但決不能摧陷舊說的堅固的壁壘。十五年前，適之先生作中國哲學史大綱，仍作如是觀。這本來是一件可以不生問題的事。不料梁任公先生竟提出反駁，以爲老子必是戰國時的書，他說的話比較葉適們的透闢得多。這麽一來，影響到我們的學術史觀念，頓時起了一次重大的變化。在我的理性的批評之下，覺得梁說是對的，和玄同先生通信時曾略

陳其義（見古史辨第一冊）。我以為，在沒有儒家提倡仁義以前，老子說的『絕仁棄義』是無意義的。在沒有墨家提倡尚賢以前，老子說的『不尚賢』也是無意義的。在沒有戰國的游士跑來跑去，『足跡接乎諸侯之境，車軌結乎千里之外』以前，老子說的『使民重死而不遠徙，民至老死不相往來』的話也是無意義的。在沒有戰國的詭辨者『知詐漸毒，頡滑堅白，解垢同異』以前，老子說的『絕聖棄知』，『絕學無憂』以及『民之難治，以其智多』的話也是無意義的。

近六七年中，梁任公先生在古書眞僞及其年代的講義中又續有論列。錢賓四先生（穆）作關於老子成書時代之一種考察（燕京學報第八期）及國學概論（商務印書館出版），馮友蘭先生作中國哲學史（神州國光社出版），均主老子晚出之論。看來，再經過幾年努力，此問題當不難解決。因為老子中的意識是戰國時代的意識，而必非春秋時代的意識，其所用的名詞亦復如是，這是很顯明的晚出的證據。

我前讀呂氏春秋，見其中多用老子詞語，但未嘗一稱『老子曰』或『道德經曰』，曾疑此等語都是當時習用的詞語，含有成語及諺語的性質的，到了作老子時乃結集在這部書裏。去年曾向適之先生道之，先生不以為然，謂安知非因老子一書習熟於人口，遂像諺語一般的使用呢。當時亦無以相難。今年寒假，省親來杭，適值日寇肆虐，杭州甚感壓迫，未敢離親北返，因乞假留此，取呂氏春秋讀了幾遍，又取荀子，淮南子等證之，益自信從前設想的不誤。現在寫出此文，以待商榷。

我們從呂氏春秋中去考察老子，應先認明兩點。其一，本書的作者是很肯引用書的，所引的書是不憚舉出它的名目的。所以書中引的詩和書甚多，易也有，孝經也有，商箴周箴也有，皆列舉其書名。又神農黃帝的話，孔子墨子的話，曾子，李子，愼子，詹子，惠子，莊子，子華子的話都有，亦皆列舉其人名。試以黃帝語為例：

黃帝言曰，『聲禁重，色禁重，衣禁重，香禁重，味禁重，室禁重』。（去私）

黃帝曰，『帝無常處也，有處乃無處也』。（圜道）

嘗得學黃帝之所以誨顓頊矣，『爰有大圜在上，大矩在下；汝能法之，為民父母』。（序意）

黃帝曰，『芒芒昧昧，因天之威，與元同氣』。（應同）

嫫母執乎黃帝，黃帝曰，『厲女德而弗忘，與女正而弗衰，雖惡奚傷！』（遇合）

黃帝曰，『四時之不正也，正五穀而已矣』。（審時）

這種『去甚去奢』和『法天地』等旨趣，完全與今老子相合，當是戰國時道家的話。按漢書藝文志諸子篇道家中有『黃帝四經四篇，黃帝銘六篇，黃帝君臣十篇，雜黃帝五十八篇』，呂氏春秋之作者當取材於此。他們引了這種書而明指爲黃帝之言，可見其對於材料的負責任。又如子華子，是一個不甚著名的人（莊子則陽篇中有個華子，似即是他，他處尚未見過），但他們引用他的話的時候也不肯埋沒他。故云：

子華子曰，『全生爲上，虧生次之，死次之，迫生爲下』。（貴生）

子華子曰，『丘陵成而穴者安矣，大水深淵成而魚鼈安矣，松柏成而塗之人已蔭矣』。（先己）

子華子曰，『王者樂其所以王，亡者亦樂其所以亡』。（誣徒）

子華子曰，『夫亂世之民長短頡頏百疾，民多疾癘，道多褓繈，盲禿傴尪，萬怪皆生』。（明理）

子華子曰，『厚而不博，敬守一事，正性是喜。羣衆不周，而務成一能。盡能既成，四夷乃平。惟彼天符，不周而周』。（知度）

呂氏春秋的作者這樣地鄭重，不因他的無名而忽略了記載，使我們在千載之下還能見得這一位主張全生養性的學說的人物，實在不能不感謝他們的不勦說，不蔽善的好意。

第二點，當本書著作時代，老聃在學術界中的崇高的地位已被人確認了（我們雖不知道他是什麼時代的人，但我們可以說，在墨子孟子的時代，他在學術界中是沒有地位的），他作孔子的老師的傳說也發生了（我們雖不知道這個傳說是什麼時候發生的，但我們可以說，在墨子孟子的時代，這個傳說還沒有發生）。茲將本書中提及老聃（或老耽）的五條錄下：

荊人有遺弓者而不肯索，曰，『荊人遺之，荊人得之，又何索焉！』孔子聞之曰，『去其「荊」而可矣！』老聃聞之曰，『去其「人」而可矣！』故老聃則至公矣！（貴公）

孔子學於老聃，孟蘇，夔靖叔。（當染）

外有所重者，泄蓋內掘，……老聃則得之矣。（去尤）

故聖人聽於無聲，視於無形，詹何，田子方，老耽是也。（重言）

老耽貴柔。（不二）

讀此，可見在本書作者的觀念中，確以老子爲春秋時的人，爲孔子所從學，其品格則與詹何田子方相似的。

呂氏春秋的作者旣肯明舉其所引的書名和人名，又承認了老子在學術界中的地位，則在這兩個前提之下，我們可以推知，他們如果引用了老子的話，也必當舉出老子的書名。縱然因老子一書流傳已久，有成爲諺語的可能，不必一一舉出書名，但在這樣一部大書裏，如果稱引得多了，也必會露出些引用的痕跡來。 不信，請看淮南子。

當淮南子著作時代，正是黃老之言最占勢力的時候，故引用老子的地方非常多。 例如原道一篇，即以老子中語組織成文。 故云：

原流泉浡，沖而徐盈。 混混滑滑，濁而徐淸。……已彫已琢，還反於樸。…… 夫太上之道生萬物而不有，成化像而弗宰。…… 忽兮怳兮，不可以爲象兮。 怳兮忽兮，用不屈兮。…… 以其無爭於萬物也，故莫敢與之爭。……

夫善游者溺，善騎者墮：各以其所好，反自爲禍。…… 故得道者志弱而事强，心虛而應當。……是故欲剛者必以柔守之，欲强者必以弱保之。…… 故兵强則滅，木强則折。…… 是故柔弱者生之幹也，而堅强者死之徒也。……

這樣地把老子的文辭，成語和主義融化在作者自己的文章之中，而不一稱『老子曰』，也是可有的事。 然而他寫到後來，吐出一句：

故老聃之言曰，『天下至柔馳騁天下之至堅。 出於無有，入於無間，吾是以知無爲之有益』。

則他的引用老子終於自己宣布出來了。 又如齊俗，旣說了：

性失然後貴仁，道失然後貴義，是故仁義立而道德遷矣，禮義飾則純樸散矣。

故高下之相傾也，短脩之相形也，亦明矣，

暗用了老子的話，但亦說：

故老子曰『不尙賢』者，言不致魚於水，沈鳥於淵，

仍明用了。 以彼例此，可見呂氏春秋的作者如果因老子一書太通行，可以融化在自己的文章裏而不指明，也必會於無意中流露出一點痕跡來，像淮南子一樣。

現在我們即用此標準來審察呂氏春秋中所錄的老子的詞語及其意義與老子絕相類的。 老子書中，其言雜出，大致

可析爲三部分：一爲論道，二爲修身，三爲治民。今先就論道方面把這兩書比較。

呂書貴公云，『天地大矣，生而弗子，成而弗有；萬物皆被其利而莫知其所由始』。又審分云，『全乎萬物而不宰，澤被天下而莫知其所自始』。此與老子二章所云『萬物作焉而不辭，生而不有，爲而不恃』，十章所云『生之畜之，生而不有，爲而不恃，長而不宰』（五十一章略同），三十四章所云『大道氾兮其可左右，萬物恃之而生而不辭，功成不名有，衣養萬物而不爲主』同。

論人云，『凡彼萬形，得一後成。……故知知一則復歸於樸』。此與老子三十九章所云『萬物得一以生』及二十八章所云『常德乃足，復歸於樸』同。

大樂云，『道也者，視之不見，聽之不聞，不可爲狀。有知不見之見，不聞之聞，無狀之狀者，則幾於知之矣。道也者，至精也，不可爲形，不可爲名，彊爲之〔名〕，謂之太一』。此與老子十四章所云『視之不見名曰夷，聽之不聞名曰希，……是謂無狀之狀，無物之象；是謂惚恍。能知古始，是謂道紀』，及二十五章所云『有物混成，先天地生，……吾不知其名，字之曰道，强爲之名曰大』者同。

樂成云，『大智不形，大器晚成，大音希聲』。此與老子四十一章所云『大器晚成，大音希聲，大象無形』者同。

似順云，『事多似倒而順，多似順而倒。有知順之爲倒，倒之爲順者，則可與言化矣。至長反短，至短反長，天之道也』。此與老子四十章所云『反者道之動』，七十八章所云『正言若反』，六十五章所云『玄德深矣遠矣，與物反矣，然後乃至大順』，二章所云『天下皆知美之爲美，斯惡已；皆知善之爲善，斯不善已。故有無相生，難易相成，長短相形，高下相傾』者同。

制樂云，『故禍兮福之所倚，福兮禍之所伏。聖人所獨見，衆人焉知其極』。此與老子五十八章所云『禍兮福之所倚，福兮禍之所伏。孰知其極，其無正』同。

情欲云，『秋早寒則冬必煗矣，春多雨則夏必旱矣。天地不能兩，而況於人類乎！』愼大云，『飄風暴雨，日中不須臾』。此與老子二十三章所云『飄風不終朝，驟雨不終日。孰爲此者？天地。天地尚不能久，而況於人乎！』同。

再就修身方面看。

貴生云，『天下，重物也，而不以害其生，又況於它物乎！惟不以天下害其生者也，可以託天下』。此與老子十三章所云『故貴以身爲天下，若可寄天下；愛以身爲天下，若可託天下』者同。

用衆云，『醜不能，惡不知，病矣。不醜不能，不惡不知，尙矣』。此與老子七十一章所云『知不知，上；不知知，病』者同。至別類云，『知不知，上矣。過者之患，不知而自以爲知』，則上句逕用老子之文了。

大樂云，『故知一則明，明兩則狂』。此與老子二十二章所云『少則得，多則惑，是以聖人抱一爲天下式』同。

尊師云，『且天生人也而使其耳可以聞；不學，其聞不若聾。使其目可以見；不學，其見不若盲。使其口可以言；不學，其言不若爽。使其心可以知；不學，其知不若狂』。任數云，『何以知其聾，以其耳之聰也。何以知其盲，以其目之明也。何以知其狂，以其言之當也』。這一個腔調，與老子十二章所云『五色令人目盲，五音令人耳聾，五味令人口爽，馳騁畋獵令人心發狂』甚相似。至序意所云『夫私視使目盲，私聽使耳聾，私慮使心狂』，尤與老子義合。

先己云，『凡事之本必先治身，嗇其大寶』。情欲云，『論早定則知早嗇，知早嗇則精不竭』。此與老子五十九章所云『治人事天莫若嗇；夫惟嗇，是謂早服，早服謂之重積德』者義合。

先己云，『故欲勝人者必先自勝，欲知人者必先自知』。此與老子三十三章所云『知人者智，自知者明。勝人者有力，自勝者强』相近。又自知云，『存亡安危勿求於外，務在自知。……敗莫大於不自知』，亦與此同義。

論人云，『太上反諸己，其次求諸人。其索之彌遠者其推之彌疏，其求之彌彊者失之彌遠』。先己云，『不出於門戶而天下治者，其惟知反於己身者乎！』此與老子四十七章所云『不出戶，知天下；不窺牖，見天道。其出彌遠，其知彌少』者義合。小變老子之文，不言出於老子，猶可言也。至於君守云，『故曰，不出於戶而知天下，不窺於牖而知天道。其出彌遠者其知彌少』，則逕用老子的話了，但只言『故曰』而不言其出於老子。

任數云，『去聽無以聞則聰，去視無以見則明』。此與老子二十二章所云『不自見故明』及二十四章『自見者不明』義合。

先己云，『五帝先道而後德，故德莫盛焉』。任數云『至仁忘仁，至德不德』。此與老子三十八章『上德不德，是以有德。下德不失德，是以無德。上德無爲而無以爲，……上仁爲之而無以爲』義合。

精諭云，『故至言去言，至爲無爲』。此與老子四十八章云『爲道日損，損之又損以至於無爲』義合。

博志云，『用智徧者無遂功，天之數也。故天子不處全，不處極，不處盈。全則必缺，極則必反，盈則必虧』。必已云，『成則毀，大則衰，廉則剉，尊則虧，直則骫，合則離，愛則隳』。此均與老子二十二章『曲則全，枉則直，窪則盈，敝則新，少則得，多則惑』義合，文亦相似。

至於描寫得道之人，兩書亦甚相類。老子書中有兩段，其十五章云：

> 古之善爲士者，微妙玄通，深不可識。夫惟不可識，故强之爲容：豫焉若冬涉川；猶兮若畏四鄰；儼兮其若客；渙兮若冰之將釋；敦兮其若樸；曠兮其若谷；混兮其若濁。

其二十章云：

> 衆人熙熙，如享太牢，如春登臺；我獨泊兮其未兆，如嬰兒之未孩，儽儽兮若無所歸。衆人皆有餘而我獨若遺；我愚人之心也哉，沌沌兮。俗人昭昭，我獨昏昏。俗人察察，我獨悶悶。澹兮其若海，飂兮若無止。衆人皆有以而我獨頑似鄙。

呂氏書中亦有兩段。其士容云：

> 士不偏不黨，柔而堅，虛而實。其狀朖然不儇，若失其一。……故君子之容，純乎其若鍾山之玉，桔乎其若陵上之木，淳淳乎謹愼畏化而不肯自足，乾乾乎取舍不悅而心甚素樸。

其下賢云：

> 得道之人，……貇乎其誠自有也，覺乎其不疑有以也，桀乎其必不渝移也，循乎其與陰陽化也，悤悤乎其心之堅固也，空空乎其不爲巧故也，迷乎其志氣之遠也，昏乎其深而不測也，確乎其節之不庳也，就就乎其不肯自是，鵠乎其羞用智慮也，假乎其輕俗誹譽也。

這四段文字，不但意義差同，即文體亦甚相同，形容詞及其形容的姿態亦甚相同，惟助詞則老子用『兮』，呂書用『乎』爲異，大約這是方言的關係。

更就治民方面看。

貴公云，『昔先聖王之治天下也必先公，公則天下平矣』。這與老子十六章『公乃王』義合。

愼大云，『惟不藏也，可以守至藏』。此與老子八十一章『聖人不積，……旣以與人己愈多』義合。

君守云，『君名（原作『民』，依高注改）孤寡而不可障塞』。此與老子三十九章『侯王自謂孤寡不穀，此非以賤為本邪』義合。

君守云，『故善為君者無識；其次無事。有識則有不備矣，有事則有不恢矣』。任數云，『君道無知無為而賢於有知有為』。此均與老子十章『愛民治國，能無知乎？明白四達，能無為乎』義合。

君守云，『得道者必靜，靜者無知，……可以言君道也』。又云，『既靜而又寧，可以為天下正』。任數云，『無言無思，靜以待時；時至而應，心暇者勝』。此與老子三十七章『道常無為而無不為，侯王若能守之，萬物將自化。……不欲以靜，天下將自定』，五十七章『我好靜而民自正』，及四十五章『躁勝寒，靜勝熱，清靜為天下正』之義均合。

任數云，『無唱有和，無先有隨』。審應云，『凡主有識，言不欲先。人唱我和，人先我隨』。此與老子四十九章云『聖人無常心，以百姓心為心』，六十九章云『吾不敢為主而為客』，七章云，『聖人後其身而身先』，六十七章云『我有三寶，……三曰不敢為天下先』義合。

慎勢云，『以重使輕，從』。此與老子二十六章『重為輕根，……是以聖人終日行不離輜重』義合。

不二云，『一則治，異則亂。一則安，異則危』。執一云，『王者執一而萬物正』。有度云，『先王不能盡知，執一而萬物治』。為欲云，『執一者，至貴也』。此與老子三十九章『侯王得一以為天下貞』，二十二章『少則得，多則惑，是以聖人抱一以為天下式』義合。

知度云，『故有道之主，因而不為，責而不詔，去想去意，靜虛以待，不伐之言，不奪之事』。有度云，『正則靜，靜則清明，清明則虛，虛則無為而無不為也』。分職云，『夫君也者，處虛素服而無智，故能使眾智也；……能執無為，故能使眾為也』。此與老子十六章『致虛極，守靜篤；萬物並作，吾以觀復』，十七章『悠兮其貴言，功成事遂，百姓皆謂我自然』，四十八章『損之又損以至於無為，無為而無不為』義合。

行論云，『詩曰，「將欲毀之，必重累之。將欲踣之，必高舉之」』。這兩句詩實在和老子三十六章太吻合了！那章云，『將欲歙之，必固張之。將欲弱之，必固强之。將欲廢之，必固與之。將欲奪之，必固與之』。

以上的政治主張全屬理論，還可說是偶然相合。至於他們實際的計畫拿來一比較，眞覺得更相像了。按老子的政治計畫，積極方面是『重農』，故云：

聖人之治，虛其心，實其腹。（三章）

我獨異於人而貴食母。（二十章）

天下有道，卻走馬以糞。（四十六章。糞，糞田也。）

田甚蕪，倉甚虛，………財貨有餘，是謂盜夸，非道也哉！（五十三章）

它因為重農，所以要去掉害農的兵亂和苛政，故云：

師之所處，荊棘生焉。（三十章）

天下無道，戎馬生於郊。（四十六章）

民之饑，以其上食稅之多，是以饑。民之難治，以其上之有為，是以難治。民之輕死，以其上求生之厚，是以輕死。（七十五章）

其消極方面的政治計畫，是『愚民』。故云：

古之善為道者，非以明民，將以愚之。民之難治，以其智多。（六十五章）

不尚賢，使民不爭。不貴難得之貨，使民不為盜。不見可欲，使民心不亂。是以聖人之治，虛其心，實其腹；弱其志，強其骨：常使民無知無欲，使夫智者不敢為也。（三章）

絕聖棄智，民利百倍。絕仁棄義，民復孝慈。絕巧棄利，盜賊無有。此三者以為文不足，故令有所屬，見素抱樸，少私寡欲。（十九章）

天下多忌諱而民彌貧。民多利器，國家滋昏。人多伎巧，奇物滋起。法令滋彰，盜賊多有。（五十七章）

在這重農與愚民的兩個主張之下，它理想的社會是：

小國寡民。使有什伯之器而不用。使民重死而不遠徙。雖有舟輿，無所乘之。使人復結繩而用之。甘其食，美其服，安其居，樂其俗。鄰國相望，雞犬之聲相聞，民至老死不相往來。（八十章）

懂得了老子的宗旨，再來看呂氏書，則知度云：

至治之世，其民不好空言虛辭，不好淫學流說，賢不肖各反其質，行其情，不雕其素，蒙厚純樸以事其上，

不即是老子的『虛心弱志』，『見素抱樸』之義嗎？上農云：

古先聖王之所以導其民者，先務於農。民農非徒為地利，貴其志也。民農則樸，樸則易用，易用則邊境安，主位尊。民農則重，重則少私義，少私義則公法立，力專一。民農則其產復，其產復則重徙，重徙則死其處而無二慮。

這不是發揮重農說嗎？所謂『重徙』，不即是老子的『使民重死而不遠徙』嗎？上農接着說：

民舍本而事末則其產約，其產約則輕遷徙，輕遷徙則國家有患，皆有遠志，無有居心。 民舍本而事末則好智，好智則多詐，多詐則巧法令，以是爲非，以非爲是。

這又不是發揮愚民說嗎？ 它不欲民有遠志，不即是老子的『弱其志』嗎？ 它不欲民之好智以至多詐，以至巧法令，不即是老子十九章和五十七章之說嗎？ 至於戰事，雖因義兵之可以救民而不主廢，但『師之所處，必生棘楚』一句話已在應同篇裏說出來了。

呂氏春秋的作者用了老子的文詞和大義這等多，簡直把五千言的三分之二都吸收進去了，但始終不曾吐出這是取材於老子的，他們何以慎重於子華子等人而輕忽於這位道家的宗主呢？ 這是一個很有研究價值的問題。

以上許多類似老子的話，在呂氏書中大抵作直敘的口氣，認爲作者自己的文章的。 只有兩條，以引用的方式出之。 其一：

故曰，『不出於戶而知天下，不窺於牖而知天道。其出彌遠者其知彌少』。(君守)

其二：

詩曰，『將欲毀之，必重累之。 將欲踣之，必高舉之』。(行論)

這一稱『故曰』，一稱『詩曰』，足見其先於呂書而存在。

按呂書中稱『故曰』者凡十八條，上德篇一條云：

故曰，『德之速疾乎以郵傳命』。

這句話分明即是孟子公孫丑篇的

孔子曰，『德之流行，速於置郵而傳命』

的一句話，此所謂『故曰』即是引的孔子之言。(這句話不見於論語，但可視爲傳說的孔子之言而已。) 照此看來，也許『不出於戶而知天下』一語即是引的老子之言。 但是，不是呂氏春秋的作者的話是一件事，是不是老子的話又是一件事，我們不能因爲它不是作者的話便算是老子的話，安知作者不因這一句是習用的諺語，或者是流行於學術界中的格言，順手拈來，以不易指實其人之故，遂稱之曰『故曰』呢？

至於『詩曰』，普通都指詩三百篇。 可是，『將欲毀之』這二句是三百篇裏所沒有的。 高誘注本書，以其旣稱『詩曰』而又不見於三百篇，故注云，『詩，逸詩也』，見得這詩是給孔子刪掉的。 但這個斷案，我們能信任嗎？ 試再看一個例。 本書原亂篇云：

故詩曰，『毋過亂門』，所以遠之也。

這是同樣地不見於三百篇而給高誘注爲『逸詩也』的。然而左傳昭十九年記子產的話也有這樣一句，郤云：

諺曰，『無過亂門』。民有亂兵，猶憚過之。

可見這句話本是『諺』而非『詩』。呂氏書的作者所以稱之爲詩，或是誤記，或因其尚有上下文，是一種協韻的句子，因而目之爲詩，均未可知。即此可推『將欲毀之』這二句，是戰國人所作的詩，或那時所通用的諺，因它有韻，亦稱之爲詩，本來與詩經毫無關係的。

看了這些證據，我們可以說，『不出於戶而知天下』的『故曰』和『將欲毀之，必重累之』的『詩曰』，認爲呂氏春秋著作時代通用的成語，則其理由甚充足；若認爲取自老子，那是犯了以後證前的成見。我們可以說，在呂氏春秋一書中，雖到處碰見和老子相類的詞句，但尋不出一點它的引用老子的痕跡。

於是我們可以作一個大膽的假設：在呂氏春秋著作時代，還沒有今本老子存在。

試再就荀子看。荀子是戰國末年的一個儒家大師，當然主張仁義。但當他的時代已不容他不進而言『道』了，所以他的書裏很多講到道的地方。如：

何謂衡？曰，道。故心不可以不知道；心不知道則不可道而可非道。(解蔽)

道者，古今之正權也。離道而內自擇，則不知禍福之所託。(正名)

所謂大聖者，知通乎大道。……大道者，所以變化遂成萬物也。(哀公)

因爲他講道，所以他也主張退讓。宥坐篇云：

孔子喟然而嘆曰，『吁，惡有滿而不覆者哉！』子路曰，『敢問持滿有道乎？』孔子曰，『聰明聖知，守之以愚。功被天下，守之以讓。勇力撫世，守之以怯。富有四海，守之以謙。此所謂挹而損之之道也』。

這不即是老子的『持而盈之，不如其已』(九章)及『知其雄，守其雌』(二十八章)那一套嗎？因爲他講道，所以他也主張虛靜。解蔽篇云：

人何以知道？曰，心。心何以知？曰，虛壹而靜。心未嘗不臧也，然而有所謂虛。心未嘗不滿也，然而有所謂一。心未嘗不動也，然而有所謂靜。……虛壹而靜，謂之大淸明。……昔者舜之治天下也，不以事詔而萬物成。處一之危，其榮滿側。養一之微，榮矣而未知。故道經曰，『人心之危，道心之微』。危微之幾，惟明君子而後知之。

試看所謂『虛』，所謂『一』，所謂『靜』，哪一個不是老子裏的名詞。至於他引的道經，是一個極可注意的書名，留在下面再論。

他在儒效篇裏寫的聖人的樣子，文體亦極與呂書和老子寫的得道之人相像：

井井兮其有理也，嚴嚴兮其敬己也，分分兮其有終始也，猒猒兮其能長久也，樂樂兮其執道不殆也，炤炤兮其用知之明也，脩脩兮其用統類之行也，綏綏兮其有文章也，熙熙兮其樂人之臧也，隱隱兮其恐人之不當也：如是則可謂聖人矣。

他的形容詞的助詞不用『乎』而用『兮』，更和老子接近了。

又其賦篇中雲賦云：

忽兮其極之遠也，攭兮其相逐而反也，卬卬兮天下之咸蹇也。德厚而不捐，五采備而成文。往來惽憊，通于大神。出入甚極，莫知其門。天下失之則滅，得之則存。

此等文辭實與老子同其型式，即此可以推知老子一書是用賦體寫出的；然而賦體固是戰國之末的新興文體呵！

此外，荀子之文和義與老子類同的尚甚多，略舉如下：

君子云，『不矜矣，夫故天下不與爭能』。此即老子『不自矜故長，夫唯不爭，故天下莫能與之爭』（二十二章）也。

勸學云，『蹞步而不休，跛鼈千里；累土而不輟，丘山崇成』。此即老子『九層之臺起於累土；千里之行始於足下』（六十四章）也。

又云，『目不兩視而明，耳不兩聽而聰，……故君子結於一也』。此即老子『少則得，多則惑，是以聖人抱一為天下式』也。

不苟云，『君子至德，嘿然而諭，未施而親，不怒而威』。此即老子『悠兮其貴言，功成事遂，百姓皆謂我自然』（十七章）也。又勸學云，『無冥冥之志者無昭昭之明，無惛惛之事者無赫赫之功』，亦此義。

不苟云，『君子寬而不僈，廉而不劌』。法行云，『廉而不劌，行也』。榮辱云，『廉而不見貴者，劌也』。此即老子『聖人方而不割，廉而不劌』（五十八章）也。

榮辱云，『察察而殘者，忮也』。此即老子『其政察察，其民缺缺』（五十八章）也。

天論云，『其行曲治，其養曲適，其生不傷，夫是之謂知天。故大巧在所不爲，大智在所不慮』。此即老子『曲則全』(二十二章)及『大巧若拙，大辯若訥』(四十五章)也。

正名云，『權不正，則禍託於欲而人以爲福，福託於惡而人以爲禍，此亦人之所以惑於禍福也』。此即老子『禍兮福之所倚，福兮禍之所伏。孰知其極，其無正。正復爲奇，善復爲妖。人之迷其日固久』(五十八章)也。

更就其所用名詞及仂語觀之：

『公』這一個字，古書中只用作制度的名詞(如公侯，公田等)，沒有用作道德的名詞的(如公忠，公義等)。呂書有貴公篇，又有『淸淨以公』(審分)等句，足見這是戰國時新成立的道德名詞。荀子與呂書同其時代，故書中言『公』的也很多。如『公生明』(不苟)，『聽斷公』(榮辱)，『志忍私，然後能公，……公脩而才，……志安公』(儒效)，『公平者職之衡也』(王制)，『人主不公，人臣不忠』(王霸)，『公道達而私門塞矣，公義明而私事息矣』(君道)，『然而求卿相輔佐則獨不若是其公也』(君道)，『致忠而公』(臣道)，『旁辟曲私之屬爲之化而公』(議兵)，『上公正則下易直矣』(正論)，『公正無私』(賦篇)，皆是。可見此種道德在荀子時最重視，以爲人君所尤不可少的。老子言『容乃公，公乃王』(十六章)，正與此同。

又如『玄』字，從前只作顏色解(如玄天，玄黃)，而在老子中則以狀微妙之道。故云『玄之又玄，衆妙之門』(一章)，『生而不有，爲而不恃，長而不宰，是謂玄德』(十章，五十一章)，『微妙玄通，深不可識』(十五章)，『玄德深矣遠矣，與物反矣』(六十五章)。荀子中亦用之，故云，『上周密則下疑玄矣，……疑玄則難一』(正論)，『交喻異物，名實玄紐』(正名)。雖所用與老子有殊，然其解作幽隱難知固相同也。

『長生久視』，是一甚後起之詞。呂書重己云，『無賢不肖莫不欲長生久視』。荀子榮辱亦言『孝弟原慤，……是庶人之所以取煖衣飽食，長生久視，以免於刑戮也』。而老子五十九章云，『重積德則無不克，無不克則莫知其極，……是謂深根固柢長生久視之道』。

『取天下』，亦是一甚後起之詞。呂書先己云，『湯問於伊尹曰，「欲取天下若何？」伊尹對曰，「欲取天下，天下不可取。可取，身將先取」』。荀子王制亦言『古之人有以一國取天下者』。又王霸云，『百里之地可以取天下。……取天下者非負其土地而從之之謂也，道足以壹人而已矣』。又榮辱云，『志意致修，德行致厚，智慮致明，是天子之所以取天下也』。而老子二十九章云，『將欲取天下而爲之，吾見其不得已』，五十七章云，『以無事取天下』，四十八章云，『取天下常以無事；及其有事，不足以取天下』。

荀子賦篇云，『明白純粹而無疵也』。　而老子十章云，『滌除玄覽，能無疵乎？……明白四達，能無爲乎？』

荀子君子云，『有而不有也，夫故爲天下貴矣』。　而老子五十六章云，『不可得而親，不可得而疏，……故爲天下貴』。

凡此種種，皆足證明荀子之時代與老子之時代極相近，故其名詞同，其仂語同，其文體亦同。　又因二者的時代極相近，故學術家派雖不同而思想則終有一部分絕相類的。荀子的著作時代是我們所知道的，然則老子的著作時代我們雖不知道，亦可因荀子而推知了。

我甚疑老子一書非一人之言，亦非一時之作，而由於若干時代的積累而成。　換言之，此書實有擷取各家學說之精英(即具有格言性的)，集合爲一書之可能。　其結集之期，大約早則在戰國之末，否則在西漢之初。　因其與呂氏春秋及荀子的著作時代相近，故其時代意識亦最相近。　我們看了上邊的比較材料，不必說呂荀勦襲老子，也不必說老子勦襲呂荀。　他們吸着同樣的空氣，受着同樣的刺戟，雖主張不必盡同，但其有一部分的相同實爲自然的趨勢。

我們先就老子本書看。　在本書中，很可尋出作者的援用故言的痕跡。　如：

> 曲則全，枉則直，……古之所謂『曲則全』者豈虛言哉，誠全而歸之。(二十二章)

他已說明了『曲則全』一句是『古之所謂』而不是作者自己的話了。　又如：

> 下士聞道大笑之，不笑不足以爲道。　故建言有之，『明道若昧，進道若退，夷道若纇』。(四十一章)

則『明道若昧』以下三句爲昔人所建之言，作者也說明了。又：

> 天下多忌諱而民彌貧；民多利器，國家滋昏。……故聖人云，『我無爲而民自化，我好靜而民自正，我無事而民自富，我無欲而民自樸』。(五十七章)

這章稱所引之言爲『聖人云』，當是彼時學術界中的權威者。可惜他沒有說明是哪一個。　又：

> 弱之勝强，柔之勝剛。……　是以聖人云，『受國之垢，是謂社稷主。　受國不祥，是爲天下王』。　正言若反。(七十八章)

也是引了聖人的話以證成己說的，末了還對於這話加上了一句『正言若反』的評語。　這聖人爲誰雖未說明，但把莊子天下篇合看，則即是老聃。 天下云：

老聃曰，「知其雄，守其雌，爲天下谿。 知其白，守其辱，爲天下谷」。 人皆取先，己獨取後，曰，「受天下之垢」。

這足以證明老子的二十八章及七十八章都是出於老聃的。除此一證之外，荀子天論所謂「老子有見於詘，無見於信(伸)」，呂書不二所謂「老耽貴柔」，均足證成此義。 如作老子者竟稱老聃爲聖人，則老聃必非老子的作者也可知了。又：

用兵有言，「吾不敢爲主而爲客，不敢進寸而退尺」。

(六十九章)

這是引兵家言入本書的最顯明的證據。 此兵家爲誰雖不可知，但看不二云：

王廖貴先，兒良貴後。

高誘注云：

王廖謀兵事，貴先建策也。 兒良作兵謀，貴後。

那麼，這句兵家之言恐即是兒良的話吧？ 漢書藝文志兵書權謀中有『兒良一篇』，惜不傳了。 不然，這是不難證實的。

從以上五則裏，可知老子一書不是由一個人憑着自己的思想寫出來的，它的成分很複雜：有聖人之言，有兵家之言，有古代遺留之言。 只爲老子一書是格言式的韻文而非長篇論文，不必處處寫出其所引據，所以其餘諸章的來歷就不易查察了。 可是，我們若肯用力，終可以尋出些淵源來。 例如三十六章：

將欲歙之，必固張之。 將欲弱之，必固强之，……

作者雖沒有說明是從哪裏引來的，但淮南兵略則云：

故用兵之道，示之以柔而迎之以剛，示之以弱而乘之以强，爲之以歙而應之以張，

可見亦是出於兵家的。 又六十三章有

報怨以德

一語，而論語憲問有下列一章：

或曰，「以德報怨，何如？」 子曰，「何以報德！以直報怨，以德報德」。

則此句乃是取自論語的。 倘使不然，則或人之問本是一句成語，自春秋傳至戰國，在春秋時爲或人所取，在戰國時則爲老子的作者所取。 或者因此有人提出反駁，說：安知或人之問不即是老子的話，足以證明老子之先於論語呢？ 我將答說：老子所帶的戰國色彩，太濃重了。 在沒有道破這破綻以前，大家不向這方面想，以爲老子既爲孔子之師，老

子當然在論語之前。　現在既道破了，則把這兩書合讀，誰是春秋的，誰是戰國的，一見就分明，已無從作掩飾。　這兩書的比較，也是將來一件必做的工作，但非本文所討論。現在所要說的，就是：『以德報怨』一語既說是老子的，爲什麼或人之問不稱老子以問，孔子的答也不舉老子以答呢？論語的話儘有甚似老子的，如顏淵篇中季康子的三問：

季康子問政於孔子，孔子對曰，『政者，正也。子帥以正，孰敢不正！』

季康子患盜，問於孔子。　孔子對曰，『苟子之不欲，雖賞之不竊！』

季康子問政於孔子，曰，『如殺無道以就有道，何如？』　孔子對曰，『子爲政，焉用殺！　子欲善而民善矣。　君子之德風，小人之德草；草上之風必偃』。

這與老子上的：

以正治國。………　我無爲而民自化，我好靜而民自正，……我無欲而民自樸。（五十七章）

民不畏死，奈何以死懼之！（七十四章）

民之難治，以其上之有爲，是以難治。　民之輕死，以其上求生之厚，是以輕死（七十五章）

何等相像！　但依據傳說，老子既是孔子之師，孔子爲什麼不稱師說以對呢？　老子的話，孔子反對的既不稱師，即贊成的亦不稱師，他們師弟的關係不亦太可憐了嗎？　所以這幾條，若不是老子的作者承襲孔子的見解，就是他們的思想偶然相合。　如把時代倒轉，以爲孔子可以看到老子，讀到老子，則『靜』呵，『樸』呵，這些精微的字眼何以不見於論語，甚至不見於孟子呢？

我說老子是戰國末年或是西漢初年的著作，並且是擷取各家說而成的，這是一個很大的問題，決不能在這篇文字中得一定論。　現在把我對於道家成立的經過的見解作一簡單的敘述，開一討論的頭，並爲老子著作時代作一旁證。

『道家』這個名詞，我們從漢人的書裏看得慣了，以爲是先於儒家而存在的，在戰國時是儒墨道三家鼎足而立的。其實，這完全是錯覺。　春秋時何嘗有道家！　戰國時何嘗有旗幟分明的鼎峙的三家！　莊子天下篇只說『百家之學』只說『天下之治方術者』。　荀子非十二子篇只說『飾邪說，文姦言』的『六說』和『十二子』。　呂氏春秋不二篇只舉十個『天下之豪士』。　若言其成派的，則呂書當染篇云：

此二士（孔子，墨子）者，無爵位以顯人，無賞祿以利人。與天下之顯榮者，必稱此二士也。皆死久矣，從屬彌衆，弟子彌豐，充滿天下。王公大人從而顯之，有愛子弟者隨而學之，無時乏絕。

下又歷舉其傳授系統云：

子貢，子夏，曾子學於孔子。田子方學於子貢。段干木學於子夏。吳起學於曾子。禽滑釐學於墨子。許犯學於禽滑釐。田繫學於許犯。

它爲什麼不加進老子而爲三士，又爲什麼不以莊，列，關尹等算作老子的後學呢？韓非子顯學篇道之更明：

世之顯學，儒墨也。儒之所至，孔丘也。墨之所至，墨翟也。自孔子之死也，有子張之儒，有子思之儒，有顏氏之儒，有孟氏之儒，有漆雕氏之儒，有仲梁氏之儒，有孫氏之儒，有樂正氏之儒。自墨子之死也，有相里氏之墨，有相夫氏之墨，有鄧陵氏之墨。

韓非已是戰國末年的人了，但他舉出『世之顯學』還只有儒墨二家，再有一個道家到了哪裏去了？儒之分爲八，墨之離爲三，正可見其因勢力的廣大而分裂，正如今日大黨之下之有小組一樣。如果莊列關尹們都是老子學派之下的小組，是其勢力也甚大了，爲什麼還不得列於『顯學』呢？即此可知先秦學派只有儒墨是最盛大的學派，此外是許多小派，而老聃，莊，列，關尹們便是這些小派的宗主，他們並沒有統屬的關係。

大家看到這裏，或者要疑惑，以爲老聃，莊，列，關尹都是講『道』的，爲什麼不該視爲同派呢？我說：一個人的思想和他所用的術語，固然受支配於學派，但亦受支配於時代。在春秋時，無論是晉國的叔向，鄭國的子產，吳國的季札，魯國的孔子，總是道『禮』。到戰國前期，無論是墨家的墨子，儒家的孟子，總是道『仁義』。到了戰國後期，不必說莊列們講『道』，就是儒家的荀子也講『道』了。道，何嘗是一個學派，乃是某一時代中通用的一個術語呵！

懂得了這一義，再來看天下，不二，非十二子諸篇，就更明白了。不二云：

老耽貴柔。孔子貴仁。墨翟貴廉。關尹貴清。子列子貴虛。陳駢貴齊。陽生貴己。……

孔子之後儒分爲八，墨子之後墨離爲三，何嘗無大儒與鉅子崛起其間，但不二篇就不數了，以爲提了他們的領袖孔子墨翟就足以賅括了。如果老聃確是道家的祖師，那麼關尹以下也就不必提了，爲什麼還要一一列舉呢？依照後來的眼光看，『清』，『虛』，『齊』，『己』諸義正是道家的法寶，而且在老子中都尋得出類同的詞句的，爲什麼要與老聃分道揚鑣呢？天下篇裏說得更清楚：

> 公而不當，易而無私，決然無主，趣物而不兩，不顧於慮，不謀於知，於物無擇，與之俱往：古之道術有在於是者，彭蒙，田駢，慎到聞其風而悅之。
>
> 以本爲精，以物爲粗，以有積爲不足，澹然獨與神明居：古之道術有在於是者，關尹老聃聞其風而悅之。
>
> 芴漠無形，變化無常，死與生與，天地竝與，神明往與，芒乎何之，忽乎何適，萬物畢羅，莫足以歸：古之道術有在於是者，莊周聞其風而悅之。

這些話裡，所云『古之道術』雖未必可信，然田駢，慎到，莊周們不與老聃同在一個學派之下，這一個意思已非常明白。就是關尹，雖和老聃同叙，但在下面分述二人的說話時就顯出其不同：

> 關尹曰，『在己無居，形物自著。其動若水，其靜若鏡，其應若響。芴乎若亡，寂乎若清。……』
>
> 老聃曰，『知其雄，守其雌，爲天下谿。知其白，守其辱，爲天下谷』。……

兩兩相較，仍然是不二所言『老耽貴柔，關尹貴清』，他們的宗旨並不能恰合，不過比了別家還算相近，所以天下把他們記在一起而已。若眞如傳說所言，關尹是老子的弟子，則但云『老聃聞其風而悅之』即已足矣，何必更在『老聃』之上加一『關尹』？且即使有意並舉，則老聃師也，關尹弟也，亦當如上面『墨翟，禽滑釐』之例而云『老聃，關尹』；何以稱其人，舉其語，都顚倒了他們的次第呢？大概關尹爲老聃弟子之說，即以兩家學說較近，常給人並稱所致；而老子過關著書的傳說，亦即是由『關尹』這個名字上生發出來的。

戰國既沒有道家，漢代的道家是突然起來的嗎？那也不是。漢代的道家即是老聃，關尹，慎到，田駢，列禦寇，莊周一班小派醞釀而成的，老子一書則是這班小派的主義和格言的集合體：這是我的假定。

崔述在洙泗考信錄(卷一)中曾大膽提出一個問題，說老子一書皆楊朱的學說。文云：

> 老聃之學，經傳未有言者；獨戴記曾子問篇孔子論禮頻及之，然亦非有詭言異論如世俗所傳云云也。戰國之時，楊墨並起，皆託古人以自尊其說。儒者方崇孔子，爲楊氏說者因託諸老聃以詘老子。儒者

方崇堯舜，爲楊氏說者因託諸黃帝以詘堯舜。……今史記所載之老聃之言，皆楊朱之說耳。……

道德五千言者，不知何人所作，要必楊朱之徒之所僞託，猶之乎言兵者之以陰符託之黃帝，六韜託之太公也。…… 是以孟子但距楊墨，不距黃老，爲黃老之說者非黃老，皆楊氏也，猶之乎不闢神農而闢許行也。 如使其說果出老聃，老聃在楊墨前，孟子何以反無一言闢之而獨歸罪於楊朱乎？ 秦漢以降，其說益盛。 人但知爲黃老而不復知其出於楊氏，遂有以楊墨爲已衰者；亦有尊黃老之說而仍闢楊墨者。揚子雲云，『古者楊墨塞路，孟子辭而闢之，廓如也』。 蓋皆不知世所傳爲黃老之言者即爲我之說也。 自是儒者遂舍楊朱而以老聃爲異端之魁，嗚呼，寃矣！

他毫無憑據，就斷定老聃之言即楊朱之說，自嫌鹵莽。 近年如唐擘黃先生（鉞），即起駁之。 但我以爲這一段文字頗能給我們一些暗示。 第一，他謂道德五千言不知何人所作而託之老聃。 第二，他說孟子但距楊墨而不距黃老。第三，他說黃老之言即爲我之說。 第四，他說自楊朱託黃老而老聃乃代楊朱爲異端之魁。 這四點，都是老聃和老子的新問題。 可惜他自己沒有證明。現在我試替他證一下。

自晉人用了他們的頹廢思想作成了楊朱篇放在僞列子裏之後，楊朱的面目使人錯認了千餘年了。 其實，這種淫於酒色，縱情任性的見解，『貴己』的楊朱正與它背道而馳。

楊朱的時代及其學說，記載苦少。 孟子盡心上云：

孟子曰，『楊子取爲我，拔一毛而利天下，不爲也。……』

這是大家最熟記的材料。 但這話說得太簡單，究竟楊朱如何爲我，不易明白。 韓非顯學篇則說得詳細些：

今有人於此，義不入危城，不處軍旅，不以天下大利易其脛一毛。 世主必從而禮之，貴其智而高其行，以爲輕物重生之士也。

這就說得明白，所謂『爲我』即是『輕物重生』，所謂『利天下不爲』乃是雖利之以天下而猶不肯爲（單看孟子之文，必誤解爲『以之利天下』，而不知實爲『利之以天下』，與下墨子之『摩頂放踵利天下』有異）。 他義不入危城，不處軍旅，則是反對戰爭的。 他看得生命很重，不願爲外物而傷其生，故不貪一切的利益。 這原是很正當的主張呵！

關於楊朱的最重要的記載，是淮南氾論裏的一段，把他的時代及其學說的由來都說明了：

夫弦歌鼓舞以爲樂，盤旋揖讓以修禮，厚葬久喪以送死，孔子之所立也，而墨子非之。兼愛，尚賢，右鬼，非命，墨子之所立也，而楊子非之。全生保眞，不以物累形，楊子之所立也，而孟子非之。

這段文字告知我們：孔子太貴族化了，所以平民化的墨子起來對他反動一下；墨子過於向外發展而忘卻了自己了，所以向內發展的楊子又起來對他反動一下；楊子又流入個人主義了，所以志切救民的孟子又起來反對他了。孔子，墨子，楊子，孟子，都不是並世的人，他們正各各代表一個時代。楊朱何嘗縱恣情性，他乃是一個『全生保眞，不以物累形』的篤厚君子。墨子書今存，我們拿它和孟子比較，覺得孟子和墨子的相同過於其和論語的相同，因知他雖是痛闢墨子，但因時代的接近，救民於水火之念的迫切，實際上已做了墨子的信徒，不過在墨與儒衝突的地方(如三年之喪等)則捨墨而從儒罷了。楊朱的書今不傳，無從與孟子作比較，但即就此鱗爪觀之，我深疑孟子所謂『不動心』，『善養吾浩然之氣』『存其心，養其性』等義即是從楊朱方面來的。這雖是一個無法證實的假設，但孟子生當墨楊之後，親見其外內的牴牾而欲調和之，也是一件可能的事。

和孟子同時而欲調和墨楊二家的，今得二人。其一是子莫。孟子盡心說：

孟子曰，『楊子取爲我，拔一毛而利天下，不爲也。墨子兼愛，摩頂放踵利天下，爲之。子莫執中。執中爲近之。執中無權，猶執一也。所惡執一者，爲其賊道也，舉一而廢百也』。

楊墨各走極端而子莫執其中，很分明他是一個主張調和內心與外物的。可惜子莫是誰，已無從知道。趙岐注云，『魯之賢人也』，也不過是一個隨便的揣測。孟子說『執中爲近之』，可見他也贊成調和；只是他要加上一個有權的條件。(如何爲有權，他未講明。) 又可見他原不是根本反對楊墨，只是嫌其『舉一而廢百』，要補偏救弊罷了。後人因了孟子書裏有過分的謾罵，就以爲楊墨是了不得的壞人，可謂不善讀書呵！

還有一個主張調和楊墨的人，是宋鈃。孟子告子下云：

宋牼將至楚，孟子遇於石丘，曰，『先生將何之？』曰，『吾聞秦楚構兵，我將見楚王說而罷之。楚王不悅，我將見秦王說而罷之。二王，我將有所遇焉』。……

這完全是墨子救宋的精神。所以墨子非攻，他也主張不鬬。荀子正論篇云：

> 子宋子曰，「明見侮之不辱，使人不鬬。人皆以見侮爲辱，故鬬也。知見侮之爲不辱，則不鬬矣」。

韓非子顯學篇云：

> 宋榮子之議，設不鬬爭，取不隨仇，不羞囹圄，見侮不辱。世主以爲寬而禮之。

不過他的主張和墨子的比較，歸宿雖同而動機則異。墨子非攻的動機，由於戰爭的不仁不義與其不中天鬼人之利；他則以侮爲不足辱，侮既不辱自然消息了爭鬬之心。即此可見他們的立場有外內的不同。如何可對於別人的侮視作不辱呢？他主張減少情欲，且說人的情欲本來是不多的，因爲情欲既少，看外物就淡泊了，別人的侮辱算得了什麼呢。荀子正論云：

> 子宋子曰，「人之情欲寡，而皆以己之情欲爲多，是過也」。故率其羣徒，辨其談說，明其譬稱，將使人知情欲之寡也。

這不是「全生保眞，不以物累形」的楊朱之說嗎？所以他的學說，很分明地以楊朱之說治身而以墨子之說救世。天下篇云：

> 以禁攻寢兵爲外；以情欲寡淺爲內。

他的調和楊墨的宗旨，這兩句裏說得再清楚沒有了。天下又云：

> 不累於俗，不飾於物，不苟於人，不忮於衆，願天下之安寧以活民命，人我之養畢足而止，以此白心：古之道術有在於是者，宋鈃尹文聞其風而悅之。

這一段裏講的，也是前半爲楊朱說，後半爲墨子說。楊朱的後學者雖不易考，但宋鈃們的變化了他的學說而延長其生命，這是一件可以確定的事實。（尹文的主張「見侮不鬬」，見呂氏春秋正名。）

拿宋鈃的主張來看老子，則「以道佐人主者不以兵强天下」(三十章)，「夫佳兵者不祥之器」(三十一章)，禁攻寢兵也。「不貴難得之貨」(三章)，「五色令人目盲」(十二章)，「見素抱樸，少私寡欲」(十九章)，情欲寡淺也。老子的禁攻寢兵，正和宋鈃一樣，是由內發而非由外鑠的。

此外，張楊朱之說的，還有詹何。呂氏春秋審爲篇云：

> 中山公子牟謂詹子曰，「身在江海之上，心居乎魏闕之下，奈何？」詹子曰，「重生。重生則輕利」。

中山公子牟曰，『雖知之，猶不能自勝也』。詹子曰，『不能自勝則縱之，(縱之)，神無惡乎？ 不能自勝而强不縱者，此之謂重傷。 重傷之人無壽類矣！』(莊子讓王文同，『詹子』作『瞻子』。)

此中山公子牟，高誘注云，『魏公子也，作書四篇。魏伐得中山，以邑子牟，因曰中山公子牟也』。 如其說，是即魏牟。 荀子云：

縱情性，安恣睢，禽獸之行，不足以合文通治，……是它囂魏牟也。(非十二子)

則魏牟乃是提倡縱恣情性的，與楊朱的重生貴己適相反。(僞列子的楊朱篇若送與魏牟，倒覺得很適合。) 因此，詹子以『重生』，『輕利』，『自勝』勸之。 這三義都見於老子書。『貴以身爲天下，……愛以身爲天下』(十三章)，重生也。『名與身孰親，身與貨孰多』(四十四章)，輕利也。『自勝者强，……强行者有志』(三十三章)，自勝也。

詹子名何。 呂書重言云：

故聖人聽於無聲，視於無形，詹何，田子方，老耽是也。

他和老耽田子方並列爲聖人，可見其在當時學術界中的地位之高。 呂書執一篇中還有一段關於詹何的事實及其評語：

楚王問爲國於詹子。 詹子對曰，『何聞爲身，不聞爲國』。 詹子豈以國可無爲哉！ 以爲爲國之本在於爲身，身爲而家爲，家爲而國爲，國爲而天下爲。故曰，以身爲家，以家爲國，以國爲天下：此四者異位同本。 故聖人之事，廣之則極宇宙，窮日月，約之則無出乎身者也。

可見這班重生的人並非不要國家，乃因國家的基礎在於身，故以修身爲起點。 呂書的作者在評語中這樣地推重詹何，可知詹何是這一派的重要人物。

與詹何抱同樣宗旨的，是子華子。 子華子的事實今已不詳 (通行的子華子當然是僞書，程本當然是僞名 。 呂書貴生篇中錄其語云：

全生爲上，虧生次之，死次之，迫生爲下。

又加以說明云：

所謂尊生者，全生之謂。 所謂全生者，六欲皆得其宜也。 所謂虧生者，六欲分得其宜也。…… 所謂死者，無有所以知復其未生也。 所謂迫生者，六欲莫得其宜也，服是也，辱是也。 辱莫大於不義，故不義迫生也，而迫生非獨不義也，故曰迫生不若死。

我們即此可見主張重生的人，不是一味想活，卻是要活得好；所謂活得好，也不在物質的享用上，而在於精神的安慰，故以行不義爲大辱。他們覺得，與其行不義而生，不如就義而死。這何嘗是頹廢的人生觀！可憐的楊朱，一受孟子的罵，再爲晉人所僞，他根本被人誤解了！審爲篇中又記子華子的一段事：

韓魏相與爭侵地。子華子見昭釐侯，昭釐侯有憂色。子華子曰，『今使天下書銘於君之前，書之曰，「左手攫之則右手廢，右手攫之則左手廢，然而攫之者必有天下」。君將攫之乎，亡其不與？』昭釐侯曰，『寡人不攫也』。子華子曰，『甚善。自是觀之，兩臂重於天下也。身又重於兩臂。韓之輕於天下遠，今之所爭者其輕於韓又遠。君固愁身傷生以憂之，戚不得也』。昭釐侯曰，『善！……』

（莊子讓王文同。）

這即是韓非所謂『不以天下大利易其脛一毛』的意思。子華子的言行如此，當然是楊朱的嫡系。

孟子時，『楊墨之言盈天下』，楊朱的學說確曾一度與儒墨分庭抗禮。只恨戰國文獻過於缺佚，無從見其終始本末。所幸者，呂氏春秋裏還把這派的學說保存了許多，如本生，重己，貴生，情欲，盡數，審爲諸篇皆是。我們要明瞭楊朱一派的學說，尚有這一點眞實的材料可得。

老聃固然不是楊朱的一派，但他生在這種重己貴生的空氣裏（這是我的假定，理由詳下），當然會得受到影響。他的學說似與宋鈃的『見侮不辱，使人不鬥』最相近。不二說『老耽貴柔』，是一明證。天下說得更清楚：

老聃曰，『知其雄，守其雌，爲天下谿。知其白，守其辱，爲天下谷』。人皆取先，己獨取後，曰，『受天下之垢』。人皆取實，己獨取虛。無藏也故有餘，巋然而有餘。……人皆求福，己獨曲全，曰，『苟免於咎』。以深爲根，以約爲紀，曰，『堅則毀矣，銳則挫矣』。常寬容於物，不削於人。

讀此，可知老聃的主張完全在謙退和濡弱方面。因爲只有這樣，纔可使別人無法對付。好像一個炸彈落在棉花上，就不會爆發。於是他得以曲全，得以免咎了。老子書中，像這類的話甚多，如：

大白若辱。（四十一章）

天下之至柔馳騁天下之至堅。（四十三章）

堅强者死之徒，柔弱者生之徒（七十六章）

皆是。這等話皆可信其眞出於老聃。他和楊朱一派不同的地方，是那一派只講目的，故以重生爲重生，而他則專講手段，以柔弱爲重生。所以他說，『反者道之動，弱者道之用』(四十章)。他和宋鈃一派不同的地方，是宋鈃的見侮不辱，認他人之侮與我無損，不必理他；而老聃的見解則以爲他人之侮雖與我有損，但我正可用了不理他的手段而獲得最後的勝利。這是他的利害處，也即是他比楊朱宋鈃們進步處。若不是楊朱宋鈃們提倡重生非鬥於先，已有若干時的醞釀，他也不會突然想出這種方法來。我之所以假定老聃生在楊朱宋鈃之後者，即以此故。

如果我這假定不誤，孟子當然見不到生在他後面的老聃，當然只能罵那早出世的楊朱；而老聃與楊朱也確有淵源可尋，雖不能如崔述所云『老聃之言皆楊朱之說』，卻也可說老聃的話中含有楊朱的成分了。

老聃創造了這種學說之後，如何發展，已無材料可證。按漢志有黃帝銘六篇，今已亡。王應麟漢書藝文志考證云：

皇覽記陰謀言黃帝金人器銘，金人銘蓋六篇之一也。

金人銘見於說苑敬愼篇，後轉錄於孔子家語觀周篇，其下半云：

彊梁者不得其死；好勝者必遇其敵。盜憎主人；民怨其上。君子知天下之不可上也，故下之。知衆人之不可先也，故後之。温恭愼德，使人慕之。執雌守下，人莫踰之。人皆趨彼，我獨守此。人皆惑之，我獨不徙。內藏我智，不示人技。我雖尊高，人弗我害。誰能於此？江海雖左，長於百川，以其卑也。天道無親，而能下人。戒之哉！

這完全是天下篇所載的老聃的學說，何以數千年前的黃帝已先與之同呢？由此可以推知，老聃學說的擴張當是倚靠了黃帝的偶像，自謂『黃帝之道術有在於是者，老聃聞其風而悅之』，於是人們的信仰便被他激起了。故漢志又云：

黃帝君臣十篇：起六國時，與老子相似也，

而我們在呂氏書中所見之黃帝語也塗了甚厚的老子色彩。到了漢初，『黃老』一名就成立了。考黃帝的列入古史系統，論語，墨子，孟子皆未言，而始見於鄒衍的終始大聖之篇(見史記孟子荀卿列傳)。鄒衍生世已當戰國後期，其時黃帝的偶像初立。過了些時，至戰國之末，則雖以『必定堯舜』爲愚誣的韓非也不能不稱黃帝了。淮南脩務云：

世俗之人多尊古而賤今，故爲道者必託之於神農黃帝而後能入說。亂世闇主高遠其所從來，因而貴之。爲學者蔽於論而尊其所聞，相與危坐而稱之，正領而誦之。

老聃一派人看黃帝正在得勢的時候，趕緊把他拉住，作推行自己學說的招牌，遂得世主學者的尊崇，因而取得高超的地位，這是很可能的事情。既以黃帝爲師，又以孔子爲弟子，而老聃的地位益高，其時代亦遂移前，不作戰國人了，這也是很可能的事情。於是而『黃老』成了不解緣了，於是而老聃教訓孔子的故事層出不窮了，於是而學術思想推演的線索弄亂了，於是而楊朱一派的地位全給老聃取而代之了！

這是我對於老聃問題的一個基本的假定。

儒墨注重的是外物。楊朱矯之，注重的是身和生。老聃更進一步，研究如何可以獲得全生保身的實效的方法。但以戰國文化的燦爛，大家殫智竭慮地尋求新生命，當然更有進於此者。於是又到了一個新境界，討論心和知識的關係和知識的眞實問題。首先向這方面走的，似乎是關尹。關尹的事實也不能詳，說他爲老聃的弟子，恐和說孔子爲老聃弟子一樣的不可靠。記他的學說最詳的，也只有天下篇（世所傳的關尹子出於僞造，久有定論）：

關尹曰，『在己無居，形物自著。其動若水，其靜若鏡，其應若響。芴乎若亡，寂乎若淸。同焉者和，得焉者失。未嘗先人而常隨人』。

他的主義是虛心應物，要外物的眞相一一在我心映現，而不把私欲去擾亂它。因爲這個緣故，所以他不設成見，常隨人而不先人。他和老聃不同處，老聃要不傷身，他要不傷知；老聃是寬容萬物，他是鑑照萬物。所同的，只是『不先人而隨人』而已。天下篇把他們二人合在一起，不詳其故。至於評論他們的話，云：

建之以常無有，主之以太一，以濡弱謙下爲表，以空虛不毀萬物爲實，

這除了『主之以太一』一句不易解釋外，其『以濡弱謙下爲表』是老聃的，『建之以常無有』，『以空虛不毀萬物爲實』是關尹的。

和關尹學說相近的，是列子。列子的書也不傳，只有不二所云『子列子貴虛』一語是最簡要的評語。就這『虛』字看，實與關尹的『在己無居』及『空虛不毀萬物』無異。但不二卻把他們二人分爲二家，自當不同。惜兩家著述均不可見，無從證明了。（呂書審己云，『子列子常射中矣，請之於關尹子』，莊子達生亦有關尹教子列子的話，似關尹爲列子之師，但不知可信否。）

老聃以貴柔之故，常以『谿』『谷』喻處世之術，與關列的

空虛相類。老子書中，如：

致虛極，守靜篤。萬物並作，吾以觀復。夫物芸芸，各復歸其根。歸根曰靜，是謂復命。復命曰常。知常曰明。(十六章)

這和關尹的『在己無居，形物自著』的意義絕似。又如：

道，冲而用之或不盈，淵兮似萬物之宗。挫其銳，解其紛。和其光，同其塵。湛兮似或存。(四章)

亦與關尹的『芴乎若亡』及『同焉者和』諸義相近。恐怕老子書中亦有關尹們的成分在內吧？

關尹雖虛，只是不設成見而已，他還要有知識。比他更進一步的，是彭蒙，田駢，愼到一班人，他們不要有知識，不要有是非。天下說：

彭蒙之師曰，『古之道人，至於莫之是，莫之非而已矣』。

又說：

田駢……學於彭蒙，得不教焉。

這就是老子所謂『不言之教』了。天下講愼到最詳細：

愼到棄知去己而緣不得已，冷汰於物以爲道理。曰，知不知，將薄知而後鄰傷之者也。謑髁無任，而笑天下之尙賢也。縱脫無行，而非天下之大聖。……舍是與非，苟可以免，不師知慮，不知前後，魏然而已矣。推而後行，曳而後往，若飄風之還，若羽之旋，若磨石之隧，全而無非，動靜無過，未嘗有罪。是何故？夫無知之物，無建己之患，無用知之累，是以終身無譽。故曰，至於若無知之物而已，無用賢聖，夫塊不失道。豪桀相與笑之曰，『愼到之道非生人之行而至死人之理，適得怪焉！』

他不要全生保身而要『去己』，他不要鑑照萬物而要『棄知』。他以爲去了己，然後『無建己之患』；棄了知，然後『無用知之累』。他不要賢人，不要聖人，只要像磨石一般成個『無知之物』。他不但要超出儒墨的是非之爭，連關尹老聃的『未嘗先人而常隨人』的見解也要撇開，故云『不知前後，魏然而已矣』。自從楊朱立了重內輕外的主張以來，一路地變，變到了愼到，眞澈底了，不能更進了。因爲他向了出世的路走，所以那時人笑他爲『非生人之行而至死人之理』。

關於愼到，傅斯年先生有一很重要的發見。他覺得天下篇中所云『棄知去己』，『舍是與非』，『塊不失道』等義均與莊子齊物論相合，而『齊萬物以爲首』一語簡直把齊物論的篇名也揭了出來了。這是四年前他在談話中所發表的。

那時容肇祖先生亦舉一證以證成之。他說，『史記孟子荀卿列傳中說，「愼到，趙人，……著十二論」，齊物名「論」，即是十二篇之一』。他們的見解都是極精確的。按呂書不二言『陳駢貴齊』，陳駢即田駢，亦是齊物論作於他們那一派的證據。齊物論之所以放在莊子裏，或者是漢人的誤編，或者是經過莊子之徒的改竄。看篇末有莊周夢爲胡蝶的事，或以改竄爲近情。否則愼子是莊子之後的人，故可記及莊子。（天下篇非莊周作，言者已甚多，故其中不妨說到愼到。）現在就把齊物論證天下篇的愼到說。

愼到的棄知，是要使人知道自己的無知，不强不知以爲知，故云『知不知』。天下篇曾記一惠施的故事，云：

> 南方有畸人焉，曰黃繚，問天地所以不墜不陷，風雨雷霆之故。惠施不辭而應，不慮而對，徧爲萬物說，說而不休，多而無已；猶以爲寡，益之以怪。

這强不知以爲知，是愼到所最反對的，故齊物論云：

> 六合之外，聖人存而不論。六合之內，聖人論而不議。春秋經世，先王之志，聖人議而不辯。故分也者有不分也，辯也者有不辯也。…… 故知止其所不知，至矣。

又假王倪之言暢陳智識之不可恃，云：

> 齧缺問乎王倪曰，『子知物之所同是乎？』曰，『吾惡乎知之！』『子知子之所不知邪？』曰，『吾惡乎知之！』『然則物無知邪？』曰，『吾惡乎知之！雖然，嘗試言之。庸詎知吾所謂知之非不知邪？庸詎知吾所謂不知之非知邪？且吾嘗試問乎女：民溼寢則腰疾偏死，鰌然乎哉；木處則惴慄恂懼，猨猴然乎哉：三者孰知正處？民食芻豢，麋鹿食薦，蝍且甘帶，鴟鴉耆鼠：四者孰知正味？…… 自我觀之，仁義之端，是非之塗，樊然殽亂，吾惡能知其辯！』

他以爲絕對正確的智識是得不到的，世間的是非都出於個人的喜怒而無客觀的眞實，所以他要『舍是與非』。他假託長梧子言道：

> 既使我與若辯矣，若勝我，我不若勝，若果是也，我果非也邪？我勝若，若不吾勝，我果是也，而果非也邪？其或是也，其或非也邪？其俱是也，其俱非也邪？我與若不能相知也，則人固受其黮闇，吾誰使正之？使同乎若者正之，既與若同矣，惡能正之？使同乎我者正之，既同乎我矣，惡能正之？使異乎我與若者正之，既異乎我與若矣，惡能正之？……然則我與若與人俱不能知也，而待彼也邪？

因爲他深感到世間沒有眞理，而世人卻汲汲皇皇地尋求眞理，使得愈會欺人的愈受民衆的推尊，所以他要『笑尙賢』，『非大聖』。齊物論云：

故有儒墨之是非，以是其所非而非其所是。……彼亦一是非，此亦一是非。果且有彼是乎哉，果且無彼是乎哉？

他什麼都看破了，感到人生的無意義，把自己看成塊然的一物。故齊物論開頭就說南郭子綦隱儿而坐，嗒焉似喪其偶。顏成子游問他道：

何居乎？形固可使如槁木而心固可使如死灰乎？

他的形狀竟像槁木死灰一般，那眞是『非生人之行而至死人之理』了。下述子綦之言云，『今者吾喪我』，這不是愼到的『去己』嗎？既不知生之足樂，自不知死之足悲，故假長梧子言云：

予惡乎知說生之非惑邪？予惡乎知惡死之非弱喪而不知歸者邪？……予惡乎知夫死者不悔始之蘄生乎？……丘也與女皆夢也；予謂女夢亦夢也。

說到這樣再有什麼話可說。自楊朱的愛生，竟變爲愼到的待盡，這是當時想不到的轉變，也是戰國時思想自由的結果。但既發展到了盡頭，前面無路可走，從此以後也只有向後轉了！

莊周，今有莊子一書可據，似可說爲材料最豐富的。但此中問題甚多，外篇和雜篇早給人懷疑；就是內篇，近亦知其中有愼到的文字了。所以材料雖多，究竟眞出於莊周的有多少，是還待考證的。就說內篇中除了齊物論都是莊周的，則我們可以說，莊周的思想極與愼到相近，這或者即是二家之書錯合在一起的原因。慎到之學，棄知去己；莊周亦然。今先錄其去己說的一斑：

女偊……曰，『……吾猶守而告之，參日而後能外天下。已外天下矣，吾又守之七日而後能外物。已外物矣，吾又守之九日而後能外生。……』（大宗師）

子桑戶，孟子反，子琴張三人相與爲友。……子桑戶死，未葬。……或編曲，或鼓琴，相和而歌曰，『嗟來桑戶乎，嗟來桑戶乎，而已反其眞而我猶爲人猗！』……孔子曰，『彼遊方之外者也，而丘遊方之內者也。……彼以生爲附贅縣疣，以死爲決疣潰癰。……』（同）

至於棄智方面：

南海之帝爲儵，北海之帝爲忽，中央之帝爲渾沌。儵與忽……謀報渾沌之德，曰，『人皆有七竅以

> 視聽食息，此獨無有。嘗試鑿之！」日鑿一竅，七日而渾沌死。（應帝王）
>
> 顏回曰，『墮枝體，黜聰明，離形去知，同於大通，此謂坐忘』。（大宗師）
>
> 德蕩乎名，知出乎爭。名也者相札也，知也者爭之器也。二者凶器，非所以盡行也。（人間世）

這類的話，書中很多，使人疑二家之說完全一致。但看莊子天下篇，荀子解蔽篇都把他們二人分開講，似必有其不同之點在。這只得待將來的徐加分析了。

現在所要研究的，是：老子一書究有哪些是與愼到莊周的學說相類的？說到這事，我們立刻可以想到，他們的出世思想全不見於老子書，而棄知一義則屢屢道及。最顯明的，『知不知』爲愼到之語，而見於七十一章。愼到『笑天下之尚賢』，而老子亦『不尚賢』。愼到『非天下之大聖』，而老子亦『絕聖棄智』。更以齊物論證之：論云，『知止其所不知，至矣』，即老子『知不知，上』也。論云，『辯也者有不見也，……大辯不言』，即老子『善者不辯，辯者不善』（八十一章）也。『以無用爲用』一義，莊子中道之最多，如逍遙遊中大瓠五石，大樹擁腫之喻，人間世中櫟社見夢，商丘大木之喩都是，而老子中亦言『無之以爲用』（十一章）。莊子中好言畸人，如支離疏，支離無脤，王駘，申徒嘉等皆以喪足殘形之人克盡天年，克全其道德，而老子中亦言『廣德若不足，建德若偸，質眞若渝』（四十一章）。養生主記庖丁解牛，謂『臣以神遇而不以目視，官知止而神欲行，依乎天理，批大郤，導大窾，因其固然，技經肯綮之未嘗』，而老子中亦言『以輔萬物之自然而不敢爲』（六十四章）及『功成事遂，百姓皆謂我自然』（十七章）。

這樣細細比較，老莊二書意義相同的當然還有許多。但最主要的，則是『齊物』的中心思想。齊物論的大義，是說宇宙的本體無差別相，故云：

> 天下莫大於秋豪之末而大山爲小，莫壽於殤子而彭祖爲夭。天地與我並生，而萬物與我爲一。

這是所謂『天鈞』。但一出了天鈞，其差別相就顯現了，故云：

> 既已爲一矣，且得有言乎！既已謂之一矣，且得無言乎！一與言爲二，二與一爲三，自此以往，巧曆不能得，而況其凡乎！

但是有道的人應當超出了現象而觀其本體，故云：

> 爲是舉莛與楹，厲與西施，恢恑憰怪，道通爲一。其分也成也；其成也毀也。凡物無成與毀，復通爲

一。唯達者知通爲一。

現在拿這個意思來看老子第一二章，則『常道』，『常名』，『玄之又玄，衆妙之門』，本體也。『可道之道』，『可名之名』，『天下皆知美之爲美，善之爲善』，現象也。『常無欲以觀其妙，常有欲以觀其徼』，『有無相生，難易相成，長短相較，高下相傾，音聲相和，前後相隨』，達者之觀物也。秋水篇云，『萬物一齊，孰短孰長，……消息盈虛，終則有始』，這不是說明老子之言即齊物之旨嗎？

老子首章以『道』與『名』並舉，齊物論則以『道』與『言』並舉，言即名也。論云，『道惡乎往而不存，言惡乎存而不可』，這即是老子的『常道』和『常名』。論云，『道惡乎隱而有眞僞，言惡乎隱而有是非』，又云，『道隱於小成，言隱於榮華』，這即是老子的『道可道，非常道；名可名，非常名』。

論云，『夫道未始有封，言未始有常』，又云，『孰知不言之辯，不道之道？若有能知此之謂天府』，這即是老子的『無名天地之始』。至其自無名以至有名，論中道之甚詳：

有『始』也者，有未始『有始』也者，有未始有夫『未始有始』也者。有『有』也者，有『無』也者，有未始『有無』也者，有未始有夫『未始有無』也者。俄而有『無』矣，而未知有無之果孰有孰無也。今我則已有謂矣。……

又云：

古之人其有所至矣。惡乎至？有以爲未始有物者，至矣盡矣，不可以加矣。其次以爲有物矣，而未始有封也。其次以爲有封焉而未始有是非也。是非之彰也，道之所以虧也。

因爲『天下萬物生於有，有生於無』（老子四十章），而『無』又生於『未始有夫「未始有無」』，故聖人要向這盡頭處看它的妙。因爲萬物既生，往而不返，既立封畛，復彰是非，故聖人又要向那一盡頭處看去，看它們到底得到什麼歸宿（徼）。因爲聖人不忍使它們永以是非長短相激盪，所以要使它『歸根復命』。論云：

何謂和之以天倪？曰，是不是，然不然。是若果是也則是之，異乎不是也亦無辯。然若果然也則然之，異乎不然亦無辯。化聲之相待，若其不相待。和之以天倪，因之以曼衍，所以窮年也。忘年忘義，振於無竟，故寓諸無竟。

這是齊物論中的致用之術，即大宗師所記的『坐忘』之說，而亦即老子所云『此兩者同出而異名，同謂之玄，玄之又玄，衆妙之門』也。

老子首二章的思想和方術，與齊物論相同若此，這必非偶然的事。依照從前人的見解，莊子爲老子的後學者，莊子一書自有襲用老子的可能。但到了現在，則我們已從種種戰國的材料裏知道老聃與莊周不屬一派，且不到戰國後期也決不會發生齊物論一類的高妙的思想。孔子時的老聃固然談不到此，即楊朱宋鈃後的老聃也談不到此。而且還有一個證據足以證明他們二人的不同道。養生主云：

> 老聃死，秦失弔之，三號而出。弟子曰，『非夫子之友耶？』曰，『然』。『然則弔焉若此可乎？』曰，『然。始也吾以爲其人也，而今非也。向吾入而弔焉，有老者哭之如哭其子，少者哭之如哭其母。彼其所以會之，必有不蘄言而言，不蘄哭而哭者。是遁天倍情，忘其所受。古者謂之遁天之刑。……』

養生主若確是莊子的書，則他以『遁天』稱老聃，其不足於老聃者亦甚矣（莊子則陽篇以『遁其天』與『離其性，滅其情，亡其神』同列），還能算他們是同一派嗎？還能說莊子承老子之學嗎？他們既沒有師承的關係，而其書中的意義乃這樣地相像：這不是老子出於莊子之後的證據嗎？

老子中，以齊物論的思想作成的文字放在開頭，書中又屢作反知識的議論，足見作者對於愼到莊周們的學說的重視。我們可以大膽說，不到戰國後期是不會這樣的。

大約就在那個時候吧，出來了一部道經。這個名詞，與墨家的墨經合看，見得當時有成立一個道家的可能。若與儒家的孝經合看，就見得這個『道』字差不多已成爲某一派人的標幟了。這一部經久已亡佚，只在荀子解蔽篇裏留下兩句：

> 人心之危，道心之微。

藉此可知這經的作者把心分作兩種：一種是屬於人的，應當戒懼，一種是屬於道的，應當葆養；好像後來宋儒把心性劈做天理人欲兩部分一樣。這當然是提出了心的問題後已入精密分析的時代所說的話。荀子讀到這部書，所以受到它的影響。性惡篇云：

> 今人之性，生而有好利焉；順是，故爭奪生而辭讓亡焉。生而有疾惡焉；順是，故殘賊生而忠信亡焉。生而有耳目之欲，有好聲色焉；順是，故淫亂生而禮義文理亡焉。然則從人之性，順人之情，必出於爭奪，合於犯分亂理而歸於暴。

這裏所說的人之性，人之情，就是道經裏的人心。因爲人心是易爲嗜欲所制的，所以荀子便立性惡之說了。解蔽篇云：

> 夫道者體常而盡變，一隅不足以舉之。曲知之人，觀於道之一隅而未之能識也。……夫微者，至人也。……故濁明外景，清明內景。聖人縱其欲，兼其情，而制焉者理矣。

這是說道心不爲衆人所識，惟聖人能有之。聖人縱其欲，兼其情，無往而不與道心相會，好像孔子所說的『從心所欲，不踰矩』。因爲聖人獨具道心，所以性惡篇裏要『聖人化性起僞』了。

用這個意思來看老子，則『不見可欲，使民心不亂』（三章），『馳騁田獵，令人心發狂』（十二章）者，衆人之『人心』也；『心善淵』（八章），『心使氣曰强』（五十五章）者，聖人之『道心』也。又云『聖人無常心，以百姓心爲心，……聖人在天下，歙歙爲天下渾其心』（四十九章）者，聖人之化性也。以道心微不可見，故常以『不見不聞』狀之，又以『無名』『微明』稱之。一章曰，『常無欲以觀其妙』，三十四章曰，『常無欲可名於小』，都是說道心之微而當用微的方法去認識它的。

道經的話這樣地簡鍊，似乎也是一部格言體的書，開老子之先路的。

春秋時，在社會上握權的，都是貴族。到了戰國，平民起來，布衣可以見侯王，立談可以取卿相，遂把貴族階級推翻。這固然是好事，但在社會組織根本變動的時候，當然有許多壞現象出來。那時，大家要學本領，做游士，而不屑從事於農作。因爲相競以智，弄得分門別戶，互相攻擊，而又流入詭辨，名實相亂。這些學派本爲救民而反以害民，本爲保生而反以傷生，成了一個大擾亂的局面。許多人對於這種現象痛心極了，追想平民未參政的時代，社會何等安寧，可見壞事之成都由於智識的灌輸和人民的流動。根本的解決是取消遊士，敎他們歸田務農。這一個見解是戰國末年最普遍的見解。荀子是一個儒家，遊士是儒家提倡起來的，當然維持其傳統之見。但他對於詭辨學者也是十分的痛恨。他在正名篇中既舉出他們的『用名以亂名』，『用實以亂名』，『用名以亂實』三種詭辨的方法，又在儒效篇中論之云：

> 若夫充虛之相施易也，堅白同異之分隔也，是聰耳之所不能聽也，明目之所不得見也，辯士之所不能言也。……而狂惑戇陋之人乃始率其羣徒，辯其談

說，明其辟稱，……夫是之謂上愚！

莊子的胠篋篇不知是什麼人做的，講遊士辯者之害更痛切：

今遂至使民延頸舉踵曰，『某所有賢者』，贏糧而趣之，則內弃其親而外去其主之事，足跡接乎諸侯之境，車軌結乎千里之外：則是上好知之過也！ 上誠好知而無道，則天下大亂矣！ 何以知其然邪？ 夫弓弩畢弋機變之知多，則鳥亂於上矣。…… 知詐漸毒，頡滑堅白，解垢同異之變多，則俗惑於辯矣。故天下每每大亂，罪在於好知。

韓非在五蠹顯學諸篇中既歷指百家言的害事，又提出具體的改革社會的計畫：

故明主之國，無書簡之文，以法為教。 無先王之語，以吏為師。 無私劍之捍，以斬首為勇。 是境內之民，其言談者必軌於法，動作者歸於功，為勇者盡之於軍。 是故，無事則國富，有事則兵強。 此之為王資。

因為這種思想是那時人的公意，故其後遂有秦始皇的焚書坑儒，強制執行。 秦始皇固是摧殘文化，但戰國文化的自身實已走到了結束的境地。 老子中，『絕聖棄智』，『使民重死而不遠徙』，『古之為道者非以明民，將以愚之』諸章，就是在這種時局之下所出現的。

現在，我們對於老子一書可作一個總估計了。

其一，我們可以說，老子一書中包括的時代甚長，上自春秋時的『以德報怨』，下至戰國末的『絕聖棄智』，大約有三百年的歷史。

其二，我們可以說，老子中所包涵的學說甚複雜，自楊朱的貴生，宋鈃的非鬥，老聃的柔弱，關尹的清虛，慎到莊周的棄知去己，戰國末年的重農愚民思想，以及兒良的兵家言，都有。 這一個問題，我們如能研究下去，必可把老子一書的來源分析得很清楚。

其三，我們可以說，『道家』是本來沒有這個東西的。凡是戰國時人後來被人拉做道家的，他們各個之間原沒有相互認做同派。 當戰國時，最占勢力的學派是儒墨，而儒墨都講外面功夫，其弊至於逆物傷性。 凡欲自適其性，內求其心者，對於儒墨皆持反對的論調；然而這一班人的主張初未一致。 至秦漢間，儒墨衰微，於是有人建立道家一名，融合這一班人的主張而樹一新旗幟。 因其已有二百餘年的醞釀，且集合許多小派而成一大派，所以非常的有力量。老子一書就在這時代要求中取得了普遍的信仰。

其四，我們可以說，老聃是楊朱宋鈃後的人，已當戰國的中葉。他以學徒的宣傳，使孔子爲其弟子，而他的生年遂移前；又使黃帝與之同道，而他的學術地位遂益高。但在呂氏春秋中只引黃帝書而不引老子書，在荀子中只引道經而不引道德經，可見當戰國之末還沒有今本老子存在。自秦漢間創設道家，遂集合反儒墨的各家之言而爲老子，此事當出老聃的後學者所爲，書中亦以錄老聃之言爲多，故使老聃獨專其名，於是他乃得兼備各家之長而取得道家中的最尊的地位。

其五，我們可以說，呂氏春秋中，老子的意義幾乎備具，然絕不統屬於老聃；至淮南子中，則老聃的獨尊的地位已確立（道應篇中，引道家之言以斷事，老子得五十三條，愼子莊子各得一條）。老子的成書時代必在此二書之間。考呂書作於秦始皇八年（西元前二三九），見序意篇。淮南書作於何年雖不可詳，但據漢書諸侯王表，他立於文帝十六年（前一六四），死於武帝元狩元年（前一二二），必在此四十二年之中。由此可以推測，老子一書的編成是西元前三世紀下半葉之事，其發展則在西元前二世紀。淮南的原道，道應固是這時代潮流下的作品，即韓非子的解老，喻老，莊子中的外篇，雜篇，亦是這一時代之作。

其六，崔述說，『道德五千言……要必楊朱之徒所爲託』，又以『儒者遂舍楊朱而以老聃爲異端之魁』爲寃，此說雖該修正，而實有其相當的理由。因爲在許多反儒墨的勢力中，楊朱是提出貴生重己的問題最早的一個人，而道德五千言則是集合反儒墨諸家的大成而使老聃居於道家領袖的地位的一部書，他和它確有相當的淵源。現在試繪一圖以明其脈絡。（←攻擊號。 —承襲號。 ……受影響號。）

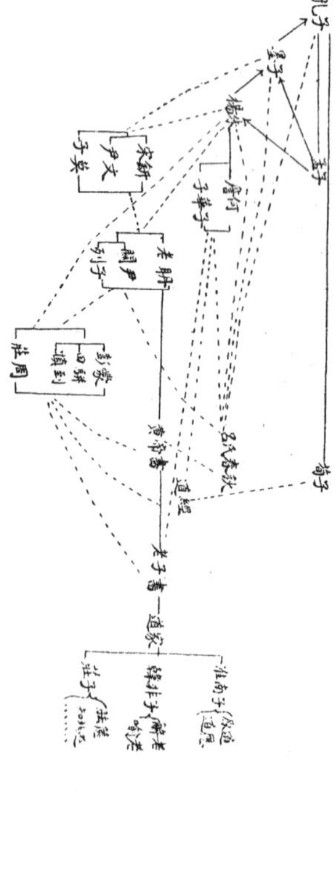

道家的成立以及老子書的來源的問題，蓄在我的心頭已近十年了（見古史辨第一冊上編）。所以不曾寫出者，一來是沒有暇閒，二來是覺得這個問題太大，亦願多隔幾年着手。自來杭州，一書未帶，而浙江圖書館的二十二子容易購讀，遂以一月之力寫成此篇。離開了自己常用的書籍和筆記而作考證文字，這還是第一次。其中有許多但憑記憶，不能詳其卷帙，深恐有誤。且此問題究竟太大，必非一篇文字所能解決。深願讀者對于此篇，以提出問題的眼光讀之，而以嚴正的態度賜之討論。至我自己，當更集材料，合以舊時筆記，一二年中續爲文以論之。

民國二十一年四月二十日，頡剛記於杭州馬坡巷寓所。

中國內地移民史——湖南篇

譚其驤

導言

——何爲而研究中國內地移民史——中國內地移民史史料所從出之文籍——研究中國內地移民史何爲而先以湖南——對於今後全國學術界之企望

上篇　歷史上之陳蹟——當時記載之一鱗半爪

上古秦漢湖南境內民族之推測

六朝時湖南所接受之移民

下篇　今日湖南人之由來——後世追述之整理與統計

章一　以五種方志氏族志表爲據

——方位材料說明——土著——何自而來——各省區之分佈狀態——各省區以內之分佈狀態——申論與解釋——政治的原因——何時來——以代計——以朝計——何時何自而來——本省移民之特殊情形

章二　以二十三種文集並湖南文徵中之族譜序等散篇文字爲據

——材料說明——何自而來——長沙都會之特殊情形——移民區域之劃分——何時而來——二箇異點之說明

章三　結論及其他

——結論五則——湘贛同風——板屋——萬壽宮與天后宮——清初以來湖南人之向外發展

根據書目

道光寶慶府志	清新化鄧顯鶴撰	道光二十九年刊本
湘陰縣圖志	清湘陰郭嵩燾撰	光緒六年刊本
靖州鄉土志	清秀水金蓉鏡纂	光緒三十四年刊本
邵陽縣鄉土志	清邵陽姚炳奎纂	光緒三十三年刊本
武岡州鄉土志	清武岡張德昌纂	光緒三十四年刊本

湖南文徵　清湘潭羅汝懷輯　同治十年刋本
懷麓堂集　明茶陵李東陽著　乾隆壬午刋本
薑齋文集（王船山先生遺集第四十六）　明衡陽王夫之著　同治四年湘鄉曾氏刋本
道榮堂文集　清湘潭陳鵬年著　乾隆壬午詩文集本
知恥齋文集　清湘鄉謝振定著　道光十二年重刋本
陶園全集　清湘澤張九鎮著　道光癸卯重刋本
岣嶁集　清衡山曠敏本著　乾隆四十年刋本
陶莢江集　清安化陶必銓著　嘉慶丙子刋本
墨香閣集　清茶陵彭維新著　道光二年家刋本
陶文毅公全集　清安化陶澍著　道光淮北士民公刋本
秋聲館遺集　清湘潭歐陽勳著　咸豐八年刋本
李文恭公文集　清湘陰李星沅著　同治詩文集本
守默齋雜著　清善化何應祺著　同治辛未刋本
寒香館文鈔　清善化賀熙齡著
胡文忠公全集　清益陽胡林翼著
曾文正公文集（全集第七）　清湘鄉曾國藩著　光緒二年刋本
天岳山館文鈔　清平江李元度著　光緒六年刋本
綠漪草堂全集　清湘潭羅汝懷著　光緒九年家刋本
思益堂集　清長沙周壽昌著　光緒十四年刋本
羅羅山文集　清湘鄉羅澤南著　民國甲子上海會文書局詩文集石印本

柈湖文集　清巴陵吳敏樹著　光緒癸巳刋本
虛受堂文集　清長沙王先謙著　光緒庚子刋本
湘綺樓文集　清長沙王闓運著　光緒庚子全集本
譚瀏陽全集　清瀏陽譚嗣同著　民國上海文明書局排印本

引用書目

詩　書　左傳
史記　漢書　後漢書
晉書　宋書　南齊書
梁書　舊唐書　新唐書
宋史　明史　皇朝通典
大清一統志
康熙十九年瀏陽縣志
康熙四十四年沅陵縣志
同治十年新化縣志
同治十年保靖縣志
同治十二年酃縣志
同治十三年平江縣志
同治十三年永順縣志
光緒三年龍山縣志

光緒五年靖州直隸州志

光緒十九年新寧縣志

民國十二年永順縣風土志

光緒十一年湖南通志

岳陽風土記　宋范致明撰　小石山房叢書本

天下郡國利病書　清顧炎武撰

古微堂內外集　清魏　源著

粵盦詩稿　清歐陽述著

導言

中國內地移民史何爲而作乎？作中國內地移民史之價值爲何若乎？曰：茲史之作，效用至大，舉其要者，厥有三端：

(一)於民族史爲不可缺之主文　中華民國國民漢族居其什九，故述中國民族史，必須以漢族之發展史爲其主要題材，是無庸疑義者也。然近今流行坊間之所謂民族史，每詳記外族之內徙等次要題材，而反置此點於不顧，此誠捨本而逐末也。考其所以然之故，蓋不外有二：其一，誤以爲漢民族自秦漢以來即領有今日之「內地十八省，」以是於上古春秋戰國則略述華夷混合之陳跡，於清季以來則略述漢族關外海外移殖之趨勢，而於秦漢以至於明，全史上最重要之一段，則點墨不染。其二，外族之內徙與夫漢族與異族之交化等事，有各正史上之外國傳蠻夷傳可據，抄襲摘取，即可成書；至云漢族之漸次發展，則史無專載，傳述爲難。以是而雖有知其爲重要者，亦以無米爲炊之故，不得已而仍闕置之。中國內地移民史之研究對象即爲此「內地十八省」境內民族遷徙之跡，故茲史而成，則漢民族何時始實際領有何地可明，何地何時始得列爲「中國」可明。治民族史者乃得有所取材，完美民族史之出現乃可期望，此其效用一也。

(二)於經濟史爲不可缺之旁證　人口移徙之最大動機，厥爲經濟；故經濟的原因爲人口移徙最美善之解釋，而反之人口移徙之跡，又爲經濟史上最美善之旁證也。例如，甲一區域在某時期爲接受移民時期，乙一區域在某時期爲輸出移民時期，則可證在此某時期中，甲區域之農村經濟開發爲後於乙區域。甲一都會在某時期爲接受移民時期，乙一都會在某時期爲輸出移民時期：則可證在此某時期中，甲都會日漸於繁榮，乙都會爲日趨於衰落。某地在甲時期所接受之移民大都爲稼穡耕墾而來，在乙時期所接受之移民大都爲經商服賈而來：則可證在甲時期之某地爲農村經濟社會，至乙時期而進爲商業經濟社會。諸如此類，可舉者尚多。此其爲內地移民史之效用者二也。

（三）於人種學於優生學爲不可缺之論據　人種學考求各種族間本質上之差異，優生學更進而考求何者爲適於生存，應與生存，何者爲不適於生存，不應與生存，此其學皆必須先對於每一種族或某一種族血統之自來有深切之了解而後可以立論不墮也。血統之自來何由而得明？則要惟內地移民史之研究是賴矣。茲史而成，則知今日之甲地人爲昔日之乙地人之後裔，今日之丙地人爲昔日之丁地人戊地人之混合後裔，於是治人種學者方能以今而推古。茲史而成，則知某地在某時曾有何幾地人移入，在某時又曾有何幾等人移入，而存於今者爲何地人何等人之後裔，於是治優生學者方能以此而例彼。諸如此類，可舉者尙多。此其爲內地移民史之效用者三也。

即此三端，是中國內地移民史已不但爲須作，亦且爲亟須作也。世不乏識者，然何以至今未聞有一人嘗作爲此史乎？曰．其故無他，材難是矣！

中國內地移民史史料所從出之文籍，十九非通常之所謂「史籍」，——狹義的史籍，而爲通常讀史者所不注意之史籍以外之文籍。通常所謂史籍者，「正史」「雜史」「野史」之類是也。此類史籍所記每爲有關於政府功令之事情，其無關者，絕無僅有也。移民亦有爲政府功令之所從生而爲史籍所記載者，然此種移民其影響也小，在整個移民史上處於無關緊要之地位，言移民史而但憑乎此種材料，是得其枝不得其幹也。移民之造成重大結果者，往往爲無關政府功令之自動移殖，然而史籍不之注意焉。故但欲從此種史籍中以窺中國內地移民史之大要，其道末由。然則何種文籍爲中國內地移民史史料所從出乎？曰：譜諜是也。譜諜記一家一族之自來，至爲詳明。合一地方族姓之譜諜而觀之，即足以明瞭一地方居民之所從來，合全國各族姓之譜諜而整齊排比之，即是一部中國內地移民史也。此言至簡，然而其事至難。何以難？曰：難於譜諜之不可多得也。譜諜爲一家之物，一族之物，是其家之人族之人則有之，非其家之人族之人而欲得之，則難矣。既非書肆所經售，又不爲圖書館所搜藏，[註一]欲以一人之力，而盡得天下之譜諜而觀之，其事之爲不可能可知也。譜諜不可多得，退而求其次。次者何？地方志中之氏族志，氏族表，散見諸家文集中之譜諜序，墓誌銘，墓表，行狀，家傳等文字是也。譜諜爲初料，氏族志表與夫族譜序等文字則其所言者即襲自譜諜而來，爲次料。作史本貴乎取初料，因初料之不可得而取次料，亦事之不得已而然者也。

作者今茲所述中國內地移民史，其史料所從出，除絕小部分出自史籍而外，大部分即爲此種氏族志表族譜序等文字是也。試略一申論之：

(一)氏族志表　氏族志表依據一地方諸家族姓之譜諜所記，綜其大要於一篇，開卷瞭然，最爲現成方便之史料也。一志表所列，少者數十族，多者數百族　其材料之博備亦比較爲最。惜乎地方志之有氏族志表者，百不得一二。乾嘉以前，一般修志者蓋從未憶及於氏族一事。自章實齋之學興，始主方志志氏族之議。道咸而後，稍稍間出。然而事非易舉，往往徒有其志而不能竟其事。故即以道咸而後之方志而言，其有氏族志表者，亦不過百中二三而已。雖然，一省之內，若能有三數府州縣之方志有氏族志表，則一舉三反，全省之大要，亦可以思過半矣。

(二)族譜序等文字　族譜序爲一部族譜之縮形，墓誌銘墓表行狀家傳等等亦往往追述其世系自來綦詳，皆內地移民史之良史料也。惟此等文字均須於諸家文集中求得之。夫全國文集之多，眞不知其爲幾萬千部，公家所藏，圖書館中所得瀏覽者，類爲大名家之集，其名之不甚顯者，不可得也。而大名家之文集，在文集全數中不過百分之幾而已。且族譜非必有名人爲之序。人之死也非必有名人爲之作墓誌銘墓表行狀家傳，故其記述所及，又僅限於一部分之特殊階級，非若氏族志表之能較爲普遍也。註二　且文集非必有此類文字，有之或僅一二篇，或僅三四篇。其能一集中而有二三十篇者，不數數覯也。故其材料又極散漫，難於搜集。又文人學者筆墨所及，僅限於文化發達之區域，鄉僻之地，鮮爲所及。是其記述之地域，又不能普遍也。故此種材料，祇能作爲補助材料，而不能以之爲主要材料。一省之中，若已有數府州縣有氏族志表可據，其他地方始可以此類材料補之。若並無一種氏族志表可據，而全憑乎此，則其所得恐有不足以代表一地方之大勢者矣。

或問：天下最不可信之文籍，厥爲譜諜：今子以譜諜爲依據，而作內地移民史，安能得史實之眞相耶？對曰：譜諜之不可靠者，官階也，爵秩也，帝皇作之祖，名人作之宗也。而內地移民史所需求於譜諜者，則並不在乎此，在乎其族姓之何時自何地轉徙而來。時與地既不能損其族之令望，亦不能增其家之榮譽，故譜諜不可靠，然惟此種材料則爲可靠也。今請即就湖南範圍以內，舉數例爲證

安化田頭蕭氏　『蕭氏之先，出於宋大夫蕭叔大心，

以采邑爲氏。至漢文終侯何以功第一封於酇。………其居吾邑之田頭。蓋昭明太子之後，有諱儉者，觀察湖南遂家焉。後因馬氏之亂，遷於江西。宋神宗時開梅山，置安化縣。其孫國淸乃由泰和轉徙於此。………今觀其譜諜，斷以始遷之國淸爲祖，蓋以傳信也。………』陶文毅公集卷三十八田頭蕭氏族譜序

田頭蕭氏之是否爲蕭叔蕭何昭明太子之後，是不可知。然其爲蕭國淸之後，宋神宗時遷自江西太和，則吾儕殊無理由以否認其爲眞確。蓋蕭國淸既非名人，江西太和亦非蕭氏郡望所著之地，使茲譜而存心作僞，則昭明太子之後湖南觀察使蕭儉既已家湖南矣，又何必言宋神宗時復自江西遷，以自亂其系統乎。

安化小淹楊氏　『……而宏農之楊，出自晉武公，亦以邑氏。………吾里小淹之楊，其先亦出宏農，顧世次以邈，自其祖某公由興國州遷此。………』同上小淹楊氏族譜序

小淹楊氏之是否系出宏農，是不可知。然其不言自宏農遷而言自江西興國州遷，則可信也。

長沙馬氏　我湖南馬氏其先蓋出漢伏波將軍，世居扶風。唐顯慶中有爲吉州永新令者，遂留家豫章。明永樂間晚益公自江右徙居衡州，再徙長沙。………』道榮堂文集卷四馬氏族譜序

豫章馬氏之是否出於馬伏波（援），是不可知。然長沙馬氏不言徙自扶風而言徙自豫章，則可信也。馬伏波以征蠻卒於湖南註三，使茲譜而存心僞託，則言馬伏波死後子孫留家可矣，又何必言繞道自豫章來徙乎？

此言材料之可信者也。其有不可信者，本文不採之。例如：

巴陵王江劉氏　『劉之先長沙定王以漢懿親而食南國，………定王之祐祀於南國，而諸劉之盛因之，豈不以天哉。』梓湖文集卷三王江劉氏族譜序

詞意含糊，而托始於漢懿親之食采南國，是不可信也。

城步穎國公楊氏　『其先曰章，華陰人。章十一世孫曰震，字伯起，漢太尉。震三十世孫曰㓜言。㓜言曾孫曰居忠，自淮南徙潋州。生再思。再思因唐季之亂，據有溪峒，附於馬楚。楚武穆王爲之請命於梁。梁開平四年，命再思爲誠州刺史，加授尙書左僕射。………』寶慶府志氏族表列爵

楊氏爲西南溪峒著姓，散在靖州通道綏寧城步新寧一帶。五代以至於宋初，楊氏竊據靖州四縣之地，號曰溪峒誠徽州。

統二十二州峒，皆以楊氏作之刺史。宋神宗熙寧時始納土置郡縣。註四 其後哲宗元祐中猶有楊晟台之亂，註五 明英宗正統中猶有新寧蠻楊文伯之亂。註六 至今此諸地溪峒猶多楊姓，數以萬計。註七 是楊氏之爲苗蠻民族也可知，而此處托始於漢太尉楊震，荒謬難稽，斷乎不可信也。

本篇所列湖南族姓總計約有七八百之多，勢不能一一加以細考。今茲姑以作者觀察所及，凡有所辨論考證者，皆附註於正文或表格之下，疏漏在所不免焉。

或問，方志中有人物傳，有流寓傳，此非亦是移民史之史料乎？今作者寧廣採諸家文集中之族譜序墓誌銘等散篇文字，而反不採此種較爲現成之材料者，固何爲耶？對曰，是有故，蓋以流寓傳之大部分雖貌似史料，而實際並非眞史料，流寓傳之一部分與夫人物傳之載明族姓自來者，雖確爲史料而非今日所宜用，且其價值亦遠不若氏族志族譜序等之足重。

(一)流寓傳所載，或爲短期之寄寓，三五年而他去，或僅遊歷經境，作片刻之羈留。以其爲名人也，故史志備載之，然與移民果何關？故曰，雖貌似史料而實際並非眞史料也，此種記載，自根本不能採用。

(二)流寓傳所載，亦有因流寓而終其身於斯地者；一百篇人物傳中，亦或有一二篇載明其族姓所從來者。然流寓之終其身於斯地者，未必及長子孫。人物之明其世系自來者，每皆近在一二世之內。是此種史料所表示者，其關係僅止於一時而已。其人在宋，不能知其後裔之是否能傳及於元。其人在元，不能知其後裔之是否能傳及於明。故曰，雖爲史料，而非今日所宜用也。且氏族志表譜諜序等文字，列載一姓之世系自來，此其姓必已成族於斯地也。而流寓傳人物傳所載，則其關係僅止於一身一家而已。故曰：其爲史料之價值，亦遠不若氏族志族譜序等之足重也。此種記載，非根本不能採用，本篇爲捨遠取近，捨輕取重起見，既已採氏族志族譜序等較爲美善之材料，故暫置此種於緩用。

研究中國內地移民史何爲而先以湖南乎？曰：研究湖南較之研究他省爲易，故先之以湖南也。先就易明者明之，然後以之爲基礎，再進而研究其他之不易明者，抑亦合法之步驟也。

(一)述已明之史，必也自遠古以至於近今；考未明之史，必也由近今以及於遠古。中華民族之發祥地在北方黃河流域，其後漸次南移，故中國內地移民史可分二個大關節目：其一，爲東南移民；其二，爲西南移民。東南移民在先，年代較古，史料較爲難得；西南移民在後，年代較近，史料較爲易得。湖南在中國西南部之最前線，換言之，即西南之咽喉，是以先之以湖南也。

(二)移民史史料之所從出爲譜諜，故一地方宗法譜學之盛衰，大有影響於治移民史之難易也。譜學之盛，昉自晉室之渡江，故至今言氏族者，南方爲易而北方難。譜諜之能否以時修輯，與夫善爲保護，又有視乎其族姓之能否聚處而居，蓋必相聚而居，則宗法觀念生，宗法觀念生，而知所以愛護其譜諜，修輯其譜諜也。自古中原爲四通八達之區，故言氏族者以河南爲難。近世以來，江南之過往亦繁，故江左爲六朝之舊都，然而至於今日者，其譜諜之學，反見後於皖南浙閩贛湘諸地矣。

安化陶文毅公曰：『吾邑之人，皆安土重遷，羣萃而州處，故每都各有著姓。』註八 又曰：『吾邑界在山陬，其民羣萃州處，往往數百年不易其地，孫孫子子，婚姻洽比，有桃源雞黍之意。』註九 巴陵吳敏樹曰：『吾鄉族姓大者二三百戶，聚則有祠堂，有譜諜，……而各家之譜諜，類皆推本其先，上至十有餘世，其人卒葬所皆可據依無妄。』註十 湖南族居之風氣甚盛，故譜諜氏族之學亦盛，以其盛而氏族志易修，族譜序等文字易得，是以先之以湖南也。

三、有美備之史料，然後有美備之史，使章實齋修湖北通志氏族志而成，則吾儕今日言內地移民史，蓋必先湖北乎？惜乎其書不成，其稿未傳，長爲人之遺憾而已。湖南通志雖無氏族志表，然湖南有二部美善之地方志有氏族表也：一曰新化鄧顯鶴之道光寶慶府志，一曰湘陰郭嵩燾之湘陰縣圖志。斯二人者，其學問文章，皆非通常修志者所能及。故其所修之志，志中之氏族表，其美備皆非通常一般所能及也。以有此二部美備之氏族表，言湖南人之由來，始能得其大要而不致誤，是以先之以湖南也。

史料之見於史籍者，是爲當時之記載；史料之見於氏族志表族譜序文字者，是爲後世之追述。(所謂當時後世，自爲相對的說法。)當時之記載既絕無僅有，而後世之追述則車載斗量，故言中國內地移民史，其量的分配，至不均勻。即如湖南，五代以前，爲後世追述所不及；五代以後，爲後世追述所及。故本篇敘秦漢隋唐之史事至簡，而於五代以來之移民史，——今日湖南人之由來，頗多論列，亦以爲史料所限，不得不爾也。

本文倉猝而成，論斷雖或不致有大誤，然所集史料，自知掛漏尙多。十全十美，有待於他日；得其大要，則本文之旨望也。

中國內地移民史爲從來學者所不注意之題目，本文之作，實其濫觴。以作者之不學，胆敢提出此大問題以爲研究之對象，然能力所至，祇能及其端倪；全史之成，是則史學界共通之責任也。

本文之所以不能臻十全美善者，作者之淺陋與有故，史料之散漫不整齊亦與有故。自今而往，吾儕不治中國內地移民史則已，苟欲治之，則必有四點須全國學術界一致努力者也：

(一)提倡譜學　晚近以來，時人震於歐美小家庭之說，高唱打倒宗法社會，因而打倒宗祠，打倒譜諜，譜諜之不爲人所重，且爲人之所棄也久矣。實則譜諜雖與宗法制度有關係，然宗法制度可打倒，譜諜不可打倒。良以譜諜之功用，不僅正別嫡庶之辨而已，且有係乎人種學，民族學，優生學等科學，而爲內地移民史史料所從出者也。故譜諜不惟不應打倒，亦且應大爲提倡之。家必有家譜，族必有族譜，族之可通者再有通譜，族之大者必有譜，即族之並不甚大者亦應有譜，誠使全國能即有千萬部新譜諜修成，則中國內地移民史之作，蓋不難於最短時間內底於成矣。

(二)提倡搜集譜諜　新譜亟待修輯，而舊譜則更爲亟須搜集。譜諜有數千年之歷史，遍及於全國，若能盡量搜集之，豈祇數千百部而已哉？然而返視今日各公家圖書館，私人藏書樓，其有藏譜至三百以上者乎。無也。此非譜諜之無多也，以搜集之者不之努力也。而所以不之努力，亦良由於時代不注意此物，風氣使然。故今後有識之士，宜竭力提倡此種風氣，則十年之後，必有可觀者矣。

(三)修地方志以志氏族爲要務　今日中國有地方志數千部，然而志之有氏族表志者，蓋不及三十部。習俗相沿，不以之爲修志之首務之急也。而天文星野之志，列女耆壽之傳，則反充斥章幅，連篇累牘，捨精取粕，莫此爲甚。今後宜一反此種積習，盡棄裝璜舖張諸無聊文字，而於氏族志表，則必須加意顧及之，非有萬不得已，不容闕間此項，修方志須提倡，志之有氏族志表尤須提倡焉。

四、地方志文集等書亟須編輯引得　方志非必有氏族志表，文集非必有族譜序等文字，故此次搜集材料最感耗費時間者；厥爲讀大批方志大批文集而無所得也。方志文集之爲史料所資，決不僅止於本題而已也，史學上其他各問題，莫不有須取資參證於此類文籍者。特以卷帙浩繁，難以遍閱，自此以求史料，有若披沙之撿金，故治史學者視之為畏途，因而竟不之顧及也，然則用何種方法能使此種散漫無涯之材料便於引用乎？其惟引得之編輯是賴矣！此引得可將各方志文集中之目錄，以類相比，編排成理，如是則開卷一查，即知何書有何志，何傳，何文，片刻而無有掛漏，其造福學術界豈鮮淺哉！（文集浩如煙海，一時或不易着乎。地方志則數量不多，材料尤多可用，最須即速從事。）

註一　近年以來北平圖書館有搜買譜諜之舉，但所得無多。

註二　氏族志表所列之氏族，亦非眞正平民，必其族中人有曾得功名，或曾為吏司，或曾著有武功者。然較之譜諜序等文字所記自為普遍。

註三　後漢書卷五十四馬援傳。

註四　宋史卷四百九十四誠徽州傳。

註五　同上

註六　湖南通志卷八十三引明史。按明史本紀未見。蓋據列傳。不知何傳，俟考。

註七　武崗州鄉土志　猺種志　靖州鄉土志　志人類　寶慶府志卷九疆里表一村團。

註八　陶文毅公集卷三十八安化鄧氏族譜序。

註九　同上資江王氏族譜序。

註十　梓湖文集卷四，李氏族譜序。

上篇　歷史上之陳蹟——當時記載之一鱗

半爪

上古秦漢湖南境內民族之推測

上古世荊楚稱為蠻夷。詩曰：「蠻荊來威」，曰：「蠢爾蠻荊，大邦為讎，」註一是也。故更在楚南之今湖南地，幾不為中國人所知。尚書中有所謂「崇山」，有所謂「蒼梧」，註二其地皆在今湖南境，然當時中國人對於此諸地之知識，其模糊隱約蓋與秦漢人之視蓬萊方丈等耳。春秋桓公十三年蠻與羅子共敗楚師，殺其將屈瑕。註三羅，當今湘陰平江二縣境。文公十一年楚子伐麇。註四麇，當今岳陽臨湘之地。自是湖南之東北境始入於歷史時期。至諸夏勢力之侵入湖南，則要始於戰國初吳起相楚悼王，南併蠻越，取洞庭蒼梧之地，於是湖南之東部湘資二流域入於楚。其後復江向幷呑沅澧二流域，曰巫中，註五而湖南之全部皆入於楚矣。是時湖南境內之民族，除土著之蠻夷而外，外來之移入者，當即為湖北境內之荊楚民族。觀夫屈原以楚之王室，而徘徊於沅澧之間，嘯傲於汨羅之畔，是湖南之已為楚人所熟知熟至也可知矣。秦漢時之湖南人，蓋即此時移入之荊楚民族之後裔也。

秦昭襄王二十九年，遣將白起伐楚，略取蠻夷，即楚巫中之地置黔中郡。既滅楚，又即吳起所幷洞庭蒼梧之地置長沙郡。註六 自是長沙黔中號南垂要地，中國資之以南向鎮服百越。秦始皇帝三十三年發逋亡人贅壻賈人略取陸梁地，註七 漢武帝元鼎六年發江淮巴蜀諸郡兵及罪人以平南越，註八 皆道出三湘。於是湖南地不僅爲荊楚人之所至，間亦有中原之人，以謫戍從征而來居是土者。然西漢時湖南四郡，曰長沙，零陵，桂陽，武陵。長沙據湘水下流，在諸郡之東北，距中國最近，而新莽易之曰塡蠻郡。註九 因名思義，其地蠻衆之橫可知。零陵據湘水上流，當中國通南越之要道，然於漢武時號曰「初郡」，比之交趾九郡，西南夷七郡。註十 長沙零陵如此，湘水流域如此，則武陵桂陽可知，沅澧流域可知矣。南越王趙佗有曰：「西北有長沙，其半蠻夷亦稱王」。註十一 是即以政治關係言，湖南境亦未嘗全隸於中國也。中國人之開始大量來移湖南，湖南之始爲中國人之殖民地，其事蓋促成於莽末更始之世。方是時中原大亂，烽煙四起，田園盡蕪，千里爲墟，百姓皆無以爲生，必有南陽襄陽諸郡之人，南走避於洞庭沅湘之間，篳路藍縷，以啓此荒無人居之山林曠土也。故西漢戶口，元始爲盛，東漢戶口，永和爲盛，以全國言，永和之戶，不加於元始；然以長沙等四郡言，則百四十年間，戶增四倍，口加五倍，註十二 此非自然滋生所可致，外來之移殖者蓋有以致之也。前漢書不志武陵長沙諸蠻，而後漢書志其寇亂特盛，以此亦足證後漢世湖南境內漢民族之陡然增加，以致引起此種衝突也。

湖南在東漢時不特戶口激增，即在文化上亦爲一積極進展之時期。後漢書：

建武中衛颯『遷桂陽太守，郡與交州接境，頗染其俗，不知禮制。颯下車修庠序之敎，設婚姻之禮，期年間邦俗從化。』後『茨充代颯爲桂陽，亦善其政。敎民種殖桑杯麻紵之屬，勸令養蠶織履，民得利益焉。』卷一百零六衛颯傳

建武中宋均『調補辰陽長，其俗少學者而供巫鬼，故爲立學校，禁絕淫祀，人皆安之。』卷七十一宋均傳 東觀記：

『元和中荊州刺史上言：臣行部入長沙界，觀者皆徒跣，臣問御佐曰：「人無履亦苦之否？」御佐對曰：「十二月盛寒時，並多剖裂，血出，燃火燎之。春溫或膿潰。」建武中桂陽太守茨充敎人種桑蠶，人得其利。至今江南頗知桑蠶織履，皆充之化也。』衛颯傳註引

蓋自此而湖南人始稍知中國之衣冠禮樂，浸假而亦自比於中國人矣。

三國爭雄，荊州在其中。師旅所從出，東西南北之人萃焉。鋒鏑之所向，田園廬舍毀焉。湖南在是時蓋爲文化上一

進步時期，生聚上一退步時期。

六朝時湖南所接受之外來移民

晉惠帝末年，巴氏李氏亂蜀，梁益之人多有避地出峽者，史稱巴蜀流人布在荆湘間者汝班蹇碩等數萬家，此蓋有史以來罕有之大量移民也。客勢既盛，主乃生妬。以是此等流人每爲舊百姓所侵苦，並懷怨恨。懷帝永嘉五年，正月，遂共推其魁傑杜弢爲主，據長沙反。攻破郡縣，湘州刺史荀眺委城走廣州。復南破廣州之師，下零桂諸郡；北敗荆州之軍，侵掠武昌，安城，邵陵，衡陽，長沙，宜都。諸太守內史，並爲所害。一時湘州之全部，荆州之半部：皆爲所有。其再明年，是爲愍帝建興元年，朝命始以征南將軍王敦，荆州刺史陶侃討之。前後數十戰，迭敗陶侃之師於石城林鄣等處，旋以寡不敵衆，將士漸多物故，至建興三年八月，卒爲陶侃所破。其傑將王眞率衆降，弢逃竄不知所往。計自初起以至於斯，前後凡五年，亂始平。註十三

此萬餘家梁益流人雖遭斯厄難，「頓伏死亡者，略復過半，」註十四 然其後歷五十餘年，降至劉宋泰始元徽之際，其後裔猶多布在湘土者。王僧虔爲湘州刺史，始表割益陽羅湘西三縣緣江巴峽流民立湘陰縣。註十五 此移民之來自西方者也。

自永嘉禍作，中原淪於胡羯，遺黎南渡大江流域者，何啻數百十萬。此在全國移民史上是爲華夏民族之第一次大南徙。然接受此項移民之地域，以揚荆言，揚倍蓰荆州以荆州言，襄陽倍蓰於南郡；以南郡言，又以在今湖北境內者爲多，在今湖南境內者爲少。此可以東晉南朝所置僑州郡縣之多寡，略見其梗概。據宋書州郡志，晉書地理志，則是時僑郡之在今湖南界內者，有南義陽一郡，南河東半郡。

(一)南義陽郡　晉志：「穆帝時以義陽流人在南郡者，立爲義陽郡。」又曰：「安帝又立南義陽東義陽長寧三郡。」按宋志：「南義陽太守，晉末以義陽流民僑立。」別無義陽郡，是南義陽即義陽也。大清一統志：東晉義陽郡在今安鄉澧州界內，隋廢，故治在今安鄉縣西南。東晉宋初郡所屬縣可考者凡三：曰平陽，本爲郡，在今山西南境，江左僑立，晉末省爲縣。曰厭西，曰平氏，皆本屬義陽，在今河南南境，隨郡僑立。是今日安鄉澧州之地，當時曾有山西河南之人移殖於斯土也。義陽郡在宋有戶千六百零七，口九千七百四十一。

(二)南河東郡　晉志：「江左又以河東人南寓者於漢武陵郡孱陵縣界上，明地僑立河東郡。」宋志：「南河東太守，晉成帝咸康三年征西將軍庾亮以司州僑戶立。」據大清一統

志，漢孱陵縣地當今湖北之公安松滋二縣，湖南之華容安鄉二縣，並澧州之一部分。南河東郡隋廢，故治在今松滋縣境。東晉宋初郡所屬縣凡八：曰安邑曰聞喜本屬河東郡，在今山西西部。曰永安臨汾本屬平陽郡，在今山西西部。曰弘農，本爲郡，在今河南西境，江左立僑郡，後併省爲縣。以上本屬司州。曰譙，本屬譙郡，在今安徽北境。曰松滋，本屬安豐郡，在今河南東南境。以上皆本屬豫州。曰廣戚，（據宋志。晉志作大戚，避隋諱而改。）本屬彭城，在今江蘇西北境。以上本屬徐州。

此八縣某幾縣僑置於今湖北境，某幾縣僑置於今湖南境，已不可考。大體言之，則今日華容安鄉澧州之地，當時曾有山西河南及江蘇安徽北部之人，移殖於斯土也。南河東郡在宋有戶二千四百二十七，有口萬零四百八十七。此移民之來自北方者也。

隋唐時代爲湖南史上之一個謎。東漢以來，歷代史傳之稱述湖南蠻亂者，未嘗有間。然自隋之開國以至於唐開元，中間百三四十年，未嘗聞有一次蠻亂。開元而後，雖有一二次，註十六 亦等閑視之。至唐末而始有羣蠻肇起之記載。註十七 豈隋唐全盛之際，湖南境內之蠻夷已皆歸化爲王民乎？此以進化之史則衡之爲不可通，抑亦事理所必無也。以情度之，意者隋唐帝國僅爲一政治軍事上之向外發展時代，對於南部國土之開發，殊鮮進步，故不爲蠻夷所嫉視乎？

註一　小雅采芑
註二　堯典
註三　左傳
註四　同上
註五　後漢書卷一百十六南蠻傳
註六　史記秦本紀
註七　同上
註八　漢書卷九十五南越傳
註九　漢書地理志
註十　漢書食貨志晉灼注
註十一　漢書南越傳
註十二　漢書地理志　續漢書州郡志
註十三　晉書帝紀，卷六十六陶侃傳，卷一百杜弢傳
註十四　杜弢與應詹書中語，見杜弢傳
註十五　南齊書卷三五王僧虔傳
註十六　開元十二年有覃行璋之亂，見新舊兩唐書本紀新書宦者楊思勗傳元和六年有辰漵州張伯靖之亂，見新書紀。
註十七　辰州爲宋鄴所據，漵州爲昌師益所據，澧州爲向瓌所據，見新書紀乾符六年。

下篇　今日湖南人之由來——後世追述之整理與統計

章一　以五種方志氏族志表爲據

湖南通志無氏族志。湖南諸府州縣方志之有氏族志者，計凡五種：一曰道光寶慶府志；二曰光緒邵陽縣鄉土志；三曰光緒武岡州鄉土志；四曰光緒湘陰縣圖志；五曰光緒靖州鄉土志。邵陽武岡即寶慶府所統州縣，故實際上此諸氏族志所志及之地域，即寶慶一府，靖州一州，湘陰一縣是也。

寶慶府東接衡永二府，西接辰沅靖諸州，南接廣西之桂林府，北接長沙府。占地幾及全資水流域，並沅水上流一小部分。漢置昭陵，都梁，夫夷三縣於此。宋置府，明清轄縣四：邵陽新化新寧城步；州一：武岡。邵陽即附郭縣，民國廢府，以府名爲縣名。武岡州易曰武岡縣。十七年國民政府底定湖南，復改寶慶曰邵陽。靖州前通道，後會同，左綏寧，右廣西之錦屏。占地沅水上流一小部分。宋始置州，明清爲靖州直隸州治所。民國廢州曰靖縣。湘陰縣當湘水入洞庭之口。長沙在其南，岳陽在其北，左平江，右沅江益陽。秦置羅縣於此，劉宋始建湘陰。明清隸長沙府。三地合今七縣，於全省七十五縣爲十分之一不及。以地域之廣狹言，此諸縣占地較廣，約及全省面積六分之一。然此七縣有在省境之中部者，（邵陽新化）有在省境之西南部者，（武岡新寧城步靖）有在省境之東北部者，（湘陰）是以方位言，已五得其三。故雖祇七縣，而其情形實即全省大部分共通情形之代表也。

道光寶慶府志新化鄧顯鶴所撰，註一 經始於道光二十五年三月，越四年至二十九年六月成書。精當博洽，稱一時名手筆。前志皆無氏族表，至是始創爲氏族表十二卷。卷一表列爵，卷二表勳衞，卷三卷四卷五表邵陽，卷六卷七卷八表新化，卷九卷十表武岡，卷十一表新寧，卷十二表城步。事屬空前，賅備爲難；故所列氏族頗多不詳明其世系所自來者。邵陽縣鄉土志邑人姚炳奎所主纂，經始於光緒三十二年，翌年成書。採府志之氏族表著爲志，復增補而修正之，精密更有過焉。武岡州鄉土志邑人張德昌纂，光緒三十四年成書。其氏族志所列氏族少於府志所列三十餘族，且兩書太半不能相合。豈修此志者竟未見府志耶？抑以府志所列盡屬謬誤因割棄之而另創耶？誠不可得而知之矣。靖州鄉土志知州秀水金蓉鏡所纂，光緒三十四年成書。湘陰縣圖志邑人郭嵩燾撰。郭氏字筠仙，積學能文，官至侍郎，歸老於鄉，自任此志總纂。書成於同治中，而爲藩司李某所扼，卒歷若干年至光緒六年僅得以私貲付刊。然其書搜羅廣備，考證精詳，雖寶慶志猶有未逭也。湘陰縣方志始修於南宋淳祐中，明成化嘉靖兩續之，其書今皆已佚。存者有康熙志，乾隆志，道光志，皆無氏族表，此志始創之。

今以寶慶志氏族表中所列別列之列爵勳衛二項與他族一幷計算，則邵陽縣氏族之見列者，有一百四十二族；（列爵勳衛占二十二）新化縣氏族之見列者，有一百三十族；（爵勳占四）武岡志氏族見列者有八十五族；（爵勳占八）新甯縣有十六族；（爵勳無）城步縣有二十四族。（爵勳占六）邵陽縣復依鄉土志增二十三族，合得百六十五族。總計一府全五州縣，共四百二十族。又武岡州鄉土志別列武岡四十八族。靖州鄉土志氏族志共列靖州五十一族。湘陰志共列湘陰二百三十三族；亦有同出一源而分列爲數族者，今仍之，亦有但於小註中提及之者，爲整齊劃一起見，今不計。

此一府一州一縣約共七百族之湖南人中，有多少爲土著，有多少係徙移而來者？此爲本論文討論之開端。

湖南地在古爲苗蠻所窟穴，本非漢家之故國。依理除苗蠻外，自無所謂土著。凡是漢人，莫非他處所徙移而來者但徙移既久，年遠代湮，子孫或不復能憶其祖宗所自來，乃有以土著稱者焉。各氏族志表中所列族姓有曰「世居縣某某里」者，今姑認之爲土著，則此七州縣中土著與外來移民數目上之分配有如下表：

第一表

	邵陽	新化	武岡	新寗	城步	寶慶府	靖州	湘陰縣	共	武岡州
土著	2	1			3	6	2	1	9	
外來移民知原籍	119	65	63	14	17	278	41	198	517	45
外來移民不知原籍	22	23	10	1	2	58	4	1	63	3
不明	22	41	12	1	2	78	4	33	115	
	165	130	85	16	24	420	51	233	704	48

說明：武岡州鄉土志所列氏族不能與寶慶志武岡表相合。故以另列一項，不入統計。以下諸表皆仿此。

土著但得九族，占全數百分之一。外來移民知原籍不知原籍合計得五百八十族，占全數百分之八十二。世系不明不知爲土著抑外來者共一百一十五族，占全數百分之十七强。此百餘族中能有幾族爲土著雖不可知，然以已知者之比例推之，則要亦不過三五族而已。全體合計，充其量不過百分之二三。

此九姓土著之中：寶慶府六族，其一曰邵陽之同莊李氏，世居邵陽西鄉，其二曰邵陽之罍溪黃氏，世居邵陽罍溪。此二姓皆不似眞土著，且李氏所記世系不過五代，第四代爲元皇慶中進士，疑亦是宋世所徙來者；黃氏所記世系共十三代，第十一代爲康熙武舉，疑亦是元末明初所徙來者也。其三曰新化之石界扶氏，表云：「世系未到。宋史所稱梅山扶氏蘇氏，蓋新化氏族之最古者也。」按扶氏初非新化一邑之姓，湖南各縣有之者不少。在酃尤爲龐然大族，註二 但他省罕覩，或果爲土著也。宋史所稱扶氏係梅山蠻之酋長，是新化之扶又爲蠻族而非漢種也。其四曰城步之黔寧王沐氏。本姓李，元季徙濠州定遠，從明太祖爲養子，因姓朱。旋取李朱之所同改姓木氏，又加水旁，姓沐氏。致爵後還徙城步。李姓爲天下最普通之姓，亦不知其果爲眞土著否也。此外城步涼國公藍氏，潁國公楊氏，雖未明言爲世居，然藍氏爲苗蠻民族中之大姓，東起閩浙，西至雲貴，莫不有之；楊氏亦爲西南溪峒中之大姓，而二族所托始之藍昌晃楊再思二人本身又爲據有溪峒之酋長，則此兩族蓋本爲土著之蠻族，漢化而冒漢籍者也。靖州二族皆溪峒蠻酋之裔。一曰楊氏，亦系出楊再思，表云：『今之諸楊，散居黔楚最繁，靖之六團里峒人，楊姓湖耳長官司，皆其後人，其爲漢民者通道會同綏寧，靖之古二里尤多。』同是蠻酋楊再思之後，而或爲峒人，或爲漢民，可見此所謂蠻，此所謂漢，其區別不在乎種族之有異，而在乎風習之已否漢化也。一曰姚氏，系出姚明敖。志云：『居中洞里下戈村，其兜鍪尙存。』姚明敖者，楊氏納土後之靖州一蠻酋，於宋孝宗乾道三年曾作亂寇邊，數月而平。註三 湘陰一族，曰中堰焦氏。表云：『其先曰瓊，世居湘陰，元末從明太祖金陵，以功累擢禋建衛指揮僉事。洪武十四年從征雲南，道卒洞庭。子孫流寓長沙。瓊傳八世至俊，嘉靖中遷今地。』是所謂世居云者，始於瓊之前乎？始於瓊乎？始於瓊之八世孫乎？辭意頗費解，要之其非爲眞土著則可知也。如此，表所列土著九族之中，其可信爲眞土著者，但有五族。此外四族當是遷徙已久，世系不明，致誤作「世居」云云。

外來移民之有原籍可考者，五百一十七族。此五百一十七族之原籍爲何地乎？換言之，此五百一十七族之今日湖南人，其祖先何自而來居湖南乎？

茲請先依省別，列表如下：

第二表

	邵陽	新化	武岡	新寧	城步	寶慶府	靖州	湘陰縣	共	百分比	武岡州
江西	71	48	31	9	9	168	14	142	324	63.1	32
江蘇	12[一]	1	8		1	22	6	11	39	7.6	1
河南	7	2	4			13	2	7	22	4.3	3
福建	1	1	2	1		5	2	7	14	2.7	1
安徽	2[二]		3			5	5	3	13	2.5	1
河北	5		2			7	1		8	1.6	
山東		1			1	2	2	2	6	1.2	2
廣西			2	1		3	2		5	1.0	
浙江	1				1	2	2		4	0.8	
四川	1					1	1	1	3	0.6	
山西	1					1			1	0.2	
陝西								1	1	0.2	
湖北	2	2	1		1	6		12	18	3.5	
湖南	15	9	9	3	4	40	3	12	55	10.7	4
	118	64	62	14	17	275[三]	40[四]	198	513	100	44[五]

註一　諸志表有曰江南江左者，作江蘇計。

註二　諸志表有曰淮南者，作安徽計。

註三　本二百七十八族，三族所徙自之地不知今屬何省：一，連河套子嶺；一，吾安，太平富金。

註四　本四十一族。一族所徙自之地不知今屬何省，曰武陽。按綏寧縣境內馬楚時曾設武陽砦，旋爲蠻所廢。廣西故有武陽縣，宋廢。明曰武陽鎮。此所謂武陽係明時之武陽，不知何指。

註五　本四十五族。一族所徙自之地不知今屬何省，曰樵城。

江西省最多，占全數幾及三之二，湖南本省次之。此湖南諸族若再考求其祖貫，則其中太半當又係江西人也。江西以外之外省移民，合計亦不過百分之二十六；而其中又以江蘇河南湖北福建安徽諸省爲較多：此合而言之也。分言之：則江西移民於湘陰占百分之七十二，於寶慶占百分之六十一，於靖州占百分之三十五。自東北至於西南，以次遞減，適與各地距江西之遠近成正比例。湖南本省移民於寶慶占百分之十五，於湘陰占百分之七，於靖州占百分之八，則以寶慶居省境之中部，湘陰靖州僻在一隅故也。江西與江蘇於各地皆居外省移民之第一第二位，自餘則參差無定序矣。然亦有以距離之遠近以爲轉移者：如湖北移民惟湘陰寶慶有之，而靖州獨闕；廣西移民惟靖州寶慶有之，而湘陰獨闕是也。

茲再進一步考求各省內部之分佈狀態，表如下：

第三表　甲　江西

		邵陽	新化	武岡	新寧	城步	寶慶府	靖州	湘陰縣	共		武岡州
不知何府州縣		8	7	20	2	3	40	5	7	52	52	7
南昌	南昌	1	1	1		1	4	1	25	30	88	1
	新建							1	1	2		
	豐城	3				1	4	1	44	49		
	進賢		1				1		1	2		
	奉新								2	2		
	修水								3	3		
	清江	1	1				2		3	5	8	
	新淦			1			1		1	2		1
	新喻		1				1			1		
瑞州	高安		1			2	3		2	5	8	
	宜豐				1		1		1	2		
	上高	1					1			1		

	宜春								1	1	3	
	分宜	1					1			1		
	萍鄉	1					1			1		
吉安	廬陵	17	7	1	2	2	29	1	17	47	152	1
	泰和	23	22	2	1		48	3	3	54		20
	吉水	4		2	2		8		20	28		1
	永豐								2	2		
	安福	9	6	3	1		19		2	21		
九江	德化							1	1	2	3	
	德安								1	1		
饒州				1			1		1	2	4	
	餘干								1	1		
	德興								1	1		
撫州								1		1	5	1
	金谿	2	1				3		1	4		
	大庾								1	1	1	
		71	48	31	9	9	168	14	142	324	324	32

例一　原志表所記之縣名有非今名者，易以今名。府州名仍之。府縣名同列者，或府名爲今縣名。

例二　設有一族自泰和一徙新化，再徙邵陽，如新化表列有此族，則邵陽項下作爲自新化移來，如新化表中不列此族，則邵陽項下作爲自泰和移來。

例三　南昌縣爲南昌府治，凡稱南昌府及南昌縣者，皆列「南昌南昌」項。餘仿此。

例四　凡稱洪州者列「南昌南昌」條，凡稱吉州者列「吉安廬陵」條。餘仿此。

泰和最多，豐城廬陵次之，南昌吉水安福又次之。泰豐盧三縣合計共得百五十族，較之江西以外各外省之總數，猶多十六族。六縣合計共得二百二十八族，占全移民數十之四，全省移民數十之七。南昌豐城二縣舊屬南昌府，廬陵太和吉水安福四縣舊屬吉安府；民國廢府，以吉安府所屬屬廬陵道。此外南昌府屬廬陵道屬（今道府制皆廢，爲便於稱述起見，故引用之。）又得三十族，合一道一府共得二百五十八族，占全省移民十之八。不知府州縣者得百分之十六，其大部分當亦係廬陵道南昌府人也。（例如寶慶志武岡表未言明何府州縣者二十族，太和二族，武岡州鄉土志未言明何府州縣者七族，太和二十族，二書雖不能相合，然由此可見寶慶志未言明之二十族中，太半皆係太和人也。）

此合而言之也。分言之，則於寶慶以吉安府爲最多，於湘陰以南昌府爲最多，可知江西南部人多移湖南南部，江西北部人多移湖南北部也。或以爲由此足證南昌吉安之所以獨占多數於江西者，以今表所根據者僅爲寶慶靖州湘陰一府一州一縣之材料耳。若通省計之，則將不如是。此言不然。於寶慶雖以吉安爲首，然次之者南昌也；於湘陰雖以南昌爲首，然次之者吉安也；是知分論之雖有孰首孰次之別，合論之則同以吉安南昌爲首也。

第三表　乙　江蘇

		邵陽	新化	武岡	新寧	城步	寶慶府	靖州	湘陰縣	共		武岡州
不知何府州縣		2		3			5			5		
江寧	上元 江寧	4		1			5	3	3	11		
蘇州	吳								5	5		
松江			1				1			1		
	武進								1	1		
	無錫			1			1			1		
	鎮江	1					1			1		
	溧陽					1	1			1		
淮安	山陽	1					1	1		2		

江都	2		1			3		1	4		
興化			1			1			1		1
高郵			1			1			1		
泰							1		1		
邳							1		1		
泰興	2					2		1	3		
	12	1	8		1	22	6	11	39		1

江甯最多，此有特殊原因，容後解釋之。吳縣（蘇州）江都（揚州）次之。此外縣各一二族，散在江域及淮南。淮北惟邳縣一族。

第三表 丙 河南

	邵陽	新化	武岡	新寧	城步	寶慶府	靖州	湘陰縣	共		武岡州
不知何府州縣		1	1			2			2		
開封 祥符	1					1			1		
滎陽			1			1			1		1
太康								1	1		
睢			1			1			1		1
甯陵	2					2			2		
安陽								1	1		
汲							1		1		
輝								1	1		

懷慶		1				1			1		
武陟	1					1			1		
南陽			1			1			1		
唐											1
新野								3 三	3		
汝寧	1					1			1		
上蔡	2					2	1	1	4		
	7	2	4			13	2	7	22		3

註一　表謂其先曰韓滇，忠獻之孫也。按忠獻韓琦之謚，宋史卷三百十二，韓琦相州安陽人也。

註二　表論其先曰邵維宋康節公雍之弟。按宋史卷四百二十七，邵雍其先范陽人，父徙衡漳，又徙共城。雍年三十游河南，葬其親伊水上，遂爲河南人。邵氏之爲河南人自雍始，維爲雍之弟，未必亦曾籍河南也，當從父籍共城爲是。按共城即今輝縣。

註三　表謂出自漢上蔡侯鄧騭，高密侯禹之孫也。按後漢書卷四十六，鄧禹，南陽新野人也。

縣各一二族，大半散在省東北境黃河兩岸，南部淮漢流——域亦得數族，西部崤函伊洛之間無一族。

第三表　丁　福建

	邵陽	新化	武岡	新寧	城步	寶慶府	靖州	湘陰縣	共		武岡州
閩侯			1			1			1		
羅源	1					1			1		
永福							1		1		
福清								1	1		
晉江								1	1		
上杭								1	1		

莆田			1	1		2	1	3	6		1
光澤								1	1		
漳浦		1				1			1		
	1	1	2	1		5	2	7	14		1

除光澤上杭而外，其餘十二族，皆在沿海地帶；而莆田一縣，獨占其半數。

第三表　戊　安徽

	邵陽	新化	武岡	新寧	城步	寶慶府	靖州	湘陰縣	共		武岡州
不知何府州縣							1		1		1
泗			1			1			1		
鳳陽	1		2			3			3		
定遠	1					1		1	2		
壽								1	1		
徽州							1		1		
休寧								1	1		
和							1		1		
含山							1		1		
六安							1		1		
	2		3			5	5	3	13		1

註一　志不言徙自，據湖南文徵國朝文卷一一九劉基定作儲石友先生死難行狀補。

除舊徽州屬二族而外，其餘十一族，皆在江淮之間；而鳳陽一府得其半數。此有特殊原因，容後解釋之。

第三表 己 河北

	邵陽	新化	武岡	新寧	城步	寶慶府	靖州	湘陰縣	共	武岡州
不知何府州縣	1					1			1	
順天 大興	1		1			2			2	
三河			1			1			1	
順義	1					1			1	
清苑	1					1			1	
廣平							1		1	
懷來	1					1			1	
	5		2			7	1		8	

縣各一二族。除廣平而外，皆在北平附近。懷來今屬察哈爾，爲便於計算起見，仍置河北。

第三表 庚 山東

	邵陽	新化	武岡	新寧	城步	寶慶府	靖州	湘陰縣	共	武岡州
不知何州縣		1				1	1		2	1
曲阜								1	1	
陽信								1	1	
曹州							1		1	

	邵陽	新化	武岡	新寧	城步	寶慶府	靖州	湘陰縣	共		武岡州
牟平					1	1			1		
高密				–							1
		1			1	2	2	2	6		2

第三表　辛　廣西

	邵陽	新化	武岡	新寧	城步	寶慶府	靖州	湘陰縣	共		武岡州
桂林			1		,	1			1		
興安							1		1		
全			1	1		2			2		
懷集							1		1		
			2	1		3	2		5		

除懷集一族而外，其餘四族，皆在最接近湖南之桂林府境。

第三表　壬　浙江

	邵陽	新化	武岡	新寧	城步	寶慶府	靖州	湘陰縣	共		武岡州
杭	1					1			1		
吳興					1	1			1		
長興							1		1		
紹興							1		1		
	1				1	2	2		4		

第三表 癸 四川

	邵陽	新化	武岡	新寧	城步	寶慶府	靖州	湘陰縣	共		武岡州
華陽							1		1		
巴	1					1			1		
江津								1	1		
	1					1	1	1	3		

第三表 子 山西陝西

	邵陽	新化	武岡	新寧	城步	寶慶府	靖州	湘陰縣	共	武岡州
山西 代	1					1			1	
陝西 鄜								1	1	

第三表 丑 湖北

	邵陽	新化	武岡	新寧	城步	寶慶府	靖州	湘陰縣	共		武岡州
武昌	1					1			1		
沔陽	1					1		4	5		
襄陽		1				1			1		
黃岡								1	1		
麻城		1				1			1		
荊州 江陵			1		1	2		1	3		
荊州 監利								6	6		
	2	2	1		1	6		12	18		

全十七族皆在荊襄以東；而沔陽監利二縣，與湖南接壤，占其太半。

第三表　寅　湖南本省

	邵陽	新化	武岡	新寧	城步	寶慶府	靖州	湘陰縣	共		武岡州
不知何州縣							1		1	1	
長沙								4	4	13	1
湘潭								1	1		
寧鄉		1	1			2			2		
益陽								1	1		
湘鄉	1	1				2			2		
安化		3				3			3		
岳陽	1					1		1	2	7	1
華容			1			1			1		
平江								3	3		
臨湘								1	1		
衡陽	2					2			2	2	
武陵								1	1	1	
漵浦			2			2			2	2	1
黔陽			1			1			1	2	1
麻陽			1			1			1		
零陵					1	1			1	1	

靖縣			1		1	2			2	3	
會同							1		1		
邵陽		3	1	1	1	6			6	23	
新化	9		2	1		12			12		
武岡	1	1		1	1	4			4		
城步							1		1		
	14	9	10	3	4	40	3	12	55	55	4

註一　表云：其先曰再興，仕宋征苗由武岡城步遷。按南宋時武岡有二楊再興，一漢人，紹興初從岳飛伐金戰歿於小商橋；一猺人，紹興中遂屯爲亂。今城步新寧猺人尤多楊姓，此所謂城步徙來楊再興之後人，疑係猺楊而非漢楊也。

於寶慶除本府外，以湘水流域爲最多，沅水流域次之，澧水流域無一族。於湘陰湘水流域幾占其全數，沅水流域得一族，澧水資水二流域無一族。於靖州二族皆在接近州界之沅水上流。

湖南人之祖籍分佈狀態，既略如上列諸表所示，今試申論之：

表中最令人注意之一點，厥爲江西省籍之占絕對大多數，得全數三之二，超過其他各省總和二倍以上。此實移民史上罕有之特殊情形，抑亦民族史上所應大書特書者也。此情形雖不爲外省人所熟知，亦不爲『正史』『要籍』所記載，然湖南本省人則往往有熟知之者，註四 湖南各地之方志亦往往有提及之者。註五 惜乎人之知之者不思加以細究，書之言之者太爲輕描淡寫耳。

與湖南接境之省份，計有江西湖北四川貴州廣東廣西六省，何以湖南獨爲江西一省人之殖民地，而與其他五省關係極鮮？此則必先明乎各地開發先後之程序，始可以解釋之。古來華夏民族之根據地在黃河流域。黃河流域穀粟之豐，戶口之盛，四方莫能與京，此無待乎吾人之辭贅。至南中國之開發，則可分爲三個時期：第一期肇端於東晉之渡江，六朝隋唐繼之，其地域則古所謂揚州，今江浙皖閩贛諸省。註六 第二期肇端於五代之紛亂，兩宋元明繼之，其地域則古所謂荊州，今湖北湖南諸省。註七 第三期是爲明以後之西南雲貴廣西開發。註八 廣東之開發與第二期差相同時而稍後，註九 而四川之開發則可列之於第一期而稍先。註十 湖南之開發屬於第二期，是故開發之者之出發地，必須為第一期已開發之地。據此，則六鄰省之中，廣東廣西貴州三省已無資格。四川之開發雖甚早，但祗限於川北接近陝甘一帶，註十一 南至於成都平原；其西南東南接近雲貴湖南之地，向為西南夷板楯蠻巴蠻所窟穴，歷代未嘗加意經營，故在此等地域尚未開發以前，四川人之移入湖南，其道猶不可通也。西晉末年雖以避兵難之故，一時梁益流人佈在湘土者十餘萬，不幸遭逢禍變，流離死亡，蕩然無復孑遺，其後竟無以為繼者。至今湖南人之為四川人後裔者，蓋千不得一，則以其道本屬不經，除以意外原因偶然來徙者外，更無理由能使多數之四川人，得以湖南為其移殖之目的地也。至於湖北，地接古來文化最高戶口最密之河南；自東漢三國以來，襄陽江陵江夏即并為天下之重鎮，四方之人，多所萃止，聲名文物，比盛於中原，其人自多有南走而徙於衡湘間者矣。然此蓋僅為歷史上某一時期已過去之陳蹟，其影響之及於今日者極鮮。近世以來，而湖南湖北之經濟情形，遂大非昔比，宋史食貨志：

『淳熙三年臣僚言：湖北百姓廣占官田，量輸常賦，似為過優。比議者欲從實起稅，而開陳首之門。殊不思朝廷往年經界，獨兩淮京西湖北依舊，蓋以四路被邊，土廣人稀，誘之使耕 猶懼不至，若履畝而稅，孰肯遠徙力耕，以供公上之賦哉？今湖北惟鼎澧地接湖南，墾田稍多；自荊南安復岳鄂漢沔汙萊彌望，戶口稀少，且皆江南狹鄉百姓，扶老攜幼，遠來請佃，以田畝寬而稅賦輕也。……』（卷一百七十四頁九上）

湖北在漢晉時雖已有若干漢民族直接來自黃河流域生息其間，然自宋金分裂，而田疇盡廢，土著往往而絕，第一期已然開發之成績，遂歸烏有。迨夫第二次重新開發之，則其人皆來自江左右矣。按鼎即明清之常德府，澧即清代之澧州直隸州，於宋屬湖北，於今屬湖南。於茲可見湖南之開發早於湖北之重新開發，而湖北之重新開發，先及於接近湖南之地，而後漸次北向擴展者也。是故南宋以後，湖南人移殖湖北則為可能，欲湖北人移殖湖南，則為倒行逆施，勢所不可能也。

大底自峽以東，漢民族在長江流域之擴展，由東而西。是以江西之開發，後於江東，（汎指江浙皖）而先於兩湖。晉之渡江，潯陽豫章諸郡（江西北部）已為多數僑民所歸注，註十二 至有宋而江南西路人才輩出，與浙閩相頡頏，註十三 可以想見其財富戶口殷盛之一斑。以視荊湖南北，則其時蓋猶土曠人稀，尠經開發。贛湘境地相接，中無巨山大川之隔，於是自密趨稀之移殖行動，自然發生矣。故江西人之開發湖南，鮮有政治的背景，乃純為自動的經濟發展。（下詳）其時代，則兩宋元明江西人口超越一般平衡線之時，正湖南省草萊初闢之際也。（下詳）

江西省中，又以廬陵一道南昌一府占絕對大多數，此其故蓋有二：其一，境地最為接近湖南也；其二，贛江貫其中，田疇早闢，人煙最為稠密也。註十四 此外北境之九江府得三族。東境之饒州府得四族。撫州府得五族。南境適贛南道但得大庾一族，則以山嶺重疊，地瘠而道阻，於全省為最遲開發之地故也。

江西人之移入湖南，其原因幾純為經濟的。江西而外，外省人之移入湖南，則經濟的原因之地位較低，另有政治的原因在焉。

政治的原因惟何？從征、謫徙、從宦、與夫明代衛所鎮戍之制是也。湖南地自昔即為官吏謫徙之所，在唐宋為尤盛。其最著者，如劉禹錫之謫居朗州，寇準之謫居道州，皆於當地之文化風氣，有深長之關係。註十五 間亦有以是而病卒於當地者，其子孫來守其墓，因入籍為當地人，如宋寧宗慶元中韓侂胄貶故相趙汝愚於永州未至，道卒於衡，其後子孫轉輾流徙於沅湘間，至今猶多為湖南人，註十六 是其例也。湖南之西南諸郡壤接溪峒，故又為歷代蠻防之要地。自宋以來，征令時出，軍旅迭經，以是而將吏之因從征而落籍其地者，亦不在少。如靖州之黃姚潘明蒙五姓，皆南宋中以征蠻而來，事定留居，是其例也。然人之以謫戍從征而流寓異鄉者，大抵無眷屬與俱，故其血屬之能流傳及於後世者殊少。因官知州知縣訓導教授諸職而卜居者即稍多，而猶以明代衛所鎮戍之制度，其造成之結果，最為遠大。衛所云者，國家鎮守四方之墾屯軍政機關。衛設指揮，所設千戶，其下所轄士卒，平居則耕耘以贍衣食，有事則效命疆埸以為地方捍禦。此輩兵將來自異鄉，食采斯土，在明隸於衛籍，及國亡而列在平民。故凡明代衛所之所在，莫不有指揮千戶之後裔焉。

寶慶在明：於邵陽有寶慶衛之設；於武岡則有守禦千戶所之設；其後岷王梗復自雲南徙封武岡，置岷王府，於是腰金紆紫之徒，羣相聚處於一城。氏族表以列爵勳衛別為二表以冠其餘，茲去其同於各縣表中所已有者，得四十族：

王爵二族　公爵二族　侯爵一族　伯爵一族　指揮十三族　千戶十四族　百戶五族　鎮撫一族　雲騎尉一

族

此四十族之祖籍分佈情形為：

江蘇九　河北五　安徽四　江西四　河南三　本省三

湖北二　四川一　山東一　世居一　不知原籍七

靖州蕞爾小邑，僻在邊隅，然以地處蠻夷之腹心，故亦為軍防之重鎮。洪武初既已置有靖州衛；三十年，復增設汝溪屯鎮千戶所，亦駐靖州。計氏族志所列明代移入靖州者二十三族，其中有六族即係受指揮千戶之職而來者也。此六族祖籍之分佈為：

江蘇二　山東一　浙江一　江西一　不可考一

此外非必指揮千戶而亦以膺鎮戍之命來移者，又有二族：江蘇一族，安徽一族。

試以此靖州八族合諸寶慶四十族統計之，則外省人之以是種原因來徙者，要以江蘇為最多，得十三族，幾及全數之半；（三十八見第二表）河北安徽次之，各得五族，然以與全數較，（河北七安徽十）則比例尤大；江西雖亦得五族，以與全數較，（一百八十二）則渺不足重；自餘皆不過二三族。何以江蘇河北安徽三省獨多？其原因殊簡單。按江蘇安徽在明代合稱南直隸，為太祖桑梓之邦，以是南直隸人之以從龍起義得軍功而膺封爵者，不可勝計。迨夫全國底定，鎮戍之責，自亦多所委任之矣。至河北則為燕王藩邸所在，故自永樂而後，新設衛所，其鎮將往往以河北人為之。而江蘇之所以以江寧為最多，安徽之所以以江淮之間為最多，河北之所以以北平附近為最多，其原因亦皆在於是也。註十七

湘陰縣雖非衛所之所在，然歷代以來，四方人士之因官而留居是邦者，亦不在少數。見於氏族表者，得十八族；而江西籍但居其四，其他外省人居其十三，本省人居其一。今請更以全寶靖湘七州縣氏族中之以政治原因而來移者合計之，則共得七十族。（不知原籍者除外）其祖籍之分佈有如下：

江蘇十六　江西十一　河南十　安徽九　河北五　本省五　山東四　福建三　湖北三　浙江一　四川一

廣西一　陝西一

再試以全移民數減去此種以政治原因來移者，配以百分，以與原來之百分比並例，則有如下表，

第四表

	全		減去政治移民	
	實數	百分	百分	實數
江西	324	63%	71%	313
其他外省	134	26%	18%	80
本省	55	11%	11%	50

本省無多變動。所可顯見者，江西以減去政治移民而其比例益高，其他外省以減去政治移民而比例益低。於此足證政治原因於江西爲不足重，而於其他外省移民爲甚足重。設無政治的原因，則此諸省之湖南移民，更將遠不及今日實際所有者也。

北六省中，以最近之河南爲最多。中七省中，以最近之江西爲最多。獨南五省中，不以最近之黔桂粵爲最多，而以福建爲最多者，福建之開發，於南五省中爲最早故也。福建人中，以沿海地帶之人最爲富有進取性，故此一地帶人，又居福建移民之大多數。

廣西亦有五族，四族皆在桂林府境。但桂林之與湖南，風俗習慣文化語言相同，自然地理一氣相連，與其謂爲外省，無寧視之若本省，反較合理。

湖北得十七族，居外省移民之第四位。全十七族皆在荊襄以東，則以近世湖北之開發，亦是自東徂西故也。沔陽地勢低窪，多水災。諺有云：『湖北沔陽州，十年九不收。』註十八 以是沔陽人之以避災流徙他處者甚多。

湖南本省得五十五族，僅後於江西，超過其他一切外省，良以境土密邇，遷徙便利，此爲當然之現象。省境中以湘水流域爲最多，沅資次之，澧無一族，於此可知湖南各部分開發之先後也。湘陰所接受者長沙府六族，岳州府五族，常德府一族，皆位於省之東北境，洞庭湖附近。寶慶府境之內：新化對邵陽之移民有九族，對武岡二族，新寧一族；邵陽對各縣皆有，合計六族；武岡對各縣皆一族，合計四族；新寧城步則祇有接受，無輸出，城步轉而對府境以外更在西南之靖州，輸出一族：於此可以推見各州縣開發之程序，亦大略稱是也。

以省爲單位，既述其大概情形如右。於是更可作一分區之研究焉。試以三大流域爲單位，則此七州縣所接受之各流域移民數，有如下：

黃河流域　有移殖關係者五省　共三十八族

長江流域　有移殖關係者六省(本省除外)　共四百零一族

珠江流域　有移殖關係者二省　共一十九族

試以河北河南山東山西陝西湖北爲湖南之北方，以江蘇浙江安徽福建江西爲湖南之東方，以廣西爲南方，以四川爲西方，則此七州縣所接受各區之移民數，有如下：

東方　三百九十四族　北方　五十六族

南方　五族　　西方　三族

可見湖南之開發，其功在乎本流域人，而與其他流域之關係極少；其功在乎東方人北方人，而南方西方之關係極少，——不但極少也：實際南方廣西四族，等於本省；此外廣西一族，與西方四川一族，係以政治原因而來徙者，即謂之曰絕無關係，亦無不可。故此茲以湖南爲目標之移民現象，質言之，即爲一東北對西南之移民現象也。

東北對西南移民初非湖南一省所特具之情形，在整個中國內地移民史中，此乃一極普遍之事實。北方黃河流域不能言，中部南部十二省中，除四川外，其大概情形，迨莫不如此。此趨勢以江蘇浙江安徽爲起點，——此三省人大多數係直接來自中華民族發祥地之黃河流域——西南而江西福建，而湖南湖北廣東，終至於廣西雲南貴州。故吾人若以東南五省人之移殖湖南爲父子關係，則東北四省（陝西湖北除外）人之移殖湖南，不妨稱之爲祖孫關係也。父子之關係切，祖孫之關係疏矣。註十九

上所歷述，皆係對今日湖南人之祖先何自而來居湖南，——簡言之，即「何自來」一問題之解答。何自來既大致得解，於是又一問題發生，即今日湖南人之祖先何時始來居湖南，——簡言之，即何時來是也。今先以有原籍可考之外省移民徙入湖南之時代，依代別表如下：

第五表甲

	邵陽	新化	武岡	新寧	城步	寶慶府	靖州	湘陰縣	共	百分比	武岡州
東漢								3	3	.6	
晉	1					1			1	.2	
唐	1					1			1	.2	
五代		3	1			4		18	22	4.9	
北宋	6	17				23	1	6	30	6.6	
南宋	11	10	2		1	24	11	9	44	9.8	1
元	18	3	8	4	2	35	5	29	69	15.1	2

	邵陽	新化	武岡	新寧	城步	寶慶府	靖州	湘陰縣	共	百分比	武○州
明	62	21	41	7	10	141	19	108	268	58.8	37
清	4	1				5	1	12	18	3.8	2
	103	55	52	11	13	234	37	185	456	100	42
不可考	1	1	2			4	1	1	6		

其原籍不可考者，雖不能知其爲外省爲本省，姑亦表之如下：

第五表乙

	邵陽	新化	武岡	新寧	城步	寶慶府	靖州	湘陰縣	共	百分比	武○州
五代	1					1			1	2.3	
北宋	1	3				4			4	9.1	
南宋		1		1		2	1		3	6.8	
元	5	4	2			11			11	25.0	
明	13	2	6			21	3	1	25	56.8	3
清											
	20	10	8	1		39	4	1	44	100	3
不可考	13	13	2		2	19			19		

例一　各族遷徙，方式不同。有直接自外省移入此七州縣者，有先移入湖南他府州縣，然後再自該府州縣移入此七州縣者。茲表所列，取其入湖南之年代。又自湖南本省移入七州縣者，亦不列。

例二　寶慶志氏族表中或有不言徙時，而言其始遷祖爲誰，另於世系表中，可以得知其某世孫曾得何朝何代何年之功名者。今姑以其子孫得功名年代，作一世三十年上推之。湘陰志靖州志武岡志亦有類似此情形者。但極少，每志不過一二族。

二表所表示者相同：其一，五代以前湖南人之後裔之見存於今日之湖南者，已極鮮；其二，五代啟其端，兩宋元明繼其緒，是爲今日湖南人祖先移入湖南之極盛時代。其三，清以後，移殖狀態靜止，關係殊尠。

五代以前，外省人之移入湖南者，或爲因避世亂，以荒僻之地視同世外桃源而趨就之，表所列邵陽晋唐二族是其例也。或以獲罪朝廷，謫徙從宦而來，表所列湘陰東漢三族是其例也。其徙遷之原因，太半皆爲被動的。故至者不多，其能流傳及於後世者尤鮮。至五代而江西人始有有組織的自動的湖南開發行動，湘陰志引益陽縣志：「唐同光二年，高安蔡邦領洪州三百戶來潭州開墾。」（劍灘楊氏條）潭州即明清之長沙府。據上表，唐一代三百年，其時外省移民之見存者，祇一族。五代才五十年，而其見存者反有二十二族之多，是則蔡邦輩移殖之功效也。此風降及於兩宋之世而益盛，甚至正史亦記載及之。宋史地理志荆湖南北路卷四後序：

「荆湖南北路……其土宜穀稻，賦入稍多。而南路有袁吉壤接者，其民往往遷徙自占，深耕溉種，率致富饒。自是好訟者亦多矣。」

「率致富饒」蓋爲自動移民之一最大動力，猶如百年前歐洲人之移殖美洲，今日河南山東人之移殖東北是也。故其後裔之見存於今日寶慶等七州縣者，猶有八十一族之多。北宋占其十之四，南宋占其十之六。按北宋百六十餘年，南宋百五十年。而北宋時所接受之移民反見少於南宋者，則宋室之南渡，自有以致之。元代九十年間，其接受移民之速度，又有增進，甲乙二表合計共有八十族，幾與三百餘年之兩宋相埒。明代是爲各時代中最重要之一時代，即積極移民，開發，以底於成功之一時代也。二表合計，共有二百九十五族。二百七十餘年間，其所接受之移民，超過其他各時代之總和。此二百九十五族之中，除十之一二係以政治原因被動來移者外，十之八九皆係以經濟原因自動來移者。

明代之於西南方開發，功績至偉，範圍至廣，既不僅限於此七州縣，亦不僅限於湖南一省，雲貴廣西諸省現有漢民族之大部分，莫不爲此時代所移入者。惟湖南自宋元以來，本已有相當開發，明代乃從而完成之。至雲貴廣西則於是時尚爲草萊初闢時期，降至今日，猶未得足語乎完成也。

各氏族志表中所列清代移入族數之所以大減於宋元明，其故當有二：一爲地方人口至明而已達於相當飽和點；後此遂不復需要大量之外來開發者，——此原因解釋實際上移民數之所以少於前代。一爲距諸志編纂之年代太近，此輩移民往往尚爲單家隻戶，未得成爲一氏族，故志表不列之，——此原因解釋志表所載，蓋尤少於實際所有。

何以知湖南人口至明而已達於相當飽和點？此可以土地之開發程度證實之。太史公曰：「楚越之地，地廣人稀。」

註二十　班固曰：「楚有江漢川澤山林之饒，江南地廣，或火耕水耨。民食魚稻，以魚獵山伐為業。果蓏嬴蛤，食物常足。故呰窳媮生而亡積聚，飲食還給，不慮凍餓，亦亡千金之家。」註二十一　此西漢時湖南之經濟狀態也。姚思廉曰：「湘川之奧，土曠民閑。」註二十二　此南齊時湖南之經濟狀態也。降至南宋時而紹興十二年知邵州吳稽仲猶有湖南廣西閒田甚多之言。註二十三　更至明初而湖南地猶未盡利，洪武十七年以辰永衡寶等處宜種桑而植者少，命淮徐取種二千石給其地，令民種之，以足衣食。註二十四　是可知自西漢以至於明初，湖南經濟始終未嘗發達至一般平衡線，湖南人口始終未嘗臻於飽和點也。然至明末清初而景象即判然不同。顧亭林曰：「近年深山窮谷，石陵沙阜，莫不乂闢耕耨。」註二十五　更至清道光中而魏默深有曰：「今則承平二百載，土滿人滿，湖北湖南江南各省，沿江沿漢沿湖向日受水之地，無不築圩捍水成阡陌，治廬舍其中，於是平地無遺利。且湖廣無業之民，多遷黔粵川陝交界，刀耕火種，雖蠶叢峻嶺，老林邃谷，無土不墾，無門不闢，於是山地無遺利。」註二十六　一則人稀，一則人滿，而轉其機則在乎明初明末之間，故曰，湖南至明代而人口已達於相當飽和點也。而明代移民之眞價值，明代開發湖南之功績之可貴從可知矣。

總之：自五代以至於明，六七百年間，是為「如此今日」之湖南構成時期。微此六七百年間吾先民之經營奮鬥，則湖南至今蓋猶為蠻民族之世界，僅有少數漢民族雜廁其間，鳥棲獸走，荊棘蔓延，安得比於「中國」哉？

以上乃舉湖南全省而言者。

自省境以內各部分之比較言之：則五代以前五族，湘陰得其三，邵陽得其二，足見此二縣為多數漢民族所至，早於自餘新化武岡諸縣。五代時潭州為江西移民開墾之目的地。雖但曰潭州，可以作湖南東北部一隅觀也。故湘陰在此時所接受之外來移民特多，見存今日者猶有一十八族。註二十七　寶慶亦有五族。但據表，新化五代三族，(甲表)其中一族係五代時徙至茶陵，五傳始轉輾至新化者。茶陵屬潭州，此族大概即蔡邦所領三百戶之一也。此外二族則仍是以避亂而來為蠻中客戶者。邵陽一族，(乙表)乃是以政治關係而被周行逢放至其地者。獨武岡一族，(甲表)五代時徙至邵陽，一傳至武，未言以何故來徙。故五代一時期，乃長沙屬，——湖南東北部之開始經濟開發時期，寶慶屬，——湖南中部偏西南猶未與也。寶慶在此時期所接受之移民，其性質猶大致與五代以前相同。

寶慶屬之開發，蓋始於北宋，稍後長沙一步。然祇限於北境新化邵陽二縣，南境武岡城步新寧諸縣猶未與也。二縣中又以新化爲特盛，所以然者，復有政治上之原因在。按新化與安化二縣地自昔本爲猺蠻所據，宋初號曰梅山蠻，時出侵擾附近州郡。神宗時王安石用事，開拓苗疆之議興，乃以章惇經制湖南北蠻事，傳檄蠻酋，勒兵入其巢穴，逼以納土。叛猺既平，因設縣置治，招徠漢民耕墾之，於是蠻疆成爲漢土。註二十八是爲宋代西南開發之一大功績。甲表新化條下有八族，乙表新化條下全三族，皆係徙自熙寧元豐年間者，當然尙直接原因有以致之。

梅山之納土在熙寧，熙寧時即有中國人來至其地；靖州本亦爲蠻疆，亦在熙寧中納土，然以遠在省境之最西南，且納土後又中經變亂，註十九 故除少數例外外，蓋自南宋時其地始爲中國人所至。南宋時邵陽與新化之發展甚平衡，武岡後之，而新寧城步亦漸爲漢民族足跡所至。註三十 湘陰在南北宋時之發展，均不若五代之速。元代以湘陰邵陽武岡之發展爲最，新化靖州後之，新寧城步則已開始入於開發時期。明代爲各部分同時積極進展之時代，初無東西南北孰緩孰速之可分。除新化外，自餘六州縣明代一代所接受之移民，皆超過其他各時代之總和：於武岡占全數百分之七十九，於城步占百分之七十七，於新寧占百分之六十四，於邵陽占百分之六十，於湘陰占百分之五十八，於靖州占百分之五十一，於新化占百分之三十八。武岡新寧城步三邑僻在寶慶府之南部，於宋元時未嘗加意開發，故至此遂崛起爲新興殖民地，其接受移民之速率更超超於新化邵陽等已經相當開發諸地之上焉。三邑自明以前，漢之於蠻，每不過十之一二，經此轉變，蓋不旋踵而十得四五矣。註三十一

時代愈後，移民遷徙之目的地愈在僻遠，此自然之理也。見於上二表者，自漢晉以至於明，其序不紊。五代則湘陰，北宋則新化邵陽，南宋則靖州，明代則武岡新寧城步；以此理推之，則淸代移民之所及當更在僻遠，不應在腹部。然見於上二表者，湘陰十二族，邵陽四族，新化一族，靖州一族，武城新則並無一族，適與此應有之趨勢相反，此蓋例外不經之現象也。或此僅爲經一次世亂（明淸鼎革）後初年之現象，故其移民乃是補充的而非開發的。中年承平而後，必有不然者矣。故魏源之言曰：「湖廣無業之民，多遷黔粵川陝交界」。湖北與川陝界，湖南與黔粵界，與黔交界之處是在省境之西部，與粵交界之處是在省境之南部，皆於全省爲最僻遠之地也。

吾人既已概念地明瞭今日湖南人祖先之移入湖南，——

亦即「如此今日」之湖南之構成，——爲在何代，爲在何代至何代，今茲當更進一步研究，即在某一代中，又以某幾朝之成績最爲偉大，某幾朝關係較輕？

東漢移入湘陰之見存者三族，其移入之時代在安帝建光年間。邵陽晉代一族，在武帝咸寧年間。唐代一族，在唐之季世。

五代移入湘陰者十八族，移入新化者三族，皆在後唐之同光中。註三十二 故同光實爲湖南開發史上最可紀念之一日也。此時由江西移入湖南者蓋不祇蔡邗所領自洪州至潭州之三百戶而已，他州人亦已有之。即如湘陰十八族中，白茅村許氏，九橋王氏，一都彭氏，桃林吳氏，銅盆里吳氏，其先並吉州人，亦於同光中遷湘陰。吉州與洪州接壤，意者當時吉州人中，必亦有若洪州之蔡邗其人者，率領鄉人，大舉來移斯土也。又新化三族，其先並吉州人。移入邵陽者二族，皆在五代之季世。註三十三

自北宋以至於清，每代列一分朝表如下：

第六表之一

	邵陽	新化	武岡	新寧	城步	寶慶府	靖州	湘陰縣	共	武岡州	邵陽	新化	
?	2	3 二				5		1 五	6				
初		1				1			1		1		1
建隆 960—962	1	3				4		1 六	5				
祥符 1008—1016		1				1			1				
嘉祐 1056—1063								2	2				
治平 1064—1067	1					1			1				
中葉								1 七	1				
熙寧 1068—1077	1 一	4				5			5			2	2
元豐 1078—1085	1	4 三				5			5			1	1
元祐 1086—1093							1 四		1				
大觀 1107—1110		1				1			1				
宣和 1119—1125								1	1				

6	17				23	1	6	30	

1	3	4

例　設有一族自外省某地宋建隆中一徙邵陽，明洪武中再徙新化。如邵陽表例有此族，則新化項下作洪武計；如邵陽表不列此族，則新化項下作建隆計。

註一　先徙新化，十傳徙邵。

註二　一族先徙衡陽，一傳徙化。一族先徙湘鄉，後裔明初徙化。

註三　一族先徙邵陽，一傳徙化。

註四　先徙綏寧，後裔徙靖。

註五　元季避亂豐城，明初復來徙。

註六　先徙巴陵饒村，八傳徙陰。

註七　先徙邵陽，明嘉靖徙陰。

第六表之二

	邵陽	新化	武岡	新寧	城步	寶慶府	靖州	湘陰縣	共	武岡州
?	2[一]		2[四]		1	5	1[五]	3[八]	9	
紹興1131—1162	1					1	5[六]	1	7	
乾道1163—1173							1		1	
慶元1195—1200								1	1	1
嘉泰1201—1204	1					1		1	2	
開禧1205—1207	1					1			1	
嘉定1208—1224	1					1	1[七]		2	
理宗1225—1264							1		1	
淳祐1241—1252	1					1			1	
寶祐1253—1258							1		1	
景定1260—1264										
咸淳1265—1274	2					2	1	1	4	
景炎1276—1278								2[九]	2	
季	2[二]	10[三]				12			12	
	11	10				24	11	9	44	1

	新化	新寧	靖州	
?	1			1
寶祐1253—1258			1	1
景炎1276—1278		1		1
	1	1	1	3

註一　一族先徙衡陽，一傳徙邵陽•

註二　一族先徙安化，明洪武中徙邵爲勳衞。

註三　一族先徙邵陽，旋徙化。一族先徙湘鄉一傳徙化。

註四　一族先徙漵浦後裔元泰定中徙武。一族先徙會同，後裔洪武二年徙武。

註五　先徙天柱，元末徙靖。

註六　一族先徙辰州，三傳徙靖。

註七　原文宋嘉祐十年由吉安遷靖，今傳二十六世。按嘉祐係北宋仁宗年號，其時靖州猶爲蠻楊氏所據，當不至有漢人徙入。且嘉祐祇八年，並無十年。自嘉祐至清末，亦不能但有二十六世，當是南宋寧宗嘉定之誤，作嘉定。

註八　一族先徙衡山，傳六世元初徙長沙，傳四世明初徙陰。一族先徙平江，傳九世徙陰。

註九　一族先徙巴陵，再徙陰。

第六表之三

	邵陽	新化	武岡	新寧	城步	寶慶府	靖州	湘陰縣	共	武岡州	邵陽	新化	武岡	
?			1			1	3		4		1			1
初	3					3		4 四	7	1	1	1		2
元貞1295—1296								2	2					
大德1297—1307			1			1			1			1		1
皇慶1312—1313	2	1 九				3		1	4					
中葉		1				1		2 五	3		1			1
泰定1324—1327	2					2	1	2	5					
天曆1328—1329			1			1			1					
			1 三			1			1					
元統1333—1334								1 六	1					
至元1345—1340								2 七	2					
至正1341—1367	5 一		2		2	9		7	16	1				
末	6 二	1	2	4		13	1	8 八	22		2	2	2	6
	18	3	8	4	2	35	5	29	69	2	5	4	2	11

註一　一族先徙武岡，一傳徙邵•

註二　一族先徙新化，三傳徙邵。一族先徙祁陽，明洪武徙邵。一族先徙長沙，明永樂徙邵。

註三　其確年已不可考，約在天曆元統之際。

註四　一族先徙長沙，傳三世徙陰。

註五　一族先徙長沙，傳六世徙陰。一族先徙平江，子徙陰。

註六　先徙長沙下泥港，明洪武徙陰。

註七　一族先徙平江，子徙陰。元至元年號有二，一爲世祖前至元，一爲順帝後至元，察原文詞意，此當是後至元。

註八　一族先徙平江，明洪武中徙陰。一族先徙瀏陽，明正統中徙陰。一族先徙華容，明洪武徙陰。

註九　原文云：（元皇祐元年。）按皇祐係宋仁宗年號，非元代之年號，依始祖九世孫係嘉靖歲貢推，則皇祐元年當係皇慶元年之誤，作皇慶計。

第六表之四

	邵陽	新化	武岡	新寧	城步	寶慶府	靖州	湘陰縣	共	武岡州	邵陽	新化	武岡	靖州	湘陰		武岡州
?	1					1	1	1[十]	3								
初	20[一]	2	9	3[七]	4[八]	38		18[十一]	56	11	4		3	1		8	2
洪武1368—1398	23[二]	6[三]	13[四]			42	12	56[十二]	110	18	6		2	2	1	11	
永樂1403—1424	2	2	8[五]	1		13	1	1[十三]	15	4	1		1			2	
洪熙　1425			1			1			1								
宣德1426—1435							1	1	2								
正統1436—1449								1[十四]	1								
景泰1450—1456	1	1				2	1		3								
天順1457—1764		1	3			4		1	5								
成化1465—1487	1	2	1[六]		1	5		8	13								
中葉			1	1		2		3	5								
弘治1488—1505	3		1			4			4			1				1	
正德1506—1521	2	2		1	1[九]	6	1	2	9		1	1				2	
嘉靖1522—1566	6	1	2		3	12	1	8[十五]	21							1	
隆慶1567—1572	1	1		1		3		1	4								

萬曆1573—1619	1	3	1		1	6		1	7								
天啟1621—1627	1					1			1								
崇禎1628—1643							1	1	2	1							
末			1			1		5	6	3							1
	62	21	41	7	10	141	19	108	268	37	13	2	6	3	1	25	3

註一　一族先徙新寧，三傳至郡，

註二　一族先徙零陵，康熙中徙郡。

註三　一族先徙邵陽，七傳徙化。一族先徙邵陽，永樂徙化。

註四　一族先徙邵陽，一傳徙武，

註五　一族先徙長沙，一傳徙武。

註六　一族先徙邵陽，二傳徙武，

註七　一族先徙邵陽，三傳至寧。

註八　一族先徙靖州，宏治徙城。

註九　先徙武岡，嘉靖徙城。

註十　先徙長沙，十一傳至湘陰。原文云，明時由江南西路吉安府遷，按江南西路係宋時之稱，吉安府係明以後之稱。是則此族之徙究在宋在明，未可必也，姑仍以置之明。

註十一　一族先徙湘潭，傳三世徙陰。一族先徙巴陵，傳九世明季徙陰。

註十二　一族先徙湘潭，傳四世徙陰。一族先徙長沙，傳十二世徙陰。一族先徙長沙，傳三世永樂中徙陰，一族先徙湘潭，傳四世成化初遷陰。一族先徙華容，傳十三世徙陰，一族先徙長沙，嘉靖中徙陰。

註十三　先徙平江，子徙陰。

註十四　先徙臨湘，清康熙中徙陰。

註十五　一族先徙湘潭，旋徙陰。

第六表之五

	邵陽	新化	武岡	新寧	城步	寶慶府	靖州	湘陰縣	共	武岡州
初		1				1	1		2	
順治1644—1661	1					1		1	2	
康熙1662—1722	1					1		9	10	1

雍正1723－1735								2	2	
乾隆1736－1795	1					1			1	
嘉慶1796－1820	1					1			1	1
	4	1				5	1	12	18	2

註一 先徙長沙，康熙徙陸。

北宋以熙寧元豐之間爲最多，合計十三族。初年（包括初建隆二項）次之，合得七族。南宋以末季爲最多，（包括咸淳景炎季三項）約得全數十之四。元代亦以末季爲最多，（包括至正與末二項）超過其他各朝之總和，約得全數十之五．五。明代以初年爲最多，（包括初與洪武二項）超過其他各期之總和，約得全數十之七。清代以康熙爲最多，而清師之底定湖南，在順治末年，康熙者實湖南之清初也。熙寧元豐之所以獨盛於北宋，其原因係於政府之開發招徠，已見上述。此外則皆盛於初年或末年。蓋朝代鼎革之際，兵革擾攘，人民每多自衝要之處，流徙轉移於窮鄉僻壤以避禍，及夫亂事既平，故國之田園已蕪，流寓地之經營方興，於是樂於斯土而不復思返矣。是其遷徙之原因，無關乎政府之獎勵，乃爲人民自動的尋謀生路。元末明初尤爲西南移殖之極盛時期，吾人若假定諸志表中所謂元末即指至正一朝，所謂明初即指洪武一朝，則至正洪武五十八年間，此七州縣所接受之外省移民之見存者，計有二百二十九族，幾及自漢至清全移民史時代——千七八百年——之半。

第一問題爲何自來，第二問題爲何時來，既已並見上釋。最後吾人所欲加以解釋者，爲第一問題與第二問題之相互關係，亦可目之爲第三問題，即「何時，何自而來」？亦爲之分代列表如下：

第七表

		邵陽	新化	武岡	新寧	城步	寶慶府	靖州	湘陰縣	共		武岡州
漢	河南								3	3	} 3	

晉	江西	1					1			1	1	
唐	山西	1					1			1	1	
五代	江西		3	1			4		18	22	22	
北宋	江西	4	17				21		4	25	30	
	江蘇	2					2			2		
	河南							1	1	2		
	湖北								1	1		
南宋	江西	11	9	1		1	22	5	7	34	44	1
	江蘇							2	1	3		
	河南		1	1			2		1	3		
	福建							2		2		
	山東							1		1		
	廣西							1		1		
元	江西	15	3	4	3	2	27	3	28	58	68	1
	福建	1		1			2		1	3		1
	安徽			1			1	1		2		
	浙江	1					1			1		
	廣西			1	1		2			2		
	四川							1		1		
	湖北	1					1			1		
明	江西	38	15	24	6	6	89	6	83	178		30
	江蘇	10	1	7		1	19	4	10	33		1
	河南	5	1	3			9		2	11		3

	福建		1	1	1		3		3	6	268	
	安徽	2		2			4	4	3	11		1
	河北	5		2			7			7		
	山東		1			1	2	1	2	5		2
	浙江					1	1	2		3		
	廣西			1			1	1		2		
	四川	1					1		1	2		
	陝西								1	1		
	湖北	1	2	1		1	5		3	8		
清	江西	2	1				3		1	4	18	
	河南	2					2			2		
	福建								3	3		
	河北							1		1		
	湖北								8	8		
		103	55	51	11	13	233	36	185	454	454	

註一　武岡知籍知時者本五十二族，中一族地名不知今屬何省。曰太平宗金。
註二　靖州知籍知時者本三十七族。中一族地名不知今屬何省。曰武陽。

漢晉唐三代共五族，而北方之河南山西居其四。以是足證五代以前，外省人之移入湖南者，大都來自北方也。五代爲「今日湖南人」祖先之開始移入時代，而是時外省人之至寶慶湘陰者二十二族，竟無一族非江西。北宋中外省人之入寶慶者二十三族，而江西居其二十一。湘陰六族，江西居其四。靖州一族，係河南人，則係因官而來也。總五代北宋五十二族，江西居其四十七，非江西但有五族，十之一耳。故此一時代，吾人可名之曰「純江西時代，」此時代江西而外之外省移民，爲江蘇河南湖北三省之人，他省尚未與也。按此三省人之移入湖南者，歷代合計，爲數亦僅後於江西，而勝於其他各外省。是則移民人數之多寡，蓋與移民史之久暫爲適成正比例者。南宋四十四族，非江西居其十。元代六十八族，非江西亦居其十。合計百十二族，非江西居其六之一。各方之來移者，至是稍雜。然靖州南宋十一族，非江西居其六，考其實，則福建二族，江蘇二族，山東一族，皆以征蠻而來；廣西一族，係因官而來。其情形與江西移民之開墾曠土爲目的者，逈乎不同。此一時代，吾人姑名之曰「初期混雜時代。」明代爲西南移民之極盛時代，亦即移民份子最爲複雜之一時代，計移入此七州縣者，其祖籍共有十二省區。十八省中之末至者，西北之山西甘肅，西南之雲南貴州，南方之廣東而已。江西籍得百七十八族，非江西籍得八十九族，非江西籍居全數三之一，江西籍二之一。故此一時代，吾人可名之曰「大混雜時代，」亦即「後期混雜時代。」此大混雜時代構成之原因有二：其一，爲明代鎮戍制度之結果，非江西外省人之因此入籍寶慶者二十五族，（占全數六十七八分之三）入籍靖州者五族，（占全數十二幾二之一；）其二，則有係於移民狀態之自然發展者也：——一地方當初開發時，社會生活程度過於簡陋，生產組織缺少變化，遠方之人，於該地之風土情形既不熟悉，單家隻戶，昧然來徙，殊難戰勝此陌生的自然，以求得生存，故必爲鄰省之人，始能有此胆量以赴之也。及夫開發已有相當成績，社會各方面日臻繁榮，不必耕者始有食，不必織者始有衣，生存之機會漸益寬大，於是五方八處之人，皆得蝟然而集矣。

自五代以至於明，無論爲純爲雜，其以江西人爲外省移民之主體則一。獨清代則不然。清代外省移民共十八族，而湖北得其八，幾及二之一，居第一位，江西反退居第二位，福建河南，亦見增高。吾人雖不能據此遽爲斷定江西自是即失去其首席地位，但至少可謂時至清代，湖北福建之人，已繼江西人之後而亦爲湖南移民中之重要份子矣。故此一時代，則名之曰「轉變時代，」武岡州鄉志氏族志序云：『茲稱大姓望族，自元末明初由江右遷來者十之七，明末國初由閩鄂河南皖省及鄰近府縣遷來者十之三。』此言最足以代表清代湖南移民之特殊性。

上述係指外省移民而言者，至湖南本省人之移入此七州縣，其情形又稍有不同，表如下：

第八表

	邵陽	新化	武岡	新寧	城步	寶慶府	靖州	湘陰縣	共	百分比	武岡州
五代								2	2	1.8	
北宋		3	1			4			4	3.5	
南宋	4	2	1			7	2		9	8.0	
元	2	3	2	1		8		5	13	11.5	
明	14	8	7	3	8	40	1	31	72	63.7	
清	4	1	2			7		6	13	11.5	
	24	17	13	4	8	66	3	44	113	100	

說明　原湖南本省人之移入寶慶等七州縣者，祇五十五族。本表以他省人之自本省他縣轉徙而來者亦列入之。故多出五十八族，共一百一十三族。

例如　某族本江西泰和縣人，元代湖南湘鄉縣，至明由湘鄉入邵陽。第五表甲所列，取前一時代，此表所列，取後一時代。

不同者何在？明以前諸代彼位之降低，明與清二代地位之增高是也。此必須與外省移民各時代之百分數並列而後明：

第九表

	外省移民	本省移民
明以前	37.4 %	24.8 %
明	58.8 %	63.7 %
清	3.8 %	11.5 %

明以前諸代之地位降低約百分之十三，明代增高約百分之五，清代增高約百分之八。於是足證時代愈後，則本省移民亦愈爲蓋劇也。

清代之本省移民特盛，故本省移民之特殊情形，卽是清代之特殊情形。再以時代爲單位，列比較表如下：

第十表

		湖南	湖北	江西	其他外省
清以前	百分	18%	2%	60%	20%
	實數	100	10	318	108
清	實數	13	8	4	6
	百分	42%	25%	13%	20%

其他外省於清代清以前各占百分之二十，初無更變。所異者，湖南湖北地位之增高，江西地位之降低是矣。按湖北與湖南今雖分列各爲一省，然在歷史上果曾同屬於一省，於自然地理上人文地理上皆不可爲分者也。由是益可證兩湖之地在明以前大部皆開發未臻成熟，故其移民狀態多爲接受的而少有輸出的，時至清代，湖南與湖北之人口密度已增高至差可比擬於鄰近江西等省，故其接受移民之需要，日漸退減，而輸出移民之需要，日漸加增，——對本省比較遲開發地之輸出之繁劇，特其徵象之一端耳。註三十四

清代江西人之移入湖南者並不多，是則諺所謂「江西塡湖廣」註三十五之湖廣，蓋太半係指湖北而言，湖南關係殊鮮也。

註一　鄧顯鶴字南村，學者稱湘皋先生，與歐陽紹軺並負重名於當時詩壇。尤邃於鄉土掌故之學，著有楚寶沅湘耆舊錄等書。

註二　同治酃縣志卷十四選舉志扶氏選鄉貢者得卅四人。

註三　宋史卷四百九十四西南溪峒諸蠻下頁二下。

註四　湖南故老傳說謂湖南人皆係江西移民之後裔。故湖南人自來稱江西人曰江西老。老者老子之謂。易言之，即祖宗是也。

註五　康熙瀏陽縣志卷十四拾遺志有云瀏鮮土著，比閭之內，十戶有九，皆江西之客民也。沅陵縣志卷末雜記有云沅邑皆江右來者。民十二永順縣風土志第十五節人種及人數土著而外，多遷自江西。

註六　晉書王導傳曰永嘉之亂，中州士女避亂南遷者十居六七，號曰渡江。據宋書州郡志晉書地理志，是時僑州郡之在今江西江蘇境內者更僕難數。福建今以林黃陳鄭四姓爲大族。據唐林諝閩中記，此四姓亦永嘉時所遷也。福州曰晉安，泉州爲晉江，皆以晉時移民而得名。太史公曰：關中之地於天下三分之一，而量其富，什居其六。是秦漢時以陝西最爲殷實。晉元帝謂諸葛恢曰：今之會稽，昔之關中。東晉之初，浙江已取陝西而代之矣。至唐韓愈謂當今賦出天下，江南居十九。江南汎指今江浙贛皖之地。時有揚一益二之諺，謂中國之盛，揚州爲第一，而成都次之。

註七　屬本文所論範圍。

註八　明太祖定鼎金陵，徙舊民置雲南。另徙江浙人口以實京師。至今雲貴世家大族猶能溯其世系自來至於江南。據雲南人云：昆明城南數十里有江南會館，

中有碑記江南人之始遷者數百人，皆明初以從征遊宦而來者。廣西上四府有無湖不成廣之諺，言廣西人大都來自湖南。是知廣西之開發亦後於湖南之開發也。

註九　北宋時官吏謫徙每以嶺南爲極遠，遇赦則稍遷嶺北衡永諸地，可見廣東在當時較之湖南尤爲蠻僻也。

註十　四川於西漢時即已人才輩出。至漢末劉備以梁益區區千里之地，北抗中原之曹魏，東拒據有大江流域珠江流域之孫吳，其富厚可知矣。

註十一　陝甘爲四川移民之出發地，正如山東河南之爲東南諸省移民之出發地。然自明末以來，情形又變。

註十二　宋書州郡志晉書地理志

註十三　民國十二年第　卷第　期科學雜誌丁文江歷史人物與地理的關係

註十四　南昌豐城廬陵泰和吉水五縣皆緊傍贛江。

註十五　舊唐書卷一百六十本傳。宋史卷二百八十一本傳。

註十六　秋聲館遺集卷七趙氏譜序，

註十七　安徽江淮之間，帝鄉也。江寧洪武建文之都也。北平永樂而後都也。

註十八　民國二十年十一月三日天津大公報災後之漢口

註十九　北方偏西之陝甘二省，本與江浙皖三省之關係甚鮮，故對湖南之關係更鮮，通七州縣但得陝西一族。

註二十　史記卷一百二十九貨殖傳

註二十一　漢書地理志

註二十二　南齊書州郡志

註二十三　湖南通志雜志三

註二十四　湖南通志雜志六

註二十五　天下郡國利病書卷七十四頁九上

註二十六　古微堂內外集卷六湖廣水利論

註二十七　湘陰在五代時隸岳州；宋後始隸潭州。

註二十八　註二十九　宋史卷四百九十四梅山峒傳誠徽州傳。

註三十　按新寧設縣在南宋，城步設縣在明。

註三十一　然於城步則降至清代嘉道之際，依然蠻勝於漢。寶慶府志卷九疆里表一：「城步五峒，其地廣於八都，其民衆於漢族。」蓋於三邑之中，城步之開發又居最後焉。

註三十二　中湘陰一族轉由長沙，明萬曆中徙陰。一族轉由平江，旋徙陰。一族轉由醴陵，旋徙陰。一族轉由巴陵，傳十六世徙陰。然無論其爲直接移入或爲轉輾來徙，其於五代同光中至湖南東北部則一也。又新化一族，轉由茶陵，至新化時當已入宋。茶陵在五代或屬衡州，或屬潭州。

註三十三　中一族徐氏，仕馬楚。周行逢立而放之邵州，因家。周行逢之立在周顯德三年。一族一傳而至武岡。表列入武岡項下。

註三十四　寶慶靖州當雲貴高原之斜坂，據苗嶺與武陵之山彙，故地勢特高，魏默深所謂山地是也。湘陰瀕洞庭南岸，地勢卑溼，至今每當湘江水漲，附近盡成澤國，曩日更可知矣。魏默深所謂向日受水之地是也。

註三十五　古微堂內外集卷六湖廣水利論當明之季世張賊屠蜀民殆盡，楚次之，而江西少受其害。事定之後，江西人入楚，楚人入蜀。故當時有江西塡湖廣湖廣塡四川之謠。

章二　以廿三種文集並湖南文徵中之族譜序等爲據

上章以寶慶等五種府州縣地方志中之氏族志表爲據，闡發湖南移民之大概情形，略已無遺。今請更以二十三種明清二代湖南人所作之文集，並湘潭羅汝懷所輯湖南文徵中之譜諜序等文字爲據，亦作爲統計表如干幅，以證前所言者，是否爲一般之現象，抑一部之特殊情形。

然地方志爲搜集一地方之文獻而作，文集中之譜諜等文字則爲作者個人之酬酢而作，氏族志志一地方之族姓，雖不能云謂全無缺漏，要可以十得其八九，族譜序墓誌銘所載，則於其一人之所識者，猶或未全，遑論全地方之氏族？例如茶陵族姓以陳譚周李爲大，註一 然通此二十餘種文集，但能告吾人以一譚姓之自來，外此則爲劉彭羅胡諸姓，於陳周李三大姓並無所及，以是可知此種散篇文字之結合，其爲史料之價值，實遠在方志氏族志表之下也。倣根據此種史料所得之結論，其與上章同者，果有互相映證之功，其不與上章同者，亦不能以是而推翻上章之結論也。

文集刋行之多寡，以地方文化程度之高低爲轉移。故本文所採之二十三種之作者，長沙府人獨占其十八，岳州府人占其二，衡州府人占其二，此外六府四州竟無一人。以是而其記載所及之族姓，亦以長沙府爲最多，共得九十五族；（湘陰除外）岳州府次之，共得二十族；此外衡永郴桂湘南諸郡合得二十二族。今即以此為單位，合列「徒自」「徒時」各一表如下。至西部常德辰澧諸郡，則但得七族，未免太少，因不列焉。

第十一表

	長沙善化	其他長沙府屬九縣	岳州府	衡永郴桂	共	
江西	2	13	6	7	28	78
吉安府 盧泰二縣	3	17	1	5	26	
吉安府 其他		6			6	
南昌府	3	2	2	1	8	
臨江府		1		1	2	
瑞州府	1	1			2	
九江府		1			1	
贛州府		1	1		2	
建昌府		1	1		2	
袁州府			1		1	
江蘇		1			1	14
蘇常二府	2	4	1		7	
寧鎮二府	1		1		2	
淮揚二府				1	1	
徐州府海州	1	1		1	3	
浙江杭湖二府	2				2	6
寧紹二府	4				4	
安徽 徽州府	2	1		1	4	5
鳳陽府	1				1	
福建		2			2	2
河南		1	1		2	2
山東			1	1	2	2
山西		1			1	1
廣東				2	2	2
雲南			1		1	1
湖北	2	1		1	4	4
湖南 長沙府	4	2	2		8	16
衡州府		1		1	2	
寶慶府		3			3	
常德府		1			1	
道州			1		1	
乾州	1				1	
	29	62	20	22	133	
	四族不可考		一族不可考			

註一　本表族數太少，分縣計則嫌過於紛繁，但以省計則嫌過於籠統。故取府制，一依大清會典事例所載，以其為光緒間之制也。

第十二表

	長沙善化	其他長沙府屬九縣	岳州府	衡永郴府	共	
東漢		1			1	1
唐		1	1	1	3	5
季	1		1		2	
五代		1	2		3	8
後唐		3			3	
後晉			1		1	
後周		1			1	
北宋		2	1	2	5	10
仁宗神宗	1	4			5	
南宋		5		1	6	14
高宗		3	1		4	
孝宗寧宗		2		2	4	
元	1	5			6	10
末		2	2		4	
明	2	2		1	5	43
初洪武永樂	3	10	4	5	22	
中葉	3	5	1	2	11	
末	1	2	1	1	5	
清				3	3	18
順康雍	5	1			6	
乾嘉道	7	2			9	
	24	52	15	18	109	
	十九族不可考		六族不可考	四族不可考		

以徙自而論：江西最多，居第一；湖南本省次之，居第二；江蘇又次，居第三；此與上章所得結論全同。江西居全數百分之五十八強，湖南居全數百分之十二強，江蘇居百分之十強，此與上論大同而小異。然考江西比例數之所以見低者，實由於長沙善化（即今長沙一縣）二邑之特殊情形所造成，非此諸府州共通之現象也。試以此二邑與他州縣分列，各配以百分而視之，則其間因果甚明：

第十三表

	江西	江蘇	浙江	安徽	福建	豫魯晉	粵滇	湖北	湖南		
長沙善化	9	4	6	3				2	5	29	實數
	31%	12%	21%	10%				7%	19%	100	百分比
其他	69	10		2	2	5	3	2	11	104	實數
	66%	0.5%		2%	2%	5%	3%	2%	1.05%	100	百分比

其他州縣之百分比幾與上論盡同，江西得三之二，本省得十之一，其他外省得四之一。長善獨異，江西但居三之一，江浙皖三省大盛，合得百分之四十餘，幾占全數之半。則以長善爲湖南之省會，一省政治經濟重心之所在，遠方之人，頗多因商因宦而來者故也。江浙皖三省之人爲近五百年來中國人中最爲活躍之份子，以是人之來移長善者亦特多。浙江六族之中，寧紹居第四，安徽三族之中，徽屬居其二，寧紹徽屬之人，固爲擅於經商宦游者也。

江西省之中，又以吉安府爲最多，南昌府次之，其他各府屬無甚軒昂之分，此亦與上論全同。更可證吉安南昌實爲全湖南人祖先自來之大本營，非僅寶慶湘陰而已也。移入長沙府屬，亦以吉安府人爲最多，而南昌府人居次，則上論所謂江西南部人移湖南南部，江西北部人移湖南北部之言，於此必須爲之加一註釋。即在此種場合而言，所謂湖南南部，蓋不僅指寶慶衡永郴桂諸郡而已，即長沙府屬之大部分，亦在其範圍之內，所謂湖南北部者，則僅限於湘陰以北，岳州澧州等接近湖北之地；而湘陰者，蓋於政治區域雖屬長沙，然於移民區域言則屬於岳州。作者未嘗親至兩湖，但習聞兩湖人之言曰，湖南自湘陰平江而北，其俗即不類於湖南，而富有「湖北味」。然則習俗之不同，果與其人之血統自來，有深切之關係。良以湘陰平江而北之人，其祖先爲南昌人，自此以南之人，其祖先爲吉安人，而南昌吉安之俗，固本不相同也。

且平江湘陰而北之湖南人，以其爲南昌人之後裔之故，而富有「湖北味」，則自此直可以想見即湖北省之人，其大半當亦爲南昌人之後裔也。註二

江蘇省中，不復以寧鎮之人爲最多，而以蘇常之人爲最多，此則以上章所列州縣多爲軍事上之重鎮，而此章所列者並無此特性也。蘇常二府之人蓋又爲江蘇人中最爲活躍之份子，故除有特殊原因外，其對外移民，當亦常居江蘇各府之冠也。

以徙時而論：明代最盛，居百分之三十九、四；清代次之，居百分之十六、八；南宋又次，居百分之十二、八；北宋與元又次之，各居百分之九、二；再次爲五代，得百分之七、三；再次爲唐，得百之四、六；再次爲漢，得百之一。此則與上章所得結論，頗多差異之處：其一、明代地位之相對的降低，其二、清代地位之大爲增高；其三、明以前亦相對的略有增高。何以有此差異？總其原因，不外二點：

一、上章所論列之七州縣，其地在湖南全省中比較爲遲

開發之地，故其所接受之元明以前移民特少，本章所論列諸郡縣，皆爲比較早開發之地，故其所接受之元明以前移民亦較多。唐世有五族之多，岳州長沙各得其二，衡永得其一，可證長岳開發之獨早於他方也。然自大體言之，則五代實依然不失爲今日絕大多數長岳人祖先之開始移入時期。故志之言曰：『其族姓多旅處，自五代宋元以來無改其田廬邱壟者，殆指不勝屈。』註三

二、清康熙間兩湖分省，以長沙爲湖南省會，長沙之都市性質，以是大形發達。以經濟文化生活之進展，於是本省各州縣之人，有慕其繁華逸樂而來居者。以政治軍事中心之形成，於是四方外省之人，有膺守土治民之責而來移者。故自設省而後，康雍乾嘉百餘年間，以長沙爲目的地之移民趨勢，遂頓然大盛。影響所及，遂致全府之各時代移民比例，亦爲變更。然試一考其實，則接受此種移民者，大抵皆僅限於長沙之都市區域而已，與鄉村區域之關係爲極尠也。王湘綺之言曰：『長沙分立善化，善化多流寓，自爲風氣。』註四按清以長沙善化二縣爲長沙府之附郭縣，而都市區域，地屬善化。可證此爲省會所在之特殊情形，故自爲風氣而不與他方同也。據表，清代移民十八族，其中十二族皆移長善，其餘各地但得六族而已。

第一點所以解釋明以前比例數增高之故，第二點所以解釋清代比例數增高之故，至於明代之所以見低，則即是由於清與明以前之見高之故，茲不復論。

（又上章以外省移民與本省移民分別而論，故見於表中之清代移民比例數，特低。本章所表以族數太少，未分本外省，是亦清代所以見高之故也。按實際清代十八族中，六族皆徙自本省，明代四十五族中，本省但得五族。）

註一 懷麓堂集後卷三茶陵譚氏族譜序。

註二 此推論是否完全確實，有待異日研究。

註三 同治平江縣志知縣厤維緒序。

註四 歐陽述鼻盦詩稿王闓運序。

章三 結論及其他

根據上二章討論所得，茲請以民謠式之數語，總括全篇之要旨，俾讀者得一簡當明確之概念：

一曰：湖南人來自天下，江浙皖閩贛東方之人居其什九；江西一省又居東方之什九；而廬陵一道，南昌一府，又居江西之什九。

二曰：江西人之來移湖南也，大都以稼穡耕墾；江蘇安徽河南山東人之來移湖南也，大都以爲官作宦，以經商服賈。而長沙都會之地，五方雜處，尤多江浙皖長江下流之

人。

三曰：江西南部之人大都移湖南南部，江西北部之人大都移湖南北部，而湖南南北部之分，以湘陰平江作之界。

四曰：湖南人來自曆古，五代兩宋元明居其什九；元明又居此諸代之什九；而元末明初六七十年間，又居元明之什九。

五曰：五代以前，湖南人多來自北方；五代以後，湖南人多來自東方。南宋以前，移民之祖籍單純，幾盡是江西人；南宋以後，移民之祖籍漸臻繁雜，始多蘇豫閩皖之人。清代以前，江西移民與其他外省移民相較，其他外省相差懸如；至清代而湖北福建之人，有崛起而與江西並駕齊驅之勢。清代以前，本省移民與外省移民相較，本省移民地位甚低；至清代而本省移民之地位，有崛起而超越於外省移民之上之勢。

正論既結，茲請更略述與本問題有關係之三數瑣事。

湖南人之祖先既太半皆係江西人，以是江西人之風習賦性，自為構成湖南人之風習賦性之主要分子。今日湘贛之人同以剽悍强梁著稱於長江流域，是其最為顯見者也。江西人又以刻苦耐勞著，於婦人為尤甚，此風亦承襲於衡湘間。宋范致明云：『江西婦人皆習男事，採薪負重，往往力勝男子，設或不能，則陰相詆誚。衣服之上，以帛為帶，交結胸前後，富者至用錦繡。其實便操作也，而自以為禮服。……巴陵江西華容之民，猶間如此，鼎澧亦然。』註一 又如宗祠興於江西，宋世已甚盛行；至今湖南各處亦多有之。吳敏樹所謂吾鄉族姓「聚則有祠堂，有譜諜」是也。江西人重宗祠，尤重先人廬墓，故其人之來移湖南者，往往已更歷數世，支繁派衍，然猶以時歸省廬墓不肯輟，所以不忘本也。

唐宋時湘中人家多居板屋，宋神宗時章惇開梅山，有詩云：『人家迤邐多板屋，火耕磽确石畬田』註二 自江西人至而其俗乃變：

『新甯劉氏五大房，皆來自江西。吾磚屋房還甯邑為最早。……新甯屋皆板壁，利賢公因江西之舊，築磚屋以居。……是為磚屋房。』註三

今則比閭之內，已罕見有板屋者矣。

江西人好祀許遜，以是許祖行宮，許眞君廟，亦遍於湖南。康熙瀏陽縣志：

『許祖行宮，在縣治東關外。許遜，汝南人。棄官修道，……後逐蛇在南昌水晶宮，遜飛昇仙去，江右居人大建宮觀祀之。瀏鮮土著，比閭之內，十戶有九皆江右

之客民也。故亦建許祖行宮於瀏地。（卷十四拾遺志）是其原委也。許祖行宮一名許眞君廟，俗名萬壽宮。以其爲江西人之特有信仰所寄也，故所在萬壽宮即成爲實際上之江西會館。湖南全省七十五縣之中，有若干縣有此項建築，有若干縣無之？此蓋爲研究江西人移入湖南最有興味之一問題也。惜乎湖南通志並無此種記載，各府州縣志則或有或無，難以作統計表。今但以作者瀏覽所及，略舉數例於下：

瀏陽　曰許祖行宮，在縣治東關外。（見上）

平江　曰許眞君廟，在城內上面街，康熙中建。註四

龍山　曰萬壽宮，在城南。註五

永順　曰許眞君廟，在東門外，乾隆年間，嘉慶二十三年重修。註六

保靖　曰萬壽宮，又鄉都祠廟之中，九都十二都十三都皆有江西廟。註七

靖州　曰萬壽宮，即江西省鄉祠。註八

瀏陽平江在省境之東邊，與江西接界；龍山永順保靖靖州在省境之極西，與川黔桂接界；以是可見此項建築之偏及於湖南全境也。

江西人之會館曰萬壽宮；江西而外，其他各地人之客居於湖南者，福建人有天后宮，湖北人有封哲宮，湖南本省各府之人又有各不相同之崇祀，各建祠宮以爲會館。今亦爲之舉例如下：

平江　有封哲宮，在北城三德街，祀魯班。乾隆十年湖北客民等倡衆建。註九

龍山　有東嶽宮，在城西，附祀三閭大夫。又稱三閭宮。常德府人建。

有南嶽宮，在城南。唐雷將軍萬春附祀。長沙府人建。

關聖大帝宮，寶慶人建。

南將軍廟在城北，祀唐南霽雲。漢馬伏波將軍配祀，辰州府人建。註十

永順　有天后宮。註十一

保靖　有天后宮。有浙江宮。註十二

靖州　有廣濟宮，即長沙府鄉祠。有壽佛宮，即衡州府鄉祠。有太平宮，即寶慶府鄉祠。註十三　有永州會館，註十四　有三元宮，即江浙皖三省鄉祠，有忠烈宮，即貴州省鄉祠，有玉虛宮，即廣東省鄉祠，註十五　有福建會館。註十六

永順保靖龍山三縣舊屬土司轄地，淸雍正間始改土歸流。註十七　故其地之漢人自什九皆是雍正而後移入者。觀夫

上所列此諸地所有之會館，則可知此輩外來移民中，除江西人外，又多福建人及本省長辰常寶之人也。是與吾人前論所謂清代移民之特殊情形，適能相合。

前論謂時至清代，湖南之接受移民之需要，已日漸退減，而輸出移民之需要，日漸加增，對本省比較遲開發地之輸出之繁劇，特其徵象之一端耳。此為一端，則另一端為何事乎？曰：向外發展是也。

明季張獻忠之亂，屠四川人殆盡，有「雞犬不留」之謠。事定之後，兩湖之人，大舉入川墾荒，諺所謂「湖廣塡四川」註十八是也。此移殖急流起於清師度定四川之初（康熙二年）康熙十年，已有定各省貧民携帶妻子入蜀開墾者准其入籍之詔。降至於雍正初而其風猶未盡艾，雍正六年有勸湖廣廣東江西之民毋輕去其鄉之諭。註十九陳鵬年湘潭人，康熙末葉官江蘇布政使。其高唐李氏族譜序中有云：『余比年出官吳中，家園日遠，時聆隣壤之民，挈家入蜀，巴蜀之民罷焉，風俗流失，無踰比者。』註二十是則所謂「湖廣塡四川」之湖廣，湖南人所占，當非少數。此以經濟原因而外徙者也。

咸同中太平軍興，佐清室平定之者，湖南人之功為最。一時湘軍楚軍之名，著於天下。自是而後，湖南人尤多以軍功而胙茅土於四方者。東至蘇皖，南至閩浙，西至黔蜀，北至關隴，莫不有之。註二十一同治間陝甘回亂，波及新疆，諸城先後失守。光緒二年，詔以左宗棠為陝甘總督，率所部湘軍出關規復之。翌年，南北路俱平。其軍隊屯駐當地，其後多落籍為民人。至今湖南人與西北之陝甘人，東北之平津人，鼎足而為新疆省中漢人之三大派。此以政治原因而外徙者也。故吾人於此又可得一結論焉。其言曰：

湖南在清初以前是為接受移民地域，在清初以後是為輸出移民地域。

註一　岳陽風土記
註二　同志新化縣志風俗
註三　光緒新寧志卷二十二劉長信作劉氏磚屋房義倉記
註四　同治平江縣志民祀
註五　光緒龍山縣志卷十祀志下
註六　同治永順縣志
註七　同治保靖縣志
註八　光緒靖州直隸州志
註九　同治平治縣志民紀
註十　光緒龍山縣志
註十一　同治永順縣志
註十二　同治保靖縣志註
註十三　靖州鄉七志
註十四　靖州直隸州志
註十五　靖州鄉土志
註十六　靖州直隸州志
註十七　同治永順縣志，同治保靖縣志，光緒龍山縣志
註十八　見章一註三十五
註十九　皇朝通典食貨典戶口
註二十　道榮堂文集卷四
註廿一　同治平江縣志麻維緒序

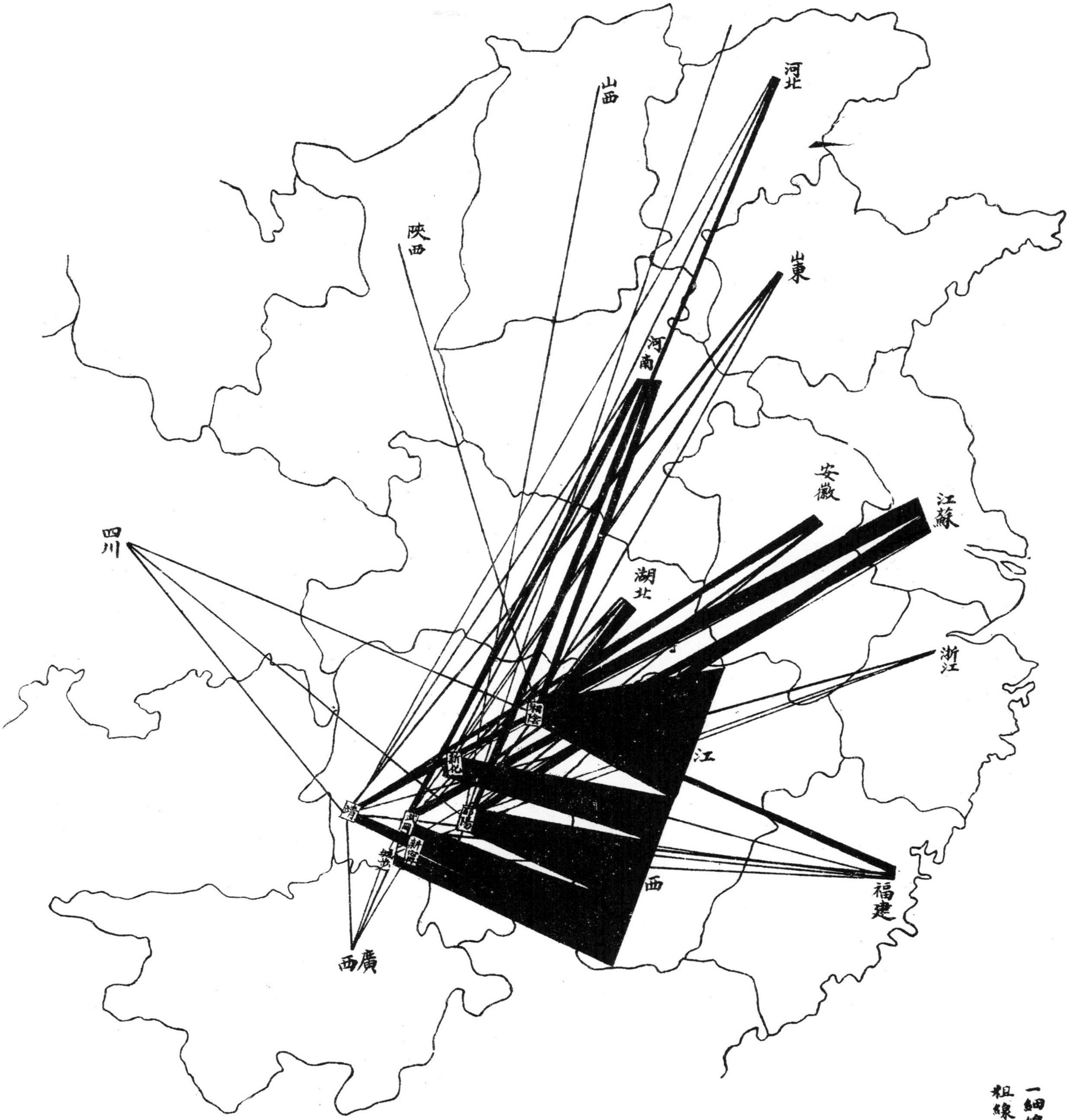

第一圖

一細線代表一族

粗線以一米里米達代表五族

第二圖

比例同第一圖

契丹祀天之俗與其宗教神話風俗之關係

馮家昇

引言

一　契丹祀天之統計

二　聖宗以後殺牲祀天驟減之解釋

甲　佛教在契丹之發展

乙　契丹之佛化

三　契丹祀天以青牛白馬之解釋

甲　八子故事與契丹歷代之八部

乙　青牛白馬故事與契丹之風俗

序

崇拜自然爲先民共同之習俗，今日宇內之民族猶多存之。蓋先民智識簡朴，常以自然有感覺，有意志，能在冥滅之中，直接指揮人類之行動也。故出猎祭天，行軍祀天，刑人告天，災疫禱天，或祈默祐，或懇宥赦，虛渺之天，疑若眞有有形之行動者也。

契丹居朔漠之地，漁猎以食，皮毛爲衣，隨水逐草，無仰賴于農產。即有絲棉米谷，亦由各國進貢，或所俘漢人所略漢地爲之。故其祭天也，以鵞，以鴇，以麃鹿，以飛雁，以牛馬羊，十足表現其民族之生活。惟祭天之牛必青色，馬必白色，此可怪也。遼史帝紀聖宗已前祭必殺牲，聖宗以後則驟減，此又可怪也。因其可怪故有是文之作。蓋欲由契丹祀天之俗以覘其民族之宗教風俗神話也。

一　契丹祀天之統計

遼史禮志有拜山儀，天神地祇並設，而無拜天儀；案金史禮志，則謂「拜天，金因遼舊俗」，是契丹原有其俗，並具其儀矣。遼史不載，得非闕略歟？金史卷三五禮志八：

拜天，金因遼舊俗，以重五，中元，重九日，行拜天之禮。重五於鞠場，中元於內殿，重九於都城外。……

行射柳擊鞠之戲，亦遼俗也，金因尚之。

今由遼史各帝紀，逐年摘錄如左。雖不能得十分精確之統計，然其大略可知。

太祖

卽位之元年正月庚寅，命有司設壇於如迂王集會堝，燔柴告天地，卽皇帝位。

五年五月，皇弟剌葛，迭剌，寅底石，安端，謀反。安端妻粘睦知之，以告得實。上不忍加誅，乃與諸弟登山，刑牲告天地爲誓。而赦其罪。

七年五月甲寅　奏擒剌葛，涅里衮，阿鉢，於楡河。前北宰相蕭實魯，寅底石，自剄不殊，遂以黑白羊祭天地。

丙寅，以青牛白馬祭天地，以生口六百，馬二千三百，分賜大小鶻軍。

神册四年冬十月丙午　次烏古部，天大風雪，兵不能進。上禱于天，俄頃而霽，命皇太子將先鋒軍進擊，破之，俘獲生口萬四千二百，牛馬車乘廬帳器物二十餘萬，自是舉部來附。

天贊三年八月乙酉　至烏孤山，以鵝祭天。

甲午，次古單于國，登阿里典壓得斯山，以麃鹿祭天。

四年閏十二月壬寅，以青牛白馬，祭天地于烏山。

天顯元年正月丁丑，諲譔復叛，攻其城，破之，駕幸城中，諲譔請罪馬前，詔以兵衛諲譔及族屬以出，祭告天地，復還軍中。

二月壬辰，以青牛白馬祭天地，大赦，改元天顯。以平渤海，遣使報唐。

三月甲子　祭天。

太宗

卽位之十二月乙丑，（太宗卽位不改元，時天顯二年）祀天地。

三年十二月癸卯，祭天地。

四年十一月丙寅，以出師告天。

九年秋八月乙酉，拽剌解里手接飛鴈，上異之，因以祭天地。

十一年九月戊戌。次忻州祀天地。

閏十一月丙寅，祀天地，以告成功。

辛未，兵度團栢谷，以酒肴祭天地，俄追及德鈞父子，乃率衆降。

十二年春正月壬戌，祀天地。

穆宗

應歷二年六月乙未，祭天地。

九月戊午，詔以先平察割，日用白黑羊，玄酒，祭天，歲以爲常。

壬戌，獵炭山祭天。

十二月甲辰，獵于近郊，祀天地。

九年冬十二月辛巳，祀天地，祖考，告逆黨事敗。

十年七月辛酉，政事令耶律壽遠，太保楚阿不等謀反，伏誅，以酒脯祀天地于黑山。

十三年九月庚戌，以青牛白馬祭天地，飲于野次，終夕乃罷。

辛亥，以酒脯祭天地，復終夜酣飲。

十八年三月乙酉，獲駕鵝，祭天地，造大酒器，刻爲鹿文，名曰鹿甒，貯酒以祭天。

九月乙丑，登小山祭天地。

景宗

保寧三年二月乙丑，以青牛白馬祭天地。

十二月癸酉，以青牛白馬祭天地。

五年二月戊申，以青牛白馬，祭天地。

七年二月丙寅，以青牛白馬祭天地。

九年二月甲寅，以青牛白馬祭天地。

十二月戊辰，獵於近郊，以所獲祭天。

乾亨二年閏三月庚午，有鵶飛止御帳，獲以祭天。

冬十月辛未朔，命巫者祠天地及兵神。

庚寅，次固安，以青牛白馬祭天地。

聖宗

統和元年三月壬午，以青牛白馬祭天地。

四年夏四月癸卯，休哥復以捷報，上以酒脯祭天地，率羣臣賀於皇太后，詔勸德還軍。

丙辰，復涿州，告天地。

戊午，上次沙姑河之北淀，召林牙勤德議軍事。諸將校，各以所俘獲來上，奚王籌寧，南北二王率所部將校來朝，以近侍粘米里所進自落鵠，祭天地。

五月己卯，次固安南，以青牛白馬祭天地。

七月辛巳，以捷告天地，以宋歸命者二百四十人，分賜從臣，又以殺敵多，詔上京開龍寺，建佛事一月，飯僧萬人。

九月甲戌　次黑河，以重九登高水南阜，祭天，賜從臣，命婦菊花酒。

十一月丁亥，以青牛白馬祭天地。詔駙馬都尉蕭繼遠，林牙謀魯姑，太尉林八等，固守封疆，毋漏間諜。軍中無故，不得馳馬，及縱諸軍殘南境。

十二月辛亥，以黑白二牲祭天地。

六年七月丙辰，以青牛白馬祭天地。

冬十月戊午，攻沙堆驛破之。己巳，以黑白羊祭天。

七年春正月丙午，以青牛白馬祭天地，詔諭三京諸道。

八年八月乙卯，以黑白羊祭天地。

九年十一月己亥，以青牛白馬祭天地。

十年十二月庚辰，獵儒州，東川拜天。

十九年五月辛卯，以青牛白馬祭天地。

十月壬子，以青牛白馬祭天地。

庚申，以黑白羊祭天地。

二十二年閏九月甲子，以青牛白馬祭天地。

冬十月乙酉，以黑白羊祭天地。

甲午，下祈州，賚降兵，以酒脯祭天地。

統和二十三年辛酉，以青牛白馬祭天地。

興宗

景福元年十一月乙未，祭天地，問安皇太后。

重熙六年六月己卯，祭天地。

十三冬十月庚寅，祭天地。

二十一年七月戊申，祭天地。

道宗

清寧九年七月戊辰，以黑白羊祭天。

大石林牙（西遼）

保大三年二月甲午，以青牛白馬祭天地祖宗，整旅而西。先遣使至回鶻王畢勒哥曰：「昔我太祖皇帝北征，過卜古罕城，卽遣使至甘州，詔爾祖烏母主曰：『汝思故國耶？朕卽爲汝復之，汝不能返耶？朕則有之，在朕猶在爾也。』爾祖卽表謝，以爲遷國於此，十有餘世，軍民皆安，不能復返矣。是與爾國非一日之好也。今我將西至大食，假道爾國，其勿致疑。」

康國元年三月，以六院司大王蕭斡里剌爲兵馬都元帥……率七萬騎東征。以青牛白馬祭天，樹旗，以誓于衆……

總合各帝紀，敬拜天地之次數，及所用祭品，作一統計表如左：

帝名／祭祀品	青牛白馬祭	黑白羊祭	野禽野獸祭	無所用而祭	說明
太祖	三次	一次	三次	三次	世宗在位年數極短爲時僅四年敬拜天地史無明文或因闕略之故歟聖宗殺牲祀天最多蓋因在位之年最久也西遼惟德宗二次以後則史有闕文也
太宗			二次	六次	
世宗					
穆宗	一次	一次	五次	三次	
景宗	六次		二次	一次	
聖宗	十二次	三次	三次	七次	
興宗				四次	
道宗		一次			
天祚					
西遼德宗	二次				
感天皇后					
仁宗					
承天太皇后					
直魯古					
總計	二十四次	六次	十五次	二十四次	

由上表觀之，有二問題生焉，(一)何以聖宗已後殺牲祭天之俗驟滅？(二)何以所用犧牲以青牛白馬居多？得無史實之解說乎？

遼史興宗紀，重熙十一年十二月「丁卯，禁喪葬殺牛馬。」

及藏珍寶。」又十二年六月「丙午，詔世選宰相節度使族屬，及身爲節度使之家，許葬用銀器，仍禁殺牲以祭」道宗紀，淸寧十年十一月「辛未，禁六齋日屠殺」咸雍七年八月「辛巳，置佛骨於招仙浮圖，罷猎，禁屠殺」夫契丹馬逐水草，人仰湩酪，挽强射生以給日用，今竟禁止屠殺，殆非受佛教之影響不能也。是則吾人對此第一問題得有解說之端矣。

遼史卷三七地理志，「永州有木葉山，上建始祖廟，奇首可汗在南廟，可敦在北廟，繪塑二聖並八子神像。相傳有神人，乘白馬自馬盂山浮土河而東；有天女駕靑牛車由平地松林泛潢河下。至木葉山二水合流，相遇，爲配偶，生八子。其後族屬漸盛，分爲八部。每行軍及春秋時祭必用白馬靑牛，示不忘本云。」由此吾人可知契丹祀天地多用靑牛白馬，原有歷史的源淵，則第二問題之端緒，由此可尋矣。

綜上二者：一則有宗教之背影，一則有民族起原之神話，今再進一步分途探討之。

二　聖宗以後殺牲祀天驟減之解釋

甲　佛教在契丹之發展

(一)近人有謂景教在遼甚爲活動者，註一並謂興宗，道宗皆景教之信徒。惟無充分之證據，尚有待地下之發現也。其可考者，則惟佛教。佛教何時傳入契丹，史無明文。案太祖紀，唐天復二年九月，「城龍化州於潢河之南，始建開教寺，」寺名曰開教，豈非契丹本部建寺之始歟？即位之三年夏四月乙卯，「詔韓知古建碑龍化州大廣寺，以紀功德，」則寺院已不僅一開教寺矣。又即位之六年「以兵討兩冶，以所獲僧崇文等五十人歸，西樓建天雄寺以居之，以示天助雄武。」寺以所掠僧而起建，則其國之僧必不多也。天贊四年十一月「丁酉，幸安國寺飯僧，赦京師囚，縱五坊鷹鶻，」釋囚縱鷹蓋已受佛教所謂衆生之影響矣。

太宗紀天顯十年十一月「丙午，幸弘福寺爲皇后飯僧，謁觀音畫像。會同六年六月丁丑，「以太后不豫，幸菩薩堂飯僧至五萬人。」以一地而僧以五萬計，其多可知。見於後周及宋初筆記者，如胡嶠陷北記「上京西樓有邑屋市肆，交易無錢而用布，有綾錦諸工，作宦者翰林，伎術，教坊，角觝，儒僧尼道士……」註二宋大中祥符九年薛映上京記云「五十里長太舘，舘西二十里有佛舍民居即祖州。註三宋王曾上契丹事記中京大定府云「城垣卑小，……城西內西南隅岡上，有寺」註四云云，此僅就中上二京，契丹本部而言也，至若東西南三京佛寺之多更無論矣。

然自太祖至聖宗朝尚爲醞釀時期，聖宗已後，則臻極盛矣。蓋聖宗朝爲有遼一代文化之分界，武功以此期極盛，亦以此期結束。觀其幼冲嗣位，一舉而復燕雲，再舉而飲馬河朔；及其晚年，東有荼陀之敗，西有甘州之辱。武功結束，即文化發展時期，亦即佛教將達極盛時代也。

聖宗已後，歷興宗，道宗，天祚，上至主后，下至臣民幾皆為佛徒。聖宗小字文殊奴，註五佛號也。崔冲圓空國師勝妙塔碑銘太平五年記其拜圓空為師，儀節甚為隆重。趙遵仁涿州白帶山雲居寺東峯續鐫成四大部經記清寧四年亦謂其留心釋典，則其與佛教之關係可知矣。興宗諱宗眞，亦取崇佛之義也。前碑亦云「及我興宗皇帝之紹位也，孝敬恆長。眞空夙悟，菲飲食，致豐於廟薦，賤珠玉。惟重其法寶。」遊幸表「興宗重熙七年十二月幸佛寺受戒。」至於飯僧謁寺，遼史及今所存之碑石所記，更繁。道宗信佛尤深，沙門法悟釋摩訶衍論贊玄疏序云「我天祐皇帝道宗尊號傳刹利之華宗，嗣輪王之寶系，每餘庶政，止味玄風。……」史贊云「一歲而飯僧三十六萬，一日而祝髮三千，」其信佛之深可知。天祚初即位，即於三月「甲戌，召僧法頤放戒於內庭，」則其后妃皇子公主之信佛可知。此外大臣如楊遵勗李內貞等固為佛徒；若奸佞耶律乙辛張李傑輩亦皆佛門弟子也。

乙　契丹之佛化

更可注意者契丹之僧官，契丹人所著佛經，及其受佛教影響後之風俗也。

(一)以僧為侍中，司徒，司空等官職，前代罕見，其在遼則為習見之事。如景宗保寧六年十二月戊子，以沙門昭敏為三京諸道僧尼都總管，加兼侍中。(見景宗紀) 圓融重熙初守太師兼侍中(見眞延非濁禪師實行記) 重熙十九年正月庚寅，僧惠鑑加檢校太尉(見興宗紀) 清寧七年沙門守臻守司空；智清檢校司空(見日下舊聞卷十七魏坤倚晴閣雜鈔所引燕京歸義寺彌陀邑碑) 非覺清寧初崇祿太保，後又加檢校太傅。(見眞延非濁禪師實行記) 咸雍二年十二月戊子，僧守志加守司徒五年十一月已未，僧志福加守司徒(見道宗紀) 咸雍六年十二月戊午，加圓釋法鈞二僧，並守司空(見道宗紀) 裕窺，道宗賜崇祿大夫檢校太尉(見遼史拾遺卷二一引釋明河補續高僧傳) 銓圓，道宗朝守司空(見遼文存卷五引耶律孝傑釋摩訶衍論贊玄疏引文) 然尚不止此。李燾續通鑑長編卷一八〇至和二年八月已丑云：

宗眞性佻脫……數變服，入酒肆佛寺道觀，……尤重浮圖法，僧有正拜三公三師兼政事令凡二十八……嘗夜宴，與劉四端兄弟，王綱入樂隊，命后妃易衣為女道士。

觀此則興宗一朝，正拜三公三師兼政事令者，竟有二十八之

多。其爲虛銜乎？抑實授乎？或遼人對僧人之一種特別官職乎？洪浩松漠紀聞第十五頁（學津本）

燕京蘭若相望，大者三十有六，然皆律院。自南僧至，始立四禪寺：曰大覺，招提，竹林，瑞像，貴游之家多爲僧，衣盂甚厚。延壽院主有質坊二十八所，僧職有正副判錄或呼司空。（遼代僧，有官至檢校司空者故名稱尙存（原注））

由此可知司空，司徒，等官爲遼人特授僧侶之官職。註六　或因國中佛徒太多，仿漢制，而使專治理之歟。

(二)遼人所著佛書見於遼史拾遺十六補經籍志，及遼文存六藝文志者，有道宗御製華嚴經贊（咸雍四年二月頒行）金佛梵覺經（回紇僧咸雍三年夏國遣使進）高麗佛經（太康十年命僧善智校讐頒行）見多葉佛經（壽隆元年夏國進）今習見者尙有行均龍龕手鑑四卷（統和十五年）希麟續一切經音義十卷二者均爲注解佛經之書。沙門志福釋摩訶衍論通玄鈔四卷，又沙門法悟釋摩訶衍論贊玄疏二十卷，今本卷首法悟上加「宋」字，蓋係好事者爲之。周春遼詩話卷上云「今釋藏內有大契丹國師中天竺摩竭陀國三藏法師玆賢譯經四種共八卷。」註七

考佛教在遼如此盛行，佛書決不僅此數種而已，特遼人典籍已亡，無可考矣。

(三)遼人受佛教化之深，更可由其風俗中見之(甲)佛節(乙)佛裝，(丙)火葬。

(甲)遼史卷五三禮志「二月八日爲悉達太子生辰，京府及諸州雕木爲像，儀仗百戲導從，循城爲樂。悉達太子者，西域淨梵王子姓瞿曇氏，名釋迦牟尼，以其覺性稱之曰佛。」遼史作二月八日爲佛誕，而契丹國志卷二七則云四月八日。潛研堂金石跋尾卷六：云「右易州興國寺太子誕聖邑者千人邑之名，以四月八日誦經禮佛，而名之也，遼史禮志二月八日，爲悉達太子生辰；……契丹國志作四月八日，此碑亦以四月八日爲誕聖之辰，則禮志所稱誤矣。然金史海陵紀有禁二月八日迎佛之文，知當時固有以二月爲佛生辰者，非後人傳寫之誤也。」錢氏以金史有禁二月八日迎佛之文，即以爲當時有以該月日爲佛誕者。案佛教不啻遼人之國教，豈遼人於佛之確實誕日，亦不知耶？恐遼史有誤。觀王正重修范陽白帶山雲居寺碑（著應歷亦十五年）云「風俗以四月八日共慶佛生，凡水之濱，山之下，不遠百里，僅有萬宗，預饋供糧，號爲義食。是時也，香車寶馬，藻野縟川，靈木神草，赩赫芊緜。從平地至於絕巔，雜沓駕肩，自天子達於庶人。……」則此碑亦作四月八日也，相沿至今而平西妙峯山每年於此日舉行大會，甚爲熱鬧云，則遼史所稱誤矣。

(乙)遼史七一聖宗仁德皇后：「所乘車，置龍首鴟尾，飾以黃金。又造九龍輅，諸子車，以白金爲浮圖各有巧思。」

」又卷一百一「孝傑及第，詣佛寺，忽迅風吹孝傑幞頭與浮圖。齊墜地而碎，有老僧曰，此人必驟貴，然亦不得其死。」則當時固有以「浮圖」爲裝飾者也。遼史拾遺卷二四引使遼錄曰，「婦人以黃物塗面如金，謂之佛裝。」又引嚴繩懸西神脞說曰，「遼時婦人有顏色者目爲細孃，眞珠絡臂，面塗黃，南人見怪疑爲瘴，墨吏矜誇是佛裝。」此皆受佛教影響而有者也。

（丙）火葬之俗，宋世已盛，顧炎武日知錄卷十五言之頗詳，蓋亦受佛教之影響也，遼人亦然：碑石所見，其爲僧侶固不論矣；今考遼人之塚墓，其大臣死後亦火葬也。東北叢刊第七期雜俎欄金毓黻遼金舊墓志謂近發現二墓：一在遼陽城東，張家墳地方，天井山下，古墓內掘得瓦棺一。縱三尺餘，高橫皆二尺餘。棺前畫兩扉，如閉未啟形。全體成長方形。並有墓志略云：特進參知政事虞國公張浩之先父，光祿公諱行願，遼陽人也。初以世家充樞密院令史，遷左班殿直，乾統（天祚）丙戌歲二月十五日卒。娶廣陵高氏封虞國太夫人。生二男：長爲僧，曰慧休，次曰浩（金史有傳）一女爲尼，曰即圓云云。一在遼寧省城大東邊門外，大亨公司。工人於院內掘得二甎璇小洞，左洞有石棺一具，形同張氏瓦棺。蓋刻雲形花紋，四周刻鳳鼉蛟龍。棺前有「承奉郎守貴德州，觀察判官試大理司直，賜緋魚袋孫久中，開太（聖宗）七年歲次戊午。」三十一字。棺內凹處初啟時僅有灰塵。似如火葬。據某友人云，此即內典所謂「闍維」之制云云，其爲佛俗無疑。

澶淵之後，二國相安無事者，百數十年，耶律淳僭位燕京，雖與宋一度失和；然釁自彼開，遼終始無與宋戰意也。夫契丹人爲一獷悍好戰之民族，聖宗以後忽變而爲馴良柔順，其同化於中國，固爲原因之一，至其要者，則由僧教沐浴之力也。欒城集卷四十蘇轍北使還論北邊事劄子云：

北朝皇帝（道宗）好佛法，能自講其書。每夏輒會諸京，佛徒縱恣放債營利，侵奪小民，民甚苦之。然契丹之人，緣此誦經念佛，殺心稍悛。此蓋北界之巨蠹，而中朝之利也。

三　契丹祀天以青牛白馬之解釋

甲　八子故事與契丹歷代之八部

契丹之名，昉見魏書並有專傳；惟不論其原始。後之各史亦不詳。契丹國志初興本末云「契丹之始也，中國簡冊所不載，遠夷草昧復無書可考，其年不可得詳也。」遼史太宗紀會同四年二月「丁巳，詔有司編始祖奇首可汗事跡，」然今遼史所載，本紀斷自太祖，太祖已前寥寥數語，則又於太祖史贊見之。所謂世表亦惟雜鈔前史本傳，至其民族之源流，仍不知也。

世界各民族無論文明與野蠻，均有其原始之神話，契丹亦然。遼史所謂之神人乘白馬，天女駕靑牛車，即其民族起源之神話也。又契丹國志卷一

古昔相傳，有男子乘白馬浮土河而下，後有一婦人乘小車駕灰色之牛浮潢河而下，遇於木葉山。顧合流之水與爲夫婦，此其始祖也。是生八子，各居分地，號八部落。……後人祭之，必刑白馬，註八殺灰牛，用其始來之物也。

所謂一男子，一婦人，非若猶太之亞當夏娃乎？二聖八子，非如中國之三皇五帝乎？此外更有三主，足可形容契丹民族發展之概狀。契丹國志卷一：

後有一主，號曰迺呵，此主特一髑髏，在穹廬中覆之以氈，人不得見。國有大事，則殺白馬灰牛以祭，始變人形出；視事已，即入穹廬，復爲髑髏。因國人竊視之，失其所在。復有一主號曰喎呵，戴野豬頭，披野豬皮，居穹廬中，有事則出，退復隱入穹廬如故，後因其妻竊其豬皮遂失，其夫莫知所如。次復有一主號曰晝里昏呵，惟養羊二十口，日食十九留其一焉，次日復有二十口，日如之。是三主者，皆有能治國之名，餘無足稱焉。

葉隆禮以爲荒唐怪誕，謬以傳謬，不足信。然較中國之伏犧神農女媧氏之說，殊不無史實之存焉。所謂穹廬無非穴洞，所謂髑髏無蔽體者也。第二主戴豬頭披豬皮，蓋以皮爲衣也。第三主養羊二十口，食十九留其一，示其已知積蓄也。易言之，第一主不知以衣蔽體，第二主知以獸皮爲衣，第三主能畜牧且知積蓄矣。且所謂第一主，第二主，第三主者，亦無非表示其民族進步之階段。正如伏犧氏表示漁獵時期，神農氏表示農業時期，非實有其人也。

凡一民族嘗欲推定其起原之年代，不曰某世紀其某始祖已生矣，即曰在某地，其某祖已立國矣。中國然，世界各國然，契丹亦然。惟以一種神話，而欲確定其年代，則又不免附會僞託矣。江少虞皇朝類苑卷七八：

契丹之先，有一男子乘白馬，一女駕灰牛，相遇遼上，遂爲夫婦，生八男子，則前史所謂迭爲君長者也。此事得於趙志忠，志忠嘗爲契丹史臣，必其眞也。前史雖載八男子，而不及灰牛白馬事，契丹祀天至今用灰牛。予嘗書其事於實錄，契丹傳禹王，恐其非實，刪去之。予在陳州時，志忠知扶溝縣，嘗以書問其八男子迭相君長，時爲中原何代，志忠亦不能答，而云約是秦漢時恐非也。

案契丹所傳爲禹王，與史記謂匈奴「其先祖夏后氏之苗裔」

同出僞託。所不同者，一出自中國人之口，一傳自其民族中耳。遼史卷六三世表「考之宇文周之書，遼本炎帝之後，而耶律儼稱遼爲軒轅後，儼志晚出，盍從周書。則契丹之先附會有三焉：(一)耶律儼實錄，以爲軒轅氏(二)遼史以爲炎帝(三)今由皇朝類苑則契丹人又以爲禹王也。此種荒誕不經之附會，令人可笑，然而附會之中，亦不無歷史之意義焉。

八男子事，雖不知其年代，然八部之名，已見魏書，則其民族之原始，必早於北魏也。魏書有契丹古八部之名，唐書有大賀氏之八部，五代史有遙輦氏之八部，則此八部之源流遠矣。

契丹古八部（見魏書卷一○○本傳）

1. 悉萬丹部	2. 何大何部
3. 伏弗郁部	5. 羽陵部
5. 日連部	6. 匹絜部
7. 黎部	8. 吐六于部

據同書勿吉傳謂其傍有大莫盧國，覆鐘國，莫多回國，庫婁國，素和國，具弗伏國，匹黎爾國，拔大何國，郁羽陵國，庫伏眞國，魯婁國，羽眞侯國，凡十有一。中之四國，即契丹古八部中四部。吾人於此又可知彼時契丹佔有今東西遼河之地域也。較其地名如次：

勿吉傍之四國名		契丹古八部之四部名
具弗伏國	即	伏弗郁部
匹黎爾國	即	唐大賀氏之匹黎古八部之黎州
拔大何國	即	何大何部
郁羽陵國	即	羽陵部

唐大賀氏八部（見新唐書卷二一九本傳）

1. 達稽部	唐松漠都督府下曰峭落州
2. 紇便部	唐……………彈漢州
3. 獨活部	唐……………無逢州
4. 芬問部	唐……………羽陵州
5. 突便部	唐……………日連州
6. 芮奚部	唐……………徒河州
7. 墜斤部	唐……………萬丹州
8. 伏部、	唐……………州二曰匹黎赤山

若以古八部與大賀氏相較，相同者有四：

古八部中之四部		大賀氏八部中之四部
悉萬丹部	即	萬丹州（墜斤部）
羽陵部	即	羽陵州（芬問部）
日連部	即	日連州（突便部）
黎部（匹黎爾國）	即	匹黎州（伏部之一州）

此外若徒河州（芮奚部）即今之土河或曰老哈河。蓋其部佔有今之土河流域也。

遙輦氏八部（新五代史卷七二本傳）

1.旦利皆部　2.乙實活部
3.實活部　4.納尾部
5.頻沒部　6.納會雞部
7.集解部　8.奚嗢部

此八部之名，與古八部大賀氏八部，似無同者，此何故乎？遼史卷三二世表云：「唐當開元天寶間，大賀氏既微，遼始祖涅里立迪輦祖里爲阻午可汗，時契丹因萬榮之敗，部落凋散，即故有族衆分爲八部。」則此八部必較前之八部小矣，特欲湊其數，强分爲八部，故其名亦異耳。其餘遙輦氏爲皇族，迭剌自立一部爲耶律氏，即後日阿保機崛興之基本部族也。

乙　青牛白馬故事與契丹之風俗

中國史策，論古代北方民族之先，常有謂獸種者。如北史高車傳，謂匈奴生二女，置於國北無人之高台，請天迎之。經三年，一老狼至，穿台爲穴，與次女同居而生其先祖。又突厥傳其遠祖爲鄰國所破，族盡滅，有一女年僅十齡，兵士不忍殺之，乃刖其手足，棄草澤中，有牝狼日以肉飼之，得不死。王聞之重遣殺之，乃與狼投西海之東，高昌國西北山。生十男，十男長，各爲一姓，阿史那其一也。此種不經之談，驟視之疑若中國史策，故存侮蔑之意，細審之，此固爲其民族中之神話也。第所注意者高車突厥爲獸種，契丹爲人種。足以表示契丹民族，較高車突厥進步也。蓋契丹逼近漢地易受中國文化之影響，非若他族之遠居漢北，與進化民族相距太遠也。

所謂以狼以馬牛者，或因其地所產之不同，其人習見之不同也。大抵高車突厥必多狼，狼爲其人習見故傳說如是。契丹必多用牛馬，以之爲貴。觀遼史食貨志天祚乏馬，爲金所敗；大石得漠北馬羣，遠奔西域。又語解云「黑車子國也，以善製車帳得名，契丹之先嘗遣人往學之。」云云，則契丹初不能製車帳，須待學之他國也。註九 蓋契丹習于戰爭，跨馬衝鋒陷陣爲鐵騎，牛車環繞爲氈帳，對其生活有莫大之效用也。

惟更有令人耐索者，何以男乘白馬，女駕青牛車，得無進一步之解說乎？遼史卷七一后妃傳：

太祖淳欽皇后述律氏，諱平，小字月理朵。其先回鶻人……后簡重果斷，有雄略。嘗至遼土二河之會，有女子乘青牛車倉卒避路，忽不見。未幾，童謠曰：「青牛嫗曾避路一差謬謂地祇爲青牛嫗云。太祖即位，羣臣上尊號曰地皇后。

觀此以地祇喻青牛，契丹之俗諺也。金史卷一世紀：

始祖解部人之爭，部衆信服之，謝以青牛一，並許歸六十之婦。始祖乃以青牛爲聘禮，而納之，並得其貲產。……

女直受契丹之影響，以青牛爲聘，示女將嫁男子也。遼史禮志皇帝納后之儀：

皇后車至便殿東南七十步止，惕隱夫人請降車。負銀缶，捧縢履，黃道行。後一人張羔裘若襲之，前一婦人捧鏡却行，置鞍于道后過其上。……

后乘車來，下車後過所置於道之鞍，甚有意義，蓋鞍表示馬，馬屬男，意存牛車就馬也。又公主下嫁儀：

……賜公主青牛車二，螭頭蓋部皆飾以銀，駕駝送終車一，車樓純綿銀螭，懸鐸，後垂大氈駕牛……賜其婿朝服，四時襲衣鞍馬……

賜公主以車，一駕駝，一駕牛；賜婿則鞍馬，得非以車象徵女，以馬象徵男乎。遼史卷七一聖宗仁德皇后：

比后已崩，年五十。是日若有見后於木葉山陰者，乘青蓋車，衛從甚嚴。

又卷三七地理志：

是年，有騎十餘獵於祖州西五十里大山中，見太宗乘白馬，獨追白狐，射之一箭而斃；忽不見，但獲狐與矢，是日太宗崩於灤城。

由此兩段不經之故事中，又足證男尚白馬，[註十]女尚青牛車，今日北省有「白馬迎親」之說，得非同此意義歟？此種崇拜畜類之俗，頗含社會學所謂圖騰 Totem 之意，研究社會學者，當能對此更有詳細之解說也。

註一　天主教傳行中國考（上册卷一頁二三至三二頁）云，據撒兒馬罕主教與阿拉伯史亞布法拉，西里亞史馬利思等所記，契丹皇家自十一世紀初，即奉基督教。其首奉教之君，係聞天語警告回頭，率臣民二十萬，同時領洗。因本國風俗，以羶肉酪漿爲飲食，不能遵守教規，遣使求巴大德宗主教，寬免守齋之條。以時計之，當在聖宗之世。考遼史所載，自太祖迄景宗，祭天地，祭山，拜廟，殆無虛月；聖宗開太以後則遽不見，蓋因奉教一律痛絕也。近數十年，在關外蒙古直隸發現之石十字碑，不一而足；又在涿縣琉璃河左近山中，又發現一古十字寺，內藏十字碑，有西里亞文，意謂「仰望此，依靠此。」元順帝重建此寺，（舊爲崇聖院）碑幢二座，迺大遼營造，（見北京北堂法文月報）足證遼人傳基督教之證云云。此所謂涿州琉璃河左近山中之十字寺，不知是否爲去年在房山所發現之十字寺？昇近閱遼之碑石每有「景派」字樣，不知是否指景教？例如李仲宣祐唐寺刱建講堂碑（碑在薊州見遼文存卷五）云「德人者，即寺主大德，乃當寺之「景派」也。厥本惟裔，其神不測，苦隨念盡，樂與人同。……」所謂「裔」「神」二字，令人耐索。又考遼史卷四八禮志一，祭山儀「太宗幸幽州大悲閣，遷白衣觀音像，建廟木葉山，尊為家神。」又卷三七地理志一，上京道永州「興王寺有白衣觀音像，太宗援石晉主中國，自潞州回，入幽州幸大悲閣，指此像曰：「我夢神人令送石郎為中國帝，即此也！」因移木葉山建廟，告賽，尊為家神。興軍必告之，乃合符傳箭於諸部。」昇案白衣觀音，前代所不見，據所知則始自遼，非天主教之聖母歟？惟證據猶嫌不足，僅此不敢武斷遼人之必信基督教也。

註二　胡嶠陷北記，全文見新五代史卷七二及契丹國志卷二五，節文見遼史卷三七。

註三　薛映上京記節文見遼史卷三七。

註四　宋王曾上契丹事，節文見遼史卷三九；全文見契丹國志卷二四。

註五　湯運泰金源紀事詩卷一云：「遼人信佛，多以佛名居上，而下加「奴」字，以見皈衣之意。」而道光四年殿本，根據乾隆欽定國語解，凡作「奴」字者，均改為「努」，意以「奴」卑下之意，殊失遼人之初旨矣。

註六　昇頗疑遼之中葉社會有四種階級：(一)僧侶，(二)武士，(三)士，(四)農，武士專屬契丹人，儒則漢人，農則渤海漢人，僧侶各色人均有。雖未有印度婆羅門分別之嚴，然遼法，契丹人不得試進士，雖皇子亦須習騎射，「元好問所謂北衙不理民，南衙不主兵，」(見遼史卷四四引）天祚紀大石林牙為太祖八代孫，登天慶五年進士第，則當遼之末運，此法廢矣。

註七　宋以來續高僧傳諸集不載契丹僧，元至正初，釋念常佛祖通載亦未提。民國初年，新續高僧傳所收不過三人。至於近年中外學者，所著之中國佛教史之類更不提遼之佛教。今特述一二，以俟博雅，作進一步之研究。遼之書籍雖亡，而金石出土者甚多，關於佛幢經塔，大師行實者十之八九，堪為最好之材料。

註八　遼史作青牛，國志類苑作灰牛，遼史曾據遼人實錄，以青牛為當。

註九　遼史太祖紀，太祖即位之三年十月，「西北嗢娘改部族進輓車人。」輓車者亦須進貢，或契丹人不善輓車乎？又太宗紀會同八年三月伐晉為符彥卿等所敗，「上乘奚車退十餘里。」則奚車大提特提或契丹人不善製車而有賴於奚人之車也。

註十　漢書卷九四匈奴傳「昌猛與單于及大臣俱登匈奴諸水東山，刑白馬。單于徑路刀金，留犂撓酒，以老上單于所破月氏王頭為飲器者，共飲血盟。」遼史卷三四兵衛志，「凡舉兵，帝率蕃漢儀文武臣僚，以青牛白馬祭告天地日神，惟不拜月。」一則議和而刑白馬，一則伐敵以白馬為祭，二者頗有相關之處。曩嘗為太陽契丹考釋一文，謂古代北方民族，風俗相似之處甚多，蓋彼此接觸機會較多，而互相同化亦易也。

樸社出版書籍目錄

北平景山東街十七號景山書社總代售

哲學

歐洲哲學史(上卷)	徐炳昶譯	一元
生命之節律	秋士譯	三角五分
哲學評論	一卷一期至六期	每期三角
戴氏三種(再版)	清戴東源著	七角

文學

中國文學概論(再版)	陳彬龢譯	三角五分
怎樣認識西方文學及其他(再版)	采眞譯	五角
論文雜記	劉師培著	三角
治學方法與材料及其他	定生編	甲種四角 乙種三角
建安文學概論	沈達材著	五角

國學

三訂國學用書撰要(再版)	李笠著	五角
水經注寫景文鈔	范文瀾編	甲種五角 乙種三角五分
國學月報第一卷彙編	述學社	八角
國學月報第二卷彙編	述學社	一元
國學月報第二卷	述學社	每期一角
四部正譌	明胡應麟著 顧頡剛校點	三角
文品彙鈔	郭紹虞編校	三角
張玉田詞集	馮沅君編	平裝六角 中裝一元二角
詩疑	宋王柏著 顧頡剛校點	二角五分
人間詞話(三版)	王國維著	二角
四六叢話敘論	明孫梅著	二角五分
古今偽書考	清姚際恆著 顧頡剛校點	四角
中國文字學	孫東生著	三角五分

史學

古史辨第一冊(六版)	顧頡剛著	甲二元四角 乙種一元八角 丙一元二角
古史辨第二冊(三版)	顧頡剛著	甲二元六角 乙種二元 丙一元四角
古極史辨第三冊	顧頡剛著	甲種合訂本實價四元 乙種合訂本實價三元二角 丙種合訂本實價二元四角 乙種分訂本上冊實價一元六角 乙種分訂本下冊實價一元八角 丙種分訂本上冊實百一元六角 丙種分訂本下冊實價一元四角
史學年報第二期	燕大史學會編	四角五分
史學年報第三期	燕大史學會編	七角

子學

諸子辨(五版)	宋濂著 顧頡剛標點	二角五分
子略	高似孫著 顧頡剛標點	三角五分

社會學

社會學上之文化論	孫本文著	六角
社會學界(第二卷)	燕京大學	一元
文化與政治	許仕廉著	一元二角
國內幾個社會問題討論	許仕廉著	一元二角

生物學

達爾文以後生物學上諸大問題	周太玄譯	五角
普通生物學	經利彬著	一元二角
原子新論	羅素原著	四角五分

筆記

浮生六記(七版)	清沈三白著	二角五分
陶庵夢憶(三版)	明張岱著	五角

小說

玉君(三版)	楊振聲著	五角
歧路燈(第一冊)	河南李綠園遺著	八角
聊齋白話韻文	蒲松齡著	五角
名號的安慰	常工著	四角五分
泡影	逸著	二角

戲劇

溫德米爾夫人的扇子	潘家洵譯	甲種五角 乙種三角五分
軍人之福	楊丙辰譯	八角五分
原戲	陳萬里著	一角五分
佛西論劇	熊佛西著	五角五分

文藝雜誌

睿湖(第一期)	燕大國文學會	三角五分
晨星月刊(第一期至第二期)		每期一角五分

遊記

西行日記	陳萬里著	八角
妙峯山瑣記	奉寬著	五角
民俗(妙峯山進香通查專號)	國立中山大學語言歷史研究所	二角

歌謠

粵風(再版)	清李調元	一角五分

詩集

憶	俞平伯編	一元
詩的聽入	定生編	甲種二角 乙種一角五分

童話

燈花仙子	孟堯崧編	三角五分

雜類

貓(養貓必讀)	蔣崇年編譯	二角
親友錄(備登親友姓名)	周棻丞編	八分
我學大綱	方曉庵著	二角五分

獲白兕考

唐蘭

考古之學，莫先於古文字，蓋遠世史實，彌不賴文字而傳，即其發掘故墟，訪求遺俗，徵諸圖畫，考之實物，苟不能由古文字爲之證明，亦終難得當時之實際情況也。然古文字歷世既久，本難辨認，又復變動不居，易致傳譌；考釋之者，偶一不愼，或穿鑿新奇，或因仍故說；文字之辨認既疏，則其本此以解釋之史料，自難徵信，古史之實況反因而湮晦矣。

殷虛甲骨之發見，其所刋文字，於古文字學中，占特殊重要之地位；視商周銅器文字，且猶過之。然因時代稍早，形聲文字較少，又且字形結體，大都小如粟粒，刀筆刻畫，易方難圓，故多簡省字體，變易筆畫，其辨識之，尤難於銅器文字。故自孫仲容（詒讓）粗通其凡，羅叔言（振玉）王靜安（國維）二先生，大昌斯學，考厥所得，可灼然無惑者，僅十之五六而已。嗣後釋者，亦有多家，丹徒葉玉森與我友番禺商錫永（承祚），其尤箸者，葉氏好爲穿鑿，然亦偶有新得，商君頗矜愼，集各家說，略伸己意，頗便於學者。迄於最近，中央研究院於安陽殷虛作大規模之科學發掘，其探索範圍，已超出甲骨卜辭之外，然自研究其所得之史料而言，文字一端，仍不失爲最重要之關鍵也。

十八年十一月李君濟之於殷虛掘出巨獸頭骨，額間有文兩行，曰，「于田，隻（獲）白，口示于口，才（在）口月，隹（唯）王口十祀，彡（肜）日，王來自盂。」同時同地又掘得鹿頭骨，其上亦有刻辭二行，曰，「已亥，王田于羌，（下缺）才（在）九月，隹（唯）王」（下缺）董君宴堂（作賓）因作獲白麟解，載于安陽發掘報告第二期，董君之意，以爲即古麐字，而此巨獸之骨，亦即白麟之骨也。

羅氏作殷虛書契考釋錄馬字異文十一，（民國三年版）商氏作類編因之，而增至三十二字。然卜辭象形字，筆畫過簡，毫釐之異，便殊其字，羅商二家，分別未精，所定爲馬字者，頗雜他字。董君乃區於馬，以爲有一角之獸，與馬之長頭有鬣間或有蹄者殊，其分析之，實甚精確。

然董君遂以此爲麟字，余實不能無疑，比居北平，得識董君，縱談及此，董君未膠執舊說，僅云其字不可識而已。其於學問之虛心。殊可佩也。

據董君文中所稱引，則此獸頭，實附數牙，經法國古生物學者德日進氏定爲牛牙，此獸爲牛族無疑也。麐之爲獸，自昔相傳以爲麀族，就董君所引，如爾雅、說苑，孝經古契，京房易傳，說文，草木蟲魚鳥獸疏等，咸以爲麕身，或謂如麕，而所附柳敏碑陰刻麟圖，及山陽瑞像圖之麟，並與鹿形近似，第獨角爲異，而與牛形則相隔殊遠。

李濟之君舉馬哥孛羅遊記中亞述利亞古刻一角白牛之插圖，及其他巴比倫之一角神牛之繪畫，以爲牛與麟有關。董君據之，遂以爲麟即稱爲里姆之野牛。抑此種推論之證據，其薄弱乃至顯箸，蓋以別一國文獻中稱爲里姆之牛族，而斷然加以我歷史上分明爲麕身牛尾之麟之名，固事實所不能容許也。

顧董君所證明麟爲牛之變種者，凡有八事。除第五事之文字外。一曰古事，則即謂亞述利亞之野牛；我人所宜注意者，此野牛與麟初無關係者也。二曰物證，謂牙爲牛類而記事則爲麟，然所謂記事者，必文字之辨識眞確後，乃可憑信，故此條與第五事實爲複出也。三曰傳說，河南各地有「牛生麒麟豬生象」之語；四曰記載，引元史五行志及陳鶴明紀，均謂牛產麒麟，又引異林等七書，其說均同；然此二條實出一源，由記載而言，則最早見於元史，而盛行於明嘉靖間，謂牛生犢而有鱗；此元明間人多荒陋不學之故，而河南各地之傳說，則又由此而發生者也。六曰，毛色，謂麟有五色，與牛相似；七曰性情，謂麟性仁厚，與牛之馴順相似；此二者並非直接證據，以他族亦可有五色，亦未必決不馴順也。八曰尾爲牛尾，此誠見於古籍，然既以此爲根據，則必同時承認其爲麕身而牛尾，因每一完整之記載，不容有所取去，古人既知其尾爲牛尾，必不致於其身，反誤認牛形爲麕，今取其牛尾之說，而遂推斷其全體爲牛，非論證之法也。

就文字而論，董君以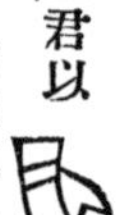字爲麟。然古文字中實別有麟字，說文，「麟，大牝鹿也。」「麒，仁獸也，麕身，牛尾，一角。」「麐，牡麒也。」是麟字本當作麐。殷虛卜辭有字，羅氏云，「从似鹿而角異，从吝省聲，殆即麐字，鹿爲歧角，麐角未聞似鹿，故此字角無歧，許從鹿，殆失之矣。」又銅器秦公敦云，「以受屯魯多釐，

釁壽無疆，畯疐在立，高弘又，竈囿四方。」秦公鐘銘略同，宋人釋爲慶。我友容希白庚金文編云，「𢡱說文所無。」董君則申容紬繹，而以慶爲從鹿從文，會意，象鹿皮之有斑文也。

欲論慶之是否爲麟，不能僅以「從鹿從文會意」之一假定爲滿足也。我人先當審字所從之爲何字乎。

卜辭有字，及𩒨字，羅氏併釋爲麑。其說云，「象鹿子隨母形，殆即許書之麑字。說文訓麑爲狻麑，而別有麛字，訓鹿子，然麑之爲字，明明從鹿，會合鹿兒之誼，正是鹿子矣。卜辭以有角無角別鹿母子，故卜辭中之字，似鹿無角，緣是亦得知爲麑字矣。」羅氏誤認從見之字，以爲兒字，故有此說，所謂卜辭以有角無角，別鹿母子，亦其所臆測也。卜辭又有麇慶二字，並從，羅氏於麇下，則云「麇殆似鹿而無角者，」是其自爲矛盾之證也。以字形論之，蓋鹿屬而無角者，然則卜辭慶字之從，當即字之變體，此以金文𢡱字之從可以證知之。

爾雅釋獸曰，「麋，牡麔，牝麎，其子䴢。」又曰，「鹿，牡麚，牝麀，其子麛。」又曰，「麕，牡麌，牝麜，其子麆，」此麋鹿暨麕者，鹿族之三大族也。卜辭數見字，舊不之識，故商氏列於待問編。余謂此乃麋字，又有字，且叓見偏旁，又有字，亦均在待問編，余謂當釋爲眉或𥄉，蓋惟古文麋眉形相近，故經傳眉壽多作麋壽也。鹿字見卜辭甚多，亦見金文，皆象歧角之形，則麋鹿並象形字也。

說文以麇爲從鹿囷省聲，籀文作麕，詩，野有死麕，釋文作麏，云「本亦作麕，又作麇，」囷與君皆聲，固無可疑，然說文以從禾爲囷省聲，則失之。殷世已有麇字，而麕麏之字發生，尚在其後，又安得因而省之哉。余謂麇字實從禾聲，稛或穮之本字也。春秋公羊哀十四傳云，「有麏而角者，」則麇本無角，其證甚明；說文，「麇麞也。」「麞麇本誤麋依諸家注訂屬也。」考工記注云，「齊人謂麕爲獐。」則麞即獐，而今之獐固無角也。則麇之本字，以麋鹿例之，實當作，以無角別於鹿，亦象形字也。

麐爲麕屬，故公羊記有麕而角者，而春秋記爲獲麟，此一證也。爾雅等書，並言麕身，此二證也。爾雅釋獸，「麐，大麃，牛尾一角。」郭璞注云，「漢武帝郊雍，得一角獸，若麃然，謂之麟者，此是也。麃即麞，黑色耳。」史記孝武紀，「獲一角獸，若麃然」索隱引韋昭云，「體若麠而一角，春秋所謂有麠而角是也。楚人謂麇（本誤麋，今正。爾疋，「麕鹿麢。」釋文，「麕，郭巨阮反，謝其隕反。」說文，廣雅，則云，「麃鹿麢也。」此正麇麃聲轉之例。）為麃，」此三證也。麠即麒麟之合音，（麒麟猶吉量，二字為一名，漢人乃歧為二名，董君以為後世始以為一名，非是。）此四證也。

鐵雲藏龜拾遺第十一葉有字，葉玉森疑為麟字，其形頗似麠之或體，而首有角，揆以龍鳳字，卜辭並以▽為角，則葉說庸或可信也。說文以麐為從鹿吝聲，則轉為形聲字，卜辭鳳字，亦象形與形聲並存也，其從鹿者之誤也。吝字又從文聲，形聲之初，無轉輾取聲之理，則卜辭金文，從文聲者乃其夙初，或從吝聲，當為後起。蓋從文聲者，兼取其義，說文有䮍字，即文馬也，則慶之從文，亦謂麠之有文者，故京房稱其有五彩，廣雅謂之文質彬彬也。羅氏謂從吝省聲，董謂鹿之文者，皆失之矣。

惟慶從文聲，故亦語轉為麠。爾疋之「麠，大麃，牛尾，一角。」與「麐，麕身，牛尾，一角。」所異者，一為大麃，一為麠身耳。然「楚人謂麇為麃，」郭璞以麃為麐，而說文以麠為麐，是麃麠乃同物而異名；則麐之與麠，本亦同物，皆麠字一聲之轉，為方俗之殊名；爾雅非一人所集，故並錄之耳。說文，「䮍，馬赤鬣縞身，目若黃金，名曰吉皇之乘，犬戎獻之。」周書王會解作吉黃。海內北經，「犬戎有文馬，名曰吉量。」凡此吉皇，吉黃，吉量，其合音正與麠同。文馬名曰吉量，而文麠謂之麐，則慶或讀麐，故秦公𣪘𣪘為慶字，（易豐曰，「來章有慶，」詩楚茨曰，「孝孫有慶，」書呂刑曰，「咸中有慶，」有慶為周人習語，此當從宋人讀為「高弘有慶。」）以與疆方為韵也。

古文字中之慶字，既確為麟之本字，則字非麟也。即以甲骨中之記載觀之，殷虛書契前編云，「獲十一，」（四卷四十七葉之六）後編云，「逐六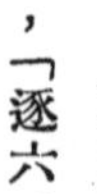」（上卷三十葉之十）夫以一次之田獵，而能逐六或獲十一，則其獸之多，可以想見。而麟則不然，周書王會解云，「正北方，義渠以茲白，央林以酋耳，北唐以閭，渠搜以鼩犬，樓煩以星施，卜盧以紈牛，區陽以鼈封，俔規以麟，」凡此皆絕域之奇獸，王者之德威播之，乃以來貢也。故公羊傳曰，「西狩獲麟，何以書？記異也。何異爾？非中國之獸也。」穀梁傳曰，「其不言來，不外麟於中國也。不言有，不使麟不恆於中國也。」二傳同詞，以為麟非中國之獸，時無王者而忽有此，故孔子以為悲矣。殷虛時代，上起盤庚，下接周初，豈有方其時，遍於原野之獸，至周時，忽爾絕跡，乃反徵諸異域，此理之

必無者也。則之非麟，亦既章章矣。

然則究爲何物與？

曰，兕也。

甲骨字之變體殊多，若，若，若，若，若並前編一卷十九葉若，二卷三十一葉若，四卷四十六葉若，若，四十七葉若，四十八葉若，七卷三十四葉若，若，四十一葉若，徵文游田十三葉若，若，若，若，若，並安陽發掘報告三零三葉然第緐簡不同，位置互異而已，固皆象一角之獸，而其角且特大者；金文已觚有字，殷文存下卷二十五葉其狀尤顯箸。

說文，「如野牛而青色，象形。」蓋即卜辭之作形，而小异耳。」說文舊有校語云，「與禽離頭同，」則別本篆當作，是叉形之異也。然則以字形論之，甲骨刻辭中此字，當釋爲兕，即說文之冢，可決然不疑者。

海內南經，「兕其狀如牛，蒼黑一角。」爾雅「兕似牛。」郭注云，「一角，青色，重千斤。」左傳疏引劉欣期交州記曰，兕出九德，有一角，角長三尺餘，形如馬鞭柄。」按兕角可爲酒觵，詩卷耳，「我姑酌彼兕觥，」韓詩說，「以兕角爲之，容五升。」蓋兕角之巨可知。然則一角之獸，而其角又特大者，當爲兕之形，亦皎然無疑者也。

殷虛所獲得之獸頭，其上刻獲白兕之文，而其牙則已確定爲牛牙者也。兕爲牛族，具見前載，則此頭骨確即兕骨，董君所以爲獲其獸而於其骨上，記其本事與本名者，亦可無疑已。據董君近時之意見，則謂此獸頭實兩角之牛，與刻辭所記一角之獸無關，記其說，以俟更考。

兕在後世，頗罕見，在古代則不然。南山經云，「禱過之山，其下多犀兕。」山在交廣間西山經云，「嶓冢之山，獸多犀兕熊羆，」山在甘肅「女牀之山，其獸多虎豹犀兕。」山當在陝西「底陽之山，其獸多犀兕虎犳牸牛。」北山經，「敦薨之山，其獸多兕旄牛。」中山經云，「岷山，其獸多夔牛麢㚟犀兕。」山當在四川雖每在四裔林菁叢密之處，乃特謂產之多者耳，中原亦頗有焉。故晉語云，「昔吾先君唐叔射兕於徒林，殪以爲大甲，以封於晉。」詩吉日云，「殪此大兕。」而以兕爲甲，又見於攷工記函人，以兕角爲觥，數見於詩，爲爵，見於左傳，可知兕為當日常見之獸也。

新得兕頭骨上，刻文云「于田，獲白兕。」又鹿頭骨刻辭云，「己亥，王田于羌。」董君謂獲二獸之時與地，皆當相近，其說殆可信。近於羌，則當在今之甘肅，正產兕極多之區矣。

殷人尚白，故獲白兕則書，此風至周初猶然。武王伐紂，有白魚之祥，又用大白小白之旂，穆王征犬戎，得四白狼四白鹿以歸。作冊大鼎云，「王賚作冊大白馬，」凡他色不特稱，而常箸白色者，殆承殷之遺風。世每以五行之說，為戰國時所起，其實不然也。

獲白兕之時代，今雖不可詳考，然當在盤庚以後，周與以前，則有可斷言者。近來殷虛所發見甲骨，均用以記一切之事，無殊於後世之簡素，而此獨以記本事，誠可寶貴。蓋當時田獵得兕，以其白色也，故祭於祖先；復自矜其能也，故刻辭於骨，而寶藏以示後世。千載而下，其情況，歷歷如可指數。而董君釋為麟，則於既往之史料，多所扞格矣。故重為攷之，以詒世之治古史者。

貉子卣貉字之偏旁作，丁君山商君錫永據此，以為亦豸字。然即兕字，已無疑義；而之是否豸字，則尚難證實；與之同異，亦難遽定；故姑附記于此。

元虎賁軍百戶印考釋

奉寬

虎賁軍百戶印

右元蒙古篆書『虎賁軍百戶印，』吉林農安縣出土。農安本吉林地名「龍灣，」清季改設縣治。光緒二十二年，邑人治版築事，掘得銅印一方，人不能識。見邑志。註一 後展轉歸於瀋陽金毓黻先生，曾影登東北叢刊中。註二 余辨其爲『虎賁軍百戶印』六字。考元史百官志『虎賁親軍都指揮使司，管領上都路元籍軍人，兼奧魯之事。至元十六年，立虎賁軍。元貞元年，改爲虎賁親軍都指揮使司。』又兵志『典兵之官，視兵數多寡，爲爵秩崇卑。長萬夫者爲萬戶。千夫者爲千戶。百夫者爲百戶。』余先曾獲讀上虞羅振玉先生隋唐以來官印集存，及故宮所藏古印印本等書，就中得元代蒙古字官印十六方，拙擬考釋一篇，經已脫稿。得此在後，乃別行之。並附證邑志叢刊二條於左。東北變亂，不能奉函。發表此間，用代通訊。

註一　農安縣志卷八，金石。『縣東街民戶某，於清光緒二十二年春，掘土築墻。得古銅印一。寬，長，皆二寸，中厚五分五釐，角厚四分五釐，其心微凸，柄高一寸六分，寬一寸，下厚五分五釐，上厚四分五釐，柄端向上有微渦，如黍粒，似其符號。曾印成模型，函寄上海，並徵諸博物家，皆未能辨其爲某文也。謹將印文登諸簡端，深望海內博雅君子，有以教之，則幸甚矣。』又云：『此印現（指民國十六七年間修志時）在南街公源達商號執事王振之手保存。據云：「曾於小攤購得之，發現已三十餘年矣。」經攤主自述如此。』

註二　東北叢刊第一集上册。『元蒙古文印。印文未詳。發現地，吉林省農安縣。收藏者，金毓黻。』

地學雜誌　民國二十一年第一期目錄

四川遊記（續完）　翁文灝
鴨江行部志地理考附鴨江行部志跋及金曷蘇館路考　朱希祖
爪哇——低緯農業之研究　黃國璋
邊疆失地史略　白眉初
重遊泰山記（續完）　傅振倫
軍事地理學發凡　忻啟三
中國之生物地理（附圖）　蔡源明譯
中國土耳其斯坦地下的寶藏（續）　陶謙譯
中國地方志綜錄初稿　朱士嘉
頭率鼻率指數檢查表　丁瀨　金舞侯

山海經及其神話

鄭德坤

(一)緒論
(二)山海經的成形
(三)前人對於山海經的見解
(四)山海經的作者及其著作時代
(五)山海經的神話
(a)哲學的
(b)科學的
(c)宗教的
(d)歷史的
(e)社會的
(六)山海經神話的演化
(七)山海經神話的解釋及其價值——結論

(一)緒論

六七千年前的一個晚上，也許是今所謂中秋夜，月亮皓耀，光澤所沐，無不潔淨異常呈露着一種靜美的和諧。在這美景底下，有一個人身上沒有衣服，下部只圍了一條樹葉的裙子；左手攜着木盾，右手扶着石斧；倚坐盤石上，酣醉於這和諧之中。忽然間，月亮走進一片黑雲，萬象爲之變色。須臾，光亮回覆了。整個自然的風景和月亮未入黑雲以前一樣，可是在這酣醉的靜觀者的眼光看來，是比較特別美妙。這原人遂感到一種衝動，想將這新的眞美表現出來。他沒有畫家的顏色，也不懂音樂的聲調，文字的發明更遠在後世，但是工具的缺乏不能使他不將所見到的新美表現出來。他運用他非科學的理想，造出一段故事來。他說這黑雲中有一道澄清的溪水，溪邊住了一位美人，月亮進去她便笑嘻嘻地抱着它在溪中沐浴，所以月亮出來特別潔淨可愛。這段故事便流傳在原人的口中。後世的文人把他移植於山海經園中——中國神話的花園。

（二）山海經的成形

山海經是記載中國神話最重要的一部書。原名五藏山經，後人簡稱山經。史記大宛傳太史公曰：『至禹本紀山經所有怪物，余不敢言之也。』漢書張騫傳贊，『禹本紀言河出崑崙，言九州山川尚書近矣，至禹本紀山經所有，放哉。』到了劉歆上山海經表才言山海經凡三十二篇，今定為十八篇。陸侃如先生說：『我認為古代只有山經，至劉歆加入海經，而合稱山海經。其後又加入大荒等篇而成今本。』可見山海經不是一時代的作品，是層次集合以成今本。今本山海經是晉郭璞註的，分下列五部，

（1）南，西，北，東，中山經五篇

（2）海內南，西，北，東四篇

（3）海外南，西，北，東四篇

（4）大荒東，西，南，北四篇

（5）海內經一篇

（三）前人對於山海經的見解

山海經神話的價值極高，但是從來的學者始終不把它當神話看。司馬遷本儒家不語怪的思想竟一筆抹殺。班固依七略作漢書藝文志，把它列在形法家之首。（形法者，大舉九州之形勢以立城廓室舍。）東漢明帝時王景治水，明帝賜以山海經，河渠書，及禹貢圖。可知當時看山海經為實用地理書。王充的論衡別通篇及談天篇亦視之為地理書方物志。漢志以後隋書經籍志亦以山海經冠地理類，自漢書至隋書中間五百多年，對於山海經的觀念沒有變更。隋後又三百餘年，五代末劉昫撰舊唐書經籍志亦以山海經入地理類；其後北宋歐陽修撰新唐書藝文志南宋王堯臣撰崇文總目，皆因舊說。當時頗肯研究山海經的尤袤，他的遂初堂書目（見說郛）也放它于地理類中。

大胆懷疑山海經不只是地理書的，似乎明胡應麟是第一人。他說：『山海經，古今語怪之祖。……余嘗疑戰國好奇之士，本穆天子傳之文與事而侈大博極之，雜傳以汲冢紀年之異同，周書王會之詭物，離騷天問之遐旨，南華鄭圃之寓言以成此書。』又說：『始余讀山海經而疑其本穆天子傳，雜錄離騷，莊，列傳會以成者，然以出於先秦未敢自信。逮讀楚辭辯證云古今說天問者皆本山海經淮南子，今以文意考之，疑此二書皆錄天問而作。則紫陽已先得矣。』（見少室山房筆錄）胡氏以山海經為古今語怪之祖，推翻自漢以來對於此書的成見。這是他的灼見，然而還不能確實說出其性質。他不曾明言其為「小說」，（中國廣義用法）而到清代修四庫全書方始正式將它放在子部小說家類了。

不敢言山海經，還是儒家正統派的遺毒，當然是錯。把它看作實用地理書，也不全對。把它視爲小說，去其性質還遠。歷來學者不知這特殊東西，所謂神話者，原來是初民好奇心和求知慾，以及原始信仰的產物，其中有初民的宇宙觀，宗教思想，道德標準，民族歷史，並對於自然界的認識等等。西洋文學東漸以來學者才看到山海經中神話的價值，承認其爲記載中國古代神話最可靠的材料而加以研究。

（四）山海經的作者及其著作時代

但是，當一班學者奮興研究，竭力欣賞山海經中所保存着的古代藝術時，這空中忽然浮出一片黑雲，雷轟隆隆，把幾片祥雲打得東滑西散，黯昧不堪。這變動乃出于衛聚賢先生的古史研究第二集（一九二九述學社出版）。他說：『我對於山海經證明牠絕對是印度人的作品；退一步說，山海經不是印度人的作品，也可說是受了印度（或希臘）的影響作的。』（本序）他以爲山海經的作者是隨巢子，印度人來中國遊歷做的。假使他的話不錯，那末中國古代的神話無從說起了。但是經過一番研究之後，我們便知道衛氏的主張是和神話一樣的荒唐。我們不能輕易把它放過。

衛氏說著作山海經的目的是宗教上的宣傳。他承認山海經是戰國中年的作品，（西元前三七二左右）是隨巢子宣傳印度波羅門教的工具。他說：『案「隨巢子」三字，猶「到處是吾家，」即說隨地可以巢居的，此疑隨巢子是個遊歷家。按山海經除據書（如西山經一部份是據穆天子傳及傳聞，如海外經有「一曰……」的）外，當係作者親到各處，故其記載很詳。隨巢子是個遊歷家，把他到的各地筆記起來，加上印度波羅門教神話在內，以宣傳他的宗教，但恐遭中國人的反對，於是如「有爲神農之言者許行」……假上夏禹治水事說是夏禹治水之書。』這種議論，在表面上似無大謬，然就實際上論，則大有不然在：（一）山海經是否是宣傳的筆墨？（是否有波羅門教教旨存焉且不提。）（二）戰國中印是否有交通？（三）波羅門教傳出印度是否先于戰國中年？（四）山海經是否不能在中國產生？——凡此四者皆研究這問題的先決條件。必先對此四者一一決定始足以提議山海經或是印度人的作品，不能如衛氏之任意推測也。他有十證：（一）出發點，（二）神的能力太大，（三）神的形像太怪，（四）蛇和征服蛇的神很多，（五）三頭六臂的神和人，（六）飛神飛人，（七）神光，（八）長人短人，……（九）十日，（十）講醫藥，陰陽，五行，神仙，九大州之說。這都是皮毛之皮毛，牽强附會，不值一駁。且就上面四點略述於下——

第一，山海經的筆法完全是記帳式的，是地理志式，是以歷來竟被學者認爲地理而不能超生，那像是宣傳的文章？且神話一物荒唐不經，稍有文明的民族，誰也不能信以爲眞，用這種故事爲宣傳宗教的工具，適足以引對方之不信。假使眞有隨巢子來宣傳波羅門教，必不出此下策吧！

第二，就中國的歷史看來，戰國時中印無交通之可能。假使有交通何漢時張騫由蜀之犍爲求通身毒(即印度)國終不得適，又何以王然于等多人間出西夷西，指求身毒國亦莫能通呢！這是戰國時中印無交通的一個鐵證。左傳說：『若敖蚡冒，篳路藍縷，以啟山林。』若敖蚡冒是東周初人。東周初去闢荊造成楚國。是以山海經的甌閩還在海中，那末戰國中中印有交通，去之可能性未免太遠。

第三，考之印度歷史波羅門教在佛教未產生以前未嘗出過印度。阿蘇卡 (Asoka) 即位於公元前二六三年，佛教經過君王的提倡始於公元前二五六——二五四這幾年中傳播國中。佛教傳出印度，輸入中東亞細亞諸地時既遠在施鮮(Scythian)侵入印度之後了。(公元前一二五年的事)山海經的著作時期，衛氏自己折中計算是公元前三七二年左右。相差一二七年，山海經何從而受印度思想的影響呢？

第四，我們要證明中國戰國時的背境有產生山海經的可能。一就形式方面說，山海經是地理志的方式。中國古書中最可靠的尙書，又特別是禹貢確可以開山海經的先聲。山海經的文體不是中國素來所未有。二就內容方面說。山海經的思想是中國故有的思想。中國民族因黃河之患，生計窘難，只注意現實的生活，是以神和生活最發生關係。如一切奇禽怪獸的出入都預卜了事物的興衰成敗。祭祀羣神也是中國故有的。虞書，『正月上日，受終於文祖，在璿璣玉衡，以齊七政；肆類於上帝，禋于六宗，望於山川，徧於羣神。』這是說舜既攝位，便不等到祭天的時候，即祭天以告，且獻祭於六宗及名山大川與羣神。可知當時祭天之外又祭多神，衛氏何必區區要賜之以赤色的臉孔呢？禮記又說，『郊祀后稷以配天，宗祀文王於明堂以配上帝。』蓋禮擬其祖宗的權力，幾與天並，此亦中國民族思想之特異點。山海經所表現的何嘗沒有同樣的思想。山海經以帝俊爲神之元首，得以支配一切鬼神怪物。這正是中國故有的，何嘗有宣傳波羅門教的嫌疑。至於神力太大，怪樣……等都是各國神話所有，何必中國沒有而必取之印度呢！衞氏又說山海經的蛇太多了，中國經書向來沒有的，因疑爲印度的影響。孟子這一部書是讀國文的人，誰也看過背過的。滕文公章說：『當堯之時，水逆行，氾濫于中國，蛇龍居之，民無所定，下者爲巢，上者爲營窟。』說文它字：『上古艸居患它，故相見問無它乎。』這都可以證明蛇也是國產，是最古野蠻時代的現象，山海經所表現的正是中國古代人民生活的一斑，以之爲印度人作的，未免天淵之差了。山海經有水伯是東海外神人，人首，人面，虎身，十尾，名天吳。這是中國古代的老水伯，不幸自印度信仰輸入之後，其權勢地盤便被外來的龍王(na-garaja)所佔奪了。……

總之，從各方面看來，山海經沒有問題是國貨。衛氏具印度作者的成見，將一切故有的現象解釋爲印度來源。這眞是「欲加之罪，何患無辭？」我想衛氏是中了墨子爲印度人的時髦症，以訛生訛，存心編派山海經爲佛書，可是未免太牽强了。

研究中國神話的一個難關是原始信仰與佛者思想混殽至莫名其妙。山海經是比較最純粹古代神話的記載，表現出原人樸質的思想。不想又被衛氏把他和波羅門教混殽了。這片黑雲攪亂清空，我們只好竭力除之。

山海經既不是印度人作的，那末其作者是誰，其年代爲何？

要知道山海經的著作時代，首先要研究山海經的作者。史記大宛傳大史公提到山經而不言其作者爲何人，然語氣中已經露出和夏禹有關係的意思來，大概當時相傳已經說是禹作的了。劉歆上山海經表始謂：「禹別九州，任土作貢，而益等類物善惡著山海經，皆聖賢之遺事，古文之著明者也。」其後敢於疑古的王充亦說，『禹主治水，益主記異物；海外山表，無遠不至，以所聞見作山海經。』趙曄的吳越春秋也說：『禹……遂循行四瀆，與益夔共謀，行到各山大澤，召其神而問之：山川脉理，金玉所有，鳥獸昆蟲之類，及八方之民俗，殊國異域，土地里數。使益疏而記之，名曰山海經。』東晉郭璞山海經序：『跨世七代，歷載三千。』這也以爲是禹所作的。

北齊顏之推的顏氏家訓：『山海經，禹益所記，而有長沙，零陵，桂陽，後人所羼，非本文也。』晁公武讀書志跋山海經：『長沙，零陵，雁門，皆郡縣名，又自載禹鯀，似後人因其名參益之。』這都是在承認禹益所作的立點上懷疑其中有後人妄增的部分。

到了明代，議論又變了。王會補傳引朱子的話，『山海經紀諸異物，飛走之類，多云東向或云東首疑本依圖畫而述之。』胡應麟引申朱子之說：『一時能文之士，因假穆天子傳之體，縱橫附會，勒成此書，以傳於圖象百物之說。(即見左傳王孫滿對楚子話)意者將以禹益欺天下後世，而適以誣之也。』(見少室山房筆叢)

同代楊愼又有一說，他的山海經後敍：『夏后氏之世，雖曰尙忠，而文反過于成周。太史終古藏古今之圖。至桀焚黃圖，終古乃抱以歸殷。又史言孔甲於黃帝，姚，姒，盤盂之銘，皆緝之以書，則九鼎之圖，其傳固出於終古，孔甲之流也，謂之曰山海圖，其文則謂之山海經。至秦而九鼎亡，獨圖與經存。晉陶潛詩，「流觀山海圖。」阮氏七錄有張僧繇山海圖，可證已。今則經存而圖亡。後人因其義例而推廣之，益以秦漢郡縣地名，故讀者疑信相半。信者直以爲禹益所箸，既述其原。而疑者遂斥爲後人贗作誣撰，抑亦軋矣。漢劉歆七略所上其文古矣。』楊氏此說最爲圓到。四庫提要亦認山海經爲注圖之文。蓋近代差不多一般的意見都承認山海經是漢以前的古書，「語怪之祖；」雖非禹益所撰，或者有點關係，因其本爲注圖之文也。

山海經既不是禹益之作，而是注圖之文，我們進一步討論其成書年代。新月第一卷第五號有一封陸侃如先生討論山海經著作年代的信。他主張就山海經各部分著作時代如左：

（1）山經——戰國時楚人作

（2）海內外經——西漢（淮南以後劉歆以前）作

（3）大荒經海內經—東漢魏晉（劉歆以後，郭璞以前）作

其理由大略如下

（1）大荒經及海內經是解釋海內外經的，且多漢代地名；篇末無「劉歆校」字樣，而郭注說「進在外。」最重要的是漢志僅十三篇分明末五篇是在劉班以後的。

（2）海外經襲淮南地形訓而加詳，至述昆侖西王母又較山經增多枝葉，顯然由山經淮南演繹而出。海內經（非書末的）——尤其是東經——多漢代地名。且篇末均署歆名，可證是他添入的。

（3）最後說山經是眞的，因爲我們沒有證據可以移後牠的時代。舊說禹益所記固然錯誤，我們定爲戰國，因爲（a）經中言鐵最多，而石雅說鐵之盛行在東周；（b）經中言郡縣，郡縣之制最早是秦孝公，戰國時齊楚燕趙滅他國後常以其地爲郡縣。又經中與楚辭莊子相通者極夥，故假定爲楚民族的作品。

陸先生三分考定法，頗爲妥當，但是他的主張我們不能信以爲全對而無異議的。他既認大荒經海內經是解釋海內外經，又因「進在外」的附注及篇末無「劉歆校」等字樣而斷定荒經海內經是劉歆以後郭璞以前的作品。其實山海經錯簡很多，篇目離合何止一次，吾人焉得因荒經海內經頗多與海內外經相同而遂定爲是「解釋」。更不能以「進在外」，及「劉歆校」等字樣之有無而斷其年代。最重要的是應該從內容加

以研究。

劉歆到郭璞歷漢魏晉三代，這期內考莊神仙之說，怪異之談和戰國時代已經大不相同了。如果荒經海內經是漢魏人所作應該有許多神仙怪異和變形魔術的痕跡。可是沒有！在性質上和海內外經沒有分別。我們不妨假定荒經海內經與五藏山經年代不同，然而置之劉歆之後未免太落後。

陸先生定海內外經爲西漢時作。他說：「篇末均置歆名，可證是他添入的。」但是海內外經可注意的地方不止篇末之名字，常見之「一曰……」也有牠的話說。大概劉歆校訂時，經文或有異本，或者當時有相異的傳說，是以他增注於下。那末篇末的署名正是校定之義，把他解爲全經文是劉歆所增未免過份。他又說：「海外經襲淮南地形訓而加詳，至述昆侖，西王母又較山海經增多枝葉，顯然由山經淮南演繹而出。」淮南子本是雜採羣書而成的，可以不論，然且就西王母一點論之。淮南子說，「羿請不死之藥於西王母，」分明已將山海經的「是司天之厲及五殘」的西王母「仙化」了。正可以證明西王母到了漢初已成爲方士神仙之談了。原來談神仙之事起戰國末燕齊方士。至秦併天下之前後而大盛，所以西王母之「仙化」可以上溯至秦漢之間乃至戰國之末。海內外經如爲西漢作品則其言西王母必不如彼之朴野而近於原始人的思想信仰。所以說海內外經的時代不能後於戰國。至遲在春秋戰國之交。

陸先生以爲五藏山經乃戰國時楚人的作品。然就上舉西王母一事而言，已足證明「豹齒虎尾，蓬髮戴勝」那種思想爲更近於原始信仰，應該發生於比較戰國更早的時代。至於因其和楚辭莊子相通者多而定爲楚人的作品也不很妥，我們要知道楚辭中的神話材料已頗文雅美麗，較之五藏山經爲更後的文化歷程中的產物。我們也要知道山經所載是神話材料而莊子所載的神話已寓言化了，而寓言又是神話以後的產物。所以把山經定爲戰國時作品也嫌太落後了。綜觀五藏山經的記載是以洛陽爲中心。其言涇渭諸水流域，即雍州東部諸山及汾水南，即冀州南部諸山，較爲詳密。洛陽附近諸山最詳。東，南，東南諸方均甚略，北方最略。其言五嶽祭典並無特盛，惟祭嵩山用太牢。——這一切都幫助我們假定五藏山經是東周之都，洛陽的產物，去衛聚賢先生所爲出發點是印度之說遠了。陸先生又舉鐵之盛行在東周，也可以作這假定的旁證。因爲作者是中國版圖中心地的洛陽人，是以山經所包含的神話材料黃河流域的比長江流域的爲多。

以上討論的山海經成書時代大抵據玄珠先生中國神話研究ＡＢＣ一書。他從內質上來定其成書時代。由歷史，地理，及民族的進展也可是斷定——

(1)五藏山經是東周時洛陽人作的。

(2)海內外經是春秋戰國之交作的。

(3)荒經及海內經，更後，可是還在秦統一以前。

(論詳劣編山海經，第三編引言中，不重述於此。)這三個時期的無名作者大抵是根據了當時九鼎上的圖象，及廟堂繪畫而作說明，採用當時民間流傳的神話；然因要託名禹益乃摹仿禹貢作地理式的記載，任意增益了當時口裏傳述的神話。漢以後又陸續有人增益乃成爲現在的形式。因其是好奇文人任意的增添，是以毫無系統，一條條的記下去，不像希臘的神話是受有負責文人整理的洗禮，成爲整套故事的表現。所以要領會到山海經神話的奧妙讀者不運用自己的想像力是得不着要領的。這或者是終成歷代學術界的疑團的一個理由。

(五)山海經的神話

山海經的神話紛雜衆多，毫無系統。研究之第一步是分類。因爲分類才有系統可尋。神話的分類西洋學者意見不一。在中國沈雁冰先生曾略擬過一次，其分法如下：——

(一)天地開闢的神話，(二)日月風雨及其它自然現象的神話。(三)萬物來源的神話。(四)記述神或民族英雄的武功的神話。(五)幽冥世界的神話。(六)人物變形的神話。這分法，在中國神話大體上或者可以應用，但用在山海經的却不適當，因爲材料不均，有的更分不出是此是彼。沈先生的且如此，西洋的更不用提。現在用一種籠統的五分法：

(1)哲學的(2)科學的(3)宗教的(4)社會的(5)歷史的

這樣分來，材料也未見平均，更有許多材料有同屬於二三類的。雖然與其不能精密，孰若籠統來得暢快多了。

(1)哲學的神話——原人的思想雖是簡單，却喜歡討論那些大問題，如宇宙萬物何來？宇宙未成形以前的狀態如何？萬物最初的形質又如何？這些問題，不僅是哲學家所想解釋，也是原人所最感興趣的。他們對於這些問題的答案便是所謂哲學的神話，是原人的哲學是他們的宇宙觀。這種神話世界各民族不論是野蠻文明，都有的。中華民族當然不是例外。北方的女媧，南方的盤古，都是其重要的。山海經沒提到盤古，就是女媧自身亦未嘗出場。今談到山海經的神話，我們只有些他們對於神的觀念而已。

原始人是聚族而居，所以他們設想神也是和人一樣，而且是住處於極高的山上；所以境內最高山往往成爲神們的大本營。山海經中的崑崙山可以說是神們的家鄉，並不是怎樣可樂的仙境。西山經說：

『崑崙之丘，是實惟帝之下都。神陸吾司之。其神狀虎身而九尾，人面而虎爪，是神也，司天之九部及帝之囿時。有獸焉，其狀如羊而四角，名曰土螻，是食人。有鳥焉，其狀如蠭，大如鴛鴦，名曰欽原；蠚(毒也)鳥獸則死，蠚木則枯，有鳥焉，其名曰鶉鳥，是司帝之百服。有木焉，其狀如棠，黃華赤實，其味如李而無核，名曰沙棠，可以禦水，食之使人不溺。有草焉，名曰薲草，其狀如葵，其味如葱，食之已勞。』

『海內崑崙之墟在西北，帝之下都。崑崙之墟方八百里，高萬仞，上有木禾，長五尋，大五圍。面有九井，以玉為檻。面有九門，門有開明獸守之。百神之所在。在八隅之巖，赤水之際，非仁羿莫能上岡之巖。』羿上崑崙，何嘗不是道者之談，我以為羿未成道者人物，羿還是一位中國人理想中的仁者。『開明獸身大類虎而九首，皆人面，東嚮立崑崙上。開明西有鳳凰鸞鳥，皆戴蛇踐跑，膺有赤蛇。開明北視肉，珠樹，文玉樹，玕琪樹不死樹……』海內西經

此外山海經關於崑崙的紀載很不少。總而言之，崑崙雖然是帝下之都，有陸吾神司之，有若干奇樹，有開明獸，又有許多猛獸怪鳥，並不是縹緲仙境的樣子，很可以見到中國神話中崑崙山的原始觀念，顯然帶着北方人民嚴肅的現實的色彩。

中國的神話一提起崑崙，沒有不連及西王母的。西山經說：

『崑崙之丘……又西三百五十里曰玉山，是西王母所居也。西王母其狀如人，豹尾，虎齒而善嘯，蓬髮戴勝，是司天之厲及五殘。』

『西王母梯几而戴勝杖，其南有三青鳥，為西王母取食，在崑崙墟北，』海內北經

『崑崙之丘。有神，人面虎身，有文有尾，皆白，處之。其下有弱水之淵環之。其外有炎火之山，投物輒然。有人戴勝，虎齒有豹尾，穴處名曰西王母。』大荒西經

此外山海經中關於西王母的記載，還有數處。總而言之，西王母不過是和陸吾神及開明獸同樣的一個半人半獸的怪物，正可代表原人思想的一斑。而再由崑崙山之為帝之下都，我們可以想見原始宇宙觀是把最高的山作為神聖的地方。

山海經中有幾段近乎神人所居樂土的記載，都在大荒經中。說來說去，只像㦸民之國，「不績不經服也，不稼不穡食也…鸞鳥自歌，鳳凰自舞，百獸羣處。」一種厭煩勞苦，樸樸實實毫無奢麗的味兒，亦正可以表現中國北方民族樸質

的，現實的氣味。

（2）科學的神話——這是解釋一切自然現象及自然物的神話。原人相信萬物都有靈的，所以把一切自然界的事物都人格化了。他們相信每種自然現象都有神司之，其存在及其變動皆係神的動作，由是便生出很多奇怪的神話來，山海經中這一類神話很多，分述之於下——

（a）日月的神話——天上的日月光華燦耀，在原人的眼中，都是很奇怪的東西，他們睜開好奇求知的眼睛看着，而求所以解釋之。所以日月的神話很普遍，各民族有之。山海經的日月還有母親呢！

日神名羲和。尚書堯典也有羲和之名，但是注疏家至今尚不能定爲人名抑或官名。據書傳皆以爲「堯時主曆象授時之官。」山海經的羲和不是男子而是女子，不是官吏而是神人。大荒南經說：

『東南海之外，甘水之間，有羲和氏之國，有女子名曰羲和，方浴日于甘淵。羲和者帝俊之妻，生十日。』楚辭與淮南子亦有大同小異的記載大概是說羲和是十日之母，是浴日御日之神。原人決不能把太陽看成一個赤熱的火球。太陽一定是一個神，而且和人類一樣是有母親的。十日問題山海經的記載還有幾段——

『女丑之尸，生而十日，炙殺之，在丈夫北，以右手鄣其面。十日居上，女丑居山之上』海外西經

『湯谷上有扶桑，十日所浴，居黑齒北，居水中有大木，九日居下枝，一日居上枝。』海外東經。吳注引淮南子說：『堯乃令羿射十日，中其九日，日中烏盡死。』日中有烏，他民族的神話也有同樣的思想。大荒東經亦載：

『湯谷上有扶木，一日方至，一日方出，皆載於烏。』郭注說『中有三足烏。』

日既有母親，月亦應有之，大荒西經：『有女子方浴月，帝俊妻常羲生月十有二，此始浴之。』月的母親名常羲也是帝俊之妻，可是常羲，呂氏秋春作「尙儀」。畢沅注謂「尙儀」與「嫦娥」音通，那末嫦娥或者是生有十二月的常羲。據以後的傳說嫦娥却是射九日羿的妻，竊藥而奔月爲月精。這是中國神話上一個問題。

至於日月之東升西沒，出入有序，原人以爲定有司之者。山海經所誌如下——

『有人名曰石夸……處西北隅，以司日月之長短。』大荒西經

『女和月母之國有人名曰鳧，……是處東極隅以止日月，使無相間，出沒司其長短。』大荒東經

『有山名曰日月天樞也，吳姖天門，日月所入。有神人面無臂，兩足反屬於頭上名曰噓。…帝令重獻上天，令黎卬下地；下地生噎，處於西極以行日月星辰之行次。』大荒西經

山海經言日月出入之處甚多。楊愼補注說：『山海經記日月之出者七，日月之入者五，日月所出入一。其記日月之出也：曰大言山，曰合虛山，曰明星山，曰鞠陵山，曰湯谷扶木，曰猗天蘇門山，曰壑明俊疾山，皆在大荒東經。其記日月之入，曰豐沮至門山，曰日月山，曰鏊鏖鉅山，曰常陽山，曰大荒山。皆在大荒西經。其記日月所出入。一，在大荒西經之方山，柜格之松。』

(b)風雲雷雨的神話——氣象的變遷原人也很注意的，因爲能夠激起他們的驚奇心。他們的解釋也是說這些天象是神或爲神的作用。楚辭中的風神名曰飛廉。山海經却不提到他的事情。刮大風時，北山經却以爲神獸之出入。這正是原人思想的表現，其記載：『獄法之山，……有獸焉，其狀如犬而人面，善投，見人則笑，其名山㺒，其行如風，見則天下大風。』

希臘神話以爲風是藏在山谷中的。中國的也有同樣的思想——

『干旄山之尾，其南有谷曰育遺多怪鳥，凱風(南風也)自是出』南山經

『令丘之山……其南有谷焉，曰中谷，條風(東北風)自是出。』南山經。原人也以爲風之所出，因爲地有所缺。郭注不周山說：

『此山形有缺，不周匝處，固名。云：西北不周，風自此山出。』西山經

這眞是中國北方的土產。北方大風往往來自西北，是以原人因而想像到西北山必有所缺是以大風老從這方向來。西山經又說：

『符惕之山，神江疑居之，是山也，多怪雨，風雲之所出也。』

山海神又以爲風之出入有神司之。大荒東經：

『折丹（郭注神人）……處東極以出入風。』

『有神名曰因因乎，南方曰因乎，夸風曰乎民（郭注：亦有二名(？))處南極以出入風。』大荒南經

上面提及江疑神，吳注案都離子說：『江疑乘雲列缺，御雷，即此神也。』也許江疑是雷神，奈無證何。

楚辭雷師名豐隆 。春秋合誠圖有一位主雷雨之神曰軒轅。海內東經說：『雷澤之中有雷神．龍身而人頭，鼓其腹。』淮南子也有同樣的記載，但是無名。

楚辭中雨師名蓱翳，雲師又稱豐隆。山海經亦說：

『屏翳在東海，時人謂之雨師。』雖是很簡陋，然海外東經却記其有妾『爲人黑，兩手各操一蛇，左耳有靑蛇，右耳有赤蛇，』的。

山海經有能興雲雨的神——

『和山…吉神泰逢司之，其狀如人而虎尾，是好居於萯山之陽，出入有光。泰逢神動天地氣也。』郭注：『言其有靈爽能興雲雨也。』（中山經）

『光山…神計蒙處之。其狀人身而龍首，恒遊於漳淵，出入必有飄風暴雨。』（中山經）

他們倆都不是專司雲雨之神。山海經又有解釋南方多雨的一段神話——

『應龍已殺蚩尤又殺夸父，乃去南方處之，故南方多雨。』

應龍或者也是雨師，與雨之神。

（c）山的神話——上面說過京人以高山爲神人的住處，他因他們不明山之所由來，更不明那些大山高峰巍巍地站着幹變。神的住處是他們思適求解釋的結果。山海經的山神很多，幾乎各山有之。其權力大小不均，而祭祀的禮物也不同。他們的形狀，大概是人，龍，鳥，豕，馬，蛇，羊，獸，虎，豹，牛十一類混合而成。今舉其重要者於下——

『自拒山至漆吳之山凡十七山。…其神皆龍身而鳥首。其祠毛用一璧，瘞糈用稌。』（南山經）

『自鈴山至于萊山凡十七山。……其十神者皆人面而馬身；其七神皆人面牛身，四足而一臂，操杖以行，是爲飛獸之神。』（西山經）

其他記載大體相同，不多記了。（詳見另編山海經第三編神表）

他神之居住山谷者亦屬不少，其比較有趣者如——

神鼓住鍾山『化爲鵕鳥，其狀如鴟，赤足而直喙，黃文而白首，其音如鵠，見即其邑大旱。』神長乘司嬴母之山。神白帝少昊居長留山。（均見西山經）

『槐江之山……實惟帝之平圃，神英招司之，其狀馬身而人面，虎文而鳥翼，徇於四海，其音如榴。南望崑崙其光熊熊，其氣魂魂，西望大澤。后稷所潛也。北望諸毗。離侖（神名）居之，鷹鸇之所宅也。東望恒山四成（層也），有窮鬼居之，各在一搏。爰有淫水，其淸洛洛。有天神焉，其狀如牛而八足二首馬尾，其音如勃皇，見則其邑有兵。』（西山經）

『天山……有神焉，其狀如黃囊赤如丹火，六足四翼，渾敦無面目。是識歌舞，實爲帝江也。』（西山經）

『泑山，神蓐收居之，（郭注：金神也。）其上多嬰短之玉，其陽多瑾瑜之玉，其陰多青雄黃。是山也西望日之所入，其氣員。神紅光之所司也。』西山經

『敖岸之山……神熏池居之。』中山經

『青要之山，實惟帝之密都，北望河曲，是多駕鳥。南望墠渚，禹父之所化。䰠武羅司之（神名）其狀人面而豹文，小腰而白齒，而穿耳以鐻。其鳴如鳴玉，是山也宜女子。』中山經

『和山，其上無草木而多瑤碧，實惟河之九都。是山也五曲，九水出焉，合而北流注於河。其中多蒼玉。吉神泰逢司之，其神如人而虎尾，是好居于黃山之陽，出入有光，泰逢神動天地氣也。』中山經

『光山，其上多碧，其下多木，神計蒙處之，其狀人身而龍首，恒遊于漳淵，出入必有飄風暴雨。』中山經

『熊山，有穴焉，熊之穴，恒出神人，夏啟而冬閉，冬啟乃有兵。』中山經

『豐山……神耕父處之。常遊清冷之淵，出入有光，見則其國為敗。有九鐘焉，是知霜鳴。』（郭注：霜降則鐘鳴，故言知也。）中山經

『鐘山之神名曰燭陰，視為晝，瞑為夜，吹為冬，呼為夏，不飲，不食，不息，息而為風。身長千里。……其為物也，人面蛇身，居鐘山下』海外北經。

燭陰神的權力直擬盤古，或者他就是北方開天闢地之神了。大荒北經又說：

『章尾山有神，人面蛇身而赤，直目正乘，其瞑乃瞑，其視乃明。（郭注：身長千里。）不食，不寢，不息，風雨是謁，是燭九陰，是為燭龍。』這或者是燭陰的別名。

此外如尺愚神居堵山中山經，神䖏圍處驕山中山經，涉䖏神處岐山中山經，于兒神居大夫山……等等都是奇形怪狀有權力的神人，不細舉了。

神話是像想的產物，是以神之居住不在人類生活中的平原而高舉于人類罕跡的山嶺上。這是神話的特質，也是各民族神話中所有的現象。

(d)水的神話。——山是神的住處，水也要有神司之。楚辭中的水伯是宓妃，是一位美人。山海經中的水伯是比較近於原人思想的一種奇形獸。其關於水伯的記載如下——

『朝陽之谷，神曰天吳，是水伯，……其為獸也，八足人面，八足八尾，皆青黃。』海外東經

『蓋余之國有神人，八首人面虎身，十尾名曰天吳。』（郭注：水伯）。大荒東經

『北方禺彊人面鳥身，珥兩青蛇，踐兩青蛇。』(郭注：字玄冥，水神也。) 海外北經

『西海渚中有神，人面鳥身，珥兩青蛇，名曰弇茲。』大荒西經

大荒東經有海神——

『黃帝生禺虢，禺虢生禺京，禺京處北海，禺虢處東海：是惟海神。』海神是黃帝的子孫，不是什麼奇形的妖怪。把海神水伯想像爲龍類前已提過是印度的影響，去原人思想遠了。

(e)鳥獸昆蟲草服的神話——山海經這種記載，多不可勝舉，現在只能舉其重要者於下——

先說人化爲動物的神話。北山經說：

『發鳩之山，其上多柘木，有鳥焉，其狀如烏，文首白喙赤足，名曰精衞，其鳴自詨，是炎帝之少女，名曰女娃。女娃遊於東海，溺而不返，故爲精衞，常銜西山之木石以堙于東海。』

『形天與帝爭神，帝斷其首，葬之常羊之山，乃以乳爲目以臍爲口，操干戚以舞。』海外西經

這是失敗英雄不忘故志的象徵。和前者同有描寫百折不回的毅力，是含有道德意識的神話。

蠶是中華民族的特惠物，關於蠶的神話海外北經有一段可以說是最古的：

『歐絲之野……一女子跪據樹歐絲。(郭注：言噉桑而吐絲，蓋蠶類也。)三桑無枝，在歐絲東，其木長百仞，無枝。』

山神經解釋蜜蜂的神話以爲有神人司之，中山經說：

『平逢之山……有神人焉，其狀如人而二首，名曰驕蟲，是爲螫蟲。實惟蜂蜜之廬。』

再看關於木林的神話。海外北經說：

『夸父與日逐走，入日，渴欲得飲，飲於河渭，河渭不足，北飲大澤，未至道渴而死，棄其杖化爲橙林。』假使山海經是南方的產物，夸父或者要飲于江湘，江湘不足而飲洞庭了。

『楓木，蚩尤所棄其桎梏(郭注：蚩尤爲黃帝所得，械而殺之，已摘棄其械，化而爲樹。)是謂楓木』。大荒南經

這是解釋橙林和楓木的由來。山海經還有木神，中山經說：

『畢方鳥在……青水西，其爲鳥人面一脚(吳注引廣雅，木神謂之畢方。)

『東方勾芒，鳥身人面乘兩龍(郭注：木神也)。』海外東經

木和鳥總有密切關係，也是原人思想所應有的。

(f)奇異的動植物。——奇人怪獸可以說佔了山海經全書的大部份。今略分述於下——

(一)奇異飛禽——先說鸞鳳。楚辭中的鸞鳳是很馴良，神仙跨以代步。南山經說：

『有鳥焉，其狀如雞，五采而文，名曰鳳凰。首文曰德，翼文曰義，背文曰禮，膺文曰仁，腹文曰信。是鳥也飲食自然，自歌自舞，見則天下安寧。』這却是一種神鳥。海內經也有幾乎相同的記載。西山經說：

『有鳥焉，其狀如翟而五彩文，名曰鸞鳥，見則天下安寧。』把鸞鳳看做吉鳥，已是較開化時候的思想。但原人對于奇禽一種怪異的觀念，却也是事實，無論他們是吉是凶，同是好奇心和求知欲工作的結果。

其他許多怪異禽鳥如西山經三危山的三青鳥，上面說過的精衛，以及些凶鳥如鬿雀食人，鴸鳥，鵸鳥所經亡國，不細述了。(詳山海經第三編生物表(何觀洲)及動物靈驗表。)

(二)奇異走獸——山海經的走獸凶多吉少，出入便有害，如：

『蜪犬，如犬，青，食人從首始。』海內北經

『窮奇，狀如虎，有翼，食人從首始，所食被髮。……一曰從足。』海內北經

『有赤犬曰天犬，其所下者有兵。』大荒西經

『流波山……其上有獸，狀如牛，蒼身而無角，一足，出入水則必風雨，其光如日月，其聲如雷，其名曰夔。黃帝得之以其皮為鼓，橛之(擊之也)以雷獸之骨，聲聞五百里以威天下。』大荒東經

這或者是鼓的神話，解釋鼓的威權之由來。

(三)異常鱗介——北山經說：

『龍侯之山，無草木，多金玉，決決之水出焉而東流，注於河，其中有人魚。其狀如鯨魚，四足，其音如嬰兒。』

『龍魚陵居在其北，狀如狸，一曰鰕，即有神聖乘此以行九野。』海外東經

『玄玄……各有兩首。』海外東經

『巴蛇食象，三歲而出其骨，君子服之無心腹疾。其為蛇青黃赤黑。一曰黑蛇，青首。』海內西經

『陵魚人面，手足，魚身在海中。』海內北經

(四)異常的人類。——山海經奇形怪狀的人很多。五藏山經中比較少其餘處處皆是。今略舉於下——

『貫匈國……其為人，胷有竅。』海外南經

『三身國……一首而三身。』海外西經

『奇肱國……其人一臂三目，有陰有陽，乘文馬。』海外西經

『無臂國……爲人無臂。』海外西經

『羽民國，其民皆生毛羽。有卵民之國，其民皆生卵』大荒西經

『有人無首操戈盾立。名曰夏耕之尸。』大荒西經

此外如結胷國，讙頭民，裸國民，交脛民，不死民，反舌民，三頭民，脩臂民，長人短人，長臂人，長脚人，長壽人……無奇不有。（詳山海經第三編表及圖）這雖是荒唐不經，但是正可以看出原人思想的一斑。

（g）春的神話及四方的神話——四季之中，最可愛者莫如春。春色繁麗，春光明媚，春風軟和輕暖，人人愛之。況且春爲萬物滋長之時，春一來生氣便布滿大地，草木欣然生長，衆生酣然歡樂。但是四季的循環，原人知其然，而不知其所以然，故常恐冬之常住，春之不再來。他們以爲每年春之再來全賴神力，因而想像必有一神主司之。勾芒便是山海經的春神。海外東經說——

『東方勾芒，鳥身人面，乘兩龍。』郭注：『木神。』又引墨子：『昔秦穆公有明德，上帝使勾芒賜之壽十九年。』月令『春月，其神勾芒。』白虎通：『甚之爲言明也，物始生也。東方義取此。』綜合這些注釋，可知東方勾芒是「主生之神，」也是代表春之發長氣象的神。

海外南經：『南方祝融，獸身人面，乘兩龍。』（郭注：火神。）

海外西經：『西方蓐收，左耳有蛇，乘兩龍。』（郭注：金神。）

海外北經：『北方禺彊，人面鳥身，珥兩青蛇。』（郭注：字玄冥，水神也。）

這是山海經四方的神，正是木火金水四行，惟無中央的土。這或者是失傳，或者五行之說是較開化的思想。總之，我們可以看出中國「五行學說」尚未完成前的原始思想形式了。

（h）以上說的七段都是屬於自然現象的。其他鱗爪，如關於光的，出入有光的神亦屬不少。（詳山海經第三編神人表）關於反景，西山經說：『長留之山，其神白帝少昊居之。……實員神磈氏之宮。是神也主司反景。』吳注：『倒景反照，在秋爲多，其變十狀，有作胭脂紅者，有如金縷穿射者；凡乍雨乍霽，截霞截陰，雲氣斑駁，日光穿滿其中，必有蛟龍，既見是則所謂司反景神也。』這或者是神話想像力所本。海外南經有司夜之神——

『有神人，二八連臂爲帝司夜於此野。』

（3）宗教的神話——有些學者說神話就是原人的神學思想。不錯，原人對於一切不可解的事物，便以神解釋之。「萬物有靈」是原人宗教的一種特質，實基於原人的心理狀態而生。但是他們的神不像後世的神爲無始無終者。他們的神除權力與形狀外，什麼都和原人一樣：他們聚族而居，像原人的家族；他們有父母，有婚娶和原人一樣；他們甚至也脫不了死的權勢。中國民族因地理環境關係，宗教思想不甚發達，可是他們何嘗沒有他們的神學思想。在哲學與科學的神話中，間接提到不少經中的神學思想，可以代表北方民族現實的色彩。

來世的生活，地獄的想像，也是神話中一種普遍的現象。古代中華民族生活欠豐不暇作玄妙的思適。但是由他們現實的生活中，也產生一些樸質現實的樂土和地獄來。山海經所表現的樂土，前已說過，只是百穀自生鸞鳥自舞，百獸羣處。地獄的想像也是一樣的簡陋樸質。海內經說：

『幽都之山，黑水出焉。其上有玄鳥，玄蛇，玄豹，玄虎，玄狐，蓬尾，有玄之山，有玄丘之民。（郭注：言丘上人物異盡也。）有大幽之國。』

這幽都之內，凡物皆黑，頗與希臘神話中的冥國內陰慘無光相仿。楚辭宋玉招魂篇中也有一段幽都的記載。大概原人對於死後世界的觀念，大都是很慘厲的。

在討論中國是否有生產山海經的可能節中，說過，相信祖宗的權力與神相等是中國民族特異的思想。山海經以帝俊爲神之元首，他得以支配一切鬼神怪物。這種故事是敬祖宗的產物，神話是想像的產物。原人相信祖先確能支配神們，而他們自已何以連看也看不着呢？他們對於這問題的答案便是重黎絕天地通的故事了。大荒西經說——

『帝令重獻上天，令黎卬下地。』

郭注：『古者人神雜擾無別，乃命「南正」重司天以屬神，命「火正」黎司地以屬民。重實上天，黎實下地。「獻」「卬」義未詳也。』

但考之經傳，這段故事儼然是中國宗教史上的一段事實。尚書說：『三苗亂德，民神雜擾，帝堯既誅苗，乃命重黎二氏，使絕天地相通，令民神不雜，於是天神無有下至地，地民無有上至天，言天神地民不相雜也。』呂刑篇

國語記楚昭王不明此事，因問觀射父說道：

『周書所謂重黎實使天地不通者何也？若無然民將能登天乎？』觀射父答道：『非此之謂也。古者民神不雜，民之精爽不攜貳者，而能齊肅衷正，其知能上下比義，其聖能光遠宣朗，其明能光照之，其聰能聽徹之，如是則明神降之；在

男曰覡在女曰巫，……於是乎有天地神民類物之官，謂之五官，各司其序，不相亂也。……及少皞之衰也，九黎亂德，民神雜糅，不可方物，夫人作享，家爲巫史，無有要質。……顓頊受之，乃命「南正」重司天以屬神，命「火正」黎司地以屬民，使復歸常，無相侵瀆，是謂絕天地通。」

由上舉兩段看來，絕天地通的事，如果是事實，都是一段宗教改革史，帶有點政教分離的意味。帝堯還道命令和耶蘇「上帝的物歸上帝，該撒的物歸該撒」的主張，同樣是要把天事民事，分別清楚，是要整頓事天的事情。但是，我以爲重黎二人的來歷，本來就有點神化了，而且古代既有神降下土之說，必有民能登天的故事。且把先人描成天神，又是原人的習慣。他們的思想事事不離陪乘這兒當然不是例外。由是觀之，絕天地通的故事正是解釋天地不通的原始思想。

(4)歷史的神話。——這種神話，或稱傳說，或稱英雄的神話，遠古時代，一民族能自存唯一的條件便是足以抵禦及征服一切外力，在這時代中，勇敢的英雄，自然是頂需要，而爲民衆所歌頌的。他們的思想末發達，是以在他們的眼光，這些英雄，歷史上重大的故事，彪炳的功業，都成爲很好的神話資料。在中國，敬祖宗的思想本極佔勢力，是以把祖宗想像，傳說爲神人是很平常的。中國的歷史神話特別豐富，而且神人簡直莫分，於是很難劃清神話和歷史的界線。所以一班研究中國神話的人往往以爲這些神話無歷史上的根據，換言之，中國的古史是神話的人化，歷史化。沈雁冰先生在他中國神話研究這樣主張，馮承鈞先生在中國古代神話之研究，玄珠（即沈雁冰先生）在中國神話研究ABC都顯然一語。我也承認中國古史的神話意味太重了，但是究竟是神話的英雄，原來是人而被崇拜者尊奉爲神，抑或他們原來是神，後來被化爲人。又或他們是分歧而合流的，是神人的合併。如果要想得一條可以判別這些神話的公例，非把整個古代史，和各處地方的神奇故事，和地內的遺物，用一翻廣博的研究不可。但在這些問題未斷定以前，我們只好，且把他們放在歷史的神話中，爲的是比較有系統可繩。

山海經的歷史神話很多，分述之於下——

海內經篇末有一段好像是山海經中那些半神話人的人物系統記載。這些神雖然也有許多是奇形怪狀，富有神力，可是他們的性質和天吳神，泰逢神顯然有別。其記載如下——

「炎帝之孫伯陵，伯陵同（通，言淫之也）吳權之妻阿女緣婦，緣婦孕三年，是生鼓，延，殳，始爲侯。鼓延是始爲鍾，爲樂風。

『黃帝生駱明，駱明生白馬，白馬是爲鯀。』

『帝俊生禺號，禺號生淫梁，淫梁生番禺，是始爲舟。番禺生奚仲，奚仲生吉光，吉光是始以木爲車。』

『少皞生般，是始爲弓矢。』

『帝俊賜羿彤弓素矰，以扶下國；羿是始去恤下地之百艱。』

『帝俊生晏龍，晏龍是爲琴瑟。帝俊有子八人，是始爲歌舞。』

『帝俊生三身，三身生義均，義均是爲巧倕，是始作民百巧。』

『后稷是播百穀，稷之孫曰叔均，是始作牛耕；大比，赤陰是始爲國。禹鯀是始布土，均定九州。』

『炎帝之妻，赤水之子；聽訞生炎居，炎居生節並，節並生戲器；戲器生祝融。祝融降處于江水生共工；共工生術器；術器首方顚，是復土穰以處江水。共工生后土，后土生噎鳴，噎鳴生歲十有二，洪水滔天，鯀竊帝之息壤以堙洪水。不待帝命，帝令祝融殺鯀于羽郊。鯀復生禹，帝乃命禹，卒布土以定九州。』

(a)黃帝——黃帝是古史中最重要的人物。史記謂黃帝賜諸子以姓，爲諸國之始，又謂黃帝時始造文字，造舟車，造樂器，育蠶，製裳，用銅，以及種種神化的傳說。但是他在山海中除戰蚩尤一事外，幾乎不甚重要。那末假使中國的神話是歷史的神話化，黃帝在神話中應該有他很重要的地位，何以山海經中的黃帝後顯不出其特別重要的身分？山海經中最重要的神反是帝俊。但是帝俊這位神別處不見，中國的歷史連他的名子也沒有。那末，假使中國的神話後來變成歷史化，帝俊在中國歷史中應該要有他很要重的地位，何以歷史上却沒有他的立脚地？帝俊或者是後起之神，因爲他只見於大荒經和篇末的海內經。這樣看來，現存的神話大概是中國的歷史和數源的神話之合流吧！但是在未得到地內遺存的鐵證前，且不提了。

大荒北經說：

『係昆之山者有共工之臺，射者不敢北嚮。有人衣青衣，名曰黃帝女魃。蚩尤作兵伐黃帝。黃帝乃合應龍攻之，冀州之野。應龍畜水，蚩尤請風伯雨師，縱大風雨。黃帝乃下天女曰魃。雨止遂殺蚩尤。魃不得復上，所居不雨。叔均言之帝，後置之赤水之北。』

『蚩尤爲黃帝所得，械而殺之，已摘其械，化而爲樹。』

大荒南經郭注：黃帝與蚩尤之戰，玄珠以爲是神話中巨人與神的戰爭，可以大書而特書者也。山海經雖只是鱗爪的記載，我們也足以見其大概。關於黃帝事蹟，西山經，海外西經中也有二段片斷的記載，又是很少神話性質，是以不舉。

(b)帝俊——山海經的神話，帝俊是最重要的角色，上舉的世系中可以看到，他在人事界佔了很重要的位置。他的威權可以稱爲諸神之元首。他的妻羲和生十日，常羲生月十二，這上文都說過。關於他的記載很多，略舉其要者於下——

『中容之國。帝俊生中容；中容人食獸木實，使四鳥豹虎熊羆。』大荒東經

『司幽之國。帝俊生晏龍；晏龍生司幽；司幽生思士，不妻；思女不夫。食黍食獸，是使四鳥。』大荒東經

『不庭之山，榮水出馬。有人三身。帝俊妻娥皇生此三身之國。姚姓，黍食，使四鳥。』大荒南經

『西周之國，姬姓，食穀。有人方耕，名曰叔均。帝俊生后稷，稷降以此穀。稷之弟曰台璽，生叔均。叔均是代其父乃稷播百穀始作耕。』——大荒南經

此外如大荒經之黑齒國，白民國，季釐國等都是帝俊之後。玄珠論中國神話的「主神」以爲帝俊的資格，很合適，可是他只見於山海經而別處反不見。郭璞謂「俊亦舜字，假借音也。」從帝俊妻娥皇一點看，俊也許是舜。有的以爲帝俊是黃帝，或以爲是帝嚳，却同樣是個懸案。

(c)羿——羿射九日和嫦娥竊藥奔月的故事，盛行於淮南以後。山海經的羿和十日沒有發生關係，他是天上下來的英雄，勇士和弓矢有關係的。海內經說：『帝俊賜羿彤弓素矰以扶下國，羿是始去恤下地之百艱。』沈雁冰先生以爲羿是弓矢之神，奈無證何？玄珠說：羿有兩個，一個是人性的，一個是神性的。山海經中的記載却以人性的方面居多。海外南經說：

『崑崙墟……爲墟四方，羿與鑿齒戰於壽華之野，羿射殺之，在崑崙墟東。羿持弓矢，鑿齒持盾。』

大荒南經又說：

『大荒中有山名，曰融天……有人曰鑿齒，羿殺之。』

我們可以看出原始羿的故事的一斑，一個樸質，人性，救民水火的英雄。

(d)禹——禹也是古代神話中爲民除害的神化英雄。想到他未嘗不連想到洪水，再連想到他的父親，鯀，因治水無功而被誅。山海經記載這些故事，雖是片斷，大意可見。上舉世系的末段可謂是這故事的最簡單記載。禹治水卒布土以定九州。這種功績和羿恤下民之百艱，同爲原人所歌頌的。玄珠稱羿是洪水以前天地大變動時代的半神英雄，禹是洪水時代的半神英雄，是禹人性的表現。海外北經和大荒北經各

有一段，記載禹殺共工之臣相柳氏事比較神性多：

『相柳氏，九首，以食於九山，相柳之所抵厥(觸掘也)為澤谿，禹殺相柳，其血腥不可樹五穀種。禹厥之三仞三沮，乃以為衆帝之臺，在崑崙之北，柔利之東。相柳者，九首，人面蛇身而青；不敢北嚮射，畏共工之臺。臺在其東，臺四方，隅有一蛇，虎色首衝南方。』

『相繇(郭註：相柳也)九首蛇身，自環食於九土，其所歍所尼即為源澤，不辛乃苦，(氣酷烈也)百獸莫能處，禹堙洪水殺相繇，其血腥臭，不可生穀，其地多水不可居也，禹湮之三仞三沮，乃以為池，群帝是因以為臺，在崑崙北。』

後世傳鯀死三年，其尸不腐，吳刀破腹出禹，尸乃化為黃龍。這正和禹破石出啟的傳說相類，雖然思想也極原始粗陋，然山海經却沒記載。經中啟和禹沒有父子的關係呢？海外南經和大荒西經關於啟的記載各一：

『大樂之野，夏后啟於此儛九代(舞名)乘兩龍，雲蓋三層，左手操翳，右手操環，佩玉璜。』

『夏后開上三嬪於天，得九辯與九歌以下。……開焉得始歌九招。』

那麼，啟和歌舞有關係的。總之，山海經中禹啟的故事，雖只是零零碎碎，然很可以代表樸質原人的思想之一斑。

(5)社會的神話——原人對於自然界的現象及歷史上英雄的功績，由好奇而求知，而造出許少解釋他們的神話來。人事界的社會制度和生活技術之創製及發明都是以激動原人的好奇心及求知慾而試解釋之。取火法，畜牧法，衣服制度，耕稼法，民歌的創造，醫藥法，以及社會上種種奇蹟的發生都是很好神話故事的題材。山海經這種神話雖非備有，但亦有幾條可觀者，分述於下——

(a)人事的起源——由歷史神話節中所舉的世系記載中看來，歌舞的產生先於舟車之發明，牛耕當然是在播穀之後……。這種一步步的程序，雖然把一些發明家，創制家都神化了，而這質樸簡陋的記載，古代社會文明的演進，直可尋之於此。

(b)衣服的起源——海外西經說：『肅愼之國，有樹名曰雄常，先入代帝於此取之。』郭註：『其俗無衣，中國有聖帝代立者，則柴生皮可衣也。』

可見衣服的起源是雄常樹感聖王之德，生皮以借民用的。把樹木看成有精靈，如人類一樣，對於帝王之德有所感恩，正是原人的思想。

(c)關於醫藥的神話——關於醫藥山海經中有很多零零碎碎的神話，例如：——

『抵山……有魚曰鯥，食之無腫疾。』南山經

『單張之山……有鳥曰白鵺，食之已嗌痛，可以已痸』北山經

『英山……有鳥曰肥遺，食之已癘，可以殺蟲。』西山經

『栒狀之山……箴魚食無疫疾。』東山經

『高前之山……有水甚寒，飲之不心痛』中山經

山海經中像這類的記載有六十餘種之多，不枚舉了。總之，他們可以表現原人信仰之一斑。海外西經說：

『登葆山，羣巫所從上下也。（郭註：採藥往來也。）』

『有巫山者，而有黃鳥，帝藥八齊，（郭註：天帝神仙藥在此也。）』大荒南經

『靈山：巫咸，巫即，巫朌，巫彭，巫姑，巫眞，巫禮，巫抵，巫謝，巫羅，——十巫從此升降，百藥爰在。』大荒西經

據此可知中國神話有位司醫藥的神巫。

——山海經的神話大概既如上述。總而言之，其記載自身鱗爪的片斷，表現的工具不是美麗的文章而是一種賬目式，很簡單的記載。假使要眞眞感到其中的美，非運用讀者自己的想像力不可。雖然，山海經中的神話大抵確可以代表中國古代簡陋，現實思想的一斑。換言之，山海經保存的眞是中華民族原始的神話

（六）山海經神話的演化

神話是人類自然，共同信仰與想像的產物，很有詩意地表現整個人文心理的眞理。他和小說家的故事不同，是能夠生長的。後世文明進化的人不能滿意他們祖先的原始思想而又喜歡這類故事，故用他們當時的信仰，剝脫原始蠻野的面目，換上了綺麗的衣裳。他們的目的在爲神話，找條他所視爲較合理的出路。又有些守正的人們努力要引導這些荒唐故事歸正，後另一方面消極地修改神話，使成爲合理的事實。同時却又有一班宣傳宗教的人，他們看這些故事在民衆的勢力，因改其面目，擴張其宣傳，或由他們宗教的觀點來解釋故有的神話。這三者都是神話演化重化的原動力。

山海經的神話可以說是中國神話的最初級，是以也逃不了演化的權力。玄珠的中國神話研究ABC演化章中舉西王母的神話爲例。他說：

『西王母的神話之演化，是經過了三個時期的。在中國的原始神話中，西王母是半人半獸的神人，「豹尾虎齒，蓬髮戴勝，」「穴處，」「三青鳥爲西王母取食，」是「司天之厲及五殘，」即是一位凶神。到了戰國，已經有些演化了，所以淮南子公然說，「羿請不死之藥於西王母。」……可以想

見西王母的演化到漢初已是從凶神而變爲有「不死之藥」的吉神及仙人了。這可以說是第一期的變化。漢武求神仙，招致方士的時候，西王母的演化便進了第二期。於是從「不死之藥」上化出「桃」來。（據漢武故事）……這可算是第二期的演化。及至魏晉之間，就把西王母完全鋪張成爲羣仙的領袖，並且是「年可三十許」的麗人，又在三靑鳥之外生出了董雙成等一班侍女來。這是西王母神話最後的演化。西王母神話的修改增飾，至此已告完成，然而就完全剝落了中國原始神話的氣味而成爲道教的傳說了。』

他在宇宙觀章中又說：

『山海經所說的崑崙，還不見怎樣可樂的地方，顯然帶着北方人民嚴肅的現實的色彩。……可是這同樣的崑崙一到了中部民族的口裏便加上了許多美麗夢幻的色彩。楚辭已經把崑崙美化了。……是「登崑崙兮食玉英，與天地兮同壽，與日月兮同光。」……最後在僞作的十洲記便完全成了方士道教的神仙之談，……西王母……便儼然是崑崙的主人，惟一的尊神了。』

他在自然界的神話章中又提到月的神話的演化，是由「帝浚妻常羲生月十有二，此始浴之」而演出淮南子的嫦娥竊藥奔月的故事。他以爲月亮的神話在秦漢之交，已經有多少矛盾；既說嫦娥奔入月中爲月精，已是把月亮看作可居的星球。到了唐代，月亮裏就更加熱鬧了；那時月亮已爲完全可住的星球而遂有唐明皇遊月宮的故事了。這一段故事正如漢武會見西王母的傳說一樣，同是道士的荒唐說。

羿的傳說也是經過逐漸演化而成的。山海經中的羿是位人性較重的天神，和十日毫無關係。後人爲要解釋十日變成一日的緣故，遂稱是羿射下九個來的，且加上了十日的罪狀。莊子說：「昔者十日並出，草木焦枯。」是以到了漢淮南子遂有「堯乃令羿射十日，中其九日，日中烏盡死。」的記載。羿的神話演化程中，剝脫了本來面目遂與日的神話發生關係。然而演化的大輪與時並進，最後的羿遂與西王母，月亮都牽連起來了。淮南子又說：

「羿請不死之藥於西王母，姮娥竊以奔月。」

到了這兒，羿也被道士所利用，成爲漢武求仙一流的人物，而且這些最後演成的神話，都爲後人所喜用，故至今尙存，而古代民間口頭裏的原始神話便完全殭死了。

由上說的四例觀之，我們可以歸納出山海經神話演化程序的趨勢：文字形式上趨於文化，美麗化；其內容性質方面的趨勢有三：

（1）方士化——大概是因爲秦漢以後求仙風盛。帝王如始皇漢武皆爲求仙巴戲中的大角色，是以造成神話的趨於方士化是很自然的。這種趨勢在演化歷程中最顯明的。

（2）與南部神話互相混化——山海經的神話最帶有北方樸實的色彩，但後世民族向南方發展，南北交通日盛，南北文物湊在一起發生混化的功用也是很自然的。神話當然不是例外。這也是演成山海經神話後來之外形美麗化的一種原因。

（3）相連化——山海經的神話片斷，少有相連。後世的演化爲着傳說之容易有把他們貫串打成一片的趨向。山海經中的西王母，羿，月亮，各有其職毫不相關，後來却合演一段故事起來，正是個好例。其原因可以說是後世的文雅人要解釋神話，無以解之而以神話中的神釋之，以神解神所致。這種演化的趨勢都容易把神話的本來面目失掉了。但是演化與時間的大輪共驅並馳，誰也不能令他停留片刻的。

（七）山海經神話的解釋及其價值——結論

神話的解釋是神話演化的原動力。後世的文明人因爲要在這些他們以爲野蠻的故事中求一條出路，是以根於他們的思想任意修改神話。這種解釋皆足以促成神話的演化而失掉其本來面目。山海經的神話亦遭了同樣的運命，是以在無意之中失掉了他在民衆口耳中的勢力。這可以說是山海經神話的舊解釋。

西洋的文化東漸後中國的學者紛紛以整理國故，保存故有文化爲要務。整理研究古代的神話當然也是這大工作中的一部份。他們研究的結果以爲山海經是一本重要神話的記載。他們對於中國神話的解釋自沈雁冰先生的中國神話研究起至最近中國神話研究ＡＢＣ都以爲中國的神話，後來被史家史化了。他說：

『我們有理由可以斷言，禹以前的歷史簡直就是歷史化的古代神話，……不但禹，便是禹之子啟，據楚辭及山海經也是神話的人物』中國神話研究ＡＢＣ

神話不是歷史，神話可以根據歷史。歷史斷也不是神話，我們的問題不能考證禹和啟爲史實。假使禹啟皆有其人，是歷史上的事實，但關於他們的記載有大部份是原人好奇心，求知慾和想像的產物，我們不能因其神化而否認其史實，更不能因其史實而以爲全部的記載都是史料。總而言之，神話就是神話，歷史就是歷史，我們不能混爲一談，雖其已化成一片。

由神話可以窺見原人思想和生活的一般。歷史是客觀事實的記載，以人事爲本，其思想言行不能越出理性的範圍，和由立觀念想像虛構而成的神奇怪誕的神話，顯然兩種東西我們這樣說並不是蔑視神話的歷史價值。神話確能或明或晦地反映出原始人類心理狀態和生活情形，是很可貴文明史的史料。所以在我們未發掘地下之前，最好不要肆口武斷。

山海經中神話價值還有一樣 。在神話節中我分之爲五類。由這些神話中我們可以看出中華民族原始的哲學，原始的科學，原始的宗教，歷史及社會的生活。山海經的神話最可以代表北方民族嚴肅，現實，樸質的生活和思想。

神話又是最古的文學，其藝術是永遠不朽的。他們至今乃是詩歌，音樂，繪圖，雕刻，建築及一切藝術作品的感發物。山海經神話雖由演化而失掉其在民間的權力，但其藝術價值猶在。緒論節中說的洗月神話是何等富有藝術性的。

可惜，山海經是地理式，片斷的記載，不像荷馬的史詩或印度的黎俱吠陀 (Rig Veda) 加撒司 (Gathas) 或希伯來人的舊約之美麗生動。在文藝上誠天淵之差，但在內質上，讀者如能運用自己的想像力，追溯原人的想像，便可以得到山海經神話藝術上的眞美處——

『羲和方浴日於甘淵。』大荒南經

『湯谷上有扶桑，十日所浴……水中有大木，九日居下技，一日居上技。』海外來經

『都廣之野……百穀皮生，冬夏播琴，鸞鳥自歌，鳳鳥自舞，靈壽實華，草木所聚。爰有百獸，相羣爰處。此草也，冬夏不死。』海內經

『鍾山之神名曰燭陰，視爲晝，瞑爲夜，吹爲冬，呼爲夏，不飲，不食，不息，息而爲風，身長千里……』海外北經

『女娃遊於東海，溺而不返，故爲精衛，常銜西山之木石以堙於東海。』海外西經

『幽都之山，黑水出馬。其上有玄鳥，玄炮，玄豹，玄虎，玄狐蓬尾。有大玄之山，有玄丘之民，有大幽之國。』海內經

這些由山海經神話藝術園中摘下來，值得細嚼微聞的花菓，在人類的想像口中鼻中，不論是古是今，是中是西，同樣的是清香，同樣的是清甜的。

一九三〇春舊稿

參考書——

郭璞——山海經
吳任臣——山海經廣註
楊愼——山海經補注
畢沅——山海經新校正
郝懿行—山海經訂譌
　山海經箋注
黃石——神話研究
玄珠——中國神話研究ABC
沈雁冰—中國神話研究—小說月報十六卷一期
鍾敬文—楚辭中的神話和傳說—大江月刊第一年。十一，十二月號
陸侃如—論山海經的著作時代—新月一卷五號
衞聚賢—古史研究第二集
馮承鈞—中國古代神話之研究—國聞週報六卷
Maspero, Henri "Légends Mythologiques dans le Chou King" Journal Asiatique Jan. Mars 1924.
Werner E. C. Myths & Legends of China.

國立北平圖書館館刊

第四卷第三號（民國十九年五六月）（民國二十一年一月出版）

——西夏文專號——

插圖
河西字慈悲道場懺卷九書影
西夏槧金光明最勝王經卷九書影
列寧格勒藏八千頌般若經
柏林民俗博物館藏西夏文殘經書影
西夏譯六祖壇經殘葉
西夏錢
定州佛像腹中所出佛經殘卷書影
西夏官印
西夏宿衛牌
西夏守禦牌
羅福萇遺像（見第一面）
列寧格勒藏佛說寶雨經卷第十（見第二〇三面）
佛說佛母出生三法藏般若波羅密多經卷第十七（見第二一〇面）

專著
（詳目見封面裏頁）
引論（王靜如）
俄人黑水訪古所得記（羅福萇）
斯坦因黑水獲古紀略（向達）
宋史夏國傳集註（羅福萇）
西夏贖經記（羅福成）
西夏語譯大藏經考（聶歷山石濱純太郎共著周一良譯）

釋文
韻統舉例（羅福成）
文海雜類（羅福成）
亂袭（雜字）（羅福成）
居庸關石刻（羅福成）
重修護國寺感應塔碑銘（羅福成）
西夏皆慶寺感通塔碑跋（嚴可均）
大方廣佛華嚴經卷一釋文（羅福成）
妙法蓮華經弘傳序釋文（羅福成）
妙法蓮華經序釋文（羅福成）
大寶集經卷第二十七釋文（羅福成）
大般若波羅密多經卷第一釋文（羅福成）
佛說寶雨經卷第十釋文（羅福成）
佛說佛母出生三法藏般若波羅密多經卷第十七釋文（羅福成）
佛說地藏菩薩本願經卷下殘本釋文（羅福成）
不空羂索神變眞言經卷第十八釋文（羅福成）
聖大明王隨求皆得經卷下釋文（羅福成）
觀彌勒菩薩上生兜率天經釋文（伊鳳閣）
六祖大師法寶壇經殘本釋文（羅福成）
西夏文殘經釋文（羅福成）
西夏國書殘經釋文（聶歷山）
類林釋文（聶歷山）
西夏文八千頌般若經合璧考釋（聶歷山石濱純太郎）

目錄
館藏西夏文經典目錄（周叔迦）
館藏舊刻經典雜卷目錄
館藏西夏文經典目錄考略（羅福成）
各家藏西夏文書籍略記（羅福成）
蘇俄研究院亞洲博物館藏西夏文書籍目錄（聶歷山等）
蘇俄研究院亞洲博物館所藏西夏文書目譯釋（王靜如）
亞細亞博物館西夏書籍目錄（聶歷山）

專著補遺
西夏語研究小史（聶歷山）

本刊定價全年二元
本號定價二元（預定全年者補繳一元）

清史稿之評論（下）

傅振倫

余既仿吳縝新唐書糾謬之體，撰清史稿評論上篇，總論趙柯諸氏史稿之得失，茲更依其書原來次第，逐篇概論，並略摘其瑕疵，完成此篇。惜劄記盡佚，難復原文之舊耳。

一　序

孔安國曰：『序者，所以敍作者之意也。』古人修史，每以撰史動機，其書例目，以及經過情形，敍入序中，編諸卷末。史記宋書曰自序，漢書周書曰序傳，後漢書曰序贊，晉書南齊書魏書曰序例，姚簡（思廉名）陳書姚察傳亦具序傳之性質。是書無序，清史稿發行綴言殆爲近之。然是文僅述編印經過，不及其他，首尾亦祇四百九十一字。綜五百餘卷之書，竟無序例，以敍其意，讀者何以曲得其情？官修陋史，此其一也。

二　目錄

目錄者，篇目之次第也。史漢之序，兼及篇次，是爲史書目錄之所自昉。范書卷首，全錄姓名，是爲正史有目之始。紀傳諸史，史記以降，表在志上；自唐以後，表在志下。原本後漢宋書，表志次列傳後，魏書亦然，以志後成故也。本書目錄一卷，其編次，首本紀，次志表，又次列傳，蓋因時也。又案此書原爲五百三十四卷，後增地理志察哈爾篇，及列傳孔蔭植。一列地理志第二十八卷，一入儒林傳第四卷。今目錄不及改正，實屬簡陋。又本書卷四八八，即列傳第二六九之目錄，鄭杲傳附書法律堂：「律」應作「偉」，校正者不察，未能勘誤，亦其疏也。至若目錄與內容牴牾之例，已見上篇二十七項三節中，故不復述。

三　本紀

本紀二十五卷，記太祖以次十二帝。四祖（肇興景顯）事蹟，敍太祖紀中。宣統一代，斷至遜位。上篇論本紀之得失者，五十餘條，今以其他瑜瑕摘述之：

（一）修史之初，總纂吳廷燮議曰：『金史一書，太祖以前，厥有世紀，蓋有分土世，拜節鎮，故可爲書。清則果顥僅附王景，興祖以上，難得翔實，可如元史，皆附太祖。更搜明錄永樂以後建州諸衛都督指揮，另列專表，冠諸宗室。或仿魏書，肇祖以下，備列於紀。』吳士鑑纂修清史商例則云：『清室建國改元，始于遼瀋，天命天聰兩朝，已成混一區夏之基，宜仿北魏聖武平文之例，冠以太祖太宗本紀，至於四祖事蹟，皆當叙于太祖本紀之中。』更有議以入關以前爲滿洲紀者。今是書始於太祖本紀，而以四祖序首，以啓其端，而以建州諸雄不可詳考者，編諸傳首。參以諸氏之說，折衷至當，殊爲得體。

（二）釋本紀者，舊有三說：或謂紀爲事綱，不記瑣事，故史通斥魏書北齊書之煩屑，而新唐書及五代史記本紀，則務刪煩言。或謂天子爲本紀，諸侯爲世家，人臣爲列傳，故史記以周秦先世及項羽入紀，華嶠范曄甁立皇后紀，因招物議。又或謂本紀體法編年，非同傳體；故晉書三祖列紀，不繫年月，子玄從而譏之也。清史稿本紀之修，吳廷燮力主首說，條議曰：『諸史本紀，互有詳略。……今擬體例：樞閣除拜，軍經征討，外邦貢聘，修立條約，官制兵制，行省郡邑，增置分併，財政開節，法律釐訂，大工大振，特刑殊賞，王公始封，盟旗建置，鑛路開拓，領土變遷，兵事利鈍，名城陷復，三藩教匪，髮捻諸寇，以逮回準起訖衰旺，凡關軍國，事出非常，提要鈎玄，必擧月日。』今觀史稿之編定，即本吳議。蓋紀以編年，綱紀庶品，此書本紀，深明此義矣。然本紀卷廿四光緒二十九年，三十年中，凡記接見外國公使事，祇叙其時地，而不及所商之事件，殊無意義，則力求簡約之過歟？

（三）自古母后臨朝聽政，正史多爲立紀。史記有呂后紀，而兩唐書有武后紀。武后已改爲周，故新唐書於后紀但記其朝政；宮闈屑事，則列傳中，較有斟酌。清末兩后垂簾稱制，史書立紀列傳，議者紛紜。吳士鑑曰：『孝欽皇后，垂簾訓政，四十餘年，與宋之宣仁，先後同軌。歷年懿旨，其關於用人行政者，仍當著之帝紀，以彰深宮訓政之實。其關於后德者，則當記於本傳，以昭彤史微懿之名。』又曰：『或謂孝欽當用漢唐史例，列爲本紀。然同治元年至十一年，光緒元年至七年，因與孝貞同垂簾聽政，雖事權出於孝欽，而懿旨則並署兩宮。似不如列后妃傳，較爲允洽。』吳廷燮亦云：『孝欽攝政，綿亘兩朝，漢之諸臣，不帝少帝，則天自帝，改元建國，以例孝欽，非其倫比。晉之褚后，宋之曹高，皆不爲紀。今紀孝欽，穆德兩宗，理難附見，揆以史例，非所安也。』今本書慈禧入傳，而以其大政入德宗紀，實合史法。

（四）疎謬之例　康熙二十八年，俄使義茲伯阿郎特義迭思來聘，使曾撰日記，述其經過，事見中西見聞（見鄧文如先生骨董瑣記卷三），而本紀及交聘表不錄。庚子之亂，吾國遺去天文儀器（見觀象台所著天文志儀器圖略），史宬實錄，銀印書物（見文獻第三期），事之大者也，而本紀不書。宣統退位，佔據故宮，初與民國交際，來往頻繁，國書俱在，稽考最易。本紀斷至遜位，因而缺書。是書本紀書法；以事繫日；一日而有數種大事，則連貫敍述，中無隔斷。而本紀卷二十四第十四葉後面末二行一日數事之記述，中以「是日」以聯之，證以是書通例，二字爲衍；應行刪除。唐紹儀之名，數見德宗本紀三十一，二年中，而宣統本紀元年五月己巳，二年十二月丙子，則以其名爲唐紹怡，同名而異書。又本紀二第七葉上面第四行「翌」誤爲「翼」；本紀二十五第八葉上面第九行第十字「經」誤爲「絕」；其下面第十二行第十四字「句」應作「勾」，殆印刷之誤。凡此八端，皆疎忽之過也。（尚有一則，已見第五章第十二條。）

四　志

書志所以記朝章國典，文化史之所取資也。自史記以迄明史，考其名目，凡十有九（天文，五行，符瑞，律，曆，地理，河渠，封禪，禮，樂，兵，刑法，食貨，職官，儀衞，輿服，選舉，藝文，釋老）。滿清本有其固有禮俗，入關之後，又承明制，文物粲然可舉。自歐風流入，其制又變。一代典制之可述者，經緯萬端。撰史之初，討論書志者，咸欲廣擴門類，以備其體。茲譜列諸家之說，以資比觀。（清史稿有無欄不注字者，乃名無實有，而見他篇者也。下同）

吳廷燮氏	吳士鑑氏	朱氏	袁氏	金氏	張氏	清史稿有無
疆理	地理	同	同	輿地		有
河渠	同	同	同	同		有
郵傳	交通	郵傳	交通	同		有
			通商			
田賦						
關市						
鹽法						
征榷						
錢法						
國用		度支				
物產						
戶役						

食貨	同	同	同	同		有
			工藝			
氏族	同					無
		八旗			八旗	
宗教		宗教	同	同	同	無
時憲	同		曆	同	同	有
選舉		選舉	同			有
學校	興學		教育			
			新學			
職官		職官	同	同		有
封建		藩服				
禮	禮儀	同	禮	同		有
邦交	交涉	外交	同	同	同	有
輿服	同	同	同			有
			儀衛			
樂	同	樂律	樂	同		有
兵	同	軍備	兵	同	同	有
刑法		刑罰	刑	同		有
經籍	藝文	同	同	同		有
象緯	天文	歷象	天文		天文	有
災異		災異		災異		有
			民俗			無

今觀此書之志，天文十四卷，災異四卷，時憲十六卷，地理二十八卷，禮十二卷，樂八卷，輿服(鹵簿附)四卷，選舉八卷，職官六卷，食貨卷六，河渠四卷，兵十二卷，刑法三卷，藝文四卷，交通四卷，邦交八卷，共十目，凡一百四十二卷，諸家之說，多採錄書中(有不見志而入表傳者)。惟氏族宗教民俗竟不採著，其大謬也。茲摘述其得失，論之於后。其見於上篇五十餘條，從略。

(一)表志篇次　吳士鑑吳廷燮均擬以表居志上，今書以表列志下，蓋仍唐後故法也。原夫志目編次，本有深意，君卿通典，自序其義，漢志錯雜，西莊是正，廷燮議史，亦重比次，其諸志商例略謂：『天文五行，不切世用，即不芟除，未宜首列。邦國之本，厥在地域，首志疆理，河渠次焉。政典之屬又次之。經籍象緯災異，附諸末帙。』今志次紊亂，毫無倫類，時憲天文，隔以災異；河渠交通，相去二十餘卷，亟應改訂。

(二)天文志　卷一至卷十，詳載推驗之法。卷十一至十四則記天象之變異。清代推步精密，曆學昌盛，本志備錄，可資參考，與前史天文陳陳相因，勦取舊說者，固不同也。

(三)災異志　漢志五行，蓋以天戒諷勉人主，非事實也。劉子玄亦力斥占驗讖緯之說。本志以五卷分載水火木金土之咎徵，祇著災異，而刪事應之附會，深合史例。至若卷二第一葉上面第四行「眚」誤爲「青」，則校斟之疎也。

(四)時憲志　曆法之善，至清而極，本志詳其推步七政四餘根理法數。諸家論說有裨數理者，亦撮要載之，甚有可取。卷十至(此字上篇誤爲「五」，故復及之。)十六，載八線對數表七卷，失之煩冗。因避御諱之故，改曆爲時憲。民國修史而諱清帝，亦無謂矣。卷八第一葉上面「凌犯視差新法」之下，遺漏「上」字，亦屬疎忽。

(五)地理志　本志叙次：首直隸，次東三省，又次蘇皖晉魯豫陝甘浙贛兩湖川閩台灣兩廣雲貴，又次新疆內外蒙古青海西藏，又次察哈爾。修是書者，多以前清遺老自居，此志首直隸，重國都也，次三省，尊滿洲之發祥地也。自此以下次第，忽而長江流域，忽而黃河流域，忽而珠江流域，頗無倫次。察哈爾爲清代內蒙八旗，獨舉而編諸卷末，亦屬不合。是編每述一縣，首述其大小，位置，次記其山川，鎮，驛，鐵路，物產，行宮，營，汛，次序井然。惟卷三有吉林附志「寶清州，宣統元年擬置于饒河西境寶清河西」一條，且其後建置與否，置之不論，則其失也。吳士鑑嘗謂：廣西之土州縣，及四川雲貴之土司疆域，宜列于本省之末。今本志則以散見各府之末，實便稽查，可法也。又袁某嘗謂地理志宜分爲二，一記本國，一記世界；更有議民初所改地名，宜分別注明，並引漢書爲例，于晦若曾加駁斥，今書不從袁說，是也。

又考地理之書，非圖莫明，時憲志知採西法增以圖象，而此志獨不知取清代測繪地圖，加入書中，實欠周備。至於氣候，港海，志并不著，亦其闕典。

(六)禮志　本志循五禮之序，條附支引。凡因襲變創，均舉要編述。惟取材成憲，稍涉煩冗耳。

(七)樂志　是篇卷一略述歷代樂制之沿革損益。卷二述聲容器數，管律弦度。卷三至七載樂章而附以羣臣之嘉頌。卷八載樂器名稱形制(亦無圖象)。所獲藩屬樂器列於宴樂者，幷志之。此志爲書雖不過八卷，然樂制梗槩，粗具於是。惟廣錄樂章，是政書之體，失書志之例矣。

(八)輿服志　本志四篇，附以鹵簿。其得失已詳上篇，茲從略焉。

(九)選舉志　舉士之法，清多沿明制而增損之。海通以還，怵于外患日迫，講求實用，始倡議興學。選舉與學校，本爲二途，宜析篇論述。本志卷一述學校，卷二述其新制沿革，卷三述文武鄉科，卷四述制科薦擢，卷五述封廕推選，卷六七述考績與捐納，卷八更述新選舉，綜選舉學校混而錄之，閱者不無糾紛之感焉。

(十)職官志　官制複雜，敘述難明，漢書百官公卿表，最詳明易覽，此書以職官入志，自不如列表之爲得體也。

(十一)食貨志　厥初生民，食貨爲先，漢書作志，後史因之。是志卷一述戶口田制，卷二述賦役倉庫，卷三述漕運(漕糧，白糧，督運，漕船，錢糧，考成，賞恤，海運)卷四述鹽法，卷五述錢法茶法鑛政，卷六述征榷會計。其關國計民生之重要奏疏，亦節要錄之(如卷四載陶澍之議改鹽票，)頗合史法。吳廷燮嘗議食貨仿通考之體，析爲子目，列之專篇，今是書仍總稱食貨，各以類從，蓋紀傳體之志，與政書類典，固不同也。吳氏志例又云：『今之統計，無政不表。爲觀覽計，有涉數目，或繁重者，皆仿歷志，附表其間。無害於文，有增於事，快心醒目，最爲省便。』此議不行，可爲無識，夫理財之事，關係至重，今志食貨，不過六卷，不免簡陋之誚矣。

(十二)河渠志　清代承平，河工最重，計所糜費，曷止萬億！立爲專篇，誠得其宜。其卷一述黃河，卷二運河，卷三淮河，永定河，海塘，卷四直省水利。此篇既專記河工，而不及其源流支流及河道之變遷，改名水利，較爲允當，因沿舊名，失變通之義矣。吳士鑑修史商例謂河渠志之編纂，宜廣取公私著述奏章圖說，且嘗舉其書目，今觀此志所載，蓋缺略多矣。

(十三)兵志　此志以八旗，綠營，防軍(附陸軍)，鄉兵，土兵，水師，海軍，邊防，海防，訓練，製造，馬政各爲一卷。編次之法，蓋全依吳士鑑之說，尙有可取。陸軍附於防軍，銓配失當，輕重倒置矣。

(十四)刑法志　本志卷一爲法，述法律之沿革修訂，卷二爲刑法，卷三爲司法。案古者寓刑於兵，唐書以前諸史可徵也。其後法制益煩，因趨分析。士鑑議史，竟闕其目，殊屬不通，今立專篇，於義爲允。漢唐以降，諸律不皆刑事，改題法律，似較洽當。又新憲法及地方自治，清季多思籌辦，本志不詳，亦有未當。卷三述司法，而略于領事裁判權，亦一失也。

(十五)藝文志　此志分述四部，凡四卷。經分十類，史十六類，子十四類，集五類。各類又分若干子目，一依四庫全書總目之例，而稍易其次第，史部亦以金石獨爲一門，故較總目增多一類。輯佚之書，並各依類錄目。案藝文志通例(明史例外)，前人著述亦必著錄，所以見古今經籍存亡之概，而非爲一代揚其華采也。（予玄謂當變其體，至倡刪除之議，所見頗謬。）然清代古書之流傳，俱見總目，本志斷代，以節其煩，不爲病也。總目所載清人著述，本志摭采靡遺。存目稍蕪，斠錄頗愼。乾隆以前之缺者，補之，嘉慶以後之缺者，續之。是篇得失，他人已有詳論，茲不復錄。惟就鄙見觀察之：其序例敍述清代學術（如四庫總目之編訂，天祿琳瑯之編輯，方志之修纂，阮元之補四庫未收書目，學海堂經解之刊刻，官書局之倡設，私家校勘精鐫，叢書之彙刻，新書之編譯，敦煌寫經之發見，殷墟龜甲之出土，序歷舉之。）粗具梗槩，實有足多。案「藝文」之名，創於班氏，隋書舊唐，咸稱「經籍，」其他諸史，概名藝文。然藝爲六藝，文爲儷辭，經亦不過四庫之一，均不足該載籍之全，似宜改爲學術志或著述志。是書泥古，非其道矣。又考，續文獻通考載元人水滸演義，章實齋史籍考則錄小說之差近雅馴者。蓋書既流行，影響社會，目錄之書，理應採著。本志以流行頗廣之說部，若紅樓，若聊齋等書，一概不書，自詡謹嚴，實違史法。史部金石類積古齋藏器目，應云阮元撰，而作阮元藏；章氏遺書普通刻本（吳興劉氏本）爲二十四卷，而本志別集類則稱十一卷，亦不標明道光十二年刻本字樣，亦其疎謬也。

（十六）交通志　史志交通，始於清史。蓋自海通以來，西法傳入，往還之道，日趨便利，萬里音書，如接庭戶，故列爲專篇，以重其事。案本志卷一述鐵路，鐵路之關係與其影響，其營業狀況及負債情形，敍述簡略。卷二述輪船，而略航業保護權之喪失。卷三述電報，不及外人投資之情形。卷四述郵政，而略於吾國口岸外人郵局之設置。簡陋如此，安可望其能信今而傳後耶？

（十七）邦交志　邦交列志，前史所無。前清自道光己亥禁烟釁起，倉猝受盟，於是畀英以香港，開五口以通商。嗣後其他諸國，亦援例訂約，海疆多事，於是有通商之約，勘界之約，行船之約，特別條約。若此者，苟依舊史之例，列爲外國傳，則深乖事實，因有本志之撰述。是志卷一述俄羅斯，卷二述英吉利，卷三述法蘭西，卷四述美利堅，卷五述德意志，卷六述日本，卷七述瑞典，那威，丹墨，和蘭，日斯巴尼亞，比利時，義大利，卷八述奧斯馬加，秘魯，巴西，葡萄牙，墨西哥，剛果。國別次第，以訂約前後爲序，頗有斟酌。卷一述伊犂之約，祇言磋商之經過與章句之修改，而不載新舊條約之文。不載原文，何以知其增刪？不記新約，孰能考其結果？敍述不法，識者惑焉。又卷一云：康熙三十三年我遣使入貢。卷二云：乾隆五十八年英國王雅治遣使臣馬戛爾尼等來朝貢。又云：六十年復入貢。案清有華夏，沿元明制，視海內外，莫與爲對，凡外國來聘，國史皆云來貢，深非事實。今本史之修，道光以前全本舊文，不加刪改，抑何可笑之甚耶！至卷六日本章末以「其後復有日俄協約之議，於是東三省大勢，又一變矣。」作結。竟究日俄協約，梗概如何？影響何若？東三省形勢如何轉變？苟不略加敍述，時日悠久，後人何由考之耶？至以西班牙爲日斯巴尼亞，以奧地利亞爲奧斯馬加，雖得譯音之近，究不無立異之嫌。淆人耳目，賢者不取焉。

五　表

史之有表，蓋所以提一書之綱要，爲紀傳之總匯，節煩文而清眉目，亦綦重矣。自史記昉譜牒而創十表，有世表，年表，月表，官爵表（漢興以來諸侯王表）。其後諸史，雖譜年月，而多以事爲主。（有功臣宰相百官公卿宗室皇子諸王公主后妃外戚游幸古今人方鎮職方部族屬國交聘。）其譜次世系，惟唐書及宋元二史有之耳。清史之修，議表譜者，其說紛歧，茲並列之，以與本書表目相參考焉。

吳廷燮氏	吳士鑑氏	袁氏	朱氏	金氏	張氏	清史稿有無
（嬪妃）		后妃	同			
	皇子					有
宗室世爵		宗室世系	同	宗室封爵		
（公主）		公主	同			有
外藩世爵	藩部	藩屬世臣	藩部世爵	諸臣封爵		有
功臣世爵	功臣封爵	功臣	同			有
		外戚	同			有
	大臣	宰輔	軍機大臣	執政	軍機	有
			內閣大學士	大學士		有
	總理衙門		總理衙門			
諸部			尚書御史	同	（部院大臣）	
院寺		七卿				
翰詹						
科道						
御前大臣領侍御大臣						
八旗都統護軍前鋒步軍統領						
內務府大臣內三院卿						
各省總督巡撫	疆臣		疆封大臣	監撫	同	有
各路將軍都統大臣		邊將				
駐防將軍都統						
各省提督總兵						
各省司道						
使臣	同	同	出使大臣	使臣（交聘）		

吳廷燮氏	吳士鑑氏	袁氏	朱氏	金氏	張氏	清史稿有無
		外使	稅務使			
屬國		屬國				
與國						無
（達賴諸佛）						無
				氏族		無
				蒙古部落		
				諡法		無

今清史稿之表，其目凡十，共五十三卷。皇子世表五卷，公主表一卷，外戚表一卷，諸臣封爵表六卷，大學士年表二卷，軍機大臣年表二卷，部院大臣表十九卷，疆臣年表十二卷，藩部世表三卷，交聘年表二卷。其編次自尊而卑，自內及外，以「正史」之例繩之，甚爲得體。表多依吳士鑑商例，多合史法。茲摘述其利弊：

（一）宗室世系，總理衙門諸臣，氏族，均不入譜，實屬遺憾，清末北洋大臣職司北洋洋務海防，關繫甚鉅，表缺其目，亦未見其宜。

（二）皇子世表，記肇祖以下子孫之支派，封襲，諡號，事略。閑散從删，蓋支系過繁，故不及備載也。既表皇子，庸儒之流，專傳可省。貴與例以妃主附之，其法甚善，今不仿行，爲可惜耳。

（三）公主事蹟，後漢書附於后妃傳。南齊檀超議爲帝女立傳，王儉駁之，其事遂寢。唐書明史始用其例。遼元二史又改爲表，詳略得中。本書列表，此例頗善。附載主婿事略，尤得以簡御繁之法焉。

（四）班書外戚恩澤侯表，始譜后族，其後遼明二史，即沿其體。本書亦列外戚表一卷，其以外戚封，及其家初有爵以外戚進者，亦入之。其以功封者則入功臣世爵表，亦合史法。

（五）史漢二書，皆譜列侯，明史世表，亦及功臣，本書之諸臣封爵世表，蓋沿舊例也。

（六）清大學士，沿明舊稱，品列雖爲文班之首，而實權遠不逮明，今列大學士年表，附以協辦。無關重要，似可從删。

（七）軍機大臣列爲年表，甚得其宜，蓋自雍正設官，垂二百年，雖係兼差，而職權與宰輔無殊，譜之，正可以見政化消長隆汚之故焉。

（八）卷十八至三十六爲部院大臣年表，其序曰：『漢書年表，徧及卿尹。明史所表，止於七卿。清增理藩院，蒙，藏，回諸部，都凡要務，于焉匯歸。輯民綏邊，所任殊重，與七卿等侍郎之屬，雖曰副貳，然與尚書，皆爲敵體。題奏之草，有一不畫，例不得上。獎勸罰過，皆所與同。且內而樞輔，外而督撫，每與茲選。材雋所萃，未可闕也。光緒之季，增新汰舊，並於名稱，亦多更易。依時爲表，期無舛漏。管部管院，權任亦重，以非官制，故概不書。」此表體例，殆至當矣。

(九)疆臣年表，凡十二卷。卷三十七至四十表各省總督，附以河督曹督。四十一至四十四表各省巡撫。四十五以下，表各邊將軍都統大臣，所載亦備。

(十)藩部世表，以譜外藩，台吉以及閑散王公亦載之。所載頗備，前半尤詳，有專書可憑故也。

(十一)交聘之典，春秋爲盛，李延壽二史本紀，書交聘頗詳，然列之于表，則始金史。清代自同治季年，遣使分往各國。三十餘年，聘問不絕。光緒建元，郭嵩燾陳蘭彬諸人，分使英美，是爲吾國遣駐使之始。其時以使俄者兼德奧，使英者兼法義比，使美者兼日斯巴尼亞，秘魯，而日本無附近之國，則特置使。其後列邦，皆駐公使。今列專表，重邦交也。交聘年表，凡上下二卷。卷五十二爲中國遣駐使。卷五十三爲各國遣駐使。案咸豐十一年德遣使艾林波來華，見邦交志卷五第一葉，而此表下卷缺書。又考吾國出使荷國大臣陸昌回國，即以使德大臣楊晟兼出荷大使，事見故宮博物院文獻館所藏光緒三十一年十月一日致和國國書及是日敕欽差出使大臣楊晟諭文。而是書本紀二十四卷及此表上卷，均不載之，實屬疎漏。又是書既名清史稿，凡言中國，理應稱吾，故此表卷上中國遣駐使之「中」字，宜改爲「吾」，卷下各國遣駐使之「各」字，宜改爲「外」，方合史法。

(十二)今故宮博物院文獻館所藏光緒三十一年十月大亞美利駕合衆國致大清國皇太后七旬萬壽慶賀國書，後附美國使臣覲見銜名單，上列美國使臣康格之名。其後又附美國使臣覲見頌詞，其中有「使臣奉使來華六年」之語，交聘表下亦云：光緒二十四年五月，美使康格來華。至三十一年適已六年，蓋是時康格尚未返國也。而此表下卷第二十三葉光緒三十一年下又云：美使康格四月回國，柔克義五月任。本紀卷二十四亦稱：光緒三十一年五月丁亥，見美使柔克義於乾乾宮。則斯時，康格又似已歸本國。然美國國書，絕可憑信，是必紀或表有誤矣。

六 列傳

古者，凡爲事立論及解經者，皆謂之傳，非專記一人事蹟也。其專記一人爲一傳者，起於司馬遷。子長於傳之中，分公卿將相爲列傳，其儒林循吏酷吏刺客游俠佞幸滑稽日者龜策貨殖等，又別立名目，以類相附，以成彙傳。至其門目，類就一朝所有之人物誌之，固不必盡拘史記舊名。總二十四史彙傳名目，三十有五。（諸臣羣雄宗室諸王公主后妃外戚佞倖姦臣叛臣藩鎭宦官伶官刺客游俠滑稽貨殖方技道學儒林文苑循吏酷吏孝友獨行止足忠義隱逸黨錮列女釋老義兒雜傳流賊外國）民初修清史，彙傳門類，議者不一，茲譜諸說，以見一班：

吳廷燮氏	吳士鑑氏	袁氏	金氏	張氏	清史稿有無
后妃	同	同			有
宗室王公	同	宗室			有
	皇子				
	公主	同			
藩部王公	藩臣	藩屬世臣		藩部	有
列傳	同	名臣	列傳	同	有
循吏	同	同	同	同	有
儒林	同	同	同	同	有
文苑	同	同	同	文學	有
		新學			
		教育			無
忠義		忠義	同	忠烈	有
孝義	孝友	孝義	孝友	孝義	有
隱逸		隱逸		遺逸遺民	有
貨殖		實業	貨殖		無
工藝			藝術		有
方技		方技		方技	有
	疇人				有
外戚		外戚			
宦者		宦官		宦官	無
列女		列女	同	同	有
		閹黨			無
	外臣	客卿			
		佞倖		恩倖	
		姦臣			
	逆臣	同			
		貳臣			
				叛寇	無
				拳匪	無
土司		土司			有
			台灣		
屬國	同		屬國	同	有
		外國	同		無

今清史稿之傳，共三百一十六卷。列傳二百五十四卷，彙傳六十二卷：后妃一卷，二十九人，附十五組。諸王七卷，七十六人，附傳五十八。列傳二百五十四卷，六百九十二人，附傳七百四十二人。循吏四卷，五十七人，附出五十八人。儒林四卷，百零五人，附出百七十七人。文苑三卷，百零三人，附出二百四十六人。忠義十卷，二百一十八人，附傳二百六十餘人。孝義三卷，百七十二人，附出六十餘人。遺逸二卷，五十七人，附出二十四人。藝術四卷，三十二人，附出七十四人。疇人二卷，二十八人，附出二十一人。列女四卷，二百四十六人，附傳二百又四人。土司六卷，述六域事。藩部八卷，記三十九部事。屬國四卷，敍十國事，附出國十。其列傳專以人為主，彙傳則以事為綱，末後三帙，又主於地域。上篇余嘗摘其得失百二十餘條，今更論其體例，述其史事，節目較多，分為二章。首章總述，下章分論之。

傳論一

（一）傳記之體有五：一獨傳，二合傳，三彙傳，四寄傳，五附傳。類皆依時代為次，惟彙傳則以事為主。彙傳名目既多，分隸定有未當，邵晉涵錢竹汀嘗論之矣。本書彙傳之目，一十有四，尙不為多。傳九至二百六十二，為列傳二百五十五卷。各以時次，頗得史意。（又見評論上篇第二十一章二，三，四諸條。）卷九述建州諸部（阿哈出，王杲）；卷十述哈達（萬），葉赫（楊吉砮），烏喇（布占泰），輝發（拜音達里）諸部；卷十一述張煌言，鄭成功，李定國諸人：開國羣雄，例冠列傳之首也。卷十二至二百六十為大臣列傳，凡開國功勳姦叛逆貳佞倖（如鰲拜，孔有德，尙可喜，耿仲明，祖大壽，洪承疇，孟喬芳，金之俊，馮銓，明珠，和珅，穆彰阿……）戰功勳匪夷務外交循吏忠義文學宰輔大學士軍機疆臣攝政王藩臣歷算客卿外臣（卷五十九記湯若望南懷仁，欽天監正也。卷二百二十二記華爾，附勒伯勒東及法爾弟福戈登，日意格，附德克碑，赫德，附帛黎，述戰功也，獨缺續碑傳集卷七十朱孔彰傳附書之英人丟樂德蘭克。郎世寧，艾啓蒙見藝術傳，述其技術也。）……凡一二品以上者，均不分類別，依時次之，其次要者，則附出之。卷二百六十一吳三桂，附耿精忠，尙之信及孫延齡；卷二百六十二述洪秀全，則仿前史叛逆傳末之例也。然苟以此二卷並朱氏（森一桂毛里明月洪英）林爽文林清王三槐等為載記以詳之，尤為得體。

（二）清代佞倖大臣家奴，如馮銓之劉次菴，明珠之劉儀舟安歧，和珅之劉全諸人，均以家主貪墨而至暴富，或結交權勢，或通文墨。此種特別現象，均應詳記，今書不載，疎漏也。又清初宦官執事，總管權重，中世劉金閻進喜身貚林清之亂，末葉安得海小德張李蓮英等權閹得寵，均應編著，吳袁張三氏倡議立傳，今竟不行，是其失也。至於不載敎匪流寇，亦屬漏略。

(三)本書斷限，最不整齊，已見上篇第二章。本紀記事，斷至遜位，而列傳記事，有至民國十七年春季者，深乖體例。且斷代成書，以前諸史，莫不皆然。是書既本正史之體而作，則滿清舊臣卒於民國者，例不得入於此書。乃盛宣懷瑞澂陸潤庠世續伊克坦梁鼎芬徐坊勞乃宣沈曾祖周馥張曾敭馮煦錫良林紓嚴復辜湯生王闓運王先謙于式枚梁濟簡純澤王國維等，皆卒於入民國以後，清史稿均爲立傳。若謂彼等心懷滿清，則黃宗羲顧炎武孫夏峯王夫之之倫，又何非明代遺民，又何列入清史耶？且史稿成于十六年八月，而湯生卒于十七年春，亦草草列入，尤屬可笑。(此條故宮博物院審查報告第八項亦摘之)

(四)本書列傳分卷，大致以時代爲準。事功相埒，人品相似者，則爲合傳。其事蹟次要者，則入附傳。一人專傳，附其子孫。其子孫有特別勳業者，始各自爲傳：此皆清史稿編次之得者也。惟王士禎儒學也，姚文田文士也，一可入儒林，一宜列文苑，此書今依其官階統入大臣傳，殊不如各從其類，列之彙傳較爲雅當也。又鄭芝龍，宜入列傳，次貳臣之列，今其名列諸臣封爵表卷二，而事見其子成功傳，非也。

(五)列傳之中，有闕而不書者，例如：

1 漢族革命多不書而表揚之。(朱氏後裔，明代臣民之抗清，洪楊之倡義，黨人之排滿，秘密結社之組織，均不詳載。)

2 清代屢興大獄，懾服漢人，其事多不著錄。

3 德宗本紀光緒二十三年條下，無言康有爲上書請變法書，二十四年條云：「八月丁亥，皇太后復垂簾於便殿訓政。詔以康有爲結黨營私，莠言亂政，褫其職。與其弟廣仁(即有溥)皆逮下獄，有爲走免。」又云：「戊子詔捕康有爲與梁啟超。」本紀論則曰：『德宗親政之時，春秋方富，抱大有爲之志，欲張撻伐，以湔國耻。已而師徒撓敗，割地輸平，遂引「新進小臣」，銳意更張，爲發奮自强之計。然「功名之士」，「險燥自矜」，忘投鼠之忌，而弗恤其罔濟。言之可爲於邑！』今觀康有爲之弟，傳見本書(卷四七〇)，而有爲之傳獨缺，此殆門戶之見歟？

4 皇子世表卷二太祖系，禮親王昭槤嘉慶二十一年緣事革爵，豫親王裕興，嘉慶二十五年緣事革退，輔國公裕瑞，嘉慶十八年革退。然其事功，皆有可述，以被革而不傳，不其惑歟？

5 洪楊起義，文臣武將，多有可紀，茲為書不過一卷，傷于簡陋。錢江交結俊彥，名動嶺東西，更創釐捐之法，本書竟不稱述，亦屬挂漏。

6 哈密王伯錫爾，助清開渠勦匪，可與僧格林心同傳，今竟不詳。

7 詹天祐創建京張鐵路，亦有發明，清臣卒于民國者，既一一為傳，此亦宜次卷四二三劉銘傳之後，今亦弗錄。

8 張勳復辟，不忘滿清，王國維既入忠義傳，此而不書，何也？本書四九八忠義傳七馬三俊傳附張勳事，乃另一人，非此人也。

9 民庶行事，善可為法，詔宣付史館為之立傳，其見於宣統本紀者有六：(1)元年八月庚寅予救父捐軀湖北黃陂縣舉人陳鴻偉孝行宣付史館；(2)元年十月甲午詔以已故五品卿銜山西即用知縣汪宗沂經學卓越宣付史館；(3)元年十一月乙亥予紹(?)學專家已故侯選同知直隸州知州華蘅芳與其弟故直隸州州判世芳及已故二品封職徐壽俱宣付史館；(4)二年三月庚午旌殉夫烈婦山東曲阜孔令保妻潘氏宣付史館；(5)二年九月己未予積貲興學山東堂邑義丐武訓事實宣付史館；(6)三年辛亥三月辛酉予哀毀殉親前浙江巡撫聶緝槼孝行宣付史館。此八人者，除武訓事見卷五〇四孝義傳外，餘均未立傳。列傳二五六（本書卷四七五）趙爾豐事不應詳而詳，忠義傳趙文顥，循史傳柯劭憼，不必傳而傳，傳三六五張師誠不應專傳而專傳。而八人之可傳者，反置而不書，無史德矣。

(六)清代國史列傳之修，祇令載事，記詔令，詳年月，絕禁議論，觀清史列傳一書，可以知之。其列傳所載，皆三品以上之大臣，三品以下者，概為彙傳。今清史稿之修，雖稍變革，略加刪除，然猶有未盡善者焉。又考史之最要，在其事蹟之年月。清史稿今竟將大臣升遷降補之年月，大半刪去，因事考世，其道莫由。雖自詡簡淨，免元史列傳編年記事之煩，而史事晦矣。

(七)傳中於人之別號，有書有不書（見上篇十九章一節），其生卒年月，大半不錄，均屬漏略。

(八)疆臣年表卷四，宣統三年辛亥四川總督趙爾巽條下云：「三月調趙爾豐署四川總督，王人文護。十月辛丑民軍據成都，爾豐死之。」而爾豐傳於其死事，祇云：「三年秋。」夫表為一書之綱要，列傳為一人行事之記錄，一略一詳，其道不同，今表詳而傳反略，非其道矣。

（九）竊嘗謂一人著述，無論已刋未刻，均應敘列傳中，蓋傳詳人事，體貴詳備。至于藝文所載，則應專及已刻之書，蓋書既刋刻，流行社會，始能發生影響，而有記述之價值也。今試一觀藝文志所舉書目，多不見傳。雖得互見之誼，詎免史體之失？

（十）清史稿修于民國，固應奉民國正朔，今其記事，於民國後，皆用干支，殊屬非是。其例已見上篇五章，札記劉錄者，尙有下列數則：——

（1）儒林傳三王闓運傳云，丙辰年卒。

（2）文苑傳三林紓傳云，甲子秋卒。

傳論二

（十一）后妃傳

后妃歷朝居正者均入之，世祖高宗以漢回之女爲妃，亦記之。案此傳本無依據，勉强立傳，未免無味。竊以宜本古法附見外戚傳或列表，足矣。又德宗恪順皇貴妃傳云：「選爲珍嬪。二十六年，太后出巡，沈于井。」諱出走爲出巡，失其眞矣。

（十二）諸王傳

是傳以皇子爲宗，子孫襲爵及別有功績復立爵者，並從焉。其爵不世，則具皇子表。至於自公以下別被除拜具有事實者及疏宗登追列高位著名蹟者，皆散與諸臣相次。竊以爲清諸王宗室有特別功績者可次列傳，無可述者，概列爲表，皇子世表及諸王傳之名可省。況此傳所列，均屬皇子，又非皆有王爵。間有封公爵，貝勒，貝子，或將軍者，且亦有削爵除籍者，名之諸王，實非所宜。其列傳六世祖第四子榮親王，年二歲未命名即薨，亦以追封之號稱之，竟列爲傳，尤非所宜。又于式枚嘗議淸代首末兩攝政王，宜爲合傳，列后妃諸王二傳之間，說近牽强。今以二王一列卷二二四太祖諸子中，一列卷二二七宣宗諸子中，各以時次，實爲得當。惟聖祖子莊恪親王允祿精通樂律，宜列專傳，今附見列傳卷六承澤裕親王碩塞之後，似未妥耳。簡親王德霈優于政事，講求學問，今附諸王傳一莊親王舒爾哈齊；禮親王昭槤殫心著述，則不書，均違公正。

（十三）列傳

傳中載民國以來事，失於斷限，吾已屢言之矣。而末帙諸傳，又盛稱遺老，鼓勵復辟，最爲乖戾。故宮博物院呈國府行政院論清史稿，其第五條曰：『滿淸旣亡，以前諸臣，競以遺老自居，在政府則爲叛徒。政府不事追求，已屬寬大，安能再事獎勵？是勸人復辟也！而列傳二百五十九論曰：「陸潤庠世續諸人，非濟變才，而鞠躬盡瘁，惓惓不忘故君。靖共爾位，始終如一，亦爲人所難能者也。嗚呼，僅矣。」列傳二百六十亦有論曰：「雖皆僑居海濱，而平居故國之思，無時敢或忘者，卒至憔悴憂傷，賚志以歿，悲夫！」末句「賚志」二字，望復辟之殷，情見乎辭。』思想荒謬，宜其通令查禁，不准發行也。（他見上篇及本篇傳論一）

(十四)循吏傳

此傳所載，取法明史，以官至監司爲限。循吏如武億則入儒林傳二（卷四八七），惲敬，李兆洛，則入文苑傳二，三（一見卷四九〇，一見卷四九一），蓋從吳士鑑議，頗爲得體。

(十五)儒林傳

茲編記述學行，尙無門戶之見。每述一人，於其所著書詳敘之外，每參其序例，撮其大略，尤得史意。惟於學者去取之間，時有未當耳。又本傳附列衍聖公，殆本明史，五經博士，有增設者並附之，自亦可取。

(十六)文苑傳

斯傳但取詩文有名，能自成家者。其序云：「派別異同，皆置勿論。」其意在避煩瑣，昭愼重，然亦合於客觀的態度焉。何焯傳云：『……或以蜚語上聞，還京，即命收繫。……』案康熙五十四年，焯爲潘耒之子夤緣，罪應正法，見掌故叢編第六輯。今不明述其故，殆諱之也。又李兆洛本姓王，冒李氏，見續碑傳集及越縵堂筆記。今傳不書，漏之也。

(十七)忠義傳

文武臣一二品以下，凡死守土，或死臨陣者，均記之。二百數十年間，得八千餘人，略以次別。其序分計各役忠義人數，尤爲明晰。惟列入王國維，既失斷限，復紊其類，最爲識者所譏。

(十八)孝義傳

序例曰：『……國史承前例，撰次孝友傳，亦頗及諸義行，合之方志，甄錄文家傳述，無慮千百人。采其尤者，用沈約宋書例，爲孝義傳。事親存歿能盡禮，或遘庭家之變，能不失其正，或遇寇難，値水火能全其親。若殉親而死，或爲親復讐，友於兄弟，同居三五世以上，及凡有義行者，各以類聚，事同以時次，孝爲二卷，友與義合一卷。』今觀其書，大體略備。其第三卷第六葉下面第二行末十二字「今」，當作「令」，則印刷之譌也。

(十九)遺逸傳

是傳二卷，一爲前代遺民，一爲隱逸，體法亦善。

(二十)藝術傳

是篇記醫，書畫，技擊等事。案藝之所該，本甚廣泛。

古以禮樂射御書數為六藝，士所常肄，百工所執，皆藝也。此傳所述範圍較狹，其於工藝及雕蟲末技，尤為疎忽。

(二十一)疇人傳

清代算術，融會中西，超軼前代，實學術上一大特色。本書甄其卓然名家者，傳之。本書之修，有謂天算新學當入儒林者，豈不知數算為六藝之一，應入藝術方技之屬，附諸儒林，非所宜也。今列專篇，詳為論次，亦非無見。本傳卷一第十六葉上面引儀象論之語，其文與天文志卷二第一葉上面者略同。互文以見義，法亦良得。案順治間，與湯若望同時入中國傳曆算之學者，尚有法人穆尼閣。穆氏盡傳其術于淄川薛鳳祚，供獻於吾國學術者甚大。湯氏既於卷二七八列為專傳，而穆氏獨不見疇人傳，非遺漏歟？

(二十二)列女傳

有清賢母孝女孝婦賢婦節婦貞婦貞女烈婦義行邊徼諸婦，皆擇其炳著者，依類相次。其事有可述，姓氏失考者，亦誌之。案列女之作，昉于劉向。高才徵行，俱載形管。後世只詳於可法，而略于可戒，且多偏于節烈，實失列女叙列之義。然此為後世諸史之通病，固不可專責此書矣。

(二十三)土司傳

此篇述湖廣四川雲南貴州廣西甘肅諸土司，為書六卷。其序述其概況，頗有體法。

(二十四)藩部傳

此傳與世表相表裏，互為詳略，亦有可觀。其卷二「札魯特」，藩部世表作「札嚕特」，殆書成之後，不及釐訂劃一之失也。

(二十五)屬國傳

此傳亦佳，惟叙事不甚明晰，且傷簡略耳。

二十年十二月二十六日，鈔于北平松公府。

(完)

古史辨

顧頡剛編著

第一册

為顧頡剛與胡適之錢玄同劉掞藜諸先生討論古史的函件，凡二十五萬言，民國十五年出版。

第二册

上編古史問題，中編孔子與儒家問題，下編關於古史辨第一册評論，凡三十五萬言，民國十九年出版。

第三册

上編周易經傳問題，下編詩三百篇問題，凡四十五萬言，民國二十年出版。

	第一册	第二册	第三册
甲種定價	二元四角	二元六角	四元
乙種定價	一元八角	二元	合訂本三元二角，分訂上册一元八角，分訂下册一元六角
丙種定價	一元二角	一元四角	合訂本二元四角，分訂上册一元二角，分訂下册一元四角

二册合購以八五折計，三册合購以八折計，外埠酌加郵費，以直接向本社購買為有效

景山書社
北平景山東街十七號
電話東局一七四三號

中國地方志統計表

朱士嘉

序

輿地之書，昉自先秦。方隅之志，則未聞也。今所見者以華陽國志爲最早。註一 宋元出地志五百餘種，註二 今存宋二十一種，元八種。明出千五百餘種，註三 今存三百九十七種。有清一代，集其大成，見存志書凡四千三百零三種，估全數五分之四。民國建國以來，亦有百九十三種。今所羅列，該括宋，元，明，清，民國五代之方志，總四千九百一十二種，八萬二千四百一十四卷。註四 其目詳拙作中國地方志綜錄。註五 然此不過爲個人調查所及，註六 見存方志或倘不止此數。海內博雅，幸補正之。

中國地方志屢經厄運，散亡之數不可縷記。元兵，李闖，洪楊其致命傷也。回祿之災，霉雨之浸，猶其小焉者耳。至於修志者之故毀舊籍，書賈之稗販於國外，註七 則又不知珍視文獻之過。使一旦散亡之志裒集一堂，則所得或將倍此，註八 而於研究中國文化史更有莫大之助矣。

地方志初爲私著，抑官撰？今已難考。官撰之志，就今所知者，肇於宋，註九 而盛於清。志之多寡，衡以時則清爲首，明次之，宋，元又次之。清代以康熙爲首，次乾隆，光緒；咸豐，宣統獨少。明代以萬曆爲首，次嘉靖，弘治；景泰，天順，隆武獨少。衡以地，則首推直隸；山東，四川，河南次之。江西，浙江，江蘇又次之。黑龍江，新疆諸省最少。此亦有其故焉。試申論之。

志之多寡，有繫乎政治者。國都所在，志書獨多。宋之浙江，註十 明之江蘇，註十一 清之直隸，其例也。時值兵燹，則一切文化事業有退無進。道咸年間，值洪楊軍起；故其時僅出地志六十七種。民國以來，兵禍連接，而尤以贛湘爲最；故贛湘地志在清居第五，第十位者，至是幾與熱河，察哈爾新設諸省等齊矣。註十二志之多寡，有繫乎文化者。清初文人之盛，冠絕一代。究其風氣，挀於萬曆。明代地志，萬曆居多，註十三 因乎是。清代地志，康，乾居多，亦因乎是。江，浙地志，種數雖不若直隸，四川，山東之多；然其卷數，實遠過之。此豈非人才蔚起，有以致之乎？歷朝一統志無不以方志爲要刪。彙編之際，檄下郡縣，以志文獻。註十四 明清各史，亦每於其修纂之時徵集方志，註十五 以資考鑒。以此之故，地志之出於修史時者爲最多，蓋以奉功令也。

志之多寡，有繫乎經濟者。貧瘠之區，支應爲難。而邑志之修，數頗不貲。陝西地志，瞠乎諸省之後，非無因也。返觀富庶之地，則鄉鎮亦多有志矣。

地方志之庋藏狀況，亦有可言者，北平，上海，南京其大本營所在也。北平圖書館藏志最夥，註十六 而以古志稱。東方圖書館次之，註十七 而以今志著。故宮博物院圖書館則以乾，嘉之志見長。註十八 學校圖書館如金陵，燕京，註十九 中山清華亦各有藏本。至於私家藏志，則天津任振采氏，浙江南潯劉承幹氏兩家，殆無與爲匹焉。註二十

省，府，州，縣有數年一修志者矣，有數十年數百年一修志者矣。亦有自設治以來，未經鉛槧者。今表所該，都二十四省，百八十七府，百四十三州，千三百三十餘縣。全國方志四千九百一十二種，平均每省，府，州，縣幾修志書三四次。反觀未修之處，數亦逾千，如何聞風興起，成茲盛舉，是在當地人士之努力矣。

註一　華陽國志，十二卷，附錄一卷，晉璩常撰。隋書經籍志以之入霸史類，直齋書錄解題以之入雜史類，郡齋讀書志以之入僞史類，四庫提要以之入載記類，而皆不以地志目之。今審其書乃專記巴，蜀地理，風俗，人物之方志也。

註二　據宋史藝文志，元史藝文志及文淵閣書目。

註三　據明史藝文志及千頃堂書目。

註四　此爲已知之卷數，其未詳者尚有百九十三種，見地方志卷帙未詳種數統計表。

註五　稿藏燕京大學圖書館。其江蘇浙江兩省之地方志綜錄，已分載民國二十一年地學雜誌第一，第二期。

註六　國內公私立各圖書館名稱，詳拙作中國地方志綜錄初稿。

註七　中國地方志經書賈稗販入於外人之手者，爲數彌多。即就東京內閣文庫而言，已有五百三十餘種。其東洋文庫及美國國會圖書館所藏者尚未查悉，當亦不在少數也。

註八　關於未見及亡佚之地方志，余已着手搜集。擬編一中國地方志存目。據余調查所知，各州縣見存之志書，往往不如其散佚者之多。若合計之，則所得方志或將逾一萬種。

註九　隋書經籍志地理記：「隋大業中（西曆六〇五—六一七）普詔天下諸郡條其風俗，物產，地圖上於尚書。故隋代有區宇圖志一百二十

九卷。」按隋代方志，已出於官撰。惜其書不傳。今所考見者，始於宋。吳郡圖經續記朱長文序：「自大中祥符中（西曆一〇〇八—一〇一六）詔修圖經，每州命官編輯，而上其詳略。」

註十　本表臚擧之北宋地志僅朱長文吳郡圖經續記及宋敏求長安志二種。餘俱修於南遷之後。其時稱浙江曰兩浙路。建都臨安，當今杭縣。

註十一　明制，稱江蘇爲南直隸。其時建都金陵，後改南京，當今江寧縣。

註十二　參看民國各省地方志統計表。

註十三　明萬暦年間，地志已極普遍。乾隆十一年滿城縣志引萬暦四十二年志張邦政序：「今天下自國史外，郡邑莫不有志。」

註十四　明天順，清康，乾間各因纂修一統志飭府，州，縣重輯志書，以獻於上。

註十五　乾隆十年寶坻縣志洪肇楙序：「迨聖祖仁皇帝（康熙）開設明史館，詔天下郡縣各以志上。於時邑之續志出焉。」此明史之欲取材於方志者。民國三年安次縣志周如鑛序：「於今國家史館宏開，下徵書之令。斯志之成，適逢其會。」此清史稿之欲取材於方志者。今故宮博物院之方志，大半皆爲清史館藏本；凡千八百餘種。

註十六　北平圖書館藏志三千八百四十四種，鄉土志尙不在內。

註十七　上海東方圖書館藏志二千六百四十一種，悉於今年一月二十九日被日軍焚燬，價值十萬元。殊堪痛惜！余已爲燕京學報第十一期學術界消息欄撰一東方圖書館被焚中之孤本地方志，以見所損失之方志，有若干種最爲珍貴。至其孤本方志目，則擬另行發表。

註十八　故宮博物院圖書館藏志千八百餘種。此外尙有上海徐家滙天主堂藏書樓藏志千五百餘種。皆天主教徒於近數十年間親歷各地采訪所得者。南京國學圖書館聞亦藏有方志千四百餘種。

註十九　學校圖書館，以私立金陵大學所藏志書最多。私立燕京大學圖書館亦藏有千五百餘種，居第二位。

註二十　館藏志書，各有特異。余將爲表以統計之。天津任氏天春園藏志一千餘種，內孤本甚多。浙江南潯劉氏藏志總數未詳。但知其已有四十餘種，爲各圖書館所未備。近據同學王善業君探悉浙江平湖葛詞蔚先生家藏方志甚多。刻正請其索一目錄，以資參考。

宋代地方志統計表（表內只舉種數與卷數 如1/3即為一種三卷）

路	類	元豐	乾道	紹熙	嘉泰	嘉定	寶慶	淳祐	開慶	景定	咸淳	未詳	總計
兩浙路 西路	府志	1/3		1/3		1/22				1/10	1/80	2/54	7/125
	州志							1/11				1/1	2/12
	縣志		1/3		1/20			1/6			1/100		4/129
兩浙路 東路	府志		1/12				1/21		1/15				3/48
	縣志				1/20	1/10	1/8						3/38
江南東路	府志									1/50			1/50
陝西路	縣志											1/20	1/20
總計		1/3	2/15	1/3	2/40	2/32	2/29	2/17	1/15	2/60	2/180	4/75	21/419

元代地方志統計表

中書省	類	至元	大德	延祐	至順	至正	未詳	總計
江浙	府志	1/32		1/20	1/21	2/27		5/100
	州志		1/8					1/8
	鎮志					1/6		1/6
河南	通志						1/4	1/4
總計		1/32	1/8	1/20	1/21	3/33	1/4	6/117

明代地方志統計表

年＼類	通志	府志	州志	縣志	鎮志	總計
洪武		2/62		1/4		3/66
景泰		1/32				1/32
天順				1/12		1/12
成化	2/17	2/103				3/120
弘治		5/116	2/20	25/81		32/217
正德		2/44	1/12	3/12		6/118
嘉靖	8/424	17/338	7/75	38/315		67/1152
隆慶		1/17	3/42	9/91		13/150
萬曆	4/234	40/754	14/136	122/1251		180/2380
天啟		5/96	1/18	9/105		14/216
崇禎		6/192	3/12	20/219		27/421
隆武			1/15			1/15
未詳	2/38	11/160	6/39	12/168	1/8	28/433
總計	16/718	92/1964	38/369	240/2258	1/8	387/5337

明代各布政使司地方志統計表

年代＼布政使司	北直隸	南直隸	山東	山西	河南	陝西	四川	湖廣	浙江	江西	福建	廣東	廣西	雲南	總計
洪武		2/54						1/12							3/66
景泰													1/32		1/32
天順												1/12			1/12
成化		1/40		1/17					1/63			1/0			4/120
弘治	1/23	25/66	1/10			2/24		1/6	1/32		1/54				32/217
正德	1/12	1/60			1/7	2/5					1/34				6/118
嘉靖	5/96	7/160	7/49	2/4	12/121	11/182	1/10	4/37	11/220	4/59	1/13	2/40	3/131		70/1152
隆慶	3/27	3/36	1/2	1/12		2/32		1/17	1/7			1/15			13/150
萬曆	24/167	27/423	30/410	9/124	15/102	12/77	4/45	6/152	21/430	6/169	15/145	16/130	1/42	1/4	160/2360
天啓	1/0	2/32	1/14		3/13	2/16			4/72	1/20		1/22			15/219
崇禎	6/40	5/136	3/22	2/6		2/16			2/36	2/32	2/47	4/47	1/20		29/423
隆武														1/15	1/15
未詳	9/40	10/135	2/0	1/30	1/10		1/4	1/6	16/116	2/36	1/10	2/22	1/14		33/433
總計	34/405	83/1146	45/547	16/195	32/253	33/314	6/63	14/232	49/966	15/234	21/343	20/355	7/239	2/19	347/5337

明代各布政使司地方志分類統計表

布政使司＼類別	通志	府志	州志	縣志	鎮志	總計
北直隸		5/107	6/36	32/260	1/0	34/405
南直隸		20/529	6/67	57/550		83/1146
山東	1/40	7/120	6/45	31/342		45/547
山西	2/47	4/53	6/42	4/53		16/195
河南	1/45	5/29	2/19	24/160		32/253
陝西	1/40	4/59	7/65	21/150		33/314
四川	1/27	1/10	2/16	2/10		6/63
湖廣	1/96	4/65	2/20	7/49		14/232
浙江	1/72	14/476	1/14	32/414	1/26	49/966
江西	2/45	6/140		7/53		15/238
福建		9/223	2/26	10/94		21/343
廣東	3/142	4/62		13/131		20/355
廣西	3/152	3/63	1/14			7/239
雲南			2/19			2/19
總計	16/714	86/1956	43/349	240/2266	2/26	347/5337

清代地方志統計表

年＼類	通志	府志	直隸廳志	廳志	直隸州志	州志	縣志	鄉土志	鎮志	總計
順治	1/50	18/253			6/42	11/78	119/861			155/1284
康熙	16/763	123/2952	3/31	2/3	43/503	104/870	922/8749		1/16	1213/13887
雍正	13/1471	24/709			7/54	20/247	100/911			169/3392
乾隆	9/878	108/3960	7/73	6/74	53/846	65/700	696/9540		1/16	945/16121
嘉慶	4/802	20/909	1/4	3/19	9/268	21/331	198/3828		2/28	259/6218
道光	4/1088	30/1225	4/108	8/70	13/172	28/533	253/4471		2/24	342/7691
咸豐		8/375	1/4	2/12	5/80	7/104	42/582		2/44	67/1201
同治	2/578	24/1032	2/12	3/30	8/231	16/346	270/3359		1/14	326/7502
光緒	6/1574	45/2094	4/54	20/360	33/642	59/753	457/7572	35/105	5/78	668/13232
宣統	4/588	5/178	1/30			2/8	29/356	8/29		47/1189
未詳	3/165	15/438			3/18	6/73	64/697	21/8		112/1399
總計	64/7957	423/14125	25/316	44/568	182/2726	334/4043	3160/40926	64/142	14/220	4333/7524

清代各省地方志統計表

年＼省	江蘇	浙江	安徽	江西	湖北	湖南	四川	直隸	山東	河南	山西	陝西	甘肅	福建	廣東	廣西	雲南	貴州	奉天	吉林	黑龍江	新疆	總計		
順治	7/70	6/54	17/129	4/60	4/54	1/6		11/64	13/104	46/524	20/76	20/91	3/20	2/22	1/8								158/1264		
康熙	55/1152	77/1247	70/1150	95/1373	57/588	75/796	36/1265	155/1493	123/1257	102/920	74/669	35/317	28/127	56/751	96/1033	11/77	55/485	4/67	9/100				1213/13487		
雍正	8/122	13/504	3/42	7/320	17/412	6/50	7/261	15/221	9/104	8/214	22/495	16/179	3/52	3/74	13/191	4/202	14/125	1/4					169/3572		
乾隆	52/1406	47/636	33/609	64/1617	37/752	55/1299	97/704	79/1310	61/950	94/1369	73/1201	59/775	35/366	50/1252	51/759	14/226	23/269	13/184	4/213				945/16121		
嘉慶	25/766	18/432	16/376	4/88	13/247	25/447	48/1213	8/92	15/235	16/200	9/121	19/344	6/485	6/162	17/266	8/421	2/33	4/24	1/48				259/6218		
道光	13/292	17/344	21/733	43/1267	7/122	15/477	34/714	15/182	31/511	17/300	10/164	23/243	12/130	11/464	33/778	12/262	13/349	11/355					342/7691		
咸豐	4/58	4/71		2/18	6/100		13/216	7/71	5/142	4/26	3/23	3/45		2/27	8/154		2/26	3/216	1/8				67/1201		
同治	12/370	10/354	11/242	81/2019	53/1639	46/1213	42/937	29/771	6/90	7/62	10/127	1/12	2/9	3/314	8/145	5/98							326/7602		
光緒	56/1339	58/1661	25/1112	18/513	36/726	32/953	67/1055	66/1078	51/609	28/375	61/1045	37/331	10/161	40/211	30/688	20/242	20/685	16/221	7/57	2/132			668/13232		
宣統	2/30	3/247	1/20	1/28	3/174	2/44	1/10	1/8	8/279	3/86		2/28	1/100		6/192	1/8	1/0	1/0	8/19		1/0	1/116	47/1289		
未詳	12/270	13/207	7/141	5/71	1/51	1/4	4/74	11/49	11/19	1/8	2/7	2/2	3/0	7/86	20/291	3/10	3/44	5/65			1/0		118/1379		
總計	246/5875	266/5757	204/4576	328/7374	234/4065	258/5749	351/5149	397/5339	333/4300	324/4468	304/3934	217/2367	104/1030	150/3363	263/4523	78/1588	133/2036	58/1136	30/445	2/132	2/0	1/116	4303/45216		

類／省	通志	府志	直隸廳志	廳志	直隸州志	州志	縣志	鄉土志	鎮志	總計
江蘇	2/216	34/1569		3/46	9/207	12/149	176/3586	1/6	9/96	244/5875
浙江	3/344	37/1425	1/30	2/16		3/446	216/3376	1/24	3/94	266/5757
安徽	2/610	22/734			16/490	14/330	146/2412			204/4576
江西	3/396	42/1630		3/26	1/20	5/130	274/5172			324/7374
湖北	4/472	26/732			5/94	27/375	171/2390	1/2		234/4065
湖南	3/661	21/796	6/140	1/16	17/306	12/265	194/3551	4/12		256/5769
四川	3/265	16/327	6/53	6/176	20/308	32/362	264/3670	2/12		351/5169
直隸	3/466	26/1047	1/16		17/200	46/436	295/3162	9/12		397/5339
山東	3/300	22/737			7/265	33/409	242/2732	26/37		333/4300
河南	5/310	26/674		1/4	16/261	14/161	262/3074			324/4484
山西	3/446	16/369		1/6	30/371	17/146	236/2556		1/16	304/3934
陝西	2/132	15/395		9/70	12/106	12/69	164/1565	3/10		217/2367
甘肅	2/150	6/190	2/0	3/16	10/115	11/65	66/492			104/1030
福建	6/446	21/681		3/42	4/67		111/1699	5/6		150/3363
廣東	4/520	29/649	2/4	2/12	10/190	14/157	220/2777	1/0	1/14	263/4323
廣西	3/447	16/313	1/6		2/30	16/152	36/436			76/1566
雲南	5/712	27/433	2/10	2/26	3/20	51/546	40/269	3/16		133/2036
貴州	3/116	16/587	1/32	6/104	1/40	13/153	14/104	2/0		56/1136
奉天	3/210	3/10	1/23			2/36	17/163	4/3		30/445
吉林	1/122					1/10				2/132
黑龍江								2/0		2/0
新疆	1/116									1/116
總計	64/1951	423/14116	23/316	44/566	162/2926	339/4043	3150/43126	64/142	14/220	4303/75216

清代各省地方志分類統計表

民國地方志統計表

年　類	通志	縣志	鄉土志	鎮志	總計
一		1/15	1/0		2/15
二		4/42	1/0		5/42
三		12/147	1/0		13/147
四		10/127	1/0		11/129
五		8/70	2/2		10/72
六		9/172	3/0	1/32	13/204
七		12/208	1/0		13/208
八		13/206			13/206
九		21/441	1/2		22/443
一〇		16/306			16/306
一一	1/123	10/131			11/254
一二		7/139	1/1		8/130
一三		12/223			12/225
一四		3/230		1/40	4/270
一五		3/114			3/114
一六		6/42			6/42
一七		8/99			8/99
一八		7/101			7/101
一九		1/10			1/10
二〇					
未詳		3/50	1/0	1/6	5/56
總計	1/123	176/2917	13/5	3/78	193/3523

民國各省地方志統計表

年＼省	江蘇	浙江	安徽	江西	湖北	湖南	四川	河北	山東	河南	山西	陝西	甘肅	福建	廣東	廣西	雲南	貴州	遼寧	吉林	黑龍江	熱河	察哈爾	新疆	總計
一							1/0		1/15																2/15
二		1/20									1/16					1/6			2/0						5/42
三			1/12		1/12			3/8	1/18		2/18	1/12				3/43			1/0						13/147
四			2/58					2/82			1/0					2/16	1/8	1/21	1/0		1/12				11/129
五								1/10	2/16	2/30						1/4		1/0	1/4	1/0					10/72
六		1/32					1/0	1/30		2/25	2/38	2/28	1/28						3/23						13/204
七	4/44	1/20			1/0				1/13	1/25		1/8	1/8	1/30		1/3								1/2	13/208
八		1/15	1/60					1/5			1/25	1/6	1/6	3/15		1/4				1/0	1/4	1/6			13/206
九	2/28		3/60		1/22		2/101		1/25	1/9	2/24			2/61	1/8	1/59	2/44		2/26		2/26				22/493
一〇	5/120		1/56				3/36				1/10	1/7		1/8	1/32		1/10		1/12	1/15					10/306
一一	1/6	1/20	2/16		1/19		1/4	1/12	2/36					1/123									1/18		11/254
一二		1/16			2/35		1/15			1/6	1/10				3/62										6/130
一三			1/48	1/38		1/6	1/8	1/8	2/78						1/13		1/12		1/8	2/4					12/243
一四	1/25	3/180						1/26				2/16	1/8					1/21							9/270
一五		2/34					1/2		2/32						1/16		1/12		1/8						8/114
一六			1/12					2/14											2/6	1/8					6/42
一七								2/40	1/12	1/12	1/8			1/12				1/9		1/6					8/99
一八		1/13															1/8		3/40						7/101
一九																1/10									1/10
二〇																									
未詳	2/6	1/32						1/18											1/0						5/56
總計	15/[illegible]	13/382	13/324	1/38	6/88	1/6	11/166	18/237	13/245	8/113	12/161	8/77	4/50	7/309	6/111	11/145	7/94	4/51	19/139	7/35	4/42	1/6	1/18	1/2	143/3123

民國各省地方志分類統計表

省 \ 類	通志	縣志	鄉土志	鎮志	總計
江蘇		13 / 278	1 / 0	1 / 6	15 / 282
浙江		11 / 310		2 / 72	13 / 382
安徽		12 / 322	1 / 2		13 / 324
江西		1 / 38			1 / 38
湖北		4 / 67	2 / 1		6 / 68
湖南		1 / 6			1 / 6
四川		9 / 166	2 / 0		11 / 166
河北		17 / 237	1 / 0		18 / 237
山東		13 / 245			13 / 245
河南		8 / 113			8 / 113
山西		12 / 161			12 / 161
陝西		7 / 77	1 / 0		8 / 77
甘肅		4 / 50			4 / 50
福建	1 / 123	8 / 166			9 / 309
廣東		6 / 111			6 / 111
廣西		11 / 145			11 / 145
雲南		7 / 44			7 / 44
貴州		4 / 51			4 / 51
遼寧		15 / 137	4 / 2		19 / 139
吉林		6 / 35	1 / 0		7 / 35
黑龍江		4 / 42			4 / 42
熱河		1 / 6			1 / 6
察哈爾		1 / 18			1 / 18
新疆		1 / 2			1 / 2
總計	1 / 123	176 / 2917	13 / 5	3 / 78	193 / 3123

歷代地方志統計表

類／代	通志	府志	直隸廳志	廳志	直隸州志	州志	縣志	鄉土志	鎮志	總計
宋		11/220				2/12	8/187			21/419
元	1/4	5/100				1/7			1/6	8/117
明	16/718	86/1956				43/389	240/2266		2/8	386/5337
清	64/7957	423/14118	23/316	44/568	182/2926	339/4043	3150/43126	64/142	14/220	4303/75216
民國	1/123						176/2917	13/5	3/78	193/3123
總計	82/8804	525/16394	23/316	44/568	182/2926	385/4451	3574/48496	77/147	20/312	4912/82414

歷代各省地方志統計表

代＼省	江蘇	浙江	安徽	江西	湖北	湖南	四川	直隸	山東	河南	山西	陝西	甘肅	福建	廣東	廣西	雲南	貴州	奉天	吉林	黑龍江	熱河	察哈爾	新疆	總計
宋	8/171	12/228										1/20													21/419
元	4/74	3/39								1/4															8/117
明	64/934	49/968	19/212	15/238	7/168	7/64	6/63	44/405	45/547	32/253	16/195	26/255	7/54	21/343	20/355	7/239	2/19								387/5337
清	246/5875	266/5757	204/4576	328/7374	234/4065	258/5784	351/5189	397/5339	333/4300	324/4464	304/3934	217/2367	104/1030	150/3367	263/4523	78/1566	133/2036	58/1136	30/445	2/132	2/0			1/118	4305/52216
民國	15/284	13/342	13/324	1/38	6/68	1/6	11/166	18/237	13/245	8/113	12/161	8/77	4/50	9/309	6/111	11/145	7/94	4/51	19/139	7/35	4/42	1/6	1/18	1/2	193/3123
總計	336/7338	343/7344	236/5112	344/7650	247/4321	266/5857	368/5418	454/5981	390/4892	365/4834	332/4290	52/2719	115/1134	180/4015	309/4989	96/1940	142/2149	62/1187	49/584	9/167	6/42	1/6	1/18	2/118	4412/62414

歷代各省地方志分類統計表

類／省	通志	府志	直隸廳志	廳志	直隸州志	州志	縣志	鄉土志	鎮志	總計
江蘇	2/276	64/2168		3/40	9/207	12/211	237/626	1/0	11/108	336/7338
浙江	4/436	58/2344	1/30	2/16		5/73	266/4287	1/24	6/174	343/7394
安徽	2/610	31/833			18/490	15/344	184/2830	1/2		236/5112
江西	5/441	48/177		3/26	1/46	5/130	282/2503			344/7690
湖北	5/570	28/768			5/94	22/395	177/2491	2/1		247/4321
湖南	3/681	23/825	6/140	1/16	17/308	12/285	200/3592			266/5859
四川	4/312	17/337	6/53	8/178	20/302	34/378	275/3846	4/12		368/5418
直隸	3/466	31/1154	1/16		17/200	52/474	344/3659	10/12	1/2	454/5481
山東	4/340	29/857			7/65	32/454	286/3319	26/37		340/4892
河南	7/359	31/703		1/4	16/261	16/181	294/3347			365/4854
山西	5/495	20/442		1/8	30/371	23/190	252/2770		1/16	232/4296
陝西	3/172	17/413		9/70	12/106	17/151	190/1797	4/10		52/2719
甘肅	2/150	10/231	2/0	3/18	10/115	13/68	75/557			115/1139
福建	7/469	30/904		3/42	4/67	2/26	129/1979	5/8		180/4015
廣東	7/662	33/931	2/4	2/12	10/190	14/157	234/3019			309/4989
廣西	6/609	19/576	1/8		2/30	19/166	49/581			96/1870
雲南	5/712	21/433	2/10	2/28	3/20	53/567	47/363	3/16		142/2149
貴州	3/116	16/587	1/32	6/104	1/40	15/153	18/155	2/0		62/1181
奉天	3/210	3/10	1/23			2/36	32/300	8/5		49/584
吉林	1/122					1/10	6/35	1/0		9/167
黑龍江							4/42	2/0		6/42
熱河							1/6			1/6
察哈爾							1/18			1/18
新疆	1/116						1/2			2/118
總計	82/8804	525/16344	23/316	44/566	182/2928	385/4451	3574/48496	77/127	20/312	4912/82414

地方志卷帙未詳種數統計表

代	年　類	通志	府志	直隸廳志	廳志	直隸州志	州志	縣志	鄉土志	鎮志	總計
明	成化	1									1
	嘉靖		1					3			4
	萬曆		2								2
	天啟							2			2
	崇禎						1	2			3
	未詳		1				1	1		1	4
清	順治		2			1		10			13
	康熙		6		1	3	11	21			42
	雍正						1	4			5
	乾隆				1		2	14			17
	嘉慶						1	4			5
	道光				1	1		1			3
	咸豐							1			1
	同治							1			1
	光緒		1	1	3		2	6	14		32
	宣統		2				1	5	4		12
	未詳		1			1	1	8	20		31
民國								7	7		14
未詳									1		1
總計		1	16	1	6	6	21	90	51	1	193

明代地方志種數統計圖

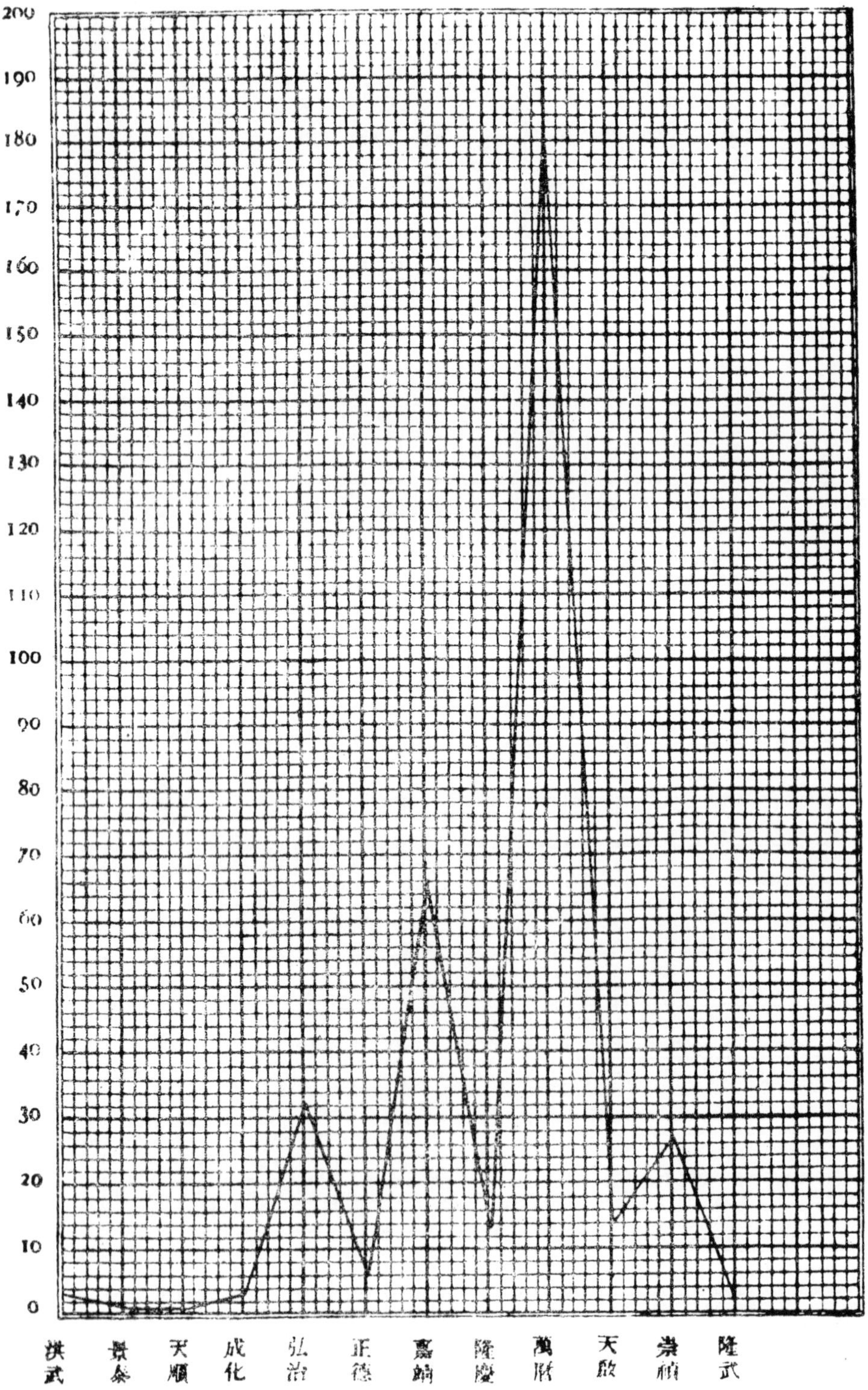
200
190
180
170
160
150
140
130
120
110
100
90
80
70
60
50
40
30
20
10
0
洪武
景泰
天順
成化
弘治
正德
嘉靖
隆慶
萬曆
天啟
崇禎
隆武

明代地方志卷數統計圖

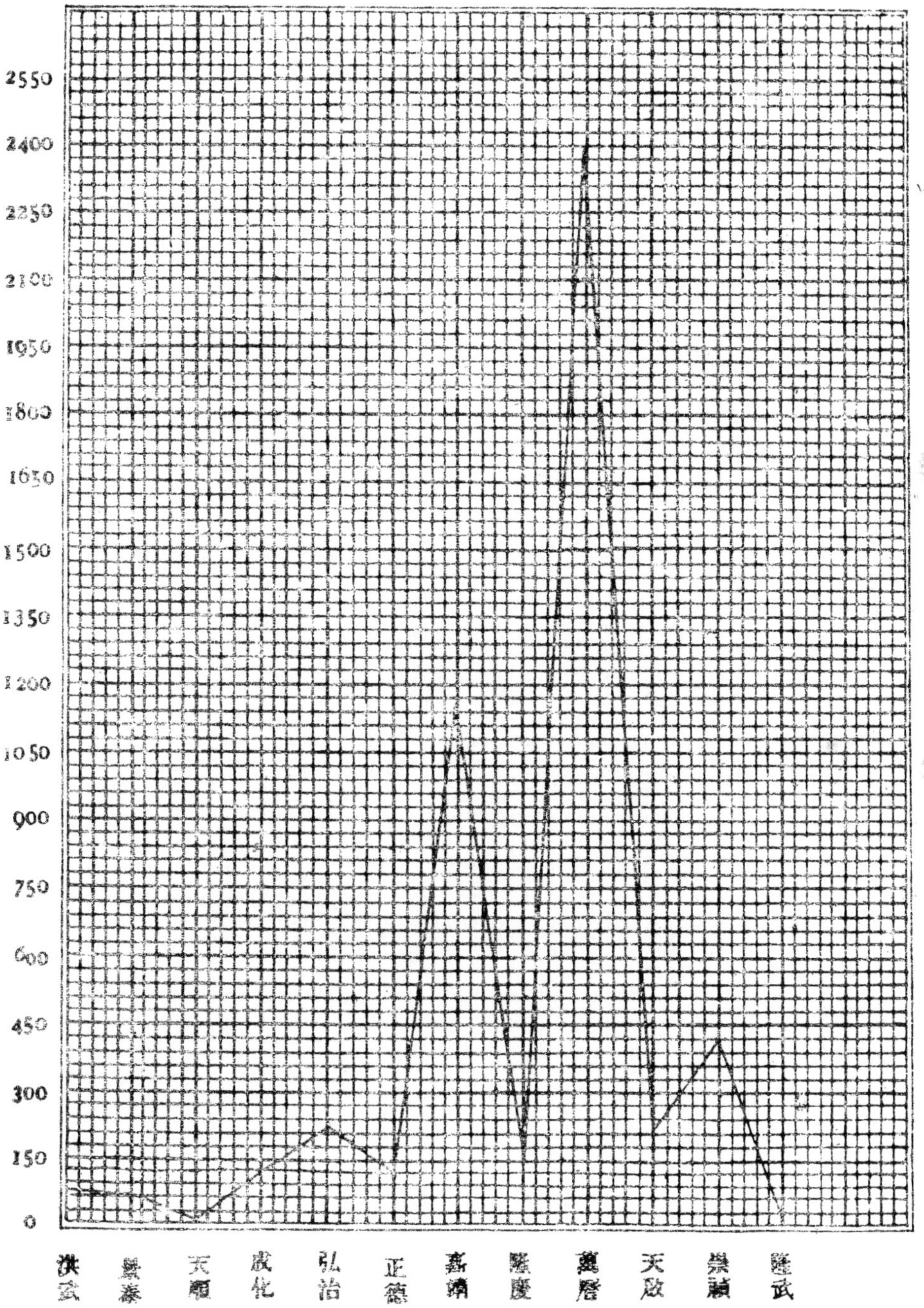
2550
2400
2250
2100
1950
1800
1650
1500
1350
1200
1050
900
750
600
450
300
150
0
洪武
景泰
天順
成化
弘治
正德
嘉靖
隆慶
萬曆
天啟
崇禎
隆武

明代各布政使司地方志種數統計圖

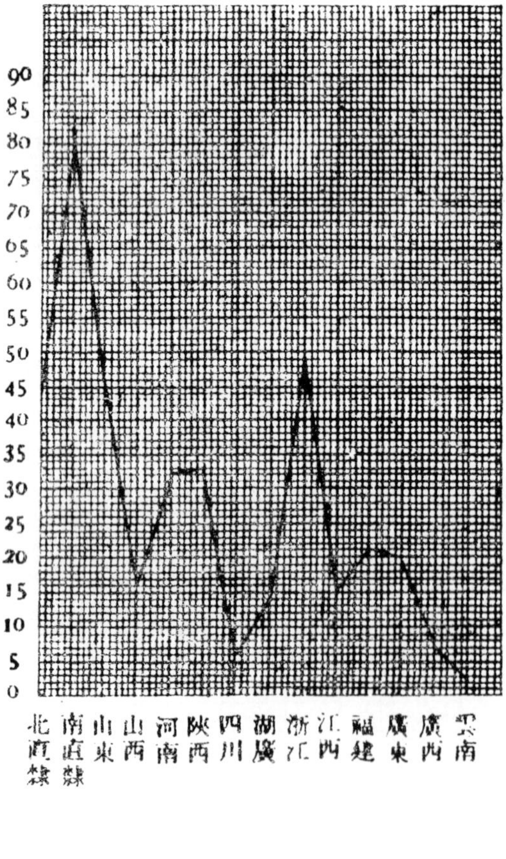

明代各布政使司地方志卷數統計圖

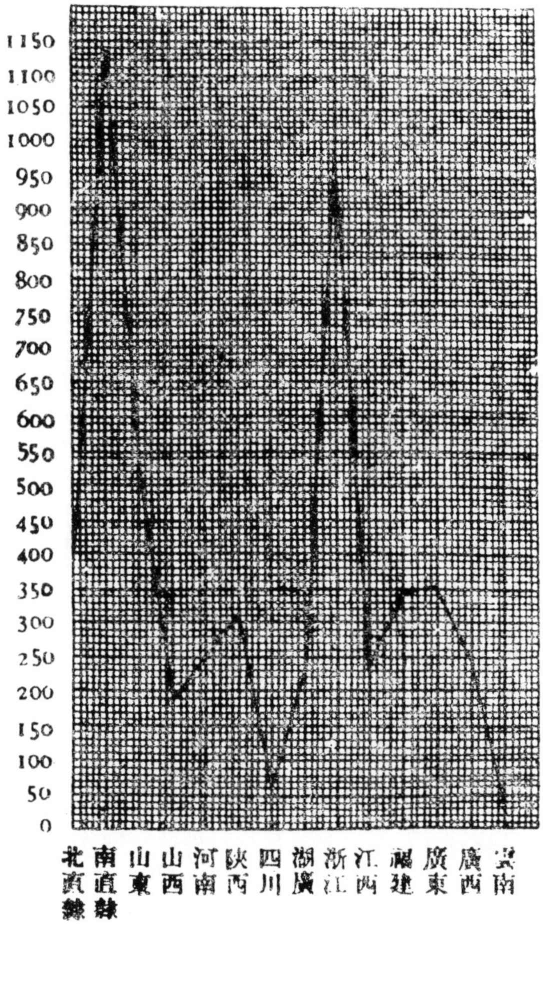

清代地方志種數統計圖

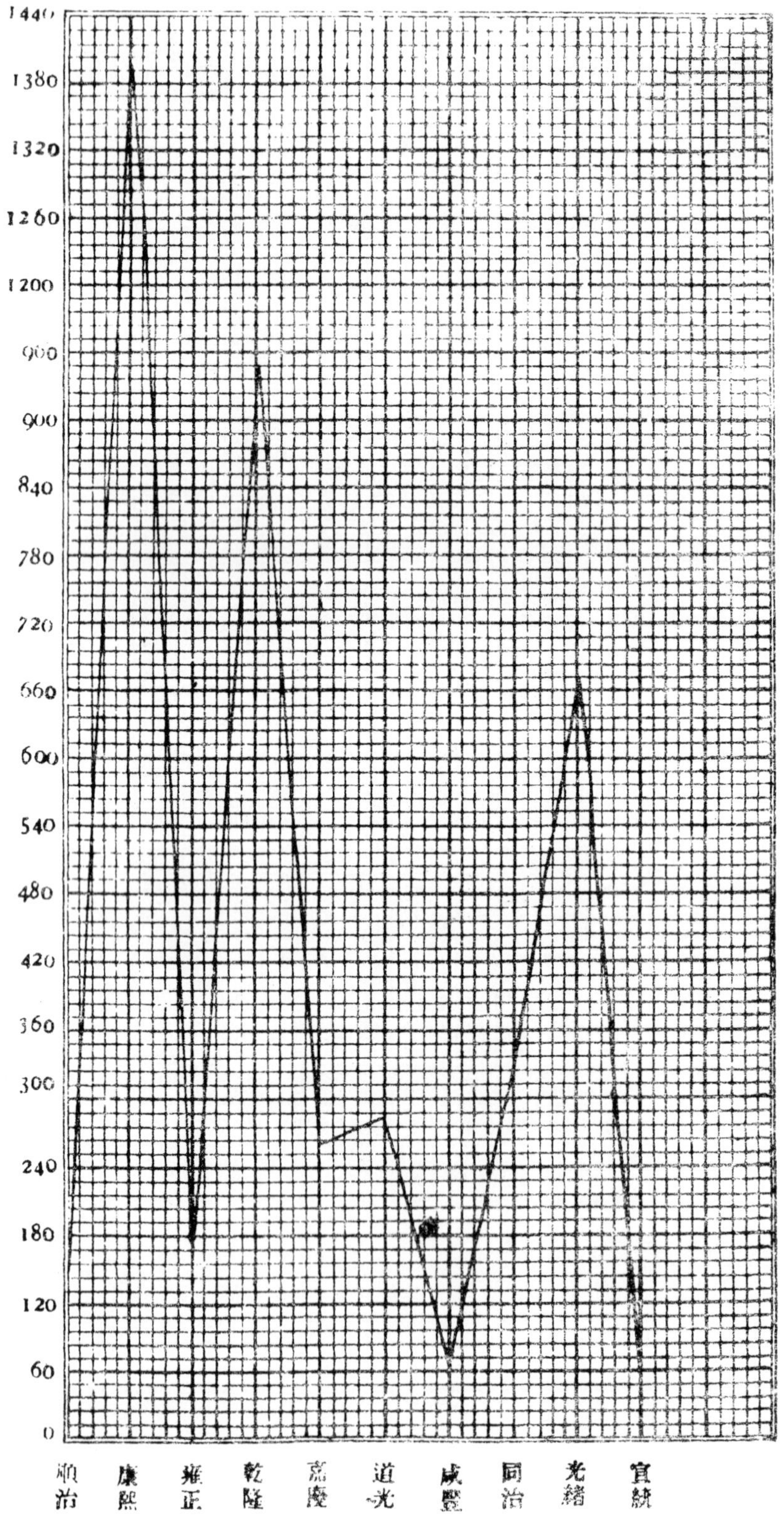
1440
1380
1320
1260
1200
900
900
840
780
720
660
600
540
480
420
360
300
240
180
120
60
0
順治
康熙
雍正
乾隆
嘉慶
道光
咸豐
同治
光緒
宣統

清代地方志卷數統計圖

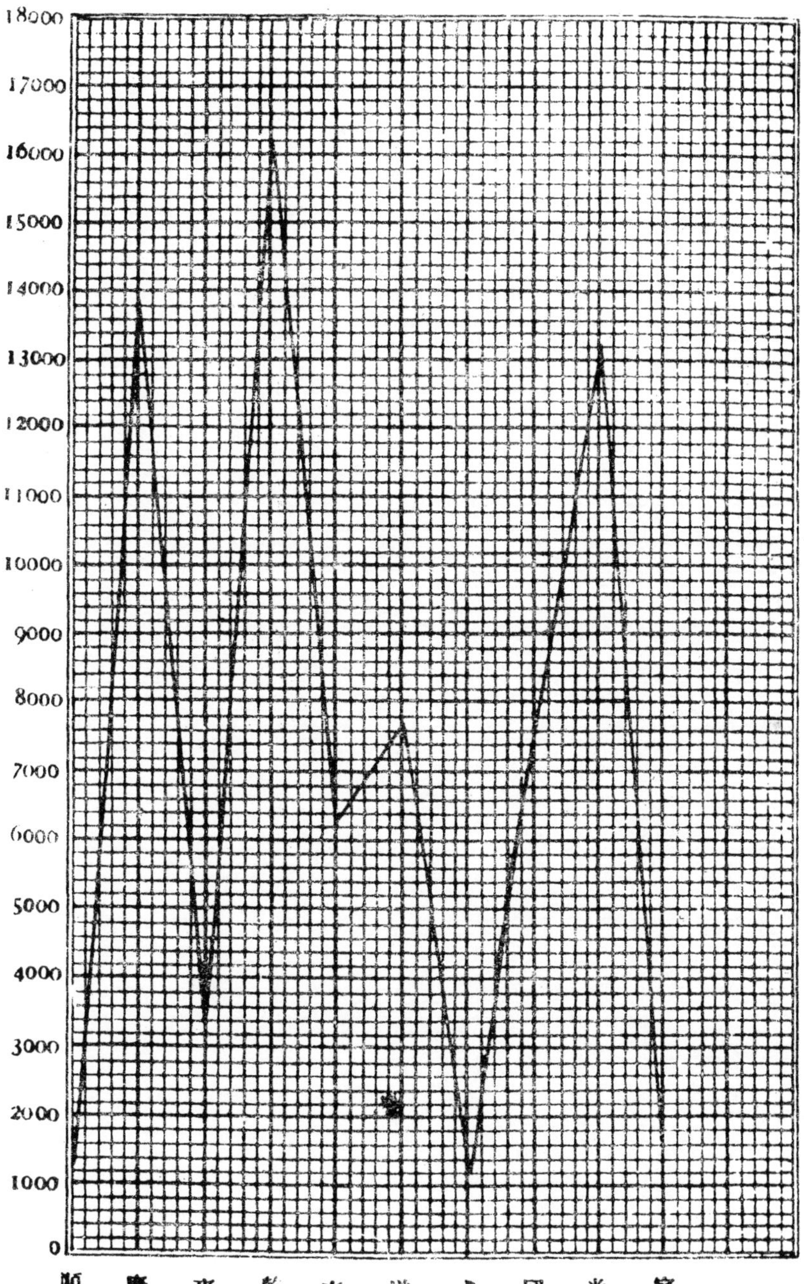
18000
17000
16000
15000
14000
13000
12000
11000
10000
9000
8000
7000
6000
5000
4000
3000
2000
1000
0
順治
康熙
雍正
乾隆
嘉慶
道光
咸豐
同治
光緒
宣統

清代各省地方志種數統計圖

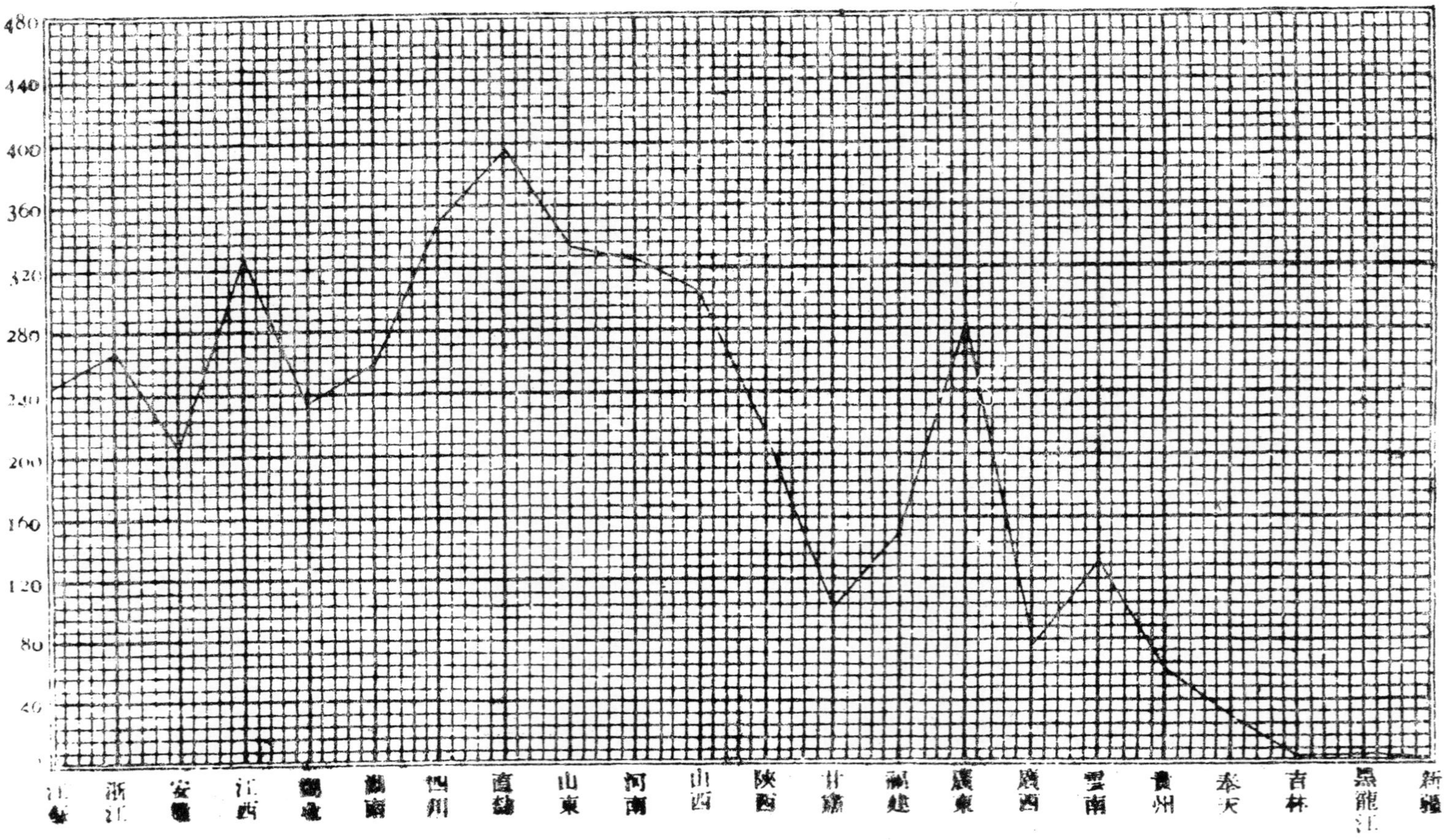

清代各省地方志卷數統計圖

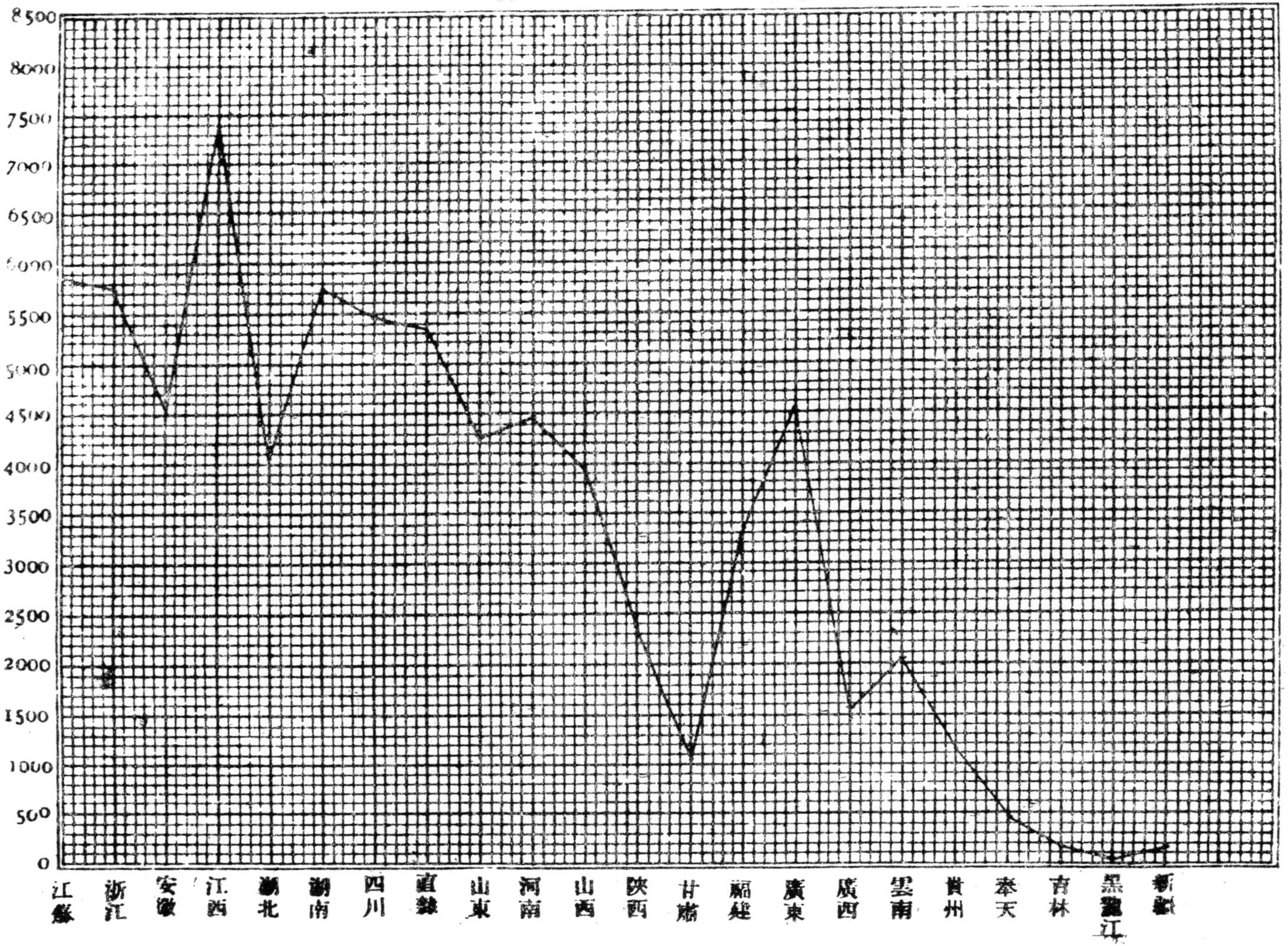

歷代地方志種數統計圖

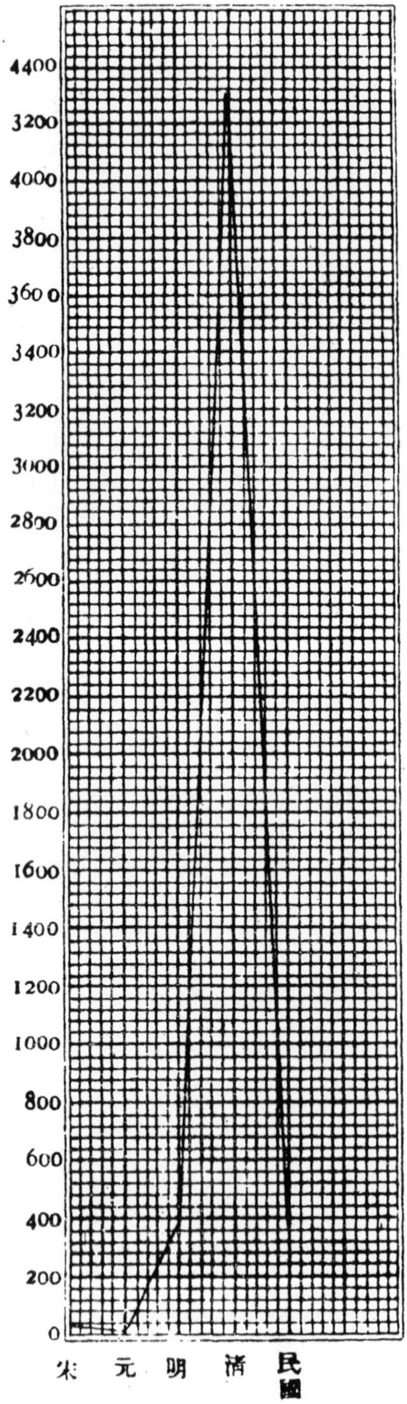
4400
3200
4000
3800
3600
3400
3200
3000
2800
2600
2400
2200
2000
1800
1600
1400
1200
1000
800
600
400
200
0
宋
元
明
清
民國

歷代地方志卷數統計圖

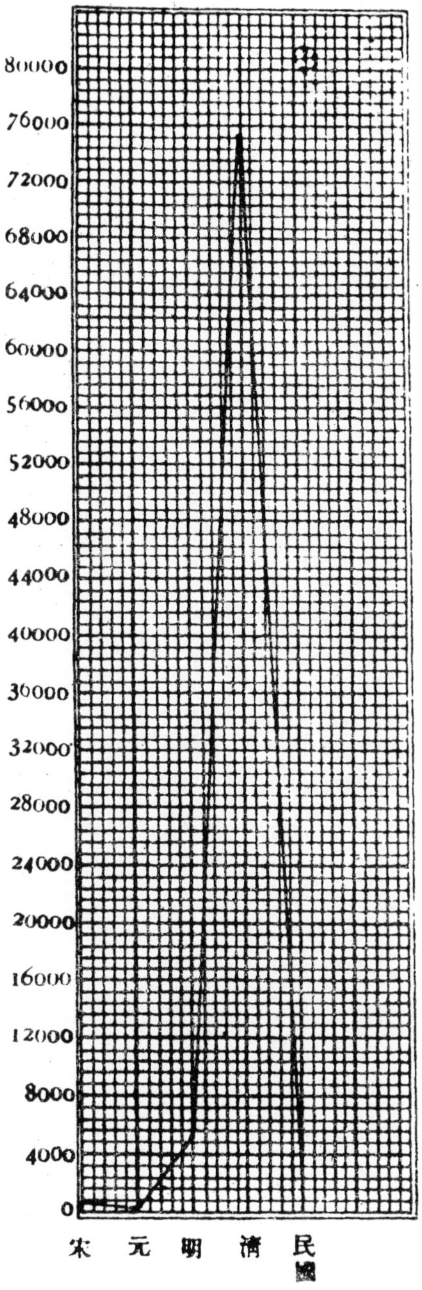
80000
76000
72000
68000
64000
60000
56000
52000
48000
44000
40000
30000
32000
28000
24000
20000
16000
12000
8000
4000
0
宋
元
明
清
民國

歷代各省地方志種數統計圖

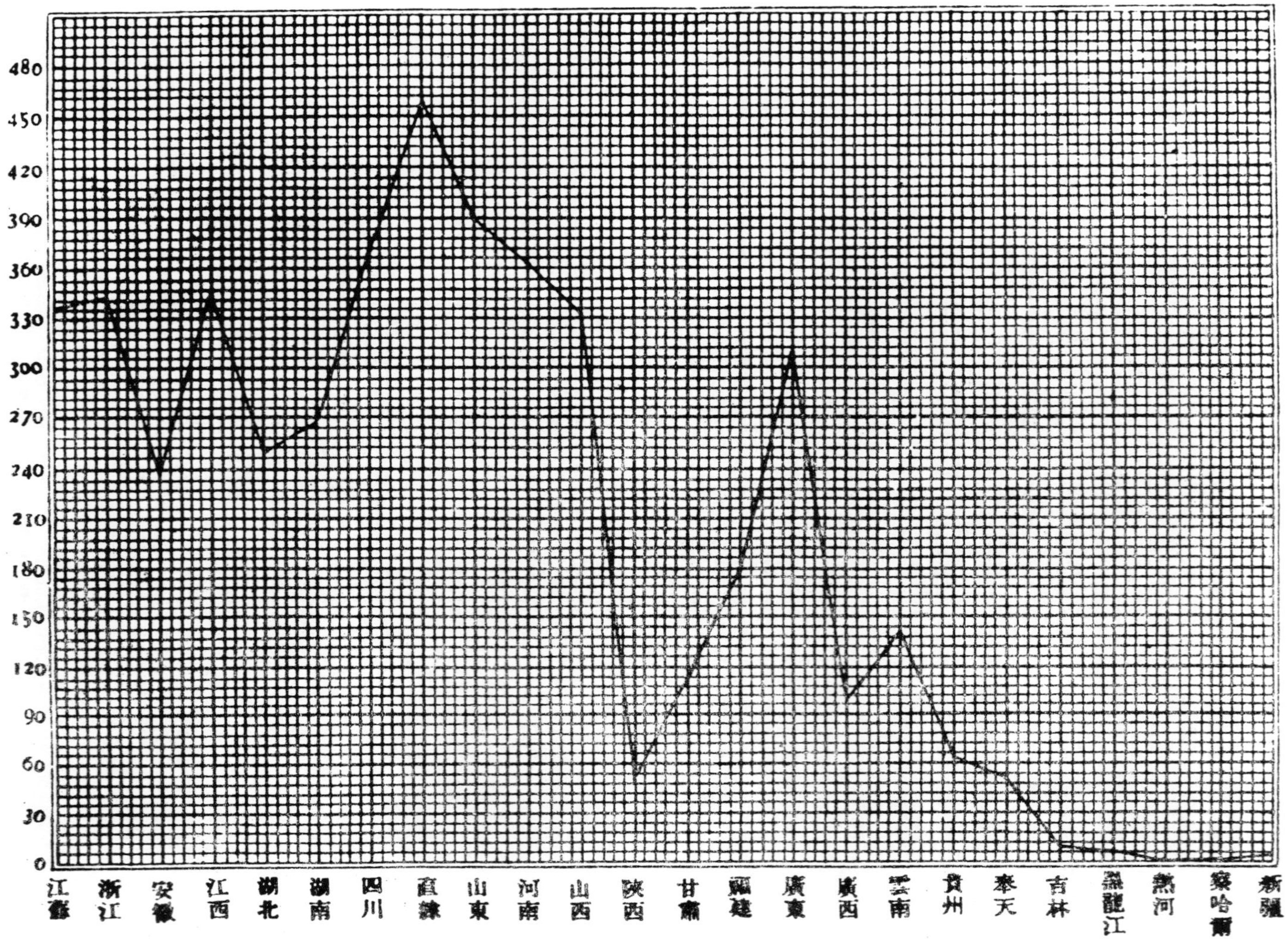

歷代各省地方志卷數統計圖

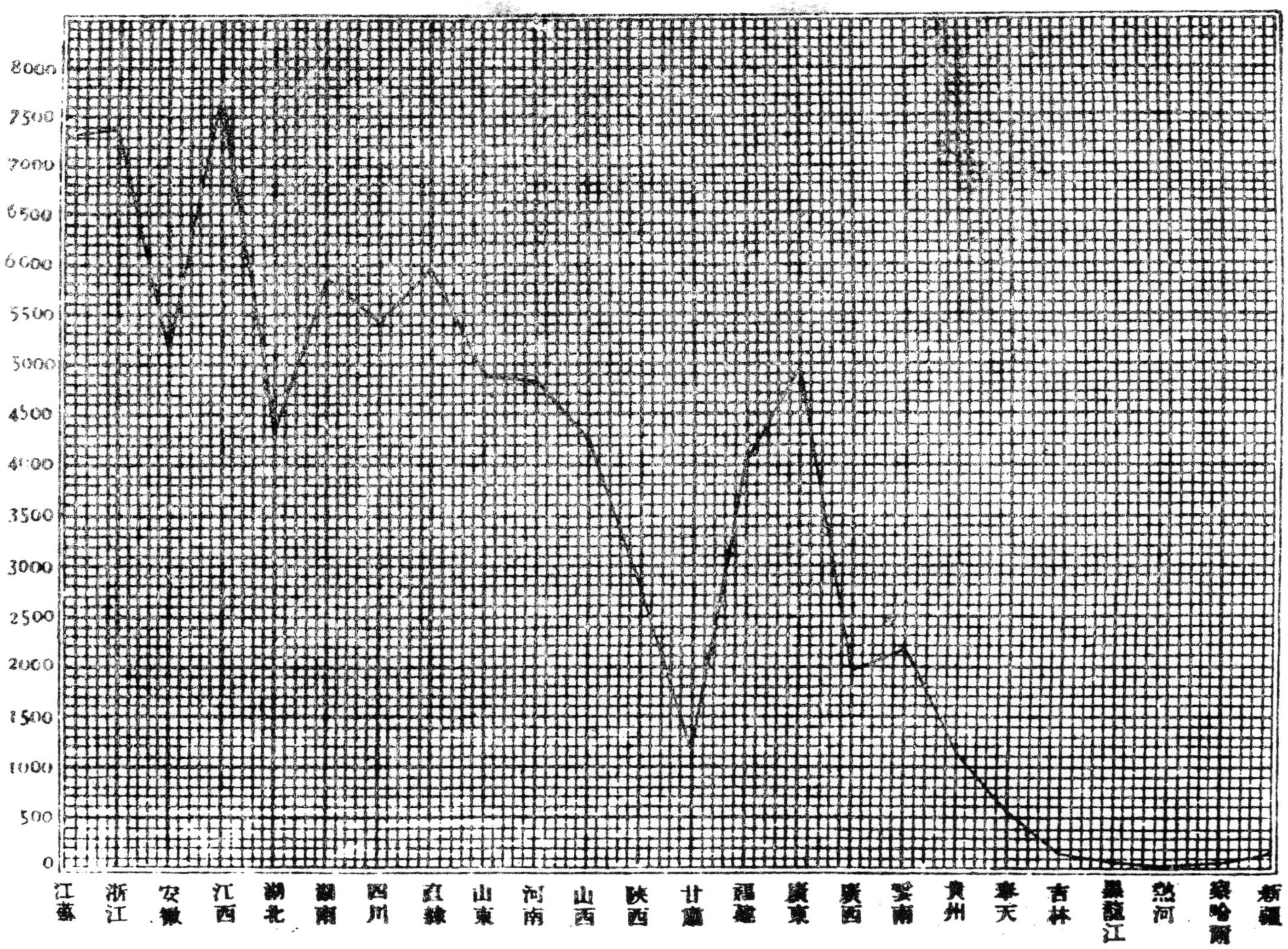

商書今譯之一——湯誓

沈維鈞

引言

尚書篇目，說各不同：有伏生今文二十八篇，漢志經二十九卷，孔安國古文五十七篇，漢志古文經四十六卷，張霸書百二篇，梅賾僞古文五十八篇，書序百篇，尚書大傳三十一篇，此不俱論；茲言尚書中商書之篇目：

漢伏生所傳今文尚書目共五篇：

湯誓　盤庚　高宗肜日　西伯戡黎　微子

漢志經二十九卷所載商書篇目亦如之。漢志古文經所載商書目共十篇：

湯誓　湯誥　咸有一德　伊訓　肆命　原命

盤庚（後分作三篇）　高宗肜日　微子

孔安國所傳古文尚書目共十二篇：

湯誓　咸有一德　典寶　伊訓　肆命　原命

盤庚（共三篇）　高宗肜日　西伯戡黎　微子

梅賾所傳僞古文尚書目共十三篇：

湯誓　仲虺之誥　伊訓　太甲（共三篇）　咸有一德　盤庚（共三篇）　高宗肜日　西伯戡黎

微子

據書序商書本有二十餘篇，漢以來僅存湯誓，盤庚，高宗肜日，西伯戡黎，微子五篇。然史記殷本紀尚存湯誥，並稱「仲丁書闕不具」。夫不言他篇不具者，（書序有仲丁篇）或司馬遷當時所見之書與今本不間，故有此言也。本文即以漢伏生所傳五篇爲本，餘則眞僞雜出，姑無取焉。

案商代史官，見之甲骨文字，殷虛書契前編卷五三十九頁有「史及太史」之名，足以徵信。其史料之存於今日者。取資實物，則殷商彝器之款識，龜甲獸骨之卜辭；證諸典籍，則史記殷本紀而外，商書五篇，上起成湯伐桀之誓（當用誓說）下訖微子出亡之辭，皆殷商史料之重要者也。顧其文詰詘聱牙，觸誦非易，雖古今注釋，可以汗牛，然陳說紛岐，徒滋疑竇，無裨史學，昔顧頡剛先生作盤庚今譯，學者譽之，因師其意，作商書今譯，先成湯誓一篇，餘俟續譯。

附說

湯誓者，商書之首篇，相傳湯因夏桀暴虐，將率民伐之，恐衆不願，乃作此誓。自來學者，皆信爲成湯遺文，雖有疑之者。故湯誓一文，伏生所傳今文尚書載之，孔安國所傳古文尚書載之，梅賾所傳僞古文尚書載之，司馬遷史記殷本紀亦載之。顯徵之事實，稽之古籍，而後疑湯誓非真本，尚有所兩之辭，今日所傳之湯誓者僞，蓋出於後人之追記，其書蠡駁，其證則密，請申其說：

今古文尚書俱列湯誓爲首篇，惟文辭平順，與庚盤之艱與難讀者，適不相侔。以文體言，當古難於今，無有今難於古者；且文法格調，與盤庚微子等篇，全不相類，則湯誓之不爲商初作品，顯而易知，此可疑者一也。

湯誓之作，既在伐桀以前，成湯何得自稱謂「王曰」，此情理之之不合於事實，吾故曰爲追記之辭，此可疑者二也。

湯誓文中有「我后不恤我衆，舍我穡事而割正」(原本正下有夏字，茲從俞樾說）是湯之伐桀，民固不喜；民既不欲而又曰爲民伐桀，其言顯相矛盾，此可疑者三也。

湯誓曰，「予則孥戮女」，與甘誓之結句相同，顯露後人剿襲之迹，此可疑者四也。

墨子尚賢篇引「湯誓曰，聿求元聖，與之戮力同心」，其語不見於今本。史記所引湯誓與今本又互異，茲列表如下：

尚書	史記
格爾衆庶，悉聽朕言。	格汝衆庶來，女悉聽朕言
非台小子，敢行稱亂。	匪台小子，敢行舉亂。
有夏多罪，天命殛之。	有夏多罪。
今爾有衆，汝曰，我后不恤我衆，舍我穡事而割正	
予惟聞汝衆言，夏氏有罪，予畏上帝，不敢不正！	予維聞女衆言，夏氏有罪，予畏上帝，不敢不正。今夏多罪，天命殛之！今女有衆，女曰，我后不恤我衆，舍我嗇事而割政。
今汝其曰，夏罪其如台。	女其曰曰夏罪其奈何。
夏曰率遏衆力，率割夏邑。	夏王率止衆力，率奪夏國。
有衆率怠弗協。	有衆率怠不和。
曰時日曷？喪予及時偕亡。	曰是日何時喪？予與女皆亡。
夏德若茲，今朕必往。	夏德若茲，今朕必往。

爾尚輔予一人致天之罰，予其大賚汝。	爾尚及予一人致天之罰，予其大理女。
爾無不信，朕不食言。	女毋不信，朕不食言。
爾不從誓言，予則孥戮汝，罔有攸赦。	女不從言，予則孥僇女，無有攸赦。

未知當時史記所本何書？尚書所本者又爲何書？二書引語，何以不同？或當時別有異本，此可疑者五也。

綜此，湯誓非商初遺文，出於後人追記無疑。惟作者確實時代，未可遽斷，姑誌之以待考證；至禱雨之說，則清儒徐間叔（時棟）先生逸湯誓考曾論之，其言曰：

「秦政不道，焚滅經術，帝王遺言，蕩爲灰燼。漢興，濟南伏生，憶所誦習，口以傳授而年過九十，耄多昏忘，伐桀之篇粲然，禱旱之誓無聞焉。……乃漢儒不察，妶惑同名，但見湯誓，概爲伐桀；目睹大旱之語而妄解元牡之文；手注兩篇之書而謬指征討之作」序錄篇

何以知其尚有禱雨之辭？以先秦古籍中見之者甚多，國語周語上：

「在湯誓曰：予一人有罪，無以萬夫；萬夫有罪，在予一人」。

此數語有闕出自論語堯曰篇：

「曰予小子，履，敢用玄牡，敢昭告於皇皇后帝，有罪不敢赦，帝臣不蔽，簡在帝心；朕躬有罪，無以萬方，萬方有罪，罪在朕躬。」

此篇或不足恃，則非周語鈔自論語，必論語鈔自周語，二者必居其一歟？又荀子大略篇亦載湯禱旱之辭：

「湯旱而禱曰，政不節與？使民疾與？何以不雨至斯極也！宮室榮與？婦謁盛與？何以不雨至斯極也！」

又墨子兼愛下：

「湯曰，惟予小子，履，敢用玄牡，告於上天。后曰，今天大旱，即當朕身，履，未知得罪于上下，有善不敢蔽，有罪不敢赦，簡在帝心，萬方有罪，即當朕身；朕身有罪，無及萬方」。

又墨子尚賢中，亦引湯誓語：

「湯誓曰，聿求元聖，與之戮力同心，以治天下。」

統觀上列諸文，均有湯爲大旱之辭，又屢言「萬方有罪，罪在朕躬。」意謂遭此大旱，傷害生命，皆我成湯之罪；萬方如有罪戾，則請降禍於我一身，無以大旱傷害國民。此完全祈雨之辭，而今湯誓，僅言伐桀，全文竟未盡載？或最初湯誓，另有其文，今日所見者，皆非眞湯誓，出於後人之追記，未可知也。抑有進者，湯旱五年爲必有之事，而伐桀之事，事非烏有，當日或有二文，今皆亡佚，未知孰是？

按湯名太乙，見甲骨文。（竹書紀年謂湯有七名：一曰履，見論語堯曰篇；二曰帝乙，見之於易；三曰天乙，見世本及史記；四曰帝乙，見白虎通；五曰成湯，見之於詩；七曰湯，蓋後世定之名也。）

史記殷本紀及竹書紀年，均作天乙。卜辭中稱湯為唐者甚多。（見殷虛書契前編卷一第一百四十七頁及後編卷上第二十九頁）其在鐘鼎文字則稱「成湯」為「成唐」，（見齊侯鎛鐘）古文「唐」亦作「䕩」，見說文口部。蓋湯之原名為唐，而唐之古文又作䕩，後人乃轉䕩為湯，而湯之一字，遂成為定名矣。

湯爲何伐桀？桀之罪惡，究爲何者？揆諸古籍，有足徵者：

史記夏本紀，「武傷百姓，百姓弗堪。」

史記殷本紀，「桀敗於虛」。

呂氏春秋功名篇，「迷惑於末嬉，放謝賢臣遠逸。」

新序刺奢篇，「罷民力，殫民財，為酒池糟隄；縱靡靡之樂，一鼓牛飲者三千人。」

桀之罪惡，不外厚斂暴民，荒淫無道，故湯假借民意，起而伐之，乃為其致伐予觀之一也。然據殷商信錄，「後備材料以湯為桀之臣而其實不然」。蓋古之時以臣伐君，指為逆道，曰湯殺其人誅；

文中「今我獨事而割正夏」。傳曰，「割，害，桀也，奪，奪也，言奪民農功而為割剝之政」。史記殷本紀曰，「今我嗇事而割政」，無「夏」字。按俞亦不及「夏」字。俞樾說「夏」為衍文，後人妄增之，其說是也。見羣經平議卷四，茲從之。

原文

王曰：「格爾衆庶，悉聽朕言：非台小子，敢行稱亂；有夏多罪，天命殛之！

今爾有衆，汝曰，「我后不恤我衆，舍我穡事而割正。」予惟聞汝衆言，夏氏有罪，予畏上帝，不敢不正！

今汝其曰，「夏罪其如台」？夏王率遏衆力，率割夏邑，有衆率怠弗協，曰，「時日曷喪？予及汝皆亡」！夏德若茲，今朕必往！

爾尚輔予一人致天之罰，予其大賚汝。爾無不信，朕不食言；爾不從誓言，予則孥戮汝，罔有攸赦！」

譯文

（凡小字均補足語意為原文所無。）

湯將誓師，要去伐桀，恐民衆不肯，恐衆不依的緣故，對著諸衆宣誓道：「來呀！（格）諸位同胞，請你們都聽明了我的說話！我很願的事，決不是我（台）小子，敢做擾亂的事；實因為夏桀罪惡太多，天地不容，我纔得受了天命去斬殺他！

現在吾聽得你們民衆，人人都說，「我們的君主（后），不肯體恤我們小百姓，竟使吾們荒廢了農事，不能得到好的收成，他却專行割剝之政」。但我聽到了許多民衆的怨言，更足證明夏桀的罪惡，這是天地不容的。我因敬畏上帝，不敢不去征伐他呢！

現在你們聽了我的說話，也許有人懷疑道，「夏桀雖有罪惡，只能害他自己的國民，他怎能奈何吾們（其如台）呢！」這話錯了。你們要知道夏氏的國民，沒有犯法。夏桀無故完全興起了重役，去弄窮民衆的財力，又行了重刑去剝割夏邑的民生。夏氏的民衆對於國事，都懈怠極了，那有人肯同心協力去扶助國家，個個人恨如切骨，又不敢明目張膽去罵他的君主，只好借題發揮，指着太陽道，「你這無情的太陽，幾時纔有喪亡的末日？吾們現在的生活難過，也願和你的壽命同歸於盡呢！」夏氏的君德，被人痛恨到這般，所以吾決定要去征伐他了！

你們且公舉一位代表來幫助我就成就這奉天之命，去討罰這昏君的罪惡，將來功成，我必要大大的獎賞你們。你們不用懷疑，不要不信任我，我決不說謊，假使你們不依從我告誡的話，那我就要施嚴酷的刑罰，連你們的妻子都要被殺，那是沒有寬恕的！」

前人審查史料的總成績

辨僞叢刊

已出版者

子略　實價三角五分

宋高似孫著，顧頡剛校點。此係高氏讀子書時之筆記，有爲一書作提要者，有考證其眞僞及批評其思想者。宋濂之作諸子辨，即承其風。原書向無單行本，今以百川學海本作底而以四庫全書本及文獻通考內經籍考所徵引者校之，允稱佳槧。

四書正譌　實價三角

明胡應麟著，顧頡剛校點。此爲專著一書以辨僞籍之始，所論者有一百餘種，視諸子辨多出一倍。又諸子辨以辨僞爲手段，衛道爲目的；而此則「爲學問而學問」，絕少衛道議論。其敘論中將僞書分爲二十類，又將審覈僞書之方法列爲八種，甚能啟發治學之途徑。原刊少室山房筆叢內，無單行本。今抽出精校付印，以利後學。

子辨（三版）　實價二角五分

明宋，著，顧頡剛校點。此書原刊宋學士全集中，世無單行本，知者不多。所論諸子書，自鬻熊迄宋，凡四十種，推勘其篇目，作者，思想淵源，發生影響，有極精密之議論。顧氏用四種本子合校付刊，故本書，亦爲最精之本。

古今僞書考　實價四角

清姚際恆著，顧頡剛校點。此書繼四部正譌而作，其眼光較胡應麟尤犀利。如易傳，孝經，詩序等，胡氏不敢以爲僞者，此均辨之。逸周書，竹書紀年等，胡氏以爲眞者，此亦僞之。雖一小冊，然其提出問題之多實可驚人。原刊知不足齋叢書內，不易得；坊肆通行本又多誤。現由本社精校付印。本附姚名達先生宋胡姚三家所論列古書對照表，尤便檢查。

詩疑　實價二角五分

宋王柏著，顧頡剛校點。是書對於詩經作分析的研究，直斥若干篇爲淫詩。其意雖爲衛道但轉足揭開詩經的眞相。又經中錯簡，亦推考甚詳，爲自來經學家所不敢發之議論。原書無單行本，今用金華叢書本校點，以通志堂經解本校之。

付印者

左氏春秋考證　清劉逢祿著
書序辨　顧頡剛編纂
詩辨妄　宋鄭樵著
歐陽修辨僞集語　牟傳楷輯
朱熹辨僞集語　白壽彝輯

景山書社　北平景山東街十七號　電話東局一七四三號

考信錄解題

那珂通世著
于式玉譯

考信錄三十六卷，考信翼錄十卷，合爲四十六卷，清崔述之所撰也。崔述，直隸大名府大名縣人，字武承，號東壁。幼時從其父訥齋先生（元森）讀。十一歲應魏縣童子試，爲縣令所賞識；十四歲應大名府試，補弟子員。年二十三，中乾隆二十七年舉人。三十歲後，覺百家之說多可疑，悔以往濫讀之誤，乃專研經史，對先儒之箋注必究其所本，考其眞僞，欲自著一書闢衆說之謬誤，正僞書之附會；自是以後，遂棄科舉之學而不爲。年五十七，知福建福州府羅源縣事；六十，署汀州府上杭縣；任地方職者凡六年，乃辭歸。對於二縣政務雖勞績頗多，然亦未輟著書之業。歸後十餘年，乃成考信錄全書。以嘉慶二十一年（一八一六）年七十七歲歿。生平事蹟，有門人陳履和所撰之崔東壁先生行略，載於考信錄卷首。

崔東壁著此書之本意，其自序中所述甚詳，茲舉一段如後：

聖人之道，自唐宋諸儒以來 闡發精詳，……然亦但尚有未盡者。蓋自周道既衰，楊墨並起，欲絀聖人之道以伸其說，往往撰爲堯舜禹湯文武孔子之事以證之而絀之；其遊說諸侯者又多嗜利無恥之徒，恐人之議己也，則僞撰爲聖賢之事以自解說；其他權謀術數之學欲欺世以取寵，亦多托之於古聖人：而異端遂並行於當世。然當其初，猶各自爲教而不相雜，至秦漢之間，學者往往彼而好之，雖采其書以爲傳記；其後復有讖緯之書繼出，而劉氏向歆父子及鄭康成皆信之，復采其文以釋六經；又以斷簡殘編，事多缺佚，學經者强不知以爲知；猜度附會，顚倒紕謬者蓋亦不少矣。……隋宋以降，復有妄庸之徒僞造古書以攻異己，亦往往采攝衆之言以入何書裁斷：學者以爲聖人之經固然，益莫敢議其失，而異端之說遂公行於天下矣！隋唐以降，學者惟重科目，故咸遵功令，尙排偶，於是詩自毛傳尙書自僞孔傳五經自孔氏正義以外舉視以爲無用之物；於前人相沿之訛，皆習以爲固然而不爲意；其或據漢魏以後之曲解駁周秦以前之舊文。至宋，一二名儒迭出，别撰傳註，始頗抉摘其失，然亦不過十之一二，其沿舊說之誤而不覺者尙多不可數；其編纂古史者則又喜陳雜家小說之言以鳴其博；由是聖人之道遂與異說相雜，聖賢之蹤遂萬古不能自白矣。蓋嘗思之，古之異端在儒之外；後世之異端則在儒之內：在外者拒之排之而已 在內者非疏而剔之不可。故居今日而欲考唐虞三代之事，是非必折衷於孔孟而眞僞必取信於詩書，然後聖人之眞可見而聖人之道可明也。

崔氏依此主旨，對於唐虞三代之事跡，費四十年之精力加以詳審之考辨 誠如自序所云『一生之學問精力略盡於此矣。』

欲論述考信錄之內容頗非易事；今祇能揭其目錄，附以二三案語如次：

(一)考信錄三十六卷：

(甲)前錄四卷：

(1)考信錄提要二卷： 上卷闡詩書應重考信，並論戰國之邪說僞書之不可徵信；漢人解詁之謬誤；東晉以後之僞書；經傳記註內亦有不可信之語；徒知務博不加詳致之過失；以及作考信錄之緣由。 下卷述前錄，正錄，後錄十二種之要領，並論本書之體例。

(2)補上古考信錄二卷： 因唐虞以前之事不見於經，僅就傳記之稍足信者考之，故曰『補』云。

(乙)正錄二十卷：

(3)唐虞考信錄四卷： 創見甚多。

(4)夏考信錄二卷： 考夏后氏一代之事 。附考皐陶事。

(5)商考信錄二卷： 考商一代之事，始自契。附考伊尹事。

(6)豐鎬考信錄八卷： 詳考自后稷公劉以至文武周公之事實。論周禮，儀禮，小雅，周頌，月令，爾雅等皆非周公之作。附載泰伯，虞仲，伯夷，叔齊，太公望，召康公，召穆公，衞武公諸人之事於第八卷中。

(7)洙泗考信錄四卷： 此書爲孔子之詳傳；指摘史記

世家之誤謬，排擊孔子家語之誣罔。謂老子乃楊朱之徒所假造之人物，並非眞有其人，焉有問禮之事；佛肸之叛在孔子卒後，弗擾之叛適在孔子爲魯司寇之時，晉躬自征伐，焉得有應之之事；謂論語中亦有誤謬，考證明確，足解千古之惑。

(丙)後錄十二卷：

(8)豐鎬考信別錄三卷：第一卷通論周政之盛衰。第二卷論封建之制，職官之制，與周之遺跡。爲三卷爲周制度雜考及洪範補說。

(9)洙泗考信餘錄三卷：記孔子門人之事跡；糾正史記家語之誤點甚多。

(10)孟子事實錄二卷：孟子事跡因史記記載梁齊之年代多有錯誤，遂使歷來學者因誤就誤；崔氏依史記索隱與水經注所引竹書紀年之文，考得孟子適梁，遊齊，居滕，至魯等年代，爲序其先後。

(11)考古續說二卷：第一卷首錄前人史論之可取者；又載觀書餘論七則以補提要之所未盡；末列三代經制通考及刑法同異考。第二卷論東周三大事，與齊桓公之霸業；辨今之所竹書紀年爲僞書；並論伏生傳經之功。

(12)考信附錄二卷：第一卷首述家學淵源與其亡弟邁之事跡，繼述其少時受恩之朱煐豪學津，史貽謨諸人事。第二卷爲門人陳履和所撰之考信錄跋三則，崔氏所撰之陳履和刻書始末。陳履和爲稀有之篤學士，初遇崔述於京師寓所，一讀述之上古洙泗考信錄與正朔禘祀通考，即强請爲述弟子。自是以至崔述之歿，二十四年間，雖師生未再會面，然書簡實不斷往返。陳氏專以刊行考信錄爲懷，居江西時，遂刊上古唐虞洙泗諸錄與禘祀正朔諸通考，事詳刻書始末。餘錄亦於東壁歿後之道光四年在浙江金華府東陽縣刻成。履和歿後，書版皆歸金華府學收藏，現今似已散失。

(二)考信翼錄十卷：

(13)王政三大典考三卷：爲正朔，禘祀，經界三考，皆歷來羣儒聚訟之問題；崔氏皆爲之明晰分析，不遺疑義。其考禘祀，則據春秋經傳之文以證明羣廟皆有禘；又辨證王制，禮運，郊特牲，明堂位，祭統，祭義，諸篇所言禘義之異同；更證喪服小記及大傳「王者禘其祖之所自出」之說之誤，國語祭法中「禘嚳」之文乃承國語之謬，因之變本加厲。凡此諸說，皆爲崔氏之卓見。

(14)讀風偶識四卷：謂齊魯韓三家之說亦不可廢，不可拘拘於衛宏之詩序；周南召南之「南」字乃詩之一體，德化並非自北而南。此等皆爲讀詩要訣。

(15)尚書辨僞二卷：崔氏未見閻若璩之疏證與惠棟之考，但其說與二儒正合符節，實炯眼可畏。

(16)論語餘說一卷：謂今之論語，自張禹有所取捨，即有邪說混入，乃指出其可疑諸章。

以上計十六種，四十六卷。此外，雜著有易卦圖說一卷五服異同彙考三卷；文集有無聞集四卷：合前十六種共爲十九種，五十四卷。皆由陳履和刊成，名曰崔東壁先生遺書，版歸金華府學所有。

按之遺書卷首所附劉之東壁自訂全集目錄，知考信翼錄內尚有讀經餘論二卷；文集十六卷內有知非集三卷，無聞集第五卷一卷，小草集五卷，細君詩文稿一卷，荍田賸筆二卷。此外有志四卷：爲桑梓文獻志二卷，水木本源志二卷；又存疑書四卷：爲大怪談（五行辨，天問）一卷，桑梓外志二卷，涉世雜談一卷；又餘編六卷：爲荍田雜錄，荍田瑣記，荍田經語各二卷，又贅編六卷：爲見聞雜記四卷，知味錄二卷。以上共三十四種，八十八卷；除已刊出之十九種，五十四卷外，未刊出者尚有十五種，三十四卷。東壁歿後，陳履和因東壁遺言，承受其全部遺書，俾以公之於世；但刊刻未終，陳氏遽歿於東陽縣署，殊堪痛惜！東壁四十年心力所專注之考信錄四十六卷，得以一字不遺而傳於所世者，皆陳氏之功也。

考信錄之價值，中國儒者解者甚鮮。陳履和之言曰：「其持論實不利於場屋科舉，以故人鮮信之；甚有摘其考證最確，辨論最明之事，而反用爲詆諆者。四海之大，百年之久，必有真知；天亦必默相此書，傳之無窮：履和唯有懷守遺編以待其人而已。」當時有汪文端公廷珍深服其論，謂：「考據詳明如漢儒，而未嘗墨守舊文而不求夫心之安也；辨析精微如宋儒，而未嘗空執虛理而不核夫事之實也。舉凡儀平日所疑不能明者，無不推極至隱，得其會通。然後知先生志大而學正，識高而心細，……其書爲古今不可無之書，其功爲世儒不可及之功也。」然文端所最佩服者不過湯武放伐論而已，東壁之學涉經史，識通古今，考據辨析高出漢宋諸儒之上，即文端亦未能知之也。中國學者拘於漢儒之訓詁，耽於宋儒之空理，其弊固不待言。尚古之念既深，對於古書待如宗教徒之崇拜經文；三禮雖有抵觸，亦必附會遷就，務使互相爲動。故有二千年之研究，竟無真理之發見也。崔氏處於羣迷之中，獨能建樹己說：排擊三皇之存在，羲農之製作，五帝之世次，與夫五德終始之學說，而曰唐虞以前之帝位，既無禪讓，亦無承繼；又曰三代王國僅限於畿內之地；成湯文武皆非夏商朝臣；並斥太伯之斷髮文身；伯夷叔齊之控馬而諫，而謂首陽窮餓並非餓死；又曰成王即位已非年幼，周公攝政，乃因成王居武王之喪；夏臺之囚，羑里之厄，皆非事實：周易非文王之作，易傳非孔子所爲，儀禮與周禮亦非出自周公之手；且謂禮記記也而非經；春秋書法非如三傳之所云；禘乃羣廟之祭，不限於始祖，不限於王者；郊僅祀天，並無北郊；更謂孔子之事附會最多，如問禮，學琴，被拒於晏子，爲中都宰，誅少正卯，攝魯相，以蘧伯玉爲主，欲見趙簡子，厄於蒲，笑於鄭，困於陳蔡，被拒於楚子西之類皆爲造作之事；大學中庸非曾子子思所作，論語乃弟子之弟子所記，後儒所輯；孟子亦非孟軻所自著；新序，說苑，列女傳假作最多；逸周書，孔叢子，家語皆爲僞書；竹書紀年乃魏國之史，戰國之事雖足證史記之誤，但今之紀年乃明人所作非汲冢舊本。凡此種種，雖皆破壞之論，但書中並非盡爲破壞，亦有建設之說，只破壞多於建設而已。即在我國(日本)研究史傳之結果，因兒島高德之消失，曾高唱抹殺之聲。而向中國之迷信學者謂老子全無其人，伯夷之諫諍與首陽之餓死亦無其事，或謂周禮乃後世之作，易傳非出孔子之手，則皆一般學者所不敢設想；無怪乎此書之不行於中國也。

然而此書亦非史論之盡善者。東壁雖據經以排斥傳記，據經與傳而排斥百家之說，至於經傳之可疑者尚未能十分解究也。依正確研究史學之法，研究中國古史之時，即東壁所信之聖經如尚書首篇之堯典，亦有可疑之處。如羲和之四子分於四方，分掌四時，居於東者主春，居於南者主夏；夏南爲狩，冬北爲狩；更如洪水多年，禹乃平水土，濬畎澮以至川，濬九川以至海等，皆就字面觀之即知其不可信，而東壁乃竟信之不疑。古書之貴，隨其古而益貴；東壁對論語懸亦往往有所疑，但至尚書則爲尚古之念所制而無所疑。我國史學家之研究中國古史者多據史記之五帝三代本紀與通鑑前編；研究孔子之事跡者則依孔子世家，孔子家語等以爲常。依此少量之史料，不拘其人之歷史哲學如何通達，研究法如何得宜，亦難得滿足之結果。建築房屋於散沙之上，不論如何堅牢，亦因地基不固而傾倒。然而讀中國經傳子史百家之書，鑑定其新舊，甄別其眞僞，皆難望之於我國人；乖刺此書，得省其勞。總之，東壁之所排斥者爲俗傳，爲僞書，爲異端邪說，爲後儒之誤謬；其所信者爲古傳，古書，聖人之道。學人之道暫置不論，若就古傳古傳更加以研究，於明瞭吾西鄰古代文化之眞相，必勞少而功多：故此書爲吾國史學家所不可闕之良書也。陳履和之所謂「必有異知」者雖難望於其國人，若行於吾國，又何待乎「百年之久」哉！

那珂通世博士，日本盛岡人，生於嘉永四年（清咸豐元年，西一八五一），爲彼國教育界及學術界之鉅子。生平著述甚富，以晚歲所譯注之成吉思汗實錄最膺盛名。年五十八卒（清光緒三十四年，西一九〇八）。卒後八年（民國四年），其友三宅米吉博士爲之傳，吾國黃君孝可嘗譯之登於師大史學叢刊第一期。

考信錄解題，爲彼約敘考信錄之內容加以評論而介紹與其國人之作，載於明治三十五年（清光緒二十八年）七月所出之史學雜誌第十三編第七號。其敘述雖殊簡略，惟議論則似頗多精當。至稱崔氏年十四應大名府試補弟子員，蓋沿陳撰行略之誤。

那珂氏既成此文，即校點崔氏遺書印行之，不二年而迄事（第一二三冊出版於明治三十六年四月——六月，第四冊及續刊崔東壁先生遺書目錄出版於明治三十七年五月——七月。）崔氏遺書，自陳履和刻成後，至光緒元年始有棻珍翻印本（北平圖書館有此一部，其主印之人及印成之地尙未檢得），光緒五年始爲定州王灝文泉刻入畿輔叢書。施以句讀小號，加列細目，詳爲整理，汰複（如朱公文，上汪韓門先生書，前後重複兩序等）補闕（如「爲翁司寇下」之類，附刻遺經樓文稿之目等），並附校於嘉慶丁巳東壁書鈔之校勘而重印者，則由那珂氏始也（續之者，即爲上海亞東圖書館近將出版之顧頡剛先生標點本，其編制完備有過於那珂本，然有若干處，因承那珂氏之成法而加進步甚完者也）。

崔氏之書，初不甚見稱道於吾國人，自那珂氏爲翻印之，始漸知其可注意。那珂氏悅服崔書之誠摯及其理由，見於此文。其友三宅米吉博士亦嘗言曰：「崔述考據經典以斷定支那古代之事實，殆與日本闡明古典之本居宣長相似。宣長之古事紀傳排中古儒佛之僻見，闡明古典之眞義；崔述之考信錄亦斥古來百家之異說曲解，發揮古傳之眞面目。其議論精確，超絕支那古今之儒家者流。但當時不廣傳於學者間，僅得少數人之景仰，以之比較日本國學之隆興，可知清代學界之頹勢已久矣（那珂通世傳）。觀此二人之言，可知崔書在日本學界之影響與地位。然至今日，吾國人之論崔氏者：猶有或嫌其疑古太過，自信太勇，致發激成當世鄙棄古書，推翻古史之風尙；或貶其過於信經崇孔，思想不能徹底，辨證亦有未當。夫人之勝人，僅能有若干點創獲，較前人爲進步，決不能完全擺脫時代影響，作一概盡善之超人。承前以開後，遞蛻而逐變之歷史過程，固無有能幸免者。當乾嘉漢學威權極盛之時代，崔氏理學淵源極深之家庭，而有規模弘而論辨精若考信錄之一書出於其間，其偉大可欽崇，實無人得不表同情。國之强弱，不僅繫於武備，日本學人，能採擷人長爲己長，不憚師效，其學術得以猛晉，自非苟然倖致者。疑所當疑，不爲傳統謬說所囿，斯崔氏之特長，吾人所以欽敬。若其思想猶有所偏，考辨未盡無疵，則正之補之，又本屬吾人之責，以歷史演進之程而言，後者自宜勝前，有弗容辭也。以己所處之時代，較前人爲優越，因而菲薄前人，輕議苛詆，當非學人之態度。承前人之遺業而作更進之努力，使學術因時代之日前而亦日趨於光明恢弘，則文化之勝人，未始非救國强國重要之助也。蒙式玉女士應信之請譯此文，敬誌感謝！民國二十一年五月十日，趙貞信附記。

景山書社啟事

本社開設北平後門內景山東街十七號北京大學第二院對門經售英美原版書籍特約代售下列各家書籍

學校

北京大學出版部
北京大學國學研究所
師範大學史地部
師範大學國文學會
師範大學史學會
清華大學清華學報社
廣東中山大學歷史語言研究所
廣東中山大學民俗學會
武漢大學社會科學季刊委員會
武漢大學理科季刊委員會
武漢大學文哲季刊委員會
武漢大學西書流通處
河南中山大學出版部
燕京大學圖書館
燕京大學燕京學報社
燕京大學社會學會
燕京大學史學會
燕京大學引得編纂社
輔仁大學圖書館
中國大學出版部
工業大學消費社

學術機關

清室善後委員會
故宮博物院圖書館
地質調查所
歷史博物館
中國地學社

中央研究院歷史語言研究所
中央研究院氣象研究所
中央研究院地質研究所
中央研究院天文研究所
中央研究院社會科學研究所
中央研究院物理研究所
中央研究院化學研究所
中央研究院工程研究所
中央研究院歷史博物館
北平觀象台
國立北平圖書館
社會調查所
西北科學考查團
杭州公立圖書館
遼寧東北教育廳
中國史學會

文社

中國文藝月刊社
興[illegible]閣
學衡雜誌社
銀行雜誌社
集美社
明天社
誠學社
狂飇社
勵[illegible]社
冬萍社
新潮社

現代評論社
中國評論社
猛進年刊社
坦途社
晨星月刊社
音樂雜誌社
光社
唯生醫學社
現代醫學社
沉鐘社
春草月刊社

書肆

開明書店
北新書局
商務印書館
中華書局
新月書店
光華書局
崑崙書店
中國書店
亞東圖書館
真美善書店
建設圖書館
出版合作社
文化學會
集古齋
大江書鋪
東華書局
中華新教育社
南強書局

南京書店
中華印書局
中學生書店
神州國光社
華通書局
中國輿地學社
民智書局
國際學術書社
明日書店
明月書店
中國書局
海音書局
古今書店
新東方書店
太平洋書店
自由書店
中國合作社
文學山房
落葉書店
東南書店
晨曦書社
芳草書店
受匡社
紫玉書店
人間書店
遼東圖書公司
脩綆堂
古城書社
長城書局
現代書局
岐山書店

科學儀器館
東方書店
金屋書店
羣衆圖書公司
曉山書店
卿雲圖書公司
花牌樓書店
蘇州出版社
世界文藝書社
華嚴書局
前夜書局
瀛濱書局
樂華圖書公司
志讀書社
春秋書店
辛墾書店
文華美術圖書公司
華發書局
大華書局
開明印書局
時中書社
中央書局
金城書社
嚶嚶書屋
鹽文書局
富晉書社
敬文書社
南華書局
金韻書局
文化書局

連理書店
博古書局
光陸印書局
江南書店

出版家

陳垣先生
劉半農先生
馮友蘭先生
張星烺先生
李玄伯先生
俞平伯先生
陳大齊先生
白眉初先生
容希白先生
馬叙倫先生
丁緒寶先生
潘博山先生
蘇甲榮先生
陳萬里先生
溫雄飛先生
古層冰先生
鄧高鏡先生
鮑仲[illegible]先生
[illegible]宗蔭先生
范仲澐先生
李錫明先生
溫壽鏈先生
楊成章先生
莊尚嚴先生
盧開運先生

秦希寶先生
儲皖峯先生
江問漁先生
繆子壽先生
繆金源先生
李雁晴先生
李光忠先生
張驥伯先生
王德崇先生
羅香林先生
林之棠先生
盧木齋先生
郭恩波先生
富守仁先生
袁民寶先生
張潤泉先生
何理之先生
鍾立言先生
林子貞先生
錢振東先生
賢奎運先生
傅潤田先生
李孟楚先生
傅振倫先生
吳靜之先生
李靜淵先生
闞志甫先生
俞伯森先生
黃希壽先生
張懷先生
張西堂先生

以上各學術機關出版機關藏書家著作家各種書籍種類繁多定價低廉函索目錄當即寄奉　如承各處將出版物委托代銷無任歡迎請隨時示知可也此啓

燕京學報

第一期目錄

金界壕考　王國維
元代的戲曲　謝婉瑩
中國哲學中之神秘主義　馮友蘭
秦婦吟之考證與校釋　張蔭麟
殷周禮樂器考略　容庚
葺芷繚衡室讀詩雜記　俞平伯
福州舊曆新年風俗之調查　葉樹坤

第二期目錄

元西域人華化考下　陳垣
孔子在中國歷史中之地位　馮友蘭
道家思想與道教　許地山
朱熹的哲學　黃子通
九章及兩漢之數學　張蔭麟
明清戲曲的特色　顧敦鍒
王國維先生考古學上之貢獻　容庚

第三期目錄

儒家對於婚喪祭禮之理論　馮友蘭
中國歷史上之奇器及作者　張蔭麟
摩尼之二宗三際論　許地山
漢代服御器考略　容庚
中國史書上關於馬黎諾里使節之記載　張星烺
漢書釋例　楊樹達
王守仁的哲學　黃子通
續書樓讀書記　倫明
明季史籍五種跋文　朱希祖
明呂乾齋呂宇衡祖孫二墓志銘考　洪業

第四期目錄

史諱舉例　陳垣
西域佛教之研究　日本羽溪了諦　許敦谷譯
儒道二家論神與文學批評之關係
印度釋名　吳其昌

第五期目錄

戈戟之研究　馬衡
偽古文尚書案反控與再鞫　張蔭麟
西清金文眞偽存佚表　容庚
西漢物價考　瞿兌之
燕京故城考　奉寬
漁洋山人著述考　倫明
附錄：評鐵氏集古錄第一集　容庚

第六期目錄

周易卦爻辭中的故事　顧頡剛
耶律楚材父子信仰之異趣　陳垣
雲岡石窟寺之譯經與劉孝標　陳垣
三百篇之之　黎錦熙
周金文中所見代名詞釋例　容庚
籌算制度考　李儼
金文曆朔疏證　吳其昌
慎懋賞本慎子辨偽　羅根澤
燕京大學校址小史　許地山

第七期目錄

從天文曆法推測堯典之編成年代　劉朝陽

劉向歆父子年譜　錢　穆
大學爲荀學說　馮友蘭
釋巫　瞿兌之
山海經在科學上批判及作者時代考　何觀洲
書後　鄭德坤
宋元南戲考　錢南揚
遼彭城郡王劉繼文墓誌跋　孝　寬

第八期目錄

匈奴王號考　方壯猷
鮮卑語言考　方壯猷
耶律楚材之生卒年　陳　垣
斐律賓史上李馬奔 Limahong 之真人考　張星烺
莽量函斛考　甄希深
三百篇之之　黎錦熙
釋詩書之誕　吳世昌
關於老子成書時代之一種考察　錢　穆
學術消息
民國十八十九年國內學術界消息　容媛編
一九二九年日本史學界對於中國研究之論文一瞥　余遜　黃孝可
日本已故東洋史學家箭內籐田兩博士之著述目錄　黃孝可
新著評論
評馯氏集古錄第二集　容　庚
評戴聞達博士英譯商君書　瞿世英

第九期目錄

矢彝考釋　吳其昌
湯盤孔鼎之揚推　郭鼎堂
臣辰盉銘考釋　郭鼎堂
陳那以前中觀派與瑜伽派之因明　許地山
斐律賓史上李馬奔之真人考補遺　李長傅
崔東壁先生故里訪問記　顧頡剛　洪煨蓮
關後附說　趙貞信
二十年(一月至六月)國內學術界消息　余遜　容媛編

第十期目錄

周初地理考　錢　穆
殷曆質疑　劉朝陽
斐律賓史上李馬奔 Limahong 之真人考補正　黎光明
並附林道乾事蹟考補正
整理昇平署檔案記　朱希祖
珠算制度考　李　儼
大藏經錄存佚考　馮承鈞
大晉龍興皇帝三臨辟雍皇太子又再莅之盛德隆熙之頌跋　顧廷龍
二十年(七月至十二月)國內學術界消息　容媛編
本刊一至十期篇名引得
本刊一至十期撰譯者人名引得
本刊八至十期出版界消息引得

第十一期目錄

周官著作時代考　錢　穆
層化的河水流域地名及其解釋　鄭德坤
上代象形文字中目文之研究　聞　宥
漢熹平石經周易殘字跋　三原于氏藏　劉　節
秦腔考　馬彥祥
讀說文虫蚰蟲三部札記　王普霖
二十一年(一月至四月)國內學術界消息　容媛編

燕大歷史學會職員

主席　朱士嘉
文書　翁獨健
財務兼庶務股　余遜發
演講股　宋玉珍
參觀股　李延增
研究兼出版股　朱士嘉

中華民國二十一年六月三十日出版

史學年報（第四期）

每冊定價大洋七角
外埠另加郵費

編輯者　燕京大學歷史學會
出版者　景山書社　北平景山東街十七號
發行者　景山書社　北平景山東街十七號
印刷者　京城印書局　北平和平門內北新華街
寄售處　各省各大書坊

第一卷第五期

史學年報

張爾田題

史學年報第一期目錄

發刊詞
戎狄夷蠻考……孟世傑
漢唐之和親政策……王桐齡
北邊長城考……徐琚清
唐宋時代妓女考……王桐齡
中世紀泉州狀況……張星烺
以日本平安京證唐代西京規制……瞿兌之
南北朝時候中國的政治中心……梁佩貞
石達開日記之研究……李崇惠
李文忠公鴻章年譜……李書春
莫索爾問題解決的經過……韓叔信
先秦歷史哲學管窺……齊思和
中國史料的整理(翁獨健筆記)……陳垣
歷史學會之過去與將來
HISTORY AND THE BELIEF IN PROGRESS……Ph. de Vargas
PALMERSTON & THE OPIUM WAR……Mervyn Armstrong

本期定價大洋三角五分

現已售罄

史學年報第二期目錄

戰國時儒墨道三家堯舜的比較……曹詩成
易傳探源……李鏡池
洪水之傳說及治水等之傳說……顧頡剛
堯典的研究……衛聚賢
儒服考……齊思和
中國古代的歷史觀……徐文珊
古代之竹與文化……瞿兌之
中國第一個留學生……朱士嘉
會眞記事蹟眞僞考……王桐齡
佑京西山故翠微寺畫像千佛塔記跋……秦寬
燕京大學校友門外恩佑恩慕二寺考……韓叔信
校點古今僞書考序……顧頡剛
俄領西土耳其斯坦與中國在歷史上之關係……韓叔信
燕大歷史學會一年來工作概況……
SUGGESTED MAIN STEPS IN THE PREPARATION OF AN HISTORICAL PAPER……Ph. de Vargas

本期定價大洋四角五分

史學年報第三期目錄

崔東壁書版本表……洪業
廣初小說回目考釋……韓叔信
與顧頡剛論五行說的起原……范文瀾
儒家和五行的關係……徐文珊
與顧頡剛師論易繫辭傳觀象制器故事書……齊思和
山海經中的古代故事及其系統……吳晗
史記版本考……趙澄
樓蘭之位置及其與漢代之關係……黃文弼
元實錄與經世大典……市村瓚次郎著 牟傳楷譯
太陽契丹考釋……馮家昇
女眞文字之起源……毛汶
指畫略傳……白也
夷務始末外鴉片戰爭後中英議和史料數件……國瑞格
清史稿之評論(上)……傅振倫

本期定價大洋七角

史學年報第四期目錄

駁景教碑出土於盩厔說……洪業
從呂氏春秋推測老子之成書年代……顧頡剛
中國內地移民史——湖南篇……譚其驤
契丹祀天之俗與其宗教神話風俗之關係……馮家昇
獲白兕考……唐蘭
元虎賁軍百戶印考釋……秦寬
山海經及其神話……鄭德坤
清史稿之評論(下)……傅振倫
中國地方志統計表……朱士嘉
商書今譯之一——湯誓……沈維鈞
考信錄解題……那珂通世著 丁式玉譯

本期定價大洋十角

本期目錄

高似孫史略箋正序之一……洪　業……一
州與嶽的演變……顧頡剛……一一
司馬遷所見書考叙論……金德建……三五
劉向之生卒及其撰著考略……葛啓揚……五三
唐代驛制考……陳沅遠……六一
考古隨筆……馮承鈞……九三
葡萄牙第一次來華使臣事蹟考……張維華……一〇三
清雍正朝試行井田制的考察……魏建猷……一一三
章實齋之史學……傅振倫……一二七
近百年來中國史學與古史辨……Arthur W. Hummel著　鄭德坤譯……一四七
明治以後日本學者研究滿蒙史的成績……和田清著　翁獨健譯……一六三
皇明馭倭錄勘誤……黎光明……一七九
讀山中聞見錄書後……梁　愈……二一三
附本刊第一卷(一至五期)引得

高似孫史略箋正序之一

洪　業

宋高似孫，鄞人；或曰餘姚人者四庫總目，卷六十八，剡錄條，誤也。其父文虎，字炳如，紹興三十年一一六零進士出身，治春秋宋館閣續錄（武林掌故叢編本），卷九，頁十二。調平江府吳江縣主簿宋史，卷三百九十四，高文虎傳作吳興縣，誤。南宋無吳興縣。茲從同治蘇州府志，卷一百四十五，頁四十八，淳熙四年一一七七為國子正宋史傳，「除國子正，遷大學博士。孝宗幸兩學，祭酒林光朝，訪文虎具儀注，文虎輯國朝以來臨幸故事授之」。按中興東宮官寮題名（藕香零拾本），頁十二，林光朝以淳熙四年二月由國子祭酒除兼中書舍人，五月除權工部侍郎。又按宋史，卷三十四，孝宗紀：臨幸兩學在淳熙四年二月；故知文虎於淳熙四年二月已為國子正；何時初除，則不可考。傳以遷大學博士居孝宗臨幸兩學前，有誤，詳下。，五年八月兼國史院編修官；六年正月遷大學博士，七年正月為將作監丞，並仍兼國史院編修官館閣續錄，卷九，頁十二；與修四朝國史，宋史，傳；又史略，卷三，頁十三下；出知建昌軍宋史，傳。按以文虎引病十四年上推之：知建昌軍當在淳熙七八年中。按館閣續錄：四朝國史，其時僅成志一百八十卷。列傳尚未成，不知文虎以故何出館。旋引病家居，十四年；紹熙五年一一九四乃再轉為將作監丞樓鑰，攻媿集（江西翻武英殿聚珍板叢書本），卷三十七，頁二十，敕云：「朕旁招俊乂，布列周行，德進言揚，如恐不及；矧以太史氏之舊，引疾家居，十有四年，昔病今愈，予環可後乎？爾博學篤志，承伯父之傳；網羅舊聞，述史遷之緒，採之公論，僉曰汝賢；再轉為丞，尚居繕監，職務清簡，可以卒汗青之業，毋以匠為嫌也』。敕所謂伯父，蓋指高閌。宋史，卷一百六十五，職官志謂乾道以後將作監為儲才之地，而營繕之事，多俾府尹畿漕分任其責；故敕云職務清簡也。宋史，傳作『擢將作監丞』，蓋誤，前十餘年，文虎已為作監丞，前轉而出，此再轉而入耳。兼實錄院檢討官續館閣錄，卷九，頁二十三，玉牒所檢討官宋史本傳。慶元元年一一九五三月遷軍器少監，二年正月為國子司業，並兼如舊續館閣錄；三月除兼學士院權直；十二月除國子祭酒，兼如舊；三年三月十六日除中書舍人，兼祭酒，兼直學士院，兼實錄院同修撰；四年正月十八日兼侍講；十月八日除兵部侍郎，兼中書舍人，餘兼如舊；五年七月十三日除翰林學士知制誥，仍兼同修撰，侍講；二十四日陞兼侍讀；八月十三日陞兼修撰；六年正月二十一日丐祠，除華文閣學士，與郡宋學士院題名（武陵掌故叢編本），頁七。中誤以除兼學士院權直爲在慶元元年；四年正月兼侍講，誤作兼侍讀。宋史，傳謂文虎於兼實錄院同修撰時又兼同修國史；兼實錄院修撰時，又兼修國史，似誤；按宋史，卷一百六十四，職官志，國史院能於淳熙十五年，迨嘉泰二年，然後再開，與實錄院並置；是紹熙慶元中不得有修國史，同修國史也，知建寧府；復力丐祠，提舉太平興國宮宋史，傳。又曰『以臺臣言，奪職卒』。未云臺臣所言者何事，所奪者何職，其奪者何時。別未見旁證，未敢遽信；姑識之，存疑焉。嘉定五年卒一二一二。高似孫緯略序。按通行本緯略如在墨海金壺，守山閣叢書內者，均於卷十二末闕金剛石經贊，漢令甲二條，而於卷首闕此序。葉煥彬（德輝）先生，於宣統辛亥，見明仿宋刻本於上海，其前有序，後所闕者俱在，且多竹宮，甲觀畫堂，八陣圖，風馬牛四條；因抄之，益以跋，訂於所藏白鹿書院活字本緯略中。葉本今藏國立北平圖書館。似孫字續古號疏寮，淳熙十一年進士出身，治詩賦葉紹翁，四朝聞見錄（知不足齋叢書本），乙集，頁四。館閣續錄，卷八，頁二十四，紹熙中爲紹興府會稽縣主簿攻媿集，卷三十一，頁十六，除給事中舉高似孫自代：『臣伏見文林郎紹興府會稽縣主簿高似孫夙有俊聲，能傳家學，詞章敏贍，吏道通明。臣今舉以自代』。按學士院題名，頁六，樓鑰以中書舍人除給事中在紹熙五年九月二日。慶元五年除秘書省校書郎。六年二月通判徽州館閣續錄，嘉定十六年五月除秘書郎。十七年九月陞著作佐郎仝上，頁十一，兼權吏部侍右郎官高似孫蘭亭考序（知不足齋叢書本），自署曰：『嘉定十七年秋九月日朝議大夫新除秘書省著作佐郎兼權侍右郎官高似孫謹書。』宋史，卷一百六十三，職官志：吏部郎中 員外郎，有尚左，尚右，侍左，侍右之別。延祐四明志（煙嶼樓刻四明六志本），卷四，頁四十三謂似孫爲禮部郎，誤；禮部無侍右郎官也。全祖望句餘土音（國學扶輪社本），卷上，頁十六，謂吏部侍郎，亦誤，侍郎則太中大夫，非朝議大夫也。寶慶元年一二二五出知處州館閣續錄，卷八，頁二十。其後，進官中大夫，提舉建康府崇禧觀道光嵊縣志，卷九，頁二十。按光緒處州府志，卷八，頁八，高似孫修忠節祠記，『似孫守括兩載。一日小孫彭夢神人……彭曉白其事，乃謁以香……即上奏，願賜旌額肖像而奉之。……予歸矣，稍刊其意，以告後之留意於斯者』；則似孫之去處州，當在紹定一二年間。不知是否即於其時與宮觀。去官，家於越（延祐四明志。按全祖望鮚埼亭集外編（四部叢刊本），卷四十七，頁十七，「答厲鶚」問高疎寮爲開禧間詩人，其居姚江，或曰甬上，孰確？『疎寮乃憲敏少師之從孫，翰林學士文虎之子。居甬上。晚年始遷姚江』。光緒鄞縣志，卷二十八，頁十四，引此，附註於『晚家於越』句下。然謝山謂晚遷姚江，未注出處。業疑延祐四明志所謂『越』者，非指餘姚，乃指嵊也，檢光緒餘姚縣志，中絕無似孫痕迹。唯卷二十四，乃引謝山語焉。嵊縣志，卷九，頁二十九，謂文虎娶剡仁德鄉周氏，慶元中入剡，建玉峯堂，秀堂，藏書寮，雪廬於金波山明心寺之東麓。卒葬其處。頁二十，又謂似孫卒後，葬其父旁。吳仲孚菊潭詩集（南宋六十家集本），頁四，寄越上高疎寮：『便教烟雨畫成圖，爭似歸來有賀湖？鏡裏精神西晉有，詩家標準晚唐無；惜花春盡鶯吟苦，敲竹風清鶴夢孤；世事正多心早懶，著書贏得靜工夫』。詩中所用賀湖典與似孫之以賀知章鑑湖故事入於剡，頗相映。似孫剡錄（邵武徐氏叢書本），卷三，頁九：『賀知章：天寶初病，夢游帝居。請爲道士還鄉，以宅爲千秋觀。帝賦詩；乞鏡湖剡川一曲，賜之』；而卷一，頁二十一：『巘雪樓，嘉定八年，尹史安之新創，出東門在訪戴驛之南，下俯清溪，前列疊嶂，樓之下，扁曰，『剡川一曲』。）卒贈通議大夫（嵊縣志，卷九，頁二十）。此高氏父子功名官職，大略之可考者也。

高氏父子皆以科第出身，以文學任職。然以官論，則子不若其父之顯。以文字之流傳於後世者論，則父不若其子之多。文虎之重要著作，當在宋之四朝國史，實錄，玉牒等中，今皆不傳矣。所撰天官書集注（延祐四明志。此殆即史記注中之一部也），史記注一百三十卷（史略，卷一，頁十六），亦早佚說郛，五朝小說，古今說海中皆有高文虎蓼花洲閒錄一卷。此非文虎書也。書中，『開』字屢見，文虎父諱也。又云，『大中祥符八年四月二十三日夜，榮王宮火起，時大風從東北來，五更後火益盛』；下注曰，『予起登樓見之，知是禁中通夜不寐』。文虎卒於嘉定五年，其去大中祥符八年幾二百年矣；存者文數篇，詩若干首而已（宋史，傳；咸淳臨安志卷三十三；桑世昌，蘭亭考附錄，頁六；俞松蘭亭續考，卷一，頁三十二；四朝聞見錄，附錄，頁六；剡錄，卷八，頁六；卷九，頁八，九，十，十一，十二；卷十，頁一。此外當更有散見於他書者，不暇詳檢也）。似孫文與詩之散見於他書者，姑不計。所撰子畧四卷（百川學海本，學津討原本，四庫本。顧頡剛先生校本，最佳），史略六卷（詳史略箋正序例），緯略十二卷（墨海金壺本，守山閣叢書本，四庫本。），騷略三卷（百川學海本，四庫本。業未見刊本。），剡錄十卷（邵武徐氏叢書本，四庫本），硯箋四卷（楝亭十二種本，四庫本），選詩句圖一卷（百川學海本，四庫總目總集類存目作文選句圖，文苑英華抄四卷。四庫雜家類存目。此書業未見，疎寮小集一卷南宋六十家集本，南宋羣賢小集本。按小集中僅得詩十三首。劉克莊後村詩話（適園叢書本）續集，卷四，頁二：『…鍾惠四六一卷，高遺疎寮詩二冊。未幾鍾貴顯，高出館，不復入。今皆物故。予老矣，四六姑置，惟詩結習未忘，所得疎寮二冊，前已摘出一二聯，後得其全集，數倍於舊。老筆如湘弦泗磬，多人間俚耳所未聞者。…』今小集之非全集甚明。四庫總目卷一百六十一，謂乃採輯而未完備之本，是也。刪定桑世昌蘭亭考十二卷知不足齋叢書本，四庫本，皆流傳至今者也。說郛中有高似孫唐科名記一卷，唐樂曲譜一卷。此皆非專書，蓋緯略中之一部分而已。見卷三，頁四至六；卷九，頁十五至十七。其經略，集略，詩略皆見緯略卷一，頁一，古世本見史略，卷六，頁二下，戰國策考見子略（顧校本）卷三，頁六十二，蜀漢書見史略，卷二，頁二十二下，漢書司馬相如傳注見史略，卷二，頁八下，漢官見史略，卷六，頁四下，煙雨集內閣書目（適園叢書本），卷三，頁二十六。文淵閣書目（讀畫齋叢書本），卷十，頁十一，作烟雨詩，則於今已佚者也。鄞縣志，卷五十五，頁七，謂似孫有泉品，嵊縣志，地理，古蹟中屢引之云。然似孫實無此書，蓋出於剡錄，卷十，頁十一至十三耳。噫亦富矣全祖望湖語（結埼亭集卷四）：『疎寮骫骳，追配范陸，苦吟之餘，尙聞三略』，自注：『高學士似孫詩最工，又有緯略騷略蟹略』所舉蓋未盡也。

宋史稱文虎「聞見博洽，多識典故」。又曰，『修神宗玉牒，自熙寧以來，史氏淆雜，一人無所取信，文虎盡取朱墨本刊正謬妄，一一研覈，既奏御，又修徽宗玉牒考訂宣和崇觀二字似衍以來，尤爲詳審』。按玉海（浙局本）卷五十一，頁六，慶元三年二月五日，進神宗玉牒八十卷。淳熙四年三月己酉，進徽宗玉牒，嘉泰三年，四月十七日，又上一百二十卷。史略，卷三，頁二十一，謂文虎專修神宗一朝玉牒，未及徽宗朝，則嘉泰三年所上者，僅有文虎一部分之工作在內也。評判是否盡當，今已無從覈證。似孫文字，存者尙多，足供討論。大約所著書，組構得體，見識敏達；所作詩，神思簡拔，鍛鍊工美。惟所學，廣博有餘而精密未足，稍爲遺憾耳。四庫總目於似孫著作頗加稱許，多是公平之論，非紀陸輩特有所愛於高氏而過爲袒護也。

顧南宋末人於高氏父子每多譏誹，若士林所不齒者。當時既推使落井，後世又從而，下石焉。間嘗疑其誣，考之乃知其實誣也。文虎同時有無名子爲詞云：『高文虎，稱伶俐，萬苦千辛，作個放生亭記。從頭沒一句說著朝廷，盡把師羿歸美。這老子忒無廉恥，不知潤筆能幾；夏王說，不是商王，只怕伏生是你』。或作『夏王道，不是商王，這鳥獸魚鱉是你』。記文有曰，『鳥獸魚鱉咸若，夏曆以興』；筆誤『夏』爲『商』，後乃刊石改之；無名子乘間詆譏，播爲笑談。宋末書往往及其事。參周密齊東野語（學津討原本），卷十，頁十三；俞文豹吹劍錄（讀畫齋叢書本），頁三十八；後村詩話續集，卷一，頁十等等。葉紹翁四朝聞見錄戊集，頁三十六，已辨其誣；且引西湖放生池記全文其文亦見咸淳臨安志，卷三十三，頁十四；所謂『從頭沒一句說著朝廷』者，直誑語耳記曰：『皇帝踐祚之五年，乾坤清夷，瀛宇寧謐，施仁霈澤，損賦落刑，所以養民本，迓天休，德至渥也。而又勵精圖政，綜賢經能，功亮績熙，小大咸舉』。紹翁曰，『炳如號爲博洽名儒，疾程文浮誕；其爲少司成，專以藏頭策問試士。問目必曰「，有某人某事者…」。士不能應，但以「也」對「者」字。士之憤高也久矣』。此即宋史文虎傳所謂「久司學校，專困遏天下士，凡言性命道德者，皆絀焉」；又所謂「與胡紘等合黨，共攻道學」也。傳載韓侂胄用事，既逐趙汝愚朱熹，以其門下多知名士，設僞學之目以擯之，遂命文虎草詔」云云詔亦見於慶元黨禁（知不足齋叢書本），頁二十二；繫於慶元四年五月己酉。宋史，卷三十七，寧宗紀，慶元四年五月己酉『詔禁僞學』，殆即此事。然詔僅曰『宜各改視回聽，毋復借疑似之說以惑亂世俗』；未云禁僞學也；又曰「西掖詞命，舊率以數人共一詞，文虎以爲非所以崇訓戒賛人才也，迺人人各爲之」。此殆出諸野史，深納文虎於黨事侂胄，排擊道學之罪。宋官制淆壞，中書常闕舍人宋史，職官志敘。慶元二年十月中書舍人闕官四朝聞見錄，丁集，頁十七，三年中文虎一人而已，四年雖尚有范仲藝館閣續錄，卷九，頁二十，然何云「西掖詞命舊率以數人共一詞」也？

且上文既曰，『命文虎草詔』則下文何必以文虎專筆爲病？傳之撮合野史傳說，痕迹昭昭，胡可深信？文虎與道學諸君子臭味不相投；縱曾當制草改視回聽詔，亦不必便是侂胄奸黨。不然，慶元六年之初，韓黨勢力方興未艾，文虎何必丐祠外去耶？宋史以文虎傳置諸胡紘何澹京鏜陳自强之列，已頗不倫。明錢士升南宋書（掃葉山房本卷四十九）乃竟以附諸韓侂胄傳末，且於所任官職擅加刪削，其誣愈劇矣。

宋史無似孫傳。野史之誣似孫較之於其父尤甚。或譏似孫輕薄者，蓋指其曾竊窺程大昌之演繁露乃著繁露詰以與爭勝也齊東野語，卷十九，頁七：『程文簡著演繁露初成，高文虎炳如嘗假觀，稱其博贍。虎子似孫續古，時年尚少，因竊窺之。越日程索回元書。續古因出一帙，曰繁露詰。其間多文簡所未載。而辨證尤詳，文簡雖盛賞之，而心實不能堪。或議其該洽有餘，而輕薄亦太過也』。或詆似孫爲諂佞者，蓋謂其曾獻九錫詩爲韓侂胄壽也慶元黨禁，頁四十一：『高文虎之子似孫爲秘書郎，因其誕日獻詩九章，每章用一錫字，侂胄當之不辭』。陳振孫直齋書錄解題（光緒九年江蘇書局刻本），卷二十，頁十七：『上韓侂胄生日詩九首皆暗用錫字，爲時議所不齒』。或攻似孫之宦蹟者，蓋指其知處州時以貪酷處官，又挾妓以去也直齋書錄解題：『晚知處州，貪酷尤甚』。周密癸辛雜誌（學津討原本），續集上，頁五，『高疎寮守括時，有籍妓洪渠者，慧黠過人。一日歌眞珠簾詞，至「病酒情懷猶困懶」，使之演其聲若病酒而困懶者，疎寮極稱賞之。適有一客云，「卿自用卿法」。高因視洪云，「吾亦愛吾渠」。遂與脫籍而去。以此得嘖言者』。其最甚者，或竟詬似孫爲不孝，蓋指其曾刪改文虎所作蘭亭博議叙，又指文虎曾以帖與妾銀花，而帖中可見父子家庭間有怏怏不平氣也直齋書錄解題，卷十四，頁八：『本名蘭亭博議，高內翰文虎炳如爲之序。其子似孫主爲刪改。……序文本亦條達可觀，亦竄改無完篇。首末闕漏，文理斷續；於其父猶然，深可怪也』。癸辛雜識別集，下，頁一，『高疎寮一代名人，或有議其家庭有未能盡善者。其父嘗作蘭亭博議叙，疎寮後易爲蘭亭攷，且輒改翁之文。陳直齋嘗指其過焉。近得炳如親書與其妾銀花一紙，爲之駭然，漫書於此云。「慶元庚申正月余在翰苑。初五日得成何氏女，爲奉侍湯藥。又善小唱嘌唱，凡唱得五百餘曲，又善雙韵，彈得五六十套。以初九日來余家。時元宵將近，點燈會客。又連日大雪，余因記劉夢得詩，銀花垂院榜，翠羽擷條鈴；王禹玉和賈直孺內翰詩，銀花無奈冷，瑤草又還芳；蘇味道元宵詩，火樹銀花合，星橋鐵鎖開；羣仙錄，姚君上昇之日，天雨銀花，繽紛滿地；宋之問雪中應制詩，瓊章定少千人和，銀樹先舒六出花；遂名之曰銀花。余喪偶二十七年，兒女自幼至長大，恐疎遠他，照管不到，更不再娶，亦不蓄妾婢。至此始有銀花，至今只有一人耳。余既老，不喜聲色，家務盡付之子，身旁一文不蓄，雖三五文亦就宅庫支。全不飲酒，待客致饋之類，一切不管。銀花專心供應湯藥，收拾，緘護，檢視早晚點心，二膳亦多自烹飪。妙於調脈，縫補，漿洗，烘焙，替換衣服，時其寒煖之節，夜亦如之。余衰老，多小小痰嗽，或不得睡，即徑起在地扇風爐，趣湯瓶，煎點湯藥以進。亦頗識字，助余看書檢閱，能對書簡，時余年六十七歲矣。同往新安供事二年，登城亭，覽溪山，日日陪侍余，甚適也。既同歸越，入新宅次家親族以元宵壽予七十時，銀花年限已滿，其母在前，告某云，『我且一意奉侍內翰，亦不願加身錢』。舊約逐月與米一斛，亦不願時時來請，余甚嘉其廉謹。且方盛年，肯在七十多病老翁身旁，日夕擔負大公，徒此世間最難事，其淑靜之美，雖士大夫家賢女，有所不及也。丙寅春，余告以『你服事我又三年矣，備極勤勞，我以面前洗漱等銀器約百來兩，欲悉與你』。對以，『不願得也』。時其母來，余遂約以每年與錢百千，以待[代]加年之直，亦不肯逐年請也。積至今年，凡八百千。余身旁無分文，用取於宅庫，常有推托牽掣，不應余求。自丙寅年欲免，令菴莊糶穀六百石。是歲積兩年租米未糶，見管五六十[千？]石。菴僧梵頭執法云，『知府與恭人商量欲以此穀變錢，添置解庫一所』。繼而知府來面說，『且要穀子錢作庫本，若要錢用，但來支用，不知要錢幾何？』余云，『用得千緡』。答云，『無不可者』。而宅庫常言缺支用，拒而不從。又二年，遂令莊中糶穀五百石，得官會一千八十貫，除還八年逐年身錢之外，餘二百八十貫，還房臥。錢係知府曾存有批子支三百千，係丙寅春所許令塡上項錢。余謂服事七十七歲老人，凡十一年，余亦忝從官，又是知府之父，又家計盡是筆耕有之，知府未曾置及此也。況十一年問[間]，看承謹細，不曾有病伏枕，姑以千緡爲奩具之資，亦未爲過，但即未辦，候日後親支給。銀花素有盼盼燕子樓之志，而勢亦不容留，余勉其親，亦遲遲至今。今因其歸，先書此爲照。銀花自到宅，即不曾與宅庫有分文交涉及妄有支用。遇寒著，本房即買些衣著，及染物，余判單子付宅庫，正行支破；銀花即無分毫干預。他日或有忌嫉之輩，輒妄有興詞，仰即此示之。若遇明正官司必鑒其事情，察余衷素，且憫余叨叨於垂盡之時，豈得已哉？嘉定庚午八月丙辰[一]押達識』。鮑廷博蘭亭考跋：『其父暮年出銀花帖以示人，不孝之名，又以昭著』。

所指諸事，倘皆確實，則似孫人品誠無足道。四庫總目，卷六十八，剡錄條，直號之爲宵人鮑廷博，蘭亭考跋可也。然似孫見演繁露時，程大昌已死；似孫年亦不少；似孫所著書名緯略，不名繁露詰也緯略序，『嘉定壬申春，程氏準新刊尚書公演繁露成，以寄先公。先公得書，晝夜看不休。雖行野中，必與俱。對賓客飯，亦不舍。似孫從旁問曰，「書何爲奇古，而耽視若此」？先公曰，『是皆吾所欲志者，筆不及耳』。似孫盡一夜之力，省侍旁見聞者，鈔作二卷，急課筆史仍裝褾成冊，以呈先公。先公翻閱再三，月曰，「此書好於演繁露，何人所作？」對曰，「似孫嘗聞尊訓有所欲志，而筆不及，是乃夜來旋如輯錄者」。先公喜曰，「吾志也。宜增廣卷帙，庶幾成書」。一月後，甫得卷十二，而先公已捐館。展卷輒墮淚。然不可因此而失傳。略識其事，以爲之序，嗚呼！後四年，乙亥正月十日似孫書』。

九錫詩九章，何以一句不傳？或云明用「錫」字，或云暗用『錫』字；或云似孫所作，或不名作者何人；或云九錫之請，出自余嘉。傳說之糢糊離異既如此，固不可執其一以爲似孫罪，更不可謂似孫爲侂胄幕客也四朝聞見錄，乙集，頁二十二，『又有某人，以「錫」字分題，如「錫福」，「錫爵」（一作壽）之類爲詩以獻韓』。宋史卷四百七十四，韓侂胄傳，『余嘉請加九錫…侂胄…當之不辭』。全祖望湖語，『晚節微嫌，平原入幕』。又句餘土音，上，頁十六，『竦寮以入平原之幕見譏』。處州府志淵源出於宋括蒼志，續志，元處州路志各書；似孫在處貪酷之政，亦可徵諸府志乎？檢之，無有也。府志卷十三，頁六曰：『紹定戊子守括時，村民獻雙蓮花三，雙蓮實二，咸以爲仁德所召云』。括人稱其仁德，他人安可謂之貪酷哉？兩宋太守之與妓游者，不僅一人，不可獨以罪似孫。且似孫去官時，似並未曾家築金屋藏嬌；否則菊潭詩中不應有『敲竹風淸鶴夢孤』句也。銀花帖一文，一望而可知其非文虎所作帖僅以『達』字畫押，未署文虎名。慶元庚申出館後，文虎往知建寧府，不曾往新安供事二年也。作者其誤以似孫在徽爲倅，歸諸其父歟？嘉定丙寅庚午中，似孫任何官，不可考，然未爲知府也。又帖之用意，不過欲銀花不至受誣而已，不必於銀花命名之意侈陳典故，而一篇長文大半蛇足也。且文虎父名『開』，帖乃引『火樹銀花合，星橋鐵鎖開』句。文虎何至以父諱妾名同列一聯中乎？似孫諱其祖名，乃改『開府儀同』爲『儀同』，見四朝聞見錄，乙集，頁四，蓋亦無名子之徒所爲耳。至於子改父文，不足多怪。敘文二篇具在，可資比較續蘭亭跋，卷一，頁二十九：『蘭亭博議，予友桑君澤卿所輯也。予挈故書入山陰結廬茂林修竹間訪問王謝諸人遺蹤，但見壑流巖秀，雲物興蔚而已。既而於屋東得鄰士地數畝，益藝卉竹，治堂觀。又有以汪龍溪家所藏禊圖見遺者，乃揭之屋壁間，又有舊藏定武石刻，亦設諸几席。日與兒輩來游，觀圖玩字，如與王謝諸人相接。一日澤卿忽攜博議見過。予驚且歎曰，「此越故事也，吾曹不能爲之，而澤卿所編其勤且篤而又精贍貫串如此」。余每謂右軍召為侍中尚書皆不拜。又擢護軍將軍仍不就。至於兒娶女嫁便有尚子平之意，縷縷書辭間。其識宇度量似非江左諸傳所可及。天若有晉，使昌於事業，當不在司徒叔太傅公之下。而論者僅推其研精篆素盡善盡美而已。吁！是何其不知右軍者耶？繭紙一帖，辨者多矣，自有確論，故不復云。獨愛我澤卿續燈詩書之系，膏育大雅之傳，凡所考訪，一一詳的，直有括囊流略，苞舉藝文，編該緗素，殫極丘墳之意。因以此敘博議，且以策兒曹苟簡鮮工云。開禧元年十二月望日，四明高文虎書』。蘭亭攷序：『晚挈書結廬山陰茂林修竹間，訪問王謝遺躅，但見壑巖深秀，雲物興蔚而已。得汪龍谿所藏修禊大圖，表之屋壁中。山石中字，又在棊硯間，若與諸人接。一日澤卿攜此編見「過」、越故事也。夫羲之，召為侍中尚書，不拜。擢後將軍，又不拜。至於兒娶女嫁，便有尚子平之意，縷縷書辭間，其識度宇量，似非江左諸賢可及。天若佑晉使昌於事業，當不在司徒叔大傅公下。今論者，知有此帖而已。然知此帖者，亦足以大雅風流自任。況知之者，無如澤卿乎？詩曰。「雖無老成人，尚有典刑」，於茲有之。既請序，名曰蘭亭攷。嘉定元年十二月望日華文閣學士通奉大夫提舉江州太平興國宮高文虎」。文虎原文，未加追琢，似孫刪改，意求簡潔。似孫既於桑氏書多所剪裁，則原敘末數句，自不可留，有故而改，未可深譏焉。且知人貴在知心；似孫之於其父頗以遷之於談自勵 參上所引緯略序；史略卷一，頁十七，先公史記注條；又緯略卷九，顧愷之作父傳條，其志固甚可欽也。夫似孫好仙道窈渺之說 參子略，卷四，抱朴子條；騷略，卷二，樂山水 參騷略，卷三，水仙花後賦；剡錄卷十，頁十一至十三 園亭之美 張炎山中白雲詞（榆園叢刻本），卷一，頁五，高疎寮東墅園掃花游詞：『煙霞萬壑，記曲徑幽尋，霽痕初曉，綠窗窈窕，看隨花甃石，就泉通沼，幾日不來，一片蒼雲未掃，自長嘯，恨喬木荒涼，都是殘照。碧天秋浩渺，聽虛籟冷冷，飛下孤峭，山空翠老，步仙風怕有采芝人到，野色閒門，芳草不除更好，境深悄，比斜川，又清多少』。鄞縣志，卷六十二，頁三十九，引此。然余未敢信東墅園必在鄞。志又引四朝聞見錄，乃以南麓為疎寮所居；是誤以吳琚為高似孫，以金陵為鄞也。原文在聞見錄，乙集，頁四，縱情於詩酒字畫之間 後村詩話續集，卷四，頁二，引似孫雜詩：『今古憑詩了，乾坤賴酒澆』。蘭亭攷，卷十頁九『世昌近於東墅閱高續古校書法書名畫』 或亦如晉時文人之流於曠放，非謹飭拘守之士，然又烏可誣之為輕薄，諂佞，貪酷，迕逆之人哉？

余為史畧箋正，乃稍探索似孫事蹟；覺高氏父子寃屈於士論下者，七百年矣；因考之，如上。民國二十一年八月二十日。

引得編纂處出版書目之二

(二)白虎通引得

白虎通為治經學者不得不用之書。引得編纂處取四部叢刊本編為引得，且附舉盧文弨校刊本中之異文佚文所在，俾便檢對。卷首附有十五種版本葉數推算表，以免根據一種版本所作之引得不能適用於他種之弊。又洪煨蓮教授序文，考定白虎通為東漢末三國初期中作品。往日對白虎通之聚訟，有此文出，可告一段落矣。

中華民國二十年六月出版　每冊定價八角外埠酌加郵費

(三)歷代同姓名錄引得

二人或數人同一名，為史學糾紛問題之一。歷代同姓名錄，清劉長華編，匯史籍所有之同姓名者於一冊，蒐輯頗富；雖間或引證不確取舍未精，亦不失為治學工具之一種。惟排列方法，迂拙錯雜，尋檢深感不便。引得編纂處以常用此書，故為編製引得，特印出之，公諸學界。

中華民國二十年八月出版　每冊定價九角外埠酌加郵費

(四)儀禮引得附鄭注引書及賈疏引書引得

儀禮為經典要籍。然考古者患其辭義瑣雜，熟讀為難。引得編纂處編製引得，舉書中所載之儀文名物，鈎玄提要，排列易檢。用以研究本書，可收按圖索驥之效。又儀禮鄭注及賈疏引用諸書，多已散亡。故更將其引用書名，分別引得，以為輯佚之助。卷首有各本儀禮卷葉推算表二，俾一冊引得，可以用諸二十種通行版本。又洪煨蓮教授序文，關於禮經之源流演變，細加考論，殆亦治經學者所欲一讀者也。

中華民國二十一年一月出版　每冊定價二元外埠酌加郵費

(五)四庫全書總目及未收書目引得

四庫全書總目及未收書目引得，分二巨冊：上冊為書名引得，下冊為人名引得。不僅採輯無漏，且凡一書而有二稱，二人而同一名，偽書之假托，數人之合著，箋注之另有其人，附刊之別為一書，往往分作耑條，排成易檢，手此二冊，則總目二百卷，加以未收書目五卷，絕無難檢之病矣。引得據大東書局影印本，卷首有卷頁內容表及推算公式，凡有其他版本者亦可用此引得。又洪煨蓮教授序文一篇，詳述四庫全書及各目錄提要之編纂，並評論其得失，殆亦凡留心四庫掌故者所欲一讀者也。

中華民國二十一年二月出版　每部定價四元外埠酌加郵費

州與嶽的演變

顧頡剛

九州與十二州，四嶽與五嶽，都是中國地理史上的極重大又極繁複的問題，這些問題又是互相關聯的。我久想把它們詳細討論一下，無奈我的生活還不容我把全副精神集中在幾個問題上，十年以來，終虛此願。只有些零碎的筆記，在講課時匆匆整理了幾回。今值史學年報索稿，即將已在講義裏發表過的幾段合爲一文。惟以暑假將歸家，倉卒編成，前後多不相關照。請讀者千萬以初稿的眼光看它，而勿以正式的論文的眼光看它。如果這三年以內能讓我多讀些書，三年以後又有整段時間給我作研究，那麼這正式的論文當可於五年中貢獻於讀者之前了。

民國二十二年七月六日，顧頡剛記于燕京大學。

一　州的原義
二　姜姓民族與四嶽
三　河南陝西間的九州
四　區畫天下的九州
五　九州說的由來
六　種種具體的九州說
七　戰國時人建設具體的九州說的消息
八　十二州說及其解詁
九　漢以前的大山觀念
一〇　五嶽制的確定
一一　結論

一　州的原義

州是什麼，我們先來看這字義吧。說文川部云，『𡿧，水中可居者曰州，水周繞其旁。昔堯遭洪水，民居水中高土，故曰九州。詩云，「在河之州」。一曰，州，疇也，各疇其土而生也』。照這說法，是州即洲，亦即島，又有界畫之義。這兩義其實可以聯起來，就是這一塊地與那一塊地有分別的意思，彷彿今所謂區域。

但這『州』字在春秋時是小區域的名稱。我們翻讀左傳，魯國有陽州（襄三十一，昭二十五；定八年入齊；公羊於昭作楊州），齊國有平州（宣元）和舒州（哀十四；史記作徐州），衞國有外州（哀十一）和戎州（哀十七），西戎有瓜州（襄十四），都是小地方。如戎州，僅是衞國都城外的一個村集，故左傳云，『公登城以望，見戎州』。尤顯著的，是宣十一年，楚莊王滅陳，立爲楚國的一縣；其後他聽申叔時的話，復封陳，在陳的每一鄉俘了一個人回去，安置在一處，稱這處爲夏州：即此可知州的人數遠少於縣，州的地位當然在縣的下面。所以論語衞靈公篇云，『言不忠信，行不篤敬，雖州里行乎哉！』州和里正是大小差不多的地方。（周官中甚多『州里』連稱的，如地官鄉師之『出田法于州里』，春官司常之『州里建旟』，秋官蜡氏之『令州里除不蠲』等等。）周官大司徒云，『五家爲比；五比爲閭；四閭爲族；五族爲黨；五黨爲州；五州爲鄉』。假使這話是眞實的，則一閭爲二十五家，一族爲百家，一黨爲五百家，一州爲二千五百家，一鄉爲一萬二千五百家。『州』雖不是三家村和五家坡之類的小村，還只是一個中等的鄉村，或是一個小城邑而已。又司馬法云，『王國百里爲郊，二百里爲州，三百里爲野，四百里爲縣，五百里爲都』（周官地官載師鄭注引）。假使這話是眞實的，則州爲王國二百里外的地方，是郊野的異名。

這種小地名的州，還有幾個存留到漢代。我們翻開漢書地理志來，便見勃海郡有東州，巴郡有江州，北地郡有靈州，鴈門郡有武州，漁陽郡有泉州。

二　姜姓民族與四嶽

在左傳和國語中，常常提到四嶽。後人爲漢武帝們的五嶽制所牽絆了，往往忽略過去，看成了五嶽的五分之四。我們試去掉這成見，來搜集材料，便見這『四嶽』是不能與『五嶽』打統賬的。

國語周語中云，『齊，許，申，呂由大姜』。周語下云，『昔共工棄此道也，…欲壅防百川，墮高堙庳，…皇天弗福，…共工用滅。…其後伯禹念前之非度，釐改制量，…共之從孫四嶽佐之，高高下下，疏川導滯。…皇天嘉之，…祚四嶽國，命以侯伯，賜姓曰姜，氏曰有呂。…申呂雖衰，齊許猶在』。在這兩段話裡，可見齊，許，申，呂四國都是姜姓，是四嶽的後代，而四嶽則是共工的從孫。

左傳襄十四年云，『執戎子駒支。范宣子親數諸朝，曰，「來，姜戎氏！昔秦人迫逐乃祖吾離于瓜州，乃祖吾離被苫蓋，蒙荆棘，以來歸我先君。…」對曰，「惠公蠲其大德，謂我諸戎是四嶽之裔冑，毋是翦弃，賜我南鄙之田。…」』

在這一段裏，又可見四嶽的子孫還有姜戎。大凡姓姜的不論其爲諸夏或諸戎，一樣是四嶽的後代。

以上說的四嶽是人名，又有用作地名的。左傳昭四年，晉司馬侯曰，『四嶽，三塗，陽城，太室，荆山，中南，九州之險也』（說見下章）。是四嶽與太室，中南同爲山名。這四嶽是四座山呢，是一座山呢，現在無從知道。爲什麼這個名詞可以用作人名，又可以用作地名？照我想來，當和黃帝居軒轅之丘而號軒轅氏一樣，借地名爲人名的。若然，則便是四座山也必相隔不遠了。

這四嶽一名，又有叫做太岳的。左傳隱十一年云，『夫許，太岳之胤也』。莊二十二年云，『姜，太岳之後也』。我們已在前面知道了許爲姜姓，出於四嶽，就可知道這太岳即是四嶽，或是四嶽的一部分。

姜和姬本是西方的兩大民族，又世爲婚姻，所以周祖后稷之母爲姜嫄，公亶父之妻爲姜女，太王之妻爲周姜（亦稱太姜），武王之妻又爲邑姜。姜姓民族既在西方，所以他們的祖先四嶽或太岳也必在西方。我們可以說：四嶽是西方的山，它是姜姓民族的發祥地。職方中汧山名嶽，恐即四嶽的原地。禹貢中霍山名嶽，恐是姜戎歸晉，把這山名帶過去了。

就是山海經末卷的海內經裏，也有一段足以透露這個消息。文云，『伯夷父生西岳，西岳生先龍，先龍是始生氐羌』。按鄭語云，『姜，伯夷之後也』，又姜與羌兩字出於一源，因爲這一個民族是以羊爲其圖騰的，在姓則爲姜，在種則爲羌，那麼，以伯夷爲父，以氐羌爲孫的『西岳』當然和左傳中的『四嶽』『太岳』有關係。又大荒西經云，『南嶽娶州山女，名曰女虔』。這南嶽當與西岳同爲四嶽的一部分；看其列在西經，足徵雖名『南』而實在『西』。嶽是西方的山名，我覺得可以算作確定了。

三　河南陝西間的九州

西周時有『九州』一地，不知道是不是若干州的總名。國語鄭語中記幽王之世，鄭桓公因爲王室危險，想搬到安全之處去，問史伯哪裏最好，其中的一問是『謝西之「九州」何如？』韋昭注云，『謝，宣王之舅申伯之國，今在南陽。謝西有九州，二千五百家曰州』。按詩大雅崧高云，『亹亹申伯，王纘之事，于邑于謝，南國是式』，韋注自是可信。漢書地理志，『南陽郡宛：故申伯國，有屈申城』，宛即今河南省南陽縣。是其所謂『謝西』，即今河南省的西境，那邊在周代有九州。（申國爲姜姓，出於四嶽，見上章。）

左傳昭四年，楚王使椒舉如晉求諸侯，晉侯恃了自己的國險與多馬，欲勿許。司馬侯勸道，『四嶽，三塗，陽城，太室，荊山，中南，「九州」之險也，是不一姓。冀之北土，馬之所生，無興國焉。恃險與馬，不可以爲固也』。他把『九州』的險和冀北的馬來折服晉君，可見『九州』是最險的，冀北是最多馬的。這『九州』本是一個專有名詞，後人郤因了禹貢等的先入之見，看作『天下』的互稱。故杜預注云，『四嶽：東嶽，岱；西嶽，華；南嶽，衡；北嶽，恒。三塗，在河南陸渾縣南。陽城，在陽城縣東北。太室，在河南陽城縣西南。荊山，在新城沶鄉縣南。中南，在始平武功縣南』。照這樣說，『九州』就和禹貢的疆域差不多了。四嶽以下諸山，照他所說，三塗在今河南嵩縣，陽城和太室均在今河南登封縣，荊山在今湖北保康縣，中南在今陝西武功縣。這疆界也在河南省的西部而侵及於湖北省的北部和陝西省的中部，當渭，雒，伊，漢四水之間。按禹貢有兩荊山，如不作南條荊山解而作北條荊山解，則在今陝西富平縣西南，離中南甚近。但這是在中南之北的一個，另有在其東的。史記封禪書云，『黃帝采首山銅，鑄鼎於荊山下。鼎既成，有龍垂胡髯下迎黃帝。…後世因名其處曰鼎湖』。水經注河水篇云，『湖水又北逕湖縣東而北流入於河。魏土地記曰，「弘農湖縣有軒轅黃帝登仙處」』。元和郡縣圖志虢州湖城縣云，『本漢湖縣，屬京兆尹，即黃帝鑄鼎之處。後漢改屬弘農郡。至宋，加「城」字爲湖城縣。荊山在縣南，即黃帝鑄鼎之處』。照這些說法，是荊山在今河南閿鄉縣西，和在河東郡蒲反（今山西永濟縣）的首山正相隔一水間，故采了首山的銅，就渡河到荊山去鑄。倘使司馬侯所說的荊山確是這座山，則由陽城而太室，由太室而荊山，由荊山而中南，皆在黃河以南，由東而西，其所言的次序即是經行的次序。這一個『九州』固比『謝西之九州』爲大，但其地位還相同，都在河南省的西部。左傳僖二十二年云，『初，平王之東遷也，辛有適伊川，見被髮而祭於野者，曰，「不及百年，此其戎乎？其禮先亡矣！」秋，秦晉遷陸渾之戎于伊川』。依照上面所考，『三塗，陽城，太室，荊山』都在陸渾之戎的區域裏，這個區域即是九州的區域。

左傳哀四年，『楚大夫單浮餘圍蠻氏，蠻氏潰。蠻子赤奔晉陰地。司馬（楚司馬眅）起豐析與狄戎以臨上雒，…使謂陰地之命大夫士蔑曰，「晉楚有盟，好惡同之！…」士蔑請諸趙孟。趙孟曰，「晉國未寧，安能惡於楚！必速與之！」士蔑乃致「九州」之戎，將裂田以與蠻子而城之；且將爲之卜。蠻子聽卜，遂執之，…以畀楚師于三戶』。這是說楚滅蠻，蠻子奔到晉的陰地，楚司馬強逼陰地大夫士蔑把蠻子

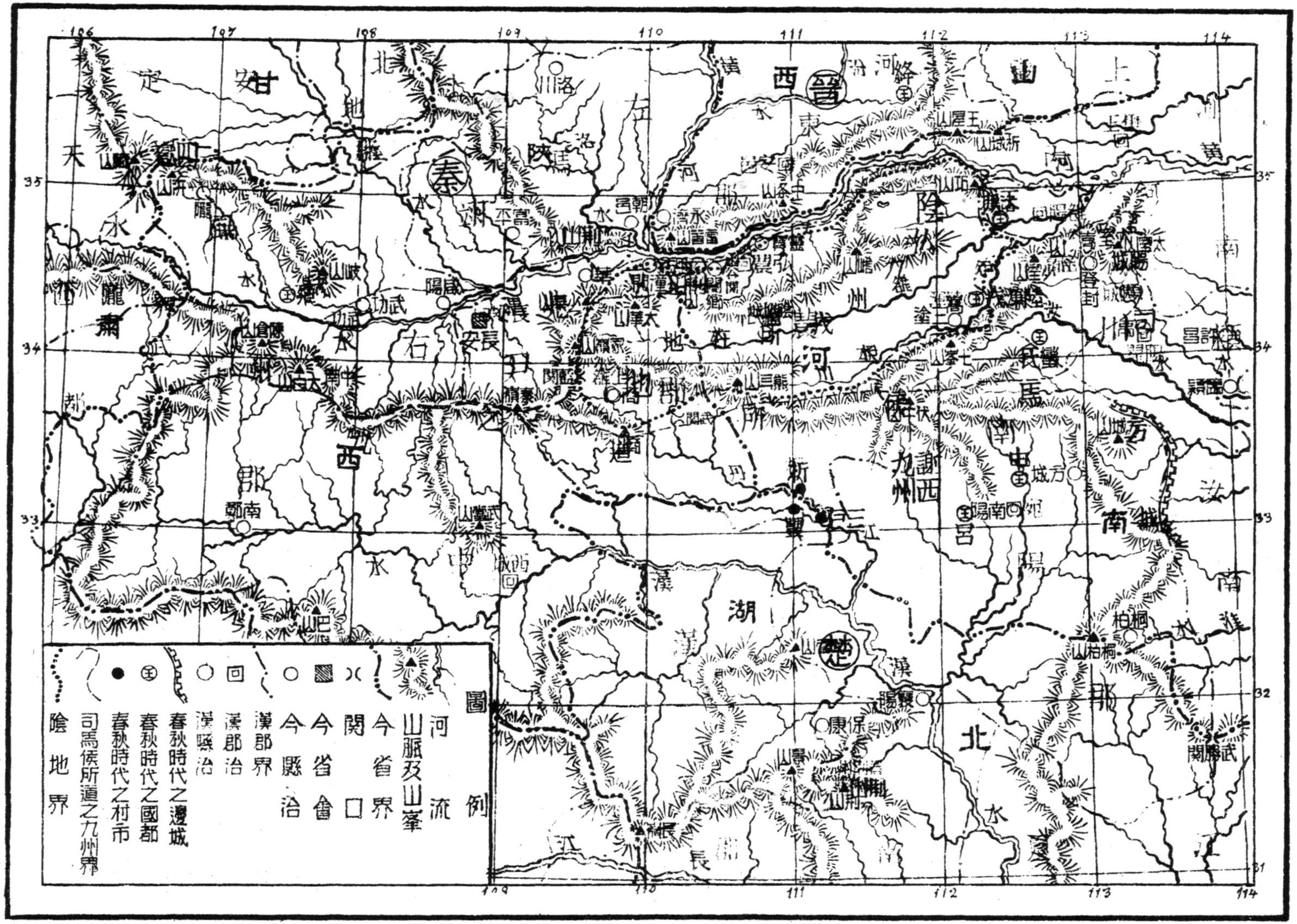

顧頡剛編製　吳志順繪圖

三百六十萬分一之比例尺

100　50　0　100　200　300　400里

交出；士蔑迫於勢，只得把蠻子騙了出來，把他捉送楚師。在他騙出蠻子的時候，先召了九州之戎來，說是要分地封他了。這九州之戎是什麼？要明白這個，先要明白士蔑所治的陰地。杜預注云，『陰地，河南山北，自上雒以東至陸渾』。又云，『九州戎，在晉陰地陸渾者』。上雒在今陝西商縣。『自上雒至陸渾』，即自今陝西商縣到河南嵩縣，是伊雒二水的流域。杜氏所謂『河南山北』，這山是秦嶺山脈，即禹貢所云『西傾，朱圉，鳥鼠，至于太華；熊耳，外方，桐柏，至于陪尾』的中間一段，自終南至外方的。因爲水之南爲陰，山之北亦爲陰，而其地在河南山北，故名之爲陰地。這一塊地方，是秦的東南境，晉的西南境，楚的西北境。當時秦晉所以遷陸渾之戎於伊川，大約就借他們作幾個强國的緩衝。這個區域，就是所謂『九州』。這九州固然比『謝西之九州』偏北些，但也離不了多遠。昭十七年，晉國因陸渾之戎和楚國交好，所以借着祭雒水和三塗山的名義，使荀吳率師伐陸渾；他們竟無防備，三天之內就被滅了。陸渾子逃到楚國，餘衆有的跑周的，有的降晉的。因爲他們住在九州，所以晉人就稱爲九州之戎。這九州之戎既是陸渾之戎的變稱，所以他們所住的陰地就是司馬侯所說的九州，所謂九州之險的四嶽，三塗，陽城，太室，荊山，中南都應當在這個區域裏。杜注所以說中南在武功，只因漢書地理志云，『右扶風武功：太壹山，古文以爲終南』。其實這一帶的秦嶺山脈都得南山或終南之名。閻若璩尚書古文疏證駁漢志云，『終南，南山之總名；太一，一山之別號』（卷六，第九十二篇），其說是也。司馬侯所說的中南，當在藍關以下。胡三省通鑑注云，『關中有南山，北山：……自終南，太白連延至商嶺爲南山』（卷七，始皇三十五年）。商嶺即在商縣東，值雒水之南，渡雒東北行就是閿鄉縣的荊山了。

那時還有一種姜戎。據襄十四年戎子駒支所云『惠公蠲其大德，謂我諸戎是四嶽之裔胄，毋是翦棄，賜我南鄙之田』，則是和陸渾之戎同時遷來的（陸渾之戎是晉惠公與秦穆公所遷），又與齊，許，申，呂同祖四嶽，又住在晉的南鄙，與陸渾之戎甚相近。（姜戎所以不說爲即陸渾之戎，因爲姜戎姓姜，陸渾之戎姓允，見於左傳。）僖三十三年，秦師襲鄭，以有備而還；晉怒，『遽興姜戎』，敗秦師于殽。這姜戎當是住在黃河沿岸的，所以晉人甚易召集他們去打仗。我們從此可以知道，春秋時河曲間的居民，不管其爲諸夏或諸戎，與四嶽多有關係，與九州亦多有關係。四嶽和九州，似乎是不可分離的兩件事。

這一個九州的區域極像漢的弘農郡。漢的弘農郡：北抵河；東抵陸渾；西至冢領山，爲雒水所從出；中峙熊耳山，爲伊水所從出，而流經三塗；南至武關，據南山之尾。楚司馬所起之析人即爲其東南的一縣；所臨之上雒即爲其西首的一縣。惟陽城和太室，漢時列入潁川郡，則割去其東部。闕鄉的荊山，漢時列入京兆尹，則又割去其北面一角。南陽郡固稍偏南，但其西北部正與弘農郡的東南部犬牙相錯，其宛縣亦正與弘農郡的析縣東西相望。因此，我覺得如不將『謝西之九州』呆看爲『西』，而放寬一點，看爲『西北』，則國語中的『九州』大可合於左傳中的『九州』，這兩書中三次所提的『九州』自可歸納爲一處。於是我們可以說，這『九州』比較漢的一郡大不了許多。這『九州』是九個州的集合之名呢，是很多州的集合之名呢，還是一個地方的專名呢，我們無法知道。

四　區畫天下的九州

以上說的，是春秋時有一個地方，叫做『九州』，在今河南省的西部和陝西省的東南部。現在再說一種『九州』，是奄蓋當時的天下的。

左傳襄四年，魏絳道，『昔周辛甲之爲太史也，命百官官箴王闕。於虞人之箴曰，「芒芒禹迹，畫爲『九州』，經啟九道。民有寢廟，獸有茂草；各有攸處，德用不擾。……」』這『九州』是禹迹所及的地方，決不止謝西的九州，決不止陽城太室的九州，也決不止陰地的九州了。

左傳這部書到西漢末纔編定，材料本有問題。假使單有這一段，我們不妨疑它。但尙有旁證，使我們沒法否認。

銅器中有齊侯鐘（郭沫若兩周金文辭大系改稱叔夷鐘）也提起九州。文云，『虩虩成唐（湯），又敢（有嚴）在帝所，尃受天命，……伊小臣隹補（惟輔），咸又（有）九州，處禹之堵（都）』。這是說成湯受了天命，又得伊尹爲輔佐，於是享有了九州：這九州即指湯的天下。銘文說『咸有九州，處禹之都』，正可與左傳的『芒芒禹迹，畫爲九州』相聯貫。這意思是說：禹平水土之後，畫分天下爲九州；成湯既受了天命，他便得到禹的九州，住在禹所住的地方。這樣的觀念實和後來的傳統觀念非常相像。商頌玄鳥篇云，『方命厥后，奄有九有』，長發篇云，『湯降不遲，聖敬日躋，……帝命式于九圍』，又云，『武王（湯）載旆，……九有有截』，殷武篇云，『天命多辟，設都于禹之績』，都是這個意思。所以歷來經學家對于『九有』『九圍』均以九州解之。商頌五篇，經多方面的考證，以史記宋世家所云襄公時作爲最近情。然則春秋時人確有此種觀念，諸種材料可以互證了。

這個鐘是哪地方哪年代作的呢？銘文云，『隹王五月，辰在戊寅，師于淄涶。…丕顯穆公之孫，其配斁公之婣而鹹公之女，雩（粤）生叔夷，是辟于齊侯之所。是少（小）心龔齊，靈力若虎，堇（謹）䝉其政事，又共于桓武靈公之所。桓武靈公易（錫）乃吉金，鈇鎬鏻鋁，用作鑄其寶鎛。…』它云『淄』，云『齊侯』，知爲齊器；云『桓武靈公』，知作于齊靈公時（死而作謚，亦戰國以下人語，春秋以上皆爲生時之號，見郭沫若金文叢考，謚法之起源）。齊靈公稱『桓武靈公』，正如衞武公之稱『叡聖武公』，同爲嘉美之稱（孫詒讓說，見古籀拾遺卷上）。按史記十二諸侯年表，齊靈公立於周簡王五年（前五八一），死於周靈王十八年（前五五四），即自魯成公十年至魯襄公十九年，時孔子尙未生。宋襄公死於周襄王十五年（前六三七），離孔子生年（前五五一）更遠。可見春秋時人分天下爲九州的觀念，確是起於孔子之前的。

這觀念是怎樣來的？是否由於姜姓民族或諸戎民族的『九州』的演進？還是由於方位的安排？這個問題，現在材料太少，沒法解決。但我們看山海經海外北經說，『共工氏之臣相柳氏，九首以食于九山』，大荒北經說，『共工臣名相繇，九首蛇身自環，食于九土』，又看國語魯語說，『共工氏之伯九有也，其子曰后土，能平九土』，禮記祭法說，『共工氏之霸九州也，其子曰后土，能平九州』，所謂『九山』『九土』『九有』哪一個不和『九州』相合拍，而此種傳說亦都與共工氏有關係。國語中既說齊，許，申，呂的祖先四嶽是共工的從孫，則九州之說似乎確由陰地的九州而放大。這小區域的州變爲大區域的州，偏隅的九州變爲禹迹的九州，似乎是春秋中葉的事。

我爲什麼不把這一說放得早些？只因我們從詩書裏看，不見有這種跡象。如詩經，周南和召南中言『江有汜』，言『漢之廣矣』，說到禹貢的荊州了，但不吐出一聲『荊州』。秦風言『終南何有』，言『曰至渭陽』，也不吐出一聲『雍州』。大雅韓奕言『奕奕梁山』，言『奄受北國』，言『汾王之甥』，大可說一聲『冀州』了，而終於不說。最奇怪的，大雅常武說『率彼淮浦，省此徐土』，說『徐方繹騷，震驚徐方』，說『不測不克，濯征徐國』，又說『徐方既來，徐方既同，…徐方來庭，徐方不回』，關於徐的，『土』也說了，『國』也說了，『方』說得更多了，但終不肯說一聲『徐州』。說作者怕不叶韻吧，但既有『匪紹匪遊』，還有『如川之流』，何嘗有韻脚的隔閡！又看周頌，作於周得天下之後，依照舊觀念說，九州都在他們的掌握裏，不該不說一聲『奄有九州』；但作頌的人只會說『四方其訓之』，『日靖四方』，『奄有四方』，『于以四方』的『四方』，和『肆于時夏』，『陳常于時夏』的『時夏』(這中國)，而總想不到說一聲『九州』。這爲的是什麼？

再看尚書。開頭數篇固然不但說九州，且說十二州；但這些本是最可疑的，我們且擱下(見下第八章)。從此看下去，就沒有了。召誥和雒誥都說築雒邑的事，歷舉雒，瀍，澗諸水，這都是在禹貢豫州裏的，豫州是九州中的中央一州，然而，這兩篇裏都不肯說『豫州』和『中央』，卻說『大相東土』。那段康誥篇首的錯簡，也說『作新大邑于東國雒』。他們難道忘記了『東土』『東國』之名應該給與兗，青，徐諸州的嗎？其他，如『天亦哀于四方民』，『勤施于四方』，『四方迪亂』，『四方其世享』，『亂爲四方新辟』，都只會說『四方』而不會說『九州』，這又是爲的什麼？更如多士的『予大降爾四國民命』，多方的『告爾四國多方』，則變『四方』之文而爲『四國』。君奭的『小臣屏侯甸』，酒誥的『越在外服，侯甸男衞邦伯』，顧命的『庶邦侯甸男衞』，都以諸侯的遠近爲分別，而不以九州爲分別。要之，那時的天下觀念，抽象言之則爲『四方』，具體言之則爲『侯甸』，沒有想到可以用九數來分割的。

因此，我們敢說：區畫天下的九州說是春秋時發生的，西周人決不知道有這回事。

五　九州說的由來

然則，這分割天下的九州之說是怎樣來的呢？依我想來，大概有四種原因：

其一，汪中述學釋三九篇說古人說話中的三和九常是虛數，凡三所不能盡的，則以九爲之節。例如史記的『若九牛之亡一毛』，『腸一日而九廻』，孫子的『善守者藏于九地之下，善攻者動于九天之上』，只是表示其多，並非一定是九個。我想，九州之說初起時也許如此。他們只要說地方區域之多，卻不知道應當說有多少個區域纔對，所以就用虛數的九來作代表了。這正和周頌的『綏萬邦』並不是眞的一萬個邦，『播厥百穀』也不是眞的一百種穀一樣。

其二，多方說『四國多方』，這『多』字可注意，『方』字也可注意。說這話的人本來想說比『四方』多一點的數目，但沒有什麼成語可用，所以換『四方』爲『多方』以表示其方面之多。這就有了把四數擴大的傾向。方呢，本來是邦國的意思。甲骨文中有『羊方』，『馬方』，『虎方』，『人方』等，都是商代的國家。在詩經中有『鬼方』(大雅蕩，『覃及鬼方』)和『徐方』(見上)，在左傳中有『朱方』(襄二十八年；吳地)和『冀方』(哀六年)。就中可注意的是『徐方』和『冀方』，因爲徐州和冀州是禹貢裏的兩個州。惟徐爲西周至春秋時的國家，直至昭三十年方滅於吳，稱徐國爲徐方正是商代以來的通例，和九州可以說沒有什麼牽涉。冀方則較可怪。冀本是一個國，故址在今山西河津縣，正當龍門的對岸。這個國在左傳裏只見過一次，就是僖二年，晉獻公要伐虢，使荀息假道於虞，曰，『冀爲不道，入自顛軨，伐鄍三門。冀之既病，則亦唯君故』。從此以後，這個國就不見了，不知其於何年爲晉所滅。及僖二十五年，晉文公打降了原，遷原伯貫於冀，那時冀已是晉的邑了。僖三十三年云，『初，臼季使過冀，見冀缺耨，其妻饁之，敬，相待如賓』，冀缺即郤缺，則郤氏的食邑亦在冀了。從這些材料看，冀起先是一個小國，後來是大國中的一邑，在地域上並不佔重要位置。但哀六年，孔子引夏書曰，『惟彼陶唐，帥彼天常，有此冀方。今失其道，亂其紀綱，乃滅而亡』。陶唐如果是一個代名而非國名，則其因帥天常而得到的冀方一定是一個很大的地方，超出於冀國以上的。杜注，『滅亡，謂夏桀也，唐虞及夏同都冀州，不易地而亡，由於不知大道故』。這段夏書固然未必可靠，所謂『滅亡』究竟指陶唐抑夏桀亦不明瞭，但此『冀方』可以說頗有些禹貢九州化了。爲什麼？陶唐和夏桀所建之國不是冀，而云『有此冀方』，則這個名詞必有超時代性，是個永存的地名，不隨時代而更易的。這種例，求之於古頗少；除非像杜預這樣，釋冀方爲冀州，則唐，虞，夏之名雖改而冀州之名不改，纔講得通。所以我們尋根究底，九州之名最先出的應是冀州，冀州之名應由於冀方的蛻化，而冀方之名則或由於『多方』的觀念所啟示。其後書序云，『帝釐下土，方設居方，別生分類，作汨作，九共九篇』，還是這個觀念。所以，我們可以說，『州』是由『方』演變而來的。

其三，左傳昭十三年，楚靈王稱左史倚相『能讀三墳，五典，八索，九丘』。這話若可靠（我所以疑其不可靠，因爲三墳，五典與三皇，五帝相印合，而三皇五帝在戰國中期前尚沒有），則『九丘』也是一種與『九州』相類的地方制。春秋時以『丘』名地的甚多，如衛有犬丘（隱八），楚丘（僖二十一），帝丘（僖三十一）；齊有葵丘（莊八），貝丘（莊八），廩丘（襄二十六）；魯有中丘（隱七），祝丘（莊四），乘丘（莊十）等。丘之區域大小，大概和州差不多，『州』既可由小放大，『丘』自然也可由小放大。如果『九丘』之說是確實存在的，則大可作爲九州之說的創立的旁證。

其四，古代國小，沒有很複雜的地方制度，僅依國都距離之遠近分爲都鄙鄉遂而已。春秋以降，强國以兼併小國而境日益廣，於是楚國先立縣制。當宣十二年，楚莊王克鄭，『鄭伯肉袒牽羊以逆，曰，「……若惠顧前好，……使改事君，夷於九縣，君之惠也」』。杜注，『楚滅九國以爲縣，願得比之』。孔氏正義云，『楚滅諸國見於經傳者，哀十七年稱「文王縣申，息」（按，楚伐申在魯莊公六年，滅息在莊十四年），莊六年稱楚滅鄧，十八年克權，僖五年滅弦，十二年滅黃，二十一年滅夔，文四年滅江，五年滅六，又滅蓼，十六年滅庸：凡十一國。蘇氏，沈氏以權爲小國，庸先屬楚，除二國外爲九也』。這實在把文字看得太死了，所謂『九縣』何嘗只限九個縣，也無非表示其衆多的一個虛數而已。楚國每滅一國，即立一縣，可見縣是當時最高的行政區域。此外，秦晉皆有縣，又有郡。史記秦本紀，武公『十年，伐邽冀戎，初縣之。十一年，初縣杜鄭』。晉語，公子夷吾對秦使公子縶曰，『君實有郡縣』。此秦郡縣也。左傳僖三十三年，晉襄公『以再命命先茅之縣賞胥臣』。宣十五年，晉景公『賞士伯以瓜衍之縣』。昭五年，薳啓疆謂楚靈王曰，『韓賦七邑，皆成縣也』，又曰，『因其十家九縣，其餘四十縣，…』昭二十八年，『晉殺祁盈及楊食我，…分祁氏之田以爲七縣，分羊舌氏之田以爲三縣』。哀二年，趙簡子誓曰，『克敵者，上大夫受縣，下大夫受郡』。此晉郡縣也。後世郡在縣上，晉制乃縣在郡上。楚滅一國爲一縣，晉則一個大夫的食邑就可分成數縣。即此可見楚的區畫之疏而晉的區畫之密。當時楚，晉，秦三國皆以縣爲最高的行政區域，而此三國皆與姜戎的九州相毗連，疑以統轄的需要和傳說的流轉，彼此默認縣上更當有州，以此九州制雖未成爲事實，而在地理學說中遂占有相當的重要地位。又按王制云，『凡四海之內九州，州方千里。…八州，州二百一十國』，則以天子之國當一州。下又云，『天子之縣內，…凡九十三國』，則天子之州亦稱爲『天子之縣』，州與縣可以通稱。此雖漢人之言，也許漏出一點古代的消息，即州和縣是等類的。其後鄒衍立大九州說，稱中國曰『赤縣神州』，亦卽此義。到縣數日多，統轄匪易的時候，自然會想到進於縣的制度而更有立州之說了。

以上四端（一，不定數的州；二，自方而州；三，九丘與九州；四，自縣而州），皆就春秋時的情狀推想九州說之所由起。雖以材料缺少，無法證實，亦無從判別其理由的强弱，但總當有十之二三的可能性。以下再推論九州說在戰國時的發展經歷。

六　種種具體的九州說

我們今日在古書裏看得到的具體性的九州說，凡有四種。禹貢列在尚書裏，它的權威最大。它的州名，疆界及次序如下：

（一）冀州。
（二）濟河惟兗州。
（三）海岱惟青州。
（四）海岱及淮惟徐州。
（五）淮海惟揚州。
（六）荆及衡陽惟荆州。
（七）荆河惟豫州。
（八）華陽黑水惟梁州。
（九）黑水西河惟雍州。

不知在什麼時候出了一篇職方，這篇書被收爲逸周書的第六十二篇，也收入周官中的夏官。它開頭說『職方氏掌天下之圖，……辨九州之國』，好像是從職方氏所掌的圖錄裏鈔出來的。它裏邊的州名和州次很多和禹貢不同：

（一）東南曰揚州。
（二）正南曰荆州。
（三）河南曰豫州。
（四）正東曰青州。
（五）河東曰兗州。
（六）正西曰雍州。
（七）東北曰幽州。
（八）河內曰冀州。
（九）正北曰幷州。

這比了禹貢，減少了徐和梁而增加了幽和幷。

爾雅，也不知是什麼時候出來的。它在釋地篇的『九州』裏又另有一種說法：

（一）兩河間曰冀州。
（二）河南曰豫州。
（三）河西曰雝州。
（四）漢南曰荆州。
（五）江南曰揚州。
（六）濟河間曰兗州。
（七）濟東曰徐州。
（八）燕曰幽州。
（九）齊曰營州。

這比較禹貢，缺去了青和梁而多出了幽和營；比較職方，缺去了幷而多出了營。

著作年代最淸楚的是呂氏春秋，它是秦始皇八年（西元前二三九）作成的。其中有始覽說：

（一）河漢之間爲豫州，周也。

(二)兩河之間爲冀州，晉也。
(三)河濟之間爲兗州，衞也。
(四)東方爲青州，齊也。
(五)泗上爲徐州，魯也。
(六)東南爲揚州，越也。
(七)南方爲荊州，楚也。
(八)西方爲雍州，秦也。
(九)北方爲幽州，燕也。

因爲它不想冒充什麼老古董，所以它老實把那時的國家分配了九州。

除了以上四說之外，劉向的說苑辨物篇中也有一個大同小異的九州說：

(一)兩河間曰冀州。
(二)河南曰豫州。
(三)河西曰雍州。
(四)漢南曰荊州。
(五)江南曰揚州。
(六)濟河間曰兗州。
(七)濟東曰徐州。
(八)燕曰幽州。
(九)齊曰青州。

這一段話除了末一句之外與爾雅之文全同。但就是末一句，爾雅說『齊曰營州』，說苑說『齊曰青州』，青或營之名雖異，而其爲齊地則還是相同的。

把以上諸說比較起來，梁州爲禹貢所獨有，幽州爲禹貢所獨無；幷州爲職方所獨有；營州爲爾雅所獨有。雖其州數總是九，但合起來卻有了十二個州名。

此外，鄒衍還有一種大九州說，其州名和這些不同，但和本文的關係甚淺，暫不討論。

七　戰國時人建設具體的九州說的消息

春秋時有九州說，我們已不否認。但我們敢說：那時人只有這一個虛浮的觀念而已，決沒有九個州的具體的地位和名稱。九個州的具體的地位和名稱乃是戰國時人的建設。這消息的透露就在以下的幾點上。

第一，五行的學說是戰國時起來的。荀子非十二子所云『案往舊造說，謂之五行，甚僻違而無類，幽隱而無說，閉約而無解，……子思唱之，孟軻和之』，雖不知道究竟是怎麼一回事，但五行之說出於新造，這一個事實是顯而易見的。其後鄒衍之徒更推演其說，使得歷代，四時，五方，五色

：無不受此規範。照五行說，東方之色爲青。現在禹貢裏稱山東半島爲青州，這是很明白的應用五行說立州名了。

第二，春秋時中原與西南的交通，至巴而止。蜀立國雖久，但因山林險阻，與諸夏隔絕，正如李白蜀道難詩所謂『蠶叢及魚鳧，開國何茫然！爾來四萬八千歲，乃與秦塞通人煙』者。直至秦惠文王後九年（前三一六），他垂涎蜀的富饒，遣張儀和司馬錯伐蜀，把她滅了，那地纔成了秦的郡縣而爲中原。現在禹貢裏有梁州，正是蜀境，這又顯然爲張儀滅蜀後的記載。

第三，在春秋時，魯之南有徐，徐之南有吳，吳之南有越。雖其疆界不甚明瞭，且雜有羣舒，鍾吾諸小國，但大體說來，徐與吳以淮爲界，吳與越以太湖爲界。（昭三十年吳滅徐後，吳與魯遂接壤。）如果九州之名由春秋時人定了，則徐國爲徐州，徐州之南應爲『吳州』纔是。到哀二十二年（前四七三），越滅吳，越遂奄有江淮流域。史記越世家云，『勾踐已平吳，乃以兵北渡淮，與齊魯諸侯會於徐州。…以淮上地與楚，歸吳所侵宋地於宋，與魯泗東方百里。當是時，越兵橫行於江淮，東諸侯畢賀，號稱霸王』。因爲越與魯毗連了，所以哀二十七年（前四六八），魯哀公不堪三桓的壓迫，想要借了越兵打掉他們，事機不密，給三桓知道，起兵攻他，他就逃到越了。現在禹貢裏，徐州之南爲揚州，這『揚』字怎變來的呢？按『揚』與『越』爲雙聲，所以兩字可以通用。詩經裏，大雅江漢云『對揚王休』，周頌清廟云『對越在天』，同樣是答稱尊上的意思。又越亦稱『於越』，春秋經定五年『於越入吳』，定十四年『於越敗吳于檇李』，是也。杜預注說『於』是『越』的發語聲。蓋一字緩言之，即成二音，如『寺人披』（僖五）之作『寺人勃鞮』（僖二十五）是。於，越，揚，皆同紐，故『越』可稱『揚』，『於越』亦可稱『揚越』，戰國策秦策三『吳起…南攻揚越』，史記南越列傳『秦時已幷天下，略定揚越』，是也。揚和越的關係這樣的密切，所以禹貢裏的揚州無異說是『越州』。而淮水以南之地爲越，這是春秋後的事情，那時離『西狩獲麟』已八年了，離孔子卒已六年了。當孔子的時候，只知道魯國的南面是吳國，決不會想到那邊應該叫作揚州的，何況堯禹呢！

第四，孟子中說『今海內之地方千里者九』，這是最明顯的具體的九州說的成因。是怎樣的九個方千里之地？考當日國際間最大的事情是九國相繼稱王——先爲梁齊會徐州相王（西元前三三四），繼宋（三二八），秦，韓（三二五）稱王；後五國相王（三二三，五國是韓，魏，趙，燕，中山）；楚則自來稱王。古者只王畿有千里，詩商頌玄鳥，『邦畿千里，惟民所止』。孟子也說，『天子之地方千里』（告子）；又說，『夏后，殷，周之盛，地未有過千里者也』（公孫丑）。但到戰國時，諸侯疆域既甚廣大，而又均稱王，於是『千里』遂成了王國的代稱。孟子似乎不反對諸侯稱王，而且口頭常稱道及之，如上云『方千里者九』即是一例；下云『齊集有其一』，說齊只是九個王國中的一個，更爲顯明。又如齊伐取燕，諸侯將謀救之，宣王以問於孟子，孟子對曰，『臣聞七十里爲政於天下者，湯是也；未聞以千里畏人者也』（梁惠王）。然而齊地實不止千里，國策載蘇子說宣王語，即爲『齊地方二千里』（齊一）。由此看來，孟子所謂『方千里』者，即指稱王之國而言，而不是王國的固定面積。禹貢作者當即此時之人，因取數於稱王之九國，而依當時地理知識所及的山川形勢，劃分九州。固然作者的心理不必完全受此影響，然而要不失爲一有力的暗示。（此段爲錢穆，王樹民兩先生說，取自禹貢札記鈔。）

第五，呂氏春秋有始覽說，『何謂九州？河漢之間爲豫州，周也。兩河之間爲冀州，晉也。河濟之間爲兗州，衞也。東方爲青州，齊也。泗上爲徐州，魯也。東南爲揚州，越也。南方爲荊州，楚也。西方爲雍州，秦也。北方爲幽州，燕也』。這把九州之制爲按照戰國時國界而定的一個事實，說得再明白也沒有了！禹的時候還沒有這些國家，哪裡來的這些州！（徐和魯不是王國而被錄者，因爲兗州與徐州沒有適當的大國可用。）

除了禹貢的九州之外，還有呂覽，職方，爾雅釋地所共有的幽州，又有職方所獨有的幷州，釋地所獨有的營州，也可連帶一考。

營州最不成問題。禹貢的青州本來就是齊地，而齊太公都營丘。禹貢名之爲青州，取於五行思想。爾雅名之爲營州，取於地理沿革。但與其名爲青，不如名爲營，因爲青是東方之色，齊固可名青州，徐州亦可名青州（看職方之青即爲禹貢之徐可知），倘使改稱營州，那正似雍爲秦都而稱河西爲雍州一樣，有了固定的地方，不易流轉了。所以營與青只是一地的異名，而不是可以對立的。自從鄭玄爲了湊成十二州之故，說爲『越海據遼東』（見下十二州章），而北魏和唐遂眞在遼東或遼西立起營州來，豈非大誤！至營丘所在，本有二說。應劭以爲即漢之北海郡營陵縣，他道，『陵，亦丘也』。臣瓚以爲即漢之齊郡臨淄縣，他道，『今齊之城中有丘，即營丘也』。（均見漢書地理志。）無論這二說哪一個對，總之都在濰和淄二水之間，沒有說是海外的。

禹貢的冀州本來很大，約當今之山西和河北兩省。但戰方就不然了，它把這兩省的北部另立一州而名之爲幷州。這名詞是怎樣來的，我們查不出。但把呂氏春秋的『兩河之間爲冀州，晉也』來看，則這幷州是晉國北面的地方。晉北之國，以代和中山爲最大。代國滅得早，在趙襄子元年（西元前四七五）。中山國亡得遲，在趙惠文王四年（前二九五）。而且中山國也曾盛過一時，在亡國的前二十八年（前三二三）稱了王。在戰國策裏，中山策也佔有一卷。所以我疑心，幷州的由來有兩種可能：不是把趙的拓地至代和中山爲其背景，就是把强盛的中山國本身爲其背景。

燕國在齊北，春秋時不知何故，不甚與中原交通。燕國的地，在禹貢中也屬冀州。但到戰國中期，他們闢地很廣，冀州就不足以容了。史記匈奴列傳云，『燕有賢將秦開爲質於胡，胡甚信之。歸而襲破東胡，東胡卻千里。燕亦築長城，自造陽至襄平，置上谷，漁陽，右北平，遼西，遼東郡以拒胡』。經過一次戰爭就闢了五郡之地，這眞是燕國的大勝利，從此他們也具備了一州的資格了。可惜史記的記載太脫略，這樣一件大事竟沒有記在燕世家和六國表裏，使我們不知其在何年。據匈奴列傳序述此事於趙武靈王破林胡樓煩之後，李牧守邊之前，又據六國表，燕昭王元年當趙武靈王十五年（前三一一），燕的國勢亦以昭王世爲最盛，疑破東胡即在此時。當作禹貢時，或因燕尙未拓境，東北方面沒有獨立爲一州的需要，或因蜀的重要，必須記及梁州，但『九州』久已爲一成語（自齊侯鐘至昭王時已二百四十餘年），既不可減之爲八，亦不容增之爲十，故有梁而無幽。呂氏春秋則與禹貢適反，它去梁州而增幽州，且說明之曰，『幽州，燕也』。幽與燕以雙聲而通借，正和揚與越以雙聲而通借一樣。所以名爲幽州，其實只是『燕州』。梁州何以被裁？想來只因雍州爲秦，梁州亦爲秦，如以國數來分，則提了雍就足以包梁了。

綜合以上所說，把戰國時大事分年列爲一表如下：

前四七三——越滅吳——『淮海惟揚州』。

前三二三——中山稱王——幷州（？）

前三一六——秦滅蜀——『華陽黑水惟梁州』。

約前三〇〇——燕破東胡——『北方爲幽州，燕也』。

前二九五——趙滅中山——幷州（？）

看了這個表，我敢說：九州的名詞及其具體的說明都是西元前四世紀至三世紀的事。禹貢和職方等書的著作，只能後於這個時代而不能早於這個時代。

八　十二州說及其解詁

古書中說到『州』的制度的，只有九分制，沒有十二分制。就是鄒衍的大九州說，推廣為八十一州，也是九的自乘數。但堯典中竟有『肇十有二州』，『咨十有二牧』之語，這是什麼緣故呢？又禹貢明白說是九州，禹治水是在堯舜時，為什麼堯典的州數竟與禹貢不同呢？依我想來，這是秦皇漢武拓地開疆的緣故。他們所拓之地太遠了，不是九州所能容，所以只得開放『九』禁了。漢書地理志云，『武帝攘卻胡越，開地斥境，南置交阯，北置朔方之州，兼徐，梁，幽，并，夏周之制，改雍曰涼，改梁曰益，凡十三部，置刺史』，這就是十二州的背景的最好的說明。左傳哀七年云，『十二，天之大數也』，這就是他們取用十二數的理由。

西漢人對於這事的解釋，我們已看不見了。我們所看見的最早的解釋，要算班固的漢書地理志序論。他說，『昔在黃帝，…方制萬里，畫野分州。…堯遭洪水，懷山襄陵，天下分絕為十二州；使禹治之。水土既平，更制九州，列五服，任土作貢』。他以為十二州是在洪水中的自然分絕，黃帝時的州制不是如此，水土既平之後的州制也不是如此。他以為禹貢是水土既平後的制度，這時的州數凡九個。至于黃帝分州直至洪水之前的州數有多少，他沒有提起。他所以說十二州為一時的變態之故，由於谷永的話。漢書谷永傳載建始三年冬日食地震，詔舉直言極諫之士，永待詔公車，對曰，『堯遭洪水之災，天下分絕為十二州，制遠之道微而無乖畔之難者，德厚恩深，無怨於下也』。可是我們從堯典裏看，『肇十有二州』一語在舜巡守四岳，日覲岳牧，望秩山川之後，絲毫沒有洪水的意味。而且看這『肇』字含有創制之義，並不是被洪水所分絕的。谷永之說既為曲解，班固演述的話自然也靠不住了。

第二種解釋是馬融作的，他恰恰站在班固和谷永的反面。他說，『禹平水土，置九州。舜以冀州之北廣大，分置并州；燕齊遼遠，分燕置幽州，分齊為營州：於是為十二州，在九州之後也』(史記五帝本紀集解引)。班固說禹平水土以前為十二州，後來併作九州，馬融卻說禹平水土以後更分九州為十二州；谷永說天下被洪水分絕為十二州，馬融卻說舜嫌冀燕齊之地廣大而分置為十二州：這是何等的衝突呵！

究竟是先十二而後九呢，還是先九而後十二呢？究竟是天然的分畫呢，還是人工的分畫呢？雙方都沒有眞憑實據，這種官司是永遠打不清的。

可是，給馬融一講，十二州的名目已出來了。這些名目是在禹貢的『冀，兗，青，徐，揚，荊，豫，梁，雍』之外再加上『并，幽，營』。我們已在上邊說過，營州與青州是同實而異名，所以馬融的十二州實際上只有十一州，其一州是有名而無實的。

起來彌補這個缺陷的，是他的弟子鄭玄。他說，『舜以青州越海而分齊爲營州；冀州南北太遠，分衞爲幷州，燕以北爲幽州：新置三州，幷舊爲十二州，更爲之定界』(史記五帝本紀集解引)。這樣一解，把營州送到青州隔海的遼東和朝鮮去，似乎兩下並不衝突。可是營州之名由營丘來，營丘並沒有遷到青州隔海去呵！爾雅說『齊曰營州』，齊國也不會立國於遼東和朝鮮間呵！

況且冀州之名的由來，實因晉地有名冀者。因爲冀是晉地，故冀州即指晉的全境。職方雖別冀與幷爲二，然曰，『河內曰冀州，其山鎭曰霍山。……正北曰幷州，其山鎭曰恒山。……』，可見作者的意思，以今山西省之南部爲冀州，其北部爲幷州。他仍以冀州爲晉地，而以幷州轄代國和中山國諸地。馬融說的『舜以冀州之北廣大，分置幷州』，除了這『舜』字外原與職方一致，不能算錯。現在鄭玄說『冀州南北太遠，分衞爲幷州，燕以北爲幽州』，『燕以北爲幽州』雖不誤，但『分衞爲幷州』則大誤了。禹貢云，『濟河惟兗州』。水經云，『濟水出河東垣縣王屋山，其下流東北入海』。王屋山在今山西陽城縣與河南濟源縣之間，濟水出於是，其故道本過黃河而南，東流至山東，與黃河並行入海。兗州在河濟之間，衞國在其西端，故有始覽曰，『河濟之間爲兗州，衞也』。衞地至漢屬河內郡，司隸校尉所轄，既不屬兗州，也不屬幷州。鄭氏乃說『分衞爲幷州』，試問衞地如何可以把恒山作爲它的鎭山呢？這不但和禹貢，呂氏春秋，職方不合，也和他的老師馬融的話不合；不但和馬融的話不合，也和兩漢的制度不合。

呂氏春秋和爾雅都說『兩河間曰冀州』，和禹貢相同。漢分州時，把太原，上黨兩郡屬於幷州，已使冀州偏在東隅，失其得名之實。現在鄭氏更以衞屬幷州，使幷州的境界再往東擴張，實在有些不對。但他所以這樣說也是有來歷的。春秋元命包云：『營室流爲幷州，分爲衞國。州不以衞水爲號，又不以恆山爲稱，而云幷者，蓋以其在兩谷之間也』(晉書地理志引)。原來他相信的是讖緯，他用了讖緯來補師說呵！(漢書地理志講到分野，未嘗不說『衞地，營室東壁之分野也』，但下面說『今之東郡及魏郡黎陽，河內之野王朝歌，皆衞分也』，則屬于衞分的只有兗州之東郡，冀州之魏郡，及司隸之河內郡而已，沒有和幷州發生關係。可見元命包之說尙是班固以後所產生的。)其後晉書地理志亦祖述其說，云，『舜以冀州南北闊大，分衞以西爲幷州，燕以北爲幽州。周人因焉』(冀州條)。經了他們一鼓吹，從此舜的幷州遂奄有了禹的冀州的大一半了。

自馬融鄭玄之說起，把十二州名分配停當，於是後來注堯典的，依聲學舌，代代相承。如僞孔傳云，『禹治水之後，舜分冀州爲幽州幷州，分青州爲營州，始置十二州』。陸德明經典釋文云，『十有二州，謂冀，兗，青，徐，荊，揚，豫，梁，雍，幷，幽，營也』。蔡沈書集傳云，『十二州，冀，兗，青，徐，荊，揚，豫，梁，雍，幽，幷，營也。中古之地但爲九州，曰冀，兗，青，徐，荊，揚，豫，梁，雍。禹治水作貢，亦因其舊。及舜即位，以冀青地廣，始分冀東恒山之地爲幷州，其東北醫無閭之地爲幽州，又分青之東北遼東等處爲營州。而冀州止有河內之地，今河東一路是也』。舜的十二州就這樣的被勘定了！他的州制和漢武帝大槪相同，只是多了一個營州，短了朔方交趾兩刺史部。

不幸作尚書疏的孔穎達太滑稽，他把舜的十二州的由來和盤託出。他說，『禹貢治水之時猶爲九州，今始爲十二州，知禹治水之後也。…知分冀州爲幽州幷州者，以王者廢置理必相沿，周禮職方氏九州之名有幽幷，無徐梁，周立州名必因於古，知舜時當有幽幷。職方幽幷山川於禹貢皆冀州之域，知分冀州之域爲之也。爾雅釋地九州之名，於禹貢無梁青而有幽營，云「燕曰幽州，齊曰營州」。孫炎以爾雅之文與職方禹貢並皆不同，疑是殷制，則營州亦有所因，知舜時亦有營州。齊即青州之地，知分青州爲之』。大好一座璀璨的七寶樓臺，經這樣一分析，原來別無根據，只是這一扯，那一拉，如此雜湊而成的。他們從『王者廢置理必相沿』一個前提之下，決定凡古書中所見的州名都從堯舜之世傳下來，恰好把禹貢，職方，釋地三篇比較一下，其中的州名是十二個，於是不管它們的互相牴牾，或者異名同實，就都算做舜的州制了。夫漢人之視三代，亦猶今日之視唐宋。就說禹貢九州確是夏制，釋地九州確是殷制，職方九州確是周制，他們可以就夏殷周之州制而推出虞之州制，然則我們亦何嘗不可曰，王者廢置理必相沿，唐宋之州名必因於古，遂據唐之二百九十四州，宋之二百五十州，而推出虞之州制亦當如是呢？所以我們旣知道這十二州名的由來不過是些妄意的猜測，就可把馬鄭以來的傳統解釋根本推翻，絲毫不容疑惑。

我們看了這個問題，可以知道他們之所以這樣『無中生有』，爲舜立下這個州制，只爲不肯說一聲『堯典十二州無可徵證』和不肯說一聲『禹貢，釋地，職方的九州名目互相衝突』之故。無可徵證的，他們偏要證明它；互相衝突的，他們偏要講得它不衝突：於是把這三篇硬屬於夏商周三代，而把它們的不同處集合起來，一切歸之於舜。這樣，表面上似乎已整理清楚，但實際上卻增加了一重很厚的疑雲，舊問題沒有解決，新問題又產生了許多。這種整理方法最是漢人的長技，所以他們傳給我們的糾紛也特別多。不知道我們要到哪一年纔可把它們完全弄個明白？

九　漢以前的大山觀念

州的變相大概如上面所說，現在再回到嶽上。

我們一提到大山，大家一定先想到五嶽。五嶽是東嶽泰山，南嶽衡山，中嶽嵩山，西嶽華山，北嶽恒山——這是二千年來一致承認，沒有發生過問題的。

但這個觀念卻是禹貢裏所沒有的，故它但稱霍山曰『岳』，或曰『太岳』。在職方裏，這觀念也是沒有的，故但稱汧山曰『嶽』。這兩座山都是有了五嶽之說以後所不算作嶽的。山海經中稱大山爲『冢』，如西山經云，『華山，冢也』，中次十二經云，『夫夫之山，即公之山，堯山，陽帝之山，皆冢也』，它雖分天下名山爲南，西，北，東，中五經，但並沒有定出南，西，北，東，中五嶽。五嶽觀念是怎樣的來得遲呵！

又，禹貢但說『九山刊旅』，沒有說是哪九個山。所以僞孔傳云，『九州名山已槎木通道而旅祭矣』，他但用了『九州名山』釋『九山』而不加以指實。呂氏春秋有始覽就不這樣，它說，『土有九山。……何謂九山？會稽，太山，王屋，首山，太華，岐山，太行，羊腸，孟門』，把九山指實了。但拿了它的九州來分配，則會稽在揚州，太山在青州及徐州，王屋，首山，太行，羊腸，孟門都在冀州，太華在豫州或雍州，岐山在雍州。這分配很不均勻，荊幽諸州都沒提起，而冀州則特多。淮南子地形訓文全與之同。如作淮南子時已有強烈堅固的五嶽觀念，則必不容其鈔襲呂氏春秋。淮南王安是死於武帝元狩元年（前一二二）的，淮南子的著作必在武帝初年或景帝之世，足證那時對於山的觀念也是這樣的尋常。

上面這些話還是偏在學說方面的，我們再就史實看，也是這樣。商周兩代的史料傳下的不少，哪裡見到商周之王到五嶽去祭祀的記載。秦始皇統一天下之後，祭天下名山大川。要是五嶽制早就有了，他一定受着些影響。但史記封禪書說，『秦并天下，令祠官所常奉天地名山大川鬼神可得而序也。於是自殽以東，名山五，大川祠二：曰太室（太室，嵩高也），恒山，太山，會稽，湘山；水曰濟，曰淮。……自華以西名山七，名川四：曰華山，薄山（薄山者，襄山也），岳山，岐山，吳岳，鴻冢，瀆山（瀆山，蜀之汶山也）；水曰河，祠臨晉；沔，祠漢中；湫淵，祠朝那；江水，祠蜀』，可見秦代的山的祠典只有十二山而沒有五嶽，後來認作南嶽的天柱山和衡山且不在名山之列。秦國起自西方，故所祀西方的山多於東方的山。其所舉東方的五名山：太室，恒山，太山是後來被收在五嶽裡的；湘山不大著名，惟始皇二十八年（前二一九）南巡時是去過的；會稽頗重要，只因它偏在東南，故後來排五嶽時就輪不到它。至於其所舉西方的山，以瀆山（岷山）爲最西，如果五嶽制度由秦人去排，瀆山一定會做西嶽的了。南嶽呢，大概湘山也有希望。

禹貢裡，兗，揚二州不言山，有始覽裏，兗，荊，幽三州不言山，而且有山的州一州或有四五個山，多寡很不均勻。就是秦始皇的十二山，東方西方的多寡也不均勻。到了職方，就另創了一個新局面。它道，『揚州，其山鎮曰會稽；荊州，其山鎮曰衡山；豫州，其山鎮曰華山；靑州，其山鎮曰沂山；兗州，其山鎮曰岱山；雍州，其山鎮曰嶽山；幽州，其山鎮曰醫無閭；冀州，其山鎮曰霍山；幷州，其山鎮曰恒山』。各州各有了一個山鎮，格式上是非常的整齊了。但如果把這些山鎮稱爲嶽，則應爲九嶽，仍不能說是五嶽。

一〇　五嶽制的確定

泰山，詩經和論語都稱爲『泰山』，禹貢則稱爲『岱』，字雖異而音同，絕沒有稱爲『嶽』的。當封禪說起來之後，七十二代的帝王皆在傳說中封禪於泰山，秦始皇又實行封禪於泰山，它的地位這等高，但仍稱爲泰山而不稱爲嶽。第一個稱泰山爲『嶽』的是堯典（依我的假定，今本堯典作於漢武帝時，說見尙書研究講義），這一篇裏面有四岳之官，又有天子巡狩四岳之制，而云『歲二月，東巡守，至于岱宗，柴，望秩于山川……。五月，南巡守，至于南岳，如岱禮。八月，西巡守，至于西岳，如初。十有一月，朔巡守，至于北岳，如西禮』，則四岳中只有東岳是實定爲泰山的，其餘不過指點了方向。作者爲什麼不舉出山名？只因新式的嶽的觀念正在醞釀之中，還不知道應當定的是些什麼山呀！

當漢武帝時，有一個方士申公說，『天下名山八而三在蠻夷，五在中國。中國：華山，首山，太室，太山，東萊』（史記封禪書）。這很有指實五個名山作五嶽的趨向了，但這五個山都在黃河流域，並不是按照漢家疆域分派的。漢武帝元封元年詔曰，『朕用事華山，至于中嶽，獲駮麃，見夏后啟母石。翌日，親登嵩高』（漢書武帝紀），這是嵩高爲中嶽的確定。及元封四年南巡狩，『登禮灊之天柱山，號曰南嶽』（封禪書），又是灊山爲南嶽的確定。他對於西嶽和北嶽似尙沒有規定的明文。（封禪書云，『常山王有罪遷，天子封其弟於眞定以續先王祀，而以常山爲郡，然後五岳皆在天子之邦』，當可認其已以恒山爲北嶽。至于西嶽是哪一山還成疑問。華山固然偏西，但終在京師之東，能不能稱爲西嶽呢？如用職方作者的眼光來看，華山決做不得西嶽。因此，這是應當斟酌一下的。）

直到宣帝時，修武帝故事，方纔完全確定了五嶽的位置。郊祀志說，『改元爲神爵，制詔太常：……自是五嶽四瀆皆有常禮：東嶽泰山于博，中嶽泰室于嵩高；南嶽灊山于灊；西嶽華山于華陰；北嶽常山于上曲陽；河于臨晉；江于江都；淮于平氏；濟于臨邑界中』，這是向來流動的觀念的凝固。

自有此事，就把後人弄糊塗了。班固在郊祀志開頭說，『虞書曰，「……歲二月，東巡守，至于岱宗。——岱宗，泰山也。五月，巡守至南嶽。——南嶽者，衡山也。八月，巡守至西嶽。——西嶽者，華山也。十一月，巡守至北嶽。——北嶽者，恒山也。……中嶽，嵩高也」』。他忘記了堯典只有四嶽而沒有五嶽，更哪裏想得到堯典中的四嶽只規定了一個東嶽呢！（封禪書也有這種話，似乎司馬遷就如此說。但史記這部書給後人修改得太多了，說不定這段話卽是用了漢書之文竄入的，終以存疑爲是。）

不知何時把南嶽的祀典移到了衡山，於是又把後人弄糊塗了。齊召南漢書考證云，『案南嶽，衡山也。自元封五年巡南郡，至江陵而東，登禮灊之天柱山，號曰南嶽，於是南嶽之名移於灊山，而長沙湘南之衡山自古稱南嶽者反無祠矣』。『衡山自古稱南嶽』，這證據從哪裏來？

我們若拿禹貢中的山來說，這裏面最北的是恒山，最南的是衡山；後人以二山爲南北兩嶽，自無不可。就是漢宣帝之後，去掉灊山而以衡山爲南嶽，亦以此故。東邊，禹貢只說了泰山而沒有提到勞山，故在這篇裏看，泰山亦可爲最東的山。這東，南，北三嶽，都可算得和禹貢相合。但中嶽，禹貢中的嵩山（外方）是不占重要的，而冀州卻有太岳。以王畿之山鎭爲中嶽之義言之，則這太岳倒有爲中嶽的可能；故孫詒讓卽云，『霍山，虞夏時以爲中嶽，禹貢謂之太岳』（周禮正義職方冀州）。然則班固在堯典『北巡守』之後插上一句『中嶽，嵩高也』，水經禹貢山水澤地所在云『嵩高爲中嶽』，卽以舊觀念言，亦不能不說爲大誤。至於西嶽，則就禹貢中看來萬無定在華山之理。禹貢華山之西有岐山，有汧山，有嶓冢，有朱圉，有鳥鼠，有西傾，有岷山，最西至積石而止，西邊可以做嶽的多着呢！況以禹貢版圖的全面積看，華山離嵩高甚近，離太岳亦不遠，爲什麼中嶽與東，南，北三嶽相去甚遠，而與西嶽乃密邇呢？再說漢武帝元鼎四年，他西踰隴坂，登空同，司馬遷跟他去了一次，聽得那邊的人講述黃帝的故事，以為黃帝是到過那邊的，後來作史記時就在五帝本紀中寫道，『黃帝…西至于崆峒』。然則這崆同山也大有做得西嶽的資格。又汧山向來名嶽，為什麼輕易捨掉這現成的西嶽呢？依我想，這件事的規定有兩種可能性。其一，五嶽之說由祭山來，祭山為方士專業，而方士皆東方人，在他們的眼光裏，華山已在西邊了。再要他們往西去，或已不勝跋涉之勞了。其二，託古改制為當時人之長技，五嶽之說也必使於古有徵，必使古帝王已經這樣方好。於是他們說，『昔三代之君皆在河洛之間，故嵩高為中嶽，而四嶽各如其方。…至秦稱帝，都咸陽，則五嶽皆幷在東方』（封禪書），表明三代沒有不以嵩高為中嶽的。嵩高可為中嶽，則華山在嵩高西，自不妨列為西嶽。於是華山為西嶽，正因其不合於漢制而反可以說為古制了。（華山在長安之東，自漢制言必不能定為西；山在京兆尹轄境，則大可定為中。）所以，嵩山之得為中嶽是僥倖，華山之列為西嶽是錯誤；華山在職方裏看，在漢的版圖裏看，它是最有做中嶽的資格的。

從禹貢的沒有主山到職方的每州一個山鎮，是變了一種樣子。從職方的九個山鎮到堯典的四嶽，又是變了一種樣子。從沒有主名的四嶽到各具主名的五嶽，又是變了一種樣子。變得多了，看的人眼花撩亂了，於是漢武帝，漢宣帝們的五嶽就升到數千年前而成為堯和舜的五嶽。

禮記王制云，『五嶽視三公，四瀆視諸侯』。就從這一點看，這書的時代也夠後了。中庸云，『載華嶽而不重』，則著作時必在華山已成為西嶽之後亦可知。

爾雅釋山裏有兩種五嶽說。一云，『河南，華；河西，嶽；河東，岱；河北，恆；江南，衡』，這一個系統是用江河來分列的，彷彿把華山看成了中嶽，因此把汧山重行提出，這說不定和職方的『豫州，山鎮曰華山；雍州，山鎮曰嶽山』有關係。一云，『泰山為東嶽；華山為西嶽；霍山為南嶽；恆山為北嶽；嵩山為中嶽』，則完全承受了漢宣帝所定的制度。爾雅這部書出於西漢後期，這也是一個鐵證。

水經之末附了一篇禹貢山水澤地所在，論理應當把禹貢裏的地名加上解釋才是，但它開首即云，『嵩高為中嶽，在潁川陽城縣西北。泰山為東嶽，在泰山博縣西北。霍山為南嶽，在廬江灊縣西南。華山為西嶽，在弘農華陰縣西南。恆山為北嶽，在中山上曲陽縣西北』。不必說五嶽觀念決不存在於禹貢，試問禹貢裏所沒有的霍山為什麼要放在禹貢山…所在？試問禹貢稱為外方的為什麼要改稱為嵩高？

許多問題常不在材料的本身而在他種材料的牽纏，這也是一例。

一一　結論

綜合上文的九州事實，我敢說：當西周時尚沒有九州的觀念，更不必說殷和夏。自西周之末到春秋時，在今河南省的西部和陝西省的東南部，有個姜姓民族的居住地，喚做九州。大約在春秋中葉，把這小區域的九州放大為禹迹的九州，奄蓋當時的天下，但沒有確定這九個州名及其疆界。到戰國時，因吞併的結果，小國之數日減，僅存幾個强國（如秦，楚）或古國（如周，衛），約略與九州相當，遂使九州之說益臻具體化，而有禹貢等分州之書出現。這些州名，有的直取國名（如徐），有的取於國的異名（如荆），有的取於國的同音字（如揚，幽），有的取於國的都邑（如雍，冀，營），有的取於水名（如兗），有的取於五行的方位（如青）。後來又因地域的擴張和九州名目的不一致，放大為十二州。但創立這一說的人沒有把十二州的個別之名寫下來，徒勞經學家的猜測。

嶽呢？我以為最先有姜戎的先祖『四嶽』，而後有堯典的大官『四岳』及天子巡狩的『四岳』。有禹貢的不指名的『九山』，而後有有始覽的指名的『九山』，而後有職方的分州的『九山鎮』。有『四嶽』和『九山鎮』兩個觀念相配，加之以五行的思想，於是有『四嶽』的放大和『九山鎮』的縮小，而發生了『五嶽』的制度。這制度是創於武帝而成於宣帝的，所以像周官大宗伯所謂『以血祭祭社稷五祀五嶽』等話，都不足信。

以上諸章所以能在講義裏發表，完全由於北大同學王樹民，楊向奎二君，燕大同學譚其驤，翁獨健二君和我討論這問題，使我不得不發表這些意見之故，我敬謝謝他們的激厲的好意。

頡剛又記。

司馬遷所見書考敘論

金德建

我們研究古代歷史，對於文字部份的史料，就有許多問題發生。例如：古時文籍共有幾種？流傳亡佚的有幾種？或者現存的是否可信？這些問題很多，都須待我們先去解決，而漢書藝文志也就常常被認爲古代書名的準標。但是漢志的是否可信，却根本還是疑問，不僅班固說過『似後世語』，『似依託也』，漢代人對於漢志書的眞僞，早已看得非常清楚。例如：

(1)漢志孟子十一篇，但史記僅云孟子七篇，則漢志中的孟子已有四篇僞書。趙岐注孟子只取七篇，幷且趙序上明白斷定其他四篇爲僞。應劭風俗通窮通篇亦分七篇爲中書，四篇爲外書，這是趙岐應劭均知漢志孟子中有僞篇。

(2)漢志魯論二十篇，齊論二十二篇。魯論二十篇是否孔門之舊，已是疑問，至於齊論所多出的問王知道二篇，則必爲漢代的僞品無疑。但張侯注論語，却只注魯論，不取問王知道，這是張侯明知二篇爲僞書。

(3)漢志吳孫子八十二篇，齊孫子八十九篇。但原本孫子只有十三篇，史記亦云孫子十三篇，則漢志中已有許多僞篇了。孫詒讓曰：『呂氏春秋上德篇高誘注云：「武，吳王闔閭之將也，兵法五千言是也」。今宋本曹注孫子五千九百一十三字，高蓋舉成數言之』。高誘只說五千言，這是高誘不信漢志孫子的僞篇。

(4)漢志賈誼五十八篇，此即賈誼新書。新書非賈誼所著，根據各家所論，大概已可無疑問。司馬遷也沒有說起新書。而應劭風俗通義（卷二）云：『謹按戰國策太史公記秦孝公據殽函之固，擁雍州之地，君臣戮力，以窺周室……』。此一大段與賈誼新書過秦論文全同，照理應劭宜云『新書記』可矣，然乃云『據戰國策太史公』而不云據新書者，這又明明以賈誼新書爲僞，而應劭不信之證。

(5)漢志虞氏春秋十五篇，史記僅云八篇，別錄九卷（見春秋左氏傳序正義引），則最初眞本僅八篇，後來漸漸增加僞的篇幅而成九篇十五篇。但應劭風俗通義（卷七）云：『虞卿著書八篇』，這也是應劭不信漢志而僅信眞本八篇。

就此我們生出三種概念：第一，對於這些漢代的辨僞材料，自然應該細細留意；第二，漢志之不可全信，已爲事實；第三，頂好能有一篇漢志以前的藝文志，用此來支配漢志，使漢志之僞，無所逃遁。

史記中常見『余讀某書』或『某書世多有』一類話很多，這是司馬遷記載他當時所見過的書。但是把這些書名一一抄集之後，却看出司馬遷已經將他所見各書完全記在史記中了，這些書名彙集起來，無異是一篇史記的藝文志，大凡我們所認爲可信的書，固然都有記着。這一層很可以注意。以時間論，史記是比較漢書早二百餘年，這篇史記藝文志實在可以用來糾正漢志的；從時代上看，史記的時代正是介於古代與中古之間，我們研究古代的事情，對於這時期的藝文志，又是何等需要。茲將各種書名列後：

詩三百五篇

〔孔子世家〕古者詩三千餘篇，及至孔子，去其重取可施於禮義，上采契后稷，中述殷周之盛，至幽厲之缺，始於衽席。故曰：關雎之亂，以爲風始，鹿鳴爲小雅始，文王爲大雅始，淸廟爲頌始，三百五篇，孔子皆絃歌之，以求合韶武之音，禮樂自此可得而述，以備王道，成六藝。

〔太史公自序〕詩三百篇，大抵聖賢發憤之所爲作也。

韓詩內外傳　存

〔儒林列傳〕韓生推詩之意，而爲內外傳數萬言，其語頗與齊魯閒殊，然其歸一也。

申公詩訓

〔儒林列傳〕申公獨以詩經爲訓以敎，無傳疑，疑則闕不傳。

按漢志有魯故二十五卷，魯說二十八卷，俱亡。陳喬樅有三家詩遺說考。

尙書二十九篇　存

〔儒林列傳〕伏生求其書，亡數十篇，獨得二十九篇，即以敎於齊魯之間，學者由是頗能言尙書。

古文尙書十餘篇　亡

〔儒林列傳〕孔氏有古文尙書，而安國以今文讀之，因以起其家逸書，得十餘篇，蓋尙書滋多於是矣。

士禮　存

〔儒林列傳〕諸學者多言禮，而魯高堂生最本禮固自孔子時而其經不具，及至秦焚書，書散亡益多，於今獨有士禮，高堂生能言之。

漢禮儀

〈儒林列傳〉叔孫通作漢禮儀。

按漢禮儀，漢志已不著錄，書早亡。或以漢禮儀班固所親上（見後漢書曹褒傳），何以漢志不錄爲疑。然觀王充論衡謝短篇曰：『高祖詔叔孫通制作儀品十六篇何在，而復定儀禮十六篇，秦大之餘也，更秦之時，篇凡有幾』。其云叔孫通制作之儀品，當即漢禮儀之別稱，王云『何在』，是已亡逸。班王並時，則後漢書所謂班固親上者，殆亦子虛；而班固原未之見，自不能責其不錄矣。

易　　存

〈孔子世家〉孔子晚而喜易，序彖繫象說卦文言，讀易韋編三絕，曰：假我數年，若是我於易則彬彬矣。

〈儒林列傳〉自魯商瞿受易孔子，孔子卒，商瞿傳易，六世至齊人田何，字子莊；而漢興田何傳東武人王同子仲，子仲傳菑川人楊何，何以元光元年徵，官至中大夫，齊人即墨成，以易至城陽相，廣川人孟但，以易爲太子門大夫，魯人周霸，莒人衡胡，臨菑人主父偃，皆以易至二千石，然要言易者，本於楊何之家。

春秋　　存

〈孔子世家〉乃因史記，作春秋，上至隱公，下訖哀公十四年，十二公，據魯，親周，故殷，運之三代，約其文辭而指博。

〈十二諸侯年表〉是以孔子明王道，干七十餘君，莫能用，故西觀周室，論史記舊聞，興於魯，而次春秋，上記隱下至哀之獲麟，約其文辭，去其煩重，以制義法，王道備，人事浹。

左氏春秋——春秋國語　　存

〈五帝本紀〉予觀春秋國語。

〈十二諸侯年表〉魯君子左丘明，懼弟子人人異端，各安其意，失其眞，故因孔子史記，具論其語，成左氏春秋。

〈太史公自序〉左丘失明，厥有國語。

鐸氏微　　亡

〈十二諸侯年表〉鐸椒爲楚威王傳，爲王不能盡觀春秋，卒四十章，爲鐸氏微。

按漢志有鐸氏微三卷，今亡。

春秋雜說　　亡

〈平津侯主父列傳〉公孫弘…年四十餘，乃學春秋雜說。

按漢志有公羊雜說八十三篇，又儒家公孫弘十篇，俱亡。有馬國翰輯本。

董仲舒春秋災異之記

（儒林列傳）董仲舒…以春秋災異之變，推陰陽所以錯行；故求雨，閉諸陽，縱諸陰，其止雨反是；行之一國，未嘗不得所欲，中廢為中大夫，居舍，著災異之記。…終不治產業，以修學著書為事。

（十二諸侯年表）上大夫董仲舒推春秋義，頗著文焉。

按漢志有公羊董仲舒治獄十六篇又董仲舒百二十三篇，此與史記所云災異之記，名稱又異，疑董氏著書，初無書名。今傳有春秋繁露十七卷。

公羊傳　存

（儒林列傳）故漢興至於五世之間，唯董仲舒名為明於春秋，其傳公羊氏也。

穀梁春秋　存

（儒林列傳）瑕丘江生，為穀梁春秋，自公孫弘得用，嘗集比其義，卒用董仲舒。

中庸　存

（孔子世家）子思作中庸。

王制　存

（封禪書）文帝使博士諸生刺取六經作王制。

夏小正　存

（夏本紀）孔子正夏時，學者多傳夏小正云。

五帝德　存

（五帝本紀）孔子所傳宰予問五帝德及帝繫姓，儒者或不傳。予觀春秋國語，其發明五帝德帝繫姓章矣。

（仲尼弟子列傳）宰予問五帝之德，子曰：予非其人也。

帝繫姓　存

（五帝本紀）見上。

孝經　存

（仲尼弟子列傳）曾參作孝經。

論語　存

（仲尼弟子列傳）則論言弟子籍出孔氏古文者近是。余以弟子姓名文字，悉取論語弟子問，并次為篇，疑則闕焉。

（孔子世家）余讀孔氏書。

管子　存

（管晏列傳）吾讀管氏，牧民，山高，乘馬，輕重，九府及晏子春秋，詳哉其言之也。既見其著書，欲觀其行事，故次其傳，至其書，世多有之，是以不論，論其軼事。

（貨殖列傳）其後齊中衰，管子修之，設輕重九府。

晏子春秋　存

（管晏列傳）見上。

老子上下篇　　存

（老莊申韓列傳）於是老子迺著書上下篇，言道德之意，五千餘言而去。

老萊子十五篇　　亡

（老莊申韓列傳）或曰老萊子亦楚人也，著書十五篇，言道家之用，與孔子同時云。

按史遷所見僅十五篇，其後漢志老萊子十六篇，已有一篇僞書。隋唐志皆不著錄，書亡已久，有馬國翰輯本。

莊子　　存

（老莊申韓列傳）莊子者，蒙人也。其學無所不闚，然其要本歸於老子之言。故其著書十餘萬言，大抵率寓言也。作漁父，盜跖，胠篋以詆訿孔子之徒，以明老子之術。畏累虛亢桑子之屬，皆空語，無事實。

申子二篇　　亡

（老莊申韓列傳）申子之學，本於黃老，而主刑名，著書二篇，號曰申子。

按史記僅云二篇，則漢志申子六篇中有四篇僞書，然別錄云『今民間所有上下二篇，中書六篇皆合』（王應麟引史記本傳注）知上下每篇復分三篇，故得合於中書六篇，則漢志不僞。七錄三卷，隋唐雖著目，皆云已亡，有馬國翰輯本。

韓非子　　存

（老莊申韓列傳）非爲人口吃，不能道說，而善著書，…故作孤憤，五蠹，內外儲，說林，說難十餘萬言，…人或傳其書至秦，秦王見孤憤，五蠹之書，曰：嗟乎寡人得見此人，與之遊死不恨矣。李斯曰：此韓非之所著書也。…申子韓子，皆著書傳於後世，學者多有。

（十二諸侯年表）及如…韓非之徒，各往往捃摭春秋以著書，不可勝紀。

商君書　　存

（太史公自序）韓非囚秦，說難孤憤。

（商君列傳）余嘗讀商君開塞耕戰書。

孟子七篇

（孟子荀卿列傳）退而與萬章之徒，序詩書，述仲尼之意，作孟子七篇，太史公曰：余讀孟子書，…何以異哉。

騶衍子　　亡

（孟子荀卿列傳）騶衍乃深觀陰陽消息，而作怪迂之變，終始大聖之篇，十餘萬言。如燕昭王，身親往師之，作主運。

〈封禪書〉自齊威王之時，騶子之徒，論著終始五德之運，騶衍以陰陽主運。

按漢志陰陽家有騶子四十九篇，鄒子終始五十六篇，隋唐志皆不著錄，書早亡，有馬國翰輯本。

淳于髡子　亡

〈孟子荀卿列傳〉自騶衍與齊之稷下先生如淳于髡，愼到、環淵、接子、田駢、騶奭之徒，各著書，言治亂之事，以干世，豈可勝道哉。愼到趙人，田駢、接子齊人，環淵楚人，皆學黃老道德之術，因發明序其指意，故愼到著十二論，環淵著上下篇，而田駢、接子皆有所論焉。

按淳于髡子漢志不著錄，然禮記雜記下正義云：『別錄王度記云：「似齊宣王時淳于髡等所說也」』，別錄之說是也。王度記已入戴記，故漢志遂不別出。王度記可輯，見於白虎通，詩疏，禮疏所引尙多，詳後二章淳于髡子條。

愼子十二論　存

〈孟子荀卿列傳〉見上。

環淵子上下篇　亡

〈孟子荀列傳〉見上。

按漢志道家有蜎子十三篇，即環淵子，今亡。班固云：『名淵，楚人，老子弟子』，史遷僅見上下篇，則漢志十三篇中，殆亦有僞篇。

接子　亡

〈孟子荀卿列傳〉見上。

按漢志道家有捷子二篇，即接子，今亡。

田駢子　亡

〈孟子荀卿列傳〉見上。

按漢志道家有田子二十五篇，隋唐志皆不著錄，書早亡，有馬國翰輯本。

騶奭子　亡

〈孟子荀卿列傳〉見上。

按漢志陰陽家有騶奭子十二篇，今亡。

荀卿子　存

〈孟子荀卿列傳〉荀卿趙人…於是推儒墨道德之行事興懷，序列數萬言而卒。

公孫龍子　存

〈孟子荀卿列傳〉趙亦有公孫龍，爲堅白同異之辨，劇子之言；魏有李悝，盡地力之敎；楚有尸子，長盧阿之吁子；自如孟子至於吁子，世多有其書。

劇子　亡

（孟子荀卿列傳）見上。

按漢志法家有處子九篇，即劇子，今亡。

李悝子　亡

（孟子荀卿列傳）見上。

（貨殖列傳）當魏文侯時，李克務盡地力之敎。

按漢志法家有李子三十二篇，儒家有李克七篇，俱亡，有黃奭漢學堂叢書輯本。唐律有李悝法經之目，則爲僞物，孫星衍信以爲眞，疏矣。（孫氏曾輯法經，有李子法經序，見嘉穀堂集）

尸子　亡

（孟子荀卿列傳）見上。

按漢志雜家有尸子二十篇，已佚，有汪繼培輯本。

長盧子　亡

（孟子荀卿列傳）見上。

按漢志道家有長盧子九篇，今亡。

吁子

（孟子荀卿列傳）見上。

按索隱曰：『別錄作芋子』，漢志儒家有芋子十八篇，芋吁古通。班固謂七十子之後。今亡。

墨子　存

（孟子荀卿列傳）其傳云：蓋墨翟宋之大夫，善守禦，爲節用，或曰並孔子時，或曰在其後。

虞氏春秋　亡

（十二諸侯年表）虞卿上采春秋，下觀近世，亦著八篇，爲虞氏春秋。

（平原君虞卿列傳）虞卿乃著書，上採春秋，下觀近世，曰節義，稱號、揣摩、政謀凡八篇，以刺譏國家得失，世傳之曰虞氏春秋。然虞卿非窮愁，亦不能著書以傳後世云。

按漢志儒家有虞氏春秋十五篇，隋唐皆不著錄，散佚已久，有馬國翰輯本。馬云：『戰國策載其論割六城與秦之失，及許魏合從二篇，史記取之入本傳，劉向亦採二篇於善謀上篇，蓋本書謀篇之遺文也。玆據訂正錯簡，互考異同，錄爲一卷』。馬輯材料僅此，然國策乃記虞卿言行而已，尙非虞氏春秋本文。篇名除史記所載四篇外，又有城中一篇可知。論衡超奇篇云：『商鞅相秦，致功於霸，作耕戰之書，虞卿爲趙，決計定說，行退作春秋之思，起城中之議』，則城中疑亦虞氏春秋之一篇名。然史記既稱『節義，稱號、揣摩、政謀凡八篇』，從凡字着想，知所謂八篇者，其篇名僅四，而每篇又當分上下，故云『凡八篇』。如是論衡所稱之城中篇，宜不在史記所稱八篇之中，而當在漢志十五篇中矣。

呂氏春秋八覽六論十二紀　存

（十二諸侯年表）呂不韋亦上觀上古，刪拾春秋，集六國時事，以爲八覽六論十二紀，爲呂氏春秋。

（呂不韋列傳）呂不韋乃使其客人，人著所聞，集論以爲八覽六論十二紀，二十餘萬言，以爲天地萬物古今之事，號曰呂氏春秋。

（太史公自序）不韋遷蜀，世傳呂覽。

新語十二篇　亡

（酈生陸賈列傳）迺謂陸生曰：試爲吾著秦所以失天下，吾所以得之者何，及古今成敗之國。陸生迺粗述存亡之徵，凡著書十二篇，每奏一篇，高帝未嘗不稱善，左右呼萬歲，號其書曰新語。余讀陸生新語，書十二篇，固當世之辯士。

按今本新語僞物，（詳四庫提要）史遷所見，實指楚漢春秋。此亦陸賈所作，已亡，有洪頤煊輯本。（在經典集林）內容多記秦亡楚漢間事，與史記所稱『著秦所以失天下，與吾所以得之者何？』正同，足證楚漢春秋實即眞新語。班固謂史記曾採楚漢春秋，然此書名，史記中竟未道及，今以其稱新語即指楚漢春秋，則此疑可釋。且此書史遷時確不名楚漢春秋，故十二諸侯年表歷叙虞氏春秋晏子春秋呂氏春秋而不及於楚漢。明乎此，則史遷以後始易名楚漢春秋，而僞新語之造，蓋即由於徒見史遷之稱新語而不見其書，遂至漢志有楚漢春秋與僞新語並列。論衡案書篇所稱新語，內容已同今本，可証班固時新語已僞。至於篇目，漢志楚漢春秋九篇，新語二十三篇。凡書籍流傳，必亡佚有之，從無反增者，此亦可見楚漢春秋乃眞新語，故由十二篇傳至班固，佚存九篇，而新語僞物，故篇幅反增至二十三篇。別詳後二章新語條。

蒯通書八十一首　存

（田儋列傳）甚矣，蒯通之謀亂齊，驕淮陰，其卒以此二人，蒯通者，善爲長短說，論戰國之權變，爲八十一首。

按史遷所見之蒯通書即戰國策。詳後二章蒯通書條。

公孫固子　亡

（十二諸侯年表）及如荀卿、孟子、公孫固、韓非之徒，各往往捃摭春秋之文以著書，不可勝紀。

按漢志公孫固一篇十八章，今亡。班固云：『齊閔王失國問之，固因爲陳古今成敗也』。索隱謂齊人韓固，非也。詳史記志疑。

淮南子　存

（淮南衡山王列傳）淮南王安，廢法行邪，懷詐僞心，以亂天下，熒惑百姓，倍畔宗廟，妄作妖言。春秋曰：『臣無將，將而誅』，安罪重於將，謀反形已定，臣端所見，其書節印圖，及其他無道事驗明白。

計然七策　亡

（貨殖列傳）范蠡既雪會稽之恥，乃喟然而嘆曰：計然之策七，越用其五而得意。

按計然書漢隋志皆不著錄，唐志有范子計然十五卷，已亡，有馬國翰輯本。

兒寬書

（儒林列傳）伏生教濟南張生及歐陽生，歐陽生教千乘兒寬…善著書，書奏敏於文。

按漢志儒家兒寬九篇，今亡，有馬國翰輯本。

司馬兵法　存

（司馬穰苴列傳）齊威王使大夫追論古者司馬兵法，而附穰苴於其中，因號曰司馬穰苴兵法。太史公曰：『余讀司馬兵法，閎廓深遠，雖三代征伐，未能竟其義，如其文也，亦少褒矣！若夫穰苴區區爲小國行師，何暇及司馬兵法之揖讓乎！世既多司馬兵法，以故不論，著穰苴之列傳焉』。

（太史公自序）司馬兵法所從由來尚矣！太公孫吳王子能紹而明之。

孫子十三篇　存

（孫子吳起列傳）孫子武者，齊人也，以兵法見於吳王闔閭，闔閭曰：子之十三篇，吾盡觀之矣！…世傳其兵法，世俗所稱師旅，皆道孫子十三篇…世多有。

（太史公自序）孫子臏脚，而論兵法。

吳起兵法　亡

（孫子吳起列傳）吳起兵法世多有，故弗論。

按今本吳起兵法僞物，非史遷所見之舊。胡應麟以爲『戰國人掇其議論成篇，非後世僞作』，姚際恒則曰：『其論膚淺，自是僞託，中有屠城之語，尤爲可惡。或以其有禮義之字，遂以正大非武之比，誤矣』！姚鼐亦云：『魏晉以後，乃以笳笛爲軍樂，彼吳起安得云：「夜以金鼓笳笛爲節乎」？蘇明允言起功過於孫武，而著書顧草略不逮武，不悟其書僞也』。（見惜抱軒文集讀司馬法六韜）吳起兵法漢志四十八篇，隋志僅一卷，亡佚已多，舊唐不錄，新唐一卷。至宋志忽增至三卷，即今之僞書三卷五篇。

魏公子兵法　亡

（信陵君列傳）秦兵不敢出，當是時，公子威振天下，諸侯之客進兵法，公子皆名之，故世稱魏公子兵法。

按漢志兵書略魏公子二十一篇，圖十卷。史記集解引七略云：『圖十卷』。隋志已不著錄，書早亡。

太公兵法　亡

（留侯世家）視其書，乃太公兵法也。

（齊世家）後世之言兵，及周之陰謀，皆宗太公爲本謀。

（太史公自序）司馬法所由來尚矣！太公孫吳王子，能紹而明之。

按漢志有太公二百三十七篇，謀八十一篇，言七十一篇，兵八十五篇。錢大昭曰：『謀言兵就二百三十七篇而言，太公其總名也』。沈欽韓曰：『謀者即太公之陰謀，言者即太公之金匱，凡善言書之玉版，大戴記踐阼篇、呂覽、新書、淮南、說苑所稱皆是；兵者即太公兵法，說苑指武篇引』。顧實曰：『隋唐志通志著錄太公書多種，通考僅餘六韜而已。今六韜與羣書治要所載異，乃宋元豐間所刪本也』。孫星衍有校本及輯佚文，黃奭汪宗沂俱有輯本。

王子　亡

（太史公自序）見上。

按漢志兵書略有王孫十六篇，沈欽韓以爲即王子，今亡。

周書陰符　存

（蘇秦列傳）於是得周書陰符，伏而讀之，期年以出揣摩。

按集解云：「鬼谷子有揣摩篇」，或以鬼谷子即漢志蘇子三十一篇。

禹本紀　亡

（大宛列傳）禹本紀言河出崑崙，崑崙其高二千五百餘里，日月所相避隱，爲光明也，其上有醴泉瑤池。…至禹本紀山海經所有怪物，余不敢言之也。

按此禹本紀別有一書，非即史記之夏本紀，今亡。

山海經　存

（大宛列傳）見上。

槃盂諸書　亡

（魏其武安侯列傳）蚡辯有口，學槃盂諸書。

按漢志雜家孔甲槃盂二十六篇，班云：『黃帝之史，或曰夏帝孔甲，似皆非』。七略曰：『槃盂書者，其傳言孔甲爲之，孔甲者，黃帝之史也，書槃盂中爲誡法，或於鼎，名曰銘』。今亡。

黃帝扁鵲之脈書　存

〈扁鵲倉公列傳〉太倉公：…更悉以禁方予之，傳黃帝扁鵲之脈書，…遺傳黃帝扁鵲之脈書。

按漢志黃帝內經十八卷，今存有素問靈樞。

醫藥卜筮種樹之書　亡

〈始皇本紀〉所不去者，醫藥卜筮種樹之書。

功令　亡

〈儒林列傳〉太史公曰：余讀功令，至於廣厲學官之路，未嘗不廢書而歎也。（索隱曰：即今學令是也）

〈高祖功臣年表〉余讀高祖功臣，察其列封。

〈惠景間侯者年表〉太史公讀列封。

秦記　亡

〈六國表〉太史公讀秦記：…獨有秦記，又不載日月，其文略不具。…余於是因秦記，踵春秋之後，起周元王，表六國時事，訖二世，凡二百七十年。

諜記　亡

〈三代世表〉太史公曰：五帝三代之記尚矣！自殷以前，諸侯不可得而譜，周以來，乃頗可著。…余讀諜記，黃帝以來，皆有年數，稽其曆譜諜，終始五德之傳。…於是以五帝繫諜尚書，集世紀黃帝以來，訖共和爲世表。

〈十二諸侯年表〉太史公讀春秋曆譜諜，至周厲王，未嘗不廢書而嘆也。譜諜獨記世謚，其辭略，欲一觀諸要難，於是譜十二諸侯。…漢相張蒼，曆譜五德。

按諜記總名，包括五帝三代曆譜，而春秋曆譜諜乃其一。諜記即世本，漢志世本十五篇，論衡對於篇亦稱世本十五家，家即篇也。班云：『古史官記黃帝以來，訖春秋時諸侯大夫』。其說蓋本之別錄。以爲古史官作，固未必確，或言左邱明（此皇甫謐說，見顏氏家訓書證篇）亦不可信。余意當出張蒼，十二諸侯年表云：『漢相張蒼，曆譜五德』，此曆譜作於張蒼之證。顏氏家訓稱『世本有燕王喜，漢高祖』，能紀高祖，其必作在漢代，而司馬遷已早見及，此時期中，亦宜屬漢初張蒼無疑。據此則史通云：『楚漢之際，有好事者，錄自古帝王公侯卿大夫之世，終乎秦末，號曰世本』，其說殆有所本。玉海書目沈約謚法序曰：『大戴記及世本，舊並有謚法，而二書傳至約時，已亡其篇』，雖間有佚篇，然鄭樵王應麟尚及見之，其亡當在宋元之交，有錢大昭，孫馮翼，秦嘉謨，洪飴孫，雷學湛，茆津林，張樹諸家輯本，茆張二家較精審。

離騷　存

（屈原賈生列傳）屈原作離騷，……乃作懷沙之賦。太史公曰：余讀離騷天問招魂哀郢。

（太史公自序）屈原放逐，著離騷。

宋玉賦　存

（屈原賈生列傳）屈原既死之後，楚有宋玉唐勒景差之徒，皆好辭而以賦見稱。

唐勒賦　亡

（屈原賈生列傳）見上。

景差賦　亡

賈誼賦　存

（屈原賈生列傳）為賦以弔屈原，……讀服鳥賦。

司馬相如賦　存

（司馬相如列傳）乃著子虛之賦，……請為天子游獵賦，……臣嘗為大人賦。

（太史公自序）子虛之事，大人賦說。

此外史遷所見過的，尚有：魯仲連遺燕將書，（見魯仲連傳）李斯上二世書，（見斯傳）司馬相如遺札一卷，遺平陵侯書，與五公子難草木書，（均見相如傳）凡此都屬比較瑣小的文字，茲不一一細引。

太史公自序云：『遷為太史令，紬史記石室金匱之書』，按此史記石室金匱之書非書名，乃歷代國家藏書之總稱。又云：『秦撥去古文，焚滅詩書，故明堂石室金匱玉版，圖籍散亂，於是漢興……』，則此藏書，秦時曾經一度散亂，漢興始復整理，司馬遷所見者，乃是漢以來重新收藏起來的。

遷所云『余讀某書』，也有些未必眞有其書。除了上面所舉確鑿有書之外，其餘如秦楚之際月表曰：『太史公讀秦楚之際』，衛康叔世家曰：『太史公曰：余讀世家言』，及高祖功臣侯者年表曰：『余讀高祖侯功臣』，皆係史公自讀所著，而生感想，或於事實，有所補正；所云『秦漢之際』，『世家言』及『高祖侯功臣』，皆指史記篇名。管蔡世家云：

太史公曰：管叔作亂，無足載者，然周武王崩，成王少，天下既疑，賴同母之弟，成叔冉季之屬十人為輔拂，是以諸侯卒宗周，故附之世家言。

周本紀云：

伯邑考其後不知所封，武王發其後為周，有本紀言；管叔鮮作亂誅死，無後，周公旦其後為魯，有世家言；蔡叔度其後為蔡，有世家言；曹公振鐸其後為曹，有世家言；成叔父其後世無所見；霍叔處其後晉獻公時滅霍，康叔封其後爲衞，有世家言；冉季載其後世無所見。

這兩段中的『世家言』，『本紀言』，都是明明指定史記中的篇名。故如衞世家所謂『余讀世家言』者，當亦非別指一書。

有了這一篇史記藝文志，就可以用來和漢志互相對照。漢志書籍多出於史志的很多，例如：鬻子，關尹子，列子，尹文子，鄧析子，尉繚子，鶡冠子……等書，漢志有的而史志沒有，我們就覺得很難置信。倘使再把各書逐一加以研究，那末這部份溢出的書是僞的，就應該更顯然了。所以我的計劃中將來後面還要另立一章不見書皆僞考，專論此項辨僞，大都採集前人之說，而自己參加一部份意見。

於此可知，將前面所列的一批書名，稱爲史記藝文志，自然很確。因爲班固作藝文志，應已盡錄當時天下所有書，現在已知漢志多出於史志的皆爲僞書，即除去漢志中僞的一部份之外，即等於史志，那末僞的不算，史志亦同漢志也是盡錄其時天下所有的書。這是司馬遷作藝文志的方法，不同於漢志，漢志是彙志以成篇，而史志乃散見於全書。

至於史記藝文志的功用，自然也只有藝文志的本身用處而已。漢志的不可靠，固然可以用史志來糾正了，但司馬遷所見過的書，也不一定是古代的眞本。例如：管子是否春秋時的管仲所著？老子是否孔子以前的老子所著？……這些問題出在司馬遷以前，都必須作更進一層的研究。後面第二章起就完全注意在這方面。問題大致可分成三類：司馬遷時有無此書，是一個問題：今本是否即司馬遷所見之舊，爲又一問題；而司馬遷見過的書究竟爲眞爲僞，再是一個問題。這三點絕對不能混視。在本考中，關於第一個問題是當然解決的；第二個問題亦應連帶解決；至於第三個問題，我是最不敢自信，也不是一人之力所能解決，有幾處僅僅提出一些解決方法的概要而已。

逸書的輯本，大家似乎都不十分注意。這種忽略，往往使觀察古事，成爲片面或局部的，失去了綜合的概念。本考中凡司馬遷見過的書，已亡而復有輯本者，均加以同等研究；沒有輯的，在可能範圍之內設法輯出。前人所做的輯佚工作，方法上也有兩點可批評：第一，所從輯得的材料，不可靠，譬如某書亡在唐代，再從宋代的材料中去搜輯，這是除了特殊情形之外，即應懷疑；第二，所輯得的材料，往往只是某書著者平日的言行，並非書中本文，譬如某種子書已逸，在呂覽淮南等以及漢代書中有紀載著者的言行，這些材料固然可貴，但不能即認為是書中本文。以上兩層是前人輯佚方法的支節上稍有不滿處，本考以後論到時都加以評判。

這裏再來列一張漢書藝文志與史記藝文志的對照表，看漢志中見存的古書，（古書指遷以前）那幾種為史志所有，那幾種所無。（漢志各書存亡，可依姚明煇師漢書藝文志姚氏學及顧實漢書藝文志講疏所注為準。）本表中可注意：(1)，這些史公未見的書，可以假定為偽書；(2)，有幾種前人早已論定為偽，但是把偽作期定在漢後，恐怕還有斟酌。根據本表推論，作期應該在史遷以後漢志以前的期間的。

（漢書藝文志）	（史公所見）	（附記）
易經十二篇	易	史公所見易無說卦，序卦，雜卦三篇，詳二章易條。
尚書四十六卷	尚書二十九篇，古文尚書十餘篇。	史公所見五十八篇與漢志五十八篇不同，詳二章尚書條。
尚書大傳四十一篇	○史公未見○（註一）	
周書七十一篇	○史公未見○（註二）	
韓詩內傳四卷，韓詩外傳六卷	韓詩內外傳	漢志之內傳外傳均未亡，今本外傳十卷，其中應分內傳四卷，外傳六卷，詳二章韓詩條。
毛詩二十九卷	詩三百五篇	
禮經十七篇	士禮	漢志十七篇史公不全見，詳二章士禮條。
記百三十一篇	中庸，王制，夏小正，五帝德，帝繫姓。	大小戴記中史公所見者僅此五篇。此外禮運一篇，見否存疑，詳二章各條。
周官經六篇	○史公未見○（註三）	
軍禮司馬法百五十五篇	司馬兵法	漢志司馬法史公不全見，詳二章司馬兵法條。
樂記二十三篇		漢志樂記今入小

		戴記，闕不全，其中有與荀卿子…等書同者，史公曾見及，餘不見，詳後二章。
春秋古經十二篇，經十一卷，公羊穀梁二家。	春秋	
左氏傳三十卷，國語二十一篇。	左氏春秋國語	
公羊傳十七卷	公羊傳	
穀梁傳十一卷	穀梁春秋	
戰國策三十三篇	蒯通書八十一首	史公所見之蒯通書，即戰國策，詳二章蒯通書條
論語古二十一篇，齊二十二篇，魯二十篇。	論語	
孔子家語二十七卷	○史公未見○（註四）	
孔子三朝七篇	○史公未見○	七篇即大戴之千乘，四代，虞載德，誥志，小

		辨，用兵，小閒。史公皆未見，詳二章。
孝經一篇	孝經	
爾雅	○史公未見○（註五）	
弟子職	弟子職	在管子
晏子八篇	晏子春秋	
子思二十三篇	○史公未見○（註七）	中庸史公所見，餘皆不見，詳二章。
曾子十八篇		曾子諸篇，史公見及，然無十八篇，詳二章。
孟子十一篇	孟子七篇	
孫卿子三十三篇	荀卿子	
陸賈二十三篇	○史公未見○（註六）	漢志之陸賈，即今新語，新語史公未見，史公之新語，指楚漢春秋。詳二章新語條。

賈誼五十八篇	○史公未見○（註七）	
董仲舒百二十三篇	董仲舒春秋災異之記	
大公二百三十七篇，謀八十一篇，言七十一篇，兵八十五篇。	大公兵法	
鬻子二十二篇	○史公未見○（註八）	
筦子八十六篇	管子	
老子鄰氏經傳四篇，老子傅氏經說三十七篇，老子徐氏經說六篇。	老子	
文子九篇	○史公未見○（註九）	
關尹子九篇	○史公未見○（註十）	
莊子五十二篇	莊子	
列子八篇	○史公未見○（註十一）	

鶡冠子一篇	○史公本見○（註十二）	
商君二十九篇	商君書	
申子六篇	申子二篇	
愼子四十二篇	愼到十二論	史公僅見十二篇，漢志四十二篇中有三十篇太史公未見，詳二章愼子條。
韓子五十五篇	韓非子	
鄧析子二篇	○史史公未見○（註十三）	
尹文子一篇	○史公未見○（註十四）	
公孫龍子十四篇	公孫龍子	
墨子七十一篇	墨子	
蘇子三十一篇	周書陰符	
尸子二十篇	尸子	
呂氏春秋	呂氏春秋八覽六論十二紀	
淮南內二十一篇	淮南子	

屈原賦	離騷	
宋玉賦	宋玉賦	
司馬相如賦	司馬相如賦	
孫卿賦	荀子賦篇	
吳孫子兵法八十二篇，齊孫子八十九篇。	孫子十三篇	史公僅見十三篇，漢志中有許多僞篇，詳二章孫子節。
吳起四十八篇	吳起兵法	今本實爲僞物。
尉繚三十一篇	○史公未見○（註十五）	
山海經十三篇	山海經	
黃帝內經十八卷	黃帝扁鵲之脈書	

（註一）尙書大傳實非伏生親著。伏生傳尙書的時候，年已九十餘，且老不能行，自無精力著此四十餘篇的大傳。陳振孫謂『歐陽張生雜記所聞』，其說蓋本之鄭玄。鄭玄尙書大傳叙曰：『張生歐陽從其學，而授之，音聲猶有譌誤，先後猶有差舛，重以篆隸之殊，不能無失，終後數子各論所聞，以己意彌縫其闕，別作章句，又特撰大義，因經屬指，名之曰傳』。據此，大傳乃張生歐陽所著，史遷自未曾見。

（註二）方孝孺遜志齋集有讀汲冢周書，謂『漢初書亡，隱士稽紳之流所僞者』。明堂篇同於小戴明堂位，方苞謂劉歆之徒所爲，姚際恒（見續禮記集說）亦以爲新莽時人所作。

（註三）周禮作期，歷來頗有爭辨，今以史遷未見言之，殆以劉歆僞造爲是。

（註四）王柏家語考（家語考亡，見經義考引）何孟春家語傳序，范家相家語證譌，孫志祖家語疏證，丁晏尙書餘論，皆持王肅僞造之說。此王肅所造，即顏師古所謂今之家語而與漢志不同者。然今本似又非王肅之舊。何孟春又云：『今世相傳家語，殆非肅本，非師古所謂今之所有者。司馬貞與師古同代人也，貞作史記索隱，引及家語，今本或有或無有，亦不同。今家語勝國王廣謀所句解也，注庸陋荒昧，無所發明，何足與語於述作家，而其本使正文漏畧，復不滿人意。今本而不同於唐，未必非廣謀之妄庸有所删除而致然也』。姚際恒亦贊同何證。然則家語之問題：一則今本爲元代王廣謀本；二則曾代王肅僞造；而其終則漢志之二十七卷，史遷未見，應亦出於漢代所造，此尤吾人所當深究者。

（註五）爾雅作期，詳四庫全書提要，以爲『爾雅成書，在毛亨以後。大抵小學家徵輯舊文，遞相增益，周公孔子皆依託之詞』。

（註六）今本新語僞物，非陸賈所著，詳四庫全書提要。

（註七）賈誼新書僞物，宋濂曰：『世傳賈誼新書謂誼所作，亦不過因過秦論弔湘賦而雜以漢書中語足之，似非誼本書也』。（見諸子辨賈子條）姚際恒亦疑爲僞，姚鼐亦有辨賈誼新書，見惜抱軒文集。

（註八）高似孫宋濂均疑鬻子爲漢儒綴輯，姚際恒及四庫全書提要亦均疑爲僞。

（註九）柳宗元，陳振孫，黃東發，宋濂，胡應麟，姚際恒以及近人章炳麟

（見劉漢徵言）均主文子僞書，守山閣本文子校勘記亦可參看。

（註十）關尹子僞書，陳振孫疑劉序僞記，宋濂謂『其文倣釋氏』，胡應麟謂『五代間方士掇拾柱下之餘文，傅合竺乾之章旨，以成此書』，姚際恒及四庫提要均訂爲僞。

（註十一）列子僞書，高似孫謂『出於後人會粹』，黃震謂『雜出諸家』，姚際恒謂『明帝後人所附益』，錢大昕謂『晉人依託』，何治運以爲『出郭璞後人所爲』，俞正燮謂『出晉人王浮葛洪後』，章炳麟謂『漢末人依附劉向敘錄爲之』，馬叙倫謂『書出王氏，輔嗣之徒所爲』。

（註十二）柳宗元讀鶡冠子，以爲『盡鄙陋言，意出好事者僞託』，陳振孫曰：『韓愈頗道其書，而柳以爲淺陋，自今考之，柳說爲長』。姚際恒曰：『漢志止一篇，韓文公所讀有十九篇，四庫書目有三十六篇，逐代增多，意悉後人增入』。雖有四庫提要反駁柳宗元說，然鶡冠僞物，殆不可掩。

（註十三）鄧析子僞物，晁公武曰：『其間時勦取他書，疑駁雜不倫，豈後人附益之歟！』四庫提要曰：『其文節次不相屬，似亦掇拾之本也。至於「聖人不死大盜不止」一條，其文與莊子同，析遠在莊子以前，不應預有勦說，而莊子所載，又不云鄧析之言，或館章殘闕，後人摭莊子以足之歟』！

（註十四）尹文子僞物，馬叙倫曰：『今尹文子二篇，詞說庸近，不類戰國時文，陳義尤雜，出仲長統所撰定。然仲長統之序，前儒證其僞作，蓋與二篇並出僞作』。（莊子義證天下篇）唐鉞亦謂現行尹文子上下兩篇，可以懷疑之點甚多，見淸華學報四卷一期尹文與尹文子。

（註十五）尉繚子僞物，姚際恒曰：『其首天官篇與梁惠王問對，全倣孟子「天時不如地利」章爲說；至戰威章則直舉其二語矣，豈同爲一時之人，其書

適相符合耶？其僞昭然』。

本考分成下列四章：

第一章：司馬遷所見書考叙論，——即以上是也。

第二章：司馬遷所見書考。

第三章：司馬遷所不見書皆僞考。

第四章：餘論。

十七年秋草於錫山旅次；二十年九月重訂於嵐門。

劉向之生卒及其撰著考畧

葛啓揚

(一)劉向生於漢昭帝元鳳元年辛丑，(西歷紀元前八〇年)卒於成帝元延四年壬子，(西紀前九年)，年七十二。

向字子政，系出高祖同父少弟楚元王交之後，楚元王交生紅侯富，富生光祿大夫辟彊，辟彊生陽城侯德，德生光祿大夫中壘校尉向。向本名更生，成帝初年，始更名向。(參考前漢書楚元王傳)其生卒時期，至今有二說，皆依據前漢書向傳所言『居列大夫官前後三十餘年，年七十二卒，卒後十三歲而王氏代漢』推出。其一爲吳修葉德輝等推向生昭帝元鳳四年，卒哀帝建平元年。(參考續疑年錄及前漢書補注)其二爲吳榮光錢大昕錢穆等推向生元鳳二年，卒成帝綏和元年。(參考歷代名人年譜，前漢書補注，燕京學報第七期)此二說當以後者較佳。蓋一，漢人以莽居攝爲莽代漢，卒後十三歲，當由莽居攝之歲上推，而不當自莽即眞之年前數。漢書帝紀盡於平帝元始五年，無孺子嬰。王子侯表，外戚恩澤侯表，百官公卿表皆及孝平而止，無記孺子嬰者。成帝紀贊曰，『建始以來，王氏始執國命，哀平短祚，莽遂篡位』，亦不數孺子嬰又後漢書公孫述傳引讖記謂『孔子作春秋爲赤制，而斷十二公，明漢至平帝十二代歷數盡也。一姓不得再受命』。更明言漢盡平帝，不數孺子嬰。凡此皆足以證明漢人視王莽代漢始於王莽居攝之歲。吳修等不察，故鑄成大錯。二，向卒於成帝崩前，未生於哀帝朝。禮樂志曰，『成帝以向言下公卿議，會向病卒，丞相大司空奏請立辟廱，案行長安城南，營表未作，遭成帝崩，群臣引以定謚』。是明言向卒於成帝崩前也。劉歆傳曰，『向死後，歆復爲中壘校尉。哀帝初即位，大司馬王莽舉歆宗室有材行，爲侍中太中大夫遷騎都尉奉車光祿大夫貴幸』。是明示向未生哀帝朝也。吳修等推向卒於哀帝建平元年，是未熟讀前漢書者。淸末梅毓曾爲劉更生年表，而亦竟說同吳修等，是亦爲學不精者也。吳修等之說既不可據，然則錢大昕等之說果可據乎？是又不然也。前漢書卷六十四下王褒傳曰，『王褒字子淵，蜀人也。宣帝時修武帝故事，講論六藝群書，博盡奇異之好。徵能爲楚辭九江被公，召見誦讀。益召高材劉向張子僑華龍柳褒等待詔金馬門。…上令褒與張子僑等並待詔。…頃之，擢褒爲諫大夫。…後方士言益州有金馬碧雞之寶，可祭祀致也。宣帝使褒往祀焉。褒於道病死，上閔惜之』。是言王褒劉向張子僑等並待詔，其後王褒因往祀金馬碧雞之寶，於道病死也。又郊祀志曰，『其三月，幸河東，祠后土，有神爵集，改元爲神爵。…或言益州有金馬碧雞之神，可醮祭而致。於是遣諫大夫王褒使持節而求之。上自幸河東之明年正月，鳳皇集祋栩，於所集處得玉寶，起步壽宮，迺下詔赦天下。後間歲，鳳皇神爵甘露降集京師，赦天下。其冬鳳皇集上林，迺作鳳皇殿，以答嘉瑞。明年正月復幸甘泉郊泰時，改元曰五鳳』。按百官公卿表，神爵共四年。如此，是王褒求金馬碧雞之寶，爲在神爵元年也。王褒求金馬碧雞之寶既在神爵元年，按王褒傳，則劉向王褒等並待詔，最晚亦須在神爵元年。今依錢大昕等推向生於元鳳二年，則神爵元年，向年十九。向年十九，尚未入冠。未入冠，而向傳云，『向…既冠，以行修飭，擢爲諫大夫。是時宣帝循武帝故事，招選名儒俊材，置左右，更生以通達能屬文辭，與王褒張子僑等並進對，獻賦頌凡數十篇』。斯豈可通耶。此其一。平帝紀曰，『冬十二月（元始五年十二月）丙午（按陳垣二十史朔閏表，丙午爲十六日），帝（平帝）崩于未央宮』。王莽傳曰，『十二月，平帝崩』。又曰，『時元帝世絕，而宣帝曾孫有見王五人，列侯廣戚侯顯等四十八人。莽惡其長大，曰，「兄弟不得相爲後」。迺選玄孫中最幼廣戚侯子嬰，年二歲，託以爲卜相最吉。是月，前煇光謝囂奏，武功長孟通浚井得白石，上圓下方，有丹書著石，文曰，「告安漢公莽爲皇帝」。…莽使群公以白太后，「此誣罔天下，不可施行」。太保舜謂太后，「事已如此，無可奈何，沮之力不能止。又莽非敢言它，但欲居攝，以重其權，塡服天下耳」。太后聽許，舜等即共令太后下詔曰，「…今前煇光囂武功長通上言丹石之符，朕深思厥意，云爲皇帝者，乃攝行皇帝之事也。…其令安漢公居攝踐阼，如周公故事。…具禮儀奏」。於是群臣奏言，「…臣請安漢公居攝踐阼，…南面朝群臣，…皆如天子之制。…」詔曰，「可」。明年改元居攝』。是明言王莽居攝始於元始五年（改元居攝之前一年）十二月間也。王莽之始居攝，既在元始五年，則向之生卒時期，當由元始五年上推，乃爲毫無疑意。由元始五年上推十三年，實爲成帝元延四年。今如依錢大昕等推向卒於綏和元年，下距元始五年，實爲十二年。當不能通也。此其二。根據上述二點，吾敢斷言，向不生於元鳳二年，不卒於綏和元年，而實生於元鳳元年，卒於元延四年也。

(二)劉向之撰著

劉向學問淵博，撰著孔多。顧其所作，人多未之詳，爰由各書所載向之撰著，一一舉出，略加考訂，以爲研究向學者之參考焉。

一，疾讒擿要救危世頌等八篇(未傳。)

向傳，『會堪疾，瘖不能言而卒。顯誣譖猛，令自殺於公車。更生傷之，乃著疾讒擿要救危及世頌凡八篇，依興古事，悼己及同類也』。

案，此八篇未傳。

二，洪範五行傳論十一卷(今有王謨輯洪範五行傳二卷。)

向傳，『向見尚書洪範箕子爲武王陳五行陰陽休咎之應，向乃集合上古以來歷春秋六國至秦漢符瑞災異之記，推迹行事，連傳禍福，著其占驗，比類相從，各有條目，凡十一篇，曰洪範五行傳論，奏之』。

隋書經籍志，尚書洪範五行傳論十一卷，漢光祿大夫劉向注。

舊唐書經籍志，尚書洪範五行傳十一卷，劉向撰。

案，漢書藝文志，劉向五行傳記十一卷。則洪範五行傳論又名五行傳記也。

又案，洪範五行傳論久已失傳。今有清人王謨所輯洪範五行傳二卷。載漢魏遺書鈔。又黃奭黃氏逸書考亦鈔之。

三，列女傳八篇(原書久亡。今所傳古列女傳八篇，爲宋人長樂王回所定，非原書之舊。)

向傳，『向睹俗彌奢淫，而趙衛之屬，起微賤，踰禮制。向以爲王教由內及外，自近者始。故採取詩書所載賢妃貞婦，興國顯家可法則，及孽嬖亂亡者，序次爲列女傳凡八篇，以戒天子』。

隋書經籍志，列女傳十五卷，劉向撰，曹大家注。

唐書藝文志，劉向列女傳十五卷，曹大家注。

宋史藝文志，劉向古列女傳九卷。

案，曾鞏古列女傳目錄序，『劉向所敘列女傳，凡八篇，事具漢書向列傳。而隋書及崇文總目皆稱向列女傳十五篇，曹大家注。以頌義考之，蓋大家所注，離其七篇爲十四，與頌義凡十五篇，而益以陳嬰母及東漢以來凡十六事，非向書本然也。蓋向舊書之亡久矣，嘉祐中集賢校理，蘇頌始以頌義篇次，復定其書爲八篇，與十五篇並藏於館閣。而隋書以頌義爲劉歆作，與向列傳不合，今驗頌義之文，蓋向之自叙。又藝文志有向列女傳頌圖，明非歆作也』。知向舊書久亡，而頌義乃爲劉向之作。又王回古列女傳序，『…世所行班氏注，向書乃分傳，每篇上下幷頌爲十五卷。其十二傳無頌，三傳其同時人，五傳其後人，而通題曰向譔，題其頌曰向子歆譔，與漢史不合。故崇文總目以陳嬰母等十六傳爲後人所附。予以頌考之，每篇皆十五傳耳，則凡無頌者，宜皆非向所奏書，不特自陳嬰母爲斷也。…余讀向書，每愛其文，嘉其志，而惜其所序散亡脫繆，於千歲之間，幸存而完者，此一書耳。復爲他手竄疑於其眞。故並錄其目而以頌證之，刪爲八篇，號古列女傳。蓋凡列女名者，皆祖之劉氏，故云。餘二十傳，其文亦奧雅可喜，非晉諸史所能作也。故又自周郊婦至東漢梁嫕等以時次之，別爲一篇，號續列女傳』。則向書久已失眞，王回刪爲八篇，前七篇或出向手，末尾續列女傳一篇，乃後人所增也。今所傳列女傳，即王氏所刪定者。

四，新序三十卷（今本十卷。）

向傳，『向…采傳記行事，著新序說苑凡五十篇，奏之』。

隋書經籍志，新序三十卷，錄一卷，劉向撰。

舊唐書經籍志，新序三十卷，劉向撰。

宋史藝文志，劉向新序十卷。

陳振孫直齋書錄解題卷九，新序十卷，漢護都水使者光祿大夫劉向子政撰。

案，陳振孫爲南宋理宗時人。直齋書錄解題言新序十卷，則南宋中葉前新序已具今本卷數矣。

五，說苑二十卷（今本亦二十卷，爲曾鞏取崇文總目所存五卷及從士大夫間所得十五卷集成。未審卽向書篇章否。）

隋書經籍志，說苑二十卷，劉向撰。

舊唐書經籍志，說苑三十卷，劉向撰。

唐書藝文志，劉向新序三十卷，又說苑三十卷。

宋史藝文志，劉向新序十卷，又說苑二十卷。

案，今本曾鞏說苑序言劉向所序說苑二十篇，崇文總目存者五篇，從士大夫得十五篇，與舊爲二十篇。未知即向書篇章之舊否。

六，世說九篇（久亡。）

漢書藝文志，劉向所序六十七篇，新序說苑世說列女傳頌圖也。

案，向傳言向爲列女傳八篇，新序說苑凡五十篇。則向所序六十七篇中，不計新序說苑列女傳三書之篇數五十八，是世說凡九篇也。

又案，隋志唐志皆不著錄世說。宋黃伯思跋世說新語後（見東觀餘論下）亦言，『世說之名，肇劉向，六十七篇中已有此目。其書今亡』。是世說之亡久矣。

七，稽疑一篇（未傳。）

漢志，凡書九家四百一十二篇，入劉向稽疑一篇。

案，此篇隋唐志皆無著錄，蓋未傳也。

八，新國語五十四篇（未傳。）

漢志，新國語五十四篇，劉向分國語。

案，隋唐志皆不著錄此書。亦未傳。

九，說老子四篇（未傳。）

漢志，劉向說老子四篇。

案，此書隋唐諸志皆不著錄，亦未傳也。

十，樂記二十三篇（久已殘缺。今傳淸馬國翰輯樂記一卷。）

漢志，『樂記二十三篇』。又，『禹，成帝時爲謁者，數言其義，獻二十四卷記，劉向校書，得樂記二十三篇，與禹不同』。

隋志，『至劉向考校經籍，檢得一百三十篇，向因第而敘之。而又得明堂陰陽記三十三篇，孔子三朝記七篇，王氏史氏記二十一篇，樂記二十三篇，凡五種，合二百十四篇』。

案，此書久亡。今傳馬國翰輯樂記一卷，錄玉函山房輯佚書。

十一，七略別錄二十卷（原書久亡。今有馬國翰輯七畧別錄一卷。）

漢志，『至成帝時，以書頗散亡，使謁者陳農求遺書於天下，詔光祿大夫劉向校經傳諸子詩賦，步兵校尉任宏校兵書，太史令尹咸校數術，侍醫李柱國校方技。每一書已，向輒條其篇目，撮其指意，錄而奏之』。

隋志，七略別錄二十卷，劉向撰。

唐志同。

案，此書宋志無著錄，蓋不傳久矣。馬國翰輯有七略別錄一卷，載玉函山房輯佚書。洪頤煊經典集林亦錄之。

十二，戰國策三十三篇（今本篇數同。）

隋志，戰國策三十二卷，劉向錄。

舊唐志，戰國策三十二卷。劉向撰。

唐志，劉向戰國策三十二卷。

案，漢志言戰國策三十三篇，記春秋後。未題撰者姓氏。而今本戰國策首載劉向校定序篇，言向得三十三篇。未知漢志所言戰國策即劉氏所撰否。

十三，列士傳二卷（久亡。）

隋志，列士傳二卷，劉向撰。

唐志，劉向列士傳二卷。

案，此書漢志未著錄，今不傳。

十四，世本二卷（原書宋時亡。今有清人孫馮翼輯世本一卷。）

隋志，世本二卷，劉向撰。

案，漢志言世本十五篇。隋志言二卷者，蓋劉向叙錄中秘書，以十五篇爲二卷也。

又案，崇文總目及宋志皆不著錄劉氏世本，其書之亡，當在宋世。今傳承德孫馮翼所集世本一卷。問經堂叢書錄有此輯本。

十五，孝子傳（卷數不知。未傳。今有黃奭輯孝子傳一卷。）

太平御覽卷四百十一，劉向孝子圖曰，『郭巨，河內溫人』。又曰，『前漢董永，千乘人』。

案，此書隋唐志皆不著錄。今所見黃奭劉向孝子傳輯本一卷，由御覽四百十一及馬驌繹史卷十注輯出。載黃氏逸書考。

十六，春秋穀梁傳說（卷數不詳。未傳。今有馬國翰春秋穀梁傳說輯本一卷。）

晉書五行志，按劉向春秋說曰，水旱當書。

范甯春秋穀梁傳集解，秋七月（僖公八年），禘于大廟，用致夫人。劉向曰，夫人成風也，致之于大廟，立之以爲夫人。

唐楊士勛穀梁疏，十六年（成公），傳雨木冰。釋曰，劉向云，冰者陰之盛，木者少陽卿大夫之象，此是人將有害，則陰氣脅木，木先寒，得雨而冰也。是時叔孫僑如出奔，公子偃誅死。

案，此書隋唐志皆不著錄，意在唐代以後即亡矣。清馬國翰輯之，成一卷。錄玉函山房輯佚書。

十七，五經通義九卷（原書亡。今有馬國翰所輯五經通義一卷。）

舊唐志，五經通義九卷，劉向撰。

唐志，劉向五經雜義七卷，又五經通義九卷，五經要義五卷。

案，此書漢志無著錄。隋志言，五經通義八卷，梁九卷。不題撰人名氏。書亡。今有馬國翰所輯五經通義一卷，載玉函山房輯佚書。洪頤煊經典集林亦有輯本一卷。

十八，五經要義五卷（書失傳。今有洪頤煊輯五經要義一卷。）

舊唐志，五經要義五卷，劉向撰。

唐志同。

案，此書漢志無著錄。隋志言，五經要義五卷，梁十七卷，雷氏撰。今所傳五經要義輯本有二，一爲馬國翰五經要義本一卷，題雷氏撰，載玉函山房輯佚書。一爲洪頤煊輯五經要義本一卷，題劉向撰，載經典集林。二者皆自初學記御覽後漢書後魏書北堂書鈔等書輯出。因此種書只稱書名，未題撰者，故馬洪二氏遂各固所見，而二說乃並立。又黃奭黃氏逸書考有雷次宗五經要義一卷。

十九，五經雜義七卷（今亡。）

舊唐志，五經雜義七卷，劉向撰。

唐志同。

案，此書漢志隋志皆無著錄。今亡。

二十，九章重差一卷（今亡。）

舊唐志，九章重差一卷，劉向撰。

唐志同。

案，此書漢隋志皆無著錄。今不傳。

二十一，周易繫辭義二卷（亡。）

舊唐志，周易繫辭義二卷，劉向撰。

案，此書漢志及隋唐志皆未著錄。今亡。

二十二，關尹子九篇（原書久亡。今所傳者，爲徐藏子禮得於永嘉孫定家者。）

關尹子劉向校定序，『右新書著定關尹子九篇。護左都水使者光祿大夫臣劉向言，所校中祕書關尹子九篇，臣向校讐太常存七篇，臣向本九篇，臣向輒除錯不可考增闕斷者九篇，成皆殺青，可繕寫。…淮南王安好道聚書，有此不出。臣向父德因治淮南王事得之，臣向幼好焉』。

案，向傳補注劉奉世曰，『德待詔丞相府，年三十餘，始元二年事也。淮南事在元朔六年，時德甫數歲。數歲而能治事，亦奇矣』。此關尹子不可信者一。又漢志有關尹子九篇，未題撰者姓氏。隋志言關令尹喜傳一卷，鬼谷先生撰，四皓注，不著關尹子。唐宋志亦皆無著錄。而徐藏子禮得於永嘉孫定之關尹子，首載劉向校定序篇，未知孫定從何傳授，殆皆依托也。此其二。序亦不類向文。

二十三，列仙傳二卷（今所傳亦二卷，疑非向作。）

隋志，列仙傳讚三卷，劉向撰，鬷續孫綽讚。又列仙傳讚二卷，劉向撰，晉郭元祖讚。

舊唐志，列仙傳讚二卷，劉向撰。

唐志，劉向列仙傳二卷。

宋志，劉向列仙傳三卷。

案，陳振孫直齋書錄解題卷十二云，『列仙傳二卷，漢劉向撰，凡七十二人，每傳有贊，似非向本書，西漢人文章不爾也。館閣書目，三卷六十二人。崇文總目作二卷七十二人，與此合』。東觀餘論跋劉向列仙傳後亦云，『傳云劉向作。而漢書向所序六十七篇，但有新序說苑列女傳等，而無此書。又叙事並贊不類向文，恐非其筆。然事詳語約，辭旨明潤，疑東京文也』。

此外向更校定有晏子子華子列子於陵子孫卿子等。（婁東張溥劉子政集有各書之序）。散篇短文散見於漢書者，有理甘延壽陳湯疏，諫營起昌陵疏，論星孛山崩疏，說成帝興禮樂，使人卜變事書，條災異封事，極諫外家封事，神寶舊畤議等。向亦擅長詞章，漢志有劉向賦三十三篇，今多亡。騷有九歎，張溥劉子政集錄之。

附錄

參考書目

(1)班固：前漢書（明南京國子監校刊本）
(2)王先謙：前漢書補注（清光緒二十六年長沙王氏校刊本）
(3)荀悅：前漢紀（四部叢刊本）
(4)劉向：說苑（四部叢刊本）
(5)劉向：新序（東京書林嵩山房藏本）
(6)劉向：古列女傳（四部叢刊本）
(7)劉向：關尹子（四部備要本）
(8)劉向：列仙傳（見汪士漢秘書二十一種）
(9)梅鋐：劉更生年表（見積學齋徐氏叢書）
(10)吳修：續疑年錄
(11)吳榮光：歷代名人年譜（信都萬忍堂藏本）
(12)錢穆：劉向歆父子年譜（見燕京學報第七期）
(13)趙翼：二十二史劄記卷二卷三（四部備要本）
(14)洪頤煊：經典集林（丙寅九月陳氏愼初堂影印本）
(15)王謨：漢魏遺書鈔洪範五行傳（汝麋藏本）
(16)馬國翰：玉函山房輯佚書樂記五經通義春秋穀梁傳說七畧別錄（光緒甲申春日楚南書局重刊本）
(17)黃奭：黃氏逸書考孝子傳洪範五行傳五經通義
(18)陳振孫：直齋書錄解題
(19)黃伯思：東觀餘論
(20)張溥：劉子政集（長沙謝氏翰墨山房重刊本，見漢魏六朝百三名家集）
(21)隋書經籍志（五洲同文局石印念四史本）
(22)舊唐書經籍志（仝前）
(23)唐書藝文志（仝前）
(24)宋史藝文志（仝前）
(25)晉書五行志（仝前）
(26)太平御覽（南海李氏重刻本）
(27)問經堂叢書世本
(28)清史稿藝文志
(29)范甯：春秋穀梁傳集解（四部備要本）
(30)楊士勛：穀梁疏（嘉業堂叢書本）
(31)章太炎：章氏叢書（浙江圖書館校刊本）
(32)孫德謙：孫隘堪所著書劉向校讐學纂微（四益宧刊本）

唐代驛制考

陳沅遠

目錄

緒言……六一
第一章　驛之組織……六三
　第一節　驛長……六三
　第二節　驛夫……六五
　第三節　驛舍……六七
　第四節　驛馬……六八
　第五節　驛船……七〇
　第六節　驛田……七一
第二章　驛之管理……七二
　第一節　行政系統……七二
　第二節　監察制度……七三
第三章　驛使……七四
第四章　驛之經費……八〇
第五章　驛程紀要……八一
第六章　館驛名錄……八四
附圖　唐代驛路圖
附參考書目……九二

緒言

交通機關爲國家要政。蓋廣大疆土之管轄，中央與地方之聯絡，端賴交通；而佈政施令，政府尤賴以爲行政之助。故官員往來，軍報傳達，公文寄遞，皆給驛傳，所謂置郵而傳命者（註一）是也。

中國驛遞之創置，遠在西周。周禮夏官遺人篇云：『凡國野之道，十里有廬，廬有飲食。三十里有宿，宿有路室，路室有委，五十里有市，市有侯館，侯館有積』。館驛之設，殆始于此。或曰，周禮著作年代待考，斯未便置信也；則左傳有『文公十六年，楚子乘馹會師于臨品』，（註二）『昭公二十五年，楚子以馹至于羅汭』（註三）之文，是春秋之世，列國會師，諸侯王往來，皆乘驛傳。故顧炎武日知錄驛傳條云：『竊疑此法春秋時當已有之』（註四）蓋信然矣。秦始皇治馳道，東窮燕齊，南極吳楚，道廣五十步，三丈而厚，其外隱以金椎，樹以青松，(註五)所以利于驛傳者至鉅。漢置督郵，掌監屬縣，有東西南北中部，謂之五部督郵，(註六)漢書高帝紀五年註引漢律曰：『四馬高足爲置傳，四馬中足爲馳傳，四馬下足爲乘傳，一馬二馬爲軺傳，急者乘一乘傳』。蓋漢代傳置已有緩急之分。而顏師古注謂，傳者若今之驛也。漢以後，歷魏晉及隋，或以享國不久，或以時處亂季，典章制度，多因前代，故督郵之官，猶有存者。及唐繼隋而有天下，廢督郵，而以吏主驛事。凡三十里一驛，天下凡一千六百三十有九所，二百六十所水驛，一千二百九十七所陸驛，八十六所水陸相兼。陸行以馬，水行以舟，置舍以憩，往來稱便。館驛之制，至是始臻完備。宋太祖特置遞卒，一革前代役民供驛之弊，優其廩給，(註七)此其創舉。元代疆域，跨有歐亞。其驛遞之在漢地者，兵部領之；在北地者，隸於通政院。外省驛傳，則曰站赤。陸站以馬，以牛，以驢，以車，以狗，以轎，以步，各因地以制宜。水站則以舟。軍中復有急遞舖兵之設。其給驛傳璽書，謂之舖馬聖旨。軍務急速，則又以金字圓符爲信，銀字者次之。站赤長官，皆以蒙古人任之；其官有驛令，有提領。又置脫脫禾孫于關津都會之地，以司辨詰。更有急遞站舖之設，以達四方文書。每十舖設一郵長，大都設置總急遞舖提領所，設提領三員，以總其事。(註八)明初設水馬站，及遞運所。後改站爲驛。驛設驛丞一員，所設大使一員。其在京者曰會同館。不過名稱上之更改，大體則因舊制也。有清驛制，一仍明舊，惟視明爲盛耳。其驛之在京者曰會同館，在外者曰水馬驛，與明同。而驛之種類則又視明爲繁，其分設各省者謂之驛，爲軍報而設者謂之站，設于甘肅嘉峪關口外者謂之塘，設於西北兩路者謂之台，設于甘肅一帶者，則謂之所。(註九)迄乎清季，大臣劉坤一張之洞請倣外人之郵政，設立大清郵政局。及郵政局組織成立，以驛站事務改歸郵傳部管理。至中華民國二年，驛站裁盡，(註十)而驛制遂廢。夫驛遞爲國家之要政，既如上述，而中國驛制史跡之悠久又如此，則中國驛制史之作爲必要，其理甚明。

研究中國驛制史，而先述唐代者，蓋亦有故，因唐代驛制於中國驛制史中，居於承先啓後之地位。唐以前，制度簡略，無什考述：唐以後之元明清三代，驛遞極稱發達。而元代驛制之發達，直駕唐代而上之，宜乎後世之言驛制者，咸推大元。殊不知元制多因唐舊，故欲知元代驛制之所本，當以唐代驛制之研究爲先，此其一。唐宋以來歷代驛制之記載，唐爲最少：而明清兩代之驛制零星記載甚多，材料豐富。故研究明清之驛制易，考述唐代之驛制難。先難而後易，宜先述唐代之驛制，此其二。而作者年來讀唐史，於唐代史籍之閱覽爲多，於唐代史事之所知爲詳，是又作者個人之嗜尙矣。

驛制之研究，在國內尙未之前聞，玆編之作，其創舉也。惟以館驛之制，昔人所忽，正史所記，已屬不多，而諸家載籍中之言及唐代驛制者，亦復寥寥，故本文所集史料，自知掛漏尙多；倉猝成篇，祇能及其端倪耳。

註一　孟子卷二公孫丑篇第二頁
二　左傳卷九第十二頁
三　左傳卷二十一第十三頁
四　日知錄卷十驛傳條第七頁
五　史記第六卷第十四頁
六　通攷卷六十三第二十二頁
七　燕翼詒謀錄卷一第五頁
八　元史卷一百零一兵志第一至第三頁
九　明史卷七十二職官志第十頁
　　大淸會典卷五十一第一至第三頁
十　交通史郵政編第一章第二十七頁

第一章　驛之組織

驛制之研究，大別之爲組織與運用。前者爲體，後者爲用，先體而後用，邏輯之所宗，故先述驛之組織也。

唐代驛之組織，極稱完備，舉其要者，蓋有五事：

一　驛長
二　驛夫
三　驛舍
四　驛馬或驛船
五　驛田

至于驛長之職守，驛夫之供役，驛舍之建構，驛馬驛船之設置，及驛田之分配管理等，咸有定制，更求其詳，再分述之。

第一節　驛長

唐每驛置驛長一人，唐書百官志：

凡三十里有驛，驛有長。(註一)

是也。而通典職官典云：

天寶七載，詔父老六十板授本縣丞，七十以上授縣令。三十里一驛，驛各有將，以州里富强之家主之，以待行李。(註二)

則玄宗時尙無驛長之設；而富人之主驛者謂之將。唐書劉晏傳云：

初州縣取富人督漕輓，謂之船頭，主郵遞謂之捉驛。上

元寶應間，晏始以官船漕，而吏主驛事。(註三)

是肅宗初年亦無驛長之設，而富人之主郵遞者名之曰捉驛。及劉晏領度支鹽鐵等使，始以吏主驛事，故驛長之設，在至德以後也。

驛長之職務至繁，外則制命軍報之寄遞，乘驛官員之接待；內而驛夫之管理，驛舍之修整，驛船驛馬之設置補充，皆承其命焉。然而驛長職守之見於載籍者特少，說明非易事也。惟唐書百官志云：

凡傳驛馬驢，每歲上其死損肥瘠之數。(註四)

是驛長每年須呈報傳驛馬驢之死損肥瘠。又唐會要云：

會昌元年二月，御史陳夷行商量條流：請準勅，先牒諸州府勘鞍馬什物作人工價糧課，並勘每年緣館驛馬估留錢數，諸道破用及使料粟麥遞馬草料。(註五)

是驛長每年又須呈報館驛經費之支出與賸存，若唐律疏議云：

驛馬驢一給以後，死，即驛長陪填。(註六)

驛長私減人馬驢者，各減一等罪，止杖一百。(註七)

則驛長並負驛馬驢死亡陪填之責，而私借人馬驢亦有罪也。

驛長之生活，唐人詩文集中間有記述。柳宗元館驛使壁記文中，有云：

告至告去之役，不絕于道，送往迎勞之禮，無曠于日。(註八)

是驛長固勞役終日也。而李商隱戲贈稷山驛吏王全詩云：

絳臺驛吏老風塵，耽酒成仙幾十春，過客無勞詢甲子，唯書亥字與時人。(註九)

及趙嘏贈館驛劉巡官詩云：

雲別青山馬踏塵，負才難覓作閑人，莫道館驛無公事，詩酒能消一半春。(註十)

則驛長固亦多詩酒閑散，老態龍鍾輩云。然而驛務有閑要，又未可一概而論也。

註一 唐書四十六百官志第十三頁駕部郎中條
二 通典三十三職官典第七頁鄉官條
三 唐書一四九劉晏傳第四頁
四 同註一
五 唐會要六十一館驛使節第九頁
六 唐律疏議十五廄庫律第十一頁監主借官奴畜條疏議文
七 同上第十頁律文
八 全唐文卷五八〇柳宗元文
九 全唐詩第八函第八冊李商隱詩第二集第三十五頁
十 全唐詩第八函第十冊趙嘏詩第二集第十七頁

第二節　驛夫

唐代驛夫皆役民爲之。(註一) 按唐制，凡丁歲役二旬，有事而加役者，旬有五日，至多不過五旬。(註二) 其差遣也先富强後貧弱，先多丁後少丁，丁分番上。其服役也，家有兼丁要月，家貧單丁閑月。(註三) 蓋驛夫之差遣服役皆有定限也。

驛夫之數，唐六典云：

凡馬三各給丁一人，船一給丁三人。(註四)

是諸驛驛夫之名額，視其驛船驛馬之多寡而定。據此，則馬驛驛夫之數，可依唐六典驛馬馬數之規定，(註五) 按上文馬三丁一之制，列表如下：

驛之等第	馬數	驛夫數
都亭驛	75匹	25人
諸道第一等驛	60匹	20人
諸道第二等驛	45匹	15人
諸道第三等驛	30匹	10人
諸道第四等驛	18匹	6人
諸道第五等驛	12匹	4人
諸道第六等驛	8匹	2人

而水驛驛夫之名額，據唐六典驛船之規定，(註六) 按上列船一丁三之制，列表如下：

驛之等第	船數	驛夫數
事繁者	4	12人
事閑者	3	9人
更閑者	2	6人

其水陸相兼之驛，蓋即驛馬之須濟河渡津者，增設驛船，以通驛遞。各津渡驛夫名額，亦可據唐六典之規定(註七)，列表如下：

關津渡名	船數	驛夫數	驛夫資格
白馬津	4	3	
龍門關(同州)	1	3	當處鎮防人
會寧關(會州)	3	5	
合河關(嵐州)		3	
渭津關(興州)	2	3	永豐倉防人
鴻渡	4	3	
韓渡	1	3	
涇合渡	1	3	側
劉控坂渡	1	3	近

睦城坂渡	1	3	殘
覆籬渡	1	3	疾
濟川津	2	3	中
平蔭津	2	3	男
風陵津（蒲州）	2	3	解
興德津	2	4	水
洛水渡口	3	3	者
江津渡（蘄州）	1	6	近江
松滋渡（荊州洪亭）	1	6	白丁
檀頭渡（江州馬頰）	1	6	便水
城下渡（洪州）	3	4	者
九江渡（洪州）	3	4	
浙江渡（越州杭州）	3	4	

備註：以上驛夫分爲五番，年別一番也。

驛夫供使，亦有定價。其水驛供使水夫價錢，唐會要之記載云：

二年（會昌）四月二十三日勅節文，江淮兩浙每驛供使水夫價錢，舊例約十五千。已來近日相仍，取索無度。蘇常已來無驛使供四十餘千，或界內有四五驛，往來須破四五千，今後宜依往例。（註八）

則每驛十五千，其常例也。

驛夫之生活，間于唐人詩文集中得之。若王建水夫謠云：

苦哉生長當驛邊，官家使我牽驛船，辛苦日多樂日少，水宿沙行如海鳥；逆風上水萬斛重，前驛迢迢後淼淼，半夜緣堤雪如雨，受他驅遣不復去，衣寒衣濕披短蓑，臆穿足裂忍痛何，到明辛苦無處說，齊聲騰達牽船出。一間茅屋何所直，父母之鄉去不得。我願此水作平田，長使水夫不怨天！（註九）

可知水驛驛夫痛苦之情形爲何如矣。

註一　宋王栐燕翼貽謀錄卷一第五頁
二　通典卷三十七食貨門第十七頁
三　唐律疏議卷十六擅興律丁夫差遣不平條第十六頁疏議文
四　唐六典卷五駕部郎中條第十六頁註文
五　同註四第十五頁
六　同註五
七　唐六典卷七水部郎中條第十三頁註文
八　唐會要卷六十二館驛使條第十頁
九　全唐詩第五函第五册王建詩第九頁

第三節　驛舍

驛舍亦稱傳舍，又稱郵舍，所以供驛吏驛夫及來往驛使食宿休止也。有唐一代，館舍建築，極稱壯麗。讀顧炎武日知錄所云，『予見天下之為唐舊治者，其城郭必皆寬廣，街道必皆正直；廨舍之為唐舊剏者，基地必皆宏敞』。(註一)可以知唐代官舍建構之精。讀孫樵書褒城驛壁所記『由是崇侈其驛，以示雄大，蓋當時視他驛為壯』。(註二)及高適陳留郡上源新驛記『豐屋美食』(註三)之文；追念其雄大豐屋之概，更可知唐代驛舍規模之大，建築之宏闊矣。然而年代湮遠，實物無徵，建築形式，載籍無記；居今日而述唐代驛舍，誠非易事。所幸唐人詩文集中間有關于驛舍之記述，一鱗半爪，集腋成裘，亦可以覘唐代驛舍之大略也。

唐諸州縣驛舍多在城內，亦有遷置于城外者，(註四)各因地以制宜，蓋無定制也。唐會要館驛使節云：

> 二十五年〔開元〕五月，監察御史鄭審檢校兩京館驛，猶未稱使，今驛門前十二辰堆，即審創焉。(註五)

是唐驛舍門前有十二辰堆也。其元和五年四月，御史台奏御史出使及却廻所在館驛逢中使舊例條，有

> 御史到館已于上廳下了，有中使後到，即就別廳。(註六)

之文，是驛舍有上廳別廳之分，而廳之方向不明。又御史書使節云：

> 麟德二年十月，徵劉仁軌，次於萊，舍于驛西廳。夜已久，有御史至。驛人白曰：『西廳少佳，有使止矣』。曰，誰？曰：『帶方州刺史』，御史令移郤，仁軌遽就東廳。(註七)

是又驛舍有東廳西廳之設。此於廳之方向載明，而何者為上廳，何者為別廳，未可遽斷，且東廳西廳與上廳別廳有無關係，在不明唐代驛舍建築之今日，亦無從決定。誌此待考。

又孫樵書褒城驛壁文云：

> 褒城驛號天下第一，及得寓目，視其沼則淺混而汙，視其舟則離敗而膠，庭除甚蕪，堂廡甚殘，…至于棹舟則必折篙破舷碎鷁而後止，魚釣則必枯泉汩泥盡魚而後止。至有飼馬于軒，宿隼於堂。(註八)

是褒城驛舍之有沼，有舟，有軒，有堂，有庭除，有堂廡，建築宏敞，無怪其號天下第一也。則唐代驛舍之最壯麗者，可以褒城驛為代表，惜此文記載不詳，無以窺其全豹，終不失為斷瓦殘垣耳。李肇國史補蔡伯喈條云：

> 江南有驛吏，以幹事自任。典郡者初至，吏白曰，驛中事已理，請一閱之。刺史乃往。初見一室，署云『酒

庫』，…又一室，署云『茶庫』。…又一室，署云『菹庫』。(註九)

此驛舍之于廳堂之外，更有茶庫酒庫菹庫之設，其宏敞之境，蓋可想見。及讀李義山昭郡詩，有『猿上驛樓啼』(註十)之句，孟浩然泊宣城界詩，有『南陵問驛樓』(註十一)之句，是驛舍亦有樓。杜甫秦州雜詩，有

臨池好驛亭，叢篁低竹碧，高柳半青天。(註十二)

之句，是秦州驛舍有亭，有池，有竹林，有柳陰，與蜀太妃徐氏題天迴驛詩，所謂『翠驛紅亭近玉京』(註十三)者，可知驛舍固亦多花木成陰，景色秀麗也。若元稹望驛台詩，有

『悵望江邊望驛台』(註十四)

之句，是又水驛之有望驛台矣。

註一 顧炎武日知錄卷十二第五頁館舍條

二 孫樵文集卷三第八頁書褒城驛壁文

三 全唐文卷三五七高適文第二頁

四 全唐文卷五五七韓愈記宜城驛文中有『此驛置在古宜城內』之句。又劉禹錫文集卷二十六管城新驛文中有『先是驛于城中，驅遽不時，四門牡鍵，通夕弗禁，請更于外隧，永永便安。制曰可』，是以知驛舍多在城內。但後亦有遷置于城外者。

五 唐會要卷六十一館驛使第一頁

六 唐會要卷六十一館驛使第五頁

七 唐會要卷六十二御史出使節第十二頁

八 同註二

九 李肇國史補卷下第十六頁

十 李商隱詩集卷中第十三頁

十一 孟浩然集卷二第七頁

十二 杜甫集卷十秦州雜詩第十二頁

十三 全唐詩第一函第一册第二頁

十四 全唐詩第六函第九册元稹詩第十七卷第五頁

第四節 驛馬(驛驢附)

唐設監牧之官，以司馬政。凡馬以百二十爲羣，羣有牧長，牧尉。其馬之充傳送驛者，左右頰印出字印，(註一)所謂其馬官給(註二)是也。而新唐書兵志云：

九年〔開元〕又詔天下之有馬者，州縣皆以郵遞軍旅之役，定戶復援以升之，百姓畏苦，乃多不畜馬，故騎射之士減曩時。自今諸州民勿限有無陰能，家畜十馬以下，免帖驛郵遞征行，定戶無以馬爲貲。(註三)

則驛馬非盡官給，亦役民馬也。又食貨志云：

『太和初，判度支王彥威置縣遞羣畜三千二百乘，使路傍民養以取傭，日役一驛，省費甚博。(註四)

是驛馬又有官給民養者矣。

驛馬有大馬與蜀馬兩種。唐六典：

『有山阪險峻之處，及江南嶺南暑濕不宜大馬處，兼置蜀馬』。（註五）

所謂蜀馬者，李乂資暇集云：『成都府出小駟，以其便于難路，號爲蜀馬。今宣城郡亦有小馬，時人皆呼爲宣城蜀馬。』（註六）是蜀馬蓋小馬也。

驛馬左右頰有出字之印記，已見上文。而唐六典云：

凡驛馬以驛字印印項右，遞字印印項左。（註七）

是驛馬左右項又有驛字遞字印爲記。杜甫瘦馬行之所謂『細看六（一作火）印帶官字』（註八）者，殆即指此。

諸驛驛馬之數，各量其閑要以爲定。今據唐六典所載天下七等驛各驛馬數之規定（註九），列表如下：

驛之等第	馬之匹數
都亭驛	75
諸道第一等驛	60
諸道第二等驛	45
諸道第三等驛	30
諸道第四等驛	18
諸道第五等驛	12
諸道第六等驛	8

驛馬之檢察也，每年一次，新唐書百官志云：

凡傳驛馬驢每年上其死損肥瘠之數。（註十）

唐律疏議引廐牧令云：

府內官馬，及傳送馬驢，每年皆刺史折衝果毅等檢揀。其有老病不堪乘用者，府內官馬更對；州官揀定，京兆府管內送尚書省揀，隨便貨賣。（註十一）

亦有每三歲一檢揀者，唐書盧鈞傳云：

鈞拜華州刺史，關輔驛馬疲耗，鈞爲市健馬，率三歲一易，自是無乏。（註十二）

其淘汰老弱，更調健馬，所利于驛政者實大。如『憲宗開成元年二月以飛龍馬二百匹賜京兆府，充給諸驛』，（註十三）即所以資補充也。

唐于驛馬之外，又有驛驢，以充傳遞。冊府元龜帝王部革弊節云：

是歲〔開元〕二十九年京兆府奏，兩京之間，多有百姓獻驢，俗謂之驛驢。往來甚速，有同驛騎，犯罪之人，因茲奔竄，臣請禁絕，從之。尋又不行。（註十四）

蓋驛驢乃開元時民間之俗稱，非官用也。而新唐書百官志云：『凡傳驛馬驢每歲上其死損肥瘠之數』（註十五），則驛驢之充傳乘在開元以後。按開元而後，軍事繁急，官馬多充軍用，間以驢代驛馬耳。厥後積習難改，遂爲定制。若唐律疏議引駕部式云：

六品以下前官散官衛官省司差使急速者，給馬；使迴及餘使幷給驢。（註十六）

是又驛驢與驛馬乘用之區別矣。

註一　唐六典卷十七第十三頁凡在牧之馬條註文
二　唐六典卷五第十五頁駕部郎中條註文
三　新唐書卷五十兵志第十二頁
四　新唐書卷五十三食貨志第六頁
五　同註二
六　李乂資暇集卷中第八頁
七　唐六典卷三十第十三頁兵曹司兵參軍條註文
八　全唐詩第四函第一本杜甫詩第十五頁
九　同註二
十　新唐書百官志卷四十六第十三頁駕部郎中條
十一　唐律疏議卷十五廐庫律第三頁驗畜產不實條疏議
十二　新唐書卷一八二盧鈞傳第七頁
十三　册府元龜卷六二一卿監部司兵節第二十七頁
十四　册府元龜卷一五九帝王部革弊節第二十頁
十五　同註十
十六　唐律疏議卷十職制律第九頁增乘驛馬條疏議引駕部式令文

第五節　驛船

水驛之設船，猶馬驛之有馬也。唐繼隋而定天下，坐享運河之利。北自涿郡，南達杭州，運道大通。更益以揚子江黃河之匯通東西，水上交通，極稱便利。故水驛之建置頗急，讀唐六典二百六十所水驛。八十六所水陸相兼（註一）之文，可以知其盛矣。

唐驛船之形式與建構，史料特少，說明爲難。惟白居易江州赴忠州至江陵以來示舍第五十韻中，有

艛艓驛船迎（註二）

之句。按艛大船，艓小船也。（註三）據此，可知驛船有大小之別也。

天下諸驛驛船之數，各量其事之閑要以爲定，今據唐六典驛船之規定（註四），列表如下：

水驛等次	驛船數
事繁者	4
事閑者	3
最閑者	2

其水陸相兼之驛，蓋即驛馬之須濟河渡津者，增設水驛，以

通驛傳。各川瀆河津處驛船之設置，亦有定數。茲據唐六典諸津渡驛船之規定（註五），列表如下：

津關渡名	驛船數
白馬津	4
龍門關（同州）	
會甯關（會州）	3
合河關（嵐州）	
渭津關（興州）	2
鴻渡	4
韓渡	1
涇合渡	1
劉控坂渡	1
睦城坂渡	1
覆籬渡	1
濟川津	2
平陰津	2
風陵津（蒲州）	2
興德津	2
洛水渡口	3
江津渡（蘄州）	1
松滋渡（荊州洪亭）	1
檀頭渡（江州馬頰）	1
浙江渡（越州杭州）	3
城下渡（洪州）	3
九江渡（洪州）	3

以上所舉諸關津渡驛船之數，只就唐六典所載者。其他只知其津渡名而無從考訂其船數，及並津渡名而無從考知者，均暫付闕如。

註一　唐六典卷五第十五頁駕部郎中條註文
二　全唐詩第七函第三冊白居易詩第十頁
三　康熙字典未集下第二十頁艛艓兩字註文釋義
四　同註一
五　唐六典卷七水部郎中條第十三頁註文

第六節　驛田

驛田所以供驛馬飼料，猶牧監之有牧田也。唐驛田之分配與種植，咸有定制。冊府元龜唐田制云：

開元二十五年制，諸驛封田，皆隨近給。每馬一匹，給地四十畝，若驛側有牧田處，匹別各減五畝。其傳遞

馬，每匹給田二十畝。(註一)

蓋驛馬與傳馬亦有別焉。而新唐書百官制云：

凡驛，馬給地四頃，蒔以苜蓿。(註二)

此與冊府元龜所載不同。按唐制，田廣一步，長二百四十步爲畝，畝百爲頃。(註三)則地四頃爲四百畝。若以唐六典所載驛馬定限，依冊府元龜驛田制計，則都亭驛應有驛田二千八百八十畝，諸道第一等驛應有驛田二千四百畝，即第四等驛亦應有驛田七百二十畝，較之新唐書凡驛馬給地四百畝者，相差遠矣。然查通典通志食貨門所載，皆與冊府元龜同，則新唐書所記欠明，抑或有誤，未可遽斷；並存兩說，待證可耳。據上文若驛側有牧田處，匹別各減五畝，則驛田之性質與牧田同，決無異義。至所謂苜蓿者，史記大宛傳云：

馬嗜苜蓿，漢使取其實來，于是天子始種苜蓿。(註四)

是苜蓿爲飼馬唯一之草料，漢時始自大宛移植來中國。是驛田之蒔以苜蓿，專供馬料，不作他用，于此又得一證。

註一 冊府元龜卷四九五邦計部田制第二十三頁
二 新唐書卷四十六百官志第十三頁駕部郎中條
三 新唐書卷五十七食貨志第一頁
四 史記卷一百二十三大宛傳第七頁

第二章 驛之管理

驛制之發達，係乎組織之完備；然而防奸杜弊，興利除害，是又有賴于管理也。管理之職，行政最要，監察次之。

第一節 行政系統

唐代驛制，直轄于兵部。唐六典：

駕部郎中員外郎掌邦國之輿輦車乘，及天下之傳驛。(註一)

其最高行政機關也。按驛傳之隸于兵部，蓋有兩種原因：唐律疏議云：

郵驛本備軍速。(註二)

諸驛使稽程者，一日杖八十，二日加一等，罪止徒二年。若軍務要速加二等。(註三)

是驛遞以軍事目的爲重，此其一。夫驛傳之務，以馬爲最急，驛馬之供給，驛馬之檢揀與補充，在在與馬政有關。而唐六典：

駕部郎中員外郎掌…廐牧官私馬牛雜畜之簿籍。(註四)

是兵部主馬政，與驛遞之關係爲切，此其二也。

兵部之下，諸道節度使各設館驛巡官四人，(註五)判官一人，(註六)專知郵驛。諸州各有兵曹司兵參軍分掌傳驛。

（註七）京畿及天下諸縣傳驛，皆縣令兼理。（註八）更下，則每驛置驛長一人以主驛。此其行政系統也。

註一 唐六典卷五第十五頁駕部郎中條
二 唐律疏議卷二十五詐偽律第十六頁詐乘驛馬條疏議文
三 唐律疏參卷十職制律第七頁驛使稽程條
四 同註一
五 唐書四十九下百官志第三頁
六 唐會要六十一館驛使條第五頁
七 唐六典卷三十都督刺史條第十三頁
八 唐六典卷三十第十九頁京畿及天下諸縣令條

第二節　監察制度

唐于館驛之務，畿內有京兆尹，外道有觀察使，刺史迭相監臨。而臺中復有御史充館驛使，專察過闕也。（註一）至所謂館驛使者，唐會要云：

開元十六年七月十九日，勅巡傳驛，宜因御史出使，便令校察。至二十五年丑月，監察御史鄭審檢校兩京館驛，猶未稱使。…乾元元年五月，度支郎中第五琦充諸道館驛使。大曆五年九月，杜濟除京兆尹，充本府館驛使；自後京兆尹常帶使。至建中元年停。大曆十四年五月，門下省奏兩京，請委御史臺各定知驛使御史一人，往來勾當，遂稱館驛使。（註二）

蓋御史巡驛起于開元十六年，而館驛使之稱始于大曆十四年。又新唐書百官志監察御史條云：

興元元年，以第一人察吏部禮部兼監察使，第二人察兵部工部兼館驛使。（註三）

是又御史之充館驛使者，皆監察第二御史也。然亦有以內官充館驛使者，舊唐書憲宗紀：

元和四年十月，以內官曹進玉，馬朝江等為行營館驛糧料等使。（註四）

惟當時朝野人士，咸以非故事，恐驚動聽，上疏切諫，反對極力。（註五）而內官之充使者，又皆『恃恩暴戾，遇四方使多倨；詰之，或至捽辱者』。（註六）故未久即罷。及元和十二年，復以中官為館驛使。（註七）左補闕裴潾上疏，有

若發宮闈之臣，出參館驛之務，則內臣外務，職分各殊。切惟塞侵官之源，絕出位之漸。…當掃靜妖氛之日，開太平至治之風，澄本正名，正在今日。（註八）

之言。憤慨之氣，溢于辭表，由是知唐代士大夫之重視館驛使為何如也。

註一　全唐文七一三第十三頁裴潾請罷內官復充館驛使疏文
二　唐會要六十一館驛使條第一頁
三　唐書卷四十八百官志第四頁
四　舊唐書卷十四憲宗本紀第十九頁
五　唐會要六十一館驛使條第七頁
六　唐會要六十一館驛使條第六頁
七　唐會要六十一館驛使條第六頁
八　同註一

第三章　驛使

驛之運用，有廣狹二義。就其廣義言，舉凡具有交通行爲者，靡不與驛遞有直接間接之關係。若君主行幸，私人旅行，貨物運輸，莫不取道於驛路；而漕粟之轉輸，爲國家餼廩之所需，尤恃驛路爲唯一之坦途也。就其狹義言，則軍報傳達，公文遞送，官員往來，皆給驛傳，所謂官用交通機關也。然而前者爲副用，無關驛政，後者乃驛遞設置之主要目的，故言驛之運用，當以後者爲重。本章所述，亦詳於後者，而前者則限於史料之缺乏，暫從略也。

驛使，乘驛者之通稱，奉差乘驛齎送公文者謂之驛使，入覲蒞任給驛之官員亦謂之驛使，職務雖有別，乘驛則一也。唐初有事於外，則命使臣。自開元置八節度十採訪而後，始有坐而爲使。及天寶大歷以來，有佩印至四十，請俸至千貫者。（註一）而京內外臨時特遣使臣，名號之煩，更難僕數，故驛使往來，絡繹於途，於唐爲最盛也。

驛使發遣　唐於發驛遣使，在京由門下省主之，在外有留守及諸軍州主之。（註二）規程精密，法令謹嚴，其見於唐律及史籍中者，有下列十三條：

一、有軍務要速，或追徵報告，如此之類，遣專使乘驛，齎送文書。（註三）

二、在京諸司有事須乘驛。（註四）

三、諸州有急速大事，合遣驛。（註五）

四、皇帝踐祚及加元服，皇太后加號，皇后皇太子立，及赦元日，刺史若京官五品以上在外者，並奉表疏賀，州遣使，餘附表。（註六）

五、諸道租庸丁防諸色旨符附驛送。（註七）

六、諸郡太守謝上表附驛。（註八）

七、常參官寒食拜掃給驛。（註九）

八、在外中經博士應舉入京給驛。（註十）

九、秘書省太史官測候給驛。（註十一）

十、新除都督刺史，並闕三官州上佐給驛。（註十二）

十一、按察使家口過往給傳送。（註十三）

十二、官員身後家口給傳還鄉。（註十四）

十三、崇元署遣道女官僧尼道士拜見天子，州縣給程。（註十五）

至若則天皇后垂拱二年之『有告密者，臣下不得過問，皆給驛馬』。（註十六）非常式也。

驛遞與傳送

驛使有乘驛給傳之別，已見上文，則二者之區別如何，當有說明。按顏師古漢書註謂：「傳者如今之驛，古者以車，謂之傳車，其後又單置馬，謂之驛騎」。（註十七）蓋傳爲車，驛爲騎也。唐時驛遞以馬；惟官員家口過往，以及諸道進奉却回給傳送。而唐律疏議亦有乘官車不得過三十斤之文，（註十八）則所謂官車，殆即傳車。唐六典門下省給事中條云：

凡發驛遣使，則審其事宜，與黃門侍郎給之，其緩者給傳。（註十九）

是驛遞視傳送爲快。唐律疏議：

水陸等關，兩處各有門禁，行人往來，皆有公文。謂驛使驗符券，傳送據遞牒。（註二十）

是驛使與傳送之憑證不同。唐會要云：

十八年〔開元〕六月十三日勅，如聞，比來給傳使人，爲是傳馬，還只乘驛，徒押傳遞，事頗勞煩。自今以後，應乘傳者，宜給紙券。（註二十一）

是又驛馬之外，另有傳馬也，此外，新唐書百官志馬數之規定，傳馬多於驛馬；（註二十二）唐律疏議所引公式令與廐牧令馬數之規定，傳馬亦多於驛馬。（註二十三）綜上所述，是驛馬速，傳馬緩，事急者給驛馬，緩者給傳送，其大別也。

給符券

驛使往來，給符券以爲証。唐代給驛之符券凡四：曰銀牌，圖書集成引冊府元龜云：

唐有銀牌，發驛遣使，則門下省給之。其制，闊二寸半，長五寸，面隸五字，曰：「勅走馬銀牌」。（註二十四）

曰角符，新唐書百官志云：

發驛遣使，則給角符。（註二十五）

曰券，唐六典云：

凡乘驛者，在京於門下給券，在外於留守及諸軍給券。（註二十六）

曰傳符，舊唐書百官志云：

發驛遣使，則給其傳符，以通天下之信。（註二十七）

按角符之制不詳。所謂傳符者，唐律職制律疏議云：

傳符通用紙作。（註二十八）

又云：

給驛者，給銅龍傳符；無傳符處爲紙券。（註二十九）

兩說同見一書，而所載不同。據後說，則傳符爲龍形銅質之物，無傳符處始代以紙券，非傳符通用紙作也。而宋處厚青箱雜記云：

> 唐以前館驛並給傳往來。開元中，務從簡便，方給驛券。驛之給卷，自此始也。（註三十）

則乘驛給券，始於開元。又唐會要云：

> 八年〔貞元〕，門下省奏，郵驛條式，應給紙券。（註三十一）

是又乘驛給紙券，貞元中方著於令式也。

驛券有往還券，單程券之別，除門下省外，諸州不得給往還券。（註三十二）凡馬驛券乘馬，水驛券乘船，不得兩處祇供也。（註三十三）若濫給券道勅文總一百二十七道以上者，有罰。（註三十四）其僞造傳符者，合絞罪。（註三十五）忘失傳符者限三十日內尋訪；尋訪不得，亦有罪。（註三十六）官廳之重視符券也如此。若明于愼行筆塵云：

> 唐時御史所過，皆給驛馬，先有牒文飭候，謂之排馬牒。（註三十七）

是又御史乘驛之先以排馬牒也。

驛使乘馬 驛使乘馬，視其官階之高低以給馬，各有限數。據新唐書百官志驛遞傳乘馬數之規定，（註三十八）列表如下：

一給驛馬數表

官階	馬數
一品	8
二品	6
三品	5
四品五品	4
六品	3
七品以下	2

二給傳乘馬數表

官階	馬數
一品	10
二品	9
三品	8
四品五品	4
六品七品	2
八品九品	1
三品以上勅召者	4
五品以上勅召者	3

而唐律疏議職制律疏議所引公式令驛馬定限，（註三十九）與

唐書百官志所載不同，亦爲列表於下，以覘其差異。

官階	馬數	備註
職事三品以上若王	4	散官前官各遞減職事官一匹
四品及國公以上	3	
五品及爵三品以上	2	
餘官爵及無品人	1	

又唐律疏議引廐牧令給傳送之馬數規定，(註四十)與唐書百官志之記載異，其傳送馬數之規定如下表：

官階	馬數	備註
一品	8匹	
嗣王郡王及二品以上	6匹	三品以下各有等差

若於定限之外，增乘驛馬，須有勅旨。唐會要云：

其年［會昌］元年三月，門下省奏，其遠道送諸道春衣使須有大將依任，量加馬一匹，勅旨令責必行，理須通濟。供奉官緣傔人多宜加遞馬一匹者，依端午使例外更加一疋，冬衣例外更加兩疋。(註四十一)

是諸道送春衣使冬衣使之勅旨例外加馬者。其不應加馬而增乘驛馬者，有罪。唐律疏議云：

諸增乘驛馬者，一匹徒一年，二匹加一等，主司知情者同罪，不知情者勿論。(註四十二)

是又不獨非法增乘驛馬者有罪，驛長知情亦與同罪也。

驛馬之給用有定數，而其載重亦有定限。凡乘官馬私馱物者不得過十斤，(註四十三)乘車者不得過三十斤，(註四十四)違限有罰。

驛使乘驛船之有無定限，載籍無記，考述爲難。惟唐律疏議云：

諸應乘官船者，聽載衣糧二百斤，違限私載，若受寄及寄之者，五十斤及一人各笞五十，一百斤及二人各杖一百，每一百斤及二人各加一等，罪止徒二年。(註四十五)

則驛船之載重亦有限定也。

驛使行程

驛使行程，乘傳者日四驛，乘驛者日六驛，(註四十六)是其常例。若左降官，須日馳十驛以上也。(註四十七)而日知錄云：

唐制，赦書日行五百里。(註四十八)

按三十里一驛計，是又日行十六驛以上矣。唐律疏議：

諸驛使稽程者，一日杖八十，二日加一等，罪止徒二年。(註四十九)

諸驛使受書不依題署，誤詣他所者，隨所稽留，以行書稽程論，減二等。(註五十)

諸乘驛馬輒枉道者，一里杖一百，五里加一等，罪止徒二年；越至他所者，各加一等。(註五十二)

則不依行程者，皆有罪也。若唐六典戶部度支部中條云：

凡陸行之程：馬日七十里，步及驢五十里，車三十里。水行之程：舟之重者，泝河日三十里，江四十里，餘水四十五里。空舟，泝河四十里，江五十里，餘水六十里，沿流之舟，則輕重同制，河日一百五十里，江百里，餘水七十里。(註五十二)

則又唐代水陸行程之規定，蓋驛馬驛船之行程亦有定限也。

驛使止驛

驛使抵驛，必換馬更行，不換馬者杖八十；因而致死者賠。其止驛者，供給食宿，以三日爲限。(註五十四)而居處亦有定制。唐會要：

其年［元和五年］四月御史臺奏，御史出使及却回所在館驛逢中使等舊例，御史到館已於上廳下了，有中使後到，即就別廳；如有中使先到上廳，御史亦就別廳。…伏請各令尊奉舊例，冀其守分，勅旨，其三品官及中書門下尙書省官，或出啣制命，或入赴闕庭，諸道節度使觀察使赴本道，或朝覲，並前節度觀察使赴闕庭者，亦准此例。(註五十五)

是以抵驛之先後爲序，所以避爭擾也。按唐代驛使爭驛舍廳事見於史乘者，凡二次：一則帶方州刺史劉仁軌與御史爭萊州驛舍之東西廳，(註五十六)一則監察御史元稹與中使劉士元之爭敷水驛舍之上下廳。(註五十七)蓋先有元劉之爭，至始是重申舊例也。若有家口相隨，而自須於村店安置者，不得受館驛飯食草料什物之供給。(註五十八)然亦有止容投宿，而不與供給者。唐律疏議引雜令云：

私行人職事五品以上，散官二品以下，爵國公以上，欲投驛止宿者，聽之。邊遠及無村店之處，九品以上勳官，五品以上及爵，遇屯驛止宿，亦聽：並不得輒受供給。(註五十九)

其不應入驛而入者笞四十，不合受供給而受者同罪也。(註六十)

註一　李肇國史補卷下第四第五兩頁

二　唐六典卷五駕部郎中條第十六頁註文

三　唐律疏議卷十八第八頁驛使以書寄人條疏議文

四　同註三文書應遣驛條疏議引公式令文

五　同註四

六　同註四疏議引儀制令文

七　唐會要卷五十九尙書省諸司下度支員外郎條第八頁

八　唐會要卷六十一館驛使條第三頁

九　唐會要卷二十三寒食拜掃第八頁

十　舊唐書一四四第八頁歸崇敬傳

十一　唐六典卷十秘書省第十一頁司歷條註文
十二　唐會要卷六十一館驛使條第二頁
十三　同註十二
十四　舊唐書卷八十四第九頁郝處俊傳及卷八十三第八頁薛仁貴傳
十五　新唐書卷四十八百官志第十頁
十六　通鑑卷二〇三唐紀第二十一頁
十七　漢書卷一下高帝紀第六頁乘傳詣雒陽五年註文
十八　唐律疏議卷十五廐庫律第四頁乘官畜私馱物條律文
十九　唐六典卷八門下省第七頁
二十　唐律疏議卷八衞禁律第五頁私度關條疏議文
二十一　唐會要卷六十一館驛使條第二頁
二十二　新唐書百官志第十三頁駕部郎中條給馬與給傳乘之文
二十三　唐律疏議卷十職制律第九頁增乘驛馬條疏議引公式令文與卷二十六雜律第一頁應給傳送剩取條疏議引廐牧令文
二十四　圖書集成經濟彙編卷二六四第四頁
二十五　新唐書卷四十七百官志第一頁門下省條
二十六　唐六典卷五駕部郎中條第十六頁註文
二十七　舊唐書卷四十三百官志第二十一頁
二十八　唐律疏議卷十第十一頁用符節事訖條疏議引令文
二十九　唐律疏議卷十第七頁驛使稽程條疏議引令文
三十　青箱雜記卷八第四頁
三十一　唐會要卷六十一館驛使條第四頁
三十二　同註三十一
三十三　唐會要卷六十一館驛使條第十頁
三十四　同註三十三第五頁
三十五　唐律疏議卷二十五詐僞律第二頁僞寫宮殿門符條疏議文
三十六　唐律疏議卷二十七雜律第十三頁亡失符印求討條律文
三十七　于愼行筆麈卷十四第十三頁
三十八　同註二十二
三十九　同註二十三之上部
四十　同註二十三之下部
四十一　唐會要卷六十一館驛使條第十頁
四十二　唐律疏議卷十職制律第九頁增乘驛馬律文
四十三　同註十八
四十四　同上條
四十五　唐律疏議卷二十七雜律第三頁乘官船衣糧條律文
四十六　新唐書卷四十六百官志第十一頁主部郎中條
四十七　通鑑卷二一五唐紀第十六頁
四十八　顧炎武日知錄卷十驛傳條第七頁
四十九　唐律疏議卷十職制律第七頁諸驛使稽程條律文
五十　同上條第九頁驛使不依題署條律文
五十一　同註五十條十頁乘驛馬枉道條律文
五十二　唐六典卷三戶部度支郎中條第十九頁
五十三　唐律疏議卷五十職制律第十頁乘驛馬枉道疏議文
五十四　唐會要卷六十一館驛使條第四頁載第五琦奏，有「使人緣無故不得於館驛淹留縱然有事經三日以上即於主人安置」之文故知館驛供給以三日爲限也
五十五　唐會要卷六十一館驛使條第五頁
五十六　唐會要六十二御史臺出使條第十二頁
五十七　同註五十四

五十八　同註五十三
五十九　唐律疏議卷二十六雜律第十一頁不應入驛而入條疏議文
六十　同註五十九

第四章　驛之經費

驛政之兩大要素，曰馬，曰財。蓋驛無馬不行。政無財不舉也。驛馬已于組織章中言之。所謂財者，換言之，即驛之經費也。凡驛使之供給，驛吏之廩餼。什物之設置，所費甚鉅，故館驛經費之研究，實爲必要。經費之來源，經費之分配，此關係于驛政之本身者；若館驛之耗費，則又影響于國家財政矣。

唐於館驛之設，所賴以布政施令，爲政府行政之助者至重；而館驛之耗費亦至鉅。惟以館驛經費，前人所忽，記載特少，研究爲難，居今日而欲說明唐代館驛經費之具體狀況，分配之規程，入支之情形，殆亦不可能也。今據諸家載籍中之言及館驛經費者，摘錄於下，間附攷訂，以見其端倪耳。

唐諸州年有專稅，以供館驛。唐六典：

　凡天下諸州稅錢，各有準常，三年一大稅，其率一百五十萬貫，每年一小稅，其率四十萬貫：以供軍國傳驛及郵遞之用。(註一)

若合其大稅小稅而計之，三年共稅錢二百三十萬貫，則平均每年之驛稅爲七十六萬餘貫也。其每驛經費狀況，唐會要：

　開成二年，…准徐泗觀察使今年前後兩度奏狀，內豎共得錢一萬八千五十五貫文，內十驛一萬一千三百貫文，委戶部每年以實錢逐近支付，泗宿二州以度支上供錢賜充本軍(武寧軍)用。(註二)

按『內十驛一萬一千三百貫文』一語，若以什一計之，則每驛爲一千一百三十貫文；是徐泗間每驛每年館驛經費爲一千一百三十貫也。其館驛經費不足，亦有賜本抽利，以資貼補者。冊府元龜云：

　玄宗開元二十六年正月制，長安萬年兩縣各與本錢一千貫，收利供驛，仍付雜驛。(註三)

　懿宗咸通五年丁酉，詔潭桂兩道各賜錢三萬貫文，以助軍錢，以充館驛息利本錢。(註四)

是又所謂補助費矣。

註一　唐六典卷三戶部郎中條第十六頁
二　唐會要卷四十八雜稅條第十頁
三　冊府元龜卷四八四邦計部經費第五頁
四　同註三第十八頁

第五章　驛程紀要

唐代驛程，載籍無記，惟李吉甫元和郡縣圖志記每州八到，載州府至都城之貢道。夫貢道即驛路也，是不難考其貢道之行程，而得驛路之線索也，謹據元和郡縣圖志諸州貢道，以上都為中心，以上都至諸道之驛程為幹線，述唐代重要驛路如下：

上都至隴右道鄯州驛路　三百里至邠州，一百八十里至涇州，三百三十里至原州，三百九十里至會州，三百八十里至蘭州，四百里至鄯州。

自鄯州東北行五百里至涼州，又西北行五百里至甘州，又西行四百里至肅州，又四百八十里至瓜州，又三百里至沙州，又北行七百里至伊州，更西南行七百三十里達于安西都護府。

上都至劍南道益州驛路　七百六十里至山南道興元府，四百九十里至利州，一百九十里至劍南道劍州，二百九十里至綿州，一百八十里至漢州，一百里至成都府。

自益州南行二百里至眉州，又百四十里至嘉州，又三百二十里至戎州。

自益州北行百里至漢州，更西南行七十五里至彭州，又百二十里至蜀州，又八十里至邛州，又西南行一百七十里至雅州，二百四十里至黎州，又六百五十里至嶲州，又三百五十里至姚州。

上都至山南西道興元府驛路　七百六十里至山南西道興元府。

上都至山南東道襄州驛路　二百六十五里至商州，六百四十里至山南道鄧州，一百八十里至襄州。

上都至河東道河中府驛路　二百五十里至同州，六十七里至河中府。

自河中府北行二百六十里至絳州，又百四十里至晉州，又東北行三百六十里至汾州，又一百八十里至忻州，又一百六十里至代州，又西北行一百二十里至朔州通單于都護府。自代州東北四成百里至蔚州，通天行軍。

上都至河北道魏州驛路　八百三十里至東都，一百五十里至河北道懷州，二百六十里至衛州，二百五十里至澶州，一百十里至魏州。

上都至河南道汴州驛路　八百五十里至東都，二百八十里至鄭州，一百四十里至汴州。

自汴州二百四十里至曹州，三百七十里至兗州，三百七十里至淄州，一百二十里至青州，三百五十里至萊州，二百四十里至登州。

上都至淮南道揚州驛路　八百五十里至東都，四百二十里至汴州，三百三十里至宿州，四百二十里至泗州，二百二十里至楚州，二百五十里至揚州。

上都至江南東道蘇州驛路　二千七百五十三里至揚州，七十里至潤州，一百七十里至常州。一百九十里至蘇州。

自蘇州三百七十里至杭州，一百三十里至越州，二百七十五里至明州。自杭州西北行三百十五里至睦州，一百六十里至婺州，二百六十里至處州，二百七十里至温州。又自睦州西行二百八十里至衢州，七百里至建州，六百里至福州，三百七十里至泉州。

上都至江南西道洪州驛路　一千二百五十里至襄州，三百五十里至隨州，一百五十五里至安州，二百九十里至沔州，七里至鄂州，二百里至黃州，二百三十里至蘄州，二百五十里至江州，三百二十五里至洪州。

上都至黔中道黔州驛路　一千二百五十里至襄州，四百七十里至荊州，二百五十九里至峽州，一百九十里至歸州，三百三十里至夔州，二百九十八里至萬州，二百六十里至忠州，三百五十里至涪州，三百三十里至黔州。

上都至嶺南道廣州驛路有二

三千八十里至洪州，五百七十里至吉州，五百二十里至虔州，過大庾嶺三百五十里至韶州，五百三十里至廣州。

又三千一百三十里至江陵府，五百七十里至岳州府，五百五十里至潭州，四百六十里至衡州，三百七十里至郴州，四百一十里至韶州，五百三十里至廣州。

上都至東都驛路　一百八十里至華州，一百二十里至潼關，一百三十里至虢州，四百三十五里至東都。

自上都至金州六百八十里，謂之庫谷路。

自上都東北行三十五里至坊州，一百二十五里至鄜州，一百五十里至延州，四百里至夏州，西北經寧遠鎮故落鹽池七百五十里至天德軍。

自上都西行三百十里至鳳翔，又二百八十里至鳳州，四百五十里至成州，三百八十里至武州，二百五十里至文州，一百六十里至扶州，三百三十里至松州。

唐代主要驛路之可考者，大抵如上。其他重要支綫之可考者，與諸道驛路之分佈情形，則詳於附圖也。而唐代驛程之散見于史籍地志，及唐人文集中者，亦有下列之數條。如柳宗元館驛使壁記云：

自萬年至于渭南，其驛六，其蔽曰華州，其關曰潼關。自華而北界于櫟陽，其驛六，其蔽曰同州，其關曰蒲津。自灞而南至于藍田，其驛六，其蔽曰商州，其關曰武關。自長安至于盩厔，其驛十有一，其蔽曰洋州，其關曰華陽。自武功西至于好畤，其驛三，其蔽曰鳳州，其關曰隴關。自渭而北至于華原，其驛九，其蔽曰坊州。自咸陽而西自于奉天，其驛六，其蔽曰邠州。由四海總而合之，以至于關，由關之內東而會之，以至于王都。（註一）

是唐代西京至諸道之驛程也。李習之來南錄云：

元和四年正月，乙未去東都、暮宿于鞏…庚子出洛下河，止汴梁口…辛丑及河陰…乙巳次汴州…又二月丁未朔，宿陳留…戊午宿雍丘…乙丙次宋州…壬子至永城…甲寅至埇口…丙辰次泗州…壬戌至楚州…丁卯至揚州…辛未濟大江至潤州…戊辰至常州…壬午至蘇州…乙酉濟松江…戊子至杭州…癸巳，駕濤江逆波至富春…丙申至睦州…辛丑至衢州…四月戊子自常山上嶺至玉山，庚寅至信州…已亥直渡擔石湖…辛丑至洪州…五月壬子至吉州…壬戌至虔州…辛未上大庾嶺…明日至湞昌…乙亥朔至韶州…癸卯至廣州。（註二）

是唐代自東京至廣州之驛路也。新唐書地理志劍南道巂州條下註文，引貞元十四年內侍劉希昂使南詔行程云：

自清溪關南經大定城一百一十里至達仕城，西南經菁口一百二十里至永安城，城當滇笮要衝。又南經水口西南，度木瓜嶺二百二十里至臺登城，又九十里至蘇祁縣，又南八十里至巂州，又經山野二百六十里至羌浪驛，又經陽蓬嶺百餘里至俄準添館。陽蓬嶺北，巂境；其南，南詔境。又經菁口會川四百三十里至河子鎮城，又三十里渡瀘水，又五百四十里至姚州，又南九十里至外沴蕩館，又百里至龍驛，與戎州往羊苴咩成路合。（註三）

是巂州通南詔之驛程也。又地理志羈縻州條引貞元宰相賈耽記四夷入貢道里凡七：一曰營州入安東道，二曰登州海行入高麗渤海道，三曰夏州塞外通大同雲中道，四曰中受降城入回鶻道，五曰安西入西域道，六曰安南通天竺道，七曰廣州通海夷道，（註四）是又唐代通四夷之驛路也。

註一　柳河東文集卷四第十頁

二　李文公集卷十八第一四六至一四八頁來南錄文

三　唐書四十二地理志第二十頁

四　唐書四十三下地理志第十五頁

第六章　館驛名錄

館驛名稱，代有變更，館驛位置，時有遷徙；使不知驛名、則無以攷究其命名之沿革，與驛路之變遷。此館驛名錄之作為必須，而研究古代驛制者為尤要也。

唐制，三十里一驛，驛有舍；其非通途大路則曰館。天下凡一千六百三十有九所，二百六十所水驛，一千二百九十七所陸驛，八十六所水陸相兼。惟以唐代驛名，向無專著，其散見於諸家載籍中者，亦復寥寥，故居今日而欲檢出唐代一千六百三十九驛之驛名，殆不可能也。今就史籍地誌，及唐人詩文集中所見之唐代驛名，得三百餘驛，輯為唐代館驛名錄。

名錄表中，首列館驛名稱，次就館驛之位置，而註以唐代道州縣之名；最下，復列備註一項，以載驛名所從見之書名卷數頁數。其只知驛名，而位置無從攷知者，則從闕。

館驛名稱	位置：道	位置：州府	位置：縣	備註
都亭驛	關內道	京兆府	長安城朱雀門外西街含光門內北來第一坊	通鑑 260頁5
長樂驛		京兆府	長安城東滻坡	264頁3
臨臯驛		京兆府	長安城西	262頁23
藍田驛		京兆府	藍田縣西北二十五里	262頁2
覇橋驛		京兆府	在長樂驛東三里	260頁5
石鼻驛		鳳翔府	寶鷄縣	256頁16
邊塗驛		鳳翔府	寶鷄縣	256頁14
石門驛		原州	平高縣	248頁23
龍泉驛		綏州	龍泉縣	247頁7
青泥驛		京兆府	藍田縣	245頁8
敷水驛		華州	華陰縣西二十四里	238頁7
駱　驛		京兆府	盩厔縣西南	228頁14
韓城驛		同州	韓城縣	192頁1
馬嵬驛		京兆府	興平縣	218頁8
醴泉驛		京兆府	醴泉縣西門內	218頁16
關西驛		華州	華陰縣東	218頁5
鳳翔驛		鳳翔府		舊唐書 19下頁18
戲水驛		京兆府	昭應縣	105頁8
望賢驛		京兆府	咸陽縣	106頁9
甘水驛	關內道	京兆府	鄠縣西南	124頁11
戲源驛		京兆府	昭應縣東	129頁5
長城驛		華州		190下頁8
磁門驛		京兆府	咸陽縣	195頁5
烏氏驛		寧州		56頁12

秦川驛		京兆府	萬年縣	青箱雜記 7頁2
槐林驛		鳳翔府	虢縣西	北夢瑣言 5頁3
商山驛		商州		唐語林 3頁30
滋水驛		京兆府	萬年縣	金鑾密記 頁2
安途驛		鳳翔府		玉海 179頁24
渭陽驛		鳳翔府		179頁24
臨溪驛		隴州	郿縣南二十五里	全唐文 709頁10
三川驛		鄜州	三川縣	全唐詩 9函9冊14頁
龍尾驛		鳳翔府	岐山縣	9 4 8
陳倉驛		鳳翔府	寶鷄縣	10 8 7
富水驛		商州	商山	10 7 14
商於驛		商州	(在州西五里)	10 4 5
赤水驛		京兆府	渭南縣	10 3 11
潼關驛		華州	華陰縣東北	8 7 5
龍門驛		同州	韓城縣東北	8 7 7
雲陽驛		京兆府	雲陽縣	8 7 6
細柳驛		京兆府	咸陽縣西南	5 8 6
藍橋驛		京兆府	藍田縣	7 3 13
陰槃驛		涇州	潘源縣	元和志 3頁3
富春驛	關內道	商州	商山	文苑英華 298頁9
潼關驛		華州	華陰縣東	9
安山驛		商州	北五十三里	方輿紀要 54頁4
杜化驛		京兆府	渭南縣西十三里	新唐書 63頁4
東陽驛		京兆府	渭南縣東十三里	4
泥陽館		耀州	華原縣	全唐詩 9函3冊16頁
商州館		商州		7 3 13
杜郵館		京兆府	咸陽城渭水北	9 7 1
山陽館		商州		12 9 10
白馬驛	河南道	滑州	白馬縣	通鑑 265頁7
上源驛		汴州	在汴州城內	255頁24
第城驛		宿州西		251頁17
豐齊驛		齊州	東南三十里	241頁4
鹿橋驛		洛州	永寧縣城東	222頁3
柳泉驛		洛州	(在鹿橋驛東三十里)	222頁4
黎陽驛		滑州	白馬縣	186頁12
濟州驛		濟州		舊唐書 77頁6
石梁驛		泗州		19上頁12
固鎭驛		宿州		17下頁33
金鄉驛		兗州		240頁18
龍門驛		洛州	都城南三十里	86頁3
洪源驛		泗州		187下頁19
都城南驛		洛州		86頁3
萊州驛		萊州		大唐新語 11頁8
滑州驛	河南道	滑州		全唐文 437頁7
嘉畔驛		濟州	山口鎭	全唐詩 9函1冊2頁
酸棗驛		滑州	酸棗縣	8 5 22
廣城驛		汝州		2 6 4
稠桑驛		虢州	閿鄉縣東三十里	3 8 8
南陽驛		鄭州	(在州西北)	3 1 12
臨都驛		濠州		7 6 7
大梁驛		汴州		文苑英華 298頁5
陳橋驛		汴州	城東北二十里	方輿紀要 47頁2

鍾山館		申州	鍾山縣	全唐詩 4函10冊16頁
濠州水館		濠州		8 5 19
杏山館		濠州		4 10 7
壽安南館		洛州	壽安縣	5 5 6
洞渦驛	河東道	幷州	廣陽縣臨洞渦水	通鑑 262頁15
太平驛		潞州	北六十里	248頁11
秦城驛		太原府	（太谷左右）	舊唐書 19下頁12
太原驛		太原府		217頁9
故驛		幷州	廣陽縣	105頁12
蒲州驛		河中府		大唐新語 6頁15
萬春驛		河中府	萬春縣	4頁10
隰州驛		隰州		全唐詩 10函7冊9頁
橫水驛		絳州		8 10 7
壽陽驛		幷州	壽陽縣	
茅城驛		蒲州	平陸縣西南二里	7 5 10
梁侯驛	河東道	潞州	上黨縣西北百十里	方輿紀要 42頁5
太平驛		潞州	上黨縣西北八十里	42頁5
平陽館		晉州	平陽縣	全唐詩 5函4冊1頁
幽州驛	河北道	幽州		舊唐書 242頁1
東鹿驛		深州	東鹿縣	22頁1
武陟驛		懷州		金鑾密記 頁1
臨清驛		衛州	新鄉縣	全唐文
邯鄲驛		磁州	邯鄲縣	全唐詩 9函1冊11頁
欒城驛		鎮州		10 8 4
金堤驛		澶州	清豐縣南	5 5 5
邯鄲館		趙州	邯鄲縣	6 6 9

荊州驛	山南道	荊州		舊唐書 74頁13
園林驛		襄州	襄陽西	19下頁13
漢陰驛		金州		176頁18
均州驛		均州		86頁10
武興驛		興州	武興城	玉海 179頁24
連雲驛		興元府	褒城縣北	全唐文 709頁10
褒城驛		興元府	褒城縣	709頁10
管城驛		鄧州		609頁8
澧州驛		澧州		全唐詩 9函9冊15頁
江陵驛		江陵府		
金牛驛		興州	長舉縣東北	10 2 11
潛水驛		利州	嘉川縣	6 2 7
嘉川驛		利州	嘉川縣	8 10 1
黃花驛	山南道	興元府	鳳縣	全唐詩 8函9冊16頁
望喜驛		利州	嘉川縣北四十里	6 9 5
嘉陵驛		利州	嘉川縣西二里	5 7 13
方城驛		荊州		5 9 25
金臺驛		果州		
石泉驛		梁州	石泉縣	
善謔驛		襄州		6 1 10
西縣驛		梁州	西縣	6 9 4
紀南驛		荊州	州北紀南城	10 4 5
武陵驛		朗州	武陵縣	文苑英華 298頁3
觀風驛		荊州	荊門縣	815頁10
籌筆驛		利州	嘉川縣北八十里	方輿紀要 68頁3
鐵關西館		夔州	巫山縣西	全唐詩 3函8冊20頁

廣昌館		隨州	棗陽縣南	5 10 9
蔡陽館		隨州	棗陽縣	3 3 17
黃花館		鳳州	黃花城	8 6 2
唐城館		隨州	唐城縣	3 3 4
洋州館		洋州		12 7 2
香館		歸州	秭歸縣	文苑英華298頁6
鵲鳴驛		興元府	(在府西)	全唐詩話4頁3
籌筆驛	隴右道	甘州	張掖縣西南	通鑑卷220頁16
金城驛		蘭州	州城金城關	218頁8
武階驛		渭州	州西界	93頁7
懸泉驛		甘州	燉煌縣	全唐詩9函3冊4頁
西寨驛	隴右道	岷州	(西北五十七里)	3 5 2
龍泉驛		西州	交河縣	新唐書40頁11
新城館		西州	交河郡	40頁11
安西館		瓜州		全唐詩3函8冊25頁
涼州館		涼州		3 8 6
州城驛		沙州	在州東二百步	沙州圖經(鳴沙石室佚書第二本下同)
淸泉驛		沙州	在州東北四十里	
橫澗驛		沙州	在州東北六十里	
白亭驛		沙州	在州東北八十里	
長亭驛		沙州	在州東北百二十里	
甘草驛		沙州	在州東北百四十里	
階亭驛		沙州	在州東北百七十里	
新井驛		沙州	在州東北二百二十七里二百步	
廣顯驛		沙州	在州東北二百二十七里二百步	
烏山驛		沙州	在州東北二百二十七里二百步	

雙泉驛		沙州	在州東北四百七十七里百六十步	
第五驛		沙州	在州東北五百十一里	
冷泉驛		沙州	在州東北五百七十九里百七十步	
胡桐驛		沙州	在州東北六百六十三里百七十步	
東泉驛		沙州	在州東北四十里	
其頭驛		沙州	在州東北六十五里	
懸泉驛		沙州	在州東北百四十里	
魚泉驛		沙州	在州東北百八十五里	
无窮驛		沙州	在州東北百里	
空谷驛	隴右道	沙州	在州東北百三十里	
黃谷驛		沙州	在州東北百七十里	
常樂驛		瓜州		
赤崖驛		伊州	柔遠縣	
黃州驛	淮南道	黃州		通鑑220頁16
瓜州驛		揚州	廣陵	全唐詩3函1冊8頁
臨江驛		蘄州	黃梅縣	1 2 2
龍沮館		海州	龍沮縣	4 7 7
洪澤館		楚州	淮陰縣	4 7 19
淮陰水館		楚州	淮陰縣	8 5 23
桐樹館		安州		7 2 2
涓川館		安州		7 10 9
太湖館		舒州	太湖縣	12 2 8
橫江館		和州	(在州東南二十五里)	9 9 5
揚州水館		揚州	廣陵縣	文苑英華298頁8
靑山館		壽州	盛唐縣南	298頁11
烏程驛	江南道	湖州	烏程縣	通鑑253頁19

新豐驛		虔州	雩都縣	舊唐書	96	頁	2
會昌驛		虔州	雩都縣		105	頁	8
石峽驛		撫州		唐語林	2	頁	2
宣州驛		宣州			4	頁	5
石頭驛		洪州	豫章縣		5	頁	27
九江驛		江州		全唐文	598	頁	14
五松驛		池州	義安縣	全唐詩 第冊頁	7	2	2
洞庭驛	江南道	岳州			3	1	18
望湖驛		洪州	豫章縣		11	7	3
大庾驛		虔州	大庾縣		11	7	3
大石嶺驛		信州	永豐縣南		11	6	6
常州驛		常州			11	5	1
建陽驛		建州	建陽縣		10	10	2
宜春驛		袁州	宜春縣		10	10	3
黃鶴驛		鄂州	武昌縣西		10	4	5
霍山驛		壽州	霍山縣		8	8	7
松江驛		蘇州	華亭縣		3	1	12
平望驛		蘇州	松陵鎭南		10	4	5
望亭驛		常州	武進縣		7	5	17
樟亭驛		杭州			7	3	13
永城驛		撫州	永城縣		9	1	1
大庾嶺北驛		虔州	大庾南縣		1	1	8
白下驛		昇州	白下縣				
蒲塘驛		江州	德安縣		3	7	3
鴨襴驛		岳州	(在東北百一十里)		3	6	3
鯀津驛		吉州	太和縣南		4	10	6

白沙驛		潭州	湘陰縣北		4	4	1
青溪驛		睦州	青溪縣		4	2	1
翎池驛		洪州	豫章縣		5	8	6
青陽驛		池州	青陽縣		5	7	12
蓮塘驛		泗州	盱眙		5	1	9
藍谿驛	江南道	泉州	南安縣		6	6	13
長沙驛		潭州	長沙縣南		6	1	11
小江驛		洪州	豐城縣		6	1	8
盤陀嶺驛		漳州	漳浦縣南三十里		8	10	26
毗陵驛		常州			8	1	6
東安驛		永州	祁陽縣東南	湖南志	80	頁	6
湘口驛		永州	祁陽縣北				5
湖岸驛		岳州					8
棲鳳驛		郴州北					15
臨武驛		郴州	臨武縣				16
待賢驛		婺州	義烏縣北三十里	浙江志	84	頁	8
諸暨驛		越州	諸暨縣		83		32
雙柏驛		婺州	義烏縣西北一百步		84	頁	8
莊亭驛		越州	(在縣西)		83		31
苦竹驛		越州	去山陰縣二十九里				30
剡源驛		明州	鄮縣東三百步				29
鳧磯驛		明州	鄮縣南二里				26
菱波驛		湖州	烏程縣東南	文苑英華	298	頁	2
石橋驛		洪州					5
西亭驛		越州	山陰縣西	方輿紀要	92	頁	3
石門驛		蘇州	石夷門	浙江志	83	頁	18

秦駐館		蘇州	海鹽縣西南		83 18
賦亭驛		杭州	海寧縣		83 10
桑亭驛		杭州	海寧縣		83 10
雪溪館	江南道	湖州			83 頁 22
若竹館		越州	山陰縣	全唐詩	1 2 3 函册頁
豫章館		洪州	豫章縣		2 7 1
弋陽館		信州	弋陽縣東		8 5 11
常州水西館		常州			8 5 14
洞庭南館		岳州	巴陵縣		8 5 10
海鹽館		蘇州	海鹽縣		8 5 12
彭蠡館		洪州	都昌縣		10 4 3
青溪館		睦州	青溪縣		3 1 12
武陽館		洪州	豫章縣		5 8 5
黃檗館		饒州	餘干縣		5 8 2
松江館		蘇州	華亭縣		5 9 14
甘棠館		江州	(在州南)		6 3 3
五湖館		岳州			9 9 1
長沙館		潭州			3 1 2
石門館		撫州	金谿場		5 6 3
水西館		宣州	涇縣		7 2 7
桐廬館		睦州	桐廬縣		7 3 14
青陽館		宣州	青陽縣		12 9 2
婺州水館		婺州			10 9 7
沙溪館		信州	永豐縣南		8 10 7
宛陵館		宣州	宣城縣		8 10 8
彭城館		岳州	(在州東北九十里)	文苑英華	297 頁 9

宛溪館		宣州	宣城縣東南		297 12
竹里館	江南道	昇州	句容縣	文苑英華	298 頁 1
剡溪館		越州	剡縣		298 1
峴陽館		鄂州			298 2
岳陽館		岳州			298 2
前溪館		湖州	武康縣		298 3
雲溪館		岳州	王朝場西南		298 6
深度館		欽州	(州治東南)		298 6
黿磯江館		明州	鄮縣南二里		298 11
沱江驛	劍南道	成都府	新繁縣	通鑑	253 頁 3
益州驛		益州		舊唐書	75 頁 5
羅江驛		綿州	羅江縣	全唐詩	10 5 3 函册頁
青雲驛		益州	導江縣		6 8 1
鐃陽驛	劍南道	綿州	(在州東北)		
天廻驛		益州	天廻山下		1 1 2
深度驛		劍州	廣元縣		1 2 12
蓬萊驛		梓州	唐興縣西南		4 7 2
巴西驛		綿州	巴西縣		4 3 8
通泉驛		梓州	通泉縣南十五里		4 1 4
四望驛		嘉州	玉津縣		5 5 4
清水驛		巴州	(在州南)		6 1 11
臨川驛		戎州			
武甯驛					9 2 7
賀蘭驛		嶲州		新唐書	42 頁 12
茅塡驛		渝州	江津縣東	方輿紀要	69 頁 7
蒼谿館	劍南道	閬州	蒼溪縣	全唐詩	9 5 3 函册頁

青雲館	益州	導江縣西	文苑英華 298 頁 8
壽安山館	邛州		13
高要驛	嶺南道 端州		通鑑 208 頁 5
桂州驛	桂州		舊唐書 186下 頁 2
宣化驛	邕州		東觀奏記 下 頁 6
韶州驛	韶州		全唐詩 函冊頁 8 7 3
端州驛	端州		1 2 11
山驛	鬱林州	博白縣	1 2 8
望秦驛	桂州北		6 1 11
洞口驛	新州	新興縣	文苑英華 298 頁 3
𩦠亭驛	潮州	海防縣西六里	元和志 34 9
西津驛	潮州	(在州西)	34
紇壁驛		(以下位置無從考知皆從闕)	舊唐書 149 13
懷德驛			183 5
槖城驛			186下 7
洛源驛			東觀奏記 中 頁 7
廣府驛			唐語林 3 1
靈橋驛			5 2
靈合驛			雲谿友議 頁 9
臨汴驛			12
仙娥驛			11
太界驛			玉海 179 頁 24
垂泉驛			24
通蜀驛			24
松嶺驛			全唐文 709 頁 10
平川驛			10

白雲驛			10
芝田驛			10
青松驛			10
山輝驛			10
廻雪驛			10
盤雲驛			10
雙溪驛			10
文川驛			10
靈泉驛			10
廣江驛			全唐詩 函冊頁 9 2 3
層峯驛			9 9 11
碧澗驛			9 4 3
靈龕驛			9 1 6
覆盆驛			11 6 4
疎陂驛			11 6 2
盤豆驛			5 7 17
漳亭驛			10 9 5
沱江驛			10 5 3
興德驛			8 8 8
冷泉驛			8 8 35
松汀驛			8 5 19
麻平驛			10 5 6
虛池驛			1 1 1
古泉驛			1 2 14
盧巴驛			1 2 9
襄河驛			1 2 9

方甕驛	1 2 8
若峴驛	4 7 9
奉濟驛	4 3 8
曲河驛	5 10 4
江台驛	5 5 1
三泉驛	6 10 6
臨闕驛	6 9 2
三鄉驛	6 2 6
棣華驛	7 4 12
楚城驛	7 4 13
駱口驛	6 9 2
義亭驛	12 2 7
勃令驛	唐書40頁9
卒歌驛	40 9
農歌驛	40 9
突錄濟驛	40 9
蛤不爛驛	40 9
閣川驛	40 9
野馬驛	40 9
鶻莽驛	40 9
悉諾羅驛	40 9
婆驛	40 9
列驛	40 9
從龍驛	40 9
那錄驛	40 9
莫離驛	9

臨沙驛	文苑英華298頁4
望苑驛	10
嘉泰驛	12
佉龍驛	新唐書42頁12
外診蕩館	12
俄準添館	12
羌泿館	12
磧西館	全唐詩 3函 8冊 8頁
預館	4 5 7
莿溪館	4 6 2
射雄館	10 2 22
嘉祥山館	5 5 10
丁溪館	6 10 7
北樂館	5 1 5
燕爾館	6 3 11
吐蕃別館	6 3 1
吳安西館	6 5 6
玉仙館	6 6 10
層峯館	6 8 2
惠風館	9 1 1
廻望館	8 1 2
梅仙館	11 1 2
黃花館	8 6 2
文杏館	文苑英華297頁11
上浦縣	297 11
石城館	298 3

靈武館				298	4
武丁館				298	5
江館				298	7
泥陽館				298	8
潮河館				298	12

參書考目

周禮		嘉慶十一年順德張氏淸芬閣重刋本
春秋左傳		中華書局本
史記		光緒癸卯五洲同文局石印本
前漢書		同　上
文獻通考		上海圖書集成局鉛印本
舊唐書		浙江書局本
新唐書		同　上
元史		光緒癸卯五洲同文局石印本
明史		上海圖書集成局鉛印本
大淸會典		光緒戊申商務印書館本
全唐文		嘉慶戊寅重脩官刻本
全唐詩		康熙十四年內府精刻本
唐六典		掃葉山房本
唐會要		武英殿聚珍版叢書本
全唐詩話	宋尤袤	石印本
唐律疏議	唐長孫無忌等	光緒十七年重刻本
國史補	唐李肇	得月簃叢書本
資暇集	唐李乂	學海類編本
大唐新語	唐劉肅	稗海本
東觀奏議	唐裴庭裕	武英殿聚珍本
雲溪友議	唐范攄	知不足齋本
金鑾密記	唐韓偓	稗海本
唐語林	宋王讜	湖北官書局本
燕翼貽謀錄	宋王栐	學津討原本
北夢瑣言	宋孫光憲	雅雨堂叢書本
靑箱雜記	宋吳處厚	知不足齋本
玉泉子	唐無名氏	百子全書本
筆塵	明于愼行	道光甲辰德安劉氏刻本
日知錄	淸顧炎武	同文書局石印本
杜甫集	唐杜甫	上海涵芬樓影印本
孫樵集	唐孫樵	四部備要本
李義山集	唐李商隱	四部叢刋本
孟浩然集	唐孟浩然	同　上
柳宗元集	唐柳宗元	上海會文堂書局本
李文公集	唐李翶	四部叢刋本
元和郡縣圖志	唐李吉甫	金陵書局本
長安志	宋宋敏求	光緒辛酉思賢講舍本
輿地紀勝	宋王象之	道光已酉甘泉岑氏刻本
讀史方輿紀要	淸顧祖禹	上海愼記書莊石印本
唐兩京城坊考	淸徐松	連筠簃叢書本
浙江通志		康熙二十二年本
湖南通志		乾隆二十二年本
鳴沙石室佚書	民國羅振玉	日本東京小林忠次郎本
文苑英華		明隆慶元年刋本
册府元龜		明西極文氏原本嘉慶甲戌年重脩
通鑑		四部叢刋影宋本
通典		光緒丙申浙江書局本
玉海		光緒十九年浙江書局本
古今圖書集成		圖書集成局鉛印本
交通史郵政編		民國十九年交通部鐵道部交通史編纂委員會本

附記：陳先生此文，用功至深。然原意必加『初稿』二字，方允登載，編者遺漏，謹此誌歉。

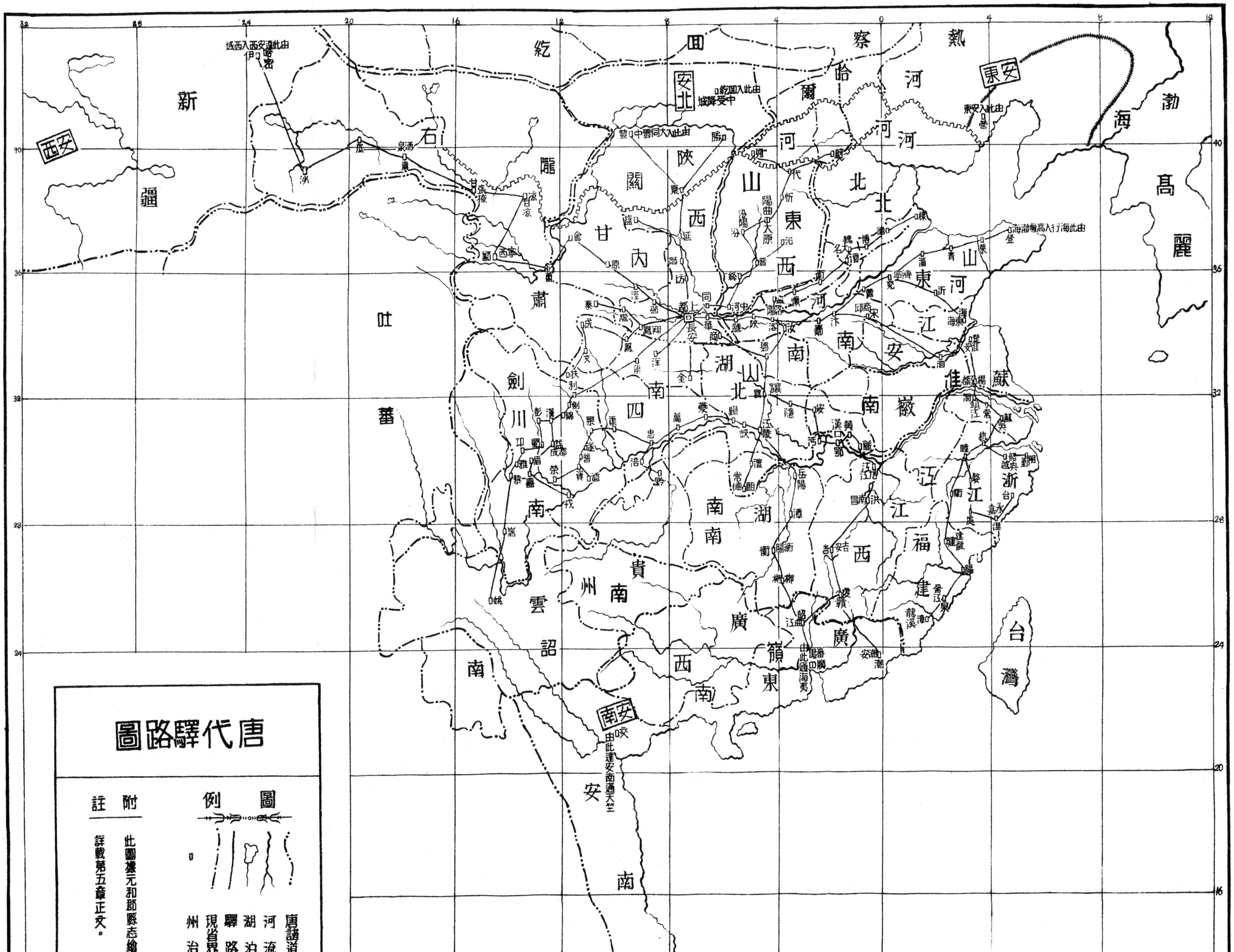
唐代驛路圖
圖例
唐諸道
河流
湖泊
驛路
現省界
州治
附註
此圖據元和郡縣志繪
詳載第五章正文。
新疆
石
紇
回
察哈爾
熱河
渤海
高麗
安西
安北
安東
隴右
河東
河北
關內
陝西
山西
甘肅
吐蕃
劍南
山南
河南
淮南
江南
江蘇
安徽
山東
湖北
四川
浙江
江西
福建
湖南
貴州
雲南
南詔
廣西
廣東
嶺南
安南
台灣
長安
上都
由此通安南通天竺
由此通海夷

考古隨筆

馮承鈞

近年講求考證之學，擬將載籍四裔列傳試爲整理。研尋之中，偶有所得，片紙錄之，聊以備忘。積之既久，遂以成帙。其中泰半出於西賢考訂，僅事裒輯連綴而已。年來不甚收拾，業已散失大半，僅存數十條。茲命兒子繕錄一過，已別見單行撰譯者删之，足資考證者存之，校對既畢，爰題數語，以識緣起。

南家

元典章諸白話詔令稱「南人」爲「蠻子」，故十三世紀之波斯史家及Marco Polo 行紀，乃有 Manzi 或 Mangi 之對音。檢 Rasid ed-Din，所撰蒙古史，「蠻子」又有 Nangis 或 Nankias 之號；亞美利亞 Armenia 之史書亦誌有蒙哥汗於一二五八至一二五九年遠征 Nangas 民族之文；明代漢回字書如「漢回合璧」之類，亦有 Nankiya 一名，而譯其義爲「蠻」；近代蒙古語亦謂漢人爲 Nankiyas 或 Nankiyad。以上諸名，初審之似爲「南朝」之音譯；然核其對音，亦得爲「南家」也。考「南家」一名，兩見徐夢莘三朝北盟會編，一見卷二百零四，一見卷二十二，其卷二十二所引茅齋自叙，述宣和七年（一一二五）粘罕告宋使馬擴之語有云，「你說得也煞好，只是儞南家說話多梢空」，註云「謂虛誑爲梢空」。又卷二百十四宇文虛中傳云，「中國謂梢空爲脫空」。則「南家」之稱，蓋始於女眞，傳於蒙古，而流行於西亞也。滿洲語稱漢人單數作 Nikan 多數作 Nikasa，疑亦本於蒙古語之「南家」。

桃花石

西方人中夏最古之稱，當首數梵語之支那 Cina。至若震旦眞丹，乃支那地 Cinasthana 之別譯，非異名也。若依 Jacobi 之說，此稱紀元前三百年時已早有之。其考證此名之起源者，有以其原爲雪山諸種之號，後乃移稱中國，又有以爲「秦」之音譯。其說紛紜，尚無定讞。較晚之舊稱，在元明之際，則有 Kitai, Khitai, Cathay 諸名，今日波斯希臘俄羅斯諸語尚沿用之，考證諸家皆以其爲契丹之音譯，蓋元時謂中國北方之人曰「契丹」，南方之人曰「蠻子」。輟耕錄之「漢人」「南人」，乃文言而非白話。契丹之稱傳之較遠，故一變而爲中國之號。要此支那契丹二名，皆爲治史地者所熟知。然隋至元初，尚有「桃花石」一名，知之者甚鮮。考長春眞人西遊記，一二二一年邱處機至今伊寧縣境之阿里馬 Almalik 城時，記有云，「土人惟以瓶取水載而歸，及見中原汲器，喜曰，桃花石諸事皆巧，桃花石，謂漢人也」，此桃花石應爲西籍中之 Tabgac。前人考證此名之起源者，Hirth 則以爲「唐家」二字之對音，此說毫無根據，蓋不特對音之不相符，而於時代亦有未合。檢東羅馬人 Theophylacte Simocatta 之書，業已著錄 Taugast 一名，此書爲七世紀初年之撰述，而李淵建國惟始於六一八年也。而且「唐家」二字，載籍之中從未一見，伯希和 Pelliot 又以爲「拓跋」之對音，按昔日拓跋讀若 thak-bat，對音亦不相符。即伯希和亦自認中國古音顎音收聲有 k,t,p，而無c也。除此二說之外，別無解釋之說，則此桃花石一名，尚爲今日考據家之疑問云。

珊蠻

東胡語謂「巫覡」曰 saman，古突厥語謂之曰 qam，今突厥語謂之曰 bögü，蒙古語亦謂之曰 saman。然常襲用從突厥語轉出之 bögü，滿洲語則沿東胡之稱，而名之曰 sama 或 saman。昔人考訂東胡語名之起源，而假定其出於梵文之「沙門」，按沙門似爲龜茲語 samane 之對音，而非梵文 sramana 之省譯，但謂此名出於龜茲語，亦無確證。近檢三朝北盟會編卷一百九十七，所引苗燿神麓記，始知 saman 之稱，女眞語亦有之。記云，「兀室奸猾而有才，自製女眞法律文字，成其一國，國人號爲珊蠻，珊蠻者，女眞語巫嫗也」。按「兀室」亦作「悟室」，三史語解改作「谷神」，即金史製女眞大字之完顏希尹。考其賜死之年，爲一一三七年，則「珊蠻」之稱，在十二世紀之初，已早有之矣。

國師

「國師」之號，王莽時已早有之。東漢初年尚見沿用，(見後漢書彭寵傳) 然非宗教師。至宗教師以國師名者，世人多以其始見於元史八思巴 Phags-pa 傳，殊不知南北朝時已早有之。考道誠撰釋氏要覽，及贊寧撰大宋僧史略，北齊時有國師法當，佛祖統紀卷四十一，元和五年(八一〇)有國師澄觀，又卷四十二，長慶二年(八二二)勅諡無業大達國師，又卷四十三開寶五年(九七二)德韶國師示寂，(又卷五十一尚有數例)則北齊唐宋之時，已有國師之號矣。考出三藏記集卷八，建元十八年（三八二）車師前部王彌第來朝，其國師字鳩摩羅跋提 Kumarabhudhi，則西域亦有國師矣。又卷十一訶梨跋摩 Harivarman 傳序，訶梨跋摩者，佛泥洹後九百年出，於時天竺有外道論師，聞花氏 Pataliputra 王崇敬三寶，將阻其信情，直至摩竭 Magadha，王聞不悅，即宣募境內，有能辯屈之者，當奉爲國師云云。此外大藏中經律傳譜著錄國師之號者不少，則此類國師之號，似發源於印度，傳播於西域，而流行於中國者也。

象王

敦煌有元碑二：一建於一三四九年，一建於一三五一年，前一碑上勒西寧王速來蠻，曁其子弟養阿沙，速丹沙，阿速歹諸名。讀後一碑知養阿沙已襲西寧王位。沙畹 Chavannes 曾將此二碑譯爲法文，並考訂西寧王速來蠻元史卷三十六已見著錄，亦即卷一百零七之搠魯蠻，養阿沙即一三五三年本紀之牙罕沙。嗣後伯希和 Pelliot 檢輟耕錄卷一，知其名亦作撒魯蠻，證明元史「搠」爲「撒」之訛。元史與輟耕錄皆謂其子名卯罕，疑誤「牙」爲「邪」，又誤「邪」爲「耶」，復誤「耶」爲「卯」。又檢元史卷四十二，有寧王牙安沙，脫「西」字。按「沙」爲波斯語 sah 之音譯，此言「王」也。牙安，牙罕，養阿，顯爲一人，牙安之對音，應爲突厥語之 yanga，牙罕之對音，應爲蒙古語之 yaghan，此皆言「象」。則養阿沙，牙安沙，牙罕沙之義，皆爲象王。碑文中之速丹沙，應爲 Sultan-sah 之對音，此名在中亞已見有之。審其名，度其人，應是回敎信徒，則速來蠻，撒魯蠻，當然爲 Sulaiman 之音譯矣。或以其人既屬回敎信徒，似不至於建碑佛寺；殊不知此事元代常見有之，賽典赤 Sayid-Ajel 曾重建佛寺於大理，（見大理崇聖寺碑）納速剌丁 Nasr-ud-Din 亦曾重修佛寺於安徽也。（見安徽金石略卷三）

突厥

載籍中「突厥」二字，古讀應作 Türküt。第考古突厥語單數作 Turk，多數作 Turklar，與漢名古讀收聲之 -t 不相合也。伯希和曾疑其本於一種蒙古語系之名稱，立說雖奇，然不無根據。考蒙古語名多數常以 -t 字殿尾，如元朝秘史諸名尾之加「惕」，其一例也。又若唐兀之作 Tangut，又一例也。蒙古種族初見於中國史書者，固祇能上溯至舊唐書之蒙兀，新唐書之蒙瓦，然其種族及語言之存在，必不始於唐時。又考突厥之稱，至六世紀中葉似由柔然傳入中國，則突厥古讀之對音，疑出於柔然語，當時突厥所用之官號，不盡爲突厥所固有，如葉護 jabgu 即漢之翕侯，襲自匈奴，特勒 tägin 亦爲嚈噠所冠用，可汗 qaghan 名號柔然先已有之，皆其例已。突厥借用他種語言名稱制度，猶之後來蒙古借用突厥回鶻名稱制度。然究竟突厥語與蒙古語之關係程度若何，吾人不知，如能於此方面詳加尋究，不特突厥二字之對音問題可以解決，而其影響於史學者必甚重大。

回鶻衙帳

自外蒙九姓回鶻可汗碑發現以後，考證諸家皆以唐代回鶻衙帳在今之黑城子 Karabalgasun 地方。嗣後 Ramstedt, 又在額魯赫特 Orgotu（按本條地名皆用舊譯）山下發現七四六至七五九年間回鶻英武可汗 Tangrida bolmis il itmis bilga qaghan 一碑，始知回鶻衙帳所在。據 Ramstedt 在芬回學會報——Journal de la Societe Finno-Ougrienne 第三十卷中，所撰「外蒙兩種楔形回鶻字碑」一文，仙娥河 Selenga 右一支流，蒙人名曰哈綏水，（按蒙文作 Hanui，蒙古遊牧記卷八作哈綏，似爲哈餒之訛）；哈綏水右一支流名瑚努伊 Huni 水，從此二水匯流處東南行，抵一湖，名 Sine-usu，湖北即額魯赫特山，仙娥河與嗢昆 Orkhon 水之分水嶺也。碑之發現地，即在是湖之北一公里有半。由此推之，回鶻衙帳必在附近。證以新唐書卷四十三下地理志中受降城條下，「回鶻衙帳東有平野，西據烏德鞬山，南依嗢昆水，北六七百里至仙娥河」，之記載，方望亦合。則唐書之烏德鞬山，與諸突厥碑文中之 Otukan 山，應爲今之額魯赫特山矣。

阿蘭聊

史記有奄蔡，後漢書西域傳曰，『奄蔡國改名阿蘭聊』，魏略西戎傳曰，『奄蔡國一名阿蘭』，後之周書元史，皆作阿蘭。考 Ptolemee 之地誌，有 Aorsi，應是奄蔡；又有 Alani，應是阿蘭，茲二種族有時合稱曰 Alanorsi，足證東西史家記載相符。惟後漢書之「阿蘭聊」，對音獨異。按後漢書西域傳雖云「皆安帝末班勇所記」，然不無採諸他書之文。又考魏略，奄蔡之前又有柳國嚴國，疑范曄誤合「阿蘭柳」爲一國，而因三寫之訛，誤作阿蘭聊也。

葉調及斯調

後漢書卷六本紀，又卷一一六南蠻傳，與東觀漢記卷三，皆著錄永建六年（一三一）日南徼外葉調國遣使貢獻一事。考「葉」字之古音，得如葉護 jabgu 之例，讀若 jab，又得如葉葉水之例，讀若 yap。「調」字之古音，從佛經調達 Devadatta 之古翻，當讀若 dev 或 div，並合考其古讀，「葉調」二字似爲 Yap-div 之對音。考古爪哇語，爪哇昔有 Yawadwipa 之名，此名梵文作 Yavadvipa，古希臘 Ptolemee 地誌作 Labadiou，應爲漢之「葉調」，與法顯傳之耶婆提，唐書之闍婆，皆屬不同時代之同名異譯也。齊民要術卷十，引南洲異物志云，「木有摩厨，生於斯調國」，此斯調國名，洛陽伽藍記卷四，太平御覽卷七八七，並見著錄，似爲「耶調」之訛，亦「葉調」也；爪哇語及馬來語有果名 maja，此果學名 aegle marmelos 元明之時，爪哇都城名 Majapahit，即元史之痲喏八歇，明史之滿者八夷，pahit，此言「苦」，蓋取此「苦摩厨」以爲城名，以此證之，斯調即爲葉調無疑。

南海之婆羅門

婆羅門原爲印度階級之稱，即梵文之 Brahmana 是已。然舊唐書卷一九八云，「天竺國即漢之身毒國，或云婆羅門地也」，則以一階級而名全國矣。檢唐人撰述，婆羅門一名在唐時似不僅指印度一地，新唐書卷四十三下地理志所誌自交趾赴印度路程有云，「西渡彌諾江水，千里至大秦婆羅門國，又西渡大嶺，三百里至東天竺北界箇沒盧國」，按箇沒盧即新唐書天竺傳之迦沒路，西域記作迦摩縷波 Kamarupa，今之 Assam 是已。則地理志中之婆羅門，應在今之緬甸，樊綽蠻書卷六，謂驃國「東南至大銀孔，又南有婆羅門，波斯，闍婆，勃泥，崑崙，數種」，又卷十云，驃國「亦與波斯婆羅門隣接，西去舍利城二十日程」，此處之婆羅門，應亦指緬甸之婆羅門，而波斯亦非西亞之波斯，蓋闍婆爲今之爪哇，勃泥爲今之 Borneo，崑崙所指之地甚多，要在南海。舍利城即西域記三摩呾吒條之室利差呾羅，（梵文作 Sriksetra，緬文作 Sariputtara），諸地皆在南海也。元開撰唐大和尚東征傳云，廣州「江中有婆羅門，波斯，崑崙，等舶，不計其數」，此婆羅門亦非印度，故南詔野史所載入貢大理之三國，逕名之曰飄，波斯，崑崙，而不名之曰婆羅門等國也。考其誤會之理，蓋由音聲之相類，緬人自稱其國曰 Mran-ma，昔葡萄牙人曾誤名之曰——Berma, Brema, Brema，英人昔亦名之曰 Brama，後又轉爲 Burma，足證變 Mra- 爲 Bra- 者，不止唐人。後來不知何時，Mran-ma 之音讀變爲 Myan-ma，故元代又名之曰緬，（此類緬語變化之例甚多，如今之 Prome，緬文寫作 Pran，而讀若 Pyi，唐時之驃，即其對音）

南海之波斯

波斯一名，有用作西域商胡之通稱者，如舊唐書卷一二四田神功傳中之「商胡波斯」，暨唐以來撰述中之「波斯胡」，諸例是已。有用作一地之專名者，其常見者，即史傳中之西亞波斯，西域記卷十一之波刺斯 Parsa。偶一見者，則有洛陽伽藍記卷五引宋雲行紀中之波斯，此國即魏書之波知，今日北印度之 Zebak。別又有一波斯，應在南海，前在婆羅門條，既已攷訂蠻書之婆羅門近在緬甸，茲亦不難考訂與驃國隣接之波斯今在何地。按緬甸西南頻海有地，昔名 Pasin，今名 Bassein 者，似爲其對音。惟南海波斯不祇一地，考一八九九年羅馬第十二次東方學者公會紀錄，載有日本會員所提出之十二世紀初年日本舊藏鈔本之波斯語數目字，經語言學者對勘，曾證其非波斯語，而與馬來語相近。則南海之中別又有波斯矣。有人以其爲蘇門答剌東北之 Pase 者，又考勃泥，爪哇，彭家，(Banka 名見島夷誌畧舊港條) 諸地，皆有一地名 Passir，島夷誌略之波斯離，應即此國，亦得爲南海之波斯。總之，史籍中之地名，一名不必專指一地，如條支，大秦，拂菻，大食，崑崙，等例皆然也。關於南海波斯者，Laufer 所撰之 Sino-Iranica，輯有考證南海波斯之異文不少，可以參證。

花福祿

星槎勝覽卷四卜剌哇 Brawa 條云，『地產花福祿，狀如花驢』，明史卷三二六不剌哇 Brawa 條，轉錄其文云，『所產有花福祿，狀如驢』，元史本紀卷十，誌有馬八兒 Maabar 進花驢二，疑亦爲花福祿。此物應是非洲所產之斑馬 Zebra，然不詳其對音出於何種語言。初檢 Kazimiraki 撰阿剌伯法蘭西語字典，有 fara' 一字，訓爲野驢，始疑其出於阿剌伯語，蓋阿剌伯語無訓斑馬之專名也。繼思麒麟譯音出於 Somali 語之例，復檢 Hunter 撰 Somali 文法，乃知 Somali 語名斑馬曰 faro，復證以 Von Leo Reinisch 所撰南阿剌伯採考記中之 Somali 字書，亦謂其名 far'o，至野驢則名 gumburi，乃知明代載籍中之非洲語譯名，不祇麒麟也。

麒麟

諸蕃志卷上誌有弼琶囉國，此國應是亞丹 Aden 灣速麻里 Somali 沿岸之 Barbara，其國產駱駝鶴，此鳥與後漢書安息 Partava 傳之「條支大鳥安息雀」，應是一物，即今之駝鳥也。其國又有獸名徂蠟，狀如駱駞，而大如牛，色黃，前脚高五尺，後低三尺，頭高向上，則不問而知爲阿剌伯語所稱之 zurafa，英語之 giraffe 矣。星槎勝覽卷四，天方 Mekka，條之「祖剌法」，當然爲其同名異譯。瀛涯勝覽阿丹 Aden 條云，「麒麟前足高九尺，後足六尺餘，項長頭昂，至一丈六尺，傍生二短肉角，牛尾鹿身」，其爲同一物無疑。又西洋朝貢典錄阿丹國條，明史卷三二六阿丹國條，亦名此獸曰「麒麟」。初不知此名之所本，後檢前條所引諸字書，始知其爲速麻里 Somali 語之譯音。按速麻里東部語名此物曰 giri，北部語曰 geri，至在阿丹不用阿剌伯語名稱者，始因其國速麻里之僑民甚衆，而此物亦自速麻里輸入，馬觀等以其音與麒麟相近，故沿用之，此其所以用鼻音收聲也。此例在元明時代常見有之，如河西之譯音變爲合申，即其例已。（又按波斯語名此物曰 zurnapa）

阿萬瞿利容經

基督敎新約書中之四福音，拉丁語原名 Evnagelium。今日通行漢譯本，不知始於何時？要不能在明末以前。唐代景敎 Nestorianisme 輸入之時，似亦有其譯本；伯希和在敦煌所得大秦景敎三威蒙度讚，後附景淨 Adam 所譯諸經，有名阿思瞿利容經者，應是「福音」二名之音譯。「思」字應是「萬」字之訛。北京圖書館藏摩尼敎殘經，內有寧萬經云，『若電那勿具善法者』，一語。顧三威蒙度讚後附諸經目錄，祗有寧思經，而無寧萬經，具見「思」亦有時誤作「萬」。德人在吐魯番所得諸本，即有 Evangeliyon 一名，可以證明其爲阿萬瞿利容之對音。「電那勿」即鉢羅婆語 Pahlavi 之 denavar，吐魯番抄本中亦有 denvar 一名，蓋指摩尼敎徒。西域記卷十一波剌斯條有「提那跋外道」，即其別譯也。

元秘史蒙文標題

按元朝祕史舊鈔本卷首下有字二行，一行「忙豁侖紐察」五字，二行「脫察安」三字；顧廣圻李文田皆以爲撰人名，誤也。實爲蒙古祕史蒙文標題之音譯，其對音應是 Monggolun inguca tobciyan。按第三字現在蒙古文寫法應作 tobciya，此言「綱」，別有一字爲 tobci，此言紐，書名所用之字，應是舊有寫法。檢元史卷三十五，卷三十六，卷一百三十七，卷一百八十一，已有「脫卜赤顏」，「脫不赤顏」，「脫必赤顏」諸對音，此字不惟舊蒙古文有之，且爲回鶻文所借用。明人撰漢回合璧一書之中，即有此字，漢譯曰「史」，可以證矣。

華夷譯語

舊有一種華夷字書，其內容有爲兩種語言對譯本者，如唐時之梵語雜名，西夏時之番漢合釋掌中珠，明時之漢回合璧之類是已。有爲數種語言對譯本者，多以「華夷譯語」名：據余所知，現存抄本有四。

一爲十三國譯語，原楊守敬藏。今爲安南河內遠東法國學校所得。

一爲十國譯語，見彙刻書目，今倫敦大學藏有十國譯語一部，不知是否此本。

一爲日本東京宮內省圖書寮所藏岷峨山人撰本，元朝祕史卷一李文田註曾引之。

一爲火源潔撰華夷譯語，見讀書敏求記，僅爲漢蒙兩種語言本。

以上皆爲抄本，倫敦博物院藏有刻本譯語六種，計緬甸語九十四葉，波斯語一百〇九葉，回鶻語一百〇九葉，西藏語一百〇四葉，百夷語一百〇三頁，八百語一百〇七頁。此類字書大約爲昔日譯人所撰。考漢以來傳譯機關，有「典客署」，金元有「會同館」，明有「四夷館」，清有「會同四譯館」。記述此類機關之書，據余所知，有一五八〇年王宗載四夷館考，一六九五年江蘩撰四譯館考，四夷館考今惟知有三部，一爲巴黎亞洲學會藏本，一爲 Morrison 書庫藏本，今歸日本所得；一爲伯希和所得一本。四譯館考今祇知俄舊京亞洲博物院藏有一本，此書見四庫總目卷八十三政書類存目。書凡十卷，前八卷記外藩八館，一曰回回館，吐魯番，阿剌伯，撒馬爾罕，占城，日本，東浦寨，爪哇，滿剌加屬之，本館用語爲波斯語。二曰西番館，西藏屬之。三曰暹羅館，暹羅屬之。四曰高昌館，哈密，安定，阿端，曲先，罕東，魯陳，亦力把力，黑婁屬之：本館用語爲回鶻語。五曰百譯館，孟養，孟定，南甸，干崖，隴川，威遠，彎甸，鎮東，大侯芒市，者樂甸，屬之。按「百譯」乃「百夷」之諱，而「百夷」又爲「僰夷」之訛。六曰緬甸館，緬甸屬之。七曰西天館，孟加剌屬之。八曰八百館，八百Xieng-mai（景邁）老撾，車里，孟艮屬之。書後系以雜字詩二卷，皆蘩所自作，而以諸國字譯之。王宗載之書未獲見之，惟據澹生堂藏書目，知其有蒙古女眞，而無西番暹羅耳。各館皆有其官本譯語，現在各國圖書館及私人所藏者不少。而國內圖書館尚無此類藏本，不可解也。

黑水城書目

俄國柯至羅夫 Kozlof 考古團，於一九〇八年在居延海南之哈喇和屯 Khara-khoto 所得漢文西夏文材料至夥。前此研究西夏文者，僅有若干碑文貨幣，而無一抄本彫本。據元史卷十八，至元三十一年十一月丁巳（一二九四年十一月二十九日）罷宣政院所刻河西藏經版，則當時西夏亦已彫印釋藏。顧自此次發見以前，無本可證其事，發現以後，乃知十二十三十四世紀之間，西夏文譯經不少。所得諸本中，有一番漢合釋掌中珠殘卷，西夏文乃得據以研尋，此其對於西夏文之貢獻也。此外尚有漢文抄本刻本不少，諸刻本有來自中國者，有刻於本地者，據伊鳳閣 Ivanov 之考訂，今之哈喇和屯，即西夏之黑水城，諸本最晚之年，爲一三五一，最早之年爲一一八九。但據伯希和之考訂，最早之年應上溯至一〇一六。全部目錄今尚未見，茲據伯希和所錄書目誌之。

四分律行事集要顯用記　寫本，中日諸藏皆未著錄，下署

「蘭山通圓國師沙門智冥集」，「奉天顯道耀武宣文神謀睿智制義去邪惇睦懿恭皇帝詳定」，則爲西夏仁宗（一一四〇至一一九三）時刻本矣。

金剛般若經鈔第五卷　刻本，每葉二十八行，行二十一字，欄外著彫人姓名，並著有爲白水蒲城二縣人者，末有「時大中祥符九年四月八日彫畢」一行，則爲一〇一六年五月十六日彫本矣。後題「朝散大夫行尚書駕部員外郎知丹州軍州兼管內勸農事輕車都尉借紫梁鳳施卷一」。

莊子郭象傳殘卷　刻本，葉十三行，行二十六字。

呂觀文進莊子外篇義　刻本，葉十行，行十八字。按宋史藝文志，著錄呂惠卿撰莊子義十卷。直齋書錄解題亦著有呂惠卿撰莊子內篇義，則此本爲呂惠卿撰無疑。惠卿曾任觀文殿學士，故題爲呂觀文也。

孫思邈千金方第十三及第十四卷　每葉十三行，似爲十三四世紀間刻本。

劉知遠傳殘本　僅存卷末第六七八三篇，伯希和謂爲劇本。

佛說報父母恩重經　似爲十四世紀刊本。

高王觀世音經　卷首云，「昔高歡國王佐相州爲郡有一孫」云云，似爲西夏刊本。

佛說轉女身經　有二本，一本後題「天慶乙卯二年九月二十日皇太后羅氏發願謹施」，則爲一一九五年十月二十四日刊本。

大方廣佛普賢行願經　別有一本，名大方廣佛華嚴經普賢行願品，後題「大夏乾祐二十年歲次己酉三月十五日正宮皇后羅氏謹施」。則爲一一八九年四月二日刊本。

妙法蓮花經　一一八九年刊本。

太上洞玄靈寶天尊說救苦經　觀此可知道藏亦已流行西夏。

佛說無常經　刻本，按此經一名三啓經，義淨譯本也。

金剛般若波羅蜜經　刻本，後題「大夏乾祐二十年歲次己酉三月十五日正宮皇后謹施。」

韻書殘本。

以上諸本之外，據伯希和云，尚有周易老子未見。

蘇利

周書卷五十異域傳云，「波斯國治蘇利城，古條支國也」。隋書卷八十三西域傳，「波斯國都達曷水之西，蘇藺城，即條支之故地也」。北史卷九十七西域傳云，「波斯國都宿利城，在忸密西，古條支國也」。大唐西域記卷十一波剌斯條云，「國大都城號蘇剌薩儻那新」。唐書卷二百二十一下波斯傳，惟言治二城，未舉其名。但在卷後誌有蘇利悉單。上引五名，顯指一地。西域記名出於梵文 Surasthana，考諾耳德克 Nöldeke 波斯史及阿剌伯史，昔日 Seleucia 與 Ktesiphon 二地合名 Suristan 應爲蘇利宿利蘇藺之對音。新唐書之悉單，此言地也。

窣利

西域記卷一有地名窣利，大唐西域求法高僧傳玄照傳作速利，大智度論四無畏義第二十五作修利，梵語雜名作蘇哩。以上四名，皆指別一地，非前條之蘇利。西域記曰：「自素水城至羯霜那窣，地名窣利，人亦謂焉。」則自 Tokmak 至 Shahr-i-sabz 皆爲窣利矣。考其原名，中世波斯語作 Sulik，梵語作 Sulika，敘利亞語作 Sogd，由是歐洲語乃有 Sogdiana，以名漢之康居唐之昭武九姓之地。

殷契卜辭

(附釋文及文編) 容庚，瞿潤緡同著廿二年六月北平燕京大學哈佛燕京學社出版　定價每部大洋十元

此書將哈佛燕京學社所藏甲骨，由容庚與瞿潤緡兩先生考釋，復經商承祚，唐蘭，董作賓，魏建功諸先生校定，甚爲矜愼。『是編所錄雖無重大發現，然得第二〇片，知殷之先公先王之次與王氏所論者正合。得第三一片，知衞人讀己亥爲三豕之由。得第五九六片，知卜法先灼龜而後刻辭，且卜辭不加于兆上。得第三八八片，知卜辭之有誤字。得二二九及二三〇諸片，知有以甲骨爲練習契刻之用者；一鱗，一爪，當有補于研究是學者(見自序)』。並將所有之字編爲文編附于後。尤便檢閱。

葡萄牙第一次來華使臣事蹟考

張維華

(一)導言
(二)葡使名稱
(三)葡使使華行程
(四)亞三見寵受杖及結識寫亦虎仙
(五)亞三被誅及葡使終局
附葡使來華年表

(一)導言

明正德末年，葡萄牙遣使來華，請求通商，其事見明史佛郎機傳，及其他中西載籍者尚多。然言之者，不特詳略各異，抑且間有牴觸，如使臣名稱，來華年月，及其使華經過，均有不同之說。按吾國與歐西諸國海上交通，雖起原甚早，然舟船往還，日趨繁盛，開近代交通之局者，則自葡萄牙人東渡始。此次使臣，即其東來後，第一次遣派至中國（或言先已有葡使來華事，然未登陸入覲，故仍以此爲第一次），請求通商之事者，其史跡不可不明。茲就各家所論約略言之。

(二)葡使名稱

葡使名稱，各書所載，未能盡同：或作加必丹末。明世宗正德十六年七月實錄（是年世宗尚未改元故云）云：『正德間，海夷佛朗機……遣使加必丹木（末字之誤）等，入貢請封』。（明世宗實錄卷六，頁缺，國立北平圖書館藏抄本後引從此。）南海志梁焯傳稱：『……（上缺）佛郎機夷加必丹末等三十人入貢』。（卷十一，人物傳，頁缺，明萬曆間刊本，後引從此。）明史佛郎機傳據其說亦稱曰加必丹末，謂：『十三年（正德），遣使臣加必丹末等貢方物，請封，始知其名』。（卷三二五，頁十九，清張廷玉等修，湖北書局依武英殿本刊本，後引從此。）或作必加丹末。殊域周咨錄稱：『本朝正德十四年，佛郎機大酋，弒其國主，遣必加丹末等三十人，入貢請封』。（卷九，頁十七，明嚴從簡著，明萬曆間刊本，後引從記。）獻徵錄云：『佛郎機近滿剌加，烏夷之黠暴者，前代國初俱未通，正德十三年，其酋弒國主，遣必加丹末等三十人，入貢請封』。（卷一二〇頁一六二至一六三，明焦竑著明刊本）或作加必丹。籌海圖編引顧應祥之言云：『佛郎機國名也，非銃名也。正德丁丑（正德十二年，西曆一五一七年），予任廣東僉事，署海道事，驀有大海船二隻，直至廣城懷遠驛，稱係佛郎機國進貢，其船主名加必丹』。（卷十三，頁三一明胡宗憲著，天啓四年家刊本，後引從此。）或作加必丹永。明通鑑云：『十三年（正德）…佛郎機來貢。其地近滿剌加，因襲而據之，至是遣使臣加必丹永等貢方物，請封』。（卷四七頁一三，淸夏燮著光緒二十二年湖北官書處刊本）或作火者亞三，殊域周咨錄云：『有火者亞三，本華人也』。（卷九頁十七，）南海志梁焯傳稱：『江彬傾囮家兵馬，從上遊豫，導火者亞三謁上，喜而留之』。（卷十一，人物傳。）天下郡國利病書引林富奏疏云：『厥後獷狡，章聞朝廷，准御史邱道隆等奏，即行撫按，令海道官軍，驅逐出境，誅其首惡火者亞三等，餘黨聞風攝（懾）遁』。（卷一二〇頁一四，明顧炎武著，淸嘉慶十六年敷文閣聚珍板本，後引從此。）名山藏云：『而佛郎機有使者曰亞三（火者亞三簡稱）能通蕃漢』。（王享記滿剌加篇，卷頁均缺，明何喬遠著，明崇禎間刊本，後引從此。）考西人著述　稱其時來廣州者，爲安德拉特（Fernao Perez d' Andrade）與皮萊資（Thoma's Pirez）二氏，安德拉特爲船主，皮萊資爲使臣（參考 Emil Bretschneider, Mediaeval Researches from Eastern Asiatic Sources, Vol II, P.p. 317－319 London, 1910），然其音譯與加必丹末及火者亞三等稱均不合。加必丹末，或云即葡字 Capitano 之譯音（參考同上，Vol. II p. 316）華言爲船主之意，非使臣之名，以此證之顧應祥『其船主名加必丹』之言，甚爲相合。則是加必丹末爲船主之意，當不爲誤，而此時之船主，則爲安德拉特也。當安德拉特初至中國時，譯者或以其名難呼，或沿舊日習稱，遂以加必丹末稱之，華人不解，以爲加必丹末即安德拉特之名，後人復於使臣與船主不辨，並亦以加必丹末名其使臣，展轉牽引，遂成錯誤。如是則加必丹末爲譯音之正者，其作必加丹末或加必丹永者，均爲抄寫或手民之誤。至加必丹則爲簡譯之文耳。火者亞三，各書言其爲葡萄牙之使臣甚確，然其音與皮萊資相去甚遠，明人當不至錯誤至此。攷『火者』二字，冠於名上或名下者，於元史及明史西域諸國之記載，凡數十見。元史札八兒火者傳稱，『火者其官職也』，火者既爲回回之官稱，則火者亞三，似當爲回回人，不當爲葡萄牙人也。西人著述於皮萊資之是否被殺，迄無定論，或言流於中國北部，或僅言其繫獄廣州，或言其於一五二三年（明嘉靖二年）被殺於廣東，而火者亞三之論死，林富之奏疏，明世宗嘉靖八年十月實錄，南海志梁焯傳，殊域周咨錄佛郎機傳均言之（以上各家之說見第五段引文），其爲被殺，蓋無疑義。則火者亞三與皮萊資似非一人。又籌海圖編引顧應祥言曰：『…時武廟南巡，留會同館者將一年，今上（指明世宗言）登極，以其不恭，將其通事明正典刑，其人（指葡萄牙使臣言）押回廣東，驅之出境去訖。其人在廣久，好讀佛書云云』。卷十三，頁三一。明武宗正德十六年三月丙寅（十四日）實錄，稱：『是日，…哈密及土魯番佛郎機等處進貢夷人，俱給賞令還國。豹房番僧，及少林寺和尚，各處隨帶匠役，水手，及教坊司人，南京馬快船，非常例者，俱放還。以上數事，雖奉上遺旨，實內閣輔臣，請于太后而行者，皆中外素稱不便，故釐革最先云。』卷一〇九七，頁缺，國立北平圖書館藏抄本，後引此同。又明世宗正德十六年七月實錄云：『正德間，海夷佛郎機，逐滿剌加國王蘇端媽末，而據其地，遣使加必丹木（末）等入貢請封。會滿剌加國使者爲昔英等，亦以貢至，請省諭諸國王，及遣將助兵復其國。禮部已議絕佛郎幾（機），還其貢使』。明世宗實錄卷六是知被殺者爲通事，而葡使則遣回廣州矣。殊域周咨錄稱火者亞三『本華人也』。名山藏稱其『能通蕃漢』。亞三是否確爲華人不可知，然自此一語，可知其與葡人體貌有別，當非一葡萄牙人。『能通蕃漢』，是操二國之語言也，此乃爲一通事應有之事。按是時葡商舌人，多係西南回商，蓋與葡商接觸較早故也。籌海圖編引顧應詳言，謂：『其人皆高鼻深目，以白布纏頭，如回回打扮』。卷十三，頁三一。既云『如回回打扮』，則其間自當有回人，而回人中又當有充當通事者焉。前言『火者』爲回人官稱，而名之冠以『火者』二字者，當即回回人，以此證之，頗相符合。如此則火者亞三當是葡使之通事，似無疑義，而稱爲葡使者，蓋誤以通事當之也。至葡使皮萊資之名，何以不見於吾國史冊，與夫明人何以不能分辨，而致誤用，則史有闕文，未敢妄斷也。

(三)葡使使華行程

一，東來廣州年月　葡使東來廣州之年，各書所載，亦不盡合。或言其在正德十二年（西曆一五一七），天下郡國利病書引林富奏疏云：『至正德十二年，有佛朗機夷人，突入東莞（莞）縣界』。（卷一二〇頁十三行）東西洋考引廣東通志云：『佛郎機素不通中國，正德十二年，駕大舶突至廣州澳口，銃聲如雷，以進貢爲名』。卷五頁五，明張燮著，惜陰軒叢書本，後引同此。嶺海輿圖稱：『其佛朗機國，前代朝貢不與，正德十二年，自西海突入東莞（莞）縣界，守臣通其朝貢』。頁五九，明姚虞著，國立北平圖書館藏四庫抄本。前引顧應祥言，亦言在正德十二年中。或言在正德十三年，（西歷一五一八）名山藏云：『正德十三年，國王蘇端媽末，爲佛朗機酋所逐，而據其地，使三十八者，從廣東入貢』。王享記滿剌加篇。皇明世法錄稱：『佛朗機在海西南，近滿剌加，向不通中國。正德十三年，其酋弑立，遣使三十八，入貢請封』。卷八二頁三一，明陳仁錫著，明刊本。前引獻徵錄及明史佛朗機傳，亦同乎此。或言在正德十四年，前引殊域周咨錄『本朝正德十四年，…入貢請封』

之文即是。按以上引文，以顧應祥與林富之言，最爲足恃。顧應祥即於其年居官廣東，其言爲親所見聞，自當無誤。林富於嘉靖八年（西歷一五二九年）以兵部侍郎兼僉都御史，總督兩廣，其奏疏即在此時，此去葡人東來之期尙近，所知亦較詳確。故葡人來至廣州，以在正德十二年爲可信。葡人巴羅斯（J. de Barros）稱：『一五一七年六月十七日（明正德十二年五月二十九日）滿剌加總督遣安德拉特東往中國，同行者有皮萊資，以葡萄牙國王大使之名往聘。皮萊資素充藥劑師，然爲人黠慧，善於應對，堪任使臣之職。八月十五日（中歷七月二十八日）抵大門島，距中國海岸，約三海里（按此即上川島，屬廣東新寧縣），外國商船，往廣州者，咸寄泊於此。……葡人欲往廣州，中國官吏不許，安德拉特强駛內地，舉礮爲禮。抵廣州後，皮萊資及其隨人皆登陸，中國官吏尙優視之，且納室以居之』。

譯自 Emil Bretschneider, Mediaeval Reseaches from Eastern Asiatic Sources, Vol. II p. 317, London, 1910 後引巴氏之言，均出此書。

此亦稱葡使東來廣州，爲正德十二年事。按文內所言『舉礮爲禮』，即廣東通志『駕大舶突至廣州澳口，銃聲如雷』之語，通志言葡使至廣州，在正德十二年，兩相參證，則知巴氏所言，蓋無誤也。如此，則葡使至廣州，以在正德十二年爲是，其作十三年或十四年者誤。至在正德十二年之何月，吾國史書，闕焉不詳，不可以考。巴氏言其抵大門島，在八月十五日，則其駛入廣州時，當去此不遠，姑從其說。

二，留廣及行抵南京　巴羅斯稱：『一五二〇年一月（當在正德十四年十二月間，是年一月一日爲正德十四年十二月十一日），皮萊資始由廣州起程，北來覲見。使節乘船，至梅嶺山（Ma Leng Shan）。山南爲廣西廣東福建三省，棄船陸行，往南京，時皇帝適在此暫居也。途間共行四閱月始至』。Vol. II P.P. 318-319 從其說，則葡使留廣州者，凡二年有五月，（自一五一七年八月推至一五二〇年一月，前後爲二年零五月）而其行至南京，自『共行四閱月』一語推之，當在是年四月或五月間，於中曆則爲正德十四年三月或四月間也。巴氏稱皮來資至南京時，皇帝適在，所言之皇帝，即明武宗也。按此亦見吾國史籍，殊域周咨錄稱：『有火者亞三，……至南京，性頗黠慧。時武宗南巡，江彬用事，導亞三謁上，喜而留之』。卷九頁十七 此於火者亞三，雖未必指皮萊資言，然亞三爲皮萊資通事，亞三既抵南京，則皮萊資亦必至矣。武宗南巡，明史武宗十四年本紀稱：『八月癸未（即八月二十二日，西歷一五一九年九月十五日）車駕發京師。……十二月辛酉（即十二月一日，西歷一五一九年十二月二十二日）次揚州。乙酉（即十二月二十五日西歷一五二〇年一月十五日）渡江。丙戌（即十二月二十六日西歷一五二〇一月十六日）至南京』。又十五年本紀稱：『閏八月癸巳（即八月八日西歷一九二〇年九月十九日）受江西俘，丁酉（即閏八月十二日西歷一五二〇九月二十三日）發南京』。卷六頁十一，是武宗自正德十四年十二月二十六日至南京，至十五年閏八月十二日始北返，其駐蹕南京，凡九閱月。如以皮萊資得遇武宗於南京一事爲無誤，則葡使及其隨人之至南京爲正德十五年閏八月前，即西曆一五二〇年九月前之事可知。由此以證巴氏之言，謂皮萊資於一五二〇年一月首途廣州，行四閱月抵南京之語，當可無大謬誤；而皮萊資留廣州二年有五月之言，亦有可信。然葡使何以留廣若是久乎？明史佛朗機傳稱，『十三年（正德）遣使臣加必丹末等貢方物，…詔給方物之直遣還。其人久留不去剽刧行施，至掠小兒爲食。已而夤緣鎮守中貴，許入京』。卷三二五，頁十九此言其久留廣州，原於求覲不得，而致曠費日時也。考明史『夤緣鎮守中貴』一語，其所據不可考，而其『詔給方物之直遣還』等語，則係本之名山藏『正德十三年，…使三十人者，從廣東入貢，…廣東守臣，以佛郎機故不列於王會，羈其使以聞，詔給方物值遣之歸』之語。然名山藏之文，殊不足恃。籌海圖編引顧應詳之言云：『…即報總督陳西軒公金（指葡使初抵廣州時言）臨廣城，以其人不知禮，令於光孝寺習儀三日，而後引見。查大明會典並無此國入貢，具本參奏朝廷許之，起送赴京』。卷一三頁三一引又明武宗正德十五年十二月實錄云：『海外佛郎機，前歲未通中國，近歲吞併滿剌加逐其國王，遣使進貢，因請封，詔許來京』。卷一九四此均言許其來京，無『給值遣還』語也。按實錄無詔遣葡使返國之記載，而反有『許其來京』之文，而顧應祥之言，亦同乎此。實錄與顧應祥之言，較之名山藏所述，自爲可信，故名山藏之言爲不可據。或言葡使久留廣州，原於滿剌加使臣之潛害（西人多有從其說者）致爲所阻。然明武宗正德十五年十二月實錄，載禮部覆議云：『…宜俟滿剌加使臣到日，會官譯詰佛朗機番使，侵奪鄰國，擾害地方之故，奏請處置』。同上按滿剌加使臣，爲昔英氏，見於正德十六年七月實錄，自『俟滿剌加使臣到日』等語觀之，則爲昔英之至京都，後於葡使，似於潛害讒阻之說，有未盡合。竊意當正德十三年十四年間，正江彬導武宗巡幸宣府大同等地之時，久離宮闕，章奏擱置，其於葡使請求覲見奏文等，亦當擱置時日不少。葡使留廣之故，大抵原於此也。

（三）葡使入京年月　葡使入都事，明史佛郎機傳稱：『亞三侍帝驕甚，從駕入都』。卷三二五頁二十考武宗返駕入都事，明史武宗十五年本紀稱：…十二月己丑五日五日西曆一五二一年一月十三日宸濠伏誅。甲午十日西曆一五二一年一月十八日還京，告捷於郊廟社稷』。卷十六頁十二如確守『從駕入都』之說，則似葡使入都爲正德十五年十二月十日事也。巴羅斯謂皮萊資於一五二一年一月中曆爲正德十五年十二月入都，以時推之，似與佛郎機傳說合。然巴氏無

『從駕入都』說，而佛郎機傳之文，則係本之殊域周咨錄『隨至比(北)京』之語，他書言者甚少，是否即可爲據，尚不能無疑。明武宗正德十五年九月實錄載楊廷和等之言曰：『大學士楊廷和毛紀言，近日傳說皇上班師，已離南都，不日奏凱還朝，內外大小臣工，聞之不勝歡慶。…又甘肅地方，先年起送進貢夷人，差官查理明白，又令留往在關，及近日佛朗機滿剌加占城等國，進來番文，事干地方，俱未見有處置』。卷一九一，自『近日佛郎機進來番文』一語，似葡使已於正德十五年九月間或九月前入都矣。然此或驛傳爲之，未可即以爲確據。又明武宗正德十五年十二月實錄載何鰲奏疏稱：『佛朗機最號兇詐，兵器比諸夷獨精。前年駕大舶，突至廣平(?)省下，銃砲之聲，震動城郭。留驛者違禁交通，至京者桀驁爭長，…』。卷一九四按何鰲之奏疏，年月未確，實錄所引，係追述之意，非言即十五年十二月間事。如此則其『至京者桀驁爭長』一語，亦可證『從駕入都』說之非確。又前引顧應祥言，謂葡使留會同館者將一年。葡使離都回廣，據前引正德十六年三月丙寅實錄『佛郎機等處進貢夷人，俱給賞令還國』之文，爲正德十六年三月間事。假以顧應祥『將一年』之語爲十月，由此上推，則葡使入京，當在正德十五年五六月間。此亦可證『從駕入都』說之不可據，而巴羅斯言一五二一年一月入都說之可疑。大抵葡使入都，爲正德十五年事，蓋無可疑，至在是年何月，則因當時情勢有所不明，未敢確斷；綜合各家之說，當以在是年四月後十二月前之間爲近是。

四葡使離都返廣　巴羅斯稱：『…三月後(一六二一年)，帝崩。新帝(世宗)即位，諸臣請殺葡萄牙使者。皇帝不聽，命送使者回廣東，聽候後命。…皮萊資抵廣東後，中國官吏擊之獄間』。Vol, II. P319. 按巴氏之言，與十六年三月丙寅實錄所載，甚爲符合。武宗死於正德十六年三月十四日，葡使離都，當在此時之後，推其時當在三月末四月初也。葡使回廣及擊獄，巴羅斯未言其在是年何月，然以當時自京至廣之行程度之，當以在是年年終爲是。

(四)亞三見寵，受杖，及結識寫亦虎仙

(一)因江彬得侍武宗　明史佛郎機傳稱：『武宗南巡，其使火者亞三因江彬侍帝右左，帝時學其語以爲戲』。卷三二五頁十九按此語係據殊域周咨錄與名山藏兩文，周咨錄之文，見本文三段二節，今不復錄，而名山藏之文則曰：『而佛郎機有使者曰亞三，…賄江彬，薦之武宗，從巡幸。武宗見亞三，時時學其語以爲樂』。王享記滿剌加篇，考此語不見武宗本

紀，而言之者，除上引兩文外，南海志梁焯傳亦言及之（見本文第二段引文中），其語與周咨錄同，則是此語爲可據否耶？按武宗南巡，當其駐蹕南京之際，正葡人使節至此之時。葡人北來，其目的即在覲見皇帝，請求通商之事，武宗既駐蹕於此，自當伺機晤見，而亞三亦因之得近武宗，此於理固無不合。亞三納郁及江彬導之入謁，史無明確記載，未便妄斷。武宗喜留亞三，及時學其語爲戲事，亦無他文，可資徵信。然亞三與江彬均於武宗死後，始論其罪，似於武宗在時，亞三於武宗與江彬，均屬不惡，疑其言有可據者。惟明人記述葡使及亞三事，多混於一處，且以亞三冒使臣之名，則此文所論，何者確屬亞三，何者確屬葡使，何者爲二人所共有，則無可考矣。

（二）亞三受杖　明史佛郎機傳稱：『居會同館，見提督主事梁焯不屈膝，焯怒撻之。彬大詬曰，「彼嘗與天子嬉戲，肯跪汝小官耶」？』卷三二五頁二十 按傳文係出自名山藏文云：『他日有事四夷館，兀坐而見禮部主事梁焯，焯怒杖亞三，彬聞大詬曰，「彼嘗與天子遊戲，肯下跪一主事耶」？』王享記滿刺加篇考此事亦見殊域周咨錄，云：『隨至北京（北），入四夷館，不行跪禮，且詐稱滿剌加國使臣，朝見欲位諸夷上，主事梁焯執問杖之』。卷九頁十七 又見南海志梁焯傳，稱『比至京師，入四夷館不跪，焯執問杖之』。卷十一，人物傳 又見順德志何鰲傳，稱：『佛郎機以入貢爲名，…潛至京師，見部不拜，朝欲位先』。卷七，頁十一至十二，明刊本。按前引何鰲奏疏有『至京者桀驁爭長』一語，所謂『爭長』者，即周咨錄『朝見欲位諸夷上』及順德志『朝欲位先』之文耳。由此可知葡使在京，未嘗以小國之使自視也，禮部主事，位非至顯，其見之不跪，蓋有可能。又按史載清初西洋使臣，其來華覲見皇帝者，率以吾國朝儀所行跪拜之禮爲難，蓋中西禮俗不同，西人視此，含有辱視之意，故拒而不從。清初之際，其因此不能行朝覲之禮，忿然返國者，蓋不可一二數。葡使來華，其覲見皇帝時，是否依儀行跪拜禮，史有闕文，未可徒遽臆斷，至其見禮部主事，必不忍辱跪叩，蓋可想見，以是則梁焯怒杖之文，爲可信也。然此當屬葡使之事，而各書均以火者亞三稱之者疑乃誤以通事之名當葡使也。

（三）火者亞三結識寫亦虎仙　火者亞三結識寫亦虎仙事，見殊域周咨錄及南海志。殊域周咨錄云：『適因回回人寫亦虎仙以貢獻事，誣陷甘肅文武大臣，亞三與虎仙皆恃彬勢，或馳馬於市，或享大官之饌於刑部，或從乘輿而餕珍膳，享於會同館，或同僕臣臥起。而大臣被誣者，皆以桎梏幽囚，意頗輕侮朝官』。卷九，頁一七至一八南海志梁焯傳亦言及之，其文與此略同，云：『又番人寫亦虎先與其甥米黑兒馬黑麻，以貢獻事，誣陷文武甘肅大臣。時彬與錢寧用事，二夷人者，日益驕橫，而大臣被誣者，皆桎梏幽囚，以是輕侮朝官』。卷十一，人物傳考武宗南巡，寫亦虎仙亦爲扈從之一人，明武宗正德十六年十一月實錄云：『…虎仙竟獲釋，遂緣錢寧薦與二婿皆入侍，毅皇帝賜國姓，傳陞錦衣指揮，從南征，至是始追論其罪云』。卷八當寫亦虎仙隨駕駐居南京時，因與火者亞三同爲回人故，當必與之結識，而葡使與亞三之得謁武宗，且爲武宗所眷寵者，虎仙亦當與有力焉。比至京師，亞三與虎仙，由此而過從更密，亦爲可能。又按周咨錄及南海志所言被誣大臣，其人不可考，而亞三與虎仙之驕橫，則於史可徵。虎仙事各書言者甚詳，茲不復言；而亞三事，則前引顧應祥言，謂『以其不恭，將其通事明正典刑』，所謂『不恭』者，殆即所謂『馳馬於市』『見部不拜』之文歟！

火者亞三之名，就今所得史料，初見於嘉靖八年林富奏疏，及是年十月實錄，而殊域周咨錄名山藏南海志等之言亞三事，皆出其後。武宗實錄，數言佛郎機使節事，而無亞三之名。可知後人記述，僅憑傳聞所及，凡屬葡人使節事，均加於亞三一人之身，且認亞三即葡使爲不疑，致使亞三事跡，何者爲葡使所應有，不能辨析，仍在讀史者分別追求之耳。

(五)亞三被誅及葡使終局

(一)亞三被誅　亞三被誅，殊域周咨錄及南海志梁焯傳，均言及之。周咨錄云：『又滿剌加王，訴佛郎機奪國仇殺，於是御史丘道隆何鰲言其悖逆稱雄，逐其國王，掠食小兒，殘暴慘虐，遺禍廣人，漸不可長，宜即驅逐出境。所造垣屋，盡行拆毀。重加究治。工匠及買賣人等，坐以私通外夷之罪。詔悉從之。誅其首惡火者亞三等』。又末附註云：『寫亦虎仙同伏誅』。卷九頁一八梁焯傳云：『會武宗宴駕，是日皇太后懿旨誅彬，已而火者亞三等與寫亦虎仙皆伏誅』。卷十一，人物傳按顧應祥稱，葡使通事，被逐於世宗登極之後，此於梁焯傳亦言火者亞三被誅於武宗死後，兩相參證，則愈知亞三爲通事說之可信，而其死爲世宗登極後事，尤勿可疑。又與虎仙同伏誅事，據實錄所載，無明確之文。虎仙論罪事，明世宗實錄載正德十六年四月事云：『回夷寫亦虎仙交通土魯番，興兵構亂，攪擾地方，以致哈密累世受害，罪惡深重，曾經科道鎮巡官，勘問明白，既而夤緣脫免，錦衣衞還拏送法司，查誅原擬，開奏定奪』。卷一七五，是虎仙之罪論，為正德十六年四月間事。實錄載葡使給賞遣還之詔令，為正德十六年三月事，而葡使之首途返廣，及其通事之論罪被誅，皆其後事。亞三被誅，是否與虎仙論罪為同時事，未敢遽斷，然去虎仙論罪時，必不甚遠，則所言同誅事，蓋非全無據也。殊域周咨錄稱亞三死於邱道隆何鰲二奏疏之後，考道隆何鰲奏疏，及其奏疏之下議部覆議，實錄置之正德十五年十二月間，則是時武宗未死，亞三自亦未被誅。是周咨錄乃漫言之耳，未有深考者也。

（二）葡使終局　葡使皮萊資氏，於其返回廣州後之歷史，頗難考知，而各家所言，亦不一致。顧應祥言其留廣甚久，好讀佛書。按佛書即今基督教之聖經，明人不知，而以佛經稱之，其實非也。然應祥僅言其留廣已耳，而於再後之歷史，則未論及。巴羅斯記皮萊資使華之事，亦僅至其返回廣州及繫獄為止。則葡使皮萊資返回葡萄牙耶？抑死於廣耶？葡人平拖（M. Pinto）稱皮萊資受重刑後，與其徒十二人，皆流至中國北部，娶中國女子為妻，皮萊資居北方多年，且導其妻奉基督教。一五四三年（嘉靖二十二年），平拖來中國，云於其地見皮萊資氏之子女』。見 Emil Bretschneider, Mediaeval Researches from Eastern Asiatic Sources, Vol. II, P. 319, London, 1910.

然平拖之言，多言其為虛構，不足為據，是以從其說者，幾無其人。近人著述，多言皮萊資於一五二三年（嘉靖二年），於廣東被殺。維廉氏所著中國一書，稱皮萊資於一五二三年九月，與其屬從，誅於廣州，或死於獄中。Williams: The Middle Kingdom, Vol. II, P. 429, New York, 1901. 其他著述，論及葡使事者，其言多與此同。前引林富奏疏稱『令海道官軍，驅逐出境，誅其首惡火者亞三等』，是言亞三誅於廣州也，明人誤以亞三即葡使，似是葡使死於廣州。又明世宗嘉靖八年十月實錄，亦同此說，稱：『初佛郎機火者亞三等既誅，廣東有司，乃併絕安南滿剌加諸番舶，皆潛泊漳州，私與為市，至是提督兩廣侍郎林富疏其事，下兵部議。言安南滿剌加自昔內屬，例得通市，載在祖訓會典。佛郎機正德中始入，而亞三等以不法誅，故驅絕之，豈得以此盡絕番舶，…』。卷一〇六此亦言亞三死於廣州，蓋從林富說也。然細考林富之說，亦未盡合。林富言葡人被逐，及亞三被誅，適在丘道隆何鰲奏疏之後。考武宗正德十五年十二月實錄，載禮部覆議稱：『道隆先為順德令，鰲即順德人，故備知其情。…廣東三司掌印，幷守巡巡視備倭官，不能呈詳防禦，宜行鎮巡官逮問，以後嚴加禁約，…番舶非當貢年，驅逐遠去，勿與抽盤』。卷一九四是驅逐葡人之議，為正德十五年十二月事也。又巴羅斯稱，『…再則西眇（指Simao d'Andrade言，此人於一五一八年八月，自滿剌加至上川島）率葡人起壕障，虐待大門島人，故中國初時對葡人之美意，至是變爲惡感。…皇帝（武宗）崩耗達廣東，中國官吏令葡人退出大門島。葡人不從，中國艦隊攻之，葡人敗退，損傷甚鉅，時爲一五二〇年（誤，當作一五二一年）六月也』。Vol. II, PP. 318-319。

按西曆一五二一年之六月，抵中曆五月，葡使亦於是年武宗崩後，離京返廣，（見上文）以時度之，當西眇被驅之時，葡人尚在途間，當不能於其被逐時而遭戮也。且此於顧應祥在廣久留之語，亦有不合，疑林富傳聞有誤，或別有他指也。又按葡人初入中國時，其遭華人痛逐者有二次，一即西眇之事，一即嘉靖二年，新會西草灣之役，詳見明史佛郎機傳。前者爲葡使所不及，而後者之年，與維廉之中國所載葡使被殺之事之年正同。竊意葡商被逐，皮萊資倘使留於廣州，何得獨全於獄，疑是年皮萊資被殺之說，有可信者。然西草灣之役，實錄載於是年三月，而維廉之中國，則稱葡使死於是年九月，是葡使之死，適當西草灣之役，抑於其後，或別他解，仍當細爲追求之耳。

附葡使來華年表

一五一七年六月十七日（正德十二年五月二十九日）　安德拉特及皮萊資自滿剌加艤往中華

八月十五日（七月二十八日）　安德拉特與皮萊資抵大門島

八月末（八月內）？　安德拉特及皮萊資抵廣州

一五一八年八月（正德十三年七月）　西眇至大門島

九月末（八月內）　安德拉特返滿剌加

一五二〇年一月（正德十四年十二月）　皮萊資自廣州起程往南京

四月或五月（正德十五年三月或四月）　皮萊資至南京並謁武宗

一五二一年一月（正德十五年十一月或十二月）？　皮萊資至北京

一五二一年四月二十日（正德十六年三月十四日）　詔令葡使給賞遣還

五月（四月）？　皮萊資返廣州，火者亞三論罪

六月（五月）　西眇被誅大門島

一五二三年四月（嘉靖二年三月）？　葡人犯新會西草灣，爲華人所逐

九月（十月）　皮萊資死於廣州

清雍正朝試行井田制的考察

魏建猷

(一)緒言
(二)試行的原因
(三)試行的區域田數及年代
(四)井田的民戶
(五)井田經界與授田法
(六)井田區的政治組織
(七)試行辦法
(八)試行的失敗
(九)結論

(一)緒言

井田制度，歷來中國『儒者』都把牠恭維爲『王者之政』，稱頌不絕；成爲他們解決中國土地問題之唯一法寶。自從孟子倡說井田制度以後，討論的不知幾千萬人；而實行的，在這二千幾百年間，中國歷史上也曾有過五次的井田制復活運動：（一）西漢王莽的王田制度，（二）後魏孝文帝的均田制度，（三）宋王安石的方田制度，（四）清雍正的井田制度，（五）太平天國的均田制度。其中（一），（四）兩次算是純粹的井田制，而（二），（三），（五）三次則將井田制度加以修改，事實上已失掉井田制的眞精神。不過我們看井田制由理論上的探討，擴大到實際行動，便可知牠在中國思想界佔了如何重要的位置，在中國土地制度史上成了如何重要的問題。

井田制度，據孟子說是夏殷周三代通行的土地制度，不過三代略有變通，『夏后氏五十而貢，殷人七十而助，周人百畝而徹』。後世所稱述的井田制度，即『百畝而徹』的制度，其制爲『方里而井，井九百畝，其中爲公田，八家皆私百畝，同養公田』。孟子的話，是否完全可靠，當然成爲問題。近來很有些學者對此發生疑問，如胡適之郭沫若諸先生就根本否認在中國古代曾有過井田制的存在，他們的說話難免囿於成見，牽强武斷，遺漏的地方實在太多，這裏因限于篇幅，不能去詳細討論，總評一句，都是不能脫離書本的圈套，和以前的人比起來，眞是『過猶不及』。

關於中國古代井田制的記載，除開孟子周禮以外，還有一部最可靠的古代史料—詩經，郭胡諸先生對於詩經都是五體投地的信崇，在胡著中國哲學史大綱，郭著中國古代社會研究裏，都把詩經當作中國古代的唯一信史，『差不多是沒有可以懷疑的餘地的』；並且承認大半是西周的產物。我們在詩經裏就可見到有兩處涉及井田的記載：

小雅楚茨第四章：

中田有廬，疆場有瓜。

小雅大田第三章：

雨我公田，遂及我私。

所謂『中田』，又把『公田』與『私』田對立來說，這很顯然的是在西周時代有過井田制度的存在，可證孟子周禮所記的井田制度不是完全揑造。不過事實上必不能那樣整齊劃一罷了。我們祇能說孟子周禮上的井田制度，是經過理想化了的，決不是中國古代的井田制度；然而却不能說孟子周禮所紀的井田制度太不近事實，便斷定完全出於僞造（如胡先生的主張）（註一）；或者根據孟子周禮所記的井田制度，來反證金文，便斷定古代未曾有過井田制度的存在（如郭先生的論證）（註二）。因爲孟子周禮的記載雖不能代表中國古代的眞正的井田制度，也不能反證中國古代無井田制度；傳世的金文不過三千餘拓片，從量的方面說，本來是很微渺；而從質的方面說，牠根本就不是古史專著，不能因爲金文上沒有井田的紀載，便斷定沒有井田的存在，況且又是用周禮孟子的理想化的井田說做反證，那恐怕再從地下挖出一部古史來，也找不出一條適合的證據。胡郭二先生都是極信崇詩經的人，不知何以這裏竟抹殺了；孟子周禮本來知道不可靠，不知爲什麼要拘泥着不肯放鬆，豈不是沒有脫離書本的圈套嗎？

我以爲中國古代確曾有過井田制的存在，正和馬克(Mark)制度在歐洲一樣，牠是代表原始的村落集產制。後來到了孟子時代，已經隨着封建社會的發展而破壞；孟子所提倡的井田制，是帶上很深的封建的色彩，與原始的井田制，本質上有很大的差異，我們現在研究中國古代井田制，如果据孟子之說以斷定古代井田的本質，或者否定孟子之說因而否認古代井田制之存在，都是絕大的錯誤。

把中國古代井田制存在的問題解決了，以下就開始研究清雍正朝試行井田的原因經過及失敗諸問題。

（註一）參看華通書局出版：井田制度有無的研究

（註二）參看郭沫若著：中國古代社會研究

（二）試行的原因

歷史的研究，是整個社會活動過程的綜合研究；歷史學家在攷察某種歷史事件時，同時必須注意到和這事件相關係的各方面。不然，絕不能夠獲得歷史意義的諦解。因爲歷史在繼續不斷的向前發展，其間發生着不可分解的聯系，沒有一件事是可以獨立存在的。清代試行井田制，當然不是憑空發生的，事實上是由於種種社會關係所形成。我們要了解牠的歷史的嚴重性，要攷察社會歷史發展的過程，在未曾叙述試行井田制之先，就應該探求其原因之所在。

清代井田制的試行，只限於旗民，並無普及全國的企圖。（也許想普及全國，因爲清初農民的困苦，及屢見不鮮的抗糧運動，政府實無法應付，井田制如可推行，即可解決此種困難。不過在未得確證以前，暫時闕疑。）當然是當時旗民生活上已經備具了試行井田的條件，要探求這種種社會條件，未說明牠的歷史的過程，祇須把當時旗民生活狀況加以分析，便不難迎刃而解。

所謂旗民，是包括滿洲，蒙古，漢軍三種。清初入關，以旗民有從龍之功，待遇特別優渥，政治的，經濟的享受，均高齊民一等。順治元年十二月諭戶部云：（註三）『今我朝定都燕京，期於久遠。凡近京各州縣民人無主荒田，及明朝皇親駙馬公侯伯太監等，凡歿於寇亂者，無主田地甚多，爾部概行清查，若本主尙存，或本主已過而子弟存者，量口給與，其餘盡行分給東來諸王勳臣兵丁人等』。這便是清代有名的『圈地制度』。所謂『圈地』者，案大淸會典：（註四）『順治十一年覆准，凡丈量州縣地用步弓，各旗莊屯用繩。用步弓曰丈，用繩曰圈』。自實行圈地後，旗民便家有土地房產了。圈地的分配法：諸王以下，因職爵的崇卑，各有等差。壯丁每名分地五晌，（每晌六畝）普通旗民，每人有地三十畝，生活也就很優裕了。若遇有災荒時，政府有固定的賑濟，『每六畝地給米二石』。（註五）康熙三年『八旗莊田災賑，米粟二百餘萬斛，十年賑八旗屯地米百六十餘萬石』。（註六）並且常發內帑給旗民淸償債負，康熙年間『曾發帑金五百四十餘萬兩，一家賞至數百』。後又『賜帑金六百五十餘萬』。（註七）簡直把剝削漢人的脂膏，來供給旗人肥飽。當時旗民生活的優裕，於此已可概見。

旗民的享受既如此優越，依我們的推想，旗民應該怎樣的富有，決不會再有飢寒凍餒之虞了。孰知事實竟有不然，政府雖然給他們以土地，米糧，銀錢，但是仍舊不免有很多的旗人窮困得無以爲生，有的負債纍累，有的把土地房產私自變賣。這原因是由於（一）旗民『治生苟且，靡費極多』。（註八）（二）『旗民經商逐利』向爲政府所厲禁。（註九）（三）旗民如天之驕子，享受特優，即不事生產，亦足溫飽。因此種種關係，旗民遂成爲當時社會中有閒階級分子，『飽食終日，無所用心』，其流弊遂至於奢侈，懶惰，及一切卑汚墮落行爲，無不應有盡有，而破產當然就緊跟着後面來了。在康熙雍正諭旨裏很顯明的告訴我們關于此類的事實：

『康熙十二年諭八旗都統，副都統，六部滿尙書等曰：「滿洲乃國家根本，宜加軫恤，近見滿洲貧困，迫於逋負者甚多，賭博之風，禁之不止，皆由都統副都統不加憐憫而訓導之，以至於此。且滿洲習俗，好爲嬉戲，凡嫁娶喪祭之儀，不可枚舉。蒙古崇奉喇嘛，罄其家資，不知顧惜。此皆愚夫偏信禍福之說，而不知其終無益也。我太祖太宗之世，亦此滿洲也，其時都統副都統佐領諸臣，以今較之，相去何如？彼時出兵出獵諸役，亦未嘗少於今時，然而不爲逋負所迫，食用饒裕者，人能節儉故也」。』（註十）

從這裡可以看到在康熙年間旗民是怎樣奢侈，怎樣墮落，以及怎樣的貧困。接着再看看雍正初年試行井田的前夜，及試行期間旗民生活是怎樣能！

『雍正二年諭：「朕以八旗滿洲等生計，時廑於懷，疊沛恩施，其妄行過費，飲酒賭博，於歌場戲館，以覓醉飽等事，屢經降旨訓誡，即諸臣條奏所請，應行禁止之處，亦已施行令其禁止。凡朕所降諭旨及各項禁約，務須將其利弊，詳行剖析，明白書寫。於旗下每佐領各頒一張，嚴示衆人。……或有不改前愆，不遵法度之人，一經查出，務必從重治罪，以警衆人。並將此語書寫，不時傳示稽察，始爲有益。不然但於朕降旨時暫申禁令，久而遂輟，亦何益哉？將此傳諭八旗都統等知之。」』（註十一）

這是試行井田制的前夜，旗民正在加緊墮落，使雍正皇帝爲了旗民的生計，而『時廑於懷』。不得已嚴施禁令，先之以德，繼之以威，而結果也還是徒勞無功，請看下面雍正四年上諭便可知道！

『雍正四年諭八旗都統等，朕常敕八旗大臣，八旗爲本朝根本，凡係生計禁令習俗等事，屢經申降諭旨，從前皇考之時，恩賞稠疊，歷經多年，而滿洲等生計，並不見其滋殖，轉並減損者，皆法令懈弛之故也。今八旗兵丁貧乏，即將倉糧國帑，盡行頒賜，朕固不惜，但使隨得隨盡，曾不浹旬，遽即蕩然，亦何濟之有？並有將原置房產變易無遺者。若於此輩加以顧恤，不但惡者無所懲，即善者亦無由勸矣。凡此不肖之人，各參領佐領，理宜痛加懲治，如終不改，即應革退，以為不肖者戒。大臣等果能視兵如子，懲惡獎善，幷責令參領佐領等不時教導，何事不成？今大臣等但知不通賄賂，不徇情面，以教射為要務，勤加操練而已，不知爾等職任正不止於此也。必教以典禮倫常及治生之計，俾各好善惡惡，崇儉戒奢，方可謂教育有成。嗣後大臣及參領等宜痛加勉勵，竭誠管理，不可仍前紛飾。再佐領下人等，俱關係一佐領教導之事，較大臣參領等各為切近。……至驍騎校亦屬緊要，若皆得其人，佐領下事務自必整理。倘爾等仍不加意整飭，使兵丁等生計無所資益，俟過三年朕查閱之時，斷不輕釋也。』（註十二）

雍正皇帝被這些無產旗民，鬧得無法，始終想不出一個具體方法來解決這個當前的困難問題。不得已祗有命令八旗大小官吏去嚴加約束，作為唯一上策。

據以上各節看來，康雍之間的旗民這個特殊的社會集團裡，已經起了階級的分化作用，當初隨着清帝一同打進山海關的旗兵，此時一部分變為貴族，官僚，而其他一部分變成流氓，無產者。這些流氓和無產者們，在客觀環境上已經把他們養成了奢侈，懶惰，卑汚，種種墮落的惡習，而生活的艱苦又緊逼着他們，於是便無惡不作了。在這種情形之下，政府決不能袖手旁觀，當然要想出相當的辦法來，診救這個社會的病態，這便是雍正帝試行井田制的主要原因。因為井田制度在理論上：一方面可以使民皆有『恒產』，『不飢不寒』，『放辟邪侈，皆不為已』。一方面把土地所有權收歸國有，使農民們不至再發生破產的現象。在當時政府的人們，以為如果照這樣實行起來，那旗民生計問題就全部解決了。

此外還有一個試行井田的客觀條件，也可以說是第二個原因。旗民因為侈靡無度，不治生產，以致負債累累，而拖欠錢糧，尤為普遍。觀雍正二年清算內務府所沒收八旗拖欠錢糧人等所交地共二千六百餘頃，（註十三）其數目之大，已足令人驚異，則拖欠錢糧者之衆，不難想見了。在政府之沒收拖欠錢糧人等田地，亦非得已，實出無可如何。所以在為解決旗民生計而改革八旗土地制度時，事實上不能不顧慮到的，就是如何可以使旗民不致拖欠錢糧的問題。井田制度，要八家同養公田，『公田之穀，盡收盡報』。正是適合了這個要求，井田制度行，旗民當然不能再拖欠錢糧了。

在上述的兩大條件之下，井田制度的試行就被決定了。以下就敍述試行的經過。

（註三）王慶雲熙朝紀政卷四，頁四十六，引順治元年上諭。

（註四）八旗通志卷六十二，頁十一。

（註五）熙朝紀政卷四，頁五十一。

（註六）同上

（註七）同上書卷四，頁四十九。

（註八）同上書卷四，頁五十三。

（註九）同上書卷四，頁四十八。

（註十）聖祖仁皇帝聖訓卷六，頁三。

（註十一）大清會典事例卷一一四六，頁三，（商務本，下同。）

（註十二）世祖聖訓卷六，頁五。

（註十三）參看八旗通志卷六十七。

（三）試行的區域田數及年代

旗民除一部分駐防各省外，其餘一律分住近郊各府州縣。其理由是爲辟免旗民挾其政治勢力欺壓平民，致生意外衝突。旗民既聚處近郊，故試行井田區域，亦限於直隸省以內。計先後試行井田之處，有順天府之固安縣，保定府之新城縣；又順天府之霸州及永清四縣。茲據八旗通志土田志十所載各縣試行先後及井田數目摘錄於下：

『雍正三年正月，順天府固安縣設立圈頭村井地十七頃四十八畝九分零，林城村井田二十頃七十九畝一分零，劉家村井地十四頃二十四畝九分零，石家務井地十九頃六十六畝五分零，蠻子營井地十一頃七十五畝三分零，固城村井地十四頃三十三畝零；六頃共地九十八頃二十七畝七分零。

『二月保定府新城縣設立宮井村井地十頃七畝一分零，新立莊井地十七頃六十二畝四分零；二項共地二十七頃六十九畝五分零。

『五年十一月，保定府新城縣設立韓村營井地六頃九十畝。

『七年三月，順天府霸州設立沙城村，圈子村，狄家莊，坌河村四處井地各十頃，又葉家莊補足固安縣井地一頃五十二畝；五項共地四十一頃五十二畝。

『又順天府永清縣設立高家營村井地十頃；北孟村井地十五頃，南台子村井地十頃；三項共地三十五頃。』

依上所記，雍正三年在順天府固安縣設立井田九十八頃二十七畝七分零。又在保定府新城縣設立井田二十七頃六十九畝五分零，五年在保定府新城縣設立井田六頃九十畝，七年在順天府霸州設立井田四十一頃五十二畝，又在順天府永清縣設立井田三十五頃。總計前後三年在兩府四縣所設立井田總數爲二百零九頃三十九畝二分零。茲列表如下：

年代	縣名	村名	田數
雍正三年正月	固安縣	圈頭村	一,七四八.九畝
		林城村	二,○七九.一畝
		劉家村	一,四二四.九畝
		石家務	一,九六六.五畝
		蠻子營	一,一七五.三畝
		固城村	一,四三三.畝
雍正三年二月	新城縣	宮井村	一,○○七.一畝
		新立莊	一,七六二.四畝
雍正五年十一月	新城縣	韓村營	六九○.畝
雍正七年三月	霸州	沙城村	一,○○○.畝
		圈子村	一,○○○.畝
		狄家莊	一,○○○.畝
		岔河村	一,○○○.畝
		葉家莊	一五二.畝
	永清縣	高家營	一,○○○.畝
		北孟村	一,五○○.畝
		南台子村	一,○○○.畝
總計	四縣	十七村	二○,九三九.二畝

關於雍正三年在固安新城兩縣設立井田的數目，他書所載與上表頗有出入，茲列于下，並詳加辨正。

皇朝文獻通攷：

『雍正二年於直隸之新城固安二縣制井田，…戶部議准以內務府交出餘地，及戶部所收官地內撥新城縣一百十六頃，固安縣一百二十五頃八十九畝，制爲井田。』（註十四）

熙朝紀政：

『雍正二年以新城固安官地三百四十一頃，（按『三』字當爲『二』字之誤。據皇朝文獻通考所載固安縣井田數目，適爲二百四十一頃。——著者）制爲井田。』（註十五）

此外大清會典事例（註十六）及王氏東華錄，（註十七）均稱於『內務府餘地一千六百餘頃，入官地二千六百餘頃內，以二百餘頃爲井田』。是一致認爲固安新城兩縣井田數目爲二百四十一頃，而上表內所列雍正三年固安新城兩縣設立井田數目則僅有一百二十五頃九十七畝二分，兩者間的差異竟在一百頃以上。這樣驚人的數目的差異，是我們研究歷史的人不可輕易放過的。且看前面所引的四種書，除開熙朝紀政外，有兩種——皇朝文獻通考，大清會典事例是『欽定』的官書，一種——王先謙東華錄是歷史名著，我們可以懷疑牠們是紀載失實嗎？然而事實給與我們以勇敢和信心，使我知道『官書』的不可靠。

固安新城兩縣沒立井田的實數，正如八旗通志土田志十所記，(即上表內的數目)而皇朝文獻通考諸書所記的井田數目，只是當時戶部奏章內預擬設立井田的數目。後來設立井田時並沒有按着這個預定數目如數設立。我這種說法是否合理，只須把八旗通志土田志前後紀載比較一下，便可充分了解。土田志六敘述籌設井田經過云：

『六月怡親王等覆奏：「臣等查得內務府餘地共一千六百餘[illegible]二頃地內挑選二百餘項，作爲井田，…」』

又云：

『三年正月又奏：「新城縣有地一百十六頃零，固安縣有地一百二十五頃八十九畝零，…請將固安縣所有一百二十五頃八十九畝零官地，以十二頃五十畝爲公田，以一百頃爲私田，計得十二井五分。其存剩一十三頃三十九畝零，爲種地之人室廬場圃處所」。』

這兩段紀載所述井田數目，正和皇朝文獻通考諸書相吻合，但土田志十(註十八)所載井田數目，却與此大相逕庭。豈是八旗通志的記載自相矛盾嗎？絕對不是，修八旗通志的人決不至如此荒唐！土田志六和土田志十，原來是兩段截然不同的紀載，前者是敘述籌設井田的經過，多半是屬於理論的；後者是專記設立井田的田數，年代，和地方，完全是屬於事實的。換言之：前者是尙未試行井田前的計劃，後者是設立井田後的史蹟。計劃不必一定完全見諸事實，所以土田志前後紀載，絕無絲毫矛盾。因此便知土田志六所記的井田數目，不是已經設立的數目；而土田志十所記的井田數目，才是設立井田的眞實數目。修皇朝文獻通考和大清會典事例的先生們，只是根據些籌設井田的奏章，並未知設立井田的實數，竟把計劃中的井田數目，誤作設立井田的數目。後來王慶雲撰熙朝紀政，王先謙編東華錄，照樣直抄過來，以訛傳訛，相率認爲信史。所以我不憚煩複，物爲辨正之於此。

(註十四) 皇朝文獻通考卷五，頁十七。
(註十五) 熙朝紀政卷四，頁十三。
(註十六) 大清會典事例卷一百六十一，頁三。
(註十七) 王先謙東華錄雍正四，頁二十八。
(註十八) 參看前表。

(四)井田的民戶

清代試行井田制度，既和王莽，魏孝文，王安石，及太平天國異其旨趣，沒有普及全國的企圖；只是爲特殊階級——旗民解決經濟生活諸問題。所以耕種井田的民戶，也只限於那些無產業的旗民。雍正二年六月怡親王等奏請在內務府餘地及拖欠錢粮人所交地兩項地內，『挑選二百餘頃，作爲井田。行文八旗，除官員子弟，現在讀書之人，及有產業現可當差，並後順藩下人等外：將無產業滿洲五十戶，蒙古十戶，漢軍四十戶，前往種地』。(註十九)可知被派去耕種井田的民戶，都是旗人裏最貧苦最卑賤的人了。

井田的民戶，除開上述的貧而且賤的旗人外，則有一批受過刑事處分的旗籍官兵。雍正五年上諭：(註二十)『旗人枷號鞭責治罪革退官兵，並無恆業，在京閒住，依靠親戚爲生，以致良善之人，被累維艱。而伊等無事閒游，不能不生非爲惡，將此等之人查出，令於京城附近直隸地方，耕種井田，作何安置之處，王大臣等會議具奏』。當時王大臣等即奉旨議定(註二十一)：『將八旗滿洲蒙古內拖欠錢糧，及爲非犯法，枷責治罪革退官兵，皆並其妻子發往井田。各該旗查明備造細册，鈐蓋印信，發與管理井田之官，嚴行約束，令其耕種，不許出入京城。伊等子孫內如有長大誠實，弓馬嫻熟，欲來披甲當差者，該管官保送來旗，於挑選披甲時，仍行挑選。若挑選後爲非犯法者，將保送之官，一體治罪。發往井田之人，在彼處仍行怙惡不悛，妄生事體端者，管理井田官即呈報該旗咨部，加倍從重治罪。巡察御史，地方官員，亦不時稽察。若不守分飲酒生事等項，地方官不申報該督，或該督不咨行該地方，被巡察御史察出，將州縣官並該督議處。若御史不行查參，將御史治罪』。這是把一般受過刑事處分的旗人，送到井田區內監視，嚴加約束，希望養成爲純善的良民。

(註十九) 八旗通志土田志六，頁一——二。
(註二十) 同上書，頁六。
(註二十一) 同上書，頁六——七。

(五)井田經界與授田法

井田經界的劃分，是否如孟子所說的那樣整齊劃一，豆腐乾塊的，實在是個嚴重的問題。胡適之先生曾經懷疑過，因此引起一番很激烈的論戰(註二十二)。我想孟老先生這段半歷史半哲學的紀載，雖然有許多傳統的學者們，替牠辯護；而同時又因爲文獻無徵，一時找不出相反的證據；但是我們從地形學的觀點上，就可以根本推翻牠，可以斷定牠是純粹的理論，絕未嘗見諸事實。並且孟子對於『周室班爵祿』的制度，因爲『諸侯惡其害已也，而皆去其籍』，沒有完全了解。這是他—孟子親口供認的，可見他並不知道周朝的土地制度究竟是怎樣的。他那段『方里而井』的妙論，原來並非完全根據事實。而只是把傳說中的古代井田制理想化了的。

孟子的井田經界說之被否認，及是最近的事；不久以前，還是天經地義的。所以一般討論井田制和企圖復行井田制的人們，都以牠爲根據。清雍正朝試行井田制就是這樣的，事實上雖然不能做到『方里而井』，但在可能範圍內，他們總是竭力使牠整齊；在『井田地畝內，倘有旗民交錯之地，請將近存良田，照數換給』。(註二十三)以求做到豆腐乾塊的井田區劃法。並且採用九百畝爲一井的辦法，『以周圍八分爲私田，中間百爲公田，共力同養公田』。(註二十四)

授田的辦法，在古代據說是：『民二十受田，六十還之』。是說在二十歲以上，六十歲以下的人，能夠享受分田的權利。清雍正時試行井田的辦法，則略有不同，他們的規定是『自十六歲以上，六十歲以下，各授田百畝』。(註二十五)把二十歲減短到十六歲了。授田的數目，孟子周禮穀梁傳諸書都是說每戶百畝。(孟子滕文公篇所說「一夫百畝」的「夫」字，就和他在梁惠王篇所說「百畝之田，八口之家」的「家」字同義，同是代表一戶的意思。）清雍正時的授田法也是如此，『每戶原給田一百二十五畝，以十二畝五分爲公田，十二畝五分爲屋廬場圃，一百畝爲私田』，(註二十六)別有一種例外的，是雍正五年以後發往井田耕種的那一批受過刑事處分的旗人，『原止給地三十畝』，(註二十七)（不過他們不種公田，也不納糧。）他們另有個名字叫做『保戶』，(註二十八)以示與『井戶』有別。這是井田制下的駢枝。至於孟子裏還有所謂餘夫的授田法，在清代因爲是試行期間，不需要其存在，所以沒有明文規定。

(註二十二) 參看井田制度有無的研究。

(註二十三) 王先謙東華錄雍正四，頁二十八。

(註二十四) 八旗通志土田志六，頁二。

(註二十五) 同上。

(註二十六) 大清會典事例卷一百六十一，頁三。

(註二十七) 八旗通志土田志六，頁九。

(註二十八) 同上。

(六)井田區的政治組織

試行井田的地方，在當時社會上算是一個特殊區域，因爲牠是具有特殊的經濟組織之故。基於此特殊的經濟組織，於是不得不有異於一般的政治組織之產生，以與此經濟組織相聯系。雍正三年試行井田後，試行井田區域，便形成如左的政治組織：

（一）管理　雍正三年試行井田時，即在試行井田地方，設管理一員（註二十九），管理井田一切事務，為井田區內高級行政長官。資格限於『革職大員內誠實有年紀者』（註三十）充任。『三年之內，果有成效，着令議敘』，（註三十一）以資獎勵。委任手續，先由八旗都統咨送吏部，吏部開列職名，帶領引見，候皇帝的旨意，然後派定。雍正三年正月吏部奏稱：『「井田管理之員，據八旗都統咨送原任副都統保德等二十九員到部，相應開列職名，即帶領引見」。奉旨此內着厄爾德黑連宵先去，將此十八，爾部記檔，再派往時此內派往』。（註三十二）管理的職責，除宣達皇帝意旨外，主要的是必須把耕種井田的民戶，『嚴行約束，令其耕種，不許出入京城』。如有『怙惡不悛，妄生事端者，管理井田官，即呈報該旗咨部，加倍治罪』。（註三十三）『管理井田官員，不能料理妥貼，或約束不嚴，致令生事，擾害地方者，將管理官員從重治罪』。（註三十四）而在試行期間，關于壓蓋土房及分發資助銀兩，也由管理會同勸教及查地官員共同辦理。

（二）勸教　勸教一人，與管理同時設立。資格及任命手續，亦和管理相同。至於職責的規定，沒有見到這類記載，無從查考。但從「勸教」這個字的意義上看來，一定是專教育的官吏，和管理並立。管理專管刑政，勸教專司教養。因為耕種井田的人，都是些不安良善的旗民，一方固然要用嚴厲的政治力量加以制裁，使他們不敢『妄生事端』；然而一方面也不能不用教育力量加以陶溶，使他們潛移默化，不再去幹那些「非法」的事情。

（三）驍騎校　驍騎校是專治軍事，協助管理官維持井田地方治安的。雍正五年上諭：（註三十五）『井田地方，止有一人管理，著於彼處再補放驍騎校四員，……料理事務，俸餉陞轉，照在京驍騎校一體，以為彼處之人出身之路。若陞轉後仍在彼處效力者，即令其帶銜在彼居住』。

（四）領催　領催八名，與驍騎校同時設立，官階俸餉陞轉，也和驍騎校相同。不過在職務方面，有些差別。驍騎校是專管治安問題，催領是專事催取公租的。

（五）鄉長　『井田各莊，向設鄉長一名，專供督率農務交糧，並稽查逃盜賭博等事』。（註三十六）

依據上述，將井田區內政治組織系統列成下表：

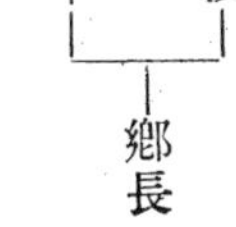

(註二十九) 八旗通志土田志六，頁二。
(註三十) 同上。
(註三十一) 同上。
(註三十二) 同上書，頁五——六。
(註三十三) 同上書，頁六。
(註三十四) 同上書，頁七。
(註三十五) 同上書，頁八。
(註三十六) 同上書，頁十。

(七)試行辦法

耕種井田的井戶，原來都是些旗氏無產者，他們日常生活，本就無法支持；而耕種田地，必須預先建築居室，購置農具，耕牛，穀種，又必須籌備一年的——至少半年的食糧，用費，這筆巨欵，叫他們何從措置？所以政府方面在給與土地之外，猶不能不與以經濟上的援助。清雍正帝在開始試行井田的時候，便訂出下列幾項辦法：

(一)政府撥欵派員爲井戶建築居室。雍正三年於新城固安試行井田時，即『與種地人等壓蓋土房四百間，設立村莊之處，亦交與查地官員，即將此項地內，挑選設立，算其人口分給。每間給銀十兩，共需銀四千兩。仍將用過銀數，造冊報部，俟土房蓋完之日，將種地人等，令其前往居住』。(註三十七)

(二)政府發給井戶辦買口糧牛種農具諸費，每戶銀五十兩。當時的規定是：『耕種井田人，每名給銀五十兩，以爲一年辦買口糧牛種農具之用。將此銀交與查地官員，會同管理勸教二人，公同監辦。若有餘剩銀兩，分與伊等，以備來年種地之用』。(註三十八)至於那批『因罪發往井田』的旗民，則略有差別：『五戶共給牛三隻，購買牛具籽粒等物及每年口糧，每戶給銀十五兩』。(註三十九)

(三)緩徵公租。『公田俟三年之後，所種公田百畝之穀，再行徵收』。(註四十)

(註三十七) 八旗通志土田志六，頁二。
(註三十八) 同上書，頁三。
(註三十九) 同上。
(註四十) 同上書，頁二。

(八)試行的失敗

井田試行了十一年，——從雍正三年起，至乾隆元年止。幾乎是和雍正帝相終始。雍正死了，乾隆即位之元年即下令停止。這個停止令，就是意味着井田制試行之失敗。我們看乾隆元年四月和碩莊親王等奏請停止試行井田的奏疏，便可知道。他們說：(註四十一)『設立井田，試行十年以來，所有承種之一百八十戶，緣事咨回者已有九十餘戶，循環頂補，大都皆不能服田力穡之人，行之未見成效』。耕種井田的農民，有二分之一以上中途退出了，其餘的又『大都皆不能服田力穡之人』，這不是大遭失敗嗎？乾隆皇帝和他的大臣們，很清楚的知道，如果井田制度再繼續試行下去，結果『勢必增添工本，徒經錢糧』，害多益少。所以決定立刻停止。善後辦法：把井田改爲屯田，『令地方官確查實力耕種者，改爲屯戶，於附近州縣按畝納糧，令各屬防禦管轄』。(註四十二)『其不能力穡之戶，咨回本旗，停其撥補，原領田房，交州縣賃耕，取租解部』。(註四十三)至於這批無產旗民的生活，就把內務府官地所收旗租全數撥給，去維持他們。

井田制的試行，結果是失敗了！怎樣失敗的呢？是井田制的本質，不利於農民嗎？但是根據上面各節研究的結果，證明清代試行的井田制，對於農民是絕無不利的。究竟爲什麼短短的十年之間就壽終正寢？這在一切的清代歷史紀載上，均沒有告訴我們詳細的原因。但是如果深切的觀察一下，也不無蛛絲馬跡可尋。只須把前面引的莊親王等奏疏裡那段話細看一下，對於清代試行井田制失敗的問題，便立刻可以得到明確的答覆：

第一：因爲旗民『得天獨厚』，經濟的，政治的特殊享受，成爲當時社會中有閒階級份子，養成奢侈，懶惰，及一切卑汚墮落行爲；如飲酒賭博，沈迷歌舞，嫁娶喪祭，窮奢極慾。凡人類過惡行爲，無不應有盡有。所以至傾家破產，始終還不覺悟。這些人使他們去耕井田，本來就不可能；並且這些過惡行爲，事實也不能除去。任憑你怎樣約束，要他們耕田治產，他們總是必不肯接受，恐怕還是『吾行吾素』。莊親王的奏疏裏所稱『承種井田一百八十戶，緣事咨回，已九十餘戶』。所謂『緣事咨回』，顯然的是這些旗民舊習不改，所以只好『咨回』。

第二：雖然有些旗民稍稍改去惡習，但是因爲他們過慣了『不耕而食』的生活，叫他們與平民同樣的『自耕自食』，當然不樂於去做。莊親王等的奏疏裡所稱『循環頂補，大都皆不能服田力穡之人』。便是這個事實的表現。

因爲這樣的原故，所以井田制度試行了十一年，政府方面只徒費了一批金錢，結果毫無實效。因此便知清代試行井田的失敗，並不是井田制本身有什麼缺陷，抑或是試行辦法不完善，而是被旗民的階級性所決定的。

(註四十一)　大清會典事例卷一百六十一，頁三。

(註四十二)　皇朝文獻通考卷五，頁二十。

(註四十三)　同上書，頁九。

（九）結論

關於淸代試行井田制的發生，發展，失敗，種種過程，以上各節已有詳明的敍述，用不着再多佔篇幅。這裡所要說的是這次事件之史的評價，就是要從這事件的發生，發展，失敗諸過程中，探索歷史的眞義。我以爲從這次歷史事件的過程裏，可以獲得如下的幾個概念：

（一）淸雍正帝的試行井田制，在當時雖是很美備的土地政策，其作用：(1)可以解決旗民生計(2)可以掃除旗民奢侈，懶惰，遊蕩，種種惡習，(3)可以減輕國家的負擔，4)可能範圍內可增加國家的收入。這些都是適應當時社會的需要，並不是儒家徒子徒孫們的盲目的復古運動。

（二）井田的內部組織和試行辦法，計劃均非常周到，盡量的給與井戶以經濟生活的餘裕。

（三）井田制試行的失敗，不是井田制本身有了若何缺陷，也不是井田制與當時社會經濟有若何矛盾，乃是因爲旗民階級性的差異，遂致遭遇不可避免的失敗。這只可說是受客觀條件的限制，而不是主觀條件的缺陷。

這便是淸代試行井田事件偉大的歷史意義，所以把牠寫作本文的歸結。

民二二，二，一七。脫稿。

章實齋之史學

傅振倫

——中國史學思想史之一篇

章一　導言

章二　論史學之起源

章三　史之解詁

章四　史部之範圍

章五　述史體之得失

章六　撰述史書之主見上

總論

史材之論次：緒論　範圍　蒐集　保存　決擇　考證

章七　撰述史書之主見中

修史人選及方法

章八　撰述史書之主見下

敘事之原則　記事之方法　記註之體例

章九　舊史之編訂

章十　舊史之整理

章十一　方志之學

第一章　導言

章實齋爲清代唯一之史學大家而兼大思想家，其見解之卓特，多前無古人，誠不世出之奇才也！考其能成史學大家蔚爲不朽者，在於發凡起例，不爲常法所拘。（參考拙作劉知幾之史學序及第九章）而終其身未預修國史，殊爲可惜。其創作天才，多見所撰方志中。而其史學思想，則多表現於文史通義一書。至其校讐通義之作，論甄別書籍，部次條別之道，亦即鑑別史材之法也。其主要歷史的精神凡五端：一尙通；二貴徵實，而切人事；三倡史德；四詳近略遠，側重進化；五擴充史部範圍。已略見拙編中國史學名著評論講義第九章。茲述其史學之梗槩。

第二章　論史學之起源

『歷史』一名，說者未審何始。文史通義修志十議云：

『夫歷史合傳獨傳之文，具在』。書靈壽縣志後云：『紀事可附地理，則歷史本紀可入地理志矣』。章氏遺書史學別錄例議亦云：『故歷史紀傳，凡事涉互詳，皆以旁注之義，同入正文』。因以爲歷史爲歷代史之略稱。予考二字並用，始見南齊書魚腹侯子響傳。而史學之原始，章氏則謂導源於六經。文史通義內篇第一易教上曰：『六經皆史也』。(外篇第一方志立三書議亦有是語)意謂六經皆古史也。蓋六經皆古代紀實之書，非託諸空言，雖不以史名，而實則史也。文史通義云：『古人不著書，古人未嘗離事而言理，六經皆先王之政典也』。(易教上)『古之所謂經，乃三代盛時典章法度見於政教行事之實，而非聖人有意作爲文字以傳後世也』。(經解上)『事有實據，而理無定形，故夫子之述六經，皆取先王典章，未嘗離事而著理。…若夫國家制度，本爲經制，李悝法經，後世律令之所權輿，唐人以律設科，明祖頒示大誥，師儒講習以爲功令，是即易取經綸之意，國家訓典，臣民尊奉爲經義，不背於古也』。(經解中)『六經初不爲尊稱，義取經綸爲世法耳。六藝皆周公之政典，故立爲經。夫子之聖，非遜周公，而論語諸篇不稱經者，以其非政典也』。(經解下)章氏既以經名非示尊崇，乃所以紀政典者，故六經無非史料，亦無弗史也。以史出於六經，所見與劉子玄正同。當尊經泥古之時，有此特識，蓋奇才也！

第三章　史之解誼

章氏之言曰：『史以記事』(史篇別錄例議)，然『整輯排比，謂之史纂，參互搜討，謂之史考：皆非史學』。(浙東學術)史學者，『固將綱紀天人，推明大道，所以通古今之變，而成一家之言』。(答客問上)史既所以通古今之變，故必切乎人事。史釋篇曰：『君子苟有志於學，則必求當代典章以切於人倫日用』。易教下云：『易以天道而切人事，春秋以人事而協天道』。又章氏答甄秀才論修志第一書曰：『史志之書，有裨風教者，原因傳述。忠孝節義，凜凜烈烈，有聲有色，使百世而下，怯者勇生，貪者廉立。史記好俠，多寫刺客疇流，猶足令人輕生增氣。況天地間大節大義，綱常賴以扶持，世教賴以撐柱者乎？…宜加意採輯，廣爲傳述，使觀者有所興起，…庶乎善善欲長之意』。以資鑑主義解釋史書，是亦與子玄之見相同。

第四章　史部之範圍

實齋嘗分籍載爲記注及撰述之二種。(見史文通義書教下)而撰述之業，又分獨斷與考索二端。(答客問中)又依文之性質，分爲七類。（見遺書補遺論課蒙學文法）。更依史文之性質，分史爲著作之史及纂輯之史二類（見報廣濟黃大尹論修志書），亦此義也。其州縣請立志科議更就史之範圍分天下之史，一國之史，一家之史及一人之史四種。（亦見說林篇）然此尚未盡章氏之意，而更有其精到之分類法者焉。氏嘗謂：『盈天地間凡涉著作之林，皆是史學。六經特聖人取此六種之史以垂訓者耳。子集諸家，其源皆出於史』。（報孫淵如書）立言有本曰：『史乘而有稗官小說，專門著述而有語錄說部，辭章泛應而有猥濫文集，皆末流之弊也，其中豈無可取』？古文十弊曰：『又近來學者，喜求徵實，每見殘碑斷石，餘文剩字，不關於正義者，往往藉以考古制度，補史遺闕，斯固善矣』。劉氏史通雜述篇以子集爲史流雜著，實齋深得其意矣。史學所包，既如此廣泛，故其論修史籍攷要略曰：『經部宜通，子部宜擇，集部宜裁，方志宜選，譜牒宜略』。史考釋例亦云：『若專門考訂爲一家書，則史部所通，不可拘於三隅之一也』。『蓋史庫畫三之一，而三家多與史相通。混而合之則不清，拘而守之則已隘』。故其所撰史考，上援甲而下合丙丁，分史書爲五十六目，統爲十一綱，（見北大圖書部月刊創刊號史籍考評論）類例廣矣。

第五章　述史體之得失

章氏遺書卷八史學別錄例議曰：『史以紀事者也。紀傳之文，事同而人隔其篇；猶編年之史，事同而年異其卷也』。蓋實齋對於紀傳編年二體，均有不滿。文史通義釋通篇曰：『通史之修，其便有六：一曰免重複；二曰均類例；三曰便銓配，四曰平是非；五曰去牴牾　六曰詳鄰事。其長有二：一曰具翦裁；二曰立家法。其弊有三：一曰無長短；二曰仍原題；三曰忘標目』。遺書卷九與邵二雲論修宋史書曰：『紀事本末，本無深意，而因事命題，不爲成法。則引而伸之，擴而充之，遂覺體圓用神。尚書神聖制作，數千年來可望而不可接者，至此可以仰追。豈非窮變通久，自有其會』？書敎下又曰：『袁樞紀事本末，又病通鑑之合，而分之以事類。按本末之爲體也，因事命篇，不爲常格，非深知古今大體，天下經綸，不能網羅隱括，無遺無濫。文省於紀傳，事豁於編年。決斷去取，體圓用神，斯眞尚書之遺也』！其所最推崇者，通史及本末二體而已。

第六章　撰述史書之主見上

（一）

章氏以爲研究史學之業，大抵可分撰述及記注二途。文史通義書教上曰：『三代以上之爲史，…記注有成法，而撰述無定名』。撰述及記注亦即遺書卷九報黃大兪先生之所謂著述與比類之二家也。記注欲其賅備無遺，而撰述則貴能決擇去取。（見書教下）答客問謂記注之業，亦即所謂比次之書。蓋古今所成正史，即其流也。答客問又謂撰述之業，又分獨斷與考索二端。以今例之，則爲待編訂之通史是也。統二者而言之，亦即史通『採撰』之法。茲先述章氏論採撰之道，次申述其編訂前史（即撰述之法）及整理舊史之法；其平生在史學界最大之貢獻——方志學，亦附焉。

（二）

實齋答邵二雲云：『古人記言與記事之文，莫不有本』。（遺書卷九）文史通義曰：『古人不著書，古人未嘗離事而言理』。（易教上）『事有實據而理無定形。故夫子之述六經，皆取先王典章，未嘗離事而著理』。（經解中）『夫子自述春秋之所以作，則云我欲託之空言，不如見諸行事之深切著明，則政教典章人倫日用之外，更無別出著述之道，亦已明矣』。（原道中）『按周官宗伯之屬，外史掌四方之志。注謂若晉乘楚檮杌之類：是則諸侯之成書也。成書豈無所藉？…六部必合天下掌故而政存，史官必合天下紀載而籍備也』。（州縣請立志科議）此均言作史必有所憑藉也。爲史既應有所本，而史材尙矣。故章氏對於史材之範圍，採集，保存，考證諸大端，將繼此而論列焉。

壹，史材之範圍

書教上曰：『古人之於史事，未嘗不纖析也。外史掌四方之志，是一國之全史也；而行人又獻五書，太師又陳風詩：是王朝之取於侯國，其文獻之徵，固不一而足也』。章氏既以史材不一而足，故擴充範圍，倡爲『天地間一切著作皆是史學』之說（見本篇第四章）。綜其所論，可分史材爲七端：

一爲先王政典　易教上曰：『六經皆史也。…六經皆先王之政典也。…皆先王得位行道經緯世宙之迹，而非託於空言。…』

二爲州縣志書　方志立三書議云：『方州雖小，其所承奉而施布者，吏戶禮兵刑工，無所不備，是則所謂具體而微矣，國史於是取裁，方將如春秋之藉資於百國寶書也，又何可忽歟』？州縣請立志科議云：『州縣志書，下爲譜牒傳志持平，上爲部府徵信，實朝史之要刪也』。

三爲官府案牘　答客問中云：『若夫比次之書，則掌故令史之孔目，簿書記注之成格，其原雖本柱下之所藏，其用止於備稽檢而供採擇，初無他奇也，然而獨斷之學，非是不爲取材；考索之功，非是不爲按據，如旨酒之不離乎糟粕，嘉禾之不離乎糞土，是以職官故事案牘圖牒之書，不可輕議也』。方志請立三書議云：『史之爲道也，文士雅言，與胥史簿譜，皆不可用，然捨是二者，無所以爲史矣』。亳州志掌故例議中云：『古物苟存於今，雖戶版之籍，市井泉貨之簿，未始不可備考證也』。又遺書外編卷十八和州志三文徵奏議第一曰：『文徵首重奏議，猶志首編紀也』。和州志皇言紀曰：『然而四方之書，必隸外史；書令所出，奉爲典章。則古者國別爲書，而簡策所昭，首重王命，信可徵也』。遺書外編卷十三永清文徵奏議序錄曰：『史家之取奏議，如尚書之載訓誥。其有關一時之制度者，裁入書志之篇，其關一人之樹立者，編諸列傳之內』。蓋皆爲志傳所資，信而可徵，故特重之也。

四爲金石文字　言公中曰：『三代鐘鼎，秦漢石刻，欵識奇古，文字雅奧，…取辨其事，雖庸而不可廢』。（又見古文十弊）遺書外編卷十四永清文徵序錄曰：『碑刻之文，有時不入金石者，錄其全文，其重在徵事得實也』。

五爲圖象譜系　和州志輿地圖序例曰：『治易者必明乎象，治春秋者必通乎譜。圖象譜牒，易與春秋之大原也。易曰：繫辭焉以盡其言？記曰：比事屬辭，春秋敎也。夫謂之繫辭屬辭者，明乎文辭從其後也。然則圖象爲無言之史，譜牒爲無文之書；相輔而行，雖欲闕一而不可者也。況州郡圖經，尤前人之所重耶』？

六爲諺語歌謠　修志十議曰：『…倘風俗篇中，有必徵引歌謠之處，…是又即左國引諺徵謠之義也』。又曰：『謠歌諺語，巷說街談，苟有可觀，皆用此律』。與甄秀才論文選義例書曰：『詩類今之文選耳，而亦得與史相終始何哉？土風殊異，人事興衰，紀傳所不及詳，編年所不能錄，而參互考驗，其合於是中者，如鴟梟之於金縢，乘舟之於左傳之類，其出於是外者，如七月追述周先，商頌兼及異代之類…』。

七爲私家著述　遺書卷八韓柳二先生年譜書後曰：『文集者，一人之史也。家史國史與一代之史，亦將取以證焉』。又卷十三東雅堂校刻韓文書後曰：『文集者，一人之史也，其事其文，首與其人相涉，未有不爲一例通編』。又高郵沈氏家譜叙例曰：『譜傳即史傳之支流，亦以備史傳之采取也』。又卷二十一劉忠介先生年譜叙曰：『魏晉以還，家譜圖牒，與狀述傳志，相爲經緯。蓋亦史部支流，用備一家之書而已』。又卷七立言有本曰：『史乘而有稗官小說，專門著述而有語錄說部，詞章泛應而有猥濫文集，皆末流之弊也，其中豈無可取？然如披沙揀金，貴於精審』！（通義更謂詩話通于史部之傳紀）又外編卷十八和州志文徵徵述曰：『徵述者，記傳序述誌狀碑銘諸體也。其文與別傳圖書，互爲詳略。蓋史學散而書不專家。文人別集之中，應酬存錄之作，亦往往有紀傳諸體，可裨史事者。…修史傳者，往往從而取之。則徵述之文，要爲不易者矣』。修志十議曰：『…所有應用之書…俱須加意採訪。他若邑紳所撰，野乘私記，文編稗史，家譜圖牒之類，凡可資搜討者，亦須出示徵收，博觀約取』。方志請立三書議曰：『國史不得已而下取於家譜，述狀，文集，記述，所謂禮失求之野也』。

貳，史材之蒐集

章氏嘗謂記注之業，即比次之書；而比次之書，其道有三：一爲及時撰集，以待後人之論定者；二爲有志著述，先獵羣書以爲薪樵者；三爲陶冶專家，勒成鴻業者。（見答客問下）然比次云者，不過整齊故事，固非專門著作也，故答客問上曰：『…若夫君臣事蹟，官司典章，王者易姓受命，綜核前代，纂輯比類，以存一代之舊物，是則所謂整齊故事之業也。開局設監，集衆修書，正當用其義例，守其繩墨，以待後人之論定，則可矣，豈所語於專門著作之倫乎』？唯比次之業，必有所憑藉，則修史之先，需從事於史材之蒐集。章氏嘗謂：『方州修志，其便有二：地近易覈，時近迹真；其長有三：識足以斷凡例，明足以決去取，公足以絕請託』。（見修志十議）故倡州縣宜立志科之議，其言曰：『今天下大計，始於州縣，則史事責成，亦當始於州縣之志。州縣有荒陋無稽之志，而無荒陋無稽之令史案牘。志有因人臧否，因人工拙之義例文辭，案牘無因人臧否，因人工拙之義例文辭。蓋以登載有一定之法，典守有一定之人，所謂師三代之遺意也』。並應分史材爲三類，以爲搜集之標準。方志立三書議曰：『凡欲經紀一方之文献，必立三家之學，而後乃可以通古人之遺意也：倣紀傳正史體而作志，倣律令典例之體而作掌故，倣文選文苑之體而作文徵。三書相輔而行，闕一不可』。平日並宜立一志乘科房，僉椽吏之稍通文墨者爲之。凡政教典故，堂行事實，六曹案牘，一切皆令關會目錄眞跡，彙冊存庫，則異日開局纂修，取裁甚富。（詳答甄秀才論修志第一書）州縣請立志科議更詳論採錄之法曰：『平日當於諸典吏中，特立志科，僉典吏之稍明於文法者以充其選，而且立爲成法，俾如法以紀載，略如案牘之有公式焉。…然則，立爲成法將奈何？六科案牘，約取大略而錄藏其副可也。官長師儒去官之日，取其平日行事善惡有實據者，錄其始末可也。所屬之中，家修其譜，人撰其傳誌狀述，必呈其副；學校師儒，采取公論，覈正而藏於志科可也。所屬人士，或有經史撰著，詩辭文筆，論定成編，必呈其副，藏於志科，兼錄部目可也。衙廨城池，學廟祠宇，堤堰橋梁，有所修建，必告於科而呈其端委可也。銘金刻石，紀事摛辭，必摹其本而藏之於科可也。賓興鄉從，讀法講書，凡有舉行，必書一時官秩，及諸名姓，錄其所聞所見可也。……仿鄉塾義學之意，如四方各鄉設采訪一人，遴紳士之公正符人望者爲之，俾搜遺文逸事，以時呈納可也。學校師儒，愼選老成，凡有呈納，相與持公覈實可也』。至若方志立三書議云：『古人書欲成家，非誇多而求盡也；然不博覽，無以爲約取地』。蓋博採廣諮，蒐集之道也。

叁，史材之保存

史材既爲作史之憑藉，故不得不有以儲藏之，請立志科議論志科保存史材之法及其優點曰：『置藏室焉，水火不可得而侵也。置鎖櫝焉，分科別類，歲月有時，封誌以藏，無故不得而私啓也』。又曰：『令史案牘，政事之憑藉也。有事出不虞而失於水火者焉；有收藏不謹而蝕於濕蠹者焉；有奸吏舞法而竄竊更改者焉。如皆錄其要而藏副於志科，則無數者之患矣』。而國家計書史材，章氏則謂應築室於魯阜以藏之，故校讐通義藏書第九云：『然則尼山泗水之間，有謀禹穴藏書之舊典者，抑可以補中秘之所不逮歟』？

肆，史材之決擇

史材廣博，勢難盡取，故永清縣志六書例議云：『史家約取掌故，以爲學者之要刪，其與專門成書，不可一律求詳，亦其勢也』。然所謂約取，並非摧滅故實，亦有其道，答客問中云：『若云好古敏求，文獻徵信，吾不謂往行前言，可以滅裂也。多聞而有所擇，博學而要於約。其所取者，有以自命而不可概以成說相拘也』。其道唯何？即旁推曲引，聞見相參，顯微闡幽，折衷至當是也。故和州志列傳總論曰：『司馬遷曰：「百家言不雅馴，搢紳先生難言之」。又曰：「不離古文者近是」。又曰：「擇其言尤雅者」。載籍極博，折衷六藝。詩書雖闕，虞夏可知。然則旁推曲証，聞見相參，顯微闡幽，折衷至當，要使文成法立，安可拘拘爲劃地之趨哉？夫合甘辛而致味，通纂組以成文，低昂時代，衡鑒士風，論世之學也。同時比德，附出均編，類次之法也。情有激而如平，旨似諷而實惜，予奪之權也。或反証若比，或遙引如興，一事互爲詳略，異撰忽爾同編，品節之理也。言之不文，行之不遠，聚公私之記載，參百家之短長，不能自具心裁，而斤斤烏徒爲文案之孔目，何以使觀者興起，而遽欲刋垂不朽耶』？

伍，史材之考證

答客問下嘗謂史材之難爲憑藉者，凡七端，而整理考訂之法，不可不講矣。而考証之業，章氏則以爲應責成州縣學校，並論其四便，校讐通義校讐條理第七曰：『夫求書在一時，而治書在平日。…若紀載傳聞，詩書雜誌，眞訛糾錯，疑似兩淆；又書肆說鈴，識大識小，歌謠風俗，或正或偏；其或山林枯槁，專門名家，薄技偏長，稗官脞說，其隱顯出沒，大抵非一時徵求所能彙集，亦非一時所能討論所能精詳：凡若此者，並當於平日責成州縣學校，師儒講習，考求是正，著爲錄籍，略如人戶之有版圖。載筆之士，果能發明道要，自致不朽，願託於官者聽之。如是則書掌於官，不致散逸，其便一也。事有稽檢，則奇袤不衷之說，淫詖邪蕩之詞，無由伏匿以干禁例，其便二也。求書之時，按籍而稽，無勞搜訪，其便三也。中書不足，稽之外府，外書訛誤，正以中書，交互爲功，同文稱盛，其便四也。此爲治書之要，當議於求書之前者也』。

第七章　撰述史書之主見中

壹，文人不應修史

章氏曰：『史筆與文士異趨：文士務去陳言，而史筆點竄塗改，全貴陶鑄羣言，不可私矜一家機巧也』。（駁湖北通志檢存稿）『文人之文，與著述之文不可同日語也。著述必有立於文辭之先者，假文辭以達之而已』。（答客問）『詞采以爲才，非良史之才也』。（言公上）文史既異，故書姑蘇志後曰：『文人不可與修志』。與石首王明府論志例中，亦以記事之文雜入詩賦藻飾之綺語爲惑。而『後代選文諸家，掇取文辭，不復具其始末。如奏議可觀，而不載報可。寄言有託，而不述時世，詩歌寓意，而不綴事由。則讀者無從委决，於史事復奚補乎』？（永清縣志文徵序例）州縣請立志科議亦示：『令史案牘，文學之儒，不屑道也；而經綸政教，未有舍是而別求者也。後世專以史事責之於文學，而官司掌故，不爲史氏備其掌故焉。斯則三代以後離質言文，史事所以難言也』。誠以文無定則，任意予奪，其不可憑或甚於說部也。（參閱文史通義詩話篇）實齋論史，多及古今學術之源流及諸家之體例，至於文辭，則不甚措意（見與陳觀民工部論湖北通志），良有以也。

貳，史才應具三長

實齋謂史義有三，而史亦有三長，史德篇曰：『史所貴者義也，而所具者事也，所憑者文也。…非識無以斷其義，非才無以善其文，非學無以練其事。三者固各有所近也，其中固有似是而非者也。記誦以爲學也，辭采以爲文也，繫斷以爲識也，非良史之才，學，識也』。唯學者每難兼此三長，故文史通義說林篇又穩寓古今人通力合作之義，曰：『主義理者，拙於辭章，能文辭者，疎於徵實，三者交譏而未有已也。義理存乎識，辭章存乎才，徵實存乎學。劉子玄所以有三長難兼之論也。一人不能兼而咨訪以爲功，未見古人絕業不可復紹也。私人據之，惟恐名之不自我擅焉，則三者不相爲功，而且以相病矣』！

章氏史家三要（即義理，考據，詞章——見史德說林申鄭諸篇）之義，即劉子玄才學識三長之論。章氏以爲三者之中，史義最重，方志立三書議曰：『國史方志，皆春秋之流別也。譬之人身，事者其骨，文者其膚，義者其精神也。斷之以義，而書始成家；書必成家，而後有典有法。可誦可識，乃能傳世而行遠』。言公上亦曰：『載筆之士，有志春秋之業，固將唯義之求。其事與文，所以藉爲存義之資也』。然史義雖重，猶必具史識以裁之，說林曰：『學詞文章，聰明才辯，不足以持世。所以持世者，存乎識也。所貴乎識者，非特能持風尙之偏而已也，知其所偏之中，亦有不得而廢者焉。非特能用獨擅之長而已也，知己所擅之長，亦有不足以該者焉。不得而廢者，嚴於去僞，而愼於治偏。則可以無弊矣。不足以該者，闕所不知，而善推能者，無有其人，則自明所短，而懸以待之，亦可以無欺於世矣』。而能具史識者，必知史德。史德者，謂著書之心術也（詳史德篇）。蓋審鑑眞僞，據事直書，皆章氏所謂史識也。

章氏嘗謂史義者，乃綱紀天人，推明大道，通古今之變，成一家之言之謂。故答客問上曰：『史之大原，本乎春秋。春秋之義，昭乎筆削。筆削之義，不僅事具始末，文成規矩已也。以夫子之義則竊取之旨觀之，固將綱紀天人，推明大道，所以通古今之變，而成一家之言者，必有詳人之所略，異人之所同，重人之所輕，而忽人之所謹。繩墨之所不可得而拘，類例之所不可得而泥。而後微茫杪忽之際，有以獨斷於一心。及其書之成也，自然可以參天地而質鬼神，契前修而俟後聖。此家學之所以可貴也』。（又見亳州志掌故例議下）蓋實齋解史，近乎哲學史觀也。

第八章　撰述史書之主見下

壹，論敘事之原則

一注重現在　史釋篇曰：『傳曰：「禮時爲大」。又曰：「書同文」。蓋言貴時王之制度也。學者但誦先聖遺言，而不達時王之制度，是以義爲鞶帨絺繡之玩，而學爲鬥奇射覆制資，不復計其實用也』。又曰：『學者昧今而博古，荒掌故而通經術，是能勝周官卿士之所難，而不知府史之所易也。故舍器而求道，舍今而求古，舍人倫日用而求學詞精微，皆不知府史之史通於五史之義也』。

二史貴因時不應泥古　『羲農黄帝不相襲，夏商周代不相沿』。(方志立三書議)『孔傳謂歲改易，而周人即取以名揲卦之書，則王者改制更新之大義，顯而可知矣』。(易教中)『學者昧於知時，動矜博古，譬如考西陵之蠶桑，講神農之樹藝，以謂可禦饑寒而不須衣食也』。(史釋篇)

三史之記事應注重進化之說　原道上曰：『人之初生，至於什伍千百，以及作君作師，分州畫野，蓋必有所需而後從而給救之。羲農軒轅之制作，初意不過如是爾。法積美備，至唐虞而盡善焉。殷因夏監，至成周而無憾焉。譬如濫觴積而漸爲江河，培塿積而至於山嶽，亦其理勢之自然，而非堯舜之聖過乎羲軒，文武之神勝於禹湯也。後聖法前聖，非法前聖也，法其道之漸形而漸著者也。三皇無爲而自化，五帝開物而成務，三皇立制而垂後，後人見爲治化不同有如是。當日聖人創制，則猶暑之必須爲葛，寒之必須爲裘，而非有所容心，以謂吾必如是而後可以異於前人，吾必如是而後可以齊名前聖也』。社會演進，後人或勝於古人，蓋『生於後代，耳目聞見，自當有補前人。所謂憑藉之資，易爲力也』。(釋通篇)

四記事應切於人事　浙東學術篇曰：『知史學之本于春秋，知春秋之將以經世，則知性命無可空言，而講學者必有事事』。又曰：『史學所以經世，固非空言著述也。且如六經，同出於孔子，先儒以爲其功莫大於春秋，正以切合當時人事耳。後之言著述者，舍今而述古，舍人事而言性天，則吾不得而知之矣。學者不知斯義，不足言史學也』。史釋篇亦云：『君子欲有志於學，則必求當代典章以切於人倫日用，必求官司掌故而通於經術精微，則學爲實事而文非空言，所謂有體必有用也。不知當代而言好古，不通掌故而言經術，則鞶帨之文，射覆之學，雖極精能，其無當於日用也審矣』。

五史宜詳近略遠　劉氏三世家傳曰：『歷覩前史記載，每詳近而略於遠事。劉知幾所謂班書倍增於馬，勢使然也』。記與戴東原論修志曰：『史部之書，詳近略遠，諸家類然，不獨在方志也。太史公書，詳於漢制。……秦楚之際，下逮天漢，百餘年間，人將一唯遷書是憑。遷於此而不詳，後世何由考其事耶』？

六史應徵實　章氏謂史書取材，注重徵實，蓋史家文字必有所本，不可任意更張；非如是，不足以言信史也。既以史之所貴，在於徵信，因演為實錄，史德，引用成文，敘源，自注，闕疑，戒因習，非文史合一等說。茲分述之，而已見他章者從略。

（1）史貴實錄

『夫史所載者，事也；事必藉文而傳，故良史莫不工文』。（史德篇）唯『史為記事之書，事萬變而不齊，史文屈曲而適如其事，則必因事命篇，不為常例所拘；而後能起訖自如，無一言之或遺而或溢也』。（書教下）文史通義古文十弊言書事戒律甚詳，可參考焉。

章氏既主張史應遇事直書，故文史通義又倡史德之說。

（2）引用成文

史貴徵實，故宜有所憑藉，是以前人之作，後人不妨因襲。遷固之書，多取前人之說，昔人每譏之，言公上篇獨糾其謬，說林篇亦云：『司馬遷襲尚書左國之文，非好同也，理勢之不得不然也。司馬遷點竄尚書左國之文，班固點竄司馬遷之文，非好異也，理勢之不得不然也。有事於此，詢人端末，豈必責其親聞見哉？張甲述所聞於李乙，豈盜襲哉？人心不同如其面也，張甲述李乙之言，而聲容笑貌，不能盡為李乙，豈矯異哉』？唯『同聞而異述，則見畸而分道；源正而流別，則歷久而失真』，（史注篇語）唯引前人之說，必加審鑑，故和州志藝文書序例云：『韓氏愈曰，「辨古書之真偽，昭昭然若黑白分」。孟子曰：「詖辭知其所蔽，淫辭知其所陷，雅辭知其所離，遁辭知其所窮」。孔子曰：「多聞擇其善者而從之」。夫欲辨古書正偽以幾於知言，幾於多聞擇善，則必深明官師之掌，而後悉流別之故，竟末流之失』。凡所稱引，則須標所自，以明來歷。乙卯劄記云：『考訂之書，襲用前人成說，本不足怪，但須註明來歷耳』。（參考言公中篇）然能存作者原文，最為上策，其言曰：『不存當日原文，則三更其手，非特亥豕傳訛，將恐蟲魚易體矣』。（和州志前志列傳序例下）於書有訛誤更定其文者，『必往原文於其下』：其兩說可通者，亦『兩存其說』；刪去篇次者，亦必『存其闕目』。所以備後人之採擇，而未敢自以謂必是也。（見校讎通義校讎條理第七之四，又見永清縣志列傳序例）。他若聚眾修書，立監置紀，尤當考定篇章，覆審文字。某紀某書，編之誰氏？某表某傳，撰自何人？乃使讀者察其臧慝，定其是非，庶幾涇渭雖淆，淄澠可辨。末流之弊，猶恃隄防（和州志前志列傳序例上）苟所引之書，不一二而足，則必標最初者。最初之書既亡，則必標所引者，乃是『慎言其餘』之定法也。（說林篇）章氏答甄秀才論修志第二書，論成文宜標作者之法，亦甚詳細，曰：『班襲遷史，孝武以前，多用原文，不更別異，以史漢同一紀載，而遷史久已通行，故無嫌也。他若詔令書表之屬，則因其本人本事而明敘之，故亦無嫌於抄錄成文。至史記贊秦，全用賈生三論，則以「善哉賈生推言」一句引起。漢書遷傳全用史記自序，則以「遷之自序云爾」一句作收。雖用成文，而賓主分明，不同襲善。志爲史體，其中不無引用成文。若如俗下之藝文選集，則作者本名，自應標於目錄之下。…至文有蔓長，須加刪節者，則以「其略曰」三字領起，如孟堅載賈誼諸疏之例可也。(案又見修志十議) 至若前綴序引，後附論贊，今世纂家，多稱「野史氏曰」，或稱「外史氏曰」，揆之於理，均未允協，莫如直倣東漢之例，標出「論曰」，「序曰」之體爲安。至反覆辨止，存疑附異，或加「案曰」亦可；否則直入本文，不加標目，隨時斟酌，均在夫相體裁衣耳』。其敘源之道，可以法矣。(又參閱校讎通義)

引用成文，固不以爲病，唯當以其與事實有關者爲主，不應溺於文辭，故修志十議又云：『史志引用成文，期明事實，非尚文辭。其於事實有關，即胥吏文移，亦所採錄，況上此者乎？苟於事實無關，雖班揚述作，亦所不取，況下此者乎』？蓋章氏排斥文史合一之弊，不遺餘力也。

(3)自注

答甄秀才論修志第二書曰：『班史自注，於十志尤多。以後史家文字，每用自注。…志體既取詳贍，行文又貴簡潔。以類纂之意而行紀傳之文，非加自注，何以明暢』？史注篇亦論自注之利曰：『夫文史之籍，日以繁滋，一編刊定，則徵集所取之書，不數十年，嘗失亡其十之五六。…使自注之例得行，則因援引所及，而得存先世藏書之大概，因以校正藝文著錄之得失，是亦史法之一助也。且人心日漓，風氣日變，缺文之義之聞，而附會之習且愈出而愈工焉：在官修書，惟冀塞責；私門著述，苟飾浮名。或剽竊成書，或因陋就簡。使其術稍黠，皆可愚一時之耳目。而著作之道益衰。誠得自注以標所去取，則聞見之廣狹，功力之疏密，心術之誠僞，灼然可見於開卷之頃，而風氣可以漸復於質古，是又爲益之尤大者也』。

(4)闕疑

章氏謂凡遇疑事，宜闕之待訪。和州志闕訪列傳序例曰：『孔子曰：「吾猶及史之闕文也」。又曰：「多聞闕疑，愼言其餘」。夫網羅散失，紬繹簡編，所見所聞，時得疑似，非貴闕然不講也。…疑者闕而弗究，闕者存而弗删，斯其愼也。司馬遷曰：「書闕有間，其軼乃時時見於他說」。夫疑似之蹟，未必無他說可參；而舊簡以古文爲宗，百家以雅馴是擇…』。(高郵沈氏家譜叙例略同)無闕訪之篇，十弊生焉；(一)折衷群說，後人無由辨正；(二)或猥雜濫載，或削之致闕情文；(三)稗說群言，易起淆亂；(四)闕其事目，等於入海泥牛；(五)不爲存證崖略，篇目易亡；(六)見聞不書，後人難得其實；(七)不存闕訪，心事難明；(八)疑略史事附入正文，則類例不清，文辭難稱粹潔；(九)不立闕訪以杜請謁，無以謝絕一偏之言；(十)無闕訪之例，筆削多失其平。(見永淸縣志闕訪列傳序例)至於闕訪之道，其法有三：有一事兩傳而難爲衷一者；有舊著其文而今亡其說者；有愼書聞見而不自爲解者。(同上)

(5)不可一味擬古

『史書因襲相沿，無妨並見，專門之業，別具心裁，不嫌貌似也』。(釋通篇)『使綴今之事，而强屬以古人之體，譬之尸祝傳告，其神情必不肖也。使襲古之體，而但易以一方之事，譬之臨池摹書，其位置必不便也。古之作著，編年紀傳，不同體而同工，語無相襲，蘄自成一家言耳』。(湖北通志檢存稿前志傳)

(6)官名地名人名務期翔實，不可因習

遺書卷八評沈梅村古文曰：『傳述文字，全是史裁，法度謹嚴，乃本春秋家學。官名地名，必遵現行制度，不可混用古稱，使後世無可考稱。亦不可襲用易字省字陋習，均於事理有碍』。(又見繁稱及修志十議諸篇)遺書卷九雜說中亦云：『六朝習尚，爭以郡望相高。記傳用之，全乖史法。其有史官撰碑，文士銘墓，叙人姓氏，亦必排偶其詞。溯厥淵源，追所自出，莫不上窮三王，下逮春秋，採摭成文，鋪叙端委，其爲繁複，豈特梧岡笥谷而已哉』？

(7)力排文史合一之失(見第七章第一節)

貳，論記事之方法

遺書補遺論課蒙學文法中，歷舉叙事方法廿三則，其言曰：『序論辭命之文，其數易盡。叙事之文，其變無窮。故今古文人，其才不盡於諸體而盡於叙事也。蓋其爲法，則有以順叙者，以逆叙者，以類叙者，以次叙者，以牽連而叙者，斷續叙者，錯綜叙者，假議論以叙者，夾議論而序者，先叙後斷，先斷後叙，且叙且斷，以叙作斷，預提於前，補綴於後；兩事合一，一事分兩，對叙插叙，明叙暗叙，顚倒叙，迴環叙。離合變化，奇正相生。如孫吳用兵，扁倉用藥，神妙不測，幾於化工』。

叁，記注之體例

章氏嘗分著述爲記注及撰述二端。記注之史，即斷代史之編定；撰述之史，即通史之勒成。其論史體也，贊美通史，而斥記傳編年之體，(詳第五章)茲述其對於撰史體例之意見於次。

一序例　匡謬篇云：『書之有序，所以明作書之旨也，非以爲美觀也』。

二題目　古人著書，往往不標篇名。(繁稱篇)即著書命篇，亦不過取辨甲乙，非有深意也。(匡謬)至於列傳之有題目，蓋事重於人，如儒林循吏之篇，初不爲施孟梁邱龔黃卓魯諸人而設也。(永清縣志列傳序例)

三史圖史表　章氏以爲作史，當幷立圖表。湖北通志凡例云：『古人圖書並重，則具沿革考者，必兼沿革之圖。古界名今，披文而得其原委，觀畫而洞其形勢，二者缺一不可』。『建章宮千門萬戶，張華遂能歷舉其名，鄭樵以爲觀畫之效，而非讀書之效。是則建制之圖，所係豈不重歟？……蓋古今居室異宜，學者求於文辭而不得其解，則圖闕而書亦從而廢置矣。後之視今，亦猶今之視昔，城邑，衙廨，壇壝，祠廟，典章，制度，社稷民人所由重也；不爲慎著其圖，則後人觀志，亦不知所向往矣』。(永清縣志建置圖序例)唯『圖象爲無言之史；譜牒爲無文之書。相輔而行，雖欲闕一而不可者也』。(和州志輿地圖序例)然『史不立表，而世次年月，猶可求於文辭；史不立圖，而形狀名象，必不可旁求於文字。此耳治目治之所以不同；而圖之要義補綴，所以更甚於表也』。(永清縣志輿地圖序例)然史旣立圖矣，須說與圖並行，故和州志輿地圖序例曰：『圖不詳而繫之以說，說不顯而實之以圖，互著之義也。文省而事無所晦，形著而言有所歸，述作之則也』。

四書志　亳州志掌故例議上嘗謂宋金元諸史之志猥繁不節，難窺統要。及自撰和州永清湖北諸志，不取天文災異之說，亦與劉子玄之說同。

五紀年　韓柳二先生年譜書後曰：『凡立言之士，必著撰述歲月，以備後人之考證』。又曰：『又如敘事紀年，古人必書當代年號』。

六史論無味可付闕如　爲畢制軍與錢辛楣宮詹論續鑑書曰：『據事直書，善惡自見。史文評論，苟無卓見特識，發前人所未發，開後學所未聞，而漫爲頌堯非桀，老生常談，或有意騁奇，轉入迂僻。前人謂如釋氏說法，語盡而繼之以偈；文人撰碑，事具而韵之以銘，斯爲贅也，今則姑從缺如』。

七列女　列女之列乃敘列之列，非烈女之烈，章氏深明斯義，此其識高於子玄者也，故其答甄秀才修志第二書曰：『列女名傳，創於劉向。班馬二史，均闕此傳。范蔚宗東漢書中，始載列女。後史因之，遂爲定則。……劉向傳中，節烈孝義之外，才如姜婧，奇如魯女，無所不載。即下至施旦，亦肯附焉。列之爲義，可爲廣矣！自東漢以後，諸史誤以羅列之傳，爲殉烈之烈，於是法律之外，可載者少。…今當另立貞節之傳，以載旌獎之名。其正載之外，首有才情卓越，操守不同，或有文采可觀，一事擅絕者，不妨入於列女，以附方技文苑獨行諸傳之列。庶婦德之不盡出於節烈，而苟有一事足錄者，亦不致有湮沒之歎云』。

第九章　舊史之編訂

章氏嘗謂史學貴於圓通，書教下曰：『撰述欲其圓而神，，記注欲其方以智』。且嘗著圓通篇以暢明其義，（見書教下）更欲重修宋史以實現其理想，（見與邵二雲論修宋史書）雖皆不果，然其修訂往史之意見具在，書教下曰：『…以尚書之義，爲遷史之傳，則八書，三十世家，不必分類，皆可倣左氏而統名曰傳。或考典章制度，或敘人事終始，或究一人之行，或合同類之事，或錄一時之言，或著一代之文，因事命篇，以緯本紀。則較左氏翼經，可無局於年月後先之累；較之遷史之分列，可無歧出互見之煩。文省而事益加明，例簡而義加精：豈非文質之適宜，古今之中道歟？至於人名事類合於本末之中，難以稽檢，則別編爲表以經緯之；天象地形，輿服儀器，非可本末該之，且亦難以文字著者，別繪爲圖以表明之。蓋通尚書春秋之本原，而拯馬史班書之流弊，其道莫過於此』。與邵二雲論修宋史書亦曰：『遷書所創紀傳之法，本自圓神。後世襲用紀傳成法，不知變通，而史才史識史學，轉爲史例拘牽，愈襲愈舛。…於此而不爲迴狂障墮之功，則滔滔者何所底止！夫…紀事本末本無深意，而因事命題，不爲成法，則引而伸之，擴而充之，遂覺體圓用神。尚書神聖制作，數十年來可仰望而不可接者，至此可以仰追。…今仍紀傳之體，而參本末之法，增圖譜之例，而刪書志之名』。誠如是，庶可以補救前史之流弊，而眞達於圓通之境矣。邵晉涵答書評此論，謂：『紀傳史裁，參仿袁樞，是貌同心異。以之上接尚書家言是貌異心同。是篇所推，於六藝爲支子，於史學爲大宗，於前史爲中流砥柱，於後學爲蠶叢開山』。非溢美矣。

第十章　舊史之整理

章氏嘗謂讀書貴得其法，曰：『後史江河日廣，攬挹不易周詳。利未能遽領，而弊則至于不可勝言。是以治書之法，不邱不熟議也』。況史書之中，『紀傳苦於篇分，編年苦於年合』；且『一朝大事，不過數端，紀傳名篇，動逾百十，不特傳文互涉，抑且表志載記，無不牽連。……至於大綱要領，觀者茫然。蓋史至紀傳而義例愈精，文章愈富，而於事之宗旨，愈難追求，觀者久已患之』。則治史學之法尚矣。唯治史之道，別錄之法最優。蓋『別錄聯紀傳之分，分編年之混。不特挈紀傳之要，且救紀傳之窮。以事爲綱，以紀表志傳之與事相貫者，各注於別錄，詳略既可互糾，而繁複又可檢省』。且如『馬班陳氏，各有心裁家學，分篇命意，不可以常例拘牽。不有別錄以總其綱，則耳目爲微文所蔽，而事迹亦隱而不章矣。紀傳之次焉者，如晉隋新唐之書，雖不出於一手，人幷效其所長。全書不免牴牾，分篇各有其當。不有別錄以總其綱，則同異因分手而殊，而載筆亦歧而難合矣。紀傳之最敝者，如宋元之史，人雜體猥，不可究詰。或一事而數見，或一人而兩傳。人至千名，卷盈數百。不有別錄以總其綱，則手目窮於卷帙之繁，而篇次亦混而難考矣』。得別錄之法董而理之，則可讀矣。別錄云者，『提挈綱領，次本書目錄之後，別爲一錄』，蓋與本書目錄相爲經緯者也。而史之別錄，章氏謂有紀傳編年史體別錄之二種，史學別錄例議曰：『於紀傳之史，必當標擧事目，大書爲綱，而於紀表志傳與事連者，各於其類，附注篇目於下，定著別錄一編，冠於全書之首。俾覽者如振衣之得領，張綱之挈綱，治紀傳之要義，未有加於此者也』。又曰：『今爲編年而作別錄，則如每帝紀年之首，著其后妃皇子公主，宗室勳戚，將相節鎮，卿尹台諫侍從，郡縣守令之屬，區別其名，注其見於某年爲始，某年爲終：是亦編年之中，可尋列傳之規模也。其大制作，大典禮，大刑獄，大經營，亦可因事定名，區分品目，注其終始年月：是又編年之中，可尋書志之矩則也。至於兩國聘盟，兩國爭戰，亦可約擧年月，繫事隸名：是又於編年之中，可尋表歷之大端也』。苟倣其法而行之，中國通史之編修，不難計日成書矣。

第十一章　章氏方志之學

章氏之於史，蓋有天才。其一生除著成一精深博大之文史通義外，其製作之才，悉表現於所撰方志之中。其生平所作方志凡六種，和州志初實現其理想，至亳州志而體大進，至湖北通志而愈益精審。其識多超過前人，方志學之成立，實自章氏始也。且嘗謂方州修志，其便有二，其長有三，(見修志十議)。因倡州縣宜立志科之議(見文史通義)。茲先述其對於方志之見解，而次述其所修諸志之內容及特點焉。

壹，方志之特質

一，方志不應偏重圖經　吾國方志之學，肇端甚早，然前人多認爲地理之書，與史書不關，多學如戴東原猶謂修志但當詳於地理沿革，不當侈言文獻。囿於圖經之概念，由來久矣。而實齋在方志學之供獻，亦即在於能改革方志之觀念，擴充其範圍。記與戴東原論修志曰：「方志如古國史，本非地理專門」。又曰：「考古固宜詳慎，不得已而勢不兩全，無寧重文獻而輕沿革耳」。又曰：「古蹟非志所重，當附見於輿地之圖，不當自爲專門」。又曰：「修志非示觀美，將求其實用也。時殊勢異，舊志不能兼賅，是以遠或百年，近或三數十年，須更修也。若云但考沿革，而他非所重，則沿革明顯，毋庸攷訂之，州縣可無庸修志矣」。因倡方志立三書之議；晚年修湖北通志，即實行其說，勒成湖北通志，湖北掌故，湖北文徵三書。不可謂不別具特識也。

二，記事宜詳以爲國史取材　文史通義嘗謂「方志爲地方之史，且爲國史材料之所自出，故以詳盡遍舉爲上，是以永清縣志士族表序例曰：「正史既存大體，而部府州縣之志，以漸加詳焉。所謂行遠自邇，登高自卑。州縣博收，乃所以備正史之約取也」。答甄秀才論修志第一書亦曰：「志之爲體，當詳於史」。此皆具有特別見解者。

三，志之史材務廣，而體法尚簡，且貴能成一家之言。故修志十議列修志四要，一曰簡；二曰嚴；三曰覈；四曰雅。

四，一統志通志府州縣志　不特詳略不同，且體製亦異，省志非可拚合州縣志而成，州縣志亦非可割裂省志而爲也。故遺書卷十四方志辨體曰：「…如修統部通志，必集所部府州而成。然統部自有統部志例，非但集諸府州志可稱通志，亦非分析統部通志之文，即可散爲府州志也。諸府之志，又有府志一定義例，既非可以上分通志而成，亦不可以下合州縣屬志而成。苟通志及府州縣志可以互相分合爲書，則天下亦安用此重見疊出之綴旒爲哉」？（語亦見湖北通志檢存稿府縣考叙例）

貳，諸志之內容及其特點

章氏曾撰和州志永清縣志亳州志常德府志荊州府志及湖北通志六種。今分論其內容：

一和州志

皇言紀

官師表

選舉表　先詳制度，後列題名。

氏族表　每姓推所自出，詳入籍之世代。科目仕宦爲目；無科甲仕宦，不爲立表。科甲仕宦之族，旁支皆齊民，則及分支之人而止。雖有科甲仕宦而無譜者，闕之。

輿地圖——輿地，建置，營汛，水利。

田賦書　具錄田賦顚末，附採私門著述，官府文移，有關田賦利病者。

藝文書　部次，條例，治其要刪。

政略　次比政事，編著功猷。

列傳　以正史通裁，特標列傳；旁推互証，勒爲專家：上裨古史遺文，下備後人採錄。

闕訪列傳　標名略注，事實難徵，世遠年湮，不可尋訪者歸之。

前志列傳　歷敘前志，存其規模。

文徵

二永清縣志（凡六體，共二十五篇）。

皇言記　恩澤紀

職官表　選舉表　士族表

輿地圖　建置圖　水道圖

六書（禮，吏，戶，兵，工，刑。）

政略

列傳　闕訪　前志

文徵——奏議，徵實，論說，詩賦。

三亳州志

此書爲章氏得意之作，嘗自比於史中陳范之書（見與周永淸論文）。

有人物掌故二表，殆爲是書特色。（各有例議，見文史通義）。

四常德府志（二十四篇，見爲畢秋帆制府撰常德府志序）。

紀二——編年以綜一郡之大事；

考十——分類以識今古之典章；

表四——年經事緯，以著封建職官選舉人物之名姓；

略一

傳七——以識名宦鄉賢忠孝節義之行事；

文徵七卷——自爲一書，與志相輔而行。

叢談一卷——不入志篇。

五荊州府志（名爲知府崔龍見撰，實實齋作也，見覆崔荊州書及爲畢秋帆制府撰荊州府志序）

紀　表　考　傳　文徵附　叢談附

六湖北通志（七十四篇，見爲畢制府擬進湖北三書序，又參考章氏遺書卷二十四至二十七湖北通志檢存稿及卷三十湖北通志未成稿）。

二紀有贊：皇言紀，皇朝編年紀（附前代）。

三圖：方輿，沿革，水道。

五表：職官，封建，選舉，族望，人物。

六考：府縣，輿地，食貨，水利，藝文，金石。

四政略：經濟，循績，捍禦，師儒。

五十四傳（目多不備載，見遺書）

按通志有志一篇，凡例三十四則。遺書又刻湖北通志辨例一篇。

以下三部，各自爲書，與通志相輔而行。

湖北掌故六十六篇

吏科　分四目：官司員額，官司職掌，員缺繁簡，吏典事宜。

戶科　分十九目：賦役，倉厫，漕運，雜稅，牙行，……。

禮科　分十三目：祀典，儀注，科場條例，……。

兵科　分十二目：將弁員額，各營兵丁技藝額數，武弁例馬，……。

刑科　分六目：里甲，編甲圖，囚糧衣食，三流道里表，……。

工科　分十二目：城工，塘汛，江防，銅鐵礦廠，硝礦，工料價值表，……。

文徵八集

甲集上下　裒錄正史列傳。

乙集上下　裒錄經濟策書。

丙集上下　裒錄詞章詩賦。

丁集上下　裒錄近人詩賦。

叢談四卷

考據；軼事；瑣語；異聞。

案方志立三書議曰：『凡欲經紀一方之文獻，必立三家之學，而始可以通古之遺意也。倣紀傳正史之體作志，倣律令典例之體而作掌故，倣文選文苑之體而作文徵。三書相輔而行，闕一不可。合而爲一，尤不可也』。及撰湖北通志又實行此說，進三書序，又申明其義。考章氏曾主張『盈天地間凡涉著作之林皆是史學』之說，然欲於一書保存許多史料，自必失之蕪雜，而少斷制，而適違修志十議中四要八忌諸條欵，今湖北通志以餘三書各自爲帙，蓋通志則務取體要，而掌故，文徵，叢談則專以儲存史材，體至允當。『三書相輔而行，缺一不可；合而爲一，尤不可』之語，蓋謂此也。

二十二年三月十七日抄於故都沙灘東皇城根二十八號

（完）

燕京學報

第五期目錄

戈戟之研究　馬衡
僞古文尚書案之反控與再鞫　張蔭麟
西清金文眞僞存佚表　容庚
西漢物價考　瞿兌之
燕京故城考　奉寬
漁洋山人著書考　倫明
附錄：評猷氏集古錄第一集　容庚

第六期目錄

周易卦爻辭中的故事　顧頡剛
耶律楚材父子信仰之異趣　陳垣
雲岡石窟寺之譯經與劉孝標　陳垣
三百篇之『之』　黎錦熙
周金文中所見代名詞釋例　容庚
金文曆朔疏證　吳其昌
籌算制度考　李儼
愼懋賞本愼子辨僞　羅根澤
燕京大學校址小史　許地山

第七期目錄

從天文歷法推測堯典之編成年代　劉朝陽
劉向，歆父子年譜　錢穆
大學爲荀學說　馮友蘭
釋巫　瞿兌之
山海經在科學上批判及作者之時代考　何觀洲
書後　鄭德坤
宋元南戲考　錢南揚
『遼彭城郡王劉繼文墓誌』跋　奉寬

第八期目錄

匈奴王號考　方壯猷
鮮卑語言考　方壯猷
耶律楚材之生卒年　陳垣
斐律賓史上「李馬奔」Limahong之眞人考　張星烺
莽量函率考　顏希深
三百篇之『之』　黎錦熙
釋詩書之誕　吳世昌
關於老子成書時代之一種考察　錢穆

學術消息

民國十八，九年國內學術界消息　余遜，容媛
一九二九年日本史學界對於中國研究之論文一瞥　黃孝可
日本已故東洋史學家箭內，藤田兩博士之著述目錄　黃孝可

新著評論

評猷氏集古錄第二集　容庚
評戴聞達博士英譯商君書　瞿世英

第九期目錄

夨彝考釋　吳其昌
湯盤孔鼎之揚推　郭鼎堂
臣辰盉銘考釋　郭鼎堂
陳那以前中觀派與瑜伽派之因明　許地山
『斐律賓史上李馬奔Limahong之眞人考』補遺　李長傅
崔東壁先生故里訪問記　顧頡剛，洪煨蓮，趙貞信
圖後附說
二十年（一月至六月）國內學術界消息　余遜，容媛

近百年來中國史學與古史辨

Arthur W. Hummel 著
鄭德坤 譯

——英譯古史辨自序序——

一九二六年的六月，顧頡剛先生的古史辨出版時，我正在北京，因想將其自序譯成英文。讀了第一冊使我覺得它是現在中國學者的工作及態度最好的介紹；中國文化革新的各大問題，西洋科學方法的應用，及本國固有成績的繼續，無不敍述盡致。同年十月間，胡適博士作了一篇長評，說它『是中國史學界的一部革命的書』。（見現代評論一九二六，十月十一日份，或古史辨第二冊，第三三四頁。）其實就是百年來中國古史最重要的貢獻。胡博士得到我的同意引用我的話，說至少這篇自序應譯成英文，因為這篇不獨是一位現在中國史家的自述，抑亦過去三十年來風行中國的思潮最好的評述。到現在還沒有人做這個工作，所以我得到顧先生的同意着手譯出。本想合一九二零至一九二五間，文學革命諸領袖的文章書札多篇，訂成一書，但以自序頗長，而是整個的作品，遂單印了。古史辨中的各部均有繙譯的價值，最希望讀者能夠繼續着研究。第二冊是一九三〇年出版的。在這些新文化運動領袖的論文中，我們可以見到他們對於中國文化的改造，舊學術的是非，古書籍的眞假及應用科學方法於傳統文化的態度。我只將這篇討論現在歷史問題最廣的譯成英文，做個介紹而已。

自序這一類的文章，英文沒有相當的名詞。自序就是作者自述其家世，教育及其智識之發展，使讀者容易明白他思想的來源及其工作的緣由。誠然，我們的博士論文也附有關於作者個人生活的敍述但是太正經簡略了，一點兒沒有生氣。我們還有無數的日記自傳，但是都不象中國人的自序，目的在說明作品產生的原因。中國人也有日記，長的自傳頗少見，除非有其他重要的動機結合在裏頭。

自序的文章由來甚古，雖然不都像顧先生的那末長而重要。最古的常推司馬遷史記的自序，作於紀元前第一世紀，現存於該書卷末。其次見於王充（二七——九七）的論衡，一九

○七年 Alfred Forke 已把它譯成英文。劉知幾（六六一——七二一）自序史通亦詳述其態度思想，及時代的背境。至於崔述（一七四○——一八一六）如果沒有許多自序存留於他的作品裡，我們何得詳明其不諱忌的疑古，及無畏精神的由來。

顧先生的自序外，這類的文章現在還極盛行。如果不是為闡明作品而作的，在作者生活轉變的時候也可以有自序的文章，名『自述』。作者可以自述其生活之一段。最好的例子是梁啓超的三十自述及今年（一九三二）胡適博士的四十自述（見新月卷三第三期），他們所說的和顧先生及前人的自序一樣的眞摯爽直。

中國人喜歡用客觀的態度表現自己，這在西洋學者頗少見。他們未嘗用客觀的態度自省，是以極不容易寫出純粹無自覺的作品。成功的也有，其中當以 Henry Thoreau(1817—1862) 為最顯著。他的成功或者是因為他的宇宙觀和中國人頗相似，是一種實用及無為精神的結合。他的名著 Walden 有一段說，『我請求每個作者不要只是說別人的事情，而要他，不論先後的，將他自己的生活簡誠的寫出來，像他要寄給他遠方的親友一樣。因為他所過着的眞摯生活，於我終是隔離很遠的。』他有這種言論並不足怪。

這正是顧先生所做到的，也就是他的作品所以會簡潔可愛和 Walden 及 Thoreau 的日記一樣的原因。他給我們的印象不是在尊崇自己而是在尊崇他所發現的，要明瞭這一點應該先明白他的時代和他的人格。經過多年精神上與衆隔離的生活，他將他的生活集中於新的解放的思想。自表和自評是當時一班人士所認為重要的。和 Thoreau 一樣他用『我』字在他的作品中，因為再沒有別人他知道的更詳細了。我們不會感到他是自誇，因為他處處很公正。他的失敗和成功，豪放的想像和遺傳的頑固，身體的衰弱和思想的解放，我們都知道了。這本書是一位感覺非常靈敏的人的作品，他會分析自己，而同時會懷疑他的時代，以至於古代。他是一位中國人生育於一個時代，而自己覺得應該集中他的思想於一個新的時代的。

中國自來注重農與學，遂發展一種極固定的家庭制度，及一種傳統的書香世家。在這種情形底下，讀書的遺習是遺傳的。大多數的人民保守着他們的土地，他們肉體的氣力和他們生活的節奏是調和的。理想的政體是學者專政（是君子治國而不是法律治國）。在這種制度之下最容易隔離了幾位文人，讓他們去自由發展他們的才能。這種的文人往往身體極其衰弱，但是他們有強健的腦力可以向學問，文學，及藝術諸方面發展。

自序的作者就是這種世家的後裔之一。他的家族中的一系可直推至著名的顧炎武（一六一三——一六八二）。顧氏是十七世紀提倡新的校勘學及文學批評的人。這一家世居歷來屢出史家文人的蘇州附近，長江下流的肥饒土地。江蘇安徽浙江諸省的家族原多居黃河流域，後以外族之內侵，屢次南遷於這比較沃饒豐富的長江江口的地方。

顧先生的夙慧使他未到三十歲便可以領導本書的論辨，這是社會制度，美善的遺傳及嚴正敎育所造成的。中國的歷史上，這種夙慧的例子頗不少。第三世紀的經學家王弼——二十三歲死的——便是個好例。他作的易經註，到現在還極風行。在現代呢！胡適博士自己，二十六歲便做出文學革命的原則，廢文言而用白話。

顧先生懷疑的態度及研究中國史的方法，得諸中外的影響。他少微懂得幾種西洋文字，而不會說；他沒有出過中國，沒有跟西洋人念書。但幸於其生活轉變之時——一九一七——他上新由美國回來胡適博士的課。那時候，他的先生爲着文學革命及中國文化之整理——歷史，文學及哲學三方面——做了許多文章。顧先生便得到他的精神尤其是科學的方法，而用之於古史的整理。這問題關係民族的來源，是以最受當時人士的注意。

在他的早年，他受了古文學家的影響。這一派讚許舊的理論，以爲經典是孔子以前的產物，應該視爲古史的文獻，不宜以哲學理論視之。因此論語稱孔子『述而不作』，是古制的保守者，而不是新社會制度的提倡者。

很奇怪，他却是到進了大學，聽了當代古文大家章太炎的講學後，才好奇的去讀當代最激烈的今文學家，康有爲的作品。以前他沒有讀這些書的機會，因爲康氏的著作在一八九七及一九〇〇年均被封禁，板亦被毁。但是，就是看了康氏的著作所以他對于已往發生懷疑，自序說得極詳。一九二六年，我問他，他也這樣的回答我。今文學家以爲孔子是多數經典的作者，用以鼓吹理想的社會制度，及新世界觀的基礎。這一派的意見，孔子不獨是述古代歷史文獻者而且是一位哲學家，政治家，敎育家，是個沒寶座的帝王，及世界的振救者。這種的理論在中國歷史上發源極古，但未嘗有如康有爲那麼坦白，大胆，那麼明白肯定的說出來。他的理論之影響于中國的文化及政治思想是非常的重要。讀者如果不知其于時代的意義，將不容易明白顧先生的作品，及這三十年來中國的改變。

一八九一年，康有爲著新學僞經考。他要證明古文派所謂可靠的壁經，其實是王莽及其臣劉歆假造的。其目的在替新朝（九——二十三）及其社會計劃找出家族的，歷史的及哲學的根據。書經，左傳，毛詩及周禮均有可疑的部份。這種結論乃根據漢代及其他的歷史，並且至少有一種古文經（書經中的二十五篇）已證實爲第四世紀的僞作。最先爲梅鷟在一五四三年所發表，其後閻若璩（一六三六——一七〇四）惠棟（一六九七——一七五八）段玉裁（一七三五——一八一五）及江聲（一七三三——一八一〇）均有同樣的結論（編者按，梅鷟閻若璩等所證僞者係晉僞古文尚書，非康氏所指之漢古文尚書也。）。康氏立說雖然有時不免强辨，不免川主觀的推論，但其所證可成立者亦極不少，可以成爲現代史學批評的起源。他提起僞經問題是繼續十八世紀的學者因列强之內侵，滿清政府之腐敗，及政局之紊亂而停頓的工作。

康氏討論僞經的目的，在于指斥當時的守舊派，說他們所崇拜的孔子及其學派的道德觀念及社會思想都是根據僞經而來的。他以爲要實現他改革的計劃，非先打倒根據僞經的舊理論不可。他否認敵派對於孔子的觀念——把孔子看爲一位史家，及古經之保存者；而自己承認孔子是一位大道學家，是位肯爲社會作事的人。一八九七年，他著孔子改制考就是將孔子的第二副面目表現出來。康氏深識西洋歷史，中日戰爭後，中國積弱益顯，他相信如果舊的思想還在則改革終究是不會發生效力的。他以爲要改造中國要根據歷史上及宗敎上革新思想的證據，而這些證據必要出於孔子的學說，及孔子制度裏的東西。他不向西洋採取科學及法學的方法，而採取於中國歷史，特別是孔子的生活及學說，而以宗敎說明之。

這必須的根據，他在公羊傳裏找到了。——公羊傳是今文家主要的根據。他找到一個社會演進的理論，而據以爲社會應走的方向。那時達爾文的學說尚未傳入中國，他却提倡他所相信的孔子三世的思想。第一爲據亂世，以武力或嚴法治天下，人民都要服從。第二爲升平世，人民均受敎育，參加政治。第三爲太平世，這一時期康氏以爲孔子在禮記禮運篇敘述極詳。稍後，他在大同書中，更詳細的發表其理想中之社會及政治的烏託邦，並且是中國社會應該做到的。他希望將他的理想鼓吹，使其社會改革可以實現。但是他相信他的理想要和孔子的人格聯合起來，所以把這問題提出歷史範圍而置之於哲學宗敎之中了。民國成立以後，他的見解遂變爲他的學生陳煥章氏的孔敎運動，這是不足怪的。

康氏既承認天下是由據亂世而入於太平世，所以他不能不攷慮到孔子屢次所講的古代的黃金時代，在這時代天下是聖王所治，他們即位不是自己所願意的，他們喜歡讓賢。他把這難題解決了，他承認孔子故意將自己的理想寄託於不是史實的古史，這是以前儒者所不敢承認的。康氏以爲孔子明明知道這些古聖王並沒有一般人所相信的那樣完善，但是他不能不這樣說，因爲他還要介紹一個更激烈的思想，用別的方法是無從使其實現的。這是當時唯一的方法，也就是老子墨子及孟子諸道德家所公用的。由歷史方面看來當然是極大的錯誤，但是在康有爲的立場上看來，如果要使孔子在進步的社會上還有地位，如果要改革專制政體的腐敗，要使中國革新，在國際上有新的生命，他不能不這樣做。

如何使古代是黃金時代的觀念與社會發展的理想相調和，是中國歷來難決的問題。其實這是個歷史哲學的問題，因爲進步的概念要根據價值的估定，所以這是哲學或宗教的問題而非歷史的問題。康有爲以爲他的學說在歷史上有重要的根據，但是，上面已經說過，他的學說已經到別的範圍去了。紀元前第三世紀的法家是最早從事解決這個問題的，他們所公開主張的和西洋惟用主義者的見解正相符合，他們以爲一切改革不要到歷史上去求什麼根據，只須看當時的實際情形便夠了。韓非子所說的是這一派的主張最好的例子，他說：『聖人不期修古，不法常可；論世之事，因爲之備。』他又說：『夫古今異俗，新故異備。』這就是淮南子說的『隨時而舉事』的意思。

如果康有爲早三十年發表這種學說，眞是要和儒學決裂了，就是他自己及他的門人亦不能讚同的。他是位儒家，又是位學者，是以他不能完全脫離了孔子思想的範圍。他只好不知不覺的在孔子的思想中建立了他自己的理想烏託邦，正如他所信的孔子在堯舜的思想中建立他的理想一樣。雖然他竭力考證古經之僞，其中有許多是贋造的，但是他却用這種材料來畫他的孔子，引爲孔子之言（如引禮記），而實際上這書是撰成于孔子以後幾百年。這個是現在的史家如顧頡剛輩所不作的。他們覺得康有爲的主要目的並不在學術而在于社會與宗教；『他拿辨僞做手段，把改制做目的。』他的理想的社會是根據于孔子的世界觀。

康有爲承認孔子運用沒有事實根據的古事，並沒有想到他這種態度的影響。但是他這樣一做，竟然打倒了傳統的世界觀，及歷來編寫中國歷史的大前提。假使歷來聖賢學者所述的古代史事只是屬於神話的，那我們不能因爲知道他們的目的在於託古改制便滿意了，我們一定要進一步去求古史的眞面目。顧先生的古史論辨就是要找一副較眞的面目，雖然這種面目是迷糊的。他們討論問題的範圍，並不止于論辨古經中的傳說。他們討論的範圍是從來中國學者所未嘗做到的，他們就在這新境地中找佐證——歌謠，民俗，小說，戲劇，考古學以至于心理學。古史辨只能代表新文化運動的一方面。新文化運動要探討中國人的整個生活，自一九一七年起，由文學的白話化，國語的統一，進到教育的改造，家族制度的重估價值，婦女的解放，法律新觀念的產生及孔制各門——社會，禮制，及宗教——的討究。

因爲孔子這個名詞和春秋尚書發生關係，遂使這些文獻偏重于道德方面，而用道德觀念來解釋古事。孟子已告訴我們，孔子作春秋而亂臣賊子懼。因此讀歷史，習以爲欲知其褒貶，爲後世之訓戒。歷史變成一面鏡子，使後世君王知爲君之道，而不是已往忠實的反映。因此改造進步的觀念無從而入，而歷史也變成一種固定思想的記載而已。一〇八五年司馬光所著成的資治通鑑及後來朱熹的通鑑綱目都是本於這種觀念寫成的。朱氏的書 De Mailla 譯成法文，一七七七出版，是中國這種固定化的歷史傳入西洋之始。這種現象實爲中國衰弱腐化的原因。現在史學者的責任是在打破這隔膜，重新估定事實，不是用固定的道德標準去剖判古事，而要用當時的宇宙觀去記載。顧先生說：『我們知道學問是只應問然否，而不應問善惡的。』

如果止從辨僞來研究新文化運動，我們還可以看到以下幾種趨勢：——

一，對于經典態度之改變　中國的經和希臘的羅馬的相同，是歷來宗爲神聖的。孔子這個名字和它們是有密切的關係，所以儒學遂變爲國敎，十三經便可以來代表整個中國的文化。其他異派哲學如莊子的道敎，墨子的實利主義，韓非子的法治主義，及其學派，均以政治上的便利及道德上的統一而被輕視，甚至于被壓迫了。他們的作品被任意敍述，而很不公正的與正統的儒家的宇宙觀作比較。

這種的態度激烈改變了。由其歷史背境而研究經典，遂造成新的目的。有些篇經典，如書經，已經被剝奪其歷史價值，而詩經裡有許多的價值却被提高了。孔子的名字大多數和經典脫離關係。詩經有幾篇很古的，禮記反在孔子之後了。馮友蘭博士在他的孔子在中國歷史中之地位裡，引證孔子的話說明他是『述而不作』，而認他爲當時一位像蘇格拉底的大師，用經典做課本，其貢獻是政治的觀念，不分等級的教育。胡適博士在他的中國哲學史大綱裏嘗欲證明孔子曾作易經的十翼及編春秋以爲正名學說的根據。但是別的作家如梁啓超錢玄同輩不注重這種議論。儒家經典之完成頗遲：論語及孟子是唐宋之間才選入經典的；詩經多數爲古代的歌謠，和儒家的思想沒有關係；孝經亦早已證爲僞作了。

二，學派統治的解放　中國學術的派別也許和西洋的宗教派別極乎類似。這兩種派別同盛於人類尋求絕對標準，並且把這種標準作爲個人客觀觀察的根據的時代；同趨於注重己派的異點，把較爲公正的見解丟棄了。學派是由幾位名師造成的，他們在一個孤陋寡聞的團體裏招了一班門徒，以提倡一種新道德的理論，一派新學問，或一種新文體。因爲自少就跟着一位名師，當然會服從儒學制度，而竭力擁護其師長的意見。沒有學派的便沒有歷史的背景，因之便也沒有地位。對于一派有了疑問的，便不成爲一派的門徒，但這並不是出於科學的態度，乃是因爲已經接受了別派的見解，而這別派也是一樣的武斷一樣的不科學的。學術的來源，承繼的統派及其師門是和學問本身一樣的重要。

在這種環境之下，要大公是不可能的，正如顧先生所說的，一個假設早就規定了，而門人們要從一個共同的目標去發揮之。結果使學術的發展失了均衡。例如宋學派富于主觀的哲學的觀念，而弱于學術考證的根據（朱熹之輩實爲例外）。漢學派善于假設集證的方法，而劣于哲學化的整個組織，致失之支離破碎。近二百年來的桐城派雖然改革了駢體文之弊，但以太拘執于唐宋古文，結果成爲文學革命最大的障礙。

現在學者的趨勢如顧頡剛輩乃竭力由派別中解放出來，而不取派見了。幸得當時個人主義及新教育制度盛行，交通便利又使封建思想漸次消滅，這種自立的爲學才得成功。

三，尋求絕對眞理的放棄　承認經典中聖人的學說爲道德眞理的精華，是舊的學術界所竭力擁護及傳述的。就是十八世紀最大胆的學者崔述，他一生精力用在辨僞及經中編年的錯誤，而還相信有一小部份不是辨僞工作所能動搖的。不獨經書，就是各種作品均有這種同樣的部份的。這就是左傳所謂『三不朽』中的『言』之不朽。司馬遷在第一世紀時作史記就有這種意見，是以他的自序及報任少卿書都說：『僕誠以著此書，藏之名山，傳之其人。』

試將這種態度和顧先生所說的比較。顧先生說他不過做一張傑作的繪稿而已，不能看作圖畫的完成者。他說：『我不希望有一天高興地呼喊道，「眞理已給我找到了，從此沒的事了」。』在他看來所有的學問均帶有假設的性質，它的不朽性只是表示這種假設經過最嚴格的考證而尚不動搖而已。再與梁啓超的態度比較，他在墨子學案自叙說：『吾嘗以爲著書而作名山之思者，皆我慢耳。學問之道，進化靡有止詣。』他要用『不惜以今日之我難昔日之我』這幾個字做他的箴言。

四，新疑古的態度　疑古的精神，現在文化改造最重要的論調，並不是中國歷史上所沒有的。在每個時代都有大胆的學者極力鼓吹像戴震（一七二三——一七七七）所說的『傳其信，不傳其疑』的精神。新近運動重要的意義在于竭力搜集前人疑古的見解，因此顧先生說：『我們既知道辨僞的必要，正可接收了他們的遺產，就他們的脚步所終止的地方再走下去。』

爲着讀者的便利起見，茲將歷來重要的疑古學者，及其懷疑的性質，案時代的前後舉出如下，但是其懷疑的根據不能詳述于此。

1.韓非子（死于紀元前二三三年），其性質可以底下兩句話做代表：『今乃欲審堯舜之道于三千歲之前，意者其不可必乎。無參驗而必之者，愚也；弗能必而據之者，誣也。』——顯學『其言古者爲設詐稱，借于外力以成其私，而遺社稷之利。』——五蠹

2.王充（二七——九七）極嚴厲批評『世信虛妄之書，以爲載於竹帛上者皆賢聖所傳，無不然之事。』他論衡中書虛，藝增，問孔，刺孟諸篇均是很好的代表。

3.劉知幾（六六一——七二一）是鼓吹文史分治的第一人，爲的是要歷史獨立。他的史通大駡已往史家之偪祖畏勢，譏孔子的春秋諱惡事而不言，又刺當時文士不用日用語言而作古文。讀其疑古篇及惑經篇便可以知道。

4.柳宗元（七七三——八一九）以爲國語有幾部份是靠不住的，道家的作品如鶡冠子，文子，鬼谷子均係僞作，因爲材料是別的地方得來的。

5.歐陽修（一〇一七——一〇七二）在他的易童子問中否認孔子和易經的關係，其可疑的理由乃是漢以前的文獻沒提到十翼。他也懷疑左氏，穀梁及公羊諸傳。

6.司馬光（一〇一九——一〇八六）在他的疑孟中懷疑孟子所根據的史實，特別是關于古代帝王方面的。

7.鄭樵（一一〇四——一一六二）是認詩經爲歌謠集的第一人。他提倡用懷疑的態度去研究經書，只讀原文，不及傳注。他說『詩書可信，然不必字字可信。』他也就是證明『石鼓』是紀元前第三世紀而不是第九紀的遺物的第一人。

8.朱熹（一一三〇——一二〇〇）雖然平常被視爲守舊的學者，但他是最初懷疑古文尚書（見語類六七）孝經（見文集六六）及禮記的幾部份（見語類八六）爲僞作的一人。他又相信列子有佛教的來源（見文集六七）而易經本是一部卜卦的書（見語類六六）。他也以爲書序（見文集七一），孔安國的書傳（見文集七一），孔叢子（見文集六六）及孔子家語都是贋作。

9. 葉適（一一五〇——一二二三）也懷疑伏羲文王的畫卦，周公的制禮，孔子刪詩書，春秋種種傳統的思想。

10. 王柏（一一九七——一二七四），參看他的書疑及詩疑。他不理衛宏（第一世紀）的詩小序，他以爲詩意要從詩中得之，不應求之于傳。他也懷疑古文的經書。

11. 宋濂（一三一〇——一三八一）於一三五八年發表他的諸子辨。在這本書內他分析考證了五十多種子書的眞僞和這些書的見解。這本書雖然因爲史學方法的不完全難免有主觀的結論，但可以算是最早從事從新估定古書眞僞的作品之一。

12. 梅鷟（一五一三年得科第）。他的尚書考異是專論古文尚書之僞的第一部書。

13. 胡應麟（一五五一——一六一八）于一五八六年出版四部正僞一書，很嚴密的討論了一百多種可疑的僞作。他提出辨僞的八種原理，均本于來源，文體，內證，性質，傳注等等。他又分僞書爲二十種，如用舊材料編撰的，僞古佚書的，爲個人的誇大而僞作的，爲誹謗他人而作的，局部的僞作等等。

14. 閻若璩（一六三六——一七〇四）是最初用最嚴密的辨僞方法，竭了一生的精力，來證明古文尚書是梅賾在三一七至三二二年間僞作的，因此這部在學術界佔了一千多年勢力的古經便被打倒了。

15. 胡渭（一六三三——一七一四）在他一七〇六年所出版的易圖明辨考究太極圖，河圖，洛書的來源。他證明這些作品沒有經書上的根據，而祇是紀元十世紀間道家的創論，因此宋代哲學的一方面便發生了動搖。

16. 姚際恒（一六四七——一七一五?）是一位不甚著名的史家，他的作品多數亡佚了。但所存的古今僞書考在歷史上頗爲重要，一直至十八世紀末葉還可以算做辨僞著作中最精博的。他分析了九十餘種經籍的眞僞。他的結論有許多難以成立，但是這種疑古的精神，當時實所罕見。

17. 崔述（一七四〇——一八一六）是中國歷史上疑古最勇的，他的結論多可爲現代學者的先導。他最初看出古史是層累造成的，是以時代愈後而事愈詳。堯舜在最古經書中如詩經是找不到的；神農氏孟子中才出現；黃帝的故事到秦代（二五五——二〇六）才盛行；盤古是最古的人物，可是到了漢人的作品中才見到。他又指出古代的作者用許多民間的故事來證明他的學說。這些故事的傳述愈傳愈附會，遂被認爲事實而與史實相混了，由是使戰國（四〇三——二五五）以後的史書傳註和哲學作品都羼入了許多不可靠的成份。

一八四二年的中英戰爭使中國一般智識界的領袖不能不

承認一種新的文化的存在，而且覺得對付這種新的文化一定要用一種新的方術，不能如從前對付其他的文化一樣，把它吸收了便算完事。在這種紊亂情形底下，有學問的大臣，如曾國藩（一八一一——一八七二）左宗棠（一八一二——一八八五）及張之洞（一八三七——一九〇九）最初自然而然的要竭力提倡保存國粹。在這種破產的時代，他們回轉頭來提倡宋代的哲學，而認其為中國已往最高的理想。他們不想去考究這學說的底蘊，他們也沒有時間去做重新整個整理及估價的工作。其結果影響到一八四〇以後的學術界，使十七十八兩世紀的考據工作停頓了六七十年。當時學術界的領袖歸向於前面所提的桐城派，以為如果他們能將唐宋以至漢魏的文體普及化了，他們便可以使古代極美的理想保存在一種極美的文體裏面。這種思潮直到清代的末年（一九一一）還佔勢力，也就是國粹學報（一九〇五——一九一一）的最大目標。當時的文章以古文為標準，就是嚴復（一八五二——一九二一）之譯 Huxley, Spencer 及 Mill 的作品也用漢以前（二〇六前）的文體，林紓（一八五二——一九二四）之譯小說也只用十七世紀聊齋志異的文筆。這種工具不論其怎樣不自然不適用，却是當時一班文人的傾向，就是西洋的作品，他們也要用這種的文體才合意。

一九一七年間文學革命的時機已到，古文被推翻而代以白話文了。結果產生了一大批的新期刊，舊的被束縛的思想解放了，而可以用日用的語言來表現自己。舊詩體不用了，而代以新詩，富有想像的小說排滿了書攤，而各種新的學問，平常人所不知不聞的也跟着普遍起來了。一九二〇年，小學第一二兩年的工課，强迫用國語教授，後漸推至高等小學以至于中學。事前胡適博士（在一九一九年）發表一文名新思潮的意義說明文學革命不獨是文體改革，用白話做一切的工具，而且要進一步去整理估定舊的文學。一九二三年的正月，北京大學國學季刊出版，胡博士做發刊宣言把如何整理顧先生在一文中所叫做『一篇糊塗賬』的國故的原則列舉出來。在西洋人士看來，他的原則並不新，因為歐洲前世紀的歷史批評家已經做過了。這種應用歷史的方法及各方的調查，當然比較以前的學者週密得多。

很奇怪，『整理國故』這新口號的『國故』兩個字，乃本于古文家章太炎的作品，一九一八年(?)所出版的國故論衡。雖然章氏對于經書的意見極守舊，但因對于佛學，玄學，文字學，音韻學都有很深的研究，使他相信如果舊文學不好好整理一下，是沒有法子研究的。這新運動並不像前世紀的保守派的一味玄想，而是進一步做切實忠實大規模的工作。他們的目的及他們的工作可略述如下：

一，僞書的辨別及排除　僞書在西洋早不用了，但在中國他們還在那兒引人入迷。這並非因爲無人辨僞，而是因爲辨僞的作品無人注意，或以證據不足不能使學者心服。辨僞是整理國故最重要的一件事。以前的學者往往對着中國文獻數量的多興嘆，如果他們有好的辨僞去僞的方法，最少可以減少這種痛苦。辨僞實在不是容易的工作，因爲僞作或亦與眞品一樣可靠似的，要辨別之，非有深密的研究不可。因此顧先生擬編前人工作的結果爲辨僞叢刊，以爲繼續研究的基礎。

二，佚書僻典的恢復——這個工作十八世紀的學者致力最深並且已有相當的成就。現在更加努力大規模地繼續這種工作。清代因政治或其他原因被封禁的書籍，現在各圖書館，博物院，書賈及私人均紛紛重刊之。前面所說辨僞諸人的作品，歷來被儒家的壓迫而埋沒，現在多重版而出，遂使思想界富有新生命。燉煌及中亞洲所發現的寫本，對于藝術，語言，佛學，及小說起原的研究均有新的影響，而爲當世學者注意力所集中。舊書及舊書的古板不獨在國內屢有出現，還有國內已失的重要的作品却在日本（如宋應星之天工開物，張文成之游仙窟，黃成之髹飾錄等），高麗，以至于西洋發現了。這種發現的可能並不是完了，我們還希望將來更有重要的發現。

三，古書明晰的增加　因爲歷來中國的文字與語言不一致，所以字音，字義，字形有種種的變更不同是不足爲奇的。再加以歷來抄寫的錯誤，修改的失當，及刋刻的譌失，古書中應該校勘的地方一定很多。唐宋以前的經書更是這樣，如果讀者不習文字學，音韻學及校勘學，往往會碰到莫名其妙的文句，就是中國人也有這種困難。這方面的工作，十八世紀的學者雖然已經有相當的貢獻，但現在還得從新對於這些古書，作校勘，評注，標點及排印的工作。重新標點是個緊要的工作，就是新近王國維（一八七七——一九二七）的作品及清史稿都有標明句首句終段節的必要，目錄及頁數的標記且不提。

歷來講文法的書極少，是以缺少這方面的幫助。劉淇于一七一一年著助字辨略是最古之一，其後爲十八世紀末年（一七九八）王引之（一七六六——一八三四）的經傳釋詞，頗有價值。此後百年，在一八九八年才有部馬氏文通出版。馬氏之書分字詞爲八種，正如西法。同時還有許多好的作品如俞樾（一八二一——一九〇六）的古書疑義舉例，他用本國的語言的原則來分析字詞。

中國的文字不是字母式的，所以參考工具的書籍翻檢很不方便，並且各書中的人名，地名，事跡，及典制又沒有好的引得。在這方面如果沒有方便補救的方法，研究中國的學問終是像從前的費時間，討厭這兩個字且不提。最好的方法還是將各字用號碼標指出來，然後按號編排，則或者可以像字母那樣好找。從前的學者不致力于這種工作的原因，乃是以求助於此種方法爲可羞，正如從前西洋人之讀希臘羅馬經典不肯依賴『現成譯本』(Cribs)一樣。大學者不須用，小學者羞於用，結果這種工作便沒有人去做了。

四，界限的分劃　以往的中國書太攏統了，就是中國人自己也莫明其妙。有許多問題，現在的人希望解釋而沒有法子解釋，就是因爲材料太不集中。如果上面所說引得的事辦不到，則集中便談不到了。現在正開始清理倫理學，哲學，實用科學，歌謠，藝術，宗教及其他各方面，我們希望在可能範圍之內，可以有各專門的歷史出來。到那時候，研究中國學問才可把整個社會做對象，不只限于局部而已。

五，科學方法的鼓吹　明代的哲學家及一部份的宋代學者相信佛道思想，以爲人類最高學問在于心，而學問之來是忽然心會的，不是用工夫由觀察慢慢得到的。人類變爲自然界的標準，他只要自修自思，自然會領會到他們所應該知道的。誠然，朱熹（一一三〇——一二〇〇）及其門人也注意學術的研究，他們常談格物致知，但是由他們的眼光看起來，事物却不是外界的物質，而是內心的事物，或是古書所傳下來的倫理道德了。正如那時候的歐洲思想界一樣，他們以爲外界現象太多太複雜了，不能從那裏得到最高眞理，而他們所尋求的又正是這種最高眞理。他們沒有正當的科學方法，去假設，歸納，及應用實事求是的推論，而用一種宗教的綜合理論，這是很自然的，因爲他們的問題可以說全是倫理宗教的問題。他們沒有方法去駕馭各種觀察的結果，使它們的定律明顯出來。其自然的結果是研究物質科學的人在學術上沒有地位，因爲他們以爲經學家，道德家，詩人，文人才是尋求眞理的。物質科學作品便與小說戲劇相同，被視爲不經的文學。因此由西洋眼光看來以爲很有科學價值的書却被輕視了，許多更失傳了，我們所知道的還是間接由傳文，方志或古類書的引文中得到的。

十七十八世紀的漢學家在經學，哲學方面主張推翻宋代主觀的玄學，他們的工作在校勘，辨僞，音韻，地理方面均有很可觀的成就。他們知道要有多方的觀察，確鑿的證據，懷疑的精神，理論的假設；這些條件都是研究學問所必須的。他們的工作只限在這些方面，而材料又出于經書，所以他們的工作雖極重要，然只是些較大而重要辨僞的初步而已，在這種辨僞裡頭，要『同法庭上的審判一樣，使得他們的謊話無可逃遁』。

六，比較研究的注重　中國的學者自昔相信孔子所說的格言『德不孤，必有鄰』。雖然，他們却不很相信史家所應該知道的格言，一個事實如果孤單無鄰便沒有意義，他要從其鄰得到意義。顧先生在聽了胡適博士講學之後才『知道研究歷史的方法在于尋求一件事的前後左右的關係，不把它看作突然出現的』。顧先生以前，研究的範圍太小了，可以說只在儒家經書中而已，正如歐洲以前的研究歐洲文化只限于羅馬，希臘及猶太的歷史，並且就是這些歷史也未曾把它們的『前後左右的關係』研究過。一八七二年 Edward A. Freeman 在劍橋大學演講歷史的整個性，他以爲比較方法之應用於語言學，神話學，和政治歷史的研究，是十九世紀歐洲對於人類智識進步最大的貢獻；在他看來，和十六世紀希臘拉丁學問的復興一樣偉大。

近來中國比較研究的結果，顧先生說：『驟然把眼光放開，只覺得新材料的繁多亂目，向來不成問題的，一時都起了問題了。』新近考古學上所發現的實證，使我們知道歷代所傳中國民族爲粹純一族的定論是大錯的，中國民族是個混合的民族，他們在史前或者與中亞及近東的文化有相當的關係。一八九九年殷墟卜辭的發見，文字學家對于中國文字的起源及發展更加明瞭，而這種材料紀元第一世紀的學者也不知道的。考古學上的證據又使我們知道歷來以爲古代中國是一神敎的完全錯誤，使我們知道中國也經過石器時代，並且也有生殖的崇拜。如果只在書本上頭找材料，永遠沒有這種結論，並且會得到正與事實相反的結論。這種考古的研究起于宋代（九六〇——一二六〇），但當時只限于古物，並且正如數十年前初期巴力士丁(Palestine)考古學家一樣把考古的結果用爲固有思想的佐證而已。能够由古物推論到與經書中的社會，經濟，及政治不同的情形的很少。他們知道銅器及石刻文字的重要，可是玉器，貨幣，陶器，壁畫，雕刻，及織工品的重要他們不知道。到了近代，這些器物才用爲考古資料。這種研究不應限于中國本部，新近日本，高麗，及西伯利亞發掘的發現使我們相信中國考古的範圍應當擴大。

約百年前，Niebuhr 重編古羅馬的歷史，制度及風俗，所用的材料是歌謠，神話，傳說以及正式的文獻，但是他發覺文獻中許多是假的。顧先生及其同人所用的方法就是這個，其結果還甚微小，但是可能性極多。古代帝王的傳說經過後來學者的整理而編爲書經當歷史看，他們用現在的傳說來分析之。孔子以前的歌謠所集成的詩經，經過他們收集民間二萬餘種的歌謠以比較研究之，遂更明白了。民間的生活和心理不是正史所記的，可是在他們的詩歌，小說，及戲劇裡便能表現出來。這種研究不能單獨靠中國的材料，最好還要與其他文化的歷史作比較的研究，因為歌謠，迷信，禮制，及社會制度，都有互相印證的價值。一切的祖先崇拜，土地崇拜，婚姻，喪葬，生殖，宗教及時季節期為中心的風俗都是這樣。如果把它們認為中國的一種特殊現象，其意義容易完結，如果把它們認為人類一種共同的表現，其意義便無窮盡，因為在中國這些制度，可在其不斷的歷史，古今的文獻，考古的發見，及現存的制度考究之。

顧先生屢次聲明說他的最大困難在于這種比較的研究。對于書上的證據他十分有把握，但因為於語言學，人類學及考古學沒有相當的研究，故不能由這裏頭得到證據。因此有幾個比擬少微牽强些，而為細究其證者所不信。在這一方面，他的工作不論在技巧上及結論上都不比 Ettore Pais 所研究羅馬史上的傳說高明。顧先生對於原始社會及民間故事的背景不像西洋的漢學者，如 Granet 及 Maspero 那麼熟識，是以他用這種的材料不像他們精巧。西洋的學者對于這方面受過相當的訓練，是以他們對于中國民間故事，語言，禮制生活及歷史的特殊現象比較中國本國的學者容易明白認識。這種現象在考古學，人類學，佛教，及中國周圍民族的語言各方面處處可見其為事實。胡適博士說高本漢是受過訓練的音韻學家，他所發明的，比本國的學者三百年來紙上工夫的成績還要重要。其理由是因為高氏有西洋的音韻學原理作工具，又很充分地運用方言的材料，用國內的方言作底子，用安南高麗日本的語言作參證。

但是我們不應認顧先生為這些學問的專家，他自己並不承認，他的目的只在提醒人家這些新的從來無人注意的材料可用于中國古史的整理，他並不想一手包辦的。在中國他算是這方面的開拓者。在自序中他不能多多引證，但是在本文中如論堯舜及禹的傳說幾篇均有較詳細的論證。總而言之，誰都要承認，在大體上他的方法是對的，而誰都應該佩服他勇敢的精神。中國的學者只要從這條路走去，則將來所得的結果一定還要更重要。

現在西洋漢學中最須要古今中國學術代表作品的譒譯。這個工作很少人做，或者是因為這工作困難而少代價。譒譯的人最容易受人的批評，而這種批評如果是自己撰著的作品便比較容易答覆。批評家吹毛求疵，每句用自己的意見一看都可以覺得不十分妥當。這種情形在中國的文學更是事實，因中國的文字，正如 James Legge 所說的，『不是字的代表，而是思想的符號；其于文中的結合不是來表現作者要說的而是作者所思想的。』（見英譯易經序）白話比文言差些，但是以其用象形的文字，困難仍然是有的。

雖然有這些困難，我是很忠實地句句節節把作者原意譯譯出來，並且不使它乾澀難讀。所以這個工作不止是譯述作者的意見，同時又處處顧到原文。刪去的句子不過二十句，而且是為避免繁複而刪掉的。原文中所引的典據，沒有一處刪減，其從略者亦同之。

作者敘述自己經過的年月時日很為準確，但可惜他還用舊的習慣，所舉的書籍，作者，及事跡只標朝代而不舉準確年代，這在西洋人士看來是不大周到的。但是現在進步了，我們看見胡適博士的作品及顧先生後來的文章多有這種標記了。所以要使原文的意義充分表現，我便在可能範圍之內插入年數，但是因缺少工具書，要找一個年代，就是在最完備的圖書館也要費好幾個鐘頭的。這種的困難在近代的作家尤其厲利，因為要找一位十二世紀的作家（如果有記載的話）比找一位十五年前才死去的作家容易。我所用的年代，與從前西洋所用的略異，如果詳細考究一下便可知我是用最新中國學者研究的結果。原文第七頁的括弧裏顧先生說他用的『歲』字乃是用西洋的說法，所以我也照譯了。

原文沒有注的。譯文中的注是我加進去的，希望可以使西洋的人士容易明白其中的意義。人名，地名，書名，及事跡，在中國文字中是不甚重要的，但是有許多應該詳細說明方可了解其中的意義，在西洋的讀者其注明是必須的。這些注文原書上完全沒有，所以原書作者不負注文的責任。

（末段謝詞，從略）

編者按：是篇為 Arthur W. Hummel（韓慕義）氏英譯古史辨自序之序文。韓氏譯本題為 The Autobiography of a Chinese Historion, being the preface to a symposium on ancient Chinese history (Ku Shih Pien)，一九三一年 Leyjen, E. J. Brill Ltd. 出版。

明治以後日本學者研究滿蒙史的成績

和田清著
翁獨健譯

本文爲日本昭和七年（一九三二）十一月出版，歷史教育研究會主編，歷史教育第七卷第九號，明治以來日本史學之發展專號中之一篇。作者和田清氏現任東京帝國大學助教授，於滿蒙歷史素深研究。玆篇敍述明治以來日本學者研究滿蒙歷史之經過頗稱扼要，故特爲譯出。——譯者。

一

最近三百年中國學術最發達的時期中，滿清朝廷治下的滿蒙研究，尤其是滿洲研究，一向是萎靡不振的，因爲滿洲是清朝的發祥地，研究的時候免不了要觸犯到清廷的忌諱。由夷狄入主中華的滿人對於他們祖先發迹的祕事特別要遮掩，假使有人對於滿洲蒙古有什麼侮蔑的言詞，他們一定要極力彈壓，不肯放過。康熙雍正乾隆三朝文字獄的慘苛大概誰都知道的。所以清代的學者不用說不敢研究滿蒙史，連近代史都不敢暢談了，當代的史書多半是官撰的，偶然私人有什麼撰述也祇是歌功誦德的，如皇朝武功紀盛，聖武記之類而已。因爲這種緣故，滿蒙史的研究自乾隆末年欽定的滿洲源流攷，盛京通志，熱河志等出來以後，差不多百數十年間沒有像樣的進步。一直至清末，滿洲朝廷的勢力衰落了，外敵的壓迫嚴重起來，北邊警備的議論喧囂塵上的時候，研究滿蒙史的新機運才又興起。在西洋方面，大概匈奴和大元帝國遺裔的蒙古比較的有人注意到，至於東陲邊土的滿洲就沒有人去十分研究了。

在這時期中，日本的滿蒙研究却有相當的成績，就是現在，日本東洋學的領域中，滿蒙研究還可以算做比較最進步的一方面。因爲對於住在東海島上的日本人，滿蒙是近鄰的地域，早就已經留意到了。渤海入貢的故事固然祇是一種很古的傳說，但一提起蒙古來，便立刻會聯想到『元寇』（譯者按日人稱元世祖之征日爲元寇）；至於滿洲，因爲它是新興清朝的發祥地，更曾惹起日本人的特別注意。所以到了德川時代（一六〇三——一八六六）的太平期，日本學術蔚興的時候，學者的注意自然轉到這一方面來了。現在把『元寇』姑置不論，先說關於滿洲的。寬永（一六二四——一六四三）時，記載日本人漂流到滿洲去的故事的韃靼漂流記已經出來，這書頗爲一般所重視（註一）。元祿（一六八八——一七〇三）享保（一七一六——一七三五）間，大儒荻生徂徠著滿文攷一卷，同時，天野信景也有滿洲字式的述作。徂徠的兄弟北溪（觀）著建州始末記一卷，滿洲八旗色目考一卷，清客問答一卷，清朝探事二卷，清朝三藩邸報錄四卷，滿漢官員品級攷二卷，臺灣亂傳聞記一卷，大義覺迷錄譯解六卷，當時頗有滿清史專家之稱（註二）。此外，同時的岡島冠山（樸）也著了通俗明清軍談，國姓爺忠義傳（譯者按，原文以「通俗明清軍談國姓爺忠義傳」爲一書之名，惟細檢各書所錄岡島氏著作，有通俗水滸傳，通俗元明軍談，通俗明清軍談等書，而無所謂通俗明清軍談國姓爺忠義傳或國姓爺忠義傳者，和田氏此處所云，不知何據。日本昭和四年靜嘉堂文庫國書分類目錄著錄國姓爺忠義傳十九卷目錄一卷，題楮州張公子原撰，享保二年刊，則以國姓爺忠義傳爲楮州張公子所作者矣。）等書。降至寬政（一七八九——一八〇〇）文化（一八〇四——一八一七）時，北門警報類傳，間宮倫宗著了東韃紀行三卷，近藤守重著了邊要分界圖攷七卷，於當時滿洲情況記述頗詳。近藤守重還著有正齋書籍攷一書，其中於清文鑑以下數十種的滿文書都有評論。他的清俗紀聞十三卷雖然不是專講滿洲的，但還不失爲研究滿清風俗的佳作。

雖然這樣，博洽的近藤正齋自己却不通曉滿文。當時通曉滿文，能自由閱覽的有高橋作左衞門景保。高橋景保號觀巢，是正齋前任的『書物奉行』（譯者按日本幕府管理藏書和文件的官吏叫做書物奉行）。他因爲要閱讀由俄羅斯來的滿文國書，自己自修滿文，後來居然有數種關於滿文的著述。正齋書籍攷卷三裡面說，『前物茂卿（譯者按即荻生徂徠）有滿文攷，未稱明晰。先僚高橋觀巢通滿字之學，撰清文輯韻二十六卷散語解二卷，當時讀滿字者蓋權輿於彼。』高橋景保沒有師友的幫助，自己獨力用功，居然達到通解滿文的目的，的確是值得傳述的佳話。這宗事詳見於新村出博士的東方言語史叢攷中（註三），這裡從略。根據新村博士的研究，景保以後，受了他的影響而出來的關於滿文方面的著作有龜田鵬齋的韃字攷，諸葛艮軒（晃）的滿字攷，和嘉永（一八四八——一八五三）安政（一八五四——一八五九）中，長崎通事所撰的飜譯滿語纂編五輯十卷，飜譯清文鑑五卷。此外還有京都的儒者山田憕齋（聯）氏，他把間宮倫宗等所得的材料加以整理研究著成了北裔備攷草稿三卷，滿洲全圖一幅。

此外研究清代文物制度的人很多，就中致力於清初歷史的，寬政（一七八九——一八〇〇）文化（一八〇四——一八一七）之交，有南部藩儒永根氷齋（鉉）和筑前黑田氏的文臣村山芝塢（緯）兩人。村山芝塢是井上蘭臺的弟子，他借到當時的『勘定奉行』（譯者按日本幕府管理稅收財穀和農民訴訟的官叫做勘定奉行）久世氏藏的清三朝實錄，精心研究，和永根氷齋合力成清三朝實錄採要十六卷，清三朝事略二卷。其中採要取材精當，尤稱完善，在中國，與此書性質相同的東華錄尚未十分廣布的時候，採要也很流行。特別因爲它所根據的實錄比東華錄所根據的修正實錄較爲能保存實錄原來面目的緣故，現在還可以做稿本三朝實錄的代用，所以頗足珍貴。因爲這種緣故，現在不特在日本就是在中國採要也還有相當的用處。附有文化四年（一八〇七）柴野栗山氏序文的萬延（一八六〇）改刻本清鑑易知錄也不過是此書的翻刻而已。同時之伴信友於他的中外經緯傳（卷二）中，叙述滿洲沿革的那一部份，曾引用清三朝實錄採要以論證清代先祖的事迹，可以說是最先利用此書的一個人。

所謂清三朝實錄自然是指清初太祖太宗世祖三朝的實錄，這種金匱石室的秘書所以會流傳到外間，一定是清初史臣的責任。他們因爲編纂明史，特請許可參閱三朝實錄，由是得了機會把它私下抄出來。這種鈔本數目當時一定不多，但很奇怪的，很早這種鈔本就流入日本了，現在據我們所知道的已經有幾部副本。然而不止採要在日本這樣的流行，乾隆的史臣蔣良驥根據修正實錄所作的東華錄傳入日本後也立刻就有了所謂官板的覆刻。這種情形可以表示當時對於清史研究興趣的濃厚。不過這些書籍大抵都是關于清初的，所以研究的範圍也多半限於入關前後的滿蒙。

二

日本清朝史的研究，脫出清初範圍，漸漸及於全部，是受到中國雅片戰爭和太平天國亂事的刺戟以後的事。明治維新以後關於清史全部的著作才多起來。明治維新以後，最先努力於研究清朝史的是增田貢和佐藤楚材二氏。前者於明治十年（一八七七）六月印行清史擥要六卷，後者於明治九年（一八七六）一月始事，十二年（一八七九）十二月脫稿，成清朝史略十一卷。當時中國還沒有同類的史書出現，對於簡明的清史擥要大表歡迎，不久就有了翻刻本。遂安毛淦補編的皇朝政典擥要八卷也不外是清史擥要的異本罷了。此外，明治十年（一八七七）石村貞一氏著元明清史略；十二年（一八七九）曾根俊虎氏著清國近世亂誌，後來又有北支那紀行，山東紀行，滿洲紀行，法越交兵紀，日本外戰史等書出來；二十八年（一八九五）熊田子之四郎氏著支那近世史；但他們都不是研究滿蒙史的專家。

至於文永弘安時候，蒙古人打日本的事，日本素來不斷地有人研究，因爲它和日本國史的關係多和滿蒙史的關係少，所以不在這裡討論。眞正可以稱做滿蒙史開拓者的恐怕不能不推明治十二年（一八七九）著元代疆域攷和元代關國略的北澤正誠氏。他是明治十七年（一八八四）七月外務省記錄局出版的外交志稿事實上的執筆者，這部書裡面有不少關於肅愼渤海滿洲等的記載。但他的研究只開了一個端，後來沒有繼起的人，就也中絕了。明治中葉以後，日本文運大興，着手研究滿蒙史的人很多，其中眞正以科學精神大規模地去開拓滿蒙歷史，替它立下堅固的基礎的，自然是日本東洋史開創的諸大家。諸大家中值得特別提出來的有三個人。

三

第一是那珂通世博士。那珂博士除了對於漢文學日本國文學有興趣以外，同時又有史癖。明治十一年（一八七八）他作上代年代考，二十一年（一八八八）至二十三年（一八九〇）著支那通史四卷（五冊）。稱爲支那通史自然要打破從來十八史略等的典型，一卷當中除了敘述政治勢力的推移以外，還要很明顯地把制度文物和世態人情的演變表現出來。以博士的大手筆，略略能移達到這種目的，所以支那通史出來以後，不特在日本大爲流行，就是在中國，自羅振玉氏認識它的價値爲之覆刻以後，也風行全國，壓倒從前的史書（註四）。但是可惜這部書只寫到宋朝，元代以後就沒有了。因爲從來元史的研究極不完全，素稱愼密的那珂博士到此不能不擱筆。從這時候起，他便決心自己研究元史，以求各種問題的解決。這就是他從事研究蒙古史的因緣。

由日本國學漢學進到史學的那珂博士對於日本和鄰邦的交涉尤其感到興趣。他老早就有編成外交繹史的志願，並且已經由上世紀年攷編到朝鮮古史攷，但不久他就見到光是說日本國史和中國史是不够的，中國以外的各民族，東洋史全部都不能不顧到。這樣便產生了和日本國史西洋史鼎立的東洋史，這時候剛好是明治二十七八年（一八九四——五）日本戰勝中國，國威發揚，眼界大開的時侯。明治三十二年（一八九九）那珂博士在第一高等學校教書，他便指導學生繪元代疆域圖，這地圖的正式名稱是東洋歷史地圖元代疆域部。三十五年（一九〇二）他的校訂元史譯文證補出來，第二年那珂東洋小史也出來。先是明治三十三年（一九〇〇）正月他在史學雜誌上發表他的臺灣朝鮮滿洲研究指南，這大概是中日戰爭影響的餘波，是他在東洋小史中特別提出注重鄰邦研究見解的一種表現。明治三十九年（一九〇六）春他在地學雜誌上發表古代滿洲，第二年三月在廣島高等師範學校滿韓修學旅行記念錄中登載滿洲研究參攷書，這些都是應那時候日俄戰後時代的要求而作的。這樣，在明治四十年代的初頭，他的元史研究着着進步，遂完成了曠代名作成吉思汗實錄。

那珂博士對於滿蒙史的貢献，現在也無須在這裡詳細列舉。在滿洲史方面，大概說起來，已完成的只有外交繹史中的一部份，這一部份是完全以朝鮮方面的觀點做主體寫成的。但是博士的堅實的研究法再加上精練的文章已經有了不朽的生命，他的朝鮮古史攷中的各篇，如朝鮮樂浪玄菟帶方考，貊人攷，高句麗攷，高句麗古碑攷等，到現在還是滿洲古代史入門的最好參攷書。博士蒙古史的研究只限於元代的，他以一代的天才傾注全力於這一方面，結果使最黑暗的時期得到光明，替後人開了研究的路。他的空前名著成吉思汗實錄及其續編永遠是日本東洋學界可誇的巨著。現在可惜為篇幅所限不能詳細介紹博士溫健精緻的學風，欽仰博士的人只好請他們自己去看那珂通世遺書了。

那珂博士的門弟子中，繼承研究滿蒙史的有故箭內亘博士和松井等學士。松井氏在第一高等學校念書的時候已經受過那珂博士的薰陶，後來在大學裏還是以那珂門下的高足被賞識。箭內博士雖然是從二高來的，但在大學中與松井氏同級，親受那珂博士的訓練，得他的影響最多。後來他們同進白鳥博士監督下的南滿鐵路學術調查部，從事研究滿蒙的歷史地理。研究的結果大抵在滿洲歷史地理，滿鮮地理歷史研究報告，和東洋學報上發表。但是多能的松井氏不肯止於歷史地理的研究，不肯限於滿蒙的範圍，他要儘量發揮他的特長，寫了許多通俗流行的文化史等等，這樣，對於那珂博士考證的特色未免失了一些。箭內博士剛和松井氏相反，他始終以歷史地理專家自任，除了他的名著東洋讀史地圖以外，他專心一志地研究元史。十幾年如一日的不斷努力，他早就從歷史地理進到制度史，元史中的難題大概都解決了，先師的遺業也完成了。他的研究法，注重搜求文献的確證，證據不足的寧好闕疑不作强解，精緻嚴密，大有那珂博士之風。日本的元史研究在世界上有了地位，的確是那珂箭內兩博士的功勞。箭內博士研究的精華，除了載在滿洲歷史地理第二卷中的東眞國的疆域，元代滿洲疆域，元明時代的滿洲交通路三篇外，其餘的都收在他的論文集蒙古史研究中。

四

次於那珂博士，特別注意滿蒙史的研究的是京都的湖南內藤虎次郎博士。他於明治三十三年（一九〇〇）著明東北疆域辨誤一篇，以永寧寺的碑拓去糾正滿洲源流考的誤謬，證明明初的東北疆域遠及黑龍江口。明治三十五年（一九〇二）三月，他在史學雜誌上發表蒙文元朝祕史解題；三十九年（一九〇六）六月，在早稻田文學誌上發表奉天宮殿中所見的圖書；四十一年（一九〇八）六月，公布他所整理的新獲史料的一部份，滿洲寫眞帖一卷。假使本文作者所聽到的沒有錯誤，內藤博士本來是傾向於漢學的，當初他做大阪朝日新聞記者的時候，便一方面專力鑽研日本漢學史。因爲他具有蒐集鑑別史料的天才，所以能够以絕大的精力忽然把支那學的全領域征服了。在他不絕的蒐集新奇材料當中，進入滿蒙史的分野是很自然的事。最初他從蒙文元朝秘史入手，後來那珂博士成吉思汗實錄的成功得他這種工作的帮助很多。日俄戰爭以後，他更在奉天宮裏把所有祕藏的史料鈔錄出來。那時候那珂博士正在翻譯成吉思汗實錄，聽見了他的朋友內藤博士在奉天宮中得到許多新史料，馬上寫信給他道喜。信中說，『聽說你已經把蒙文蒙古源流抄了，這是大可慶賀的事。你回國以後我便是第一個受你的恩賜的人，我要特別感激你。』

內藤博士的研究滿洲史自然是因爲時代的要求。又因爲他是從新聞界出身的，對於近世史特別有興趣，所以在滿洲史的研究中他所注重的是清朝史。他的考證論文當初大抵在藝文和史林上發表，現在都收入他的讀史叢錄中；但他的特長在這種煩瑣的攷證論文中並不能十分表現出來。他的特長在於能够運用淵博的學識，以獨特的見解去發揮議論，所以在他的清朝衰亡論，支那論，新支那論等文中才可以看出他的好處。他在滿蒙史範圍內的研究，多半是早年的作品；今日從叡山講演集中所收的日本滿洲交　略說中還可以看出他的博識。

無論如何，博士的功績，除了論文述作以外，還有一半是史料的搜集，而尤以日俄戰後在奉天宮中採搜史料爲特別值得稱揚的。這宗事在他的清朝開國史料和被焚之滿蒙文藏經中略可窺見，所以不在這裡說（註五）。但是他在這一方面的大事業，滿蒙叢書的刊行，豫定計劃中的十冊只出七冊便中止了，的確是學術界的憾事。現在滿蒙問題正在緊張，博士本身或他的門弟子，若是再來繼續這種大事業，那一定不祇是本文作者個人的希望。

君山稻葉岩吉博士是湖南門下的高足，他能够繼承他的老師的滿蒙史研究。內藤博士的特色，上面已經說過，在於能搜集史料和能運用該博的學識以發揮獨特的見解。他的學生稻葉博士也沒有失掉這種特色：他也有蒐集鑑別史料的天才和發揮精闢史論的異禀。有人以爲一般做學生的總不如他的老師，但稻葉博士確乎有勝於他的老師的地方：內藤博士寫文章非常愼重，不肯輕易下筆，稻葉博士却能够滔滔不竭下筆數萬言。所以稻葉氏於許多短篇佳作以外，還有無數如清朝全史，滿洲發達史，支那政治史綱領，近代支那十講，近代支那史等的鴻篇巨著。在這些著作中，往往有內藤博士的見解借了稻葉氏的筆鋒表現出來。但是稻葉博士的學力恐怕還是在滿鐵調查部中，與箭內松井諸氏，在白鳥博士督勵之下研鑽琢磨時候所養成的。他當時的成績都收在滿洲歷史地理第二卷中，後來的清朝全史，滿洲發達史等書中都把這些精華採入了。

內藤博士素來主張向朝鮮去求滿蒙史的史料，稻葉博士承襲了這種見解，更把它擴大了。現在他自己做了京城的朝鮮史編修會的總裁，整理朝鮮半島的珍貴史料，陸續刊行朝鮮史，其中關於滿蒙史的材料一定不少。聽說博士最近獲得學位的論文題目便是光海君時代的滿鮮關係。

五

最後，對於滿蒙史研究功勞最大的自然是白鳥庫吉博士。白鳥博士少年的時候，雖然在千葉中學受過校長那珂博士的薰陶，但那時候那珂博士還不是東洋學者，所以白鳥博士沒有受他的影響。據白鳥博士自己說，明治二十三年（一八九〇）他大學卒業以後，就在學習院當教員，和市村瓚次郎博士共同擔任歷史課程。當時學習院的高等科剛好開設東洋諸國史這個科目，於是市村博士擔任講中國史，白鳥博士擔任講東洋諸外國史。但是那時候講東洋諸國史還沒有簡要的方法，白鳥博士只好採用由近及遠的程序，從朝鮮滿洲根本的研究起，次第及於蒙古西域。博士的發表論文，最初多數是專門屬於朝鮮的，後來多是關於西域的，便是因爲這種緣故。他的研究滿蒙史大體上是介乎朝鮮西域兩種研究之間的。

現在祇把他的較著的論文列舉出來：發表在史學雜誌上的，自明治三十年（一八九七）八月的匈奴到底屬於什麼種族，同年十一月的突厥闕特勤碑銘攷，三十一年（一八九八）十一月十二月的契丹女眞西夏文字攷，三十三年（一九〇〇）中的盤據支那北部的民族，烏孫攷等文，至於較近的亞細亞北族辮髮的研究，專門關於蒙古的傑作不下十餘篇。至於滿洲的研究，起先都見於歷史地理雜誌上，如明治三十八年（一九〇五）正月的黑龍江異名攷，四十年（一九〇七）中的唐代的樺太島，四十一年（一九〇八）正月的阿蘭開伊（Orangkai）和刀伊名義的解釋，四十四年（一九一一）正月的肅愼攷等大概都是討論滿洲和近於東北邊疆的問題。明治末年，他在東洋學報上發表漢朝鮮四郡疆域攷；大正三年（一九一四），在史學雜誌上披露他的新說丸都城及國內城攷。同時，他又發表幾篇長篇論文，如史學雜誌上明治四十三年（一九一〇）四月至大正二年（一九一三）七月的東胡民族攷，大正八年（一九一九）正月至八月的室韋攷；和東洋學報上大正三年（一九一四）六月至五年（一九一六）十月的朝鮮語和 Ural-Altai 語的比較研究等。這樣，從東邊的滿洲研究起，漸次西進，和蒙古研究連接起來（註六）。

白鳥博士研究法的特色，總說一句，在於純粹西洋方法的採用。從來日本學者多半免不了受漢學的影響，多半不能擺脫中國式思想方法的重壓。但白鳥博士却能運用西洋最近的科學方法，以全然嶄新的眼光去爲舊問題求新解釋。從上面所舉論文題目上看起來，就知道他是怎樣的博採地理學，語言學，宗教學，民俗學等的知識，去解決滿蒙的歷史地理人種民族以及語言風俗思想文化等各種大問題。白鳥博士是從教授生活出身的，所以他研究的範圍大概是限於唐代以前的；內藤博士是從新聞界出身的，所以他的論題大體是關於近世史的：這不能不說是一個很有趣的對照。

白鳥博士研究的規模非常宏大：他儘量的發展他那創業者的才幹，他的研究範圍不止限於滿蒙歷史，他的功勞不祇是爲研究道途掃除荊棘；他興辦了許多學術界的事業，栽培了許多學術界的後進。有時候碰到好機會他也發表許多講演和通俗論文，去開誘指導一般世論；這對於學術的研究調查事業也有相當的幫助。他除了在大學學習院當教授以外，還成就了許多事業，最著的是東洋協會及滿鐵的學術調查部和東洋文庫的研究部等的創設和指導。起先在明治三十七八年（一九〇四—五），他剛從歐洲遊學歸國的時候，就已經奔走計畫聯合學界創立亞細亞學會，但沒有成功；到了明治四十年（一九〇七）才設立了東洋協會學術調查部。明治四十二年（一九〇九）七月出東洋協會調查部學術報告一册；四十四年（一九一一）以後一直至現在，繼續刊行東洋學報。白鳥博士所主辦的這些報告學報中，不用說有很多關於滿蒙研究的論文。

日俄戰爭的結果增加了日本在滿洲的特權，南滿洲鐵道株式會社出現了，各種設施也都興辦起來。白鳥博士向總裁後藤伯建議，於明治四十一年（一九〇八）一月設立了滿鐵學術調查部，立地着手有組織的滿鮮歷史地理的研究。前面提過的箭內松井稻葉三氏和津田左右吉博士池內宏博士瀨野馬熊氏等，都是在這個時候進入調查部做調查部補助委員。這樣，從史料的根本的蒐集至於實地調查都開始進行了。經過七年，所得的成績有：大正二年（一九一三）出版的箭內松井稻葉三氏的滿洲歷史地理二卷和津田博士的朝鮮歷史地理二卷，大正三年（一九一四）出版的池內博士的文祿慶長之役一冊。現在關於朝鮮方面的姑置不論。滿洲歷史地理雖然於前人的著作，如盛京通志，熱河志，和曹廷杰氏的吉林通志，東三省輿地圖說等多所取材，但都曾經過一番重新檢溯原料的工夫，並且把許多舊來謬說糾正了，所以這上下兩卷共千餘頁的大著可以算是眞正的新研究。到了這個時候，因爲滿蒙歷史開始有了普遍的科學的研究，東洋史中從來最黑暗的一部份忽然變成最光明的了。白鳥博士在負責指導調查部的時候，除自己執筆寫漢代朝鮮四郡攷以外，專門努力於滿洲史料的蒐集。明治四十一年（一九〇八）中他去實地調查滿洲南北，一舉確定了千古疑案，金上京會寧府和渤海上京龍泉府的遺跡。這宗事是再有名也沒有的了。

從此以後研究的工作當有更加進步的可能，但調查部忽然停辦了。因爲當時滿鐵當局誤認這種純學術的調查爲不急的閑事業。但是百折不撓的白鳥博士忽然說破了滿鐵當局的迷妄，仍然得到該會社的援助，把調查部移歸東京帝國大學，照舊進行研究工作。大正四年（一九一五）十二月至今年（一九三二），前後出版十三冊的滿鮮地理歷史研究報告便是這種研究的結果。這些報告的執筆者開始時後只有松井箭內津田池內四氏，後來因爲松井氏於大正十年（一九二一）三月第八冊出來以後告退了，箭內博士於大正十五年（一九二六）二月不幸去世，調查部補充人員，本文作者始行加入。報告的旨趣雖然未必以滿鮮的地域爲限，問題也未必只限關於歷史地理的，但大體上還是以補訂從前出版的滿洲歷史地理爲主眼。總而言之，滿洲歷史地理的出版再加上近三十年來努力的結果，差不多把滿鮮東蒙歷史上的難題都解決了，文獻上的研究，截至元代止，也將近完成了。現在所差的，只有明清兩代的研究尚未了結，和攷古學的民俗學的調查仍屬欠缺而已。的確這一類的研究，於滿蒙研究史上劃了一個新時代，不能不說是日本東洋學界在世界上可誇的大功業。

白鳥博士後來更於東洋文庫附設研究部，這於學術界也頗有貢獻。但博士特別值得讚揚的地方是他的熱心扶植人材，爲將來學術界的繁榮植下深根。前面所述的那珂門下的箭內松井兩氏與夫內藤系的稻葉博士都能在博士領導之下共同工作。博士自己的學生也很多，只舉出其中特別與滿蒙歷史研究有關係的：如東京帝國大學的池內宏，原田淑人，和田清諸氏，早稻田大學的津田左右吉博士，東洋文庫的石田幹之助，岩井大慧兩學士，京都帝國大學的濱田耕作，羽田亨兩博士，京城帝國大學的鳥山喜一學士等，已經舉不勝舉。就中池內宏博士二十餘年來專門研究滿鮮歷史，著作尤富。他的門下已經有像松田壽男和江上波夫兩氏那樣對於北狄史造詣甚深的。羽田博士對於語言學特別擅長，對於西域蒙古的歷史也極乎精通。他的門下有鴛淵一，浦廉一，安倍健夫，秋貞實造，內田吟風等少壯塞外研究者。濱田博士大概可以稱為東亞考古學的開山祖，他的門下有梅原末治，島田貞彥，水野清一諸氏。他和東大的原田助教授合作，努力於滿蒙攷古學的開發。向來日本的滿蒙學皆偏於文獻的研究方面，考古學的和人類學的調查頗為缺乏，今後這一方面的活動大概可以期待的罷。

六

明治以後日本的滿蒙研究者自然不止於以上所舉的那些。明治三十一年（一八九八）著遼金交涉史的隈本繁吉氏，三十二年（一八九九）著渤海五京考的松井浪八氏，三十二年（一八九九）至三十三年（一九〇〇）著元太祖的西征的齋藤斐章氏，三十四年（一九〇一）著元太祖的創業的野田五郎助氏（註七），和三十七年（一九〇四）正月合著滿洲古今史的足立栗園平田骨仙兩氏等姑置不論，但慶應大學的田中萃一郎博士却值得注意，他於明治三十八年（一九〇五）作滿洲國號攷，四十二年（一九〇九）出版多桑蒙古史譯本，大正四年（一九一五）三月發表元代官吏登庸法（註八）。明治三十六年（一九〇三）出版的河野元三氏的蒙古史講義雖然沒有什麼獨創的研究，但因為它的簡要，在中國却有了漢譯本而且很流行。當代的大家市村瓚次郎博士曾和內藤博士共同探索過奉天宮內的祕庫。他不只於他的支那史，東洋史要等書中牽涉到滿蒙，並且著有清朝國號考和明代的滿洲。他的清朝勃興史講義更是歷年在大學中講授的。幣原坦博士曾寫了朝鮮孝宗伐清塗謀的淵源和間島國境問題（註九）。故藤田豐八博士也有清朝開基之地，糺軍，蠕蠕國號及可汗號的研究等文（註十）。故桑原騭藏博士雖然很少說到滿蒙的問題，但於幾篇書評以外，他的支那人辮髮的歷史及張騫的遠征都和滿蒙的研究有關。他的東蒙古旅行報告算是這一類遊記中最得要領的（註十一）。東京文理科大學的有高巖學士是桑原門下的高足。他於元史和清史都有很深的造詣。他已經發表的文章有元代奴隸攷，元代農民生活的研究，黑龍江省呼蘭平野開發的研究，清代滿洲流人攷等篇，都見於小川桑原內藤三宅諸博士的記念論文集中。近來他又有滿蒙史講話出來。

京大名譽教授矢野仁一博士是素以專門研究中國近代史知名的。早年，他著有清朝史；後來對於中國和外國的交涉特別注意，在外交時報上常有他的關於蒙古問題的文字。近來他更著近代蒙古史研究和日本在滿洲的特殊權利等書，努力闡明滿蒙最近的歷史。聽說他現在已經進入東方文化學院京都研究所，特別從事研究最近滿洲史。最近的滿洲史恐怕有變成世界歷史的中心的可能，但日本除了有賀長雄博士和戶水寬人博士等稍有研究以外，東洋學者中關於這一方面的專家大有乏人之感。現在好了，現在矢野博士的成功可以期待的了。鳥居龍藏博士夫婦和他們的公子女公子等都是從來對於滿蒙的人類學考古學有興趣的。他們考查的足跡無所不到，成功了頗多有益的研究。記得鳥居博士的學位論文也是關於這一類的問題。近年他入了東方文化學院東京研究所，專門從事契丹文化的研究，聽說最近便要發表他的研究的結果。八木奘三郎是日本考古學者的先進，他現在在滿洲，專門努力地方的研究。他的著作有滿洲舊蹟志三卷和滿洲攷古學一卷。伊東忠太博士曾有滿洲的佛寺建築等名著（註十二）。現在能繼承這種著作的自然是在滿洲的伊藤清造氏和較為新進的村田治郎學士的建築史。

滿鐵開創以後，二十餘年中滿洲的文運漸漸興隆起來；昭和六年（一九三一）九月，滿洲學會成立；不久以後，滿蒙地理歷史研究會又和滿洲國同時產生。滿洲學會是滿鐵社員中好學者共同研究滿洲文化的團體，滿蒙地理歷史研究會是滿洲教育專門學校地理歷史科畢業生共同研究滿蒙地理歷史的機關。前者已經出了滿洲學報第一號，後者也已刊行了滿蒙地理歷史第一輯。滿蒙地理歷史第一輯裏有入江久夫氏的滿洲地理區，今江勇也氏的吉敦鐵路沿線的經濟地理，篠原茂氏的宋與契丹的外交關係，池上等氏的北陵及其傳說等文。至於昭和七年六月出版的滿洲學報創刊號裏更滿載了岩間德也氏的漢沓氏縣攷，島田好氏的遼東行部志研究，村田治郎氏的滿洲的孔子廟建築等很費力氣的作品。岩間氏久住在金州，是一個精通關東州內史蹟的人，他曾發見了元張百戶墓碑和遼東金州先師廟碑記等。島田氏在滿蒙雜誌上常發表他的遼東史話等名篇佳作。村田氏前面已經提過，他是京大出身的工學士，一個最有為的少壯建築史家。此外滿洲學會的會員中，如大連的八木奘三郎，小林胖生諸氏，奉天的園田一龜，衛藤利夫，植野武雄，天野原之助諸氏都是錚錚之士。但是滿蒙的研究雖然有了如上面所述的進步，而此後有待發展的實地調査和發掘等還很多。岩間島田村田諸氏的研究實際上已經是根據現存的遺物遺蹟，對於從前偏重文獻的空論已經有了相當的糾正；今後繼續向這一方面進行自然是意中之事。滿洲學界的前途的確有很大的希望。此外，和這些學會沒有關係而自己獨力從事滿蒙研究的，無論在日本在滿洲，一定都不乏其人。現在祇就記憶所及的列舉一下，在蒙古史方面的已經有中島竦氏，大宮權平氏，須佐嘉橘氏，米山梧朗氏等；在滿洲史方面的也有上田恭輔氏，梅本俊次氏，泉靠治氏，小山愛司氏，淺野利三郎氏，小谷部全一郎氏等。

七

此外，與歷史研究方面性質不同的，有小藤文次郎博士和村上鈑藏博士的地質調査，矢部吉禎博士的植物調査等，這些我們姑且不說；但地理的調査和語言的研究却不能不加以注意。日本人著的滿洲地誌，明治二十七年（一八九四）已經有參謀本部編的滿洲地誌一卷；明治四十年（一九〇七）守田利遠中佐的滿洲地誌三卷附圖一卷也出版了；尤爲詳密的自然是明治四十四五年（一九一一——一二）之交，關東都督府所編的滿洲誌十六卷。滿洲誌是根據明治三十九年（一九〇六）至四十四年（一九一一）三月間當局的實地調査，再加上所有已刊行的書籍報告，參酌編成的。它的內容分爲五部：計一般誌四卷，地方誌七卷，接壤地方誌三卷，附錄道路誌一卷，關東州誌一卷，總共一萬餘頁。但是因爲這部書太大了，幷且是很難得的秘密稿本，所以大正七八年（一九一八——一九）時候，朝鮮及滿洲社特別編了簡單的滿洲地誌二卷。最近，專門研究滿洲地理的田中秀作氏又編了新滿洲國地誌一卷。蒙古方面的，早年有參謀本部的蒙古誌一卷，明治四十一年（一九〇八）關東都督府在滿洲誌沒有編成以前，已經把它的姊妹編東部蒙古誌三卷出版了。大正三年（一九一四）十月，又把東部蒙古誌改編爲簡明的東蒙古一卷。然而這還不能滿足一般的要求：中島竦氏以自己的見解編蒙古通誌一卷，刊行於大正五年（一九一六）；栢原孝久濱田純一兩氏於大正八年（一九一九）著蒙古地誌三卷，內容更加充實了。大正十一年（一九二二），滿鐵調査課出版的滿蒙全書七卷可以說是集其大成。大正十三年（一九二四），滿鐵鐵道部編的滿蒙地誌一卷大概便是滿蒙全書的要略（註十三）。此外，局部的和一時的報告書調査材料與夫書賈射利的出版物等更是多不勝擧。要之，滿蒙的地誌多半還祇是調査材料的集匯，還沒有實在的良著出現。地圖雖然有滿鐵等所苦心編成的，但還不能比陸地測量部的東亞輿地圖和東亞大陸圖等好。把這些地圖的新舊版比較一下，滿蒙地圖的進步便可以看得出來。近來，關於攝影方面，除了滿鐵的田口稔氏編輯的滿洲寫眞帖以外，亞東印畫協會和亞細亞寫眞大觀社發行的滿蒙寫眞等也很多。田口氏是人文地理學者小田內通敏氏門下的高徒，他的名著南滿洲鐵道旅行指南以下，滿洲的『地方色』，滿洲地名的研究（法文）等都是有相當價值的著作。

滿蒙語言學是東洋學者所必須通曉的，前述的那珂內藤白鳥三博士固勿論矣，就是羽田鳥居兩博士和鴛淵學士也都精通。至於不是史家而把滿蒙語言當做專門學問來研究的，從前東京帝國大學有宮崎道三郎博士，陸軍大學有鈴江萬太郎氏；現在有東大的藤岡勝二博士，京大的新村出博士，東京外國語學校的神谷衡平氏，出村良一氏，大阪外國語學校的渡部薰太郎氏，滿鐵的大藪鉦太郎氏，本願寺的橘瑞超氏，古屋謐道氏等。其中橘瑞超氏的蒙古語研究在村田清平氏的蒙古語獨修以後，算是最早的書；渡部氏於新編金史名辭解以外著作尤多。出村氏的滿洲語和通古斯語動詞變化的接尾語可以稱爲傑作（註十四）。藤岡博士有滿文老檔邦譯稿。神谷氏有元朝秘史蒙字譯稿。大阪的石濱純太郎學士雖然自謙爲市井賈人，但學則無所不通，他懂得滿洲蒙古的語言，有蒙古藝文雜錄，西夏學小記等著作（註十五）。他的解西夏文和羽田博士的懂畏兀兒文不能不說是日本學術界的雙璧。此外，研究奇利亞古（Gilyaks）語而著有日本文典的大阪外語中目覺校長也可以算是研究這一方面學問的一個。

最後，滿鐵和軍部的各種調查，也不要把它忽略了。這種調查關於現狀方面的太多了，不能在這裏詳細列舉出來；但關於舊制度方面的，如大正初年不動產調查所得的結果，押的慣例，典的慣例，租權，關東州土地舊慣一斑，內務府官莊，蒙地，一般民地，皇產，和後來的支那警察制度以及最近出來的契約類集等都是研究尙未開闢的滿蒙經濟史法制史所不可缺少的寶貴材料，却不能不鄭重申述一下。本文作者從前曾稱許臺灣朝鮮二總督府和滿鐵的舊制度調查事業爲日本東洋學界最大的功績（註十六），到了現在，這種信念還沒有改變。可惜滿鐵的舊制度調查只做到了不動產的一部份，對於動產方面，以及一般商事民事的習慣還沒有動手。現在好機會到了，所有的障礙都排除了，希望把這種事業馬上重興起來，使全滿洲的完全調查早日實現。因爲歷史和考古學的研究遲了一些時候還沒有多大關係，惟有舊習土俗的調查遲一刻有一刻的不利，遲一天有一天的不可補償的損失。此外，這種調查中有特別用英文寫的，如滿洲經濟史，滿洲開發史等，也可以供給相當的參攷資料（註十七）。

八

學術的發展往往和實際的運動相表裏，德川時代以來滿洲研究的沿革便是時勢影響學術的一種表現。元祿享保時候滿洲研究的陡進，一方面固然因爲日本文運的隆盛，但最重要的還是滿洲興起的清朝把中國征服了，把臺灣鄭氏也平了，所給與日本的刺激。元享以後滿洲研究暫時中絕了，到了寬政文化時候又盛起來，因爲那時候北門警備問題很嚴重。當時因爲入手史料的關係，研究的範圍大抵限於清初，對於較後的史事無從顧到。後來受了太平天國和鴉片戰爭的刺激，日本國人的注意忽然集中到這一方面來了，嶺田楓江的海外新話成爲人人喜歡的讀物，夷匪犯境錄也覆刻了，三朝實錄採要雖然內容沒有變動，而名稱却不能不改爲比較廣泛的清鑑易知錄。不久入明治朝，專門的清代通史也出現了。朝鮮問題跟着明治開國同來，朝鮮史的研究也就應機而起，從這裏又牽連到滿洲的研究。對於滿洲研究最大的促動力是中日戰爭，日本乘了這個機會完成了東洋史的獨立至於有組織的史料搜集和調查事業的開始是日俄戰爭以後的事。從這種大勢看起來，現在滿洲事變的結果，滿蒙研究的大興又可以推想得到的。

日本的滿蒙研究從來處在先進的地位：實錄採要和清史攬要在中國的受歡迎姑置不論，內藤博士在奉天的採訪史料比民國學者開始注意滿洲史料早數十年，白鳥博士東洋學報的刊行也比金毓紱氏的東北叢刊前二十餘年。記得大正十三四年羅振玉氏着手整理內閣檔庫的古文書，王國維氏替他作庫書樓記，收集清初史料很多的史料叢刊發刊的時候，本文作者大爲震驚，馬上去告訴內藤博士，內藤博士慢慢地回答說，『二十年前我們已經做到的事中國現在才有人注意到！』作者當時很懷疑博士的話，到回來一查，他的話果然不錯。史料叢刊所載的東西明治三十八九年（一九〇五——六）時已經傳入日本了，滿蒙叢書的創刊也是大正八九年（一九一九——二〇）的事。因爲日本的滿蒙研究比中國早了數十年，所以稻葉君山博士搜集了這些研究的精華所著成的清朝全史出來以後，在中國馬上就有了漢譯本並且非常通行。民國的先覺梁啓超氏在他爲青年開的國學必讀書目中說，「日本人稻葉君山所著清朝全史尙可讀。」徐劍緣氏甚而把清朝全史與左傳，史記，通鑑等並舉（註十八）。金毓紱氏一開始編東北叢刊便把滿洲發達史譯載了，他後來編東北叢書也是依仿滿蒙叢書的。民國的碩學柯劭忞氏把他的畢生大著新元史迻到日本，請求批評；近來方壯猷氏更接連地把白鳥博士的論文翻成中文；這都是對於日本滿蒙學界推崇的表示。此後別的方面不敢說，滿蒙的研究日本一定可以做別國的先導。現在滿洲國獨立了，東蒙古也併入了，並且和日本訂了攻守同盟的約，日本學界在這一方面的學問更佔了優勢，難道還沒有把滿蒙學當做完全日本國學的一部份來研究的義務嗎？

以上，除了屬於自然科學方面的和時事報告調查資料以及關於時事問題的論文以外，其餘的大概都簡略述及，但遺漏恐怕還是免不了的。在這樣倉卒的時間這樣有限的篇幅中寫這樣大的題目，得罪先輩和同學的地方一定很多，只好請求他們的原諒了。

附原註：

註一　關於韃靼漂流記可參閱內藤湖南的日本滿洲交通畧說（叡山講演集所收）；又園田一龜氏近有新研究，韃靼漂流記研究，見奉天圖書館叢刊第二冊。

註二　關於荻生北溪的著述可參看鑒定便覽近代名家著述目錄。他的稿本的一部份前爲內藤恥叟氏所收藏，今歸於內藤湖南博士。

註三　參照新村出博士東方言語史叢考所收高橋景保的滿洲語學，滿洲語學史料補遺，長崎唐通事的滿洲語學，本邦滿洲語學史料斷片等文。

註四　支那通史的中國版不止一種，並且後來還有補足元代以後的所謂歷代史畧本。

註五　關於內藤博士的著述可參照內藤博士還曆記念支那學論叢卷首的著作目錄。

註六　參照白鳥博士還曆記念東洋史論叢卷首著作目錄和市村博士的序文。市村博士的序文中對於他和白鳥博士的友誼和白鳥博士的學績說得很詳細。

註七　此等論文皆見於史學界和史學雜誌上。那時候這種論題的流行大概是受了當時高等師範學校教授兼帝大講師那珂博士東外研究的影響。

註八　參照田中萃一郎史學論文集卷首著作目錄。

註九　淸朝國號考和間島國境問題載於東洋協會調查部學術報告；明代的滿洲和朝鮮孝宗伐淸陰謀的淵源見史學雜誌。

註十　參照藤田博士東西交涉史的研究（南海篇）卷首著作目錄。

註十一　參照桑原博士還曆記念東洋史論叢卷首著作目錄。

註十二　滿洲的佛寺建築見東洋協會調查部學術報告中。

註十三　關於此類書籍，尚有大正七年福昌公司出版的滿蒙通覽三冊，大正十五年山田久太郎氏的滿蒙都邑全誌二冊等。又，如明治四十一年至大正四年，在那珂內藤兩博士監修之下，東亞同文會所譯的婆兹德奈夜夫的蒙古及蒙古人，和現在滿鐵調查課所編的露亞經濟調查叢書外蒙共和國等類的書也很多。這些書對於滿蒙的沿革往往有很詳細的敘述，但可惜不大正確。

註十四　出村氏的論文見東洋學報十八卷三——四號（日本昭和五年六——十月發行）。

註十五　關於石濱氏著作可參看箭內博士蒙古史研究附錄參考書目。

註十六　和田淸日本人於支那學界的二大功績見支那風物第二卷第三號

（昭和二年四月）。

註十七 例如 Economic History of Manchuria, Compiled in Commemoration of the Decennial of the Bank of Chosen, Seoul, 1921. PP. X, 303. 和 Report on Progress in Manchuria, 1901－1929. Dairen, 1929. PP. Vii, 250.

此外，還有朝河貫一，足立金之助諸氏的歐文著述。又，如鳥村孝三郎氏那樣表面上不是研究滿蒙的，而對於滿蒙研究的發達極力幫忙的人也很不少。

註十八 梁任公胡適之先生審定研究國學書目第十六頁；國故學討論集第二冊第二六二頁。

皇明馭倭錄勘誤

黎光明

明史藝文志史類故事類著錄有『王士騏馭倭錄八卷』，四庫全書存目史部雜史類著錄有『明馭倭錄九卷，明王士騏撰』。此書通行者少，予所見者二部，皆近年用重價以購得之，所謂善本書籍者也。一存於國立北平圖書館中，一存於國立清華大學圖書館中，兩者內容有差異處，爲免淆混計，故於前者名之爲原本，後者名之爲補正本焉（補正本有『棟亭圖記』則棟亭書目中當有著錄）。

原本共九卷，卷首附『日本島夷入寇圖』一，無序跋目錄。卷一記洪武間事，卷二記永樂間事，卷三記洪熙至正統間事，卷四記景泰至正德間事，卷五至卷八均記嘉靖間事，卷九記隆慶間事。補正本卷數同上而增篇葉若干，卷首無圖而有王錫爵序及自序，卷末有附略二卷，（卷一載各史關于日本傳記，卷二載各家關于日本詩文），用以供參考者：此兩書之異同處也。

王士騏字冏伯，南直隸太倉州人。生於嘉靖三十三年，萬曆十年秋舉應天鄉試第一，十七年三月登進士，授兵部主事（弇州山人年譜）。後改禮部。時儲位久虛，有以冠婚及期請者，上允行。士騏爭以先冊立而後婚冠，祖制不可違，乃止。歷文選稽勳司郎中。（明史及四庫提要謂官至吏部員外郎）。沈一貫當國，士騏故門下士，迫清議，稍去就其間，一貫銜之。會得匿名書言傾儲事，事連士騏，取中旨削藉。會邑有海警，鳩衆習射爲捍衛計（太倉州志）。屢薦不起，骯髒以終。光宗立，錄國本功，追贈太僕寺少卿。俶儻軒豁，有文名。所著書除馭倭錄外，尚有醉花菴詩，武侯全書及四侯傳。士騏祖父忬，字民應，曾任提督軍務巡視浙江及福興漳泉四府，先後上方略十二事，破倭寇于溫州昌國衞等處，請築嘉善崇德桐鄉德清慈谿奉化象山城而恤被寇諸府。後遷薊遼總督，爲嚴嵩所陷死。父世貞字元美，自號鳳洲，又號弇州山人，嘉靖二十六年進士，仕至南京刑部尚書。世貞好爲詩古文，主文盟二十年，才最高，地望最顯，聲華意氣，籠蓋海內，一時士大夫及山人詞客衲子羽流，莫不奔走門下，片言褒賞，聲價驟起（明史）。所著弇州山人四部稿等書，對于倭寇事蹟，已多所記載。士騏旣承祖父之餘蔭，而其所處之時代，又正日本豐臣秀吉出兵朝鮮，朝野爲之震動，主戰主和，議論紛騰之際，然則皇明馭倭錄一書之纂錄，蓋淵源有自矣。

自序有云，『紀倭事者：有薛浚之考略，有王文光之補遺，而鄭若曾之籌海圖編加詳焉，臣不佞讀之而嘆其用意之勤也。已稍稍參以國史，始恨事略者，百不得一，而一且失眞，士大夫不考于先朝之故事，而動以野史爲證，則所誤多矣！乃就國史中一一拈出，自高皇帝以至穆廟，列爲編年，謀之鉅公，題曰皇明馭倭錄：蓋列聖之詔旨，諸臣之章奏，公私創革之始末，中外戰守之機宜悉在焉。神而明之：可以酌祖訓，可以定廟謨，可以廣朝士之見，可以正野史之謬。雖臚列故事，而或與今日東征事機頗相發明，述而不作，非僭也』。書中痛斥野史之言，尙有數處：如『籌海圖編首錄其事，至于國史所載，百不得其一二，著述若此，誤人不淺！』及『日本國王獻所獲倭寇嘗爲邊害者，乃三年中事，而野史誤以爲二年；四年遣使封其國之山曰壽安鎭國之山，立碑其地，而野史亦誤以爲二年：凡稱歷朝遣使入貢者，考之實錄，十無一合，野史之不足據若此』！以及『一李光頭也，朱紈謂擒于閩之走馬溪，而籌海圖編以爲擒于浙之雙嶼港；紈謂佛郎機國人行刼，而籌海圖編直以爲倭黨；以柯喬爲魏恭，借閩事爲浙事——事在嘉靖二十七年，耳目較近，而謬悠若此，野史可信乎』？皆可爲例。故書中除引及水東日記，世廟識餘錄，江南經略及世經堂集等數書，以論證四五史實外，全部正文，概皆抄錄國史，而其所謂國史者，即明代列朝之實錄，自序所謂『述而不作，非僭也』者，此是也。

書中議論絕少，間有之，尙屬可取，如『夫所謂滕祐壽者，史不載其所終，臣愚以爲凡涉四夷者，雖小事必載必詳可也』之主張，雖今日執筆記事者，亦當取以爲法也。其評論人物，尤欲持平，此可於論朱紈與唐順之之處見之。所謂『以吳人而爲閩人辨，敢自附於直筆』，及『不念先人之私怨，而輕吐其不平者，良有以也』。

雖然，此書固善本也，而有大謬誤者在，是不能不爲之指出，以當糾正。總其大綱，計有三端：

（甲）書中只抄錄年數而不兼及月日，即間有一二，亦多錯謬。雖實錄所記攻戰勦撫及克復郡邑等事，係多據奏至京師之月日，與實際相差有至數十日或竟至數月者，但繫月繫日，乃史家常例，縱使知其誤記，亦注明之可也，何得因噎廢食？計全書中抄錄月日者，不過五六處，而因與前後無關，反形成其爲贅瘤，所謂『列爲編年』者，何爲而不編及其月日也？今列舉其特有月日者如後（在標號『』內者，均引用原書之文）：

（一）洪武二年中有『乙亥，倭人寇淮安』一條，若不兼及八月二字，則一年中至少有六個『乙亥』日，豈能知其屬于何月？

（二）『洪武二年冬十月壬戌朔，高麗使者成惟得等辭歸』一條，照抄無誤，竟可算爲例外；惟『洪武二年』四字，前文已經提及，反應刪去，俾免重複。

（三）『洪武三年，是月，倭夷寇山東』一條，所謂『是月』者，原繫於六月之末，當改作六月爲是。

（四）洪武七年中有『甲戌，倭夷寇海州』及『壬戌，倭夷寇大任海口』兩條，按實錄皆係七月中事，亦應加入七月二字。

（五）嘉靖三十五年，『論三十四年浙江禦倭功罪』一條，實錄原作『論三十四年十月後浙江官軍禦倭功罪』；又『初，十月三十日，倭寇自樂清岐頭登岸』句中三十日三字，竟有意的刪去之矣。此蓋因前事既未抄錄月日，此自不能不削足而適履也。

（六）嘉靖三十九年『九月己巳朔，陞閱視浙直軍情通政使司右通政唐順之爲都察院右僉都御史巡撫鳳陽』一條，又破例無誤的抄及月日矣，但又漏抄前巡撫李遂已於八月癸亥陞爲南京兵部右侍郎一條，使人起兩人同任一官之嫌，是亦抄時粗率所致。

就上數條，吾人可據以明其特有月日之故，別無義例可言，乃因此數月日緊附着於敘事之上，遂兼及之而已；其餘敘事與月日有間隔者，即不復加以注意。如此粗心執筆，此書何得稱爲善本？此種無月日之錯誤，王氏稍後或即自知，故於補正本中，已自加入若干，惜爲刻板所限，致終未成爲全璧。惟補正本所加入者，又有過猶不及之處，如洪武三年三月之末，有『是月，遣萊州府同知趙秩持詔諭日本國王良懷』事，四年八月之末，有『是月，高州府海寇作亂』事，此所謂『是月』者，當係不能確知其日期，故附繫於該月之最末，而補正本則加以『戊午』『己酉』之日期，是又錯誤矣。

至于『嘉靖三十八年』六字，應在卷七葉五十五上四行者，乃誤置于葉五十七上一行中，遂致該年四月以前之事，盡附入于三十七年之內；『嘉靖四十年』五字，應在卷八葉八上九行者，乃誤置于葉九下末行中，遂致該年七月以前之事，又附入于三十九年內矣。補正本雖已自加糾謬，但若抄錄時即已兼及其月日，則初時即不致于鑄成如是之大錯耳。

(乙)書中所抄及者，按之實錄，多有前後錯置之處，今爲列舉于後：

(一)洪武五年十一月癸亥『詔浙江福建瀕海諸衛改造多櫓快船以備倭寇』事，誤置于本月戊申『高麗國王王顓遣中郎將宋坦以金希聲等十一人來歸』事之前。

(二)洪武十六年八月戊子『賞溫州台州二衛將士擒殺倭寇有功者』事，誤置于四月壬辰『賜國子監倭生文壽衣衾靴襪』事之前。

(三)洪武二十七年六月甲午『詔互徙浙江福建沿海士軍』事，誤置于二月癸酉『命中軍都督府都督僉事劉德等巡視兩浙城隍簡閱軍士』事之前。

(四)宣德十年十月癸丑『日本國遣使臣中誓等來朝貢馬及方物』事，誤置於七月己丑『嚴私下海捕魚禁』事之前。

(五)嘉靖二年六月戊辰『禮部覆日本夷人宋素卿來朝』事，及十一月癸巳『兵科給事中夏言等言頃者倭夷入貢肆行叛逆』事，均誤置於六月甲寅『日本國夷人宗設謙導等齎方物來貢』事之前。

(六)嘉靖三十三年五月己酉『兵部覆巡按直隸御史孫愼言浙江江北諸郡倭患』事，誤置於本月壬寅『倭寇自崇明進薄蘇州府城大掠』及丁未『倭入崇德縣大掠而去』兩事之前。

(七)嘉靖三十四年正月丁酉朔『以倭警命豐潤伯曹松專督孝陵衛軍防護陵寢』事，誤繫於三十三年之末。

(八)嘉靖三十五年十月辛卯『巡按直隸御史吳伯朋類奏倭寇犯揚州前後諸臣死事狀』事，誤置於本月己丑『巡按浙江御史趙孔昭奏』事之前。

(九)嘉靖三十八年十二月戊午『巡撫應天都御史翁大立言』事，誤置於三十九年之始。

(十)隆慶六年三月己丑『提督兩廣軍務右侍郎殷正茂奏撫民許瑞』事，誤置於二月甲申『錄嘉靖三十五年浙江平湖等縣擒斬倭寇功』事之前。

此種錯誤，蓋亦由於不錄月日，遂爾亂置，若非攷以實錄，豈不爲其所惑？則其所謂『臚列故事』者，豈不在在有顚倒處乎？補正本中所補入者，尙有數條，則或因刻板限制之關係，有不得不將錯就錯者，姑無論矣。

(丙)此書根據實錄而抄錄其關於倭寇之事，則凡有所載，尤宜細心收集，俾讀者既得窺其全豹，亦可察其因果。

乃書中遺漏多端，即本人亦自知之，故於補正本中以數十事加入篇葉，而所謂『一一拈出』者，終成拈之不盡之恨事也。今將洪武永樂間者條舉於後（在標號『』內者，係補正本中文）：

（一）洪武二年『正月乙卯遣使以即位詔諭日本占城諸國』事。

（二）同年『二月丙寅遣阿思蘭等持詔諭雲南日本等國』事。

（三）三年『三月戊午遣萊州府同知趙秩持詔諭日本國王良懷』事（『戊午』二字應刪）。

（四）同年十二月壬申『詔賞福州捕倭軍士文綺金帛』事。

（五）四年『九月辛未上御奉天門諭省府臺臣』事。

（六）六年『三月甲子詔以廣洋衛指揮使於顯爲總兵官』事。

（七）七年『五月甲午僧祖闡克勤等還自日本』事。

（八）八年四月『丙申命靖寧侯葉昇巡行溫台等衛督造防倭海船』事。

（九）同年十二月『癸已誅潮州衛指揮僉事李德等』事。

（十）九年五月『壬午日本人滕八郎以商至京』，及『改登州爲府置蓬萊縣』兩事。

（十一）十二年閏五月『丁未日本國王良懷遣其臣劉宗秩』等入貢事。

（十二）十三年七月『壬寅倭夷寇掠廣州府東莞等縣』事。

（十三）同年『九月甲午日本國遣僧明悟法助等來貢方物』事。

（十四）二十二年十月丁酉『賜日本生滕佑壽等衣鈔靴襪』事。

（十五）同年十二月甲寅『山東都指揮僉事藺眞奏』事。

（十六）二十七年正月甲寅『禁民間用番香番貨』事。

（十七）同年『四月庚辰更定蕃國朝貢儀』事。

（十八）永樂元年九月已亥『禮部尚書李至剛奏日本國遣使入貢』事。

（十九）二年十月乙亥『賜左通政趙居任綵幣三表裏鈔四十錠嘉其使日本能却贈遺』事。

（二十）八年十一月癸酉『巡按福建監察御史李素劾福建都指揮童俊不謹邊防』事。

（廿一）九年十二月已卯『命豐城侯李彬等所統捕倭軍士休息』事。

（廿二）十一年七月已卯『巡按浙江監察御史黨衢（按原誤作黨衢）奏近倭賊攻刼楚門千戶所』事。

（廿三）十三年十二月丁丑『遼東都指揮僉事徐剛有罪謫戍

邊』事。

(廿四)十四年六月丁卯『命都督同知蔡福充總兵官』巡捕倭寇事。

(廿五)同年九月丁酉『勅捕倭總兵官都督同知蔡福還京』事。

(廿六)十五年三月丁酉『中軍都督同知蔡福有罪謫交阯』事。

其嘉靖三十二年以後，尚增補入數十餘事，茲姑略之。雖然，即就補正本說，其所遺漏者亦已多矣！故於事實原委，仍難窺其全豹。如洪武四年，日本遣僧祖來進貢事中，兼述及前趙秩使日本事，原本乃加以按語云：『籌海圖編誤以四年爲二年，函史載趙秩爲萊州府同知』，其實趙秩之使日本固非二年，但亦非四年，乃三年三月中事；趙秩之爲萊州府同知，非但函史云然，實錄中即已有之；特王氏抄錄時脫漏『洪武三年三月，遣萊州府同知趙秩持詔諭日本國王良懷』一條，因而有此按語，補正本中增加此條，故將此按語刪去之矣。此即補正本之優長處。但原本於永樂末引薛應旂憲章錄『永樂二年，命通政趙居任使日本，令十年一貢』而加以按語云：『通政乃尊官，而實錄不見其名，殊不可曉？若薛書有據，異日修國史者，似宜增入』；補正本則改之云：『按日本不待遣使，首先納款，然後遣使與圭密同往，事在元年十月，國史雖不載使臣姓名，似即通政趙居任，蓋歸自高麗，仍遣之耳』，並引『永樂元年二月甲寅，遣左通政趙居仁等使朝鮮，賜居仁等有差』爲證；其實居任之使日本，即在所謂國史的明太宗實錄卷二十二中，已明云『永樂元年八月己未，命左通政趙居任，行人張洪，僧錄司右闡教道成使日本國，賜居任洪各紵絲衣一襲，道成金襴袈裟及僧衣錫杖如意淨瓶鉢盂各一事，仍賜三人各鈔十錠，銅錢一萬文』，特原本及補正本俱漏抄之，遂致如是之糾纏不清，是亦所謂『楚既失之，齊亦未爲得也』。其他脫漏未抄者不知凡幾，不能悉列。予現編有明代倭寇史料一書，他日出版，讀者持以相較，當能知之。

以上三端，爲此書錯謬之最大者，至其字句之誤，共有一千餘處，而關係較輕，與兩相差異難定誤正者，尚多未與焉；所缺月日，更難於徧補矣。茲取北平圖書館藏本，依據列朝實錄，別加校正於後（間有實錄亦誤者，則據別書正之）。

夫此書爲集實錄中關於倭寇記載之大成者，乃因粗率不愼，致生缺點多端，使研究明代倭寇問題者，仍不得不於實錄中求之，是則此書之價值，亦甚有限矣。

卷一 洪武朝

葉數	行數	誤	正	實錄卷數
1下	8	奪貨取○	奪財○貨	四一
2下	2	城廓○	城郭○	四六
2下	6	朕俟之國	朕下脫「雖德薄爲天下主王已稱臣備貢事合古禮凡諸」十九字	同
2下	8	無郭	無城○郭	同
3下	4	或有疆○暴者出	或有彊○暴者出	同
4上	8	是○月	六○月	五三
4下	6	延秩諭	延秩入○秩○諭	六八
5上	10	無一○不○當百	無不○一○當百	同
6下	6	何趐○千百	何翅○千百	七五
8上	2	洪武十年	洪武十四○年	一三八
8上	3	遣○書責日本	移○書責日本	一三八
9上	5	不負而○來意	不負西○來意	據籌海圖編
9上	9	請彼佛光	請彼佛放○光	據籌海圖編
9上	10	乀國有齋	入國有齋時○	據籌海圖編
10下	2	大船泊○之	大船藏○之	七八
12上	5	通從人以下	通事○從人以下	九〇
14下	4	以免中○國○之內禍	以免國○中○之內禍	一〇五
14下	6	洪武十年	洪武十四○年(全段亦應移置十八葉後)	一三八
15上	4	郊○井底蛙	效○井底蛙	同
16上	2	貪利爲謀○者	貪利爲諜○者	同
16上	6	差人往問	差人涉○海○往問	同
21上	1	安○籍抽兵	按○籍抽兵	一八一
22下	6	詔誅	詔誅之○	一九九
23上	6	永絕外患	句下應補「上是其言行之」六字	同
23下	8	鎮撫是○月○等	鎮撫陶○鼎○等	二一二
23下	9	玉等皆陶○鼎○戰死	玉等皆戰死	同
24上	1	以王○子眞	以玉○子眞	同
24下	3	詔互徒○浙江	詔互徙○浙江(按此係六月間事，幷應移置二十五葉六行後)	二三三
25上	5	先都督楊文	先命○都督楊文	二三二
25下	4	白銀○五十兩	白金○五十兩	二四四
26上	5	詔賜紗○帛	詔賜紗○帛	二五六

卷二 永樂朝

葉數	行數	誤	正	實錄卷數
1上	8	能幹官管領	能幹官員○管領	二〇下
1下	4	同圭密往	同圭密等○往	二四
1下	5	龜紐命○印	龜紐金○印	同

2上	1	即整將士	即整飭。將士	三二
2下	9	國王道義	國王源。道義	五〇
2下	10	刼掠民	刼掠居。民	同
3下	4	周綏靖	周下脫「爰咨詢深用嘉歎惟爾日本國王源道義上天」十八字	同
4上	6	惟繼唐虞之始。	惟繼唐虞之治。	同
4上	7	錫銘詩	錫以。銘詩	同
4上	9	舟船。密邇華夏通	舟航。密邇華夏通	同
5上	8	錦。紵絲紗羅絹	錦。紵絲紗羅絹	六七
6上	3	詔封嗣。義。持。日本國王	詔封義。持。嗣。日本國王	八六
7上	9	日本國源義持	日本國王。源義持	一一三
7下	3	副總兵指揮	副總兵都。指揮	同
7下	8	寇昌平衞	寇昌國。衞	一三六
8下	6	纔百六十餘	纔百六十餘人。	一九〇
9上	2	校尉鈔六錠	校尉鈔六十。錠	同
10下	2	隨來謝	隨來謝罪。	一九九
11下	4	望老鸛觜	可。望老鸛觜	二〇三
11下	6	凡有寇	凡有寇至。	同
12下	2	遣禺走。軍	遣馬步。軍	二一三

12下	4	奔萬。洋。塲	奔望。海。塲	同
12下	6	都指揮徐江。等	都指揮徐剛。等	同
13下	3	至師	至京。師	二二四
64上	7	水東日計。云	水東日記。云	據原書
16下	10	極欽廡。	極欽廉。	同
17下	9	於朝。州靖海遇倭	於潮。州靖海遇倭	二三三
18下	10	騏按口。錄	騏按實。錄	
19下	6	國王源義	國王源道。義	
卷三		洪熙朝		
1上	8	即追。至罪之	即逮。至罪之	一二
1上	9	侯。至必究	候。至必究	同
2上	7	營造軍。糧	營造運。糧	二九
		宣德朝		
2下	4	古。巡檢司	古雷。巡檢司	五二
2下	5	却。傷人民	刼。傷人民	同
		正統朝		
4下	1	各守地	各守地方。	二七
4下	3	登刼掠	登岸。刼掠	同
5上	6	監察御李奎	監察御史。李奎	五五
5下	6	宣治。其罪	宜治。其罪	六一

6上	6	復還。遷延不赴	復遷延不赴	六三
7上	6	倭船易伯。	倭船易泊。	六六
7下	4	造補。倭船	造備。倭船	七七
8上	8	俱付。烈港停泊	俱赴烈港停泊	八九
8下	4	踓。各衛所	距。各衛所	九〇
8下	5	過。夏水長。不可渡	過。夏水漲。不可渡	同
8下	5	青燈。萊三府	青登。萊三府	同
9上	7	請正其罪	請俱。正其罪	九二
9上	9	選武職代之	句下脫『秐取死罪狀住俸』句	同
12上	7	于秋內發。補	于秋糧。內撥。補	九八
12下	3	所官司贓罪銀解京庫	所在。官司贓罰銀。免解京庫	同
13上	10	必使政脩舉	必使軍。政脩舉	一〇〇
15上	4	歲久堋。塌	歲久坍塌	一〇三
15上	9	宜分管地方	宜令。分管地方	一〇五
16下	2	朝鮮國王季。禑	朝鮮國王李。禑	一一五
16下	10	遼總兵等官防。愼。	遼東。總兵等官愼。防。	同
19上	3	地鄰湖。州	地鄰潮。州	一七六

卷四

景泰朝

1上	9	尙書薛希連。	尙書薛希璉。	二一二
1上	10	涪漁。	涪嶼。（疑係涪嶼之誤）	同
2上	10	當依例。降	當依律。降	二二三
2下	7	日本國王。副使	日本國正。副使	二二五
4上	1	議今。有司	議令。有司	二二六
4下	1	給紵絲一疋	句下脫『絹九疋』句。	同
天順朝				
4下	3	物件價直。	物件價值。	二三七
4下	10	陞。楚館夫	捶。楚館夫	二三八
6下	4	該本。部奏稱	該禮。部奏稱	三〇〇
成化朝				
7下	9	不。不能束罪	不能鈐。束罪	六〇
8下	2	金織衣等物。有差	金織衣物。等有差	六二
8下	5	白金一兩	白金一百。兩	同
8下	5	俱付清啓啓。等	俱付清啓等	同
10下	2	嚴斤。埃。	嚴斥。堠。	六七
10下	5	歐朶顏夷人	毆傷。朶顏夷人	一七二

弘治朝

11下	7	多起於爭	多起於爭利。	二二一
11下	9	有功。之家	有力。之家	同
11下	10	嘯聚臣	嘯聚臣等。	同
12上	1	某。處。先。無。而。今。坍。	七字衍	同
12上	7	備委。	備倭。	同
正德朝				
13下	9	詳如。譯審毋致前弊。	詳加。譯審毋致前弊。	六二
卷五 嘉靖朝				
2上	3	先事不能剿捕	先事下脫『不能防禦臨變』六字	三三
2上	7	循維。楊。	循淮。揚。	同
2上	8	以及。于廣	以極。于廣	同
2上	10	及。遣給事中劉穆	乃。遣給事中劉穆	同
2下	2	謙導	謙導等。	二八
2下	3	佐被設寺。殺死	佐被設等。殺死	同
2下	4	指揮劉錦袁口。	指揮劉錦袁璡。	同
3上	7	琉球夷人等	琉球夷人蔡。淵。等	五二
3下	2	貢．鄭繩歸	貢使鄭繩歸國。	同
4上	3	國王源〻	國王源義晴。	二二七
4上	5	浙鎮巡官	浙江。鎮巡官	同
4下	1	正副使顧。鼎等	正副使碩。鼎等	二二四
4下	5	抖原貨物	抖原留。貨物	同
4下	8	以後貢朝。	以後貢期。	同
5下	6	令。每事節。制	今。每事遙。制	三三八
5下	7	一人兼二省	一人兼轄。二省	同
5下	10	設有海道專管。	設有海道專官。	同
6上	5	朱紈仍巡視	朱紈仍改。巡視	同
6上	9	日本使周良等	日本使臣。周良等	三四六
6下	1	臣常。斬賊張珠	臣嘗。斬賊張珠	同
6下	2	德熹施。與歛之	德熹皆。與歛之	同
6下	8	背公攩。私	背公黨。私	同
7上	5	已御史陳九德	已而。御史陳九德	三四七
7上	5	劾軌。不俟奏覆	劾紈。不俟奏覆	同
7下	2	杜汝稹。	杜汝禎。(下同不另)	同
7下	4	日本國王原。義晴	日本國王源。義晴	三四九
7下	5	報其王及妃	報賜。其王及妃	同
7下	6	卒。以十年爲期	率。以十年爲期	同
7下	7	因不與通	因閉。不與通	同
7下	9	送五十京師	送五十人。赴。京師	同

8上	9	言其余○七十五道	言其餘○七十五道	同
8上	10	五十道爲信	留○五十道爲信	同
8下	2	正道○勘合	正德○勘合	同
8下	2	但○存十道	但○存十道	同
8下	6	隨奉○夷患	隨奏○夷患	三五〇
8下	8	大膽○嶼姦民姚先○瑞	大擔○嶼姦民姚光○瑞	同
9上	3	佛郎機國法	佛郎機下脫「國王三人亦宜審其情犯大彰」十二字	同
9上	3	有能捕魁惡者	有能告捕魁惡者	同
9上	8	以言怒○之曰	以言恐○之曰	同
9下	2	及相告言○	及相告引○	同
10上	6	下兵部	章○下兵部	三六三
10上	7	溢○濫及不辜	濫及不辜	同
10下	3	月港語澳○等處	月港浯嶼○等處	同
10下	8	相與佐之	相與佐成○之	同
11上	2	余○佛南波口○等	餘○佛南波二○者○等	同
11下	3	劾○疏甚公	劾○疏甚公	同
12上	2	勾引倭萬餘人駕船千艘	勾引倭奴○萬餘人駕船千餘○艘	三八四
12上	6	分巡副使史○谷嶠	分巡副使谷嶠	三八七
12下	2	無鈐轄	無所○鈐轄	同
12下	2	權輕不行事	權輕不便○行事	同
12下	3	丁堪○	丁湛○	同
13上	9	分守參將	分守浙直○參將	同
14上	5	先登陣而死	先登陷○陣而死	三九三
14上	9	斬獲二十八級	斬二十八級	三九四
14上	10	王忬以聞	王忬以捷○聞	同
14下	2	褒實以○賞	褒實給○賞	同
14下	5	勾集各島倭	勾集各島倭夷○	三九六
15上	7	漳州橋房	幷○議○漳州橋房	三九七
15下	7	所傷軍○兵與○虜○數百人	所傷官○兵無○慮○數百人	同
18上	3	不閑○水鬬	不嫻○水鬬	三九九
18上	4	處州口○兵	處州坑○兵	同
18下	5	塞○嶼諸所	鯗○嶼諸所	四〇〇
18下	7	百○年○所稱	向○來○所稱	同
19上	6	國賦虧之○之虞	國賦虧損○之虞	同
19上	8	裨廟議○銷後患	裨廟謨○銷後患者○	同
20上	4	獨當就○敵	獨當勍○敵	同
20上	7	應天府○巡撫	應天巡撫	同

20下	9	擒獲。焚溺之功	擒斬。焚溺之功	四〇一
20下	10	撫。按臣提問	付。按臣提問	同
21上	7	采練。	采煉。	同
22上	3	金山副總	金山副總兵。	同
22下	1	編立號	編立字。號	同
22下	10	嚴更口。賣放	嚴更替。賣放	同
23上	6	近設副總兵一員	副總兵下脫『浙東西俱設參將第未有主將節制宜設總兵』十八字	同
23上	7	捍海塘	捍衞。海塘	同
23下	5	巡府。應天	巡撫。應天	四〇二
23下	6	折銀。民壯弓兵銀	折糧。民壯弓兵銀	同
24下	8	引舟師遊。擊之	引舟師追。擊之	四〇三
24下	9	斬首七十三	斬首七十三級。	同
25上	1	知縣王口。	知縣王鈇。	同
25上	3	濟兗東三省。	濟兗東三府。	同
25上	8	嚴勾補。以充軍。伍	嚴勾捕。以充營。伍	同
26上	3	八千九。百兩有奇	八千四。百兩有奇	四〇五
26上	4	八千九百兩	八千九百兩有。奇。	同
26下	4	戰。亡	陣。亡	同
27上	4	抃催。闖門商稅	抃榷。闖門商稅	四〇六
27上	7	流口。華亭	流圾。華亭	四〇七
29上	9	日。南。舊寨	南。日。舊寨	四〇八
29下	6	浙江提督	革。浙江提督	同
29下	8	解仁。道	解明。道	同
31上	10	奏專設一巡撫	奏請。專設一巡撫	四〇九
31下	10	復戰于孟宗。堰	復戰于孟家。堰	同
32上	3	攻嘉善縣宿。之	攻嘉善縣陷。之	同
32上	7	死之	俱。死之	同
32下	3	法弛敝。生	法弛弊。生	四一〇
32下	9	仍請代。支	仍請貸。支	同
33上	10	無令往來蘇松賞。鎮	無事。令往來蘇松常。鎮	同
33下	5	蘇松備兵費	蘇松備倭。兵費	同
33下	10	本部司官各一	本部司官各一員。	同
34上	2	搶。手共千人	槍。手共六。千人	同
34上	6	賞格與功同	賞格與邊。功同	同
34上	9	世襲千戶等官	世襲千百。戶等官	同
34上	10	右都御史	右副。都御史	同
34下	7	鄧植	知。縣。鄧植	同
34下	8	知府劉懿。使	知府劉懋。副。使	同

35上	6	比部議上	比兵。部議上	同
35上	7	以重賞招降	欲。以重賞招降	同
35下	4	未常。宥之也	未嘗。宥之也	同
35下	7	山賊有定勦。	山賊有定巢。	同
35下	9	急則遯去	急之。則遯去	同
35下	9	兵力大用	兵力下脫「所能取必者臣聞汪直本徽人故與浙人徐惟學李」二十字	同
36上	2	有司不急收。之	有司不急報。之	同
36上	6	令總兵。張經	令總督。張經	同
36上	7	得。以不死	待。以不死	同
36下	4	臣欲。愚。乞聖明	臣愚。欲。乞聖明	四一一
37下	2	上公元侯。	上公元侯。	同
37下	5	員外呂淵	員外郎。呂淵	同
37下	10	蘇老三十餘人	蘇老等。三十餘人	同
38上	8	勦。掠海上	剽。掠海上	四一二
38下	2	敗倭于礁	敗倭寇。于長。礁	同
38下	8	爲之卿。道。	爲之鄉。導。	四一三
39上	6	功決可次第	大。功決可次第	同
39下	4	猝緩急	猝有。緩急	同
39下	5	相視如客主	相視如客主然。	同
39下	10	欲決勝	欲決勝負。	同
39下	10	凡軍門。必。以。	凡軍中。之。需。	同
40上	4	多發則用度	多發之。則用度	同
40下	5	內賊以誠	治。內賊以誠	同
41上	1	不可深思	不可不。深思	同
41上	4	一決計徙居	一岑。決計徙居	同
41上	9	還屯綵。綯。港	還屯採。淘。港	同
41上	10	山東長搶。手	山東長槍。手	同
41下	4	浙。涇之捷	新。涇之捷	同
41下	10	都指揮劉思。至	都指揮劉恩。至	同
4上	2	崇明。知縣蔡本端	崇德。知縣蔡本端	同
4上	4	等例	等如。例	同
42上	8	及兩。浙西關廂	及浙西關廂	同
42下	7	三佛齋。	三佛齊。(下同)	同
42下	9	比之往者。	比之往年。	同
43上	1	糾虔。之黨未得	糾引。之黨未得	同
43下	2	子孫及。一級世襲	子孫各。一級世襲	四一四
44上	2	改折如。留	改折扣。留	同
44上	4	秋粮折充。銀	秋粮折兌。銀	同
44上	7	後湖紙。贖	後湖抵。贖	同

44下	3	李文進頤。	李文進姜。廷。頤	同
44下	8	戰于呂場	戰于呂四。場	同
45上	10	國逢明道	國逢時。明道	四一五
45下	1	因論山東	因並。論山東	同
45下	1	參政許大。倫	參政許天。倫（下同）	同
45下	3	坐失律罪斬	坐失律罪論。斬	同
45下	6	自枳。林分掠	自柘。林分掠	四一六
45下	8	潮州之枳。林	潮州之柘。林	四一五
45下	10	其賊徐碧溪	其賊首。徐碧溪等。	同
46上	2	廣東道副使	廣東海。道副使	同
46上	2	黑孟陽	黑孟陽等。	同
47上	2	戴罪殺賊	仍。戴罪殺賊	同
47上	8	義勇官徐茶。	義勇官徐恭。	四一六
47下	3	應議之例。	應議之列。	同
47下	3	乞姑貫。其罪	乞姑貰。其罪	同
48上	3	沙船付任環	沙。兵。沙船付任環	同
48上	6	以三十三。年	以三十二。年	同
48上	7	太平知縣	大平縣。知縣	同
48上	10	『江北倭』段	（全段重複應删）	同
48下	3	指揮使時弊。	指揮使翁。時獎。	同
48下	7	復。勘無罪	覆。勘無罪	同
48下	8	都御史口。褒善	都御史史。褒善	同
49上	8	永順宣慰司	永順下脫『宣慰司彭明輔保靖』八字	四一七
49下	1	因後。以調兵請	因復。以調兵請	同
49下	2	令滸墅鈔關	暫。令滸墅鈔關	同
49下	4	京營	京營兵。	同
49下	7	諸路所調者	諸路所調募。者	同
50下	7	久不脩	久廢。不脩	同
51上	2	守兵爲。守信地	守兵回。守信地	同
51下	2	增設同知	增設海。防。同知	同
51下	3	亦各設把總	亦各增。設把邊	同
51下	6	沿河哨獲。	沿河哨護。	同
52上	3	其賊俘繫獄	其賊被。俘繫獄	同
52上	3	亟赴。守巡官	亟付。守巡官	同
52下	1	大兵肆。集	大兵四。集	同
52下	10	既鮮城廓。	既鮮城郭。	同
53上	3	朽。鈍遇敵	朽。鈍遇敵則。奔。	同
53上	9	所。覬厚利	以。覬厚利	同
53下	4	江海之中	江海之中者。	同
53下	5	我失其所長	皆。我失其所長	同

53	下	10	府州縣官	句下脫『可用者留之』五字。	同
54	上	4	其督率	其督率守。臣。	同
54	上	5	比歲提。請	比歲題請	同
54	下	7	命豐潤伯	命字下脫『南京掌左軍都督府事』九字	四一八
卷六					
1	上	7	內府及	內府王。府。粮。米。及	四一八
1	上	8	再將三縣	再。將華。亭。上。海。嘉。定。三縣	同
1	上	9	議。處銀一萬兩	計。處銀一萬兩	同
1	下	1	馬家洪。	馬家浜。	同
1	下	3	寇璜。涇	寇橫。涇	同
2	上	5	來擊之	來。則。擊之去。則。擣。之。	四一九
2	上	7	松江之獲。塘	松江之護。塘	同
2	下	1	兵部覆奉。	兵部覆奏。	同
3	上	1	有能需。財力	有能輸。財力	同
3	上	8	口。崑山縣	會。崑山縣	同
3	上	8	朱禧。隆。奏諸。添設	朱隆。禧。奏請。添設	同
3	下	7	朱。禧所奏	隆。禧所奏	同

4	下	7	狠士兵	狠士諸。兵	同
5	上	7	又。奉諭問却令。泛	及。奉諭問却又。泛	同
6	下	7	言南賊擾	嵩。言南賊擾據。	同
6	下	8	宜依部。嚴	宜依部覆。	同
7	上	6	賊勢愈勝。	賊勢愈盛。	同
7	下	5	失事口。大	失事重。大	四二〇
7	下	10	李土。等	李上。等	同
8	上	4	解道。明。	解明。道。	同
8	下	10	及聞兵至	及聞狼。兵至	四二一
9	上	1	白泫等	下脫『將狼兵數隊往來哨賊乘隙邀擊舍把田鑾等』十八字	同
9	上	2	鍾富貴。黃維	鍾富黃維	同
9	上	3	兵士傷已。甚衆	兵士傷亡。甚衆	同
9	上	8	『江北倭犯淮安府鹽城縣』段	（全段重複應刪）	同
9	下	9	速爲請。奏。	速爲奏。請。	同
10	上	5	楊溥。	楊博。	同
10	下	1	尋集諸人	兵。部。尋集諸人	同
10	下	3	格身。優叙	格外。優叙	同
11	下	2	三大。浦	三丈。浦	同

11下	4	斬首五十	斬首百。五十	同
11下	9	張景賢兵禦倭	張景賢督。兵禦倭	同
12上	1	督狼兵。等兵	督狼土。等兵	四二二
12上	5	一千九百八十	凡。一千九百八十人。	同
12下	7	展。轉貿易	輾。轉貿易	同
12下	9	倭大至	倭必。大至	同
12下	9	故禦之標	故禦盜。之標	同
13上	3	退無歸	退無所。歸	同
13上	10	入江口	入三。江口	同
13下	8	防吳淞	防吳淞江。	同
14上	2	持。海船	恃。海船	同
14上	6	原額水車。	原額水。軍	同
14上	7	遊兵。數䑸	遊艟。數䑸	同
14下	2	甚者。買渡	甚有。買渡	同
14下	6	爭鋒死者	爭鋒死刃。者	同
14下	9	無奈何	無可。奈何	同
14下	10	猶可諉	猶可諉也。	同
15上	3	訓練士。兵	訓練土。兵	同
15上	3	保今。境土	保全。境土	同

15上	4	凡遇海	凡遇沿。海	同
15上	5	庶保障足。耳	庶保障是。賴。耳	同
15上	8	臣請諸指臣	臣請將。諸指揮。臣	同
16上	1	威行之素	威行之素也。	同
16上	1	進必。有。死之恐	進有。必。死之恐	同
16上	4	枵復待釁。	枵腹待釁。	同
16下	1	夫非有	夫賊。非有	同
16下	2	群爲姦	群聚。爲姦	同
17上	3	及徭。均。一應雜差	及均。徭。一應雜差	同
17上	5	比輪栗入監	比輪粟。例。入監	同
17上	8	制賊之策也	制賊之一。策也	同
17上	9	能被。賊	能殺。賊	同
17下	3	有輙謂其能	有司。輙謂其能	同
17下	6	則民利而動	則民見。利而動	同
17下	8	日昭。縣	日照。縣	同
17下	8	東。安。衞	安。東。衞	同
18上	5	稍稍逼	稍稍逼之。	同
18上	8	轉北。掠濟塹關	轉掠濟塹關	同
18上	8	五等都	五六。等都	同
18下	5	五萬兩	各。五萬兩	同

18下	7	均徭接濟	均徭銀接。濟	同
18下	8	蘇常鎮	應。天。蘇松。常鎮	同
18下	9	浙江軍門	浙江下脫「福建廣東廣西雲南五省銀解南直隸浙江」十七字	同
18下	10	解延綏。	解延綏。	同
18下	10	直。保定七府	眞。保定七府	同
19上	4	以備用	以備邊。用	同
19上	4	實數端	實有。數端	同
19上	9	器械藥	器械火。藥	同
19下	2	以求功	以求成。功	同
19下	5	械來京問	械繫。來京問	同
19下	6	去歲松江	去歲掠。松江	同
19下	9	南舟。	南丹。	同
20上	6	進退。機宜	進兵。機宜	同
20上	9	嚴嵩對	嚴嵩嵩。對	同
20下	1	都御史周鋭。	都御史周琉。	同
20下	7	督口。口。上江等兵	督百。戶。上江等兵	同
21上	7	充分浙江	充分守。浙江	同
21下	5	錦衣使者	錦衣衞。使者	同
22上	1	言此事	嵩。言此事	同
22上	10	以壯彼	以壯彼爲。	同
22下	4	未免又。誤	本免有。誤	同
22下	9	發疏有云	發疏下脫「時永保兵已至浙其日郎有石塘灣之捷文華疏」十九字	同
22下	10	宗憲輩	文。華。宗憲輩	同
23上	8	兪大猷等兵	兪大猷等官。兵	同
23上	9	蘇州府縣兵	蘇州府縣鄉。兵	同
23上	10	焚賊舟十餘艘	焚賊舟三。十餘艘	同
23下	6	兵威稍暢。	兵威稍揚。	同
23下	7	舊倭。猶在	舊巢。猶在	同
23下	10	餘軍門領。賞	餘令。軍門頒。賞	同
24下	10	奪民樓房	奪民居。樓房	
25上	2	御錢鯨	御史。錢鯨	同
25上	3	於潛西興	歷。於潛西興	同
25上	6	海三板沙	海洋。三板沙	同
25上	9	口。僉事董邦政	因。言。僉事董邦政	同
25下	1	防首。疎虞	防守。疎虞	同
25下	7	責諸以討賊	責諸臣。以討賊	同
25下	8	請令督周銃。	請令督撫。周琉。	同
25下	9	兩廣精兵	兩廣及。湖。廣。精兵	同

25下	10	官民鄉勇	選。官民鄉勇	同
26上	4	假此遷延	不。過。假此遷延	同
26上	7	劉思。至戴罪	劉恩。至職。令。戴罪	同
26上	7	同知都。文奎	同知郁。文奎	同
26上	10	督狼兵禦之	督狼兵民。兵。禦之	同
26下	9	及徒。賊五十七人	及從。賊五十七人	同
27上	6	兵部右僉	兵部右。侍。郎。兼。右僉	同
27上	6	巡撫。浙江都。御史	巡按。浙江御史	同
27上	7	代天寵	爲。右。僉。都。御。史。代天寵	同
27下	1	賊逸。松江也	賊遶。松江也	同
27下	4	賊遂散逸	下脫『一犯常州宜興』句	同
28上	3	出泊。滸。淺沙	出滸。泊。淺沙	同
28上	6	奪。浙江按察司	降。浙江按察司	四二四
28下	1	維亭常熟之敗	因。維亭常熟之敗	同
28下	4	喪敗日。多	喪敗實。多	同
28下	9	請優賞以示	請優賞以示勸。	同
29上	4	濠領。盤山實。入	濠嶺。盤山突。入	同
29上	6	旌德典史蔡堯	旌德典史蔡堯佐。	同
29上	7	縱大。屠掠	縱火。屠掠	同
29下	8	戰。舟出海	載。舟出海	同
29下	9	把總劉鐙。	把總劉堂。	同
30上	1	斬賊六十七級	斬賊首。六十七級	同
30上	4	賊舟出洋	賊舟下脫『多溺官兵船壞損者亦衆次日柘林倭亦載舟』十八字	同
30上	4	海風簸。蕩	海風簸。蕩	同
30上	8	遂奔出。	遂奔去。	同
30下	3	官口。死者	官兵。死者	同
30下	4	其酉。衣紅乘馬	其酋。衣紅乘馬	同
30下	5	以大。銃擊之	以火。銃擊之	同
30下	7	秼。陵關	秣。陵關	同
31上	7	原江北倭舟	原犯。江北倭舟	同
31下	1	如武職之位。	如武職之任。	同
31下	6	劉堂各陞二級	劉堂等。各陞二級	同
31下	7	等官勦逐	等官矢。心。勦逐	同
32上	2	其衆且二萬余。	其衆且二萬餘。	同
32上	9	東莞所。守。備。	東莞打。手。配。	同
32下	2	皆所未縉。	皆所未諳。	同

32下	3	住。探陸哨	往。探陸哨	同
32下	6	即委參將	臣。即委參將	同
32下	8	斬馘。一千九百	斬馘。一千九百	同
33上	1	蒞任方半	蒞任方半年。	同
33上	3	論死繫獄	竟。論死繫獄	同
33上	4	秣。陵關入。	至。秣。陵關	四二五
33上	4	推官羅節口。	推官羅節卿。	同
33上	6	溧。水縣楊林文景	溧。水縣陽林橋。典。史。林。文景	同
33上	7	遂由小北門入	賊。遂由小北門入	同
33上	10	奪情任事口。口。	奪情任事如。故。	同
33下	2	載舟至。海	載舟出。海	同
33下	8	許。墅關	滸。墅關	同
34上	2	陶學	陶承。學	同
34上	8	指揮僉事	授。指揮僉事	同
34下	5	防。海。五事復更番	防。海。五事一。復更番	同
34下	10	把。總。既屯海上	總。兵。既屯海上	同
35上	4	正總兵官二員	正副。總兵官二員	同
35上	7	給閞。田屯種	給閒。田屯種	同
35上	8	拒海。寇。	拒寇。海。中。	同
35下	2	江南粮。已繁重	江南賦。已繁重	同
35下	8	副史。王崇古	副使。王崇古	同
35下	9	逃至龍橋	逃至五。龍橋	同
36上	5	高埠竄	高埠奔。竄	同
36上	10	我兵指揮	我兵大。敗。浙。江。領。兵。指揮	四二六
36下	6	悉銃。衝浙兵	悉銳。衝浙兵	同
36下	7	揉。踐死者	蹂。踐死者	同
36下	9	賊勢益幟。	賊勢益熾。	同
36下	10	左給事	左給事中。	同
37上	8	無制無法	無制無法無。謀。	同
37上	10	豈。知他。形	又。不。知地。形	同
37下	3	何異此	何以。異此	同
37下	7	以雪埴。井	以雪實。井	同
39下	9	淤。揚抵飾之辭	游。揚抵飾之辭	同
38上	1	招募之兵可用也	下脫『土著之兵可用也』句	同
38上	4	及各鄉官。兵	及各鄉兵	同
38上	7	隨軍向住。	隨軍向往。	同

38下	5	命之圖。保甲	命之國。保甲	同
38下	7	隱忍而容。養。	隱忍而養。容。	同
39上	5	司府州	司府州縣。	同
39上	5	不無得。色	不無德。色	同
39下	5	反以殃民	今。反以殃民	同
40上	1	報可允。	報可	同
40上	5	守備官	守備等。官	同
40上	5	太監郭做。	太監郭璈。	同
40上	6	例。上失事	列。上失事	同
40上	8	刑科都。給事中	刑科給事中	同
40上	10	以數百。餘	以數十。餘	同
40下	8	孤懸而援	孤懸而無。所。援	同
40下	8	城中悚傷	悚下脫「息而不敢出地方之釋騷甚矣而曰一無所」十七字。	同
40下	8	然必何如	然則。必何如	同
41下	2	吏部議覆	吏兵。二。部議覆	同
42下	7	將來醜類。	將來招。引。醜類。	四二七
42下	10	故違制	故違節。制	同
43上	7	若便。合而爲一	若使。合而爲一	同
43下	9	且沮。水	且阻。水	同

44上	4	巡撫。直隸御史	巡按。直隸御史	同
44上	10	雖未可。見。用	雖未見。可。用	同
44下	5	申飭督勵	申飭督。撫。諸。臣。督勵	同
44下	6	督府。等官	督撫。等官	同
45上	5	法司承風口。	法司承風指。	同
46下	6	入沙窪	入川。沙窪（下同不另）	四二八
47上	2	潘。松。之兵	松。潘。之兵	同
47上	2	勢難。遠。制	勢遠。難。制	同
47下	2	今。見督察侍郎	近。見督察侍郎	同
47下	4	督撫。總兵	督副。總兵	同
47下	9	則責專。成。	則責成。專。	同
48上	1	者。今江南	方。今江南	同
48上	4	勢斬。人皆製。肘	勢軋。人皆掣。肘	同
48下	7	錢。州衛	泉。州衛	同
48下	7	董。乾振。	童。乾震。	同
49上	2	張鏊	張鏊覆。兵。部。尚。書。楊。博。	四二九
49下	5	餘丁精銃。者	餘丁精銳。者	同
50下	1	周浦寺。倭	周浦等。倭	同

50下	6	賊奔上海	餘。賊奔上海	同
50下	10	百戶張。綱。張澄	百戶張澄	同
51上	3	蜀中二。漢兵	蜀中土。漢兵	同
51上	4	篙里。弩手奮銃。	篙連。弩手奮銳。	同
51上	7	諸軍奮。氣	諸軍奪。氣	同
51上	7	卒。無長略	率。無長略	同
52上	1	如責。其赴戰	如是。則。其赴戰	同
52上	5	日不至	日中。不至　又脫「晝而遣日晡不至」七字	同
52上	10	對証。而攻	對症。而攻	同
52下	1	復爲。調停之法	復無。調停之法	同
52下	4	多寡不同。	多寡不問。	同
52下	5	遂路驛。騷	遂路繹。騷	同
53上	4	權。耗。變爲紈袴。	椎。鈍。變爲紈袴。	同
53下	1	止無堅壁。	止無堅壁。	同
53下	7	不可易者	有。不可易者	同
53下	8	無事相隨	無事相。習。有。急。相隨	同
54上	9	有堅壁。	有堅壁。	同
54下	1	吊。死扶傷	弔。死扶傷	同
54下	2	問寡有典典。議。	問寡有典	同
54下	3	我得之矣	我先。得之矣	同
54下	9	料。賊遠來	聞。賊遠來	同
55上	5	膏腴美田	膏腴。美田	同
55上	10	寇巢穴	寇賊。巢穴	同
55下	1	聲勢不實。	聲勢不貫。	同
55下	9	丁村處	丁村等。處	同
56上	5	恐督察。不便	恐督責。不便	同
56下	1	新安指揮焦同。	新安衛。指揮焦桐。	四三〇
57上	3	宜其罰得旨焦同。	宜寬。其罰得旨焦桐。	同
57上	4	各奪五。月。倭。	各奪倭。五。月。	同
57上	5	管事如胡。	管事如故。	同
57上	10	轉趨蘇州地。方。	轉趨蘇州也。	同
57下	10	上請責兵部	下脫「日江防重任何可乃漫不擇人李庭竹南京掌府仍兼操江如故貸博不問」二十九字	同
58上	2	十兵。婦死氏	土官。婦瓦氏	同
58上	8	文乃大慍。	文華。乃大沮。	同
58下	2	賊未圖	賊未易。圖	同
59上	5	同知知。寀	同知印。寀	同
59上	5	監。場副使	鹽。場副使	同

卷七

1上	4	留守王倫	原。任。留守王倫	四三一
1上	5	扼之曹娥江	扼之於。曹娥江	同
1上	6	及之	及之於。三。江。民。舍。	同
1上	6	斬首三。百級	斬首二。百級	同
1上	7	敗官軍于二。橋	敗官軍于四。橋	同
1上	9	浙江禦倭	十。月。後。浙江官。軍。禦倭	同
1上	10	正。事守備	死。事守備	同
1下	1	十月倭寇	十月三。十。日。倭寇	同
1下	1	自樂清登岸	自樂清歧。頭。登岸	同
1下	4	仙居諸縣	仙居奉。化。餘。姚。上。虞。諸縣	同
1下	4	遇于平陽	與。遇于平陽	同
1下	5	夫。日。嶺鄉兵監生	楓。樹。嶺領。鄉兵監生	同
1下	6	胡夢龍。	胡夢雷。	同
1下	1	金應暢。	金應暘。	同
1下	9	合攻賊	合力。攻餘。賊	同
2上	2	巡撫胡	巡撫都。御。史。胡	同
2上	3	以。聞。口。口。	應作「各上其事章下兵部覆請宥宗憲罪鐫等量罰死事者」廿一字	同
2上	6	夢龍。	夢雷。	同
2上	7	已總督楊宜	已而。總督楊宜	同
2上	10	按臣。各分勤惰	按官。各分別。勤惰	同
2下	2	浙東留賊	浙東間。留賊	同
2下	7	期以三。月至	期以二。月至	同
2下	9	調原非	調兵。原非	同
3上	1	各有司	各兵。備。有司	同
4上	3	守備楊進。	守備楊縉。	四三二
4上	8	再北	再。戰。再北	同
4上	9	略失宜	經。略失宜	同
4下	6	極其卑諂。	極其卑愞。	同
5上	5	劉炌充爲事官	劉炌職。充爲事官	同
5上	6	莆田福青。	莆田福清。	同
5上	7	高懷	高懷德。	同
5下	4	江北俱被倭	江南。北俱被倭	同
5下	6	株。林。	秣。陵。	同
5下	10	于擒。事	敗。于四。橋。事	同
6上	2	致川兵	致川兵敗。于。東。溝。	同

6上	2	敗於四擒。	苗。兵。敗于四橋。	同
6上	7	曲爲營解	嵩。曲爲營解	同
6上	9	頗與嵩異同	頗與嵩爲。異同	同
6下	3	指。默部試選策	擿。默部試選人。策	同
6下	8	織論曹邦輔	下脫『則嗾給事中夏栻孫濬媒孽臣及宗憲黨留邦輔』十九字	同
7上	4	上覽大怒	上覽疏。大怒	同
7上	4	執。偏。自用	偏。執。自用	同
7上	5	漢唐又。非	漢唐事。尤。非	同
7上	6	上以語	上以其。語	同
7上	9	臣詈君人。	臣詈君文。	同
7上	10	遂。諭禮。兵二部	隨。諭吏。兵二部	同
7上	10	坐視	不。宜。坐視	同
7下	3	王誥不必	王誥不必去。	同
7下	3	胡憲	胡宗。憲	同
7下	5	景賢右僉	景賢爲。右僉	同
7下	7	吏侍。擢冢卿	吏部。擢冢卿	同
7下	7	久矣。	久之。	同
7下	8	文武輻輳	文武吏。輻輳	同
8上	9	㑹。原任	命。原任	四三三
8上	9	丁蓮。	丁僅。	同
8下	4	未暗。水戰	未諳。水戰	同
8下	5	韓宗。福	韓崇。福	同
8下	6	吳成	吳成器。	同
9上	8	加一陪。于丁田	加一倍。于丁田內。	同
9下	3	採補。福蒼	採捕。福蒼	同
9下	3	等船等。普陀	等船守。普陀	同
9下	6	付。總兵	副。總兵	同
10上	1	爲五等	分。爲五等	同
10上	8	聽督奇。紀功	聽總。督紀功	同
10下	1	罪少功十。	罪少功多。	同
10下	6	各以遞陸	各以例。遞陸	同
10下	9	如。入寇海賊	知。入寇海賊	同
11上	1	日本王	日本國。王	同
11上	2	以爲。爲事官	以爲事官	同
11上	5	鎮。守副總兵	協。守副總兵	同
11上	7	查祖宗時	上脫『禮部奉旨覆』五字	同
11上	9	嘉靖二十。年	嘉靖二年	同
12上	10	貢士。適來。	貢使。適至。	同

11下	2	請倭其至	請倭其使。至	同
12上	5	有蔭。摩洲賊	中。有薩。摩洲賊舟。	四三四
12上	7	遂留蔣洲	下脫『傳諭各島而以兵船護可願先還宗憲以其事聞且言洲等奉命出疆法當徑抵日本宣諭其王爲正今偶遇海峯等于五島地方即爲所說阻而旋就中隱情未可逆睹以臣億度大約有二或懼』一段	同
12上	8	成。此機會	乘。此機會	同
12上	9	制諭。所宜	制馭。所宜	同
12下	7	釋攻。止。兵。	釋兵。歸。正。	同
12下	10	等賊巢	等處。賊巢	同
12下	10	以自效。其。信	以自明。誠。信	同
13下	2	率舟迎戰	率舟師。迎戰	同
13下	3	友良大鄉。	友良大卿。	同
13下	5	四合圍	四面。合圍	同
13下	6	獨嵩愼三人	獨嵩愼寅。三人	同
14上	4	上從部議擬。	上從部議	同
14上	6	布政藩恩	布政使。藩恩	同
14上	7	以。無功	守。土。無功	同
14上	8	徐行捷。	徐行健。	同
14下	5	三百餘	三百餘級。	同
14下	6	候。槐阿。衡	侯。槐何。衡	同
14下	9	病鎗。奪氣	病創。奪氣	同
15上	8	具。餘獲功人員	其。餘獲功人員	四三五
15下	6	良才辭行	良才往。良。才。辭行	同
15下	8,9	陝西兵	陝西銀。兵	同
15下	8	徐邳民兵三千	上脫『借兩淮鹽銀募』六字	同
16上	3	三萬	三萬兩。	同
16下	6	浙之東	浙之東西。	同
17上	7	雷州知州。	雷州知府。	同
18上	4	擒斬首。八十人	擒斬百。八十人	同
18上	9	總督胡	從。總督胡	同
19上	2	選。懊失職	巽。懊失職（下同不另）	四三六
19上	5	阿。衡	何。衡	同
19上	6	光祿寺丞	光祿寺署。丞	同
19上	7	請以本省	因。請以本省	同
19上	9	贓罰	贓罰銀。	同
20下	5	顛。奏	題。奏（下同不另）	同
20下	6	王橋	北。王橋	同

20下	8	青田江	青田江洲。	同
20下	9	詔總督	詔賞。總督	同
21上	1	王元相。	王元伯。	同
21上	7	以縣被陷	以縣治。被陷	同
21上	5	遂于。海	於。是。東。遂與。海	同
21下	10	無一得還	無一人。得還	同
22上	3	俱赴。軍門	俱付。軍門	同
22下	3	所以常例。也	所以常利。也	同
22下	3	哨探不明	一。哨探不明	同
22下	7	無則日冒工食	無事。則日冒工食	同
23上	2	宜嚴復。客兵	宜嚴覈。客兵	同
23上	3	乃得其死力	乃可。得其死力	同
23上	3	言可行	其。言可行	同
23下	2	覈實口。賞	覈實行。賞	四三八
23下	5	賊勢衰矣	賊勢日。衰矣	同
24上	1	言。好既絕	信。好既絕	同
24上	2	火。大風縱火	會。大風縱火	同
24上	6	死事	官。死事狀。因。參。爲。事。	四三九
24上	8	同知徐。恩	同知齊。恩	同

24上	10	文貴且。調	文貴宜。調用。	同
24下	8	天籌。等	天壽。等	同
25上	6	祭告郊廟	仍。祭告郊廟	同
25下	1	陞右參政	俱。陞右參政	同
25下	3	督撫	督撫官。	同
26下	10	至巡按	至是。巡按	四四〇
27上	7	遊。擊于海中	逆。擊于海中	同
27下	2	以海寇平	以海寇徐。海。平	四四一
27下	4	兼兵部右侍郎	（以下陞賞阮鶚等六七十人不應從畧惟補正本已補入之矣）	同
27下	7	都。文奎	郁。文奎	四四二
28上	1	各賞。銀十兩	各銀十兩	同
28上	1	把總劉鏜。	把總劉堂。	同
28上	6	兵部覆	兵部議。覆	同
29上	3	自儀	自儀眞。	同
29上	6	至金山	下脫「衛江海相界爲下節責之通州蘇松參將把總而金山」二十一字	同
29上	10	摘發。運糧	摘撥。運粮	同
29下	1	倭猖獗	倭患。猖獗	同
29下	2	防守不備。	防守不敷。	同

29下	3	水路。定。兵	水陸。客。兵	同
29下	3	缺行粮食。	缺行粮數。月。	同
29下	9	地方多故	謂。地方多故	同
30上	2	疏下令。所司	疏入。下所司	同
30上	5	倭出之處	倭寇。出沒。之處	同
30上	7	兵部議	兵部覆。議	同
30上	10	里甲海防	里甲以。濟。海防	四四三
30下	8	以勵人心	(下文罷賞陳儒等事不應删落故補正本已補入之)	四四五
30下	10	據險結口。	據險結巢。	四四五
31上	4	殺首。九百人	殺手。九百人	同
31上	6	悉出敵	悉銳。出敵	同
31上	9	男婦得者	男婦得出。者	同
31上	10	捷聞	(下文命賞宗憲等事不應略去故補正本已補入之)	同
31下	1	巡按御史	巡按直。隸。御史	同
31下	1	禦倭罪	禦倭功。罪	同
32上	3	把總	操。江。把總	同
33上	5	重責	重責成。	同
32上	6	不應援	不相。應援	同
32上	8	各規。主客通論	各視。主客通論	同
32上	8	中無所	中無所有。	同
33下	1	皆敗	皆敗死。	四四七
33下	2	吁。哈。	盱。眙。(下同不另)	同
33下	5	開津。東遯	開洋。東遯	同
34下	7	奪所斬賊級	奪已。所斬賊級	四四八
35上	1	且。奏	具。奏	同
35上	5	各遣歸	各遣歸該。鎮。	四五〇
35上	9	不能奉旨	不能以。時。奉旨	同
35下	6	添設侍郎	須。添設侍郎	同
35下	1	僨事之詳。	僨事之情。	同
35上	3	暫命署。印。侍。郎。	暫命侍。郎。署。印。	同
36上	8	問嵩	以。問嵩	同
36上	9	有勤能續。	有勤能績。	同
36下	9	行至豐後島	行至豐。後。豐後島	同
36下	10	皆奸商	皆中。國。奸商	同
37上	2	已歷二	已歷二年。	同
37上		雖有金印	山。口。雖有金印	同
37下	1	轉輸。其王	轉諭。其王	同
37下	3	邊。戍。	戍。邊。	四五一

37下	4	雖斥	雖斥去。	同
38下	6	猥加諭畏。慰	猥加諭慰	同
39上	2	根盤固互。	根盤蒂。固	同
39下	6	郡邑無者	郡邑無城。者	同
40上	7	襲其子二級	襲陞。其子二級	同
40上	10	江東。淸河	江都。淸河	四五二
40下	9	貨賄貿	貨賄貿易。	四五三
41上	8	爲利者	爲奸。利者	同
41上	9	則近。直母	則迎。直母	同
41下	1	釋前罪	悉。釋前罪	同
41下	2	傳諭島	傳諭各。島	同
41下	4	琴。港焉	岑。港泊。焉	同
42上	1	無一近島	無一近島者。	同
42上	2	誓心。示。無他	誓必。無他	同
42上	4	直終不信	直終不信曰。	同
42下	3	臣當督率兵將	臣等。當督率兵將	同
42下	7	乃大集兵艦	宗。憲。乃大集兵艦	同
42下	9	據舟山爲	據舟山爲固。	同
42下	10	縛送中國	縛送中國人。	同
43上	1	冀倖萬一	冀僥。倖萬一	同
43上	7	歲給。差給事中	歲終。差給事中	四五四
43下	5	民所當恤	民困。固。所當恤	同
44上	2	糧之增減	糧餉。之增減	同
44上	9	用臣議	用部。臣議	同
44下	7	行。何擅違	何得。擅違	同
44下	10	潮洲。	潮州。	同
45上	1	琉球境上	琉球國。境上	四五六
45上	6	修曰。買歸	修買歸舟。	同
45下	1	布使。庫銀	布政。司。庫銀	四五七
45下	2	牙輪。數乘	牙艙。數乘	同
45下	3	應變略	應變才。略	同
46上	3	福。淸	樂。淸	四五六
46上	4	福淸沿海郡邑	福淸等。沿海郡邑	同
46下	5	並下兵部覆	並下兵。部。兵部覆	四五八
46下	6	以此。行賞	以次。行賞	同
46下	7	高健。	高捷。	同
47上	1	林咸寧。曰。	林咸率。	同
47上	5	林咸寧。	林咸	四五九
47上	8	衝沉賊艘	衝沉賊艘七。	同
47上	5	追釣魚嶺	追至。釣魚嶺	同

48上	5	江。西倭寇	浙。西倭寇	四六〇
48上	6	列。源	劉。源	同
48下	1	世襲陞	世襲茂。等。襲。陞	同
49上	4	列椆舟上。	列椆舟山。	四六一
52上	2	請福。建。福興	淸以。福興	同
52上	3	降。火門	烽。火門	四六二
52下	7	淮安。之變	淮揚。之變	四六五
53上	1	軍務重寄否	可。軍務重寄否	同
53下	1	宗憲自辯	宗憲上。疏。自辯	同
53下	1	節經題。口。兵部	節經兵部	同
53下	2	許。降之議	許。降之議	同
53下	4	臣爲專擅	詆。臣爲專擅	同
53下	4	今繼來	今歲。繼來	同
53下	6	畏首尾	畏首畏。尾	同
55上	3	乃有命也。	乃有是。命	
55上	4	惠平。等縣	惠來。等縣	四六八
55上	10	山東民兵	山東民兵三。千。	同
55下	3	倭倭浙西。	寇寇浙東。	四七〇
55下	7	備武久弘。	備武久弛。	同
56上	4	留守備中官	留守同。守。備中官	同

56上	7	付統領	付之。統領	同
56上	9	勢易成剿。	勢易成擒。	同
56下	6	皆福人	皆福建。人	同
57上	2	掠江北揚州海門	轉。掠江北揚州海門等。處。	四七一
57上	3	二十。餘口。	二千。餘	同
57上	5	事議掣	事寧。議掣	同
57上	8	糧。練士兵	精。練士兵	同
57上	8	儻勢重大	儻倭。勢重大	同
57上	10	倭寇。大至	新。倭大至	同
57下	4	徧福漳泉諸口。	徧福興。漳泉諸處。	同
57下	5	軍門支用	軍。門。及。軍門支用	同
57下	10	地方無事	或。地方無事	同
58下	7	葉文	葉宗。文	同
58下	8	罪重懲	罪當。重懲	同
58下	8	朱。激。指。揮。	指。揮。朱。徵。	同
58下	9	夢麟。淮復原職	夢麒。淮復原職	同
58下	10	麒。等今復職	麟。等今復職	同
59下	2	鄭舜攻。	鄭舜功。	同
59下	2	胡宗憲生員	胡宗憲所。遺。生員	同

59下	6	亦不索之	諸。夷。亦不索之	同
60上	2	已權。太僕寺	已擢。太僕寺	同
60上	8	賊奔潘家莊	賊奔入。潘家莊	同
60上	9	斬首	復。斬首	同
60上	9	犯州之倭	犯通。州之倭	同
60下	1	曹克新	曹克新等。	同
60下	7	復戰新洲	復戰于。新洲	同
61上	3	楊樹灣。	楊樹港。	同
61上	3	蘆潨。港	蘆潭。港	同
61下	2	挑河銀二萬	挑河銀二萬兩。	同
61下	5	以備事。輿	以備軍。輿	同
61下	5	浙直。鹽課	浙省。鹽課	同
61下	6	及十萬	不。及十萬兩。	同
61下	6	將口。盡歸軍門	將來。盡歸軍門	同
61下	7	日浙江	下脫『加派兵粮銀四十八萬餘兩前議扣留折銀二百兩不爲不多今宗憲既稱客餉窘急宜量于浙江』三十八字	同
61下	9	贓罰等括用	贓罰等項。括用	同
62上	2	至舊浯	至舊浯嶼。	同
62下	4	是。沿海頑民	寔。沿海頑民	同
63上	4	唐順之	適。政。唐順之	四七二
63下	1	所募山東人。	所募山東兵。	同
63下	5	禦倭節。次	禦倭功。次	同
63下	6	則。已奪氣	賊。已奪氣	同
64下	7	夜雨	夜大。雨	同
64下	10	開梅花洋	開出。梅花洋	同
65上	9,10	羅佳。賓	羅嘉。賓	四七四
65下	3	桐油釘。鐵。	桐油鐵。釘。	同
65下	5	溫州二。十七年	溫州三。十七年	同
65下	6	等處。境府城	等境府城	同
65下	6	瑞安樂福。二縣	瑞安樂淸。二縣	同
66上	1	府城太平縣各。城	府城及。太平縣城	同
66上	2	典史蔡。宗	典史葉。宗	同
66上	5	失事	失事始末	同
66下	2	高世英(?)等忘。功。保身	高世安(?)等志。切。保身	同
66下	8	柔倭。儉人	柔佞。儉人	同
67上	3	擁勁兵自衛	擁勁兵以。自衛	同
67上	9	若監。賊朱奉(?)等	若鹽賊朱先(?)等	同
67下	3	盈遲。皆狗鼠之雄。	盈庭。皆鼠狗之雄。	同

67	下	6	四維革任	四維英。革任	同
68	上	3	參將兵陞	下脫『輕騎先進賊覘無後繼盡銳來衝陞』十四字	同
68	上	5	紐。于屢勝	狃。于屢勝	同
68	下	4	繼大。衝擊	繼進。縱。火。衝擊	四七五
68	下	8	師死。財費	師老。財費	同
69	上	3	按臣逮問	付。按臣逮問	同
69	上	4	閱視直軍情	閱視浙。直軍情	四七六
69	上	10	殘孽四百餘	殘孽四五。百餘	同
69	上	10	又在苗。灣	又在廟。灣	同
69	下	2	自清港登岸	自淸墩。港登岸	同
69	下	4	五月三。十三日	五月二。十三日	同
70	上	1	曹剋。新	曹克。新	同
70	上	2	彭汝康分別	彭汝康等。分別	同
70	上	3	撫。按臣逮問	付。按臣逮問	同
70	上	4	巡撫王詢	福。建。巡撫王詢	同
70	下	1	參議顧冲。	參議顧翀。	同
70	下	7	余。黨悉遯	餘。黨悉遯	四七七
70	下	8	兵部覆從。	兵部覆議。	同
71	下	4	而適不幸	而事。適不幸	同

71	下	5	仍有。顯奪	仍須。顯奪	同
71	下	8	後。查明	候。查明	同
71	下	10	福延口。按官	福建撫。按官	四七八
72	上	1	七。住洪塘	屯。住洪塘	同
72	上	3	張橋。建節等	張僑。張。建節等	同
72	上	5	拜橋宗瀚	拜僑。宗瀚	同
72	上	7	咸奮腕	咸奮腕稱。雄。傑。	同
72	下	8	獲從周口。等十餘人	獲首。從周二。等二。十餘人	同
73	上	4	想。機調度	相。機調度	同
73	上	4	如值颶訊。	如值颶汛。	同
73	上	5	迷。心區畫	悉。心區畫	同
73	上	5	專泥汛。地	一。禁。專泥信。地	同
73	上	8	不行策者	不行策應。者	同
73	上	9	遽。險扼吭之	據。險扼吭之要。策。	同
73	上	10	備。查。等。官。	（四字衍文應刪）	同
73	下	10	李成。式	李承。式	同
74	上	4	東南騷。驛。	東南繹。騷。	同
74	下	8	軍餉乏。時	軍餉之。時	四七九
75	上	6	賊猝。犯蘇	賊猝。犯蘇	同

75上	8	蘇人得。之	蘇人德。之	同
75下	2	應調募	應調募者。	同
75下	5	得旨允	得旨允行。	同
75下	6	瀆長淳。	杜。瀆長亭。	同
75下	7	軍。司沙地	運。司沙地	同
75下	9	戶部覆	戶都議。覆	同
卷八				
1上	4	副總兵	浙。直。副總兵（幷應移置前卷）	四七九
1上	5	參政	蘇。松。參政	四八〇
1下	4	以示優典。	以示優異。	同
1下	9	寧紹幸免殘破	下脫「而殘破溫台賊由」七字	同
2上	2	一海外沿。海	一圖。海外謂。沿。海	同
2上	4	自葉滿得罪	自葉宗。滿得罪	同
2上	8	急練士者。	急練土著。	同
2下	2	專爲充。鋒之用	專爲衝。鋒之用	同
3上	1	即其故也。	即其故地。	同
3上	9	口。官刼獄	縛。官刼獄	同
5下	1	天。心爲國	矢。、心爲國	四八一
5下	8	流刼湖。州	流刼潮。州	同
6下	8	崇武處	崇武等。處	四九〇
6下	8	多。言謀勇然即具。	侈。言謀勇然即其。	同
7上	4	流功。德化	流劫。德化	同
7上	6	南運。上靖。	南靖。上運。	同
7下	1	安。樂。	樂。安。	同
7下	1	無不破。殘破者	無不被。殘破者	同
7下	5	千百戶金丹	指。揮。千百戶金丹	同
7下	10	恬不知眞。恥。小人	恬不知恥。眞。小人	同
8上	8	宗憲以聞兵部復。請	至。是。宗憲以聞兵部。覆。請	同
8下	1	勘覈。言二城稠。毀	勘覆。言二城坍。毀	
8下	3	及其子畊。	及其子耕。	四九五
8下	5	新巢穴	新場。巢穴	同
8下	6	而請近。襲	而請追。襲	同
9上	2	海繳。不靖	海徼。不靖	四九六
9下	2	今。照舊	令。照舊	
9下	5	蕭雲。峯	蕭雪。峯	
9下	7	賊巢在廣丘。	賊巢在廣	
9下	8	三百。撫臣	三省。撫臣	
10上	7	守印。諸將、	守城。諸將	四九九

10下	1	田光澤寧化	由○光澤寧化	
10下	2	秦和○	泰和○	
11上	7	上加○諸臣功	上嘉○諸臣功	五〇一
11下	6	永寧衞	永寧衞城○	五〇六
11下	9	(?)龍溪等縣	(?)尤溪○永○安○古○田○惠安○南○安○同○安諸縣	五〇九
11下	10	興泉兵備	興泉兵備僉○事○	同
12上	1	福州兵備	福州兵備副○使○	同
12上	1	不能禦○衆	不能御○衆	同
12上	8	而憲按兵玩寇	而宗○憲按兵玩寇	五一五
12下	1	立報功廟	自○立報功廟	同
13上	8	合福清	則○合福清	同
13下	2	繼光引還浙	繼光引兵○還浙	同
14上	1	倭所○至	倭新○至	同
14上	3	以爲恨	深○以爲恨	同
14上	6	請處分	請旨○處分	五一六
14上	9	三呈上玄錫	三呈上玄錫瑞○	同
14下	1	何不○俱○早言	何俱○不○早言	同
15下	2	及德縣	及寧○德縣	五一七
16下	2	浙江巡撫	浙江巡撫趙○炳○然○	同

16下	2	胡松	江○西○巡○撫○胡松	同
17上	4	四十一年	至○四十一年	同
17下	2	深與其數百人	深與其下○數百人	五一八
18上	2	縱○城夜出	縋○城夜出	同
18下	7	不得已而召	不得已而召募○	五一九
19上	3	漫無通○紀	漫無統○紀	五二一
19上	7	宜嚴選練	宜嚴加○選練	同
19下	2	多推諉	率○多推諉	同
19下	4	浙直水兵	上脫『浙直將官原設總兵一員駐浙江定海以統』十七字	同
19下	10	仍相策應	仍互○相策應	同
20上	3	其部下	其在○部下	同
20上	7	死狀聞	死事○狀聞	同
21上	6	諸臣賞宜重	諸臣賞宜從○重	五二三
21下	2	浙江趙炳然	浙江巡○撫○趙炳然	同
23上	9	以故巡撫	以故二○巡撫	五二四
23下	3	與操江仍併力	上脫『萬一留都有急則二巡撫』十字	同
24上	1	部○梗	邵○梗	五二五
24上	5	治○水寨五	置○水寨五	五二六
24上	7	水○煋○	小○埕○	同

24上	10	坐都司	坐營。都司	同
24下	3	權爲一	事。權爲一	同
24下	3	二府三。寇	二府山。寇	同
24下	4	以九。月初一日	以七。月初一日	同
25上	10	時。是不問	嗣。是不問	同
26下	4	覆論。四事	覆綸。四事	同
26下	5	額兵。僅十萬兩	額供。僅十萬兩	同
26下	8	汚萊。蔽日。	汚萊。蔽目。	同
27下	3	墜崖谷死者	墜崖谷死者無。算。	五三〇
27下	5	披棘	披荆。棘	同
28上	1	花腰也	花腰蜂。也	五三二
28下	2	知縣李開	知縣李開等。	五三三
28下	4	逐甌寧	逐北。甌寧	同
28下	7	福建都御史	福建巡。撫。都御史	同
29上	7	莞。豐惠潮等處	海。豐惠潮等處	
29下	2	暴風	遇。暴風	五三五
29下	4	火。埔寮寨口	大。埔寮寨口	同
30上	1	巡撫譚	巡撫譚綸。	五三八
30上	3	未及允。安計	未及久。安計	同
30上	4	自古軍	自古軍中。	同

30上	10	臣當。練之	臣嘗。練之	同
30下	4	但軍旅事	但軍旅之。事	同
31上	2	通禁嚴	通番。禁嚴	同
31下	3	所劾。功次	所上。功次	同
31下	4	省祭孫鎧	省祭官。孫鎧	同
32上	2	覆請之	覆請從。之	同
32下	9	帥迎擊之	帥舟。師。迎擊之	五四五
33上	2	出外洋而還	逐。出外洋而還	同
33上	5	追剿原倭	追剿原犯。永。寧倭	同
33下	2	舊額。市舶司	舊設。市舶司	五五〇
卷九	隆慶朝			
1上	4	涂。澤民	塗。澤民	九
1下	5	按察使	按察司。副。使	三〇
2上	2	惠湖。沿海之民	惠潮。沿海之民	三一
3下	3	都御史劉壽。	都御史劉燾。	三三
6上	3	正山縱橫	正山海。寇。盜。縱橫	三八
7下	6	練土客。以濟實用	練士兵。以濟實用	
7下	10	萬八。從軍	萬人。從軍	
12上	3	王直傑驁。	王直桀驁。	

樸社出版書籍目錄

北平景山東街十七號景山書社總批發

哲學

歐洲哲學史（上卷）	徐炳昶譯	一元
生命之節律	秋士譯	三角五分
哲學評論	一卷一期至六期	每期三角
戴氏三種（再版）	清戴東源著	七角

文學

中國文學概論（再版）	陳彬龢譯	三角五分
怎樣認識西方文學及其他（再版）	采眞譯	五角
論文雜記（再版）	劉師培著	三角
治方學法與材料及其他	定生編	甲種四角 乙三角
建安文學概論	沈達材著	五角

國學

三訂國學用書撰要（再版）	李笠著	五角
水經注寫景文鈔	范文瀾編	甲種五角 乙三角五分
羣經概論	范文瀾著	實價一元三角
國學月報第一卷彙編	述學社	八角
國學月報第二卷彙編	述學社	一元
國學月報第二卷	述學社	每期一角
四部正譌	明胡應麟著 顧頡剛校點	三角
左氏春秋考證	清劉逢祿著 顧頡剛校點	實價五角
詩辨妄	宋鄭樵著 顧頡剛輯點	實價四角
朱熹辨偽集語	宋朱熹著 白壽彝輯點	實價四角
文品彙鈔	郭紹虞編校	平裝三角 中裝六角
張玉田詞集	馮沅君編	一元二角
詩疑	宋王柏著 顧頡剛校點	二角五分
人間詞話（三版）	王國維著	二角
四六叢話敘論	明孫梅著	二角五分
古今偽書考	清姚際恒著 顧頡剛校點	四角

史學

中國文字學	孫東生著	三角五分
古史辨第一冊（六版）	顧頡剛編著	甲種二元四角 乙一元八角 丙一元二角
古史辨第二冊（三版）	顧頡剛編著	甲二元六角 乙二元 丙一元四角
古史辨第三冊（再版）	顧頡剛編著	甲四元 乙三元二角 丙二元四角
古史辨第四冊	羅根澤編著	甲四元二角 乙三元四角 丙二元六角
史學年報第二期	燕大史學會編	四角五分
史學年報第三期	燕大史學會編	七角
史學年報第四期	燕大史學會編	實價七角

子學

諸子辨（五版）	宋濂著 顧頡剛標點	二角五分
子畧	高似孫著 顧頡剛標點	三角五分

社會學

社會上之文化論	孫本文著	六角
社會學界（第二卷）	燕京大學	一元
文化與政治	許仕廉著	一元二角
國內幾個社會問題討論	許仕廉著	一元二角

生物學

達爾文以後生物學上諸大問題	周太玄譯	五角
普通生物學	經利彬著	一元二角
原子新論	羅素原著，何道生譯	四角五分

筆記

浮生六記（七版）	清沈三白著	二角五分
陶庵夢憶（三版）	明張岱著	五角

小說

玉君（三版）	楊振聲著	五角
岐路燈（第一冊）	河南李綠園遺著	八角
聊齋白話韻文	蒲松齡著	五角
名號的安慰	常工著	四角五分
泡影	逸著	二角

戲劇

溫德米爾夫人的扇子	潘家洵譯	甲種五角 乙三角五分
巨人之扁	楊丙辰譯	八角五分
原戲	陳萬里著	一角五分
佛西論劇	熊佛西著	五角五分

文藝雜誌

春湖（第一期）	燕大國文學會	三角五分
晨星月刊（第一期第二期）		每期一角五分

遊記

西行日記	陳萬里著	八角
妙峯山瑣記	奉寬著	五角
民俗（妙峯山進香通俗專號）	國立中山大學語言歷史研究所編	二角

歌謠

粵風（再版）	清李調元	一角五分

詩集

憶	俞平伯編	一元
詩的聽入	定生編	甲種二角 乙一角五分

童話

燈花仙子	孟堯崧編	三角五分

雜類

貓（養貓必讀）	蔣崇年編譯	二角
親友錄（備登親友姓名）	周孝丞編	八角
我學大綱	方曉庵著	二角五分

讀山中聞見錄書後

梁愈

山中聞見錄共十一卷，卷一至六爲建州志，卷七爲戚繼光等傳，卷八爲西人志，卷九至十一爲東人志（即女眞，海西，建州三篇是也）。茲因搜集明初建州女眞材料，乃往北平圖書館，索取山中聞見錄（註一）讀之。首先參閱是書第九卷東人志女眞篇，讀後甚疑是篇與東夷考略女眞篇相同，並無任何新材料可尋。於是取此二篇相校，以釋吾疑。相校之後，但見全篇字句相同，除極少數字之變換處，直是一篇文字而錄之於二書也。至此，吾人洞悉此二篇之中，必有一篇爲抄襲文字，然是東夷攷略抄自山中聞見錄，抑見錄竊自考略耶？欲明眞相，不爲難事，但就時間之前後，即可判決眞僞矣。

按東夷考略（註二），爲明末萬曆年間茅瑞徵所撰，而山中聞見錄確爲清初彭孫貽所著，是見錄晚出於考略二十餘年。明乎此，則此二篇文字之眞相，可思過半矣。今將山中聞見錄，調換，增省，顚倒原文處之字句錄左，以供讀者參考焉。

調換單字處

考略之文：「號」勿吉。曰粟末。渠長。朝献。所總。頗拓境。

見錄之文：「曰」勿吉。「名」粟末。「酋」長。朝「貢」。所「統」。「益」拓境。

考略：不入籍。依山作窟。降虜。所謂。刻日。報仇。

見錄：不「隸」籍。依山「爲寨」。降「夷」。所「名」。刻期。復仇。

考略：巨璫汪直。通者。亦聽撫。慘掠清河等堡。還報。

見錄：「太監」汪直。「譯」者。亦「就」撫。「大殺」清河等堡。還「奏」。

考略：海西諸部。禦卻之。

見錄：海西「各」部。禦却之。

按山中聞見錄所調換之單字，文雖變換，原意猶存。

增省字句處

考略：口嶺有水源。口叛。諸酋豪。口帝世。朝廷歲以其。

見錄：「黑嶺」有水源。「迺」叛。諸酋口。「終」帝世。朝廷「口」以其。

考略：出制書示。李秉督率漢番邊官軍。

見錄：出制書口。李秉督口漢番邊官軍。

考略：禮部奏勑通事武忠等。進海東青兎鶻，幷省諭貢使無益額。

見錄：禮部奏勑口口口口口口口進海東青兎鶻，口口口口口口口口口。

考略：黑水部尤勁居極北，唯粟末白山近隋境，其俗……

見錄：黑水部尤勁居極北，口口口口口口口口，其俗……

考略：海西夷酋王忠偵虜功。

見錄：海西夷口口口偵虜功。

考略：西京曰鴨綠府，朝獻迄咸通，世隸黑水。

見錄：西京曰鴨綠者，口口口口口，世隸黑水。

考略：即粟末河，發源太白者太白山，一曰長白。

見錄：即粟末河，口口口口口口口，口口長白。

考略：分領混同江南北之地，各仍女眞俗相統攝。

見錄：分領混同江南北之地、口口口口口口口口。

考略：海西野人諸酋長。

見錄：海西口口諸夷。

考略：附也先爲耳目抄掠。

見錄：附也先口口口抄掠。

將二篇相較後，知單字，則見錄較考略稍增，但單句考略又增於見錄。單字易添，單句易減，是爲山中聞見錄抄襲東夷考略之又一證也。且見錄女眞考一篇末尾，較考略女眞考一篇末尾缺少一千八百餘字。是其抄自考略，顯然明甚者；蓋抄襲文字，常減於原文也。

顚倒字句處

考略：女眞古肅愼國，東漢曰挹婁。

見錄：女眞始著東漢，曰挹婁，古肅愼國。

考略：緣水道密謀百濟，取高句麗，其國在高麗北，有大水廣餘三里，名粟末。水發太白山，入隋號靺鞨，凡七部。

見錄：其國在高麗北，有大水，廣三里，曰粟末水，發源太白山。勿吉時，從水道侵百濟及高句麗，入隋。靺鞨，凡七部。

按抄襲他人之文，每多擅自刪改，以粉飾面目，但偶一不愼，則所刪改之處，往往失去原意，且與事實背馳。如考略云：『女眞古肅愼國，東漢曰挹婁』。見錄改之云：『女眞始著東漢，曰挹婁，古肅愼國』。『女眞始著東漢』作何解？東漢時代，尙無女眞之名，何得而著哉？女眞之强大，始於遼末，東漢又何得而著哉？在此一改之間，失去事實遠矣。最末一語，吾人不敢武斷，言山中聞見錄之女眞篇爲抄襲文字，或有意保存東夷攷略之文，有所爲而抄之耳。但又何必删改其原文數處耶？誠令吾人不解。

註一　山中聞見錄，在清朝爲禁燬之書。原題爲營葛山人撰。按營葛山人即海鹽彭孫貽之別號。孫氏爲清初海鹽之隱士，海鹽即今浙江省嘉興府之屬縣。

註二　東夷考畧，亦爲清朝嚴禁焚燬之書。原題爲苕上愚公撰。據胡州府志卷七十五人物傳文學云苕上愚公即茅瑞徵之別名，彼爲浙江省湖州府歸安人。所撰之東夷攷畧，述明初建州三衞事頗詳，甚屬珍貴。因焚禁之嚴，中土幾佚，幸上虞羅振玉藏有抄本，乃得不絕，今已被燕京大學圖書館購得矣。

附言

羅振玉跋山中聞見錄文內有云：『彭氏生長南疆，不知何由洞悉朔方兵事』。今考得彭孫貽與茅瑞徵爲同鄉，瑞徵深知遼東軍情，孫貽之知北方兵事者蓋藉瑞徵之作也。

俟有暇時，當再詳其他各篇，如建州，海西篇是也。

本社開設北平後門內景山東街十七號北京大學第二院對門經售英美原版書籍特約代售下列各家書籍

◉學校

北京大學出版部
北京大學國學研究所
師範大學史地部
師範大學國文學會
師範大學史學會
清華大學清華學報社
廣東中山大學歷史語言研究所
廣東中山大學民俗學會
武漢大學社會科學季刊委員會
武漢大學科理季刊委員會
武漢大學文哲季刊委員會
武漢大學西書流通處
燕京大學圖書館
燕京大學燕京學報社
燕京大學社會學會
燕京大學史學會
燕京大學引得編纂社
輔仁大學圖書館
中國大學出版部
工業大學消費社

◉學術機關

獨立評論社
故宮博物院
地質調查所圖書館
歷史博物館
中國地學社
中央研究院歷史語言研究所
中央研究院氣象研究所
中央研究院地質研究所
中央研究院天文研究所
中央研究院社會科學研究所
中央研究院物理研究所
中央研究院化學研究所
中央研究院工程研究所
中央研究院歷史博物館
北平觀象臺
國立北平圖書館
社會調查所
西北科學考查團
杭州公共圖書館

◉文社

中國文藝月刊社
學衡雜誌社
東北月刊社
外交月報社
獨立評論社
寒微社
民間出版社
中等算學月刊社
新湖社
東方學社
勵進年刊部
晨星月刊社
明天雜誌社
光社
沉鐘社

◉書肆

開明書店
北新書店
商務印書館
中華書局
新月書店
光華書局
崑崙書店
中國書店
亞東圖書館
眞美善書店
建設圖書館
出版合作社
文化學社
集古齋
太江書舖
東華書局
中華新教育社
南強書局
南京書店
中華印書局
中學生書店
神州國光社
華通書局
中國輿地學社
民智書局
國際學術書社
明日書店
明月書店
中國書局
新東方書店
落葉書店
東南書店
晨羲書店
芳草書店
人間書店
遠東圖書公司
大申書局
茹古書局
東亞書局
女子書店
新中國書店
鐘山書局
拔提書店
長城書社
現代書局
岐山書局
科學儀器館
東方書店
金屋書店
羣衆圖書公司
曉山書店
卿雲圖書公司
蘇州出版社
世界文藝書局
華嚴書局
前夜書局
滬濱書局
樂華圖書公司
春秋書店
辛懇書店
文華美術圖書公司
人文書店
開明印書局
嚶嚶書店
肇文書局
富晉書社
強南書局
金鵲書店
連理書店
博古書店
光陸印書局
江南書店

◉出版家

陳垣先生
劉半農先生
馮友蘭先生
張星烺先生
兪平伯先生
陳大齊先生
白眉初先生
容希白先生
馬叙倫先生
潘博山先生
蘇甲榮先生
傅振倫先生
王世略先生
鮑仲嚴先生
陳宗藩先生
范仲雲先生
溫壽鏈先生
楊成章先生
莊尚嚴先生
盧開運先生
秦希實先生
儲皖峯先生
江問漁先生
繆子壽先生
繆金源先生
李雁晴先生
李光忠先生
傅佩青先生
王德崇先生
羅香林先生
林之棠先生
盧木齋先生
郭湛波先生
富守仁先生
張潤泉先生
何理之先生
錢振東先生
盛奎運先生
傅潤田先生
李孟楚先生
吳靜之先生
李靜淵先生
周志甫先生
金伯泉先生
黃希廉先生
王晉卿先生
尚秉和先生
張西堂先生

以上各學術機關藏書家著作家各種書籍種類繁多定價低廉函索目錄當即寄奉　如承各處將出版物委託代銷無任歡迎請隨時示知可也此啓

本刊第一卷一至五期撰人引得

撰人／篇名	期數	頁數
三畫		
于式玉		
那珂通世『攷信錄解題』(譯文)	Ⅳ	181
四畫		
毛　汶		
女眞文字之起源	Ⅲ	171
王桐齡		
漢唐之和親政策	Ⅰ	9
唐宋時代妓女考	Ⅰ	21
會眞記事蹟眞僞考	Ⅱ	139
五畫		
司蒂文生		
中國之人種(轉載)	Ⅰ	32
市村瓚次郎		
元實錄與經世大典(牟傳楷譯)	Ⅲ	153
白　也		
指畫略傳	Ⅲ	177
六畫		
朱士嘉		
中國第一個留學生	Ⅱ	123
中國地方志統計表	Ⅳ	171
次　弓		
兩漢之胡風	Ⅰ	45
牟傳楷		
市村瓚次郎『元實錄與經世大典』(譯文)	Ⅲ	153
吳　晗		
山海經中的古代故事及其系統	Ⅲ	81
李書春		
李文忠公鴻章年譜	Ⅰ	97
李崇惠		
石達開日記之研究	Ⅰ	65
李鏡池		
易傳探源	Ⅱ	39
沈維鈞		
商書今釋之一——湯誓	Ⅳ	175
八畫		
那珂通世		
考信錄解題(于式玉譯)	Ⅳ	181
和田清		
明治以後日本學者研究滿蒙史的成績(翁獨健譯)	Ⅴ	1
奉　寬		
舊京西山故翠微寺畫像千佛塔記跋	Ⅱ	143
元虎賁軍百戶印攷釋	Ⅳ	125
孟世傑		
戎狄夷蠻考	Ⅰ	5

金德建
司馬遷所見書考叙論　Ⅴ　35

九畫

洪　業
崔東壁書版本表　Ⅲ　1
駁景教碑出土於盩厔說　Ⅳ　1
高似孫史略箋正序之一　Ⅴ　1

致　中
五覇（求是齋讀書志疑之一）　Ⅰ　6
莊子之年代（求是齋讀書志疑之一）　Ⅰ　96

范文瀾
與顧頡剛論五行說的起源　Ⅲ　43

十畫

唐　蘭
獲白兕考　Ⅳ　119

徐文珊
中國古代的歷史觀　Ⅱ　109
儒家和五行的關係　Ⅲ　49

徐琚清
北邊長城考　Ⅰ　15

翁獨健
陳垣『中國史料的整理』（筆記）　Ⅰ　145
和田清『明治以後日本學者研究滿蒙史的成績』（譯文）　Ⅰ　163

十一畫

張星烺
中世紀泉州狀况　Ⅰ　33

張維華
葡萄牙第一次來華使臣事蹟考　Ⅴ　103

曹詩成
戰國時儒墨道三家堯舜之比較　Ⅱ　1

梁佩貞
南北朝時候中國的政治中心　Ⅰ　55

梁　愈
讀山中聞見錄書後　Ⅴ　213

陳沅遠
唐代驛制考　Ⅴ　61

陳　垣
中國史料的整理（翁獨健筆記）　Ⅰ　145

十二畫

傅振倫
清史稿之評論（上）　Ⅲ　195
清史稿之評論（下）　Ⅳ　153

馮承鈞
章實齋之史學　Ⅴ　127
考古隨筆　Ⅴ　96

馮家昇
太陽契丹考釋　Ⅲ　163
契丹祀天之俗與其宗教神話風俗之關係　Ⅳ　105

黃文弼
樓蘭之位置及其與漢代之關係　Ⅲ　147

十三畫

葛啓揚
劉向之生卒年代及其撰著考略　Ⅴ　53
十四畫
趙　澄
史記版本攷　Ⅲ　107
齊思和
先秦歷史哲學管窺　Ⅰ　131
儒服考　Ⅱ　99
與顧頡剛師論易繫辭傳觀象制器故事書　Ⅲ　71
十五畫
鄧德坤
山海經及其神話　Ⅳ　127
韓慕義『近百年來中國史學與古史辨——英譯古史辨自序序』（譯文）　Ⅴ　147
黎光明
皇明馭倭錄勘誤　Ⅴ　179
十六畫
衛聚賢
堯典的研究　Ⅱ　69
十七畫
韓叔信
莫索爾問題解決的經過　Ⅰ　125
燕京大學校友門外恩佑恩慕二寺考　Ⅱ　147
俄領西土耳其斯坦與中國在歷史上之關係　Ⅱ　159
虞初小說回目考釋　Ⅲ　7
韓慕義（Arthur W. Hummel）
近百年來中國史學與古史辨——英譯古史辨自序序（鄭德坤譯）　Ⅴ　147
十八畫
瞿兌之
以日本平安京證唐代西京之規制　Ⅰ　40
古代之竹與文化　Ⅱ　117
十九畫
魏建猷
清雍正朝試行井田制的考察　Ⅴ　113
譚其驤
中國內地移民史——湖南篇　Ⅳ　47
關瑞梧
夷務始末外鴉片戰爭後中英議和史料數種　Ⅲ　183
二十一畫
顧頡剛
洪水之傳說及治水等之傳說　Ⅱ　61
校點古今偽書考序　Ⅱ　151
從呂氏春秋推到老子之成書年代　Ⅳ　113
州與嶽的演變　Ⅴ　11
附西文撰人引得
Armstrong, Meryyn
Palmerston and the Opim War　Ⅰ　Ⅵ
de Vargas, Ph.
History and the Belief in Progress　Ⅰ　Ⅰ
Suggested Main Steps in the Preparation of an Historical Paper　Ⅱ　Ⅰ
Hummel, W. Arthur（見韓慕義）

本刊第一卷一至五期篇目引得

篇目	期數	頁數
三畫		
女眞文字之起源（毛汶）	Ⅲ	171
山海經中的古代故事及其系統（吳晗）	Ⅲ	81
山海經及其神活（鄭德坤）	Ⅳ	127
四畫		
中世紀泉州狀況（張星烺）	Ⅰ	33
中國之人種（轉載）（司蒂文生）	Ⅰ	32
中國內地移民史——湖南篇（譚其驤）	Ⅳ	47
中國古代的歷史觀（徐文珊）	Ⅱ	109
中國史料的整理（陳垣講演翁獨健筆記）	Ⅰ	145
中國地方志統計表（朱士嘉）	Ⅳ	171
中國第一個留學生（朱士嘉）	Ⅱ	123
五霸——求是齋讀書志疑之一（致中）	Ⅰ	6
元虎賁軍百戶印考釋（奉寬）	Ⅴ	125
元實錄與經世大典（市村瓚次郎著牟傳楷譯）	Ⅱ	153
太陽契丹考釋（馮家昇）	Ⅲ	163
五畫		
以日本平安京證唐代西京之規則（瞿兌之）	Ⅰ	40
北邊長城考（徐琚青）	Ⅰ	15
古代之竹與文化（瞿兌之）	Ⅱ	117
史記版本考（趙澄）	Ⅲ	107
司馬遷所見書考敍論（金德建）	Ⅴ	35
石達開日記之研究（李崇惠）	Ⅰ	65
六畫		
先秦歷史哲學管窺（齊思和）	Ⅰ	131
夷務始末外鴉片戰爭後中英議和史料數種（關瑞梧）	Ⅲ	183
州與嶽的演變（顧頡剛）	Ⅴ	11
戎狄蠻夷考（孟世傑）	Ⅰ	5
攷古隨筆（馮承鈞）	Ⅴ	93
七畫		
考信錄解題（那珂通世著于式玉譯）	Ⅳ	181
李文忠公鴻章年譜（李書春）	Ⅰ	97
八畫		
兩漢之胡風（次弓）	Ⅰ	45
明治以後日本學者研究滿蒙史之成績（和田淸著翁獨健譯）	Ⅴ	163
易傳探源（李鏡池）	Ⅱ	39
近百年來中國史學與古史辨——英譯古史辨自序序（韓慕義著鄭德坤譯）	Ⅴ	147
九畫		
俄頡西士耳其斯坦與中國在歷史上之關係（韓叔信）	Ⅱ	159
南北朝時候中國的政治中心（梁佩貞）	Ⅰ	55
契丹祀天之風俗與其宗教神話風俗之關係（馮家昇）	Ⅳ	105

指畫略傳（白也）	Ⅲ	177
洪水之傳說及治水等之傳說（顧頡剛）	Ⅱ	61
皇明馭倭錄勘誤（黎光明）	Ⅴ	179
十畫		
唐代驛制考（陳沅遠）	Ⅴ	61
唐宋時代妓女考（王桐齡）	Ⅰ	21
校點古今僞書考序（顧頡剛）	Ⅱ	151
高似孫史略箋正序之一（洪業）	Ⅴ	1
十一畫		
商書今釋之一——湯誓（沈維鈞）	Ⅳ	175
崔東壁書版本表（洪業）	Ⅲ	1
從呂氏春秋推測老子之成書年代（顧頡剛）	Ⅳ	13
清史稿之評論（上）（傅振倫）	Ⅲ	195
清史稿之評論（下）（傅振倫）	Ⅳ	153
清雍正朝試行井田制的考察（魏建猷）	Ⅴ	113
章實齋之史學（傅振倫）	Ⅴ	127
莊子之年代——求是齋讀書志疑之一（致中）	Ⅰ	96
莫索爾問題解決的經過（韓叔信）	Ⅰ	125
十二畫		
堯典的研究（衛聚賢）	Ⅱ	69
發刊詞	Ⅰ	1
十三畫		
會眞記事蹟眞僞考（王桐齡）	Ⅱ	139
與顧頡剛師論易繫辭傳觀象制器故事書（齊思和）	Ⅲ	71
與顧頡剛論五行說的起源（范文瀾）	Ⅲ	43
葡萄牙第一次來華使臣事蹟考（張維華）	Ⅴ	103
虞初小說回目考釋（韓叔信）	Ⅲ	73
十四畫		
漢唐之和親政策（王桐齡）	Ⅰ	9
駁景教碑出土於盩厔說（洪業）	Ⅳ	19
十五畫		
劉向之生卒年代及其撰著考略（葛啓揚）	Ⅴ	53
樓蘭之位置及其與漢代之關係（黃文弼）	Ⅲ	147
十六畫		
儒服考（齊思和）	Ⅱ	99
儒家和五行的關係（徐文珊）	Ⅲ	49
戰國時儒墨道三家堯舜之比較（曹詩成）	Ⅱ	1
歷史學會之過去與將來	Ⅰ	150
燕大歷史學會一年來工作概況	Ⅱ	167
燕京大學校友門外恩佑恩慕二寺考（韓叔信）	Ⅱ	147
十七畫		
獲白兕考（唐蘭）	Ⅳ	119
十八畫		
舊京西山故翠微寺畫像千佛塔記跋（奉寬）	Ⅱ	143
二十二畫		
讀山中聞見錄書後（梁愈）	Ⅴ	213
附西文篇目引得		
History and the Belief in Progress (Ph. de Vargas)	Ⅰ	Ⅰ
Palmerston and the Opium War (Mervyn Armstrong)	Ⅰ	Ⅵ
Suggested Main Steps in the Preparation of an Historical Paper (Ph. de Vargas)	Ⅱ	Ⅰ

『羣經概論』　▲范文瀾著　實售壹元肆角

經是什麼？內容怎樣？這是最不容易回答的，因爲它的性質太複雜了。以這樣地在國人的思想中握有權威的東西，竟不能具有明確的觀念，豈不是我們的愧恥！

『經學通論』，『經學史』，這是今日各處大學的文科裏幾乎必有的科目，但適用的課本在哪裏？最通行的是皮錫瑞先生的經學通論及經學史講義兩書，但皮先生的書是站在今文家的地位上做的，當然有不盡公平的地方；況且他是二十年前逝世的人，受着當時時勢的束縛，對于我們所需要的經學智識也不能有恰當的供給。

因爲這樣，所以我們在現在一提到經，就覺得徬徨了。

范文瀾先生是十幾年前北京大學畢業生。那時的北京大學，主張古文學的有劉師培黃侃諸先生，主張今文學的有崔適錢玄同諸先生，主張打通今古文家法的有陳漢章先生。他在這互相衝突的學派中作超出學派的觀察，於是認識了經的眞相；後來在南開大學任教時就編成了這一部羣經概論，分章比節，極有系統。這確是現代人所應有的經學常識！現在本社刊印此書，以供應各處大學的需求。從此以後，再有人問經是什麼和內容怎樣時，我們就回答得出來了。

出版處　景山書社　北平景山東街十七號
代售處　各大書坊

日本期刊卅八種中東方學論文篇目附引得　于式玉女士編

日本爲近今研究東方學之重鎮。我國年來提倡國學之風，甚囂塵上，於日人之研究，當不無借鏡之處。于式玉女士因就燕京大學圖書館所藏日本期刊，擇其關於東方學之論文篇目，編爲引得，以爲檢查之助。全書分四部：（甲）分類篇目，大致依中華圖書館協會國學論文索引方法；（乙）著者引得一，依日本讀法，而用西文拼綴（丙）著者引得二，及（丁）篇目引得，皆依中國字庋擷法排列。正文之前有北京大學教授周作人先生及燕京大學圖書館主任田洪都先生序文，於日人謀我之深與我國人士之憒憒，皆慨乎言之，蓋有所感而發也。

每部定價西洋宣紙本　五元五角　報紙本　四元

封氏聞見記校證　趙貞信編

封氏聞見記，唐封演撰。雜記歷代掌故，而尤詳於唐。近代傳刻以雅雨堂叢書本最爲通行，惟譌誤脫落頗多，其他諸本，亦無十分完善者。趙貞信先生據雅雨堂本與其他諸本互相勘校，並參攷百餘種書籍，詳爲證釋補闕正訛，顏曰封氏聞見記校證。學者手此一編，非徒可爲鑽研之參考，且可藉以窺知整理古書之門徑也。每部上下兩冊定價五元

太平廣記引得　鄧嗣禹編

類書爲用，盡人皆知。顧卷帙繁重，檢查維艱。本處覩此困難，緣有引得之作；而太平廣記引得，特其嚆矢也。此書成於宋初，古代傳奇瑣事，祕笈遺文，以及社會風俗，摭拾最富。唐宋以前之書，世所不傳者，殘編斷簡，往往賴是書以存，其卷帙輕者，全部收入，尤足珍貴。所采古籍，舊言三百餘種，今查有四百餘種，惟是散布全書，爬羅匪易；故本處參照各種版本，分書名引得與題目引得二種，使能一檢而得。又書之存佚，及其重要版本，皆略附考證，以備參考。書前附有廣記詳細存類表，尤能一目瞭然。刻在印刷中，不久可以出版。

編輯兼發行者　引得編纂處
國內總代售處　北平東安門外東河沿于記商行

燕大歷史學會職員

中華民國二十二年八月出版

史學年報（第一卷第五期）

每冊定價大洋七角

外埠另加郵費

編輯者　燕京大學歷史學會

出版者　景山書社　北平景山東街十七號

發行者　景山書社　北平景山東街十七號

印刷者　北京書局　北平南池子飛龍橋十三號

寄售處
上海　開明書店　南京　南京書店
濟南　東方書店　陝西　西安派報社
武昌　武漢大學　漢口　開明書店
成都　華陽書報流通處　廈門　樂音書店
廣州　開明書店　本埠各書坊

YENCHING ANNUAL OF HISTORICAL STUDIES

VOL. I. NO. 5. AUGUST, 1933.

CONTENTS

A Preface to Kao Szŭ-sun Shih Lio Tsien Cheng .... William Hung
Evolution of "Chou" and "Yo" .... Ku Chieh-kang
Introductory Remarks on a Study of the Books Available to Ssu-ma Ts'ien .... Chin Te-chien
Dates of Liu Hsiang and His Works .... Ko Ch'i-yang
A Study of the Postal System in the T'ang Dynasty .... Ch'en Yüan-yüan
Historical Research, Miscellaneous Notes .... Feng Ch'êng-chün
The First Portuguese Embassy to China .... Chang Wei-hua
A Study on the Experiment of the "Tsing T'ien" System in the Reign of Yung Chêng .... Wei Chien-you
Chang Hsueh-ch'en as an Historical Scholar .... Fu Chen-lun
Preface to "The Autobiography of a Chinese Historian" .... Arthur W. Hummel
Translated by Cheng Te-kun
Modern Japanese Contributions to the Study of the History of the Mongols and the Manchus .... Wada Kiyoshi
Translated by Weng Tu-chien
A Textual Criticism of "Huang Ming Yü Wo Lu" .... Li Kuang-ming
Notes on "Shan Chung Wan Chien Lu" .... Liang Yü
Index to Yenching Annual of Historical Stndies, VoL. I. Nos. 1—5
Authors
Titles

PUBLISHED BY THE HISTORICAL SOCIETY OF YENCHING UNIVERSITY, PEIPING, CHINA.